JOURNAL DE VOYAGE

DE

DOM JACQUES BOYER

JOURNAL DE VOYAGE

DE

DOM JACQUES BOYER

Religieux Bénédictin de la Congrégation de Saint-Maur

DANS LES DIOCÈSES DE

Clermont, Le Puy, Bourges, Autun, Lyon, Viviers, Mende, Tulle, Limoges, Cahors, Montauban, Toulouse, Sarlat, Périgueux, Angoulême, Bordeaux, Saintes, La Rochelle, Luçon, Angers et Poitiers.

(1710-1714)

PUBLIÉ ET ANNOTÉ

PAR

Antoine VERNIÈRE

CLERMONT-FERRAND

IMPRIMERIE FERDINAND THIBAUD, LIBRAIRE

Rue Saint-Genès, 8-10.

—

1886.

AVANT-PROPOS

De toutes les Associations religieuses soumises à la règle de Saint-Benoît, aucune n'a pris une part plus importante et plus glorieuse au grand mouvement intellectuel du xviie siècle, que la Congrégation de Saint-Maur. Cette réforme de fondation récente avait attiré à elle une foule d'hommes de mérite et de savoir, un grand nombre d'esprits distingués dont les travaux ont enrichi la science d'ouvrages justement célèbres. Les immenses publications de ces Religieux sur les Pères de l'Eglise, sur les monuments de notre histoire et de notre littérature nationales, et sur les Annales de la vie des saints de leur Ordre sont si universellement connues qu'il n'y aurait nul besoin de les rappeler ici, si nous n'avions à parler du *Gallia Christiana*, la plus considérable et la plus appréciée de leurs œuvres.

« Le premier auteur, nous apprend Dom Tassin (1),

---

(1) Histoire littéraire de la Congrégation de Saint-Maur, page 468.

» qui ait entrepris de faire connaître les Archevêques et
» les Evêques qui ont gouverné les Eglises de France
» depuis leur origine, a été Jean Chenu de Bourges,
» avocat au Parlement de Paris. Son ouvrage parut en
» 1621, in-4°, mais il ne contient que de simples noms.
» Claude Robert, grand Archidiacre de Chalons-sur-
» Saône, poussa ce dessein plus loin dans un ouvrage
» latin publié à Paris en 1626, in-folio. Mais, sentant
» que les forces lui avaient manqué pour l'exécuter dans
» sa perfection, il engagea les deux célèbres frères ju-
» meaux Scevole et Louis de Sainte-Marthe de se char-
» ger d'un travail, sous le poids duquel il reconnaissait
» qu'il avait succombé. Personne n'était plus capable
» qu'eux de réussir dans une entreprise si difficile. Ils
» formèrent d'abord un projet qu'ils exposèrent à l'Assem-
» blée du Clergé de 1645. On l'agréa, et on les invita à
» en presser l'exécution ; mais, pendant qu'ils s'y appli-
» quaient et dans le cours de l'impression, la mort enleva
» d'abord Scevole en 1652, et ensuite Louis en 1656,
» celui-là en sa 79ᵉ année, et celui-ci dans sa 85ᵉ. Les
» deux frères avaient fait part de leur travail à Pierre
» Scevole, Abel et Nicolas de Sainte-Marthe, fils de
» Scevole. Ils le leur laissèrent à achever avec l'honneur
» de le présenter à l'Assemblée du Clergé de 1656. Car
» il parut cette année en quatre volumes in-folio. Quel-
» que applaudi qu'ait été cet ouvrage dans son temps,
» il s'est trouvé dans la suite défectueux. C'est ce qui
» engagea l'Assemblée du Clergé de 1710 de charger le
» Père de Sainte-Marthe de le revoir, ou plutôt de le
» refondre, comme un ouvrage qui appartenait à sa
» famille. »

L'esprit actif, puissant et méthodique de D. Denis de

Sainte-Marthe se prêtait éminemment à ce vaste projet. Nul plus que lui n'était apte à en diriger l'exécution. Mais des travaux déjà entrepris et ses devoirs d'Assistant du Supérieur Général, plus tard ceux de la Supériorité, ne lui permirent pas de recueillir lui-même dans les provinces du Royaume les matériaux nécessaires à la construction du plus magnifique monument qui ait été élevé à l'Eglise de France. Pour les asembler, il fit choix de collaborateurs et n'eut pas de peine à les trouver parmi ses érudits confrères. La mission confiée à ces religieux n'était point aisée à remplir. Sans parler des difficultés matérielles des voyages, à cette époque longs et pénibles, nous nous bornerons à faire remarquer que le désordre régnait depuis longtemps dans la plupart des chartriers. Les uns avaient été pillés pendant les guerres de religion, d'autres, lentement détruits par l'incurie de leurs gardiens ; enfin, d'incessants procès en avaient fait sortir des pièces importantes qui n'y devaient plus rentrer. Aussi quelle somme de patience et de travail durent accumuler ces dévoués auxiliaires pour répondre aux questions multiples qui leur étaient posées sur chaque communauté. Nous allons en donner un aperçu.

Savoir dans quel diocèse était situé le monastère ou couvent qu'ils visitaient ; de quelle ville, de quel fleuve ou rivière il était voisin. A quel saint il était dédié. Connaître le motif et l'année de la fondation, le nom des fondateurs, des principaux bienfaiteurs, leur famille et leur race.

Copier scrupuleusement les titres de fondation et de donations, relever avec soin la date, la signature et les sceaux, conserver l'orthographe du document, renfermât-il des barbarismes ou des solécismes.

Rapporter les droits et privilèges de l'abbaye, par qui ils ont été concédés ou confirmés, les différends qui ont pu naître à leur sujet. Décrire les Bulles des Souverains Pontifes, les Chartes royales, les lettres des Evêques, enfin tous les documents qui peuvent donner l'authenticité à un récit historique.

Si le monastere a été détruit ou ruiné, en indiquer l'auteur, l'époque, les causes et les circonstances, ainsi que le nom du restaurateur et l'année de la restauration. S'il a eu d'autres communautés sous sa dépendance, rechercher où elles sont situées, par qui elles ont été fondées, avec les titres à l'appui.

Relater avec une sévère attention ce qui s'est passé de louable ou de répréhensible dans chaque maison, les coutumes et usages qui lui sont particuliers, et si elle a abandonné la vie des Réguliers, donner s'il est possible, la bulle de sécularisation.

Tels étaient les points principaux sur lesquels ces religieux avaient d'abord à diriger leurs investigations.

Ils devaient également noter les hommes recommandables qui, par leur piété, leur science ou de toute autre manière ont illustré l'abbaye, le lieu de leur naissance, leur famille et l'année de leur mort; quels ont été leurs écrits, ceux qui ont été imprimés ou qui sont conservés manuscrits dans les bibliothèques. Si ces personnages ont été placés au nombre des saints. Si leur vie a été sérieusement écrite, par un ou plusieurs auteurs et à quelle époque.

Il leur était prescrit en outre de recueillir les noms des religieux du monastère qui ont été élevés au pontificat ou qui sont allés gouverner, fonder ou réformer d'autres maisons; de dresser la liste exacte et continue des Abbés, Prieurs ou Abbesses, de faire mention de la bonne ou de la mauvaise administration de chacun, du jour et de l'année de sa mort. On les engageait à dessiner les tombeaux, cénotaphes, épitaphes, inscriptions et tous les anciens monuments susceptibles d'illustrer un ouvrage ; enfin à s'enquérir des reliques importantes des saints conservées dans chaque sanctuaire, par qui et à quelle occasion elles y avaient été apportées.

Toutefois, les collaborateurs de D. Denis de Sainte-Marthe n'arrêtaient pas leur zèle à un programme si étendu et ils tâchaient en même temps de rendre leur séjour utile à ceux qui leur communiquaient libéralement ces trésors en rétablissant l'ordre et l'arrangement dans leurs archives.

C'est le Journal des voyages et des travaux d'un de ces diligents ouvriers du *Gallia Christiana* que nous nous proposons de publier.

Dom Jacques Boyer naquit au Puy en Velay sur la paroisse St-Georges le 7 mars 1672 (1), de Pierre Boyer, procureur à la sénéchaussée de cette ville et de Louise Félix. Ses parents appartenaient à la bourgeoisie et y occupaient, par leurs alliances, une place des plus honorables.

Catherine Félix, sœur de la mère de Jacques Boyer, seconda Anne-Marie Martel dans la fondation des Demoiselles de l'Instruction et des Béates, ces utiles et vertueuses

---

(1) Nous devons à notre ami, M. Paul Le Blanc, communication de l'acte de baptême de D. J. Boyer : « Le susdict jour huistiesme mars 1672 a esté
» baptisé Jacques Boyer fils naturel et légitime de M⁰ Pierre Boyer, procu-
» reur au séneschal du Puy et de D^{elle} Louise Félix, mariés. Son parin
» Jacques Couderc app^e et sa maraine Françoise Chambesfort ayeule dud.
» Jacques ; et est né le septiesme du présent moys et an entour trois heures et
» demy apres midy. Fait en présence des soub^{nés}.   Boyer.   Imbert. »
Registres du baptistaire de St-Jean. — Archives municipales de la ville du Puy.

filles que deux siècles de modestes services n'ont pu protéger. Cette nouvelle communauté s'établit même à ses débuts dans une maison appartenant à la mère de Louise et de Catherine Félix, Gabrielle Coudert. Celle-ci était la proche parente de Jacques Branche, le pieux écrivain de l'Histoire des Saints et Saintes d'Auvergne et du Velay.

Après avoir terminé ses études de rhétorique au Collège des Pères Jésuites de sa ville natale, Jacques Boyer embrassa la vie religieuse dans la réforme bénédictine de St-Maur et fit profession à l'abbaye de St-Augustin de Limoges le 30 avril 1690. Successivement il remplit les fonctions prescrites par les règles de son Ordre dans les monastères de Beaulieu en Limousin, de Solignac, de St-Jean d'Angely, de Mauriac et de St-Jouin en Poitou. Partout nous le trouvons en commerce littéraire avec les lettrés du pays (1) et nous le voyons se livrer aux recherches historiques vers lesquelles il était entraîné par une irrésistible vocation. Les manuscrits provenant de St-Germain-des-Prés, possédés aujourd'hui par la Bibliothèque Nationale, nous le montrent en correspondance avec ses plus illustres confrères D. Jean Mabillon, D. Edmond

---

(1) C'est sans doute pendant son séjour à St-Jouin de Marnes que le savant Loudunois Chevreau lui fit présent de ses *OEuvres Meslées*, imprimées à La Haye en 1698. Cet exemplaire porte écrit de la main de D. Boyer sur le titre: *Ad usum fr. Jacobi Boyer, benedictini e Congr. S. Mauri. — Cum superioris licentia. — Ex dono urbanissimi auctoris.* Il montre que, contrairement à la règle, et pour favoriser les études, les supérieurs accordaient à chaque religieux, de la façon la plus libérale, l'autorisation d'avoir une bibliothèque particulière. Il décèle une fois de plus l'innocente manie que nous constaterons souvent dans le cours du voyage de notre bénédictin, celle de la versification. Sur le feuillet de garde se trouvent quatre versions françaises différentes, en vers alexandrins, des deux distiques latins inscrits au bas du portrait du donateur. Ce livre fait aujourd'hui partie des collections auvergnates de M. Paul Le Blanc.

Martène, D. René Massuet, D. Bernard de Montfaucon et D. Denis de Sainte-Marthe.

Il était donc désigné d'avance au choix de ce dernier par son inclination pour les monuments antiques, par son talent pour déchiffrer les écritures les plus difficiles, par sa constance infatigable dans le travail; et la mission qu'il reçut de chercher des Mémoires dans les provinces ecclésiastiques de Bourges et de Bordeaux répondit, nous le verrons, aux plus ardents désirs de son cœur. Cet ordre vint le trouver pendant qu'il résidait à Chanteuges; il se mit en route le 8 septembre 1710. Ce premier voyage fut de courte durée. Il l'avait achevé le 31 octobre suivant, après avoir parcouru une faible partie du diocèse de Clermont, du Forez et du Velay. Le 5 novembre 1710, il part pour Clermont d'où il se dirige vers Moulins et Nevers, visite le diocèse de Bourges, traverse l'extrémité occidentale de celui d'Autun, revient à Clermont et gagne la Chaise-Dieu le 31 août 1711. Le 9 septembre de la même année il va à St-Flour, Aurillac, Mauriac, Ussel, et de là à Clermont.

Il séjourne en novembre 1711, pendant quinze jours environ, au Puy, d'où il se rend à Souvigny pour y négocier le don d'une relique de saint Mayol. Il passe encore dans la capitale du Velay les premiers mois de 1712 à l'occasion du jubilé de N.-D. La narration de cette grande cérémonie tient, comme étendue et comme intérêt, une place importante dans ses notes.

Après une rapide excursion dans quelques abbayes des diocèses de Viviers et de Mende, au commencement de mai 1712, il se dispose à un plus long voyage, achète une monture et le 15 juin il quitte la Chaise-Dieu. Il visite la plupart des monastères des diocèses de Clermont, Tulle,

Limoges, Cahors, Toulouse, Sarlat, Périgueux, Bazas, Bordeaux, Angoulême, Saintes, la Rochelle, Luçon, Angers et Poitiers.

C'est alors qu'il était dans cette ville et à la date du 6 août 1714 que s'arrête brusquement le journal de D. Boyer. N'a-t-il pas continué à l'écrire ou la suite n'est-elle pas parvenue jusqu'à nous ? Nous ne pouvons le dire. Nos actives recherches dans divers dépôts publics où sont gardés de nombreux papiers provenant des Bénédictins et les démarches tentées auprès des personnes les plus versées dans la connaissance des richesses manuscrites privées, ne nous ont rien appris.

Malgré la large part prise par D. J. Boyer à la composition du 2ᵉ volume du *Gallia Christiana*, où son nom est souvent rappelé, Dom Tassin lui consacre seulement quelques lignes que nous rapportons ici textuellement (1).

Dom Jacques Boyer, né au Puy en Velay, fit profession dans l'abbaye de Saint-Augustin de Limoges, le 30 avril 1690. Les supérieurs l'employèrent à recueillir dans les provinces des matériaux pour la composition du nouveau *Gallia Christiana*.

Il est auteur des *Remarques historiques et critiques sur le Propre du diocèse de St-Flour, à M. B. chanoine, de St. Flour*. Ces remarques utiles et curieuses sont enfermées en trois lettres.

1. La première, datée du 15 décembre 1727, se trouve dans le tome 6ᵉ, partie 2ᵉ, page 464 des Mémoires de Littérature et d'Histoire, recueillis par le P. Desmolets de l'Oratoire. Dom Boyer y relève les fautes essentielles, où l'on est tombé au sujet de S. Odile, abbé de Cluny, de S. Bonnet et de S. Georges. Il observe que le pape S. Gélase a rejeté l'histoire du martyre de S. Georges, comme étant apocryphe et que le Bréviaire romain n'a jamais admis les fables que l'on trouve dans le propre de St-Flour.

2. La seconde lettre est dans le 8ᵉ tome du P. Desmolets, partie 1ʳᵉ, page 165. L'auteur fait voir qu'on a confondu dans le propre de St-Flour S. Robert, fondateur et premier abbé de la Chaise-

(1) Hist. litt. de la Congrégation de St-Maur, pages 535 et 536.

Dieu, en Auvergne, avec S. Robert, abbé de Molême, en Champagne, et fondateur de l'ordre de Citeaux. Il fait des observations sur l'office et les leçons de ces deux saints, sur les reliques de S. Robert de la Chaise-Dieu, et sur le tombeau du pape Clément VI. Ces articles fournissent bien des anecdotes.

3. La troisième lettre, qui est dans le 11ᵉ tome des mêmes Mémoires de Littérature, n'est pas moins curieuse que les précédentes. Sur les questions si les abbés peuvent consacrer une église, il rapporte un fait de S. Colomban, qui ne diffère point de la consécration épiscopale. « Il bénit de l'eau, il en asperge l'église, il en
» fait le tour processionnellement avec ses religieux, en chantant
» des psaumes ; en un mot, il en fait la dédicace, *dedicavit eccle-*
» *siam*. Mais ce qui est encore plus fort, après avoir invoqué le
» nom de Dieu, il fait les onctions sur l'autel, *unxit altare ;* il y
» met des reliques de sainte Aurélie, il revêt enfin l'autel des or-
» nements convenables, et il y célèbre la messe. » Dom Boyer emploie la suite de cette troisième lettre à relever plusieurs fautes des Bollandistes, et à faire la critique des leçons d'un nombre de saints.

4. Après cette lettre, on en trouve une que je crois être sortie de la même plume que les précédentes. Elle est datée du 10 décembre 1728, et adressée au prieur de Beaulieu. Elle roule sur quelques singularités du Rituel de cette abbaye, et contient l'extrait de tout ce qu'il y a de plus remarquable. On peut dire de Dom Jacques Boyer qu'il aurait pu tenir un rang distingué parmi les gens de lettres, et faire honneur à sa Congrégation, s'il eût été d'une humeur plus sociable. Il mourut dans l'abbaye de Chezal-Benoît le 9 septembre 1738.

C'est tout ce que l'on avait écrit de plus développé jusqu'à ce jour sur le savant religieux. Une heureuse découverte de notre honorable collègue, M. François Boyer, chercheur toujours si heureusement inspiré, nous a donné l'occasion de l'étudier de plus près. En effet, les notes inédites de ses voyages permettront de mieux connaître ce bénédictin et d'apprécier, comme il convient, les services qu'il a rendus à l'érudition.

Ces notes, d'un accent tout personnel et d'autant plus sincère, n'étaient pas destinées à voir le jour et on ne doit point s'attendre à y retrouver un pendant à la célèbre relation de D E. Martène et de D. U. Durand. Néanmoins, ce Journal est si plein de curieux détails sur les contrées parcourues, sur de nombreux personnages, sur la vie monastique au commencement du xviii siècle ; il est enfin si original dans son esprit et dans sa forme, et les documents de cette nature sont si rares en Auvergne, que nous avons cru devoir solliciter l'hospitalité des Mémoires de l'Académie de Clermont.

On s'étonnera moins du jugement, assurément un peu sévère de Dom Tassin, quand on aura lu la narration de D. Jacques Boyer. Cependant si celui-ci n'eût pas été égoïste et caustique, peut-être eût-elle manqué parfois de l'intérêt qui la caractérise.

Nous serons indulgents pour ces défauts, nous ne lui reprocherons même pas d'avoir été Janséniste passionné, car, étant donné le temps et le milieu dans lesquels il a vécu, cela ne doit pas nous surprendre. Notre pays n'est-il pas celui des Arnaud, des Périer, des Pascal, des Feu, d'Amable de Bourzeix, de Jacques Brousse, de Gilbert Mauguin et du président Jean Domat dont les influences avaient propagé le Jansénisme dans la noblesse, la magistrature et la haute bourgeoisie? Fléchier ne déclare-t-il pas, dans les Grands-Jours, que ce parti était chez nous moins considérable encore par la quantité que par la qualité des personnes? Et Dom Boyer, nous le verrons, se piquait d'être de bonne compagnie.

Déjà en France les idées nouvelles s'étaient largement répandues. Si les supérieurs de la Congrégation de St-Maur sont toujours restés fidèles à l'Eglise catholique, on ne peut nier qu'un certain nombre de religieux de leurs monastères n'eussent adopté l'erreur de Jansénius. L'abbaye de la Chaise-Dieu, à laquelle appartenait alors Dom Boyer, se distingua particulièrement par son opposition à la Constitution *Unigenitus* et fut choisie quelques années plus tard pour servir de lieu d'exil à l'évêque de Senez, notre compatriote, Jean Soanen.

Ce récit de voyage a été écrit à l'époque de la publication de la bulle de Clément XI, c'est-à-dire dans le temps où les passions furent les plus vives. On peut ainsi expliquer l'ardeur que souvent il respire. Nous regrettons toutefois la violence d'appréciation de certains faits et de plusieurs personnages.

Nous n'avons absolument rien retranché de ces Notes, et si, en dehors même de ce que nous venons de signaler, on est frappé aujourd'hui d'y rencontrer quelques expressions et diverses plaisanteries un peu vives, on se rappellera qu'au xviiie siècle la pruderie du langage n'était pas encore entrée dans les mœurs.

Du reste, nous nous adressons seulement à des esprits sérieux et éclairés.

Comment furent remplies les dernières phases de la vie de D. J. Boyer jusqu'à sa mort, survenue le 9 septembre 1758, à l'abbaye de Chezal-Benoît, en Berry ? Nous n'avons sur ce point que de vagues renseignements. D'après le texte du *Gallia Christiana* il a recueilli des documents dans des couvents placés en dehors de l'itinéraire que nous allons lui voir suivre et situés dans des contrées éloignées et différentes, par exemple Pontoise et Aniane. Il y a donc lieu de croire qu'il continua à seconder ses confrères dans leurs savantes recherches.

Enfin il ne figure pas au nombre des appelants de la Bulle *Unigenitus* (1) ; d'où il nous est permis d'augurer que sa fougue janséniste avait disparu pour faire place à des idées plus orthodoxes.

Antoine **VERNIÈRE**.

---

(1) La *Constitution* Unigenitus *déférée à l'Eglise universelle ou Recueil Général des actes d'appel interjeté au futur Concile Général*. — Cologne, 1757. 4 vol. in-f°.

JOURNAL DE VOYAGE

DE

DOM JACQUES BOYER

(1710 - 1714).

Au nom de Notre-Seigneur Jésus-Christ. Ainsi soit-il.

Dès que j'eus lu la vie du R. P. Dom Jean Mabillon, composée par son fidèle disciple D. Thierri Ruinart, je conçus une si haute estime de la vertu de ce saint et savant religieux que je fis une neuvaine pour remercier Dieu des grâces qu'il avait daigné lui faire et obtenir par son entremise la grâce de l'imiter dans ses pieuses occupations et de me fournir les moyens de m'occuper utilement pour mon salut, et pour la gloire de l'Eglise et en particulier pour celle de l'Ordre de N. B. Père St-Benoît auquel Dieu m'a fait la grâce de m'appeler. Le Seigneur exauça mes vœux par les mérites de son serviteur Mabillon, et je commençai de m'en apercevoir, lorsque je reçus une lettre du Dom Guy Buisson (1), prieur de la Chaise-Dieu (2), en date du 26 avril 1710, qui m'engageait d'aller au plus tôt à la Chaise-Dieu pour travailler à l'histoire des abbés de ce

---

(1) Dom Guy Buisson, né au Mans en 1646, mort à l'abbaye de St-Bénigne de Dijon le 26 avril 1719.

(2) L'abbaye de St-Robert de la Chaise-Dieu (*Casa-Dei*), de l'Ordre de St-Benoît, était située à l'extrémité sud-est de l'ancien diocèse de Clermont près la petite rivière de la Sénouire. Le cardinal de Richelieu, son huitième abbé commendataire, y introduisit la congrégation de St-Maur vers 1640. — La Chaise-Dieu est aujourd'hui un chef-lieu de canton de l'arrondissement de Brioude (H^{te}-Loire). L'ancienne église du couvent, devenue l'église paroissiale, contient encore quelques-unes des nombreuses richesses artistiques dont parle D. Boyer, parmi lesquelles nous citerons des tapisseries du xve siècle et un admirable buffet d'orgue de l'époque de Louis XIV.

monastère que le R. P. D. Denis de Ste-Marthe (1) demandait pour sa nouvelle édition de *Gallia Christiana*. Je négligeai un peu à me rendre à la Chaise-Dieu lorsque le P. prieur m'envoya un exprès avec un cheval le 15 de mai, j'étais pour lors à Pébrac (2), et cet exprès m'y vint trouver le 16 de grand matin, et voyant que c'était la volonté de Dieu, je partis après avoir dit la sainte Messe; je fus dîner à Chanteuge (3) avec nos RR. PP. et souper à la Chaise-Dieu avec le R. P. prieur, M. de Cumignac, M. de Boissieux, M. de Varennes (4) et le lendemain 17 mai samedi, consacré à la Ste Vierge, je dis la messe à son autel et commençai à travailler. Mon travail fut assez heureux et le P. de Ste-Marthe en a paru content. J'ai fait cette liste des abbés depuis St Robert jusqu'à François-Louis-Anne-Marie de Lorraine, dit communément, l'abbé d'Armagnac (5) sur les titres originaux et après les histoires manuscrites de D. Simon Genoux (6) et D. Claude Estiennot (7), où il y a

(1) Nous avons dit comment il entreprit une nouvelle édition du *Gallia Christiana*, mais sa mort survenue le 30 mars 1725, ne lui permit de publier que les trois premiers tomes. Son œuvre a été continuée par ses confrères. Cet immense travail, interrompu à l'époque de la Révolution, a été repris par M. Benjamin Hauréau, membre de l'Institut, et aussi par les nouveaux Bénédictins français, sous la direction de Dom P. Piolin.

(2) L'abbaye de Notre-Dame de Pébrac (*Piperacum*) de l'Ordre de St-Augustin, congrégation de France, située dans l'ancien diocèse de St-Flour, près de Langeac. — Pébrac est actuellement un chef-lieu de commune du canton de Langeac (Haute-Loire).

(3) Chanteuges (*Cantogilum*), monastère bénédictin, dans l'ancien diocèse de St-Flour, à une lieue sud de Langeac. Fut agrégé en 1137 à l'abbaye de la Chaise-Dieu dont il devint un prieuré conventuel. — Maintenant chef-lieu de commune du canton de Langeac.

(4) MM. du Crozet de Cumignat, de Fretat de Boissieux et de Varennes de Mondasse, gentilshommes dont les châteaux étaient voisins de la Chaise-Dieu.

(5) L'abbé d'Armagnac, fils du comte d'Armagnac, grand écuyer de France, fut nommé à l'abbaye de la Chaise-Dieu le 24 décembre 1708. Il mourut le 19 octobre 1712.

(6) Dom Simon Genoux finit ses jours à la Chaise-Dieu, le 26 mars 1667. Son histoire de cette abbaye figure au N° 12818 des Mss. latins de la Bibliothèque nationale.

(7) Dom Claude Estiennot de la Serre. Voir son Histoire de la Chaise-Dieu dans les Antiquités bénédictines du diocèse de Clermont (*Bibliothèque Nationale*; *Manuscrits latins*, 12745).

beaucoup de fautes. Enfin, après avoir travaillé 7 ou 8 heures chaque jour, je finis le 4 juin et après avoir assisté à la prise de possession dudit abbé d'Armagnac, que j'insérai dans ma liste le même jour 13 juin, je me rendis à Chanteuge le 18, veille de la Fête-Dieu.

Ayant redoublé ma piété pour la mémoire du grand Mabillon, je connus, lorsque je m'y attendais le moins, que le ciel ne désapprouvait pas que l'on invoquât secrètement ceux que l'on a fondement de croire dans la gloire, en récompense de leur humilité et de leur modestie. Le mardi, 12 août 1710, le R. P. D. Pierre Thibault (1) étant venu de la Vau-Dieu (2) à Chanteuge pour y faire sa visite avec Dom Louis Guilhomin, (3) son secrétaire, me donna la commission de chercher des Mémoires pour la nouvelle édition de *Gallia Christiana* et pour la continuation des Annales de notre saint Ordre. Me croyant trop heureux de contribuer en quelque chose à la gloire de l'Eglise de France et de l'Ordre de St-Benoît, j'acceptai cette commission avec action de grâces, et à l'instant je fus dire trois fois le *Te Deum* devant l'autel de la très-sainte Vierge. Le R. P. visiteur me donna pendant le souper une lettre du R. P. assistant, D. Denis de Ste-Marthe, du 20 juillet qui était tout à fait obligeante. La lettre circulaire de NN. SS. de l'assemblée du Clergé de France du 20 juin 1710 y était incluse. Je reçus à même temps la lettre circulaire de D. René Massuet du 21 juillet et un ordre de la diète pour travailler incessamment. Je priai le P. visiteur de me donner le reste du mois pour achever le Sanctoral du Puy, dont il me restait encore cinq mois à faire. Il y consentit, mais je ne pus bien tenir ma parole ayant été détourné pour aller acheter du vin à St-Elpise (4).

(1) D. P. Thibaut, né à Rouen, mort le 15 juillet 1738, fut supérieur général de la Congrégation de St-Maur.

(2) St-André de Lavaudieu (*Vallis-Dei*), primitivement Comps, prieuré de Bénédictines, dépendant de la Chaise-Dieu, fondé vers 1067. — Chef-lieu de commune du canton de Brioude (Haute-Loire).

(3) D. Louis Guilhomin, né à Chapponaut, au diocèse de Bourges, mort le 2 avril 1722 à St-Jean-d'Angély.

(4) St-Ilpize, chef-lieu de commune du canton de Lavoûte-Chillac (Haute-Loire).

Cependant le P. visiteur étant parti le 13 août avec notre R. P. prieur, D. P. Nogin (1) pour la Chaise-Dieu, il y fit mon obédience le 15, et m'écrivit une lettre toute pleine d'honnêteté le même jour, ce que je regardai comme un heureux présage, à cause de la fête de l'Assomption de la T.-S. Vierge que je prie humblement de favoriser mon petit travail. Notre R. P. prieur m'apporta, le 16 août, mes ordres pour aller dans nos monastères d'Auvergne et du Berry et aux environs.

J'achevai enfin le Sanctoral du Puy le 6 septembre, et je l'envoyai à M. l'abbé de Beget (2), doyen de la Cathédrale, qui est autant illustre par son mérite que par sa noblesse. J'écrivis en même temps une lettre à Mgr Claude de la Roche Aymon (3), évêque du Puy, aux députés pour examiner le Sanctoral (4); à MM. les vénérables doyen et chapitre de l'Eglise du Puy, et en particulier aux quatre dignités, aux trois grands vicaires de Mgr et à quelques chanoines de mes amis. Et je reçus de tous des réponses fort obligeantes.

SEPTEMBRE.

1710. — Le 8 septembre, je commençai par la grâce de J.-C., sous les auspices de la divine Marie, à disposer nos papiers pour les Mémoires que l'on demande à Paris.

9. Je fus dire la messe à Pébrac, à l'autel de Saint-Pierre-

---

(1) D. Pierre Nogin, né à Pleaux, diocèse de Clermont, fit profession à l'âge de 20 ans dans le monastère de St-Allyre le 18 avril 1669 et mourut à la Chaise-Dieu le 1er mai 1722.

(2) Marcelin de Beget, fils de Marcelin, seigneur de Flachas et de Louise de Sagnard de Querrières, nommé doyen le 20 mars 1708.

(3) Claude de la Roche-Aymon, fils d'Antoine et de Marie de Lusignan, grand-vicaire, chanoine et archidiacre de Mende, fut nommé à l'évêché du Puy le 24 décembre 1703. Mourut au commencement de janvier 1720.

(4) On connaît deux éditions d'un Sanctoral du diocèse du Puy, la première publiée en 1624 et la seconde en 1631. Tout fait supposer que le remaniement de cet ouvrage, dont parle ici D. Boyer, n'a pas été utilisé pour une troisième édition.

de-Chavanon (1), fondateur et premier prévôt de cette abbaye, dont on célébrait la fête et dont le corps repose sur ledit autel. Le R. P. Raymond de la Coudre officia avec la chape du saint qui est sans couture avec un petit capuchon semblable à ceux des religieux de Grandmont, que l'on met sur la tête. J'avais déjà fait l'histoire des abbés de N.-D. de Pébrac ; je trouvai néanmoins beaucoup de choses à y ajouter et plusieurs Mémoires pour les évêques de Mende, Rodez, Viviers et Saint-Flour.

10. Le P. Jules de Roucy, d'une illustre maison de Champagne, partit pour Nevers où l'on croit que le R. P. Ambroise du Chesne, prieur et curé de Saint-Martin de Nevers, et visiteur de l'Ordre, le nommera pour son secrétaire. L'un et l'autre ont mille bontés pour moi, de même que tous ces Messieurs de Pébrac où l'on tient la foire le même jour ; il y vint plusieurs de mes amis de Langeac avec lesquels je dînai dans la salle de l'abbaye après avoir dit la messe de Saint-Nicolas de Tolentin, à l'autel de Saint-Augustin. Le même jour, la plus belle maison de Chanteuge fut entièrement brûlée, et sans le secours de notre Père prieur, l'incendie aurait été beaucoup plus funeste.

11. Je dis la messe de l'octave de la Nativité au maître autel qui est dédié à la Vierge naissante. Après vêpres, je fus souper à Chanteuge.

12. Après avoir dit la messe dans la chapelle de Sainte-Anne de Chanteuge, je me rendis à l'abbaye de Saint-Pierre-des-Chases (2), le long d'Allier. Madame l'abbesse était au

---

(1) Pour tout ce qui concerne l'abbaye de Pébrac et son fondateur Pierre de Chavanon, voir Jacques Branche : *Vie des Saincts et Sainctes d'Auvergne et de Velay*, p. 526, et plus spécialement l'histoire inédite de cette abbaye par le même Jacques Branche dont il existe des copies dans divers dépôts publics, mais dont le manuscrit original, écrit de la main de l'auteur, appartient à M. Paul Le Blanc.

(2) L'abbaye des Bénédictines de St-Pierre-des-Chases (*Casæ*) dans l'ancien diocèse de St-Flour, près de Chanteuge et de Pébrac. — Aujourd'hui St-Julien-des-Chazes, chef-lieu de commune du canton de Langeac (Haute-Loire).

Cluzel (1), Madame la prieure, sa sœur, qui est une religieuse de grande vertu, me fournit un ancien Nécrologe (2) où je trouvai beaucoup de belles choses. Ces Bénédictines étaient autrefois associées avec les religieux de Saint-Jacques de Doë (3), de l'ordre de Prémontré et ceux de Saint-Laurent du Puy, de l'Ordre de Saint-Dominique.

13. Je travaillai dans nos archives de Chanteuge où il y a des titres fort anciens et fort curieux.

14. Je dis la grand'messe au jubé de Chanteuge, à l'autel de Saint-Sauveur, où il y a un crucifix fort ancien et d'une grandeur prodigieuse, dans lequel on dit qu'il y a du Précieux Sang et du bois de la Vraie Croix. Il y a huit jours que M. Bringier de Limaigne conduisit ici sa femme, Suzanne du Croizet, qui était venue rendre ses vœux à Saint-Sauveur, et qui m'assura avoir été guérie d'une fièvre maligne, que l'on appelle présentement mal à la mode, dès qu'elle eut fait vœu de venir faire dire une messe ici.

Aujourd'hui et le jour suivant je travaillai dans nos archives.

16. Je fus à Langeac (4) et dînai chez M. Emmanuel de la Rochefoucaud aîné de M. le marquis de Langeac et doyen de la collégiale de St-Gal (5).

---

(1) Le Cluzel, château bâti près de St-Eble, canton de Langeac, où naquit, le 19 novembre 1739, le général François-Claude Amour, marquis de Bouillé, qui fut chargé de protéger la fuite de Louis XVI. Racheté par M. le marquis de Bouillé, son petit-fils, ancien ambassadeur en Espagne, le Cluzel appartient actuellement au fils de ce dernier, à M. le marquis Louis de Bouillé. La chambre où est né le général sert maintenant de chapelle au château en vertu d'un bref accordé par le Pape Pie IX.

(2) On trouve de très maigres extraits de l'obituaire des Chases à la Bibl. Nat. (mss. lat. 12689). Du manuscrit original il n'existe plus qu'une dizaine de feuillets arrachés à la destruction par M. Paul Le Blanc.

(3) L'abbaye régulière de St-Jacques-de-Doue (Doa), Ordre de Prémontré, près St-Germain-la-Prade, à quelque distance du Puy.

(4) Langeac, chef-lieu de canton de l'arrondissement de Brioude (Haute-Loire).

(5) St-Gal, actuellement église paroissiale de la ville de Langeac, avait un chapitre composé d'un doyen, d'un curé, d'un sacristain et de onze chanoines.

— Emmanuel de La Rochefoucaud, né à Langeac le 29 juillet 1655, doyen de l'église de St-Gal dès 1695. Il était le fils de Jean de La Rochefoucaud, marquis de Langeac et de Françoise-Marie de Lascaris d'Urfé.

17. Je fus à la Voûte (1) où le R. P. prieur D. Jérôme de Montchanin, homme d'une vertu solide et qui s'entend bien dans les affaires, me fit mille accueils. J'achetai deux charges de vin de son fermier, et je vis leurs archives où je ne trouvai presque rien, Dom Jean d'Apchier (2), ci-devant prieur, ayant presque tout emporté dans le château de MM. d'Apchier. Je pris copie du procès-verbal de Notre-Dame Trouvée, dont l'histoire est rapportée par D. Jacques Branche dans la Vie des Saints d'Auvergne (3).

18. Je fis conduire notre vin après avoir dit la messe à Notre-Dame Trouvée et avoir vu la mitre, la crosse, l'aube, la chasuble, étole, manipule, etc., de saint Odilon, qui a fondé ce monastère de la Voûte en l'honneur de la Sainte Croix, dans son propre fonds dans une petite île que forme l'Allier. Il y a aussi une partie considérable du bois de la Sainte-Croix et une mâchoire de saint Blaise.

(1) Le monastère Bénédictin de Ste-Croix de la Voûte (*Sta-Crux de Volta*), dans l'ancien diocèse de St-Flour.

(2) Jean d'Apchier, prieur et seigneur de la Voûte, était fils naturel du comte Philibert d'Apchier, tué par Polignac de Villefort dans l'église de Mende, le 18 janv. 1605. Il avait été élevé dans la maison d'Apchier. Nommé prieur de la Voûte en 1606, il ne fut ordonné prêtre qu'en 1610. Il assista aux Etats Généraux de 1614 en qualité de député du clergé du diocèse de St-Flour, avec Christophe du Verdier, abbé de Pébrac et André de Pons de la Grange, archidiacre de la cathédrale.

Accusé de plusieurs crimes, dès 1618, il fut arrêté en 1624 et détenu dans les prisons du Châtelet de Paris. Rendu à la liberté après quelques mois de détention, il fut obligé de se démettre de son prieuré (1628 à 1632). C'est alors que, pour se soustraire aux poursuites de plusieurs seigneurs des environs de la Voûte, avec lesquels il était en guerre ouverte, il fut obligé d'aller chez Mme de Crussol, sa nièce, dans sa maison forte de Pierre-Besse, où il entretint une garde pour se défendre. Réintégré cependant dans son prieuré vers 1633, il en resta paisible possesseur jusqu'en 1644, époque à laquelle il le résigna en faveur de Léon-François de St-Chamond. — Il résulte d'un inventaire fait à cette occasion que Jean d'Apchier avait restitué tous les titres de la Voûte, si jamais il les avait emportés. Nous pensons donc que le motif allégué à Dom Boyer, par le prieur claustral, est un refus déguisé. Les archives de ce monastère ont été détruites en 1792 seulement.

(Ces renseignements nous ont été communiqués par M. Fournier-Latouraille, auteur d'une histoire fort curieuse et inédite du prieuré de la Voûte).

(3) P. 60. — L'original de ce procès-verbal est actuellement conservé dans la sacristie de l'église de la Voûte.

19 et les jours suivants, je travaillai dans nos archives de Chanteuge. Le P. prieur de Pébrac et le P. de la Haye, natif de Charleville, me firent l'honneur de me venir dire adieu.

22. Je dis la messe aux Filles de Notre-Dame (1) de Langeac et je cherchai des Mémoires dans le Chartrier de la collégiale où il n'y a presque rien. J'écrivis aux RR. PP. de Sainte-Marthe et Massuet (2).

23. Je dis la messe à Sainte-Catherine de Langeac (3) et cherchai encore d'autres Mémoires.

24. Je mis nos Mémoires en bon ordre.

25. Après avoir dit la messe à six heures, je fus à l'abbaye de Saint-Pierre des Chases, où Mme l'abbesse Charlotte de Beauvergier Montgon me fit mille honnêtetés. Je trouvai plusieurs noms d'abbesses dans le Chartrier. Je dînai avec Madame l'abbesse et sa sœur, Madame la prieure, M. de la Rochefoucaud, marquis de Gondras, ses deux filles, etc.

26. Je rangeai tous mes Mémoires, et me disposai à partir. M. Jean Boyer, curé de Saint-Arcons (4), vint dîner chez nous.

Samedi 27. Je commençai mon voyage après avoir dit la sainte messe *de Beata* à la chapelle de Sainte-Anne. Je prie sa bienheureuse fille la Très-Sainte Vierge de vouloir m'être favorable pendant tout le voyage que j'entreprends un jour consacré à son honneur. Je déjeunai avec M. Boyer, curé de Saint-Arcons, D. Jean-François Rochon (5), le P. Joseph Chabron, Cordelier du Puy, et M. Morin. Les deux premiers me firent l'amitié de m'accompagner jusqu'au Cluzel, où M. le marquis de Gondras me combla d'honnêtetés. Il me fit voir tous les appartements de son château qui sont magnifiques et qu'il a fait bâtir lui-même ; à dîner, il nous traita royalement et marqua beaucoup de distinction pour moi, quoiqu'il y eût à table

---

(1) Le couvent des religieuses Filles de Notre-Dame, fondé en 1649.

(2) Dom René Massuet, né en 1666, à St-Ouen de Mancelles, près de Bernay, diocèse de Lisieux. Auteur d'écrits remarquables par leur science. Mort à St-Germain-des-Prés le 11 janvier 1716.

(3) Couvent de religieuses du tiers-ordre de St-Dominique établi en 1619.

(4) St-Arcons, chef-lieu de commune du canton de Langeac.

(5) D. François Rochon, né à Cunlhat, diocèse de Clermont, fit profession à l'âge de 21 ans dans l'abbaye de St-Augustin de Limoges, le 15 août 1697.

plusieurs personnes de considération qui le méritaient mieux que moi. A deux heures, je fus voir M. le curé de Saint-Eble, paroisse dépendante de la Voûte, qui me fit voir mille curiosités qu'il a faites lui-même avec le bout de son couteau, etc. Je passai ensuite à Aurat (1) où je fus mortifié de ne pas rencontrer M. Hugon, curé, mon ancien condisciple et bon ami. Cette cure dépend de l'abbé de Pébrac qui en est le prieur. Elle est dédiée à saint Martin, et l'église du prieuré à saint Georges, martyr. Je passai à Couteuge (2) dont le doyen de Langeac est prieur et fus coucher à Aleret (3), château de Madame de Colombines, qui est de l'ancienne maison de la Tour St-Vidal en Velay.

28. Je dis la messe dans la chapelle d'Aleret, dédiée à la Sainte-Vierge; il y a de beaux ornements, le crucifix et les chandeliers sont d'argent. Je dînai avec M. et Mlle de la Roque-Séverac que j'étais allé voir et M. l'abbé de Bragelogne, doyen de Brioude, et son neveu. Je fis collation à Paulhaguet (4) chez M. Branche, mon parent, et chez M. Avon. Je fus ensuite voir Madame de Canillac, religieuse des Chases et sa sœur, Mlle de Montboissier, à Chassaigne (5), château de M. son père; la paroisse dépend de Pébrac, et celle de Paulhaguet de la Vaudieu, où je fus coucher.

29. Le jour de Saint-Michel, je dis la messe dans notre église

---

(1) St-Georges d'Aurac, chef-lieu de commune du canton de Paulhaguet (Haute-Loire).

(2) Couteuge, chef-lieu de commune du canton de Paulhaguet (Haute-Loire).

(3) Alleret, terre considérable, située dans la commune de St-Privat-du-Dragon, canton de la Voûte-Chillac, appartenait à la famille d'Aureille de Colombines. Henriette, dernière héritière de cette maison, la porta par son mariage à Joseph Montagu de Beaune, seigneur de Bouzols, le 27 février 1709. Leur fils, Joachim-Louis de Montagu, la vendit à Guillaume-Antoine de Bouillé de St-Géron; et c'est par les de Bouillé qu'elle arriva à M. Palamède de Macheco, célèbre agronome, qui en a fait une des plus belles terres de la Haute-Loire.

(4) Paulhaguet, chef-lieu de canton de l'arrondissement de Brioude (Haute-Loire).

(5) Chassagne, chef-lieu de commune du canton de Paulhaguet,

de Saint-André de la Vaudieu ; je donnai la communion à Madame Michelle de la Vialle, religieuse. Madame Eléonore d'Angennes (1), prieure, m'ouvrit ses archives et m'aida beaucoup à chercher, et elle s'y entend bien. Elle s'est donné la peine elle-même de faire un catalogue des prieures de la Vaudieu qui l'ont précédée. Ce monastère est rempli de personnes de qualité, des meilleures maisons d'Auvergne. Toutes les religieuses m'y ont fait mille honnêtetés, et surtout Madame la prieure et sa sœur, Madame Thérèse d'Angennes, professe de l'abbaye de Cusset, de même que Madame la prieure.

30. Je dis la messe à la Vaudieu. Après dîner, je partis pour Brioude (2), où M. le théologal et Madame d'Estaing, sœur de Mgr l'évêque, religieuse de la Visitation, me firent beaucoup d'honneur.

OCTOBRE.

1710. 1. Je dis la messe à la Visitation, où je vis les trois sœurs, Mesdames de Boissieux et Madame de Vèze, sœur du Théologal. Je dînai chez M. de Vauzelles, marchand drapier. Je fus coucher à Auvernat (3), chez M. Julien de Veze (4), ba-

---

(1) Eléonore d'Angennes fut nommée prieure de Lavaudieu à la fin de l'année 1700 et mourut le 24 novembre 1718.

(2) Brioude, chef-lieu d'arrondissement du département de la Haute-Loire.

(3) Habitation aujourd'hui disparue, située entre les villages de Javaugnes et de la Rochette.

(4) Deux Juliens de Vèze, l'oncle et le neveu, ont été successivement chanoines théologaux du Chapitre de St-Julien. Le second, dont il est ici question, mourut à Brioude, âgé d'entour 67 ans, le 20 décembre 1732 et fut enterré dans l'église des religieuses de N.-D. de cette ville.

— Au bas de la page du manuscrit de D. Boyer est écrit, en note et sans renvoi : *Hic jacet Dnus. Poncius de Podompniaco bone memorie condam Decanus Eccles. Brivatensis qui obiit in vigilia natalis Dni. Anno Dni MCCCXXXV.* Cette inscription était gravée sur le tombeau de Ponce de Polignac, doyen de Brioude (1315-1335), dans l'église collégiale de St-Julien, près de la chapelle du St-Sacrement. Ce monument fut démonté à l'époque de la Révolution. L'effigie de ce personnage désigné par le populaire sous le nom d'*Homme de Vauge* fut seule épargnée. Cette statue ayant donné lieu à des pratiques superstitieuses, un curé de Brioude la fit enlever et détruire. La tête, conservée par hasard, orne le cabinet d'un homme de goût et d'un bibliophile éclairé, M. Charles de Croze, au château de Chassagne dont vient de parler notre Bénédictin.

chelier de Sorbonne, théologal et comte de Brioude, qui m'est un peu allié.

2. Je dis la messe dans la chapelle du château de Cumignac (1). M. du Crozet (2), dit de Cumignac, qui porte : *d'azur à la bande d'argent chargée de trois roses de gueules*, me fit toutes sortes d'accueil et me communiqua plusieurs belles choses touchant les familles d'Auvergne. Il a treize enfants, dont quatre filles religieuses à la Vaudieu. C'est un galant homme.

3. Je dis la messe des morts à Cumignac ; après dîner je fus avec M. de Cumignac à Lamothe (3), pour voir les armes des maisons alliées à celle de Canillac (4). La cure de la Viale sur Mothe (5) dépend de Pébrac. Il y a aussi à la Mothe des nonnes de Fontevraud.

4. Samedi. Je dis la messe dans la chapelle de Cumignac dédiée à la Sainte-Vierge. Je dînai et soupai à Auvernat avec M. le Théologal, sa nièce et M. Branche, mon parent, petit-neveu de Dom Jacques Branche (6), prieur mage de Pébrac,

---

(1) Cumignat, château auprès de Javaugues.
(2) Claude Gilbert du Crozet, seigneur de Cumignat.
(3) Lamothe-Canillac, chef-lieu de commune du canton de Brioude (Haute-Loire).
(4) Ces armoiries étaient peintes sur le plafond d'une alcôve que l'on voit encore dans une des chambres du château de Lamothe. Ce sont seulement celles des Montboissier-Beaufort-Canillac et des de Vienne, artistement disposées et coloriées au milieu d'arabesques et de banderolles dans le goût du commencement du xviie siècle. D'après D. Fonteneau, une généalogie de cette famille était dessinée sur la cheminée de la salle basse du château d'Hauterive, près de Thiers, chez un membre d'une autre branche des Montboissier.
(5) Vialles sur Lamothe, où se trouvait l'église de St-Saturnin qui servait de paroisse à Lamothe.
(6) Dom Jacques Branche naquit en 1590, à Jax, diocèse de St-Flour, dans l'élection de Brioude, de Blaise Branche, bailli de Lavandieu, et de Marguerite Fontaine. Destiné à l'état ecclésiastique, il fut pourvu d'un canonicat de l'église de St-Gal-de-Langeac et bientôt nommé curé de cette paroisse. Ayant résolu d'embrasser la vie monastique, il entra au monastère de Pébrac, dont il fut élu prieur-mage et où il mourut le 29 septembre 1662.

Jacques Branche a laissé plusieurs ouvrages fort rares aujourd'hui. Le plus connu, la *Vie des saincts et des sainctes de l'Auvergne et du Velay*, a été réimprimé en 1858 par notre éditeur, M. Ferdinand Thibaud.

auteur de la Vie des Saints d'Auvergne. Madame d'Angennes et Madame de Vernolle, religieuses de la Vaudieu, conduisirent le même jour Mademoiselle Claire de Coulange (1), fille de M. de Pons, à Brioude où cette jeune demoiselle récita à Mme d'Estaing, sa tante, les vers suivants que Madame la prieure de la Vaudieu m'engagea à composer presqu'impromptu ; aussi ne sont-ils pas excellents, surtout le second, qui ne me revient point. Cependant Madame d'Estaing les trouva charmants de même que les autres personnes qui les entendirent réciter.

A Madame Françoise d'Estaing,
Religieuse de la Visitation Sainte-Marie.

Digne sœur d'un prélat dont le rare mérite
Brille, charme, éblouit les personnes d'élite,
Issue comme lui du plus pur sang d'Estaing,
De cet illustre sang dont on forme les saints,
Voici votre Coulange, accordez-lui la grâce
De mêler quelques fleurs au lys de votre race (2) ;
Vos lys m'inspireront un respect plein d'amour,
Mes fleurs vous parleront de mon tendre retour,
Du respect, de l'amour, le noble et doux mélange
Faira tout le bouquet de Claire de Coulange.

5. Je dis la messe à Cumignac et vêpres à Javaugues (3), prieuré autrefois conventuel, à présent uni à la Chaise-Dieu. Saint Loup, archevêque de Sens, en est titulaire. Il y a plusieurs reliques dans un reliquaire de bois doré que M. le Théologal a donné, aussi bien qu'un reliquaire d'argent où l'on montre une dent de Ste Apolline avec cette inscription : *Sta Apollonia, ora pro nobis.* Et de l'autre côté, l'on voit les

---

(1) Claire de Collanges, fille de Jean de Pons, seigneur de Collanges, près St-Germain-Lembron et d'Anne d'Estaing.
(2) Les armes de la famille d'Estaing étaient : *d'azur, à trois fleurs de lis d'or, au chef de même.*
(3) Javaugues, chef-lieu de commune du canton de Brioude.

armes de M. de Vèze qui sont : *d'argent fascé de gueules*, avec ces mots : *Ad beneficiorum memoriam*. M. de Cumignac et M. d'Anval (1) me firent déchiffrer plusieurs titres anciens dans un desquels je trouvai un prieur de Javaugues au treizième siècle, sorti de la maison de Digons.

6. Après avoir dit la messe à Cumignac, M. de Cumignac me fit l'honneur de m'accompagner jusqu'à la Chaise-Dieu où nous dînâmes ensemble. Après dîner, il retourna à son château où il me fit toutes sortes d'amitié. Je soupai le soir avec le Père prieur de St-Bauzile de Nimes, D. Rey (2), D. A. Roy (3) et D. P. Michelet (4) et D. Pierre Vialles, doyen de Savigneux.

7. Je dis la messe votive de la Ste Vierge pour la Congrégation et je rangeai les Mémoires que j'avais pris à la Vaudieu, à la Voûte, à Brioude, etc. Les jours suivants, le R. P. D. Guy Buisson, prieur, m'a fait mille honnêtetés et tout le reste de cette semaine il m'a fait souper avec les hôtes qui ne manquent jamais dans ce monastère. Les Dames de la Vaudieu m'avaient engagé à faire quelques vers pour être présentés par leurs pensionnaires le 15 octobre et le 6 novembre aux Dames d'Angennes. J'ai fait aujourd'hui ceux qui suivent :

A Madame Thérèse d'Angennes,
Prieure de Bonneval, professe de Cusset.

Pour former un bouquet j'ai parcouru la plaine,
Mais malheureusement je n'ai pu rien trouver.
Toutefois au retour j'ai trouvé Melpomène :

---

(1) M. de la Salle, seigneur du Vals le Chastel, autrement dit : Anval ou Enval.

(2) D. Pierre Rey, né à Arles, fit profession à l'âge de 17 ans dans l'abbaye de la Daurade de Toulouse le 18 août 1688 et mourut au monastère de Sorde, le 12 juillet 1722.

(3) D. Antoine Roy, né à Riom, fit profession à l'âge de 17 ans dans l'abbaye de St-Allyre le 16 août 1686 et mourut à Bassac le 11 juillet 1727.

(4) D. Pierre Michelet, né à St-Pourçain, fit profession à l'âge de 18 ans dans l'abbaye de St Augustin de Limoges le 18 novembre 1693 et mourut à St-Allyre le 10 mars 1733.

Saint-Denis, où vas-tu ? viens, je veux te prouver
Combien je fais d'état de l'illustre Thérèse,
Et t'inspirant des vers te tirer d'embarras.
Ah ! jugez de ma joie et combien je fus aise !
Mes honneurs à sa sœur ; et ne l'oublie pas,
M'a dit en me quittant cette charmante Muse.
Elle a su sagement me contenter en tout
A ses honnêtetez j'ai demeuré confuse,
Ainsi de mes souhaits je suis venu à bout.

Mademoiselle de St-Denis (1), qui doit réciter ces vers, est d'une noble famille de Gévaudan, et la bonne grâce avec laquelle elle les récitera en donnera beaucoup à mes vers qui sont assez plats.

Mademoiselle de Coulange doit réciter les suivants le jour de St-Léonard que Madame la prieure prend pour son patron.

A Madame Eléonore d'Angennes,
Prieure de Saint-André de la Vaudieu.

Si j'avais en partage une Muse féconde
Pour chanter vos vertus sur la terre et sur l'onde,
Que ne dirais-je pas du mérite éclatant,
De la vertu sans fard et de l'esprit brillant,
Dont le ciel enrichit votre illustre personne ?
Mon penchant m'y conduit et mon devoir l'ordonne,
Mais où prendre un crayon si fin, si vif, si beau,
Pour peindre Eléonore, pour faire un tel tableau ?
Il faut avoir la main et le pinceau d'un ange,
Ce sont les sentiments de Claire de Coulange.

A la même.
Par Melle d'Orcerolles, fille de M. de Cumignac.

Votre père autrefois par sa rare prudence
    Rappela les Guiensois,

---

(1) Melle de Lescure de St-Denis.

Et soumit ces mutins au monarque de France,
En gagnant les bourgeois.
Fille d'un tel héros, par une sainte adresse,
Vous faites encore mieux,
En trouvant le secret de gagner la noblesse
Au monarque des cieux.

19 octobre. Après avoir rangé tous nos petits Mémoires, je me suis disposé à continuer ma course. J'ai dit aujourd'hui la messe à l'autel St-Robert, dont on célébrait la translation avec solennité, et j'ai fait sous-diacre à la grand'messe. M. Rousson, prieur de Beaune (1) m'est venu voir, de même que M. Martin, chanoine de St-Paulien (2), de la part de Madame l'abbesse des Chases qui me priait d'aller la voir pour affaires. Mais je n'ai pu lui accorder.

20 octobre. Je passai par les paroisses de Dore-l'Eglise (3), dépendante de la Chaise-Dieu, de Médeyrolles (4), dépendante de Pébrac où M. le Prieur me pressa fort de m'arrêter; de Viverols (5), de Gleysoles (6) et de St-Romain (7) qui dépend de la Chaise-Dieu et je dînai à St-Clément (8) qui dépend de Savigny (9); de là je passai à St-Anthême (10), à Verrières (11),

(1) Beaune, chef-lieu de commune du canton de Craponne (Haute-Loire).
(2) St-Paulien, chef-lieu de canton de l'arrondissement du Puy. — Autrefois *Ruesium*. Fut jusqu'à S. Vosy le siège des Evêques du Velay. Avait un Chapitre collégial sous le vocable de St-Georges, apôtre et premier évêque de cette contrée.
(3) Dore-l'Eglise, chef-lieu de commune du canton d'Arlanc (Puy-de-Dôme).
(4) Médeyrolles, chef-lieu de commune du canton de Viverols.
(5) Viverols, chef-lieu de canton de l'arrondissement d'Ambert (Puy-de-Dôme).
(6) Eglisolles, chef-lieu de commune du canton de Viverols.
(7) St-Romain, chef-lieu de commune du canton de St-Anthême.
(8) St-Clément, chef-lieu de commune du canton de St-Anthême.
(9) Savigny (*Savigniacum*). — L'abbaye bénédictine de St-Martin de Savigny était dans le diocèse de Lyon. Pour être reçu religieux à Savigny, il fallait faire preuve de noblesse.
(10) St-Anthême, chef-lieu de canton de l'arrondissement d'Ambert (Puy-de-Dôme).
(11) Verrières, chef-lieu de commune du canton de Montbrison (Loire).

à Moings (1) et je soupai à Savigneux (2) où D. Joseph Malavergne (3), prieur, D. P. Vialles, doyen, D. Léonard Petit (4), mon condisciple et tous les autres confrères me firent mille accueils.

21. Je dis la messe à Savigneux, à l'autel de N.-D. de Pitié ; le matin, je cherchai les papiers du monastère : après dîner je fus à l'abbaye de Ste-Claire où Madame d'Urfé qui en est abbesse et le P. Florèse, Récolet, qui en est confesseur, me fournirent tous les Mémoires de cette sainte maison qui sont en très-bon ordre. Le P. Morin, professeur de philosophie au couvent des Cordeliers, où sont enterrés les comtes de Forez, nous donna la collation. Je vis l'église et l'autel des Dames de la Visitation qui est ce qu'il y a de plus beau à voir dans Montbrison (5).

22. Je continuai à chercher des Mémoires dans les archives de nos Pères de Ste-Croix de Savigneux.

23. Après dîner, je partis pour Val-Jésus. Je passai à St-Romain (6), à Sury (7) et à St-Rambert (8) où M. le curé David me fit voir l'église dépendante de l'abbaye de l'Isle-Barbe. M. de Villeroy en est prieur. Je n'y trouvai aucun Mémoire. Je fus ensuite au château des Sallois (9) et de là au Val-Jésus (10), où le P. Gonin de Lurieu et le P. Placide et F. Luc, tous deux Bretons, me reçurent avec beaucoup de

---

(1) Moingt, chef-lieu de commune du canton de Montbrison (Loire).

(2) Savigneux, chef-lieu de commune du canton de Montbrison (Loire) (*Sta Crux Savignacensis*). Prieuré conventuel dépendant de la Chaise-Dieu, fondé en 1096.

(3) D. Joseph Malavergne, né à Limoges, fit profession dans l'abbaye de St-Augustin de cette ville, à l'âge de 19 ans, le 26 mai 1685, et mourut à Solignac, le 14 février 1735.

(4) D. Léonard Petit, né à Limoges, fit profession dans l'abbaye de St-Augustin de cette ville, à l'âge de 19 ans, le 30 avril 1690, le même jour que D. J. Boyer.

(5) Montbrison, ancienne capitale du Forez, chef-lieu d'arrondissement du département de la Loire.

(6) St-Romain le Puy, chef-lieu de commune du canton de St-Rambert (Loire).

(7) Sury le Comtal, chef-lieu de commune du canton de St-Rambert (Loire).

(8) St-Rambert, chef-lieu de canton de l'arrondissement de Montbrison.

(9) Essallois, château, commune de Chambles, canton de St-Rambert.

(10) Val-Jésus, ermitage de Camaldules près d'Essalois, fondé en 1628,

charité. C'est le premier ermitage des Camaldules en France, fondé par le P. de St-Paul (1), prêtre de l'Oratoire, qui a aussi fondé à demi lieue du Val-Jésus le collège de N.-D. de Grâce (2). Ces bons religieux vivent dans une grande séparation du monde et dans une extrême pauvreté ; ils me communiquèrent le peu de titres qu'ils ont, et j'en fis un extrait avant de me coucher dans une de leurs cellules.

29. Je dis la sainte messe au grand autel de Val-Jésus et fus ensuite à St-Etienne de Furan (3). M. Ferriol m'y fit prendre le café et me fit mille caresses. Je soupai à Val-Benoîte (4), abbaye de l'Ordre de Cîteaux, fille de Bonnevaux, à un petit quart de lieue de St-Etienne sur la rivière de Furan. M. Jacques de Fourcieux de Rochetaillée (5), qui en est abbé et qui y a fait mille réparations, m'y fit mille accueils.

Je n'y trouvai que trois religieux D. Bodeau et D. Cotteré, natifs de Dijon et D. Jacques de Ligondès, d'une noble famille d'Auvergne. Ils me régalèrent bien et voulaient absolument me retenir le lendemain ; mais comme le prieur qui avait une clef des archives, était absent, je ne pus accepter leurs offres.

25. Après avoir dit la messe au grand autel de N.-D. de Valbenoîte, je partis après dîner pour aller à la Seauve-Bénite (6), abbaye de Filles du même Ordre, sur la rivière de Semène qui se jette dans la Loire, à une lieue de là, auprès

---

(1) Vital de St-Pol, fils naturel de Louis de St-Pol, seigneur de la Guillanche et de Vassalieu, aumônier conseiller du Roi, prieur de St-Germain-l'Herm, entra chez les Oratoriens en 1617. Il mourut le 10 novembre 1659.

(2) N.-D. de Grâces, maison des Prêtres de l'Oratoire, à trois kilomètres de Val-Jésus, sur le mont Peu-Chaud-les-Vassalieu. D'abord habitée de 1610 à 1619, par les Camaldules.

(3) St-Etienne de Furan était déjà la ville la plus considérable du Forez ; mais elle était encore loin d'avoir acquis l'importance qu'elle a aujourd'hui.

(4) Notre-Dame de Valbenoîte (*Vallis Benedicta*) au diocèse de Lyon.

(5) Jacques de Forcieux de Rochetaillée, fils d'Hugues, valet de chambre du Roi, et de Catherine de Bardonenche, régit cette abbaye de 1680 à 1727.

(6) L'abbaye de Notre-Dame de la Seauve-Bénite (*Silva benedicta*), Ordre de Cîteaux, au diocèse du Puy. On ignore l'époque de sa fondation.

d'Aurec (1). Cette abbaye est située à un quart de lieue et dans la paroisse de St-Didier (2), dans un petit vallon. Madame Jeanne de Grezolles (3) en est abbesse ; elle est d'une douceur singulière et fort assidue à l'office divin. Elle me fit beaucoup d'honnêtetés et bonne chère. Je reçus aussi bien d'accueils des autres dames et en particulier de Madame du Prat d'Ecornet, prieure, des dames de Champey, de Rostang, de Planèze, de Laborange, etc.

26. Dimanche. Je dis la messe à l'autel de la B. Marguerite (4), religieuse de la Seauve qui y fait plusieurs miracles. Après avoir dîner, je fus à Monistrol-l'Evêque (5), qui n'est éloigné que d'une petite lieue. Je soupai chez M. Montet, chanoine de la collégiale de St-Marcellin où j'entendis vêpres. Je fus voir le Père Théodore de Champigny (6) dans son ermitage qui est au bout du jardin de l'Evêque, pour le consulter sur l'histoire de N.-D. du Puy qu'il a donnée au public. Le soir, tous les chanoines me firent l'honneur de me rendre une longue visite chez M. Montet.

27. Je dis la messe aux Ursulines. Je fus dîner à Retorna (7), chez M. Berthon, curé, mon parent, après avoir passé la Loire à Confolens (8).

28. Le jour des SS. Simon et Jude, je dis la messe solennelle

(1) Aurec, chef-lieu de commune du canton de St-Didier la Seauve (Haute-Loire).

(2) St Didier la Seauve ou St-Didier en Velay, chef-lieu de canton de l'arrondissement d'Yssingeaux (Haute-Loire).

(3) Jeanne de Gayardon de Grezolles, fille d'André, seigneur de Lurey et d'Anne Chavet de Laspréc, nommée le 15 août 1707, mourut le 31 mai 1713.

(4) Sur cette sainte consulter: *Documents pour servir à la biographie de la B. Marguerite de la Seauve*, par l'abbé Theilliere; Le Puy, 1871.

(5) Monistrol-l'Evêque ou Monistrol sur la Loire, chef-lieu de canton de l'arrondissement d'Yssingeaux (Haute-Loire).

(6) Le frère Théodore Bochard de Champigny, de la congrégation des Ermites de St-Jean-Baptiste, auteur de *l'Histoire de l'Eglise Angélique de Notre-Dame du Puy* (Le Puy, Delagarde, 1693).

(7) Retournac, chef-lieu de commune du canton d'Yssingeaux (Haute Loire).

(8) Confolens, village de la commune de Beauzac, où est construite la gare de Pont de Lignon.

dans l'église de St-Jean de Retornac, bâtie par Jean de Bourbon, évêque du Puy. M. Chastel, curé de St-Maurice de Roche (1), fut diacre, M. Proriol, vicaire de Retornac sous-diacre ; MM. Chevalier et Sabbatier, prêtres et chanoines de Retornac, chantres avec leurs bourdons et leurs mitres. J'officiai de même à vêpres. Je dînai avec tous ces officiers, chez M. Berthon qui me combla d'honneur et je fus coucher à Mans (2), chez un autre de mes parents, noble Jérôme du Fraisse, seigneur d'Espalion (3) qui me reçut avec beaucoup d'empressement, aussi bien que son fils M. des Moulins et M. Dufort, son petit-fils.

29 octobre. Je dis la messe à la chapelle du Mans, après dîner je traversai la Loire pour aller à Chamalières (4), prieuré de l'Ordre de St-Benoît, dépendant de l'abbaye du Monastier St-Chaffre. D. Lagrevol, sous-prieur et les autres religieux me firent beaucoup d'amitiés. Je baisai le S. Clou (5) donné par Charlemagne ; il est fait en forme de mors de cheval, et conservé dans un reliquaire donné par le vicomte de Polignac. Mais n'ayant pu avoir la clef des archives qui est entre les mains du prieur commendataire qui demeure en Languedoc, je passai de rechef la Loire et la côtoyant pendant une lieue, je me rendis à Vaurey (6), où dame Marie Gilberte de Beauvergier-Montgon que j'avais déjà connue chez sa tante,

(1) St-Maurice de Roche, village de la commune de Roche en Regnier, canton de Vorey (Haute-Loire).

(2) Mans de Roche, village de la commune de Roche en Regnier, canton de Vorey (Haute-Loire).

(3) M. de Fraix d'Espalion de Vermoyal. — Espalion, le Fort et les Moulins ont des terres situées le long de la Loire, dans la commune de Vorey.

(4) Le prieuré bénédictin de St-Gilles de Chamalières (*S. Egidius Camulerarium*), diocèse du Puy, fondé au milieu du xe siècle, dépendait de l'abbaye du Monastier St-Chaffre, même diocèse. — Chamalières, actuellement chef-lieu de commune du canton de Vorey (Haute-Loire).

(5) Voir sur le S. Clou de Chamalières l'*Histoire des Saincts et Sainctes d'Auvergne et de Velay*, par Jacques Branche (Le Puy, 1652, page 286).

(6) Vorey (*Vallis Regia*), abbaye bénédictine, d'abord établie sur la paroisse de Chomelix et transférée à Vorey au xie siècle. Les prieures, qui prenaient le titre d'abbesse et portaient la croix pectorale, étaient à la nomination des abbesses des Chazes. — Aujourd'hui chef-lieu de canton de l'arrondissement du Puy (Haute-Loire).

Madame l'abbesse des Chases, me reçut parfaitement bien. C'est une fille d'un grand mérite, qui a beaucoup de vertu et une grande conduite. Elle est adorée de ses religieuses qui vivent dans une grande union et dans une exacte régularité. J'y trouvai Madame d'Agrain, novice, Melle de Rochefort, sa sœur, postulante et quelques pensionnaires du Puy. Mais je n'y trouvai aucun Mémoire pour l'histoire. L'église est dédiée à St-Saturnin et le monastère s'appelle en latin *Vallis Regia* (1), sans que j'aie pu en deviner l'étymologie.

30. Je dis la messe au grand autel de Vaurey; l'église est fort belle; le monastère dépend des Chases. Après avoir dîné chez Mme la prieure, je partis pour Beaune et passai par St-Pierre Duchamp (2).

31. Je dis la messe au grand autel de St-Julien de Beaune, d'où je partis après avoir reçu mille honnêtetés de mon cher cousin Antoine Rousson qui en est prieur et curé et des sœurs de St-Joseph qui sont auprès de son presbytère. Je dînai à la Chaise-Dieu avec la communauté et assistai aux premières vêpres de tous les Saints.

NOVEMBRE.

1710. 1. J'eus l'honneur de porter à la procession le bras de saint André, apôtre, qui a été donné à la Chaise-Dieu par le pape Grégoire XI (3) et je fus précenseur (4) au Graduel. Je dis ensuite la messe à l'autel de la Reine de tous les saints. D. J. F. Girardin (5) fit un fort beau sermon. Madame la

---

(1) On ne trouve dans aucune des chartes du Cartulaire de Chamalières la dénomination *Vallis Regia*, qui semble moderne. On y lit toujours : *In perochia de Vourey.*

(2) St-Pierre Duchamp, chef-lieu de commune du canton de Vorey.

(3) Grégoire XI, Pierre Rogier de Beaufort, d'une famille limousine, et neveu de Clément VI, qui avait été moine à la Chaise-Dieu où il fut enterré. Grégoire XI fonda un collège dans les bâtiments de cette abbaye.

(4) Précenseur ou précenteur, c'est-à-dire maître de chœur, premier chantre.

(5) D. Jean-François Girardin de Fontenoys, né au Puy en Velay, fit profession, à l'âge de 22 ans, dans l'abbaye de la Daurade de Toulouse, le 27 novembre 1692, et mourut à la Chaise-Dieu, le 24 février 1728.

prieure de St-Julien de la Geneste (1) et ses deux sœurs, religieuses du dit monastère qui dépend de la Chaise-Dieu, assistèrent à tous les offices, aussi bien que les deux jours suivants, pendant lesquels je rangeai nos Mémoires.

4 novembre. On célébra à la Chaise-Dieu la fête des SS. Agricole et Vital, titulaires de l'église, avec solennité. Outre les trois religieuses dont j'ai parlé, il y en avait deux des Chases, Madame de Lafayette et Madame de Canillac, sa nièce; avec M. de Canillac, son père, Madame sa mère sœur de lad. dame de la Fayette, Melle de Montboissier, fille du d. sieur de Canillac, M. de Rochebaron, M. et Madame de la Fayette, et plusieurs autres personnes qualifiées qui me firent l'honneur de me visiter.

5. Après avoir dîné, je partis avec Dom J. Urban (2), procureur de la Chaise-Dieu; nous passâmes par la chapelle Geneste (3), par St-Ellyre (4), et nous fîmes collation à St-Germain-l'Herm (5). Ce sont trois dépendances de la Chaise-Dieu. La pluie nous accompagna depuis St-Germain jusqu'à la Monge (6), où nous couchâmes chez M. Chevan, qui s'était marié le jour d'auparavant avec Melle Boesse, de Sauxillanges. Toute la compagnie de la noce y était encore.

6. Nous fûmes dîner à Nonette (7), et la pluie continuant toujours, nous fûmes contraints d'y séjourner. D. Benoît Jourda (8),

---

(1) St-Julien-la-Geneste, chef-lieu de commune du canton de St-Gervais (Puy-de-Dôme). — Prieuré de religieuses bénédictines.

(2) D. Jean Urban, né à Montluçon, fit profession à l'âge de 22 ans, dans l'abbaye de St-Augustin de Limoges, le 20 mai 1676.

(3) La Chappelle-Geneste, chef-lieu de commune du canton de la Chaise-Dieu.

(4) St-Allyre, chef-lieu de commune du canton d'Arlanc (Puy-de-Dôme).

(5) St-Germain-l'Herm, chef-lieu de canton de l'arrondissement d'Ambert.

(6) Lamontgie, chef-lieu de commune du canton de Jumeaux (Puy-de-Dôme).

(7) Nonette, chef-lieu de commune du canton de St-Germain-Lembron (Puy-de-Dôme).

(8) D. Benoît Jourda, né à Monistrol-sur-Loire, fit profession à l'âge de 20 ans, dans l'abbaye de St-Allyre, le 20 septembre 1686. Il mourut à la Chaise-Dieu, le 19 mars 1732.

qui était à Orsonnette (1) pour la provision du vin, vint souper avec nous.

7. Je dis la messe dans l'église du prieuré de St-Nicolas de Nonette, uni à la Chaise-Dieu. Nous dînâmes chez Madame Amariton, veuve d'un conseiller de Clermont et sœur de D. F. Redon (2), visiteur de la province de Toulouse. Nous fûmes bien régalés et la compagnie était nombreuse, de même que les plats. J'écrivis plusieurs lettres pour avoir des Mémoires.

8. Samedi, fête de St-Austremoine, que j'avais cru de passer à Issoire, dont ce S. martyr et apôtre de l'Auvergne est titulaire, je dis la messe à Nonette; et, ne pouvant traverser l'Allier qui avait inondé toute la campagne, noyé plusieurs personnes et fait mille ravages, nous partîmes pour Brioude, côtoyant la rivière sur les hauteurs et passant par Orsonnette, Auzat (3), Vezezou (4), Azerat (5), la Mothe-Canillac, Fontanges (6), la Bajasse (7), Vieille-Brioude (8). Nous couchâmes au Chapeau-Rouge, chez Sauvat, fort fatigués.

9. Après avoir dit la messe aux Cordeliers, qui nous donnèrent à déjeûner fort obligeamment, nous passâmes par St-Ferréol (9), couvent des RR. PP. Minimes, et par Vergon-

---

(1) Orsonnette, chef-lieu de commune du canton de St-Germain-Lembron (Puy-de-Dôme). — Le prieuré d'Orsonnette, comme celui de Nonette, était uni à la manse abbatiale de la Chaise-Dieu.

(2) D. François Redon, né à Clermont en Auvergne, fit profession à l'âge de 19 ans, dans l'abbaye de la Daurade de Toulouse, le 31 octobre 1671. Il mourut à N.-D. de Chelles, le 26 mai 1729.

(3) Auzat-sur-Allier, chef-lieu de commune du canton de Jumeaux (Puy-de-Dôme).

(4) Vezezoux, chef-lieu de commune du canton d'Auzon (Haute-Loire).

(5) Azerat, id.

(6) Fontanes, chef-lieu de commune du canton de Brioude.

(7) La Bajasse, au confluent de l'Allier et de la Sénouire, près de Brioude. — Prieuré uni à l'hôpital de cette ville.

(8) Vieille-Brioude, chef-lieu de commune du canton de Brioude. — Prieuré de l'ordre de St-Augustin dépendant de Pébrac.

(9) St-Ferréol, couvent de Minimes, fondé le 14 juin 1608 par le Chapitre de Brioude, dans la maison où jusqu'alors avaient résidé ses prêtres choriers et sur le lieu du martyre de S. Julien. (Voir *Curiosités héraldiques de l'arrondissement de Brioude*, par M. Fournier-Latouraille. — Brioude, Gallice, 1855, page 39).

ghon (1); nous passâmes le bateau à Lande (2), nous dînâmes à St-Germain-Lembron (3), au Dauphin, et fûmes coucher à Neschers (4), où Mgr Joachim d'Estaing, évêque de St-Flour, fait bâtir un fort beau château.

Le P. procureur remit entre les mains du prélat, quelques papiers concernant les dîmes de Neschers, que nos Pères de la Chaise-Dieu lui ont cédées, moyennant la somme de 1000 écus, qu'il leur a comptée. Le soir même, Mgr l'évêque me donna une lettre pour avoir entrée dans tous les chartriers de son diocèse et dans tous les monastères de religieuses.

10. Je dis la messe à la paroisse de Neschers, et après avoir pris quelques Mémoires de la maison d'Estaing, que Mgr l'évêque et M. du Terrail (5), son frère aîné, me fournirent, je fus, à cause des eaux, par Chidrac (6) et Saint-Vincent (7), au château de Saint-Cirgues (8), pour voir deux tableaux en original des papes Clément VI et Grégoire XI, que feu M. de Canillac avait empruntés à la Chaise-Dieu, et qu'il n'a pas voulu rendre. M. Chabot, curé du lieu et M. Favar, assesseur à Clermont, m'y firent mille honnêtetés. Ils me firent voir une fort

---

(1) Vergongbon, chef-lieu de commune du canton d'Auzon.

(2) Lempdes, sur la rivière d'Allagnon, chef-lieu de commune du canton d'Auzon.

(3) St-Germain-Lembron, chef-lieu de canton de l'arrondissement d'Issoire (Puy-de-Dôme). La ville et seigneurie de St-Germain-Lembron fut donnée en 945, par Etienne, évêque de Clermont, au Chapitre de St-Julien de Brioude qui, lui-même, y établit un Chapitre, dont le chef avait le titre de sacristain.

(4) Neschers, chef-lieu de commune du canton de Champeix (Puy-de-Dôme).

(5) Gaspard d'Estaing, marquis du Terrail et de Ravel, frère aîné de l'évêque de Saint-Flour.

(6) Chidrac, chef-lieu de commune du canton de Champeix.

(7) Saint-Vincent, id.

(8) Saint-Cirgues, chef-lieu de commune du canton de Champeix. —Antoine, fils de Thomas Bohier, fit don de la terre de Saint-Cirgues, au connétable Anne de Montmorency, et le fils de celui-ci, Henri de Montmorency, l'échangea pour le comté d'Alais, avec Marc de Montboissier-Beaufort-Canillac en 1575. Clément VI et son neveu Grégoire XI appartenaient à la famille Rogier-Beaufort qui releva le nom des Canillac, et fut substituée elle-même par celle de Montboissier,

belle croix de pierre, faite par les soins de Thomas Bohier, qui a fait bâtir le château de Saint-Cirgues, dont il était seigneur. Je repassai par Chidrac, Périers (1), et fus coucher à Issoire (2), où j'ai reçu mille accueils de D. A. Chassaing (3), prieur; D. B. Terrasse (4), sous-prieur; D. A. Dubois (5), cellerier; D. J. Charrier et D. J. Daulne (6), dépositaire (7).

11. Je dis la messe à l'autel de Saint-Martin, et commençai ensuite à chercher des Mémoires, mais il n'y a pas un seul titre, les Huguenots ayant pillé tout le monastère, lorsqu'ils prirent Issoire, sous le capitaine Merle, l'an 1575.

12. Je fus au monastère du Saint-Esprit d'Issoire, avec le Père Supérieur. Madame du Prat d'Ecornet, qui en est prieure, me communiqua tous ses papiers, qui sont en petit nombre; cette maison n'étant fondée que depuis 1629. Ces Bénédictines vivent dans une grande régularité, se lèvent à deux heures, gardent l'abstinence, etc.

13. J'entendis dans l'église du d. monastère du Saint-Esprit, le panégyrique de tous les SS. Bénédictins, ou plutôt celui de tous les saints qui sont au ciel, car le bon Père capucin ne dit pas un seul mot de saint Benoît, ni de ses enfants. Je pris aussi la bénédiction du Très-Saint-Sacrement.

---

(1) Périer, chef-lieu de commune du canton d'Issoire.

(2) Issoire, chef-lieu d'arrondissement du département du Puy-de-Dôme. — L'abbaye de Saint-Austremoine d'Issoire (*Yssiodorum*), Ordre de Saint-Benoît, Congrégation de Saint-Maur, doit son origine au tombeau d'Austremoine, apôtre et premier évêque d'Auvergne.

(3) D. Antoine Chassaing, né à Meymac, fit profession à l'âge de 17 ans, dans l'abbaye de St-Augustin de Limoges, le 1er août 1694.

(4) D. Benoît Terrasse, né à la Chaise-Dieu, fit profession, à l'âge de 25 ans, dans l'abbaye de St-Augustin de Limoges, le 27 août 1681, et mourut à St-Jean-d'Angély, le 12 janvier 1732.

(5) D. Antoine Dubois, né à Montbrison, fit profession à l'âge de 21 ans, dans l'abbaye de St-Augustin de Limoges, le 25 juillet 1680, et mourut à St-Jean-d'Angély, le 6 mars 1733.

(6) D. Jean d'Aulne, né à Bourges, fit profession à l'âge de 18 ans, dans l'abbaye de St-Augustin de Limoges, le 3 septembre 1697, et mourut à Beaulieu en Limousin, le 15 décembre 1730.

(7) Dépositaire, le gardien des titres ou archives du monastère.

14. Je fus dîner à Sauxillanges (1), avec D. Jean Daulne. Le R. P. D. Jean-François Constantin, visiteur de l'Ordre de Cluny, et prieur du monastère de SS. Pierre et Paul de Sauxillanges, me combla d'honnêtetés. Il me fit voir le corps de saint Godon (2), qui est encore tout entier tenant une main levée en l'air. Il y a aussi plusieurs reliques dans le trésor. Le P. visiteur me communiqua le Cartulaire et le Nécrologe qui sont fort curieux. Je vis dans le clocher, une cloche dont saint Louis, roi de France, a été le parrain. Le soir, je soupai avec D. Placide de Laval, Parisien, maître de théologie, et avec D. Gabriel Fovyn, de Montbrison, procureur. L'un et l'autre ont beaucoup d'esprit et de fort belles manières.

15. Je travaillai depuis cinq heures jusqu'à dix, que je fus dire la messe à l'autel de Saint-Godon. Après dîner, je me rendis à Manglieu (3), où M. le prieur et tous les religieux me firent beaucoup d'accueil. Cette abbaye dont saint Sébastien est le patron, est fort ancienne. Il y a des titres très-curieux de Pépin, de Charlemagne, de Louis le Débonnaire. Le trésor est rempli de précieuses reliques. On y voit un buste de Charlemagne qui est ancien et fort beau. La plupart des titres sont perdus.

16. Nous partîmes de bon matin pour aller dire la messe à Issoire. Mon cheval s'abattit au milieu d'une petite rivière, où je faillis me noyer ; mais j'en fus quitte pour la peur et pour la prise d'un demi-bain qui n'était guère de saison.

Après avoir changé d'habits, je dis la messe à Issoire, où je trouvai D. B. Jourda, D. P. Vialles et F. J. Clément (4). Ce

---

(1) Sauxillanges, chef-lieu de canton de l'arrondissement d'Issoire. — Le monastère bénédictin de Sauxillanges (*Celsinianœ*), diocèse de Clermont, fondé vers 928, était un des quatre feudataires auvergnats de l'abbaye de Cluny. Les autres étaient la Voûte, Souvigny et Ris.

(2) Voir ce que Jacques Branche dit de saint Godon : *Vie des Saincts et des Sainctes d'Auvergne et de Velay*, page 725.

(3) Manglieu, chef-lieu de commune du canton de Vic-le-Comte (P.-de-D.). — L'abbaye de Notre-Dame de Manglieu (*Magnus Locus*), Ordre de Saint-Benoît, diocèse de Clermont, fut bâtie vers l'an 656, par saint Genès, évêque d'Auvergne.

(4) D. Jean Clément, né à Issoire, fit profession à l'âge de 18 ans, dans l'abbaye de St-Augustin de Limoges, le 27 novembre 1707.

jour-là, 3ᵉ dimanche du mois, le Très-Saint-Sacrement était exposé, et après Vêpres, nous fîmes la procession, revêtus en aube, autour de l'église qui est fort belle.

17. Je fus voir plusieurs personnes en ville, avec F. J. Clément, natif d'Issoire.

18. Le P. Vialles partit pour Montbrison, où il est doyen, et F. Clément pour la Chaise-Dieu, où il étudie en philosophie. Je fus en ville avec le P. prieur pour chercher des Mémoires. Le soir, M. Marc-Antoine Turgot, intendant d'Auvergne, arriva à Issoire, de même que D. Joseph La Chaud (1), abbé de Saint-Allyre-lès-Clermont (2) et D. Antoine Gayte (3).

19. Je partis avec le P. sous-prieur d'Issoire, pour le Bouschet; mais ayant trouvé M. David, qui en est prieur, fort travaillé de la goutte, nous ne pûmes voir les archives. Il y a de fort beaux mausolées dans l'église. Après dîner, nous partîmes pour Clermont, où le R. P. D. François Michelet (4), prieur claustral de Saint-Allyre, nous fit souper en bonne compagnie.

20. Nous soupâmes avec D. G. Fovyn, procureur de Sauxillanges, et D. J.-B. Eyrolles (5), dépositaire de Saint-Allyre.

21 Novembre. Je dis la sainte messe à Notre-Dame d'Entre-

(1) D. Joseph Lachaud, né à Meymac, fit profession à l'âge de 20 ans, dans l'abbaye de St-Augustin de Limoges, le 25 mai 1679, et mourut à St-Jouin-de-Marnes, le 20 septembre 1712.

(2) L'abbaye de Saint-Allyre (*St-Illidius*), Ordre Saint-Benoît, Congrégation de Saint-Maur, était située dans un faubourg de Clermont, qui en a conservé le nom. Elle doit son origine à saint Austremoine, qui y bâtit et consacra une église sous le titre de N.-D. d'Entre-Saints. Saint Allyre la mit ensuite sous l'invocation de Saint-Clément, pape, et lui donna son nom après qu'il y eut été inhumé. Cette abbaye fut unie à la Congrégation de Chezal Benoît en 1500, et à celle de Saint-Maur en 1636. Elle était du nombre des six abbayes de l'Ordre de Saint-Benoît, régulières, électives et triennales ; mais en 1764, le roi Louis XV usa du droit que lui conférait le Concordat en y nommant un abbé commendataire.

(3) D. Antoine Gayte, né à Clermont, fit profession à l'âge de 21 ans, le 9 novembre 1665, dans l'abbaye de St-Allyre, où il mourut le 9 décembre 1712.

(4) D. François Michelet, né à St-Pourçain, fit profession à l'âge de 21 ans, dans l'abbaye de St-Augustin de Limoges, le 19 mai 1689 et y mourut le 14 mai 1734.

(5) D. J.-B. Eyrolles, né à Toulon, fit profession à l'âge de 24 ans, dans l'abbaye de St-Augustin de Limoges, le 17 juillet 1700.

Saints (1). Je soupai avec D. Jérôme de Montchanin, prieur de la Voûte, le P. prieur de Mozac, le P. prieur de Saint-Allyre, le P. sous-prieur d'Issoire, le P. procureur de Sauxillanges, le P. dépositaire de Saint-Allyre, et D. Jean Brunier (2).

22. Je fus faire mes dévotions à N.-D. de Clermont (3), et j'entendis le motet de Sainte-Cécile et les premières Vêpres de la Très-Sainte-Trinité dont on fait l'office solennel, à la Cathédrale le dernier dimanche après la Pentecôte.

23. Nous célébrâmes solennellement la fête de Saint-Clément, titulaire de l'église de Saint-Allyre. Je fis diacre à la messe célébrée par le R. P. prieur, à l'autel de N.-D. d'Entre-Saints, parce que l'on fait une belle réparation au maître-autel.

24. Je soupai avec le R. P. abbé qui vint d'Issoire, avec D. A. Gayte et D. J. Daulnes. Je m'étais fait saigner le matin à cause d'une oppression de poitrine. Le P. prieur de Saint-Allyre, le P. sous-prieur d'Issoire et le P. procureur, de Saint-Allyre, soupèrent aussi avec nous.

Pendant la semaine, je fis plusieurs visites de civilité aux MM. de la Cathédrale, et à quelques savants de Clermont, et j'en reçus de même.

DÉCEMBRE.

1710. 1. Lundi. J'entendis à la Cathédrale le sermon du R. P. Claude Dumas, Jésuite, natif d'Ambert, qui a été mon régent de rhétorique au Puy. Il prêcha sur l'*Efficace* de la parole de Dieu du côté des prédicateurs qui sont les ambassadeurs de Dieu, et sur l'inutilité de cette même parole du côté des auditeurs. Après Vêpres, M. Guillaume Majour (4), chanoine

---

(1) L'autel de N.-D. d'Entre-Saints était situé à droite en entrant dans l'église abbatiale de St-Allyre, à l'intérieur d'une chapelle qui avait été le premier oratoire de ce monastère.

(2) D. J. Brunier, né à Limoges, fit profession dans l'abbaye de St-Augustin de cette ville, à l'âge de 18 ans, le 18 juillet 1702.

(3) La Cathédrale de Clermont est sous le vocable de Notre-Dame.

(4) Guillaume Majour, né à Clermont, le 14 décembre 1634, et mort dans cette ville, le 6 janvier 1725, chanoine de la Cathédrale et vicaire-général, auteur de plusieurs écrits, où il prend, contre l'abbé Faydit, la défense des chanoines et habitants de Clermont.

de la Cathédrale, eut la bonté de me faire voir les reliques qui sont au-dessous du maître-autel en grand nombre, et les tombeaux des évêques qui sont dans l'église.

3. Je rendis quelques visites, et entendis au collège le panégyrique de saint Xavier, par le P. Annet de Crespat, Clermontois, mon ancien ami, préfet du collège. Il fit voir dans le premier point que cet apôtre des Indes n'avait pas eu moins de zèle que les Apôtres, parce que son zèle était pur et désintéressé, courageux et entreprenant, et enfin universel. Dans le second, il prouva que le zèle du saint n'avait pas eu moins de succès et de fruit que celui des Apôtres. Après la bénédiction du Très-Saint Sacrement, je fus avec D. J. Lamy (1), zélateur (2), saluer le P. Dumas et le P. de Crespat.

5 décembre. J'assistai au service que l'on fit pour l'anniversaire de D. Louis Landrieu (3) qui mourut à Saint-Allyre l'année dernière, après avoir mené une vie bien pénitente et bien édifiante. Il avait été mon prieur à Solignac et à Mauriac, et je lui avais mille obligations. Je dînai avec MM. Majour et Audigier (4), chanoines de la Cathédrale, qui m'avaient fait l'honneur de me venir voir. Ce sont les deux plus savants prêtres que je sache dans l'Auvergne. Dom Pierre Michellet, dépositaire de la Chaise-Dieu, arriva ici le soir et me donna une lettre signée de MM. de Béget, doyen de l'église du Puy; Peyret, abbé de Saint-Pierre-la-Tour; La Saulce, chanoine et syndic de la Cathédrale, en date du 28 novembre, par laquelle les Messieurs du Chapitre m'honorent de la commission de deman-

(1) D. Jean Lamy, né à Limoges, fit profession dans l'abbaye de St-Augustin de cette ville, à l'âge de 19 ans, le 28 janvier 1703.

(2) Zélateur, religieux préposé à l'éducation des novices et des jeunes profès.

(3) D. Louis Landrieu, né à Mont-de-Marsan, fit profession dans l'abbaye de St-Augustin de Limoges, à l'âge de 19 ans, le 12 septembre 1673 et mourut à St-Allyre, le 4 décembre 1709.

(4) Pierre Audigier, né le 2 juillet 1659, à Clermont, où il mourut le 9 avril 1744. Refondit le grand travail que son père, Jacques Audigier, avait entrepris sur l'histoire d'Auvergne, et à sa mort légua les manuscrits de cet ouvrage à la bibliothèque des Pères Jésuites de Clermont-Ferrand. En 1762, après l'expulsion de la Compagnie de Jésus, ils furent portés à Paris à la Bibliothèque Royale, aujourd'hui Bibliothèque Nationale, où ils se trouvent encore,

der aux RR. PP. prieur, religieux et Chapitre de Souvigny, quelques reliques de saint Mayeul pour leur Cathédrale, qui a pris pour patron ce saint abbé de Cluny (1), et promettent de faire un riche reliquaire.

. Le lundi, jour de la Conception, je fis diacre à la messe solennelle du R. P. abbé, qui officia avec sa crosse seion la coutume. Je pris la bénédiction aux Cordeliers.

10. Je fus voir le matin Mgr François de Bochart de Saron de Champigny (2), évêque de Clermont, avec le R. P. abbé. Il nous promit de me faire plaisir en tout ce qu'il pourrait. Nous fûmes ensuite rendre visite à Madame d'Agrain, nouvelle abbesse de Ste-Claire.

12. Je rendis visite à M. Julien, chantre de la Cathédrale, bon ami de notre maison ; à M. le curé du Port (3), à M. Vernet, chanoine de St-Genès, qui me fit présent du projet du Bréviaire de Clermont, auquel il travaille avec plusieurs autres habiles gens. Il est le petit-fils de feu M. Savaron, si connu par ses ouvrages (4). Je rendis quelques autres visites avec D. Jean Brunier.

14. Dimanche, 3° de l'Avent. On célébra fort solennellement la fête de la Translation de S. Allyre. Je célébrai la grand'-messe à l'autel de N.-D. d'Entre-Saints ; D. Jean Lamy, zélateur, fut diacre, F. Amand sous-diacre, F. Joseph la Biche (5) et F. Vincent Marcland (6), chantres, etc. F. Jean

---

(1) La Cathédrale du Puy a toujours été dédiée à la Vierge Marie ; mais l'université qui en dépendait reconnaissait pour patron saint Mayeul.

(2) François Bochart de Sarron, nommé évêque de Clermont en 1687, mort le 11 août 1715.

(3) Pascal Fréhel, ardent janséniste, qui signa l'appel contre la Constitution *Unigenitus*, le 10 avril 1717. Avait été mêlé, en 1701, à l'affaire du Cas de conscience.

(4) Le principal est : *Origines de la ville de Clermont*, dont la seconde édition, publiée par Pierre Durand, a été imprimée à Paris, 1662, in-fo.

(5) D. Joseph Labiche, né à Limoges, fit profession dans l'abbaye de St-Augustin de cette ville, à l'âge de 18 ans, le 10 mars 1709 et mourut à St-Sulpice de Bourges, le 30 mars 1715.

(6) D. Vincent Marcland, né à la Chaise-Dieu, fit profession à l'âge de 19 ans, dans l'abbaye de St-Augustin de Limoges, le 27 octobre 1687.

Goyon (1) et F. Jean Royer (2) portèrent le chef du St Evêque à la procession.

15. Je dînai à St-Robert de Montferrand (3), où j'étais allé coucher, avec D. Pierre Ducher (4), religieux de St-Pourçain. Je fus voir le P. secrétaire du provincial des Cordeliers, qui fait une histoire de sa province et qui me promit quelques Mémoires.

16. Je fus avec D. P. Laurent (5) rendre quelques visites à M. le chantre, à M. Court, vicaire-général, à M. l'abbé de St-Genès (6), à M. le curé du Port, à M. Faure, baile de St-Genès, etc.

18. Je fus aux Carmes-Déchaussés, et de là aux Jacobins, où le P. Cohade me fit voir la bibliothèque où l'on compte 379 manuscrits, et me prêta bien obligeamment les Mémoires qu'il veut envoyer pour être insérés dans les Annales de l'Ordre des Frères Prêcheurs (7).

19. Je fus le matin à l'abbaye de St-André (8), où je fis un catalogue de tous les abbés, depuis 1150, jusqu'à Gaspard de Tourreil, qui en est abbé à présent. Hier, sur les dix heures du soir, l'appartement des valets de cette abbaye fut brûlé par

(1) D. Jean Goyon, né à Tours, diocèse de Clermont, fit profession à l'âge de 20 ans, dans l'église de St-Augustin de Limoges, le 5 janvier 1710.

(2) D. Jean Royer, né à Angoulême, fit profession à l'âge de 18 ans, dans l'abbaye de St-Augustin de Limoges, le 18 juillet 1702 et mourut à Brantôme, le 14 avril 1739.

(3) Montferrand, faubourg de Clermont, où les Bénédictins de la Chaise-Dieu possédaient l'important prieuré de St-Robert.

(4) Pierre Ducher, né à Mauriac, fit profession à l'âge de 22 ans, dans l'abbaye de St-Augustin de Limoges, le 30 avril 1683.

(5) D. Pierre Laurens, né à Ally, diocèse de Clermont, fit profession à l'âge de 21 ans, le 15 octobre 1660, dans l'abbaye de St-Allyre où il mourut le 7 avril 1716. Il est l'auteur des *Hist. mss. des monastères de St-Pourçain et de St-Allyre*, (B. N. Fonds latin, nos 12686 et 12691).

(6) M. François de Combes.

(7) Sur les manuscrits des Jacobins de Clermont, consulter *le Cabinet des manuscrits de la Bibliothèque Impériale*, par M. Léopold Delisle, tome I, page 464.

(8) L'abbaye de St-André de Clermont (*S.-Andreas*), Ordre de Prémontré, fut fondée en 1149 par Guillaume V, surnommé le Grand, comte de Clermont et Dauphin d'Auvergne, qui y fut inhumé.

l'imprudence du marmiton. Je dînai à Chamalières, chez M. Maloët, chanoine du lieu, qui nous régala magnifiquement. D. P. Maloët, son frère, professeur de philosophie à la Chaise-Dieu, et F. P. Constant, son écolier, qui avait pris les quatre ordres mineurs ce matin avec huit jeunes profès de St-Allyre, furent de la partie. Après dîner, nous fûmes voir M. Enjobert, ancien chanoine de la Cathédrale dans sa belle maison de la Saigne (1).

20. Je fis le Directoire (2) local de St-Allyre, pour l'année prochaine. M. l'évêque fit une ordination bien nombreuse. Je fus faire quelques visites avec le Père dépositaire de la Chaise-Dieu.

21. Le P. Poutud, procureur des Jacobins de Clermont, mon allié et mon compatriote, me vint voir.

22. Le matin, je fus avec D. P. Laurent aux Frères de la Charité et aux Jésuites. Nous passâmes toute l'après-dînée chez M. Majour, où je pris des Mémoires des prévôts de la Cathédrale. Je vis aussi et parcourus avec plaisir un ancien manuscrit des Coutumes de la Cathédrale (3).

23. Je rendis plusieurs visites avec D. L. Delmas.

24. Je fus l'après-dîner aux Jacobins, où je fis plusieurs extraits de leur Nécrologe, et examinai leurs manuscrits dont j'ai pris le catalogue. Le P. Cohade et le P. Poutud me firent beaucoup de civilités.

25. M. l'abbé de Bonnaigue (4), de l'Ordre de Cîteaux, officia en crosse dans notre église de St-Allyre. Je fis diacre à la 1re et 3e messe. J'entendis le sermon du P. Dumas à la Cathédrale.

27. Après dîner, je fus à Ste-Claire voir Madame l'abbesse, et au séminaire prendre les épitaphes de MM. d'Estaing (5)

---

(1) La Saigne, maison de campagne de la commune d'Orcines, mais est beaucoup plus rapprochée de Chamalières.

(2) Directoire, règlement ou manière de dire les offices et la messe.

(3) Ce curieux document, connu sous le nom de manuscrit de la *Canone*, est encore conservé dans les archives du chapitre de Clermont.

(4) Marc Philippe de Peyrissat.

(5) Louis d'Estaing, évêque de Clermont, de 1651 à 1664, fondateur de cette maison du Grand-Séminaire, où il fut enterré.

et d'Arbouze (1), évêques de Clermont, et de M. d'Urfé (2), doyen du Puy, mon bon ami, qui est enterré au milieu de plusieurs saints prêtres, dont M. Pradon et M. Dezauteux m'ont honoré de leur amitié.

28 décembre, dimanche. M. Rochette, abbé de St-André de Meymac, chanoine de l'église de Clermont, et vicaire-général du diocèse, me fit l'honneur de me venir voir, et me donna permission d'entrer dans les monastères des religieuses du diocèse. Le même jour, je reçus une lettre tout à fait obligeante du R. P. D. Jean-François Constantin, visiteur de l'Ordre de Cluny et prieur de Sauxillanges. Il m'envoya un catalogue des prieurs de son monastère et une lettre de recommandation pour le R. P. prieur de Souvigny.

29. Je fus voir M. l'abbé de Bonnaigue qui loge chez M. de St-Angel; M. la Chabanne (3), maire de la ville, etc... et Madame de Ste-Claire où je pris la liste des abbesses.

30. Je fus avec M. l'abbé de Bonnaigue, voir Madame l'abbesse (de l'Ordre de Citeaux) de l'Eclache, qui nous reçut parfaitement bien, nous fit prendre le café et nous donna des liqueurs.

31. Je travaillai tout le jour dans les archives des RR. PP. Carmes-Déchaussés qui me firent dîner chez eux avec cordialité. M. Baluze (4) leur a enlevé tous leurs manuscrits qui étaient fort curieux. Je fis une liste assez imparfaite des abbés de Chantoin (5).

---

(1) Gilbert de Vény d'Arbouze, successeur de Louis d'Estaing, mourut le 19 avril 1682.

(2) Emmanuel Lascaris d'Urfé, fils de Louis-Emmanuel et de Marguerite d'Allègre, nommé en 1686, doyen de la Cathédrale du Puy. Mort au séminaire de Clermont le 13 juillet 1689.

(3) Jean-Antoine de Bonnet de la Chabanne, nommé maire en 1694.

(4) Voir: *Le Cabinet des manuscrits de la Bibliothèque Impériale*, par M. Léopold Delisle, t. I, p. 400 et suivantes.

(5) L'abbaye de St-Pierre de Chantoin (*Cantobennum, Cantocnnum*), Ordre de St-Augustin, fut fondée par S. Genès, évêque de Clermont. Elle fut supprimée par une bulle d'Urbain VIII, en 1639, et les biens furent employés à la dotation du couvent des Carmes-Déchaussés de Clermont.

D. S. B : Amen.

J. M. J.

1711.

1er janvier. Je dis la messe à Ste-Claire de Clermont (1) où je communiai toutes les religieuses qui assistèrent ensuite à la première messe de M. la Gardette, aumônier de Mgr l'évêque. Après None, je fus voir le pont admirable que la Tiretaine (2) a formé tout auprès du monastère de St-Allyre. Je reçus plusieurs visites après Vêpres.

2. Je fus aux RR. PP. Minimes, où le P. Jurie, lecteur de théologie et le P. Amadon me promirent quelques Mémoires de Beauregard. Je fus voir ensuite M. du Fraisse (3), chanoine de la Cathédrale, âgé de 84 ans, auteur du livre de l'Origine des églises de France, imprimé chez Michallet à Paris, 1688. Il me communiqua un livre qu'il a fait, pour prouver que J.-C. a vécu 49 ans. Je dînai magnifiquement chez M. Rochette, chanoine, abbé de Meymac et vicaire-général, qui me conduisit à Beaumont (4), où nos Sœurs nous firent mille accueils, et Madame l'abbesse (5) nous donna une collation délicate. Cette abbaye est très-ancienne et fort régulière. Je vis aussi M. l'abbé de St-Genès, M. Vernet, chanoine de St-Genès, M. le curé de St-Genès, etc.

(1) L'abbaye de Ste-Claire de Clermont (*Sta Clara Claromontensis*) était située entre la porte St-Pierre et l'abbaye de St-Allyre.

(2) Pont formé sur ce ruisseau par l'écoulement des eaux pétrifiantes d'une fontaine voisine.

(3) Jean du Fraisse, né en 1634 à Clermont, où il mourut le 10 mars 1718. Dans l'ouvrage dont parle D. J. Boyer, le chanoine du Fraisse combat l'idée de l'apostolicité des églises de France.

(4) L'abbaye de St-Pierre de Beaumont-lès-Clermont (*Bellus Mons*), Ordre de St-Benoît, fondée à la fin du viie siècle, à une petite lieue au sud de Clermont.

(5) Marie-Françoise de Lantillac.

3 janvier. Je fus avec le P. zélateur souhaiter la bonne année à MM. le prévôt, le doyen, le baile et autres chanoines de la Cathédrale, à Madame l'abbesse de l'Eclache (1), à Madame de Ronzet, sa nièce, et à plusieurs autres amis.

5. Le R. P. abbé me fit l'honneur de me prendre pour aller voir M. de la Ville, conseiller en la Cour des Aides, M. l'abbé Pascal, les RR. PP. Jacobins et Carmes-Déchaussés et le supérieur du séminaire. Après dîner, je fus voir M. le prévôt et les deux archivistes de la Cathédrale, MM. André et Féligonde. J'assistai aux premières vêpres de l'Epiphanie à la Cathédrale, et je fus très-édifié de la modestie de ces Messieurs et charmé de leurs anciennes cérémonies.

6. D. Jean Brunier fit l'exhortation pour la rénovation des vœux. *Dolere de præteritis, fervere de futuris.* Nous renouvelâmes nos vœux à l'autel de N.-D. d'Entre-Saints, où je fis diacre à la messe du R. P. abbé.

7. Je passai l'Allier au-dessous de Cournon (2) et fus dîner à Montmorin (3) où M. Borie est curé. Je fus ensuite à Billom (4), où le R. P. de Terreneyre, vice-recteur du collège, m'obligea de souper, et me fit ensuite coucher à la chambre de l'Evêque. Je fus aussi avec M. Rochette, vicaire-général, voir les religieuses de la Visitation et nos Bénédictines qui vivent dans une exacte observance de la Sainte Règle. Les RR. PP. Martillac et Dupuy-Lagarde, qui ont été mes régents, me firent mille amitiés de même que le P. Irailh, Maître Galant, régent de quatrième, et F. Paraud, mes compatriotes.

8. Je dis la messe aux Bénédictines, qui chantèrent un motet à l'élévation. Je déjeûnai au collège qui est le premier que

---

(1) Françoise de la Roche du Ronzet. — L'abbaye de Notre-Dame de l'Eclache (*Eccleasia ou Eschalaria*), Ordre de Cîteaux, subsistait déjà au xiie siècle. Située autrefois dans la paroisse de Prondines, elle fut transférée à Clermont en 1647.

(2) Cournon, chef-lieu de commune du canton de Pont-du-Château.

(3) Montmorin, chef-lieu de commune du canton de Billom.

(4) Billom, chef-lieu de canton de l'arrondissement de Clermont (P.-de-D.). — Guillaume Duprat, évêque de Clermont, y avait fondé, en 1555, un collège de Jésuites.

les Jésuites aient (sic) en France. Je cherchai ensuite quelques titres à St.-Loup (1), ancien monastère de notre Ordre, où M. l'archiprêtre me fit beaucoup d'honnêtetés. Après dîner, je partis pour Thiers (2) avec M. le curé de Montmorin qui m'accompagna pendant six jours.

9. Je dis la messe dans l'église de St-Etienne de Grandmont (3) où le R. P. prieur me donna à déjeûner et me communiqua quelques Mémoires. Ces saints religieux vivent dans un éloignement du monde tout à fait admirable. Je fus ensuite au Moûtier (4) ou abbaye de St-Simphorien, au-dessous de Thiers, où M. de la Chastagneraye (5) qui en est commendataire et M. Micolon, prieur régulier, me comblèrent d'honnêtetés. Après dîner, je fus aux Capucins et ensuite à la collégiale St-Genès, où M. le prévôt me communiqua des titres fort anciens.

10. Je dis la messe dans l'église des Messieurs de la Congrégation du St-Sacrement, instituée par M. d'Aultier, Ev. de Bethléem, Bénédictin. Ces MM. ont un séminaire d'ecclésiastiques, et enseignent la philosophie et les humanités. Ils nous firent beaucoup d'accueil. Nous fûmes coucher à Montmorin.

11. Dimanche. Je dis la messe à Montmorin, et assistai à celle de paroisse et au prône. Je fus ensuite voir le château qui est très-ancien, et extrêmement fort. Avant vêpres, j'exposai le St-Sacrement, j'officiai en chape et donnai la bénédiction.

12. Je dis la messe à Montmorin, qui dépend de la Chaise-Dieu, et est dédié à St-Pierre; après dîner, je descendis à Pauliac (6), prieuré uni à la mense conventuelle de la

---

(1) Une des paroisses de la ville de Billom, fut jusqu'en 1161 un monastère de Bénédictins.

(2) Thiers, chef-lieu d'arrondissement du département du Puy-de-Dôme.

(3) Couvent de l'Ordre de Grandmont, établi en 1661.

(4) L'abbaye de St-Symphorien de Thiers (*Thiernum, vulgo: le Moûtiers*), Ordre de St-Benoît, était située au bas de la ville de ce nom, sur la Durolle.

(5) Germain Clignet de la Chastaigneraye de Ste-Foy, abbé de Thorigny et du Moûtier, savant mathématicien, mourut en 1753.

(6) Pauliat, aujourd'hui dans la commune de Billom.

Chaise-Dieu et dédié à St-Robert. Le cimetière de Montmorin est autour de la chapelle du prieuré. Nous fûmes ensuite à Billom, où le P. Rougebet, Jésuite, me communiqua quelques Mémoires, et me donna l'épitaphe de G. du Prat (1), fondateur du collège de N.-D. de Billom, où nous fîmes aussi collation. Je fus ensuite chercher quelques titres dans les archives de St-Loup.

13. Nous dîmes la messe au collège, à l'autel de la Vierge, et nous déjeûnâmes au collège. M. le doyen de l'église collégiale de St-Cerneuf (2) nous fit voir les reliques, et me donna fort obligeamment entrée dans les archives; et après quoi nous fûmes dîner à Espirat (3), où M. Chasterin qui en est curé nous reçut fort cordialement et nous régala de légumes et de confitures. Nous fûmes coucher à Beauregard (4), où les RR. PP. provincial et correcteur, le P. du Chéry et le P. Escot nous reçurent fort charitablement.

14. Je dis la messe à l'autel de N.-D. de Beauregard, M. le curé de Montmorin fut la dire à sa paroisse. Après dîner je remerciai ces bons Pères Minimes qui m'avaient fait mille amitiés. Je passai l'Allier à Pont-du-Château (5), et assistai aux premières vêpres de St-Maur, à St-Allyre.

15. Je fus à Montferrand avec quatre de nos Pères de St-Allyre pour faire l'enterrement de M. Antoine Pourrat, curé de Montferrand.

16. Je fus avec D. J. Brunier, voir M. l'abbé Gascher, baile de la Cathédrale, qui m'était venu voir, accompagné de deux autres chanoines de la Cathédrale, tous trois députés de

---

(1) Guillaume Duprat, fils d'Antoine Duprat, cardinal, chancelier de France, et de Françoise de Veny d'Arbouze, nommé à l'évêché de Clermont le 16 février 1528, mort le 22 octobre 1560, fut le fondateur des hôpitaux de cette ville.

(2) St-Cerneuf, la principale église de Billom.

(3) Espirat, chef-lieu de commune du canton de Vertaizon.

(4) Beauregard, chef-lieu de commune du canton de Vertaizon, où se trouvait la maison de campagne des évêques de Clermont. — A un quart de lieue de Beauregard les Pères Minimes firent construire un couvent avec les libéralités de l'évêque Guillaume du Prat.

(5) Pont-du-Château, chef-lieu de canton de l'arrondissement de Clermont.

la part du Chapitre pour me dire qu'on se ferait un plaisir de me donner entrée dans leurs archives (sic). Je fus ensuite voir M. de la Roche et M. de Féligonde, chanoines et archivistes, et ensuite Madame l'abbesse de l'Eclache.

17. Je fis les deux verbaux que l'on devait mettre avec les reliques dans les autels que l'on devait consacrer le jour suivant. M. de Combes, abbé de St-Genès, me fit l'honneur de me venir voir.

18. Dimanche, fête de St-Vénérand, évêque de Clermont, dont le corps est dans la châsse de St-Allyre, où il y a aussi une chapelle de son nom dans le jardin et une autre à la porte du chœur. Le R. P. abbé consacra le grand autel à l'honneur de St-Clément et de St-Allyre, et l'autel qui est derrière le maître autel à l'honneur de St-Allyre. Je fus diacre à cette cérémonie où il y avait beaucoup de peuple ; le P. Lamy, zélateur, fut sous-diacre, etc... Dans le maître autel qui avait été consacré trois fois et en dernier lieu par D. Gérard Dezalleux (1), on remit les mêmes reliques qu'on y avait trouvées en le démolissant. Dans celui de St-Allyre, on y remit aussi les mêmes reliques qui étaient dans un calice de plomb avec cette inscription en lettre gothique :

Reliquiæ S. Illidii, S. Galli et S. Petri.

On y avait aussi trouvé l'inscription qui suit dans un vieux parchemin :

Anno Domini millesimo CCC duodecimo die lune in festo beati Boniti fuit consecratum hoc altare in honore beati Illidii confessoris atque pontificis Avernice sedis p. Reverendum patrem Dominum Aubertum (2) Arvernorum Episcopum indignum successorem ejusdem.

On consacra aussi à même temps un petit marbre pour les Capucins. Après la consécration, je dis la messe à l'autel de

(1) D. Antoine Gérard Dezalleux, né à Corbie, diocèse d'Amiens, fit profession dans le monastère de St-Pierre de sa ville natale, à l'âge de 30 ans, le 23 avril 1620 et mourut à N.-D. de Bonne-Nouvelle de Rouen, le 11 août 1647.
(2) Aubert Aycelin de Montaigu, évêque de Clermont de 1506 à 1528.

St-Allyre, pendant Sexte et la procession après laquelle D. F. Michelet, prieur claustral, dit la grand'messe au grand autel. Le P. abbé me fit dîner à l'hôtellerie avec son sous-diacre D. Lamy, le P. prieur de Montferrand et M. de la Ville, conseiller en la Cour des Aides. On chanta à la Cathédrale après vêpres un *Te Deum* pour la victoire des Espagnols contre l'archiduc (1).

19. MM. de la Cathédrale m'ouvrirent leurs archives fort obligeamment ; j'y restai avec les deux archivistes de huit heures jusqu'à midi. Je travaillai avec les deux archivistes et D. Pierre Laurent, chez M. de la Roche, un des archivistes, depuis une heure jusqu'à cinq. Ces archives sont en très bel ordre, et il y a des titres fort curieux et en nombre.

20. Je travaillai tout le matin aux mêmes archives avec D. Jean Lamy. Nous y vîmes une croix donnée par S. Louis, les burettes de Martin Gouge (2) et plusieurs autres curiosités. Le soir, je fis un petit factum pour le Chapitre de la Cathédrale contre celui d'Ennezat (3), pour une dîme qui leur a été donnée par Guillaume-le-Grand, duc d'Aquitaine. Je soupai avec le P. de Montchanin, prieur de la Voûte.

21. Après dîner, je travaillai avec D. P. Laurent chez M. l'abbé de St-Genès. Je fus ensuite chez M. de la Roche, chez M. Rochette, chez le R. P. prieur des Grands-Carmes qui me promit quelques Mémoires, et chez M. Court, vicaire-général, qui me donna une permission que je lui demandais pour le curé d'Espirat. Le curé de St-Patrocle (4) ou de St-Etienne, notre voisin, mourut ce jour-là.

22. Je travaillai tout le jour aux archives de la Cathédrale et le soir je soupai avec le R. P. prieur d'Issoire, le P. prieur

---

(1) A la bataille de Villa-Viciosa.
(2) Martin Gouge de Charpaigne, évêque de Clermont de 1415 à 1444, fut pendant quelque temps chancelier de France.
(3) Ennezat, chef-lieu de canton de l'arrondissement de Riom.
(4) La paroisse de St-Patrocle ou St-Etienne a pris, depuis le concordat de 1802, le nom de paroisse de St-Eutrope.

et procureur de St-Allyre, le P. sous-prieur et le P. dépositaire de la Chaise-Dieu.

23. Le matin, je transcrivis un catalogue des évêques de Clermont que j'avais trouvé aux archives de la Cathédrale. Après dîner, je fus voir M. le baile de la Cathédrale et les deux archivistes, Madame de Colombines, le R. P. gardien des Cordeliers et le P. du Chéry, Minime de Beauregard. Je vis chez les RR. PP. Cordeliers le tombeau du cardinal de Murols (1) qui est à l'entrée du chœur, avec son chapeau rouge. Je vis aussi à la Cathédrale, les bustes de S. Bonnet et de S. Arthème, évêques de Clermont, dont l'ouvrage est magnifique. On me fit voir aussi les bonnets des prophètes qui sont une espèce de bonnet carré, ou plutôt de mitre ancienne, que le diacre et le sous-diacre portent à la messe pendant le Carême.

24. On posa au dessus de l'autel St-Allyre la châsse de cet illustre prélat que l'on a fait dorer. Je fus le matin à la Cathédrale où l'on célébrait solennellement la fête de St-Arthème, évêque d'Auvergne, dont le chef est exposé sur le maître autel pendant toute l'octave. Je travaillai le reste de la matinée chez M. Pascal Fréhel, curé du Port. Le R. P. abbé donna à dîner à ma considération à MM. les archivistes de la Cathédrale.

26. M. l'abbé Gaschier, baile de la Cathédrale, me fit l'honneur de me venir voir. Je fus avec M. l'abbé de Féligonde voir M. Champflour (2), neveu de M. l'évêque de la Rochelle, qui me fournit quelques Mémoires touchant les abbés de la Cathédrale. Je vis aussi M. du Fraisse, chanoine, et M. le prieur de St-André.

27. Le matin, je travaillai aux archives de la Cathédrale avec le P. zélateur. Après midi, M. du Fraisse se fit porter en chaise à St-Allyre pour me voir. Je fus ensuite aux Jacobins, d'où je me rendis avec M. l'abbé Gaschier et D. J. Brunier

(1) Jean de Murols, de la grande famille auvergnate de ce nom, créé en 1404 cardinal-prêtre du titre de St-Ciriaque.
(2) Jean-Baptiste Champflour, né le 16 juin 1683, abbé de la Cathédrale de Clermont, nommé en 1737 à l'évêché de Mirepoix, mourut le 11 mars 1768.

chez les Carmes de Chantoin pour chercher des Mémoires pour les preuves du factum que j'avais dressé pour le Chapitre de la Cathédrale contre celui d'Ennezat.

28. Mercredi. Je travaillai toute la soirée aux archives des RR. PP. Dominicains que le R. P. Estienne Cohade a mis en fort bon état. Il nous donna une collation fort propre.

29. Jeudi matin. M. l'abbé Gaschier me vint voir de la part du Chapitre pour me remercier et je passai toute l'après dînée chez lui.

30. Je fus avec D. L. Delmas (1) à l'abbaye de l'Eclache où Madame du Ronzet qui en est abbesse nous régala magnifiquement. Elle a une sœur et une nièce qui dînèrent avec nous et cette nièce a bien du mérite. Je trouvai fort peu de choses dans leurs archives. Je vis aussi Madame de Laborange, religieuse royale, que j'avais connue à Retornac dans ma jeunesse.

FÉVRIER.

1711. 2. Après dîner, je fus voir Madame l'abbesse de St-Claire et M. Rochette, vicaire-général. J'ouis le sermon du P. de Crespat à la Cathédrale.

3. Je fus aux Capucins, aux Bénédictines, et chez M. de Combes, abbé de St-Genès.

4. Je travaillai aux archives de St-Genès (2), où j'assistai aux premières vêpres de Ste-Agathe que l'on chante solennellement. Tous MM. les chanoines, surtout M. Faure, chantre et baile, et M. Vernet et M. Baptiste, M. de Vernols me firent beaucoup d'accueil. Ils me firent voir les reliques du maître autel, le nouveau reliquaire d'argent de S. Genès, l'épitaphe de S. Genès rapporté par Savaron, etc. et tout ce qu'ils ont de plus curieux.

(1) D. Louis Delmas, né à Ussel, fit profession à l'âge de 22 ans, dans le monastère de St-Augustin de Limoges, le 7 août 1693 et mourut à St-Maixent le 14 août 1735.

(2) L'église St-Genès se trouvait sur l'emplacement actuel du marché Hippolyte Renoux. La nouvelle paroisse St-Genès occupe l'ancienne église des Grands-Carmes.

5. Le jour de Ste-Agathe je travaillai aux archives de St-Genès. On célébra la messe avec solennité après laquelle on fit une procession autour de la paroisse dont cette sainte est titulaire. On bénit des branches de pin, dont on se sert dans les incendies pour arrêter le feu et l'on croit que ce fut avec des branches de pin que Ste Agathe fut fouettée. Je fus voir M. André, chanoine de la Cathédrale, qui me prêta des manuscrits.

6. MM. Gaschier, baile ; Rochette, jadis prêtre de l'Oratoire et théologal d'Ennezat et Meyran, chanoines de la Cathédrale, me firent l'honneur de manger avec moi la soupe dans notre salle de St-Allyre.

7. Je fus voir M. le doyen de la Cathédrale, M. Rochette et M. André, chez qui je travaillai beaucoup avec D. Jean Lamy.

8. Depuis le dimanche de la Sexagésime jusqu'à celui de la Quinquagésime il plut continuellement, ce qui fit retarder la *foire des Provisions* (1) qui est célèbre à Montferrand.

10. Le jour de Ste-Scholastique il plut en telle abondance que l'on ne put aller dire la messe aux Bénédictines. Le P. Jacopin, Cordelier exilé à Clermont, y prêcha.

11. Je dînai à la salle avec D. J. Lamy et le P. Joseph Lescure, Carme, ex-prieur de Pleaux et natif du même endroit, mon ancien ami. J'y soupai aussi avec D. Dubois, cellérier d'Issoire, D. J. Heuillard (2), cellérier de St-Pourçain ; D. Pla-

---

(1) « Il y a en cette ville le Jeudy de la Sexagésime une foire annuelle vul-
» gairement appelée *Les Provisions*, à laquelle aborde une quantité inestimable
» de toutes sortes de marchandises, surtout viandes de Caresme, presque
» tout apporté du Languedoc et de Provence, que l'on estimeroit estre neces-
» saire, que ladicte foire continuast quinze jours pour pouvoir débiter tant de
» biens, et toutefois en moins de cinq ou six heures le débit en est fait, de
» telle façon que ceux qui penseroyent attendre à trois heures après midy, à
» faire leur emploicte, trouveroient les places dépeuplées et les boutiques
» presque vuides. » (*Narration hist. et topog. des convens de l'Ordre de St-François*, par le P. Jacques Fodéré, page 328). Cette foire, instituée en 1556, a encore lieu à notre époque.

(2) D. J.-B. Heulhard, né à Moulins, fit profession à l'âge de 18 ans, dans l'abbaye de St-Augustin de Limoges, le 14 août 1692 et mourut à la Chaise-Dieu, le 22 décembre 1721.

cide Ardent, procureur de M. l'abbé de la Chaise-Dieu; D. Jean Daulne (1), dépositaire d'Issoire; D. L. Delmas, procureur de St-Allyre et D. Pierre Constant, dépositaire de St-Pourçain. Les officiers de la Chaise-Dieu, de Sauxillanges, etc. ne purent point passer l'Allier qui était trop débordé.

13 février. Après dîner je fus avec D. J. Lamy aux Carmes de la ville voir le R. P. prieur et le P. Sulpice de St-François. Nous vîmes ensuite M. Gaschier, M. Rochette, M. Meyran, chanoines, et nous travaillâmes jusqu'au soir chez M. l'abbé de St-Genès.

15. Dimanche de la Quinquagésime. Nous chantâmes la messe et vêpres à l'Eglise de St-Cassy à l'honneur de Ste George (2), vierge, dont le P. D. E. Cassière (3) fit le panégyrique.

16. Je fus voir Madame l'abbesse de l'Eclache, M. Vernet, M. Faure, chantre de St-Genès, M. le curé du Port, etc. Le dit M. Vernet, chanoine de St-Genès, M. Chevalier, chanoine de St-Pierre, et le P. prieur des Carmes de la ville et le P. des Carmes Déchaussés me vinrent voir le même jour.

17. M. l'abbé de St-Genès me fit l'honneur de me venir voir.

19. M. Faure, chantre, chanoine et baile de St-Genès, me rendit visite. Après midi, je fus voir M. Chevalier, natif de Salers, qui a de l'esprit infiniment, MM. les archivistes de la Cathédrale et M. l'abbé de la Bournat (4), frère de feu M. Girard (5), évêque de Poitiers, homme d'un rare mérite.

---

(1) D. Placide Ardant, né à Limoges, fit profession dans l'abbaye de St-Augustin de cette ville, à l'âge de 17 ans, le 24 avril 1696.

(2) Voir *Vies des Saincts et Sainctes d'Auvergne et de Velay*, par Jacques Branche : St-Cassy, page 508 (15 mai). — Ste-George, page 225 (15 février).

(3) D. Etienne Cassière, né à Clermont, fit profession à l'âge de 20 ans, dans l'abbaye de St-Augustin de Limoges, le 20 août 1696, et mourut à St-Denis en France le 2 juin 1733.

(4) Louis Girard de la Bournat, abbé d'Ardorel, monastère cistercien au diocèse de Castres.

(5) Antoine Girard, abbé de Pontlevoy, précepteur de M. le comte de Toulouse, fils légitimé de Louis XIV, d'abord évêque de Tulle, puis de Poitiers, mort en 1702.

20. Je fus voir le prieur de St-André et de là Madame l'abbesse de Beaumont, où je dînai splendidement et travaillai tout le jour.

21. Je travaillai aux archives de la Cathédrale où je fis de belles découvertes.

22. Premier dimanche de carême. J'ouis à la Cathédrale un beau sermon sur le jeûne, par le P. David, Jacobin, prieur de Brive la Gaillarde, qui prêche à la place du P. de la Ferté (1), Jésuite, qui a amusé les chanoines trois ou quatre ans, pendant lesquels on a fourni des prédicateurs peu habiles à cette Cathédrale qui a résolu de ne plus donner la chaire aux Jésuites; mais cela peut changer.

Je fus incommodé d'un gros rhume pendant cette semaine. Le vent et la pluie ont continué tous les jours.

25. M. l'abbé Gascher et le R. P. prieur des Carmes de la ville me vinrent voir le matin, et après midi M. l'abbé de la Bournat, abbé d'Ardorel, qui demeura avec moi jusqu'à complies.

27. Je rendis plusieurs visites avec D. L. Delmas; je parcourus un ancien Nécrologe qui est aux Cordeliers (2).

28. Je rendis aussi plusieurs visites avec D. L. Delmas. M. l'abbé de St-Genès me vint voir et M. Rochette, le grand-vicaire.

MARS.

1711. — 1. Je fus voir avec le P. Lamy M. l'abbé Gascher; M. Rochette, le grand-vicaire; le P. prieur des grands Carmes; M. de la Roche et M. Meyran, chanoines. Le P. de Crespat me vint voir avec le régent second.

---

(1) Le P. Louis-Joseph de la Ferté, né à Paris le 2 janvier 1653, mort à la Flèche le 7 mai 1732. Prédicateur de renom. Voir Buvat, *Journal de la Régence*, I, 186, 190.

(Nous devons les renseignements sur les Pères de la Compagnie de Jésus à la bienveillance du R. P. C. Sommervogel, de la même Société. Qu'il veuille bien recevoir ici l'expression de notre gratitude.

Ceux qui concernent les confrères de D. Jacques Boyer sont tirés de la matriculaire générale de la Congrégation de St-Maur, possédée par la Bibliothèque Nationale).

(2) Sans doute le Nécrologe dont s'est servi Baluze, pour son *Histoire généalogique de la Maison d'Auvergne* et dont parle le P. Fodéré, à la page 510 de la *Narration hist. et topog. des convens de l'Ordre de St-François*.

2. Je fus le matin chez M. Vernet, M. le curé du Port et les RR. PP. Jacobins. Après dîner, je rendis visite à M. Gascher, le prieur des Carmes de la ville, M. du Crohé, M. le prévôt de la Cathédrale, M. l'abbé de la Bournat, M. Maloët, etc.

3. Je travaillai aux archives de l'évêché.

4. Je rendis visite à M. Court, grand-vicaire, qui me prêta le Pouillé des bénéfices du diocèse. Je fus aussi à l'Esclache voir Mme de Laborange, de là aux Bénédictines, aux Jacobins voir le P. David, prédicateur de la ville, le P. Poutud, procureur, le P. Thevenin. Enfin, chez Mme de Sainte-Claire.

5. Je dînai avec D. Gabriel Fovyn, D. Joseph Touret, D. Odile Rigaud, de l'Ordre de Cluny, et D. Jean Lamy. Les deux premiers partirent pour Sauxillanges et je partis avec les deux autres pour Mauzac (1). Nous fûmes voir le R. P. provincial et le P. secrétaire des Cordeliers pour déchiffrer une épitaphe en hébreu, grec et latin que Génébrard (2) a composée, à la mémoire de son père qui était notaire à Riom. Le P. prieur de Mauzac nous reçut magnifiquement.

6. Le P. Ferrier, sous-prieur de Mauzac, qui a été ci-devant prieur dud. monastère, me communiqua tous les titres. C'est un homme fort entendu et très obligeant. Il est natif de Billom. Nous dînâmes tous ensemble splendidement. Le P. Lamy retourna à Clermont après dîner et le P. prieur fut à Riom pour argumenter à une thèse de logique.

7, 8, 9. Je travaillai beaucoup aux archives de Mauzac.

10. Je fus à Marsat (3), monastère de Bénédictines, où je dis la messe conventuelle pour feu M. de Matha, évêque

---

(1) L'abbaye bénédictine de St-Pierre de Mauzac (*Mauziacum*), unie à l'Ordre de Cluny dont elle embrassa la réforme en 1675, et non celle de St-Maur, comme l'ont avancé divers auteurs qui ont écrit sur ce monastère. — Aujourd'hui chef-lieu de commune du canton de Riom, aux portes de cette ville.

(2) Génébrard (Gilbert), né à Riom, successivement évêque de Lavaur et archevêque d'Aix, un des plus savants hommes de son siècle, mourut le 16 février 1597.

(3) Marsat (*Beata Maria Marciacensis* ou *Marciacus*), prieuré de religieuses bénédictines, Ordre de Cluny, dépendant de l'abbaye de Mauzac. — Aujourd'hui chef-lieu de commune du canton de Riom.

d'Aire (1), frère de Mme de Matha, religieuse de Marsat. Ce monastère dépend immédiatement de Mauzac, où nous dînâmes avec M. Archon, chambrier de Mauzac et M. Forget, aumônier du même monastère. Après dîner, je fus avec D. O. Rigaud (qui m'avait accompagné à Marsat) à Riom, où je rendis visite à M. Archon, chapelain du Roy, chanoine de Saint-Amable et abbé de Mauzac (2), et à quelques autres personnes de distinction.

11. Je fus à Riom le matin avec D. Henri Ferrier, sous-prieur de Mauzac, pour voir quelques-uns de MM. les chanoines de Saint-Amable (3), qui s'assemblèrent capitulairement ce même matin, et m'accordèrent de voir leurs archives. Mais comme M. Sauvageon a fait une liste des abbés de Saint-Amable et un extrait des principaux titres, je me contentai de voir ce digne chanoine ; étant allé à Riom après dîner avec D. Belmajour et D. Sauvagnac. Je fus ensuite à N.-D. du Marthuret, à la Sainte-Chapelle et à Sainte-Geneviève, où je fus comblé partout d'honnêtetés.

12. Après dîner, je fus avec D. Rigaud voir M. l'abbé de Combes, M. l'abbé de Mauzac et ses frères, M. Perret, chanoine de la Sainte-Chapelle (4), directeur de l'hôpital-général, M. Sauvageon, le P. de Linax, procureur de Pébrac, etc., et

---

(1) François Gaspard de Lamer de Matha, docteur de Sorbonne et abbé de St-Cyran, fut nommé évêque d'Aire le 15 août 1706. Il mourut dans son diocèse le 30 juin 1710.

(2) Joseph-Michel Archon, nommé abbé de Mauzac le 30 mai 1705, mourut en 1719. Il était frère de Louis Archon, abbé de Neufonts, et de Michel Archon, avocat en parlement, procureur du Roi au bureau des sels de Riom. Tous les trois fils de Pierre Archon, procureur ordinaire en la sénéchaussée d'Auvergne, châtelain de Gerzat pour le duc de Bouillon, et de Catherine Mercier. Le dernier descendant de cette famille, François-René Archon-Despérouses, a légué, en 1868, à l'Académie Française une rente annuelle pour la fondation d'un prix qui porte son nom.

(3) Le Chapitre de Saint-Amable fut d'abord une abbaye de l'Ordre de Saint-Augustin, sécularisée en 1548.

(4) La Sainte-Chapelle était une dépendance du palais construit par Jean, duc de Berry et comte d'Auvergne. Comprise aujourd'hui dans les bâtiments de la Cour d'appel, elle sert de chapelle aux membres de ce corps judiciaire.

nous retournâmes à Mauzac avec D. Joseph Néré, procureur de la Voûte.

13. Je rangeai nos Mémoires et vis le trésor des reliques de Mauzac (1), où il y a le corps de S. Austremoine, ceux de S. Carmery, fondateur de Mauzac et de sa femme, Ste Néémie, des reliques de S. Caprais, de S. Séverin, archevêque de Cologne, de S. Mary, etc. (2). M. Sauvageon me fit présent, au nom et de la part de son Chapitre, du livre des miracles et de la vie de S. Amable (3), composé par feu M. Chevalier, chanoine de Saint-Amable.

14. Je partis de Mauzac à 7 heures du matin, fort reconnaissant des honnêtetés que j'y ai reçues de tous les religieux, que je nomme ici par reconnaissance. Le R. P. D. Guillaume-Léopold du Chesne, né d'une illustre famille de Besançon, dont le parrain était filleul de l'archiduc; il a enseigné à Cluny, et il est fort habile. D. Henri Ferrier, sous-prieur, natif de Billom; il a demeuré dix-huit ans à Mauzac où il a été prieur, et fort estimé à Riom. D. Odile Rigaud, natif de Mâcon, doyen de Moutberton, dans la principauté de Dombes, et fort bon cœur. D. François Belmajour, de Châlons-sur-Saône, où il a été prieur. D. Gabriel Sauvagnac, Riomois, procureur, neveu des RR. PP. Rabusson (4). D. Jacques Severt,

---

(1) Ces reliques étaient contenues dans une curieuse châsse du xiie siècle que l'on peut voir encore dans l'église paroissiale de Mauzac. — M. Mallay en a donné une exacte description à la page 25 de *l'Essai sur les églises romanes et romano-byzantines du département du Puy-de-Dôme*. (Moulins, 1844).

(2) Voir *Jacques Branche*, pp. 610, 519 et 363.

(3) *Histoire de la Vie de St-Amable, avec deux dissertations sur le temps et le lieu de sa mort;* par Antoine Chevalier, chanoine de l'église de St-Amable de Riom (Lyon, F. Barbier, 1701, in-12). C'est contre cette Histoire que l'abbé Faydit a écrit dans ses notes sur la vie de ce saint. Les opinions qu'il a émises ont été réfutées par le chanoine Guillaume Majour, dont nous avons parlé dans une note précédente. (Voir au 1er Décembre 1710).

(4) D'après une généalogie des familles Bienveigne et Sauvagnac, dressée au siècle dernier, D. Philippe Sauvagnac et non Gabriel, comme l'appelle par erreur D. Boyer, était le fils de Gabriel Sauvagnac et de Nicole Rabusson; il mourut peu après 1750. D. Farrot lui succéda comme procureur de l'abbaye de Mauzac.

qui est natif d'auprès d'Arras et qui a eu un soin particulier de moi comme hôtelier. J'ai passé le reste de la journée à Thuret (1) avec M. Louis Lyotard, mon compatriote et mon ancien condisciple. L'église de Thuret est dédiée à S. Martin; on y révère le corps de S. Limin (2), martyr, qu'on y a porté de l'abbaye de St-Allyre, d'où dépend ce prieuré. La flèche du clocher est fort belle, et le revenu considérable.

15. Le troisième dimanche du mois, je dis la première messe à Thuret. Le Saint-Sacrement y fut exposé; après dîner je passai par le bois de Randan où les voleurs dépouillèrent autrefois le pape Clément VI qui était pour lors Pierre Rogier, moine de la Chaise-Dieu comme moi. Après avoir traversé le bois, tout seul sans valet, je passai l'Allier à (3)...., prieuré dépendant de Cusset; j'arrivai à deux heures à Vichy (4). Je mis pied à terre à St-Joseph. Le R. P. sous-prieur des Célestins me retint chez lui et envoya quérir notre cheval fort obligeamment. Je soupai avec lui, et le P. Damas et un jeune ecclésiastique. Nous fûmes bien régalés. L'église est dédiée à la T. S. Trinité. Avant vêpres la paroisse y vint en procession ; ce qu'ils font tous les ans le quatrième dimanche de carême. Je chantai vêpres avec la communauté et ensuite le P. sous-prieur eut la bonté de me faire voir toutes les fameuses eaux de Vichy. Nous vîmes aussi les PP. Capucins et M. le curé (5) qui est abbé de Montpeyroux. Le soir, je copiai le titre de fondation et plusieurs autres choses que me communiqua le P. Chalvon, originaire de la Chaise-Dieu.

(1) Thuret (*Thuriacum*). — Aujourd'hui chef-lieu de commune du canton d'Aigueperse (Puy-de-Dôme).
(2) Voir *Jacques Branche*, page 196. — Il est à remarquer que D. Boyer ne parle pas du riche reliquaire en forme de buste fabriqué en 1452 par l'orfèvre Louis Mirepoix, de Clermont.
(3) En blanc dans le manuscrit. — Sans doute le prieuré de St-Yorre ou celui de St-Pierre d'Abret, l'un et l'autre dépendant de l'abbaye de Cusset.
(4) Vichy (*Vichiacum, Vichium, Aquæ Calidæ*), dans l'ancien diocèse de Clermont, chef-lieu de commune du canton de Cusset (Allier). Station thermale renommée.
(5) Joseph ou François Maréchal, curé de Vichy, sa patrie, était fils du procureur du Roi de ce lieu. Il possédait l'abbaye de Montpeyroux depuis 1702,

16. Je partis de Vichy et arrivai à Cusset (1) à huit heures. Madame de la Chaise d'Aix me fit beaucoup d'honneur. Avant dîner je fis un extrait du Nécrologe qui est fort ancien. Il y a dans le même volume le Martyrologe, la Règle de St-Benoît et les Expositions des Evangiles.

16 mars. Je dinai avec un Récollet de Marcigny (2), natif de L'Espinasse, qui a beaucoup de politesse et qui sert d'aumônier dans le monastère (3) où j'entrai après dîner et travaillai dans les archives où il y a peu de choses pour l'histoire. Madame l'abbesse (4) me combla d'honnêtetés. Je fis collation avec le P. Récollet et je fus voir la collégiale de N.-D. qui dépend de l'abbesse qui nomme à la chantrerie et à tous les canonicats. La paroisse, qui est presque contiguë aux deux églises susnommées, dépend aussi de l'abbesse. Cette communauté est fort bien réglée et Madame est la première à tous les exercices. Son caractère, c'est la modestie, et elle a eu beaucoup de peine à accepter la crosse.

17. Le jour de Ste-Gertrude, je fus aux Capucins de Cusset, où je vis le Père Joseph de Beyssac et quelques autres de ma connaissance. Je repassai l'Allier à Vichy et fus dîner à Cognac (5), chez M. Joseph Marcland, curé, qui me régala bien. D. Odile Rigaud y arriva au dessert. Cette cure de Cognac dépend du doyenné d'Ecurols (6), annexé à l'abbaye de Cluny. Après dîner je passai par Pontratier (7), monastère

---

(1) Cusset (*Cussetum, Cussiatum*), dans l'ancien diocèse de Clermont, chef-lieu de canton de l'arrondissement de La Palisse (Allier).

(2) Marcigny, chef-lieu de canton de l'arrondissement de Charolles (Saône-et-Loire).

(3) L'abbaye de St-Sauveur ou de N.-D. de Cusset, Ordre de Saint-Benoît.

(4) Geneviève de la Chaise d'Aix, fille de Jacques et de Catherine de Bardonanche, nommée le 26 mars 1701, gouverna ce monastère pendant plus de trente ans.

(5) Cognat ou Cognat-Lyonne, chef-lieu de commune du canton d'Escurolles (Allier). C'est près de ce lieu que les Catholiques furent vaincus par les Calvinistes le 6 janvier 1568.

(6) Escurolles, ancien diocèse de Clermont, chef-lieu de canton de l'arrondissement de Gannat (Allier).

(7) Pontratier, ancien diocèse de Clermont, commune de Charmes, canton de Gannat.

de l'Ordre de Fontevraud et fus coucher à Gannat (1), chez M. Marcland, oncle du curé de Cognac et frère de nos trois Marcland (2). Il est curé de Ste-Croix et dépend de l'abbaye d'Issoire.

18. Je passai la Sioule à Ebreule (3), où D. Louis de Cuvilly (4), Picard, jadis profès de notre congrégation, qui en est abbé régulier, me reçut très-bien. Je travaillai environ trois ou quatre heures au chartrier. Je dînai avec l'abbé et D. Lefèvre qui a mis bas sa belle barbe, de même que trois autres Augustins Déchaussés fameux à Paris, pour se faire moines à St-Léger d'Ebreule ; et l'un d'eux est prieur claustral. Après dîner, je fus par monts et par vaux coucher à Menat (5), où M. de Thianges, qui en est prieur, me reçut parfaitement bien. L'église est dédiée à S. Ménelé (6) ; ce monastère dépend de Cluny et il est très ancien. Nous fîmes une collation magnifique en communauté. M. d'Arson de Marcellanges en est dépositaire ; il a aussi un frère qui a beaucoup de religion. M. le prieur en a beaucoup aussi et beaucoup de mérite ; il est

---

(1) Gannat, chef-lieu d'arrondissement du département de l'Allier.

(2) En 1711, la famille Marcland, une des plus marquantes de la Chaise-Dieu, avait déjà donné cinq de ses enfants à la Congrégation de St-Maur. Les trois auxquels D. J. Boyer fait allusion sont : 1° D. Achille Robert Marcland dont nous reparlerons bientôt ; — 2° D. Antoine Gabriel Marcland qui mit la première main à l'Histoire du Languedoc achevée plus tard par D. Vaissette, et auquel D. Tassin n'a consacré qu'une note trop brève (page 725) ; 3° D. Maur, *alias* Ponce Marcland, que nous retrouverons plus loin.

(3) L'abbaye de St-Léger-d'Ebreuil (*Ebrolium*), Ordre de St-Benoit, dans l'ancien diocèse de Clermont. — Aujourd'hui chef-lieu de canton de l'arrondissement de Gannat (Allier).

(4) Louis de Pestivier de Quevilly ou Cuvilly, moine de la Congrégation de St-Maur, né en 1641 à Vaudrancourt, diocèse de Beauvais, fit profession à l'abbaye de St-Remi-de-Reims le 3 avril 1660. Il fut nommé abbé d'Ebreuil par le Roi le 15 août 1687. Il se démit en 1716, se retira à l'abbaye de St-Denis-en-France, où il mourut.

(5) L'abbaye de St-Martin-de-Menat (*Menatum*), de l'Ordre de St-Benoit, dépendante de Cluny, dans le diocèse de Clermont. — Aujourd'hui chef-lieu de canton de l'arrondissement de Riom (Puy-de-Dôme).

(6) Voir *Jacques Branche*, p. 470.

d'une illustre famille, ayant un oncle commandeur de Malte. M. d'Harcourt (1) est abbé de Menat.

19. Le jour de St-Joseph, j'assistai à matines, laudes, la méditation et prime que l'on dit consécutivement. Je dis ensuite la sainte messe à l'autel de St-Joseph où il y eut affluence de peuple. Je vis les saintes reliques à nu et surtout les corps de S. Ménelé, de S. Savinien et de S. Mion (2) qui sont dans une même châsse. Je copiai le verbail qui y était enclos. On me fit voir aussi un beau vase qui paraît être d'agathe que l'on prétend être le calice où le Sauveur institua l'Eucharistie, parce que l'on y lit autour : *I. bibet intus.* Ils veulent que l'*I* signifie Jésus. On l'appelle le saint calice et les peuples y ont beaucoup de foi pour le mal des yeux. Il y a aussi un bras de S. Martin, patron de l'église, et une croix processionale faite, l'an 1598, par Guy Anglard, abbé (3), d'une grandeur extraordinaire. M. le curé, qui a la clef des archives de M. l'abbé, me fit voir les titres en petit nombre et en mauvais ordre. Après avoir dîné splendidement, ces MM. me firent présent d'un cahier où est le Propre des saints de leur monastère. Je partis pour Ebreule, quoiqu'ils fissent humainement tout ce qu'ils purent pour me retenir. Je fis collation à Ebreule avec les Augustins bénédictinisés. M. l'abbé était parti le matin pour conduire son neveu aux Ordres à Clermont et avait donné ses ordres pour que je fusse bien reçu, ce qui fut bien exécuté. Je passai une partie de la nuit à chercher des Mémoires. On me fit voir le corps de S. Léger (4) et de son frère S. Guérin, martyrs, et plusieurs belles et anciennes reliques qui sont sur le maître autel.

(1) Abraham-Louis d'Harcourt, né le 16 novembre 1694, pourvu de l'abbaye de Menat en 1709, commandeur des Ordres du Roi, doyen de l'Eglise de Paris, abbé de St-Taurin et de Signy, duc et pair de France après la mort de son frère, le maréchal duc d'Harcourt. Il décéda le 27 septembre 1750.
(2) Voir *Jacques Branche*, p. 692, St-Savinien; p. 329, St-Médulphe ou Mion.
(3) Guy d'Anglard, dernier abbé régulier, mort en 1604.
(4) Voir *Jacques Branche*, p. 559. — On peut encore admirer dans l'église d'Ebreuil la magnifique châsse du commencement du xve siècle dans laquelle ces reliques étaient conservées.

20. J'arrivai à dix heures à Chantelle (1) avec M. de Marcillac, chevalier de Malte, que je rencontrai en chemin. Le R. P. prieur des Chanoines réguliers me reçut fort bien L'église est dédiée à S. Vincent depuis l'an 936 et il y a quantité de reliques. Nous dînâmes splendidement, après quoi le P. prieur me fit l'honneur de venir avec moi jusqu'à St-Pourçain (2).

21. Le P. prieur de Chantelle officia aux Bénédictines. Je fis diacre à la grand'messe de D. Jacques de Crespat (3), prieur de St-Pourçain, et le P. D. Jean Lamy, sous-diacre. Il y eut un concert d'instruments à la messe et aux vêpres qui furent suivies d'un festin où il y avait plus de trente externes.

Le P. Lamy prêcha avant complies et fit un beau discours.

22 mars. Dimanche de la Passion. D. Pierre Constant prêcha sur l'envie. On ne peut pas mieux déclamer.

23. Je fus voir les parents de D. Raffier, D. la Codre et D. Michelet (4).

24 mars. Le P. visiteur arriva avec son secrétaire, environ midi. D. Lamy était parti le matin pour St-Allyre.

25. Le P. visiteur dit la grand'messe aux Bénédictines, je dis la messe basse à l'autel du Scapulaire. Le P. visiteur partit après dîner et fut coucher à Iseure (5). Je fus entendre

---

(1) Chantelle (*S. Vincentius de Cantella*), prieuré de Chanoines réguliers de la Congrégation de France, dans l'ancien diocèse de Bourges. — Aujourd'hui chef-lieu de canton de l'arrondissement de Gannat (Allier).

(2) St-Pourçain (*Sta-Crux Sti-Portiani*), prieuré de l'Ordre de St-Benoît, Congrégation de St-Maur, dans l'ancien diocèse de Clermont. — Aujourd'hui chef-lieu de canton de l'arrondissement de Gannat (Allier).

(3) D. Jacques de Crespat, né à Clermont, fit profession à l'âge de 17 ans, le 19 mai 1689, dans l'abbaye de St-Augustin de Limoges et signa l'appel contre la Bulle le 6 novembre 1718, alors qu'il était moine à Bassac. Il mourut à la Chaise-Dieu le 25 avril 1755.

(4) Tous les trois religieux de la Congrégation de St-Maur.

(5) Iseure (*Isodrum*). — Le prieuré de religieuses bénédictines de St-Pierre-d'Iseure, dans l'ancien diocèse d'Autun. — Aujourd'hui chef-lieu de commune du canton de Moulins (Allier). Dans les bâtiments restaurés et agrandis de ce monastère avait été installé, en 1851, un collège de Jésuites renommé dans les provinces avoisinantes. Il n'existe plus depuis 1880. Qu'il nous soit permis de lui donner ici un affectueux souvenir.

le sermon du P. du Crohé aux Dames Bénédictines; après avoir entendu celui de D. Constant chez nous, l'un et l'autre étaient très justes et bien débités.

Après celui du P. du Crohé, le P. prieur, à qui D. J. Bouchon (1) servit de diacre et moi de sous-diacre, donna l'habit à Mlle de Chaumejan qui est une fille de qualité et fort belle. Elle a pris le nom de Sœur de St-Augustin. Je fis collation avec le P. du Crohé, Cordelier, et pris ensuite la fondation de ce nouveau monastère.

26. Je fus à St-Gilbert ou Neuffonts (2) où je rencontrai un prieur qui est du Puy et très honnête homme. Il me fit voir tous les titres de la maison qui est ruinée. Le corps de S. Gilbert (3), patron et fondateur de cette abbaye de l'Ordre de Prémontré, est conservé dans une fort belle châsse de bois doré sur le maître autel.

27. Après avoir pris congé de nos PP. de St-Pourçain qui m'ont tous fait mille amitiés, sans en excepter un seul, je m'arrêtai chez M. le curé de Saussay (4) qui m'en fit aussi beaucoup. J'allai à Moulins (5) faire une commission chez Madame Heuillard, belle-sœur du P. procureur de St-Pourçain et intendante des Jardins Bas. Je fus ensuite à Iseure voir le R. P. visiteur, et je revins à Moulins où je soupai avec un brave gentilhomme de Montluçon, M. de Bonnefoy, et un chanoine de la même ville. C'est au Cheval-Blanc.

(1) D. J.-B. Bouchon, né à St-Pourçain, fit profession dans l'abbaye de St-Faron-les-Meaux, à l'âge de 59 ans, le 12 juillet 1685, et mourut le 5 février 1723, à St Allyre de Clermont.

(2) L'abbaye de St-Gilbert de Neuf-Fontaines ou de Neufons (*S. Gilbertus Novem Fontium* ou *Novem Fontes*), Ordre de Prémontré, dans l'ancien diocèse de Clermont. — Aujourd'hui hameau de la commune de St-Didier, canton d'Escurolles (Allier).

(3) Voir *Jacques Branche*, p. 191. — Le président Savaron a composé un ouvrage intitulé: *De sancto Gilberto Præmonstratensis ordinis apud Avernos abbate collectanea*. Parisiis, Martin, 1624, in 4°. Ce livre est d'une grande rareté.

(4) Saulcet, chef-lieu de commune du canton de St-Pourçain (Allier).

(5) Moulins, chef-lieu du département de l'Allier et de la province de Bourbonnais. Cette ville faisait autrefois partie du diocèse d'Autun.

28. Je retournai à Iseure, monastère de Filles de l'Ordre de St-Benoît, autrefois de la Congrégation de Chezal-Benoît, à présent de celle de St-Maur. Elles vivent dans une grande observance et dans un entier éloignement du monde. C'est un prieuré, dépendant de St-Menou, à un quart de lieue de Moulins où je retournai et fus voir le tombeau de M. de Montmorency (1), à la Visitation, l'église des Carmélites, Madame Conrade aux Filles de St-Joseph, M. Mignot, procureur, qui a le titre original de la fondation de Chantelle, la Collégiale, etc. Je dînai magnifiquement chez M. Mérite avec le P. visiteur, le P. secrétaire et un médecin. Je fus voir aussi D. Cyprien Billot (2), procureur de St-Sulpice, qui était bien malade au Dauphin. Je repassai l'Allier et fus coucher à Souvigny (3), monastère de l'Ordre de Cluny, où il y avait ce jour-là une grosse foire.

29. Dimanche des Rameaux. Nous fîmes la procession à la chapelle de St-Eloy et avant vêpres nous entendîmes un bon sermon d'un P. Cordelier sur la communion. Le R. P. D. Pierre Wallart, prieur de Souvigny, me fit mille honnêtetés. J'ai beaucoup à me louer de D. Pierre Allart, prieur titulaire de la Voûte, natif d'une noble famille de Blesle, fort savant religieux qui me fit bien de l'amitié. D. Louis Matharel et D. Benoît Fabry m'en firent aussi beaucoup. Je ne trouvai rien aux archives qu'une vie de S. Pierre le Vénérable (4) qui n'a pas encore été imprimée.

---

(1) Henri II, duc de Montmorency, décapité à Toulouse en 1632. Sa veuve, Marie des Ursins, prit le voile chez les Visitandines de Moulins. Elle lui éleva un magnifique mausolée qu'on voit encore dans la chapelle du Lycée de cette ville.

(2) B. Cyprien Billot, né à Bourges, fit profession dans l'abbaye de St-Allyre, à l'âge de 18 ans, le 26 avril 1672. Il mourut à St-Sulpice de Bourges le 20 août 1724.

(3) Souvigny (*Silviniacus*), célèbre prieuré bénédictin, de l'Ordre de Cluny, ancien diocèse de Clermont. — Aujourd'hui chef-lieu de canton de l'arrondissement de Moulins (Allier).

(4) Voir *Jacques Branche*, p. 708.

30. Je fus à St-Menou (1), où Madame de la Chaise d'Aix (2), qui en est abbesse, me reçut parfaitement bien. Je dînai avec D. Jean Phelippart, religieux de Souvigny, qui confesse les Bénédictines depuis vingt-huit ans. Je vis le tombeau de S. Menou (3) qui est fort ancien et imprime de la vénération. L'église est fort propre. Il y a peu de titres dans les archives. Je ne trouvai environ qu'une vingtaine d'abbesses, quoique la maison soit fort ancienne. Madame l'abbesse est d'une grande régularité ; elle me fit l'honneur de me proposer plusieurs difficultés qu'elle a touchant le vœu de pauvreté, et cette conversation dura près de deux heures. Je partis le même jour avec D. Phelippart, pour Souvigny où D. Fabry me fit voir les reliques de S. Odile et de S. Mayeul (4) et autres curiosités qui sont dans le trésor.

31. Je passai auprès du couvent des Cordeliers de Chamaigre (5), fondé par les ducs de Bourbon, à un quart de lieue de Souvigny. Je traversai une grande forêt, repassai l'Allier, fis collation à Treinai (6) et fus coucher à St-Pierre le Moûtiers (7), où le R. P. prieur me reçut très bien. J'y trouvai le R. P.

---

(1) St-Menou (*S. Menulphus*), abbaye de l'Ordre de St-Benoît dans l'ancien diocèse de Bourges. — Aujourd'hui chef-lieu de commune du canton de Souvigny (Allier).

(2) Antoinette de la Chaise d'Aix, fille de François, comte de la Chaise, capitaine des gardes de la porte du Roi, et de Geneviève Ramadier, fut nommée le 8 septembre 1695.

(3) Les actes de St-Menou, conservés autrefois en manuscrit dans l'église de St-Autrille du Château, à Bourges, ont été publiés d'abord par le P. Labbe et reproduits par les Bollandistes, tom. III de juillet.

(4) Voir *Jacques Branche* : Saint Odile, p. 115. — Saint Mayeul, p. 294.

(5) Champaigue, aujourd'hui Champaigne, château, commune de Marigny, canton de Souvigny (Allier). — Agnès d'Artois, femme du fondateur, Archambaud de Bourbon, et plusieurs de leurs descendants choisirent l'église de ce couvent pour le lieu de leur sépulture. (*Narr. hist. et topog. des convens de l'Ordre de St-François*, par le P. Fodéré, p. 537).

(6) Trainay ou Tresnay, chef-lieu de commune du canton de Dornes, arrondissement de Nevers (Nièvre).

(7) St-Pierre-le-Moustier (*S. Petrus in territorio Nivernensi*), prieuré bénédictin de l'Ordre de Cluny et ville royale, autrefois siège d'un grand baillage. — Aujourd'hui chef-lieu de canton de l'arrondissement de Nevers (Nièvre).

prieur de Bourbon-Lancy (1), qui a beaucoup d'esprit et qui était venu prendre possession de la sacristie.

AVRIL.

1711. 1. Je partis de St-Pierre-le-Moûtier pour aller dîner à Nevers (2). Je trouvai deux hommes roués et un pendu sur le grand chemin. La justice de St-Pierre est extrêmement exacte. Je dînai à St-Martin de Nevers (3), chez MM. les Chanoines Réguliers qui me firent beaucoup d'amitié, surtout le P. Salesses, sous-prieur, le P. Dubois et le P. de Roucy que j'avais connu particulièrement à Pébrac, le P. de Marle, religieux d'une vertu consommée, qui compte un chancelier de France entre ses ancêtres, le P. procureur, nommé Clément. Le P. Ambroise du Chesne, prieur de St-Martin, de qui j'ai l'honneur d'être connu, s'est trouvé absent; il fait ses visites en Languedoc. J'assistai à l'office des ténèbres, je fus voir ensuite avec le P. Jules de Roucy, issu d'une ancienne maison de Champagne, la Cathédrale dédiée à St-Cyr, où il y a des mausolées des ducs de Nevers qui sont magnifiques, le palais des Ducs, la place Ducale, l'église des Minimes où il y a un des plus beaux autels du royaume.

2. J'entendis la messe pontificale de M. l'évêque (4) qui fit le St-Chrême, etc.. MM. de la Cathédrale me firent placer avec eux. Je leur vis faire la Cène au Chapitre où ils donnèrent quantité de pain aux pauvres. J'entendis aussi la grand'messe à St-Martin et fis la communion et assistai ensuite au mandat (5) que ces MM. firent à douze pauvres dans leur Chapitre.

---

(1) Bourbon-Lancy (*Burbo Ancelli, Aquæ Niserii*), chef-lieu de canton de l'arrondissement de Charolles (Saône-et-Loire).

(2) Nevers, chef-lieu du département de la Nièvre.

(3) St-Martin de Nevers (*S. Martinus Nivernensis*), abbaye de Chanoines réguliers de la Congrégation de France.

(4) Edouard Bargedé, évêque de Nevers du 2 mai 1706 au 20 juillet 1719.

(5) La cérémonie du lavement des pieds le Jeudi-Saint s'appelle *Mandatum*, parce qu'on y chante: *Mandatum dedi vobis*, etc...

Après dîner je fus avec le P. sous-prieur et le P. de Ruvillé, qui était venu de Chantelle pour recevoir la prêtrise, à la Cathédrale où nous entendîmes le sermon du P. Dumas, Jésuite, mon régent, et assistâmes à l'absoute que fit le prélat. Je visitai ensuite l'église de la Visitation, etc... Je chantai matines à St-Etienne (1), ancien prieuré de l'Ordre de Cluny, où le P. prieur D. Dolet qui est fort habile homme, me fit beaucoup d'amitié. Nous chantâmes le *Te Deum*, ce qui faisait ouvrir les yeux et lever les oreilles aux séculiers. D. Toussaint Châtelus, Parisien, arriva de la Charité et fit collation avec nous. Je fus coucher à St-Martin.

3. J'entendis la Passion aux Ursulines par le P. correcteur des Minimes qui était bien froid. J'assistai à l'office de St-Etienne où je dînai et partis ensuite pour la Charité (2) sur le cheval de D. Toussaint Châtelus, Parisien.

4. J'assistai à l'office du matin qui fut célébré solennellement par le P. sous-prieur. D. Ant. La Loge chanta le *Præconium* (3) le mieux du monde. Nous chantâmes vêpres à trois heures du soir, après lesquelles on donna l'extrême-onction au R. P. D. Antoine Thévenin, prieur de la Charité, qui n'était arrivé que mercredi au soir de Paris, bien accablé d'une fausse pleurésie qu'il ressentit à Nemours.

5. Le saint jour de Pâques, pendant matines, D. A. Thévenin mourut dans des grands sentiments de piété, après avoir reçu tous les sacrements. C'était un génie du premier ordre, fort estimé de tous ceux qui avaient le bien de le connaître. Par dessus tout, il était un excellent religieux, fort indulgent pour les autres et très austère pour lui-même ; car il ne mangeait pas de poisson pendant le carême et ne buvait presque point de

---

(1) St-Etienne (*S. Stephanus Nivernensis*), prieuré clunisien situé dans la ville de Nevers.

(2) La Charité (*Caritas ad Ligerim*), important prieuré bénédictin de l'Ordre de Cluny. — Aujourd'hui chef-lieu de canton de l'arrondissement de Cosne (Nièvre).

(3) *Præconium.* On nomme ainsi un des chants de l'office du Samedi-Saint.

vin. On croit qu'il aurait été élu vicaire-général au prochain Chapitre. L'Ordre de Cluny a fait une grosse perte, aussi bien que les pauvres de la Charité. Il est regretté généralement, au dedans et au dehors, des grands et des petits. Il était l'arbitre des uns et des autres et il était bien entendu dans les affaires, surtout pour faire un accommodement. Le P. prédicateur, qui est un prieur des Augustins, fit son éloge qui dura près d'un quart d'heure et qui fit répandre beaucoup de larmes, après l'exorde de son sermon. Nous dîmes ensuite vêpres solennelles, on fit la procession du St-Rosaire, après laquelle on dit vêpres des morts et les trois nocturnes.

6. On enterra le P. prieur après une messe solennelle dans la chapelle du Nom de Jésus, derrière le maître autel. Les religieux et les séculiers fondaient tous en larmes. Toute la ville était à ce convoi. Après none, le P. Augustin prêcha dans notre église. M. l'intendant assista à vêpres.

7. Le P. Augustin prêcha avant la grand'messe et fit ses adieux jusqu'à l'Octave du Très-Saint Sacrement qu'il doit aussi prêcher. J'ai trouvé dans les archives de la Charité, plusieurs beaux titres, et la règle de St-Colomban avec quelques opuscules du même saint. M. Bernot de Charant, maire de la Charité, a fait imprimer à Bourges l'an 1709, un abrégé historique du prieuré et de la ville de la Charité ; mais il n'est pas exact. L'histoire manuscrite de ce monastère par D. de Beuvron est beaucoup meilleure (1). Je soupai le soir à la salle avec D. Hilaire Tripperet, Parisien, qui a enseigné la théologie à la Charité et qui a été élu conventuel (2) pour aller au Chapitre général. L'élection a été faite du premier coup aujourd'hui après none. Ce religieux est savantissime et plein d'honnêteté. D. Louis de Géranton, qui est d'une noble famille du Monastier en Velay et un écolier du P. Tripperet, soupa aussi avec nous, de même

---

(1) Sans doute le manuscrit signalé dans la Bibliothèque historique du Père Lelong, tom. I, page 734, n° 11755.

(2) Religieux chargé de représenter le monastère dans les Chapitres généraux ou les Diètes.

que D. Pierre Denys, natif de la Charité. Le P. sous-prieur, D. Louis Evrard, qui a été prieur de Sauxillanges, m'a comblé d'honnêteté ; de même que D. Fontnoble, vieillard d'une vie exemplaire ; D. Joseph de Nane ; D. Jean Moraillon, archiviste ; D. La Loge, de Dijon ; D. Toussaint qui arriva pour l'enterrement ; D. Sabatin, procureur ; D. des Brauds, grenetier ; D. Bourdier et généralement tous les religieux.

8. Je fus dîner à Brécy (1) et souper à St-Sulpice de Bourges (2), où le R. P. D. Charles Conrade (3) me reçut avec son honnêteté ordinaire.

9 et 10. Je rangeai nos Mémoires et les mis au net.

11. Jour de St-Léon. Le R. P. abbé me fit l'honneur de me prendre pour son compagnon. Il fut souhaiter la bonne fête à M. Léon Potier de Gesvres (4), archevêque, qui m'ordonna de l'aller voir souvent et me caressa beaucoup. Nous fûmes voir ensuite plusieurs chanoines et les principaux de la ville et finîmes nos visites par celle de Madame l'abbesse de Bussière (5).

12. Dimanche *in albis* (6). — M. l'archevêque vint voir le R. P. abbé qui reçut aussi quantité de visites. Je donnai un gros paquet de Mémoires pour le P. de Ste-Marthe et un

(1) Brécy, chef-lieu de commune du canton des Aix d'Angillon, arrondissement de Bourges.

(2) L'abbaye de Saint-Sulpice (*S. Sulpitius Bituricensis,* d'abord *Monasterium Navense*), Ordre de Saint-Benoît, Congrégation de Saint-Maur, était située dans un faubourg de Bourges.

(3) D. Charles-Louis de Conrade, né à Nevers, fit profession dans l'abbaye de St-Augustin de Limoges à 19 ans, le 15 septembre 1680, et mourut abbé de St-Sulpice de Bourges, dans ce monastère, le 20 février 1734.

(4) Léon Potier de Gèvres, né le 15 août 1656, fils de Léon, duc de Gèvres, pair de France, et de Marie-Françoise-Angélique Duval de Fontenay Mareuil. Il fut nommé au siège de Bourges le 29 mai 1694, devint cardinal le 27 novembre 1719. Il se démit de son archevêché en 1729 et mourut le 12 novembre 1744. Il était abbé de St-Géraud d'Aurillac, de St-Remi de Reims et d'autres abbayes.

(5) Marguerite-Françoise Solu de Villerault, nommée le 19 avril 1710.

(6) Dimanche de *Quasimodo*, aussi appelé Dimanche *in albis depositis*, parce que, dans la primitive Eglise, les catéchumènes quittaient ce jour-là les vêtements blancs dont ils avaient été revêtus pour le baptême.

autre pour le P. Massuet à D. Léon d'Héré (1), conventuel.

13. Le P. abbé partit avec D. Léon pour la Diète. M. Vivier, directeur du séminaire, notre compatriote, vint me voir. J'ai reçu des lettres de D. Pierre Sabatier (2), de Paris; de D. Laurent Baubiat (3), de Vierzon; de M. Rousson, de Beaune; de M. du Fraisse, chanoine de Clermont; du P. de Ste-Marthe. J'ai répondu à M. du Fraisse, M. Rousson, D. P. Sabatier. J'ai écrit à M. Montet, M. l'abbé Gascher, D. Ant. Palerne (4), D. Guy Buisson, D. Louis de Géranton. Je soupai à la salle avec D. Jacques La Cour (5), procureur de Vierzon. J'avais soupé le jour précédent avec le doyen de Montet-aux-Moines qui va être prieur à Massay.

14. Mort de Mgr le Dauphin (6).

15 avril. — J'ai été avec D. Macé (7) rendre quelques visites. A M. Irail, mon compatriote; à M. Simon, supérieur du Séminaire; à MM. Vivier et d'Amonville, directeurs, aux

---

(1) D. Léon d'Héré, né à St-Pierre-le-Moûtiers, fit profession dans l'abbaye de St-Allyre, à l'âge de 20 ans, le 3 février 1665. Il mourut le 19 juillet 1711, à St-Sulpice de Bourges.

(2) D. Pierre Sabatier, né à Poitiers, fit profession dans l'abbaye de St-Faron, à l'âge de 17 ans, le 30 juin 1700. Il mourut à St-Nicaise de Reims le 24 mars 1742. D'abord collaborateur de D. T. Ruinart et de D. R. Massuet, il publia seul, dans la suite, une version de l'Ecriture Sainte en 3 volumes in-folio (*Hist. litt. de la Cong. de St-Maur*, p. 617).

(3) Lisez : Daubiat. — D. Laurent Daubiat, né aux Champs, diocèse de Limoges, fit profession dans l'abbaye de St-Augustin de cette ville, à l'âge de 19 ans, le 24 juillet 1685. Il mourut prieur de St-Pierre de Brantôme le 24 octobre 1725.

(4) D. Antoine Palerne, né à St-Chamond, diocèse de Lyon, fit profession dans l'abbaye de St-Augustin de Limoges, à l'âge de 18 ans, le 30 avril 1690, le même jour que D. Jacques Boyer. Il mourut dans le monastère de Souillac, le 14 décembre 1728.

(5) D. Jacques La Cour, né à Collonges, diocèse de Limoges, fit profession dans l'abbaye de la Daurade de Toulouse, à l'âge de 23 ans, le 4 juin 1685 et mourut le 28 juillet 1716, à St-Augustin de Limoges.

(6) Le Grand Dauphin, fils de Louis XIV.

(7) D. J. B. Macé, né à Issoudun, fit profession à l'âge de 19 ans, dans l'abbaye de la Trinité de Vendôme.

PP. Gassot (1) et Chamillard (2), Jésuites; au P. prieur des Augustins; à l'Annonciade; à Bussière (3), etc... Je vis à l'Annonciade le buste de sainte Jeanne, fondatrice de cette maison, tiré d'après nature. Le plafond de l'église est fort beau. Le cours de Séraucourt est à voir. Les vitres de l'église de l'Hôtel-Dieu méritent l'attention des curieux. Je trouvai aussi de fort bon goût l'autel et le chœur des Ursulines.

16. M. Irail, chanoine honoraire de la Cathédrale et neveu du doyen, m'a fait l'honneur de venir me voir, de même que le beau-frère et la sœur de D. Macé. J'ai écrit au P. Dubois, Ch. Rég. à Nevers.

17. M. Michelet, légiste, m'est venu voir avec M. Cœurderoy, aussi légiste et fils d'un président de Dijon. Mort de l'Empereur (4).

18. Nous avons appris avec chagrin la mort de Mgr le Dauphin. J'ai reçu quatre lettres, du P. Rougebet, Jésuite de Billom, du 3 mars; de D. P. Sabatier, du 28; de D. R. Massuet, du 30; de D. Louis Delmas, procureur de Clermont, du 14 avril, auquel jour mourut le Dauphin. Le P. Gassot, Jésuite du collége de Bourges, m'a prêté la *Bibliothèque nouvelle* du P. Labbe, en 2 volumes (5).

19. J'ai écrit à D. Jérôme de Montchanin, prieur de la

---

(1) Le P. Jean Gassot, né à Bourges, le 26 janvier 1661, entra au noviciat le 25 octobre 1677, fit profession le 2 février 1695, mourut à Bourges le 25 novembre 1734. On lui attribue *La Vie de Guillaume Ruffin, congréganiste, tirée des Annales de la Cong. de la Flèche.* (A Vannes, chez Christophe Galles, 1702).

(2) Le P. Etienne Chamillart, né à Bourges le 11 novembre 1656, entra au noviciat le 15 octobre 1673, profès le 19 novembre 1690, mourut à Paris, le 1er juillet 1730. Il est connu comme littérateur et surtout comme antiquaire. Il eut un frère, Pierre, né à Bourges, le 22 juin 1664, entré le 24 septembre 1679, profès le 15 août 1697, mort à la maison professe de Paris, le 5 avril 1733.

(3) L'abbaye de N.-D. de Bussière (*Buxeria*), Ordre de Cîteaux, fille de l'Esclache, fondée près de Culant, fut transférée à Bourges en 1625, dans l'ancien monastère de St-Grégoire.

(4) Joseph I, empereur d'Allemagne.

(5) Paris, chez Sébastien et Gabriel Cramoisy, 1657.

Voûte, à Cluny, pour la relique de saint Mayeul, etc. La Diète commence à Limoges (1).

20 avril. D. Vincent Gassot (2), surnommé la Toise, parce qu'il a une toise de hauteur, bon confrère et honnête homme, me prit pour rendre visite à MM. ses parents qui sont les plus apparents de Bourges.

21. J'ai rendu quelques visites avec F. Placide Guillot, religieux de St-Cyran (3), exilé à St-Sulpice à raison de jansénisme. La postérité gémira, ou rira, si elle sait quel est ce bon frère. Un seul trait le fera connaître. Un de nos Pères lui disant qu'il était janséniste : pardonnez-moi, lui dit-il, je ne suis pas janséniste, je suis de Normandie. Cependant les bons PP. Jé... l'ont fait exiler avec autres trois de sa trempe à raison de doctrine. C'est avec lui que j'ai été voir M. Irail au doyenné, au séminaire MM. Simon, Vivier, d'Amonville, Broquin qui y a enseigné les cas de conscience depuis longtemps et que j'ai consulté sur un cas fort délicat. J'ai eu l'honneur de faire la révérence à M. l'abbé Madot (4), évêque de Bellay, qui est au séminaire depuis quatre ou cinq jours pour la ferme de son abbaye de Loroy (5). J'ai été ensuite à l'archevêché, où Mgr m'a comblé d'honnêteté. J'ai eu l'honneur de sa conversation pendant une heure. J'ai vu aussi l'église souterraine de la Cathédrale et M. Bernard, diacre par humilité, qui a été élevé à St-Cyran et qui demeure à l'archevêché, fort considéré du prélat. En effet, il le mérite par sa doctrine et encore plus par sa piété. Il est natif de Dijon.

---

(1) On appelait Diète une assemblée tenue dans quelques Ordres religieux entre deux Chapitres généraux pour ce qui regardait leur discipline.

(2) D. Vincent Gassot, né à Bourges, fit profession dans l'abbaye de Bourgueil, à l'âge de 24 ans, le 18 septembre 1674, et mourut le 17 mai 1715 à St-Sulpice de Bourges.

(3) L'abbaye de St-Cyran en Braine (*S. Sigirannus in Brena*), Ordre de St-Benoît, dans le diocèse de Bourges.

(4) François Madot, nommé à l'évêché de Belley en 1705, fut transféré à Châlons-sur-Saône en 1712. Il était fils du premier Président du Présidial de Guéret. Il mourut le 7 octobre 1753, âgé de 78 ans.

(5) L'abbaye de N.-D. de Loroy (*Locus regius*), Ordre de Citeaux, diocèse de Bourges.

22. Un de nos confrères en lisant le Directoire (1) dit : *In hymno martinorum* pour *matutinorum*. Je fus avec D. Jacques Douhet voir M. l'évêque de Bellay et M. son aîné, qui est son vicaire-général, qui me donnèrent quelques éclaircissements pour ce qui regarde l'évêché de Bellay afin de l'insérer dans le *Gallia Christiana*. M. l'évêque me marqua beaucoup d'amitié de même que M. Simon, supérieur du séminaire, qui est un saint homme. Je vis aussi M. Vivier et M. Irail, nos compatriotes. J'allai ensuite à l'abbaye de St-Laurent (2) où Madame l'abbesse (3) me prêta un manuscrit intitulé *Les Antiquités Bénédictines du diocèse de Bourges* (4), composé par D. Claude Estiennot : 1674. Nous vîmes aussi Madame de Nantiac qui est toute pour les Bénédictins. Je fus enfin à l'abbaye de St-Ambroix (5) où je vis le P. Tetelette, prieur, le P. de Villiers, prieur de Chantelle, etc....

23. Je fus au Synode avec D. Joachim Guérin (6), curé de Chezal-Benoît et M. Solignac, curé de Miny (7). Après la messe de Saint-Esprit célébrée par M. le grand-vicaire, on fit la procession autour de l'église. MM. les curés, sans étole, étaient conduits par leurs archiprêtres qui avaient l'étole pendante, et qui étaient chacun à la tête des curés de leur archiprêtré. Les curés de la ville étaient en aube avec l'étole croisée; les archidiacres étaient en chape. Un curé fit ensuite l'oraison synodale sur ces paroles : *Cum proprias oves emiserit, ante eas vadit.* Il fit

---

(1) Indication pour la manière de dire l'office et la messe chaque jour de l'année.

(2) Le monastère des religieuses de St-Laurent (*S. Laurentius Bituricensis*), de l'Ordre de St-Benoît, dans la ville de Bourges.

(3) Françoise-Angélique de Mareschaux.

(4) Les *Antiquités Bénédictines* de D. Estiennot forment trente-sept volumes conservés au cabinet des manuscrits de la Bibliothèque Nationale (F. lat. 12759-776). Voir *Histoire littéraire de la Congrégation de St-Maur*, page 183.

(5) L'abbaye de St-Ambroise de Bourges (*S. Ambrosius*), *vulgo* St-Ambroix, Ordre de St-Augustin, Congrégation de France.

(6) D. Joachim Guérin, né à Bellac, diocèse de Limoges, fit profession dans l'abbaye de St-Augustin de cette ville le 17 juillet 1695, à l'âge de 19 ans.

(7) Migny, chef-lieu de commune du canton d'Issoudun (Indre).

voir les avantages du bon exemple des pasteurs, et les malheurs du scandale. Son discours était net sans beaucoup d'éloquence, mais bien prouvé et avec méthode par l'Ecriture, les Pères et les Conciles. Le promoteur déclama ensuite sur les servantes que les curés tiennent chez eux au dessous de cinquante ans, sur la soutane qu'ils ne portent point dans le lieu de leur résidence, etc., etc... M. l'archevêque parla près de trois quarts d'heure avec beaucoup de facilité et un grand agrément sur ce que lui avait représenté son promoteur et fit quelques règlements. On lut les noms des curés défunts depuis le dernier Synode, on chanta le *Te Deum*, etc.. et l'on finit par la lecture des noms des curés du diocèse. L'assemblée était nombreuse et tous les curés avaient bon air.

23 avril. Je reçus une lettre de D. P. Sabatier, de Paris, 20 avril, où entre autres choses il m'apprend que les députés de la province de France ont été élus tous quatre au premier scrutin, savoir D. R. Marcland (1) prieur de St-Germain ; D. A. de Loo (2), de St-Denis ; D. L. Pisan (3), de St-Remi et D. E. Badier (4), de Compiègne et que le T. R. P. général (5) devait partir le **22** pour le Chapitre dans le dessein de travailler sérieusement à sa déposition.

24. J'ai reçu une lettre de D. L. de Géranton, de la Charité sur Loire, du **19**. Madame l'abbesse de St-Laurent me fit ren-

---

(1) D. Achille Robert Marcland, né à la Chaise-Dieu, fit profession dans l'abbaye de St-Augustin de Limoges le 25 novembre 1657, à l'âge de 17 ans. Il mourut à St-Germain-des-Prés le 31 mars 1724.

(2) D. Arnoul de Loo, né à Rouen, fit profession dans l'abbaye de Jumièges, le 2 mai 1663, à l'âge de 19 ans. Il mourut à St-Germain-des-Prés le 9 août 1713, étant supérieur-général de la Congrégation de St-Maur.

(3) D. Louis Pisant, né à Sassetot, dans le pays de Caux, fit profession à l'âge de 22 ans, dans l'abbaye de Jumièges, le 6 mai 1667. Il mourut à St-Ouen de Rouen le 5 mai 1726. Voir *Hist. litt. de la Cong. de St-Maur*, p. 477.

(4) D. Jean-Etienne Badier, né à Dol en Bretagne, fit profession à 18 ans dans l'abbaye de St-Melaine de Rennes, le 12 août 1668. Il mourut à St-Pierre de Corbie le 6 juillet 1719. Voir *Ibidem*, p. 410.

(5) D. Simon Bougis, né à Séez, fit profession à l'âge de 21 ans, le 6 juillet 1651, dans l'abbaye de Vendôme. Nommé supérieur général de la Congrégation de St-Maur en 1705, il se démit en 1711 et mourut à St-Germain-des-Prés, le 1er juillet 1714. Voir *Ibidem*, p. 568.

dre visite de sa part. Nos Pères députèrent D. V. Gassot pour l'assemblée du diocèse.

25. On tint à l'archevêché l'assemblée diocésaine où l'on députa quatre chanoines de la métropole. D. V. Gassot y assista avec D. J. La Cour, député de Vierzon.

26. Le Chapitre général de Cluny commence. Je reçus la visite de M. l'abbé Irail et de M. l'abbé Louis, et de M. Michellet, légiste.

28. Nous apprîmes les nouvelles de notre Diète où furent députés D. Maur Marcland (1), abbé de St-Augustin; D. Charles Conrade, abbé de St-Sulpice ; D. L. de Massiot (2), prieur de St-Savin et D. Ph. Raffier (3), mon maître, prieur de Beaulieu. D. Guy Buisson, prieur de la Chaise-Dieu, fut vicaire de la Diète.

Même jour. Je fus voir M. l'abbé de Laire (4), prévôt de l'église de Clermont, logé au Bœuf Couronné ; M. Bernard, à l'archevêché. Je fus ensuite rendre mes devoirs à M. l'évêque du Puy (5), à l'Ecu, qui me fit mille honnêtetés ; de même que M. Treveys, député du Puy et mon bon ami. Je passai le reste de la soirée chez M. Irail, au doyenné. Je rendis aussi, d'abord après dîner, le livre de Madame l'abbesse de St-Laurent que je vis avec Madame de Nantiac.

29. Je reçus une lettre de M. l'abbé Gascher, chanoine et syndic de la Cathédrale de Clermont, qui me mande de la part

---

(1) D. Maur, *alias* Ponce Marcland, né à la Chaise-Dieu, fit profession dans l'abbaye de St-Allyre le 28 octobre 1669, à l'âge de 20 ans et mourut à St-Jean-d'Angely, le 9 novembre 1726.

(2) D. Léonard de Massiot, né à St-Léonard de Noblat, diocèse de Limoges, fit profession dans l'abbaye de St-Allyre, à l'âge de 19 ans, le 13 octobre 1662. Il mourut à St-Cyprien de Poitiers, le 25 avril 1717. Voir *Ibidem*, p. 580.

(3) D. Philippe Raffier, né à St-Pourçain, fit profession dans l'abbaye de St-Augustin de Limoges, le 26 juin 1679. Il fut procureur général de la Congrégation en Cour de Rome et mourut à St-Jean d'Angely le 18 février 1744. Voir *Ibidem*, p. 790.

(4) Claude de Laire, fils de Michel de Laire, conseiller à la Cour des Aides de Clermont, devint plus tard abbé de St-Austremoine d'Issoire et vicaire-général de Massillon; il mourut dans son abbaye, le 1er mars 1759.

(5) Claude de la Roche-Aymon.

du Chapitre que les portes de leurs archives me seront toujours ouvertes. Elle est en date du 23 avril. J'ai écrit aujourd'hui à M. de Vèze, théologal à Brioude; à D. L. Delmas et D. Jean Lamy, à St-Allyre, d'où il a été élu conventuel. J'ai aussi écrit un billet à M. de Laire et M. Irail, ne pouvant sortir à cause de la pluie continuelle depuis le matin jusqu'au soir. L'un et l'autre me firent réponse et celle de M. de Laire est honnête au possible. Il a eu la bonté de se charger d'un gros paquet de papiers qu'il gardera jusqu'à ce que je repasserai à Clermont.

29 avril. On tint l'assemblée provinciale du clergé où M. Léon Potier de Gesvres, archevêque de Bourges, présida. M. l'évêque du Puy y était aussi avec M. Treveys, son secrétaire, chanoine de Monistrol, député du clergé du Puy; M. Claude de Laire, prévôt de Clermont, député du clergé de Clermont; M. de la Bro (1), abbé d'Uzerches, grand-vicaire de M. l'évêque de Limoges, député de Limoges; M. Michel, supérieur du séminaire, député de Tulle et M......., de St-Flour. Ils députèrent à l'assemblée générale du clergé M. l'évêque de Limoges (2) et M. le doyen de Tulle, nommé l'abbé Brossard (3).

30. La pluie continua tout le jour et notre petite rivière a tellement grossi que l'on ne voit plus une petite prairie appelée la Chape. J'ai reçu une lettre de M. Montet, chanoine de l'église du Puy, en date du 22.

MAI.

1711. 1. On me fit célébrer la grand'messe à cause de la fête de St-Jacques. Je fis réponse à M. Montet. Le soir, D. Léon d'Héré arriva de Limoges et il me donna une lettre du Père visiteur du 29. Il nous dit qu'on y avait fait un ser-

---

(1) N... Patri de Labro, vicaire-général de Montauban, puis de Limoges.
(2) Antoine Charpin de Génetines, abbé de Pébrac, d'une famille forézienne.
(3) Martial-Ludovic de Brossard, vicaire-général de l'évêque de Tulle.

vice tout à fait solennel pour Mgr le Dauphin où le Père visiteur avait officié.

2. Dom Sabbatin, procureur de la Charité, me fit l'honneur de me rendre visite.

3. Après dîner je fus voir D. Sabbatin, M. Irail et M. l'archevêque qui me fit beaucoup d'honnêteté. On commença hier par son ordre une procession que l'on fera pendant neuf jours à l'autel de St-Sulpice pour demander le beau temps. J'ai écrit au P. visiteur, à M. l'abbé de Langeac (1), doyen de St-Gal, et à D. Louis de Géranton.

5. D. Gassot me pria de dire la grand'messe, se trouvant indisposé. On célèbre aujourd'hui la fête de l'anniversaire de la dédicace de l'église métropolitaine de St-Etienne. Dans le diocèse on ne la célèbre que le dimanche suivant. M. le sous-prieur de St-Ambroix me fit l'honneur de venir me voir et il resta avec moi depuis vêpres jusqu'au souper.

6. Je dis encore la messe conventuelle.

7. J'assistai à la grand'messe de la Cathédrale que l'on célébra solennellement à cause de la translation de S. Guillaume (2), dont le chef était exposé dans un reliquaire fort précieux devant le jubé. Notre Chapitre général commence aujourd'hui à Marmoutiers (3).

8. M. Pierre Madot, vicaire-général et frère de M. l'évêque de Bellay, official et chanoine théologal de la dite Cathédrale, m'a fait l'honneur de me venir voir et m'a communiqué plusieurs choses touchant ladite Cathédrale pendant deux heures qu'il a resté ici.

9 mai. Je fus avec D. Benoît Nicolas (4), rendre visite à M. Guillot, vicaire-général, qui me donna les approbations

---

(1) Emmanuel de La Rochefoucauld-Langeac.
(2) Voir *Jacques Branche*, p. 130.
(3) Marmoutiers, près Tours.
(4) D. Benoît, *alias* Nicolas Nicolas, né à Limoges, fit profession dans l'abbaye de St-Augustin de cette ville le 14 décembre 1695, à l'âge de 19 ans.

pour D. L. La Coste (1), prieur de St-Benoît du Sault (2); à M. l'abbé Madot qui doit partir lundi avec M. de Bellay; à M. Vivier, M. Bernard, le P. Gassot, Jésuite, le P. sous-prieur de St-Ambroix, le P. Martialot, etc. M. Irail me vint voir.

11. Je reçus une lettre de D. Ant. Palerne, prieur de St-Augustin de Limoges. Nous fûmes processionnellement chanter la messe à la Cathédrale, où l'on nous donna à déjeûner à la sacristie.

12. MM. de St-Pierre le Marché vinrent à St-Sulpice en procession. Ceux de St-Bonnet y vinrent ensuite chanter la grand'messe. Nous la fûmes chanter à St-Laurent, où une de nos Sœurs chanta fort proprement le *Tantum ergo* à l'Elévation. La Cathédrale vint chanter la messe chez nous et nous donnâmes un joli déjeûner à MM. les chanoines. Après dîner, je fus rendre quelques visites avec D. G. L'Huillier (3).

13. Nous fûmes processionnellement dire la messe à l'abbaye de Bussière. Elle est dans la rue de St-Sulpice, et ce sont nos Pères qui ont vendu cette maison, dont saint Grégoire est le patron, aux Bernardines de Bussière qui se sont venues établir ici. Nous fîmes ensuite le tour de notre justice de St-Sulpice. D. J. B. Macé prêcha le soir aux Filles de la Congrégation de N.-D. pour la prise d'habit de Mlle Bonnelat.

14. Jour de l'Ascension. Nous fûmes en procession à notre paroisse de St-Médard (4). Le curé en chape, accompagné de diacre et de sous-diacre et de deux chantres chapés, vint au devant de nous et nous encensa à l'entrée du cimetière. D. J. Douhet prêcha sur le mystère. Après le sermon, M. le curé donna un cierge au célébrant et nous revînmes dire la

---

(1) D. Louis La Coste, né dans le diocèse de Bourges, fit profession à l'âge de 18 ans dans l'abbaye de St-Augustin de Limoges.

(2) St-Benoît-du-Sault, chef-lieu de canton, arrondissement du Blanc (Indre).

(3) D. Gabriel Luylier, né à Mercy, diocèse de Bourges, fit profession dans l'abbaye de St-Allyre, à l'âge de 19 ans, le 3 septembre 1686 et mourut à St-Sulpice de Bourges, le 3 octobre 1722.

(4) St-Médard, St-Pierre et St-Bonnet étaient des églises paroissiales de la ville de Bourges.

messe à notre église. M. l'abbé Irail me vint voir. Nous apprîmes des nouvelles du Chapitre. Au premier scrutin on élut huit définiteurs (1), savoir : D. S. Bougis, D. D. de St-Marthe, D. C. de l'Hostellerie (2) D. F. du Viviers (3), D. R. Marcland, D. A. de Loo, D. C. d'Isard (4) et D. M. Audren (5). Le neuvième définiteur c'est D. G. Louvel (6) qui est aussi secrétaire. D. A. de Loo fut nommé président au quatrième scrutin, D. Jacques Haudard (7), vicaire du Chapitre (8). Auditeurs des causes (9) : D. C. de Rostaing (10), D. P. Thibault et D. P. Raffier. Dépositaire (11) D. C. Conrade. Le P. général ne put dire la messe du St-Esprit, ce fut D. D. de Ste-Marthe qui la célébra. D. M. Marcland fut diacre, etc. ;

(1) Assesseur ou conseiller du supérieur général.

(2) D. Charles Petey de l'Hostallerie, né à la Loupe, diocèse de Chartres, fit profession dans l'abbaye de la Trinité de Vendôme, à l'âge de 18 ans, le 30 juin 1659, fut élu supérieur général de la Congrégation de St-Maur en 1713 et mourut à St-Germain-des-Prés, le 15 mars 1721.

(3) D. François du Vivier, né à Paris, fit profession dans l'abbaye de St-Faron, à l'âge de 20 ans, le 31 août 1654 et mourut à St-Vincent-lez-le-Mans le 19 décembre 1721.

(4) D. Charles d'Isard de Villefort, né à Chassac, diocèse d'Uzès, fit profession dans le monastère de la Daurade de Toulouse, à l'âge de 17 ans, le 20 décembre 1669 et mourut dans l'abbaye de St-Denis le 26 juillet 1726.

(5) D. Maur, *alias* Jean Audren de Kerdrel, né à Landunvez, diocèse de St-Pol de Léon, fit profession dans l'abbaye de St-Melaine de Rennes à l'âge de 18 ans, le 17 janvier 1670. Il mourut à Marmoutiers le 7 avril 1725. — Voir *Hist. litt. de la Cong. de St-Maur*, p. 469 et *Correspondance historique des Bénédictins Bretons*, par M. Arthur de la Borderie.

(6) D. Georges Louvel, né à Rennes, fit profession à l'âge de 23 ans, dans l'abbaye de St-Denis, le 18 juillet 1656 et mourut à St-Sauveur de Levières le 26 mai 1703. Voir *Hist. litt. de la Cong. de St-Maur*, p. 374.

(7) D. Jacques Haudart, né au Hâvre-de-Grâce, fit profession à l'âge de 19 ans, dans l'abbaye de Jumièges et mourut à celle du Bec, le 29 août 1727.

(8) C'est-à-dire suppléant du président de la Diète.

(9) Juges des causes.

(10) D. Charles François de Rostaing, né à Paris, fit profession à l'âge de 19 ans, dans l'abbaye de St-Remi de Reims, le 30 décembre 1667 et mourut à St-Germain d'Auxerre, le 27 octobre 1720. Voir *Hist. litt. de la Cong. de St-Maur*, p. 782 et le *Supplément* à cette histoire par M. Ulysse Robert p. 88.

(11) Archiviste.

il est aussi examinateur des rites. Les orateurs sont D. L. Pisan, D. F. Redon et D. Florin Bourgoin (1), etc., etc.

15. J'ai dit la grand'messe. J'ai été voir M. l'abbé Irail qui s'en va à Alby et M. l'archevêque qui m'a bien gratiosé, de même que M. le trésorier de la Ste-Chapelle, que j'ai rencontré à l'archevêché. J'ai donné au messager de Tours un gros paquet de Mémoires pour le P. D. D. de Ste-Marthe et un autre pour D. R. Massuet. J'ai adressé le tout à D. C. Conrade, auquel j'ai écrit, de même qu'à D. de Loo, président, D. de Sainte-Marthe, D. R. Marcland, D. C. de Rostaing, D. P. Raffier, D. F. Redon.

19 mai. Je partis pour Chezal-Benoît (2) avec D. Mathurin Tranchant (3), abbé dud. Chezal-Benoît et D. Martial Martin (4), son procureur. Nous passâmes le Cher auprès de St-Florent, où il y a un pont d'une longueur extraordinaire qui a été abattu en quelques endroits (5).

20. Je dînai avec deux religieux de Massay qui allaient à la

---

(1) D. Florin Bourgnon, et non Bourgoin, né à Poitiers, fit profession, le 12 novembre 1687, dans l'abbaye de St-Augustin de Limoges.

(2) L'abbaye de Chezal-Benoît (*Casale Benedictum*), Ordre de Saint-Benoît, autrefois chef de la Congrégation de ce nom, fut unie à celle de St-Maur en 1636. — Aujourd'hui chef-lieu de commune du canton de Lignières, arrondissement de St-Amand (Cher).

(3) D. Mathurin Tranchant, né à Limoges, fit profession dans l'abbaye de St-Augustin de cette ville, à l'âge de 18 ans, le 21 novembre 1686; il mourut à St-Denis, le 24 novembre 1720.

(4) D. Martial Martin, né à Limoges, fit profession dans l'abbaye de St-Augustin de cette ville, le 29 avril 1699, à l'âge de 19 ans.

(5) St-Florent-sur-Cher, chef-lieu de commune du canton de Charost, arrondissement de Bourges. — Ce pont avait dix-huit arches, onze furent emportées par une inondation survenue le 7 octobre 1707, et les habitants durent les refaire en bois. Nous devons à l'obligeance de M. Valentin Mourié copie de l'inscription suivante qui y était gravée: « Règne de Louis le juste roy de France
» et de Navarre, xiiie dv nom. Et dv govvernement de Monseignevr le prince
» Henry de Bovrbon, prince de Condé, premier prince dv sang et premier
» pair de France. Ce pont a été constrvit par son ordre et comāndement
» pour la comōdité pvblique et celle des devx principales villes de Bovrges et
» de Chasteavrovx. »

Celle (1), prieuré dépendant de l'abbaye de Massay, distant d'une lieue de celle de Chezal-Benoît, sur Arnon.

22. Après avoir dit la sainte messe à l'autel de N. B. P. St Benoît, je fus avec le R. P. abbé à l'abbaye de la Prée (2), de l'Ordre de Cîteaux, fille de Clairvaux. M. le prieur, qui est un homme de mérite et qui a enseigné dans son ordre, nous régala bien. Dom Jean Chambellan me communiqua plusieurs titres, et je dressai une liste des abbés, et recueillis quelques épitaphes qui sont au Chapitre. René de Prie, cardinal du titre de Ste Sabine, évêque de Limoges et de Bayeux, abbé de Bourgdieux et de la Prée, est enterré au presbytère, proche les reliques de Ste Fauste (3). Il mourut l'an 1519 (4).

24. Jour de la Pentecôte. Je dis la sainte messe à l'autel de la paroisse de Chezal-Benoît, dédié aux SS. Abdon et Sennen. Le P. abbé officia avec sa crosse à l'ordinaire. Le P. prieur est allé dire la messe à la paroisse de Damper (5) (*Damnuspetrus*), qu'il dessert. Elle dépend de Chezal-Benoît, d'où elle n'est éloignée que d'un quart de lieue. Nous y passâmes hier en allant à la Prée. Le P. abbé me fit voir plusieurs reliques qui sont dans le coffre du dépôt, et entre autres l'os, appelé *radius*, de St Mary, apôtre de la Haute-Auvergne, que nos confrères de Mauriac ont donné à ce monastère, du temps de D. Marc Rivard (6), visiteur de la province de Chezal-Benoît.

25. Je dis la messe à la chapelle où est le tombeau du

---

(1) La Celle-Condé, chef-lieu de commune du canton de Lignières, arrondissement de St-Amand (Cher).

(2) L'abbaye de N.-D. de la Prée (*Pratea*), Ordre de Cîteaux. Les ruines de ce monastère sont aujourd'hui situées dans la commune de Ségry (Indre).

(3) Les reliques de sainte Fauste, vierge et martyre, furent portées en 1247 du monastère de Solignac en Limousin à La Prée.

(4) Hugues du Temps fait remarquer que cette date de 1519 (9 septembre) portée sur l'épitaphe de Renault de Prie, n'est pas conforme à celles qui sont données aux col. 210 et 537 du tome II du *Gallia Christiana*.

(5) Dampierre-en-Lignières, commune de Chezal-Benoît.

(6) D. Marc Rivard, né à Signeullium (?), diocèse de Toul, fit profession dans l'abbaye de Vendôme, à l'âge de 20 ans, le 20 avril 1657, et mourut à St-Vandrille, le 14 juillet 1695.

B. André, premier abbé et fondateur de Chezal-Benoît. Le P. abbé partit pour les eaux de Bourbon. J'ai écrit à D. J. Chambellan, par D. Claude Barré, curé de St-Denis-de-Gouère (1), et profès de l'abbaye de la Prée, qui est située dans la dite paroisse, distante d'environ un quart de lieue.

26. Je dis la messe de six heures pour la Congrégation. D. Joachim Guérin, curé, qui fit hier un joli prône, est allé aujourd'hui dire la messe à Is (2) (dont M. Jacques Rale, qui a été novice avec moi, est curé), pour accomplir un vœu que la paroisse de Chezal-Benoît fait tous les ans à St Roch.

26 mai. Je soupai avec le P. prieur de la Prée et avec celui de Chezal-Benoît.

27. J'écrivis au P. prieur claustral de St-Sulpice, par celui de la Prée qui allait à Bourges. Le P. Benoît Alabat, de Bourges, Capucin, que j'avais connu à Solignac, vint ici d'Issoudun.

29. Je fus dîner avec le P. Dom Guérin à Bommiers (3), où le R. P. correcteur des Minimes nous reçut avec toute la cordialité que l'on peut souhaiter. Le Père Fondbon qui est plein d'esprit et de belles manières nous y fit mille accueils, de même que le P. Lestang, procureur du couvent qui est situé dans une belle solitude, à une lieue et demie de Chezal-Benoît, près du château de Bommiers qui appartient à M. le Prince (4). Il fut fondé l'an 1505, par Jacques de la Trémoille et par Aurée de Chabanes, son épouse, et accepté par St François de Paule un mois avant sa mort. Pierre Ravel, évêque d'Ebron et suffragant de Bourges, sacra l'église sous le titre de l'Annonciation-de-Marie, le 10 juillet 1526. On voit dans la chapelle de St Jérôme, à côté du maître-autel, le tombeau d'Henri de

---

(1) St-Denis-de-Gouères, ancienne paroisse. — Aujourd'hui commune de Ségry (Indre).

(2) Ids-St-Roch, chef-lieu de commune du canton du Chatelet, arrondissement de St-Amand (Cher).

(3) Bommiers, chef-lieu de commune du canton d'Issoudun (Indre).

(4) D. Boyer commet ici une légère erreur; depuis 1709, le chef de la Maison de Condé ne prenait plus le titre de *Monsieur le Prince* qui avait été remplacé par celui de *Monsieur le Duc.*

Bourbon, mort âgé de six mois, le 7 mars 1534. Il était fils de Philippe de Bourbon, seigneur de Busset, et de Louise, duchesse de Valentinois (1). Il y a société de prières entre ces RR. PP. Minimes et nos Pères de Chezal-Benoît, comme il appert par les lettres des 24 septembre 1609. Pierre du Peyrat était pour lors abbé de Chezal-Benoît.

30. Nous fûmes faire collation à Chezal-Benoît après avoir été bien régalés à Bommiers, et après avoir vu le château de M. le Prince.

JUIN.

1711. 1. Jeudi. Je partis de Chezal-Benoît avec Dom Martial Martin, procureur de l'abbaye; nous déjeûnâmes à Linières (2), petite ville à deux lieues de Chezal-Benoît, où il y a un petit chapitre, un couvent d'Ursulines, et un très-beau château qui appartient à M. l'abbé de Ségnelay (3), seigneur de la ville. Nous passâmes ensuite à St-Hilaire (4), prieuré dépendant de Bourgdieux (5), à Orsan (6), au Châtelet (7) dont M. le Prince est seigneur, et nous dînâmes à Puyferrand (8), abbaye de l'Ordre de St-Augustin. Elle est située auprès du Châtelet, et la paroisse dudit Châtelet est dans la nef de l'église abbatiale. M. Gaussin (9), qui en est abbé, ne

---

(1) Voir *Généalogie de la Maison de Bourbon*, par L. Dussieux, 2º édition, 1872, p. 45 et 46.

(2) Lignières, chef-lieu de canton de l'arrondissement de St-Amand (Cher).

(3) Charles-Eléonor Colbert, dit l'abbé de Seignelay.

(4) St-Hilaire-en-Lignières (Cher).

(5) Bourg-Dieu ou Déols (*Dolense-Monasterium*), ancienne abbaye bénédictine, dans le diocèse de Bourges près de Châteauroux.

(6) Orsan (*Ursanum*), prieuré de l'Ordre de Fontevraud. — Aujourd'hui village de la commune de Maisonnais, canton du Châtelet (Cher).

(7) Le Châtelet, chef-lieu de canton de l'arrondissement de St-Amand (Cher).

(8) L'abbaye de Notre-Dame de Puyferrand (*Podium Ferrandi*), Ordre de St-Augustin.

(9) Pierre Gaussin répara, en 1706, cette maison qui avait été brûlée en 1569 par le duc de Deux-Ponts.

s'y rencontra point ; il a fait bâtir tout à neuf le logis abbatial, mais le revenu est si modique qu'il n'y a pas un seul Chanoine Régulier. J'ai vu à Orsan un titre signé de huit chanoines de cette abbaye. Il y a un fameux jurisconsulte de Bourges, nommé Broeus (1), qui y est enterré, et son épitaphe est d'un beau style. Après avoir bien dîné, nous passâmes à St-Maur (2), dépendance de Puyferrand, où M. Rossignol, Chan. Rég. de la Congrégation de France, est curé. Nous arrivâmes à six heures à l'abbaye des Pierres (3), de l'Ordre de Cîteaux, qui est située dans un lieu bien affreux et presque inabordable. M. le prieur, qui est profès de Fontmorigny (4), nous reçut parfaitement bien, en l'absence de D. Louis Guibert, abbé, qui est allé à Vauclaire (5), dont il est profès, pour s'y faire bénir.

2. Après avoir dit la sainte messe à l'honneur de saint Bède (6), je fis un catalogue des abbés de N.-D. des Pierres; il y a peu de titres dans le chartrier. Le monastère a été ruiné par les Huguenots, et Dom Claude Sanguin, dernier abbé régulier, a refait l'église et le monastère qui est de l'étroite observance de Cîteaux. Après dîner, nous fûmes coucher à Orsan, monastère de filles de l'Ordre de Fontevraud, à deux lieues de Linières, dans une grande solitude.

L'église est fort belle, les voûtes sont en calotte ou cul de lampe, comme celles de St-Pierre d'Angoulême, de Solom-

---

(1) François Broë, originaire de Clermont en Auvergne, mort au Châtelet. Pour ce qui concerne ce jurisconsulte, consulter l'opuscule de Nicolas Catherinot, intitulé : *Nicolai Catharini scholarum Bituricarum inscriptio*, p. 4.

(2) St-Maur, chef-lieu de commune du canton de Châteaumeillant, arrondissement de St-Amand (Cher).

(3) L'abbaye de N.-D. des Pierres (*B. M. de Petris*), Ordre de Cîteaux, située près de Culan, canton de Châteaumeillant (Cher).

(4) L'abbaye de N.-D. de Fontmorigny (*Fons Moriniaci*), Ordre de Cîteaux, près de Menetou-Couture, canton de Nérondes, arrondissement de St-Amand (Cher).

(5) Abbaye cistercienne, dans le diocèse de Laon.

(6) Le vénérable Bède, bénédictin né en Angleterre, en 673, célèbre par sa sainteté et son érudition, a été mis au nombre des Pères de l'Eglise.

niac et de Souillac. Auprès du maître-autel, du côté de l'Evangile, on voit une pyramide où est enfermé le cœur de Robert d'Arbrissel (1) qui y mourut en présence de Léger (2), arch. de Bourges, qui est aussi enterré auprès de cette pyramide, à côté d'Alard ou Adelard, principal bienfaiteur de cette maison. Madame la prieure nous reçut on ne peut pas mieux, et nous fit souper avec le P. Amand, Carme de la Châtre.

3. Je dis la messe à la chapelle de Ste Anne. Je vis ensuite le chœur où il y a une boiserie d'un goût exquis. Je vis ensuite les papiers entre lesquels il y a un beau cartulaire, plusieurs papiers pour la canonisation de Robert, fondateur de l'Ordre de Fontevraud, des procès-verbaux pour le même sujet faits par M. Bigot, grand-vicaire de Bourges, et plusieurs donations fort anciennes. Comme j'étais pressé de partir à cause de la Fête-Dieu, je n'eus pas le temps de transcrire tout ce que j'aurais souhaité.

Entre autres, j'aurais voulu copier une charte de Léger, archevêque de Bourges, signée de quatre barons, une autre dans laquelle il est fait mention du monastère de Longefont, et une troisième par laquelle il conste que la collégiale de St-Germain de la Châtre était un monastère de l'Ordre de St-Benoît. On me fit voir aussi le sceau de Léger, son anneau et des petits cercles de sa crosse que l'on a trouvés dans son tombeau, où il y a pour toute inscription : *Leodegarii*. Nous partîmes d'Orléans à trois heures et arrivâmes à sept à Chezal-Benoît.

4. Nous fîmes la procession du Très-Saint Sacrement au bourg de Chezal-Benoît, selon la coutume. Je fis chantre avec

---

(1) Le bienheureux Robert d'Arbrissel, né en Bretagne, fonda, vers la fin du xie siècle, le monastère de Fontevraud, sur les limites des départements actuels d'Indre-et-Loire, de Maine-et-Loire et de la Vienne. Il mourut à Orsan le 25 février 1116 ou 1117.

(2) Léger monta sur le siège de Bourges en 1097 et mourut le 31 mars 1120. Il avait été lié toute sa vie d'une étroite amitié avec Robert d'Arbrissel. Ce fut lui qui eut soin de faire transporter le corps de ce saint homme à Fontevraud.

le P. dépositaire, D. Pierre Pivart (1), natif de Richelieu, qui est un bon religieux. Il y a une quantité de manuscrits dans la bibliothèque de Chezal-Benoît. On y remarque une belle Bible qui a été portée au Concile de Trente. Il y a un Martyrologe qui paraît avoir été écrit au XIe ou XIIe siècle. Voici quelques articles qui pourront me servir :

XVIII Kal. septemb. Assumptio Dei genitricis Marie, cujus sacratissimum corpus, et si non invenitur super terram, tamen pia mater Ecclesia venerabilem ejus memoriam sic festivam agit, ut pro conditione carnis eam migrasse non dubitet. Quo autem illud venerabile Spiritus Sancti templum, nutu et consilio divino, occultatum sit, plus elegit sobrietas Ecclesie cum pietate nescire, quam aliquid frivolum et apocrifum tenendo docere.

VIIII Kal. Septemb. Natalis beati Bartholomei apostoli qui, apud Indiam Evangelium predicans, decollatione martirium complevit. (On ne voit pas qu'il ait été écorché).

XIII Kal. Novemb. Civitate Colonia passio sanctarum virginum Marthe et Saule cum aliis pluribus.

XII Kal. Novemb. Civitate Colonia passio sanctarum XI millium virginum.

VIII. Kal. Novemb. Petragoricas civitate S. Frontonis qui, Rome à B. Petro episcopus ordinatus, cum Georgio presbytero (quem per Apostoli baculum in itinere socium de morte recepit) ad prædictam civitatem veniens, magnam gentis illius multitudinem ad Christum convertit et multis miraculis clarus quievit in pace.

Il y a plusieurs autres choses remarquables dans ce Martyrologe, v. g. la différence de St Denis Aréopagiste, et de St Denis, év. de Paris.

Il y a aussi à Chezal-Benoît un degré où l'on voit plus clair la nuit que le jour.

5 juin. Je partis de Chezal-Benoît fort satisfait de tous nos

---

(1) D. Pierre Pivart, né à Richelieu, fit profession à l'âge de 24 ans, dans l'abbaye de St-Augustin de Limoges, le 26 janvier 1701. Il mourut à St-Jouin de Marnes, le 2 juin 1755.

RR. Pères. Je fus dîner avec F. M. Roy (1), à Issoudun (2), dans l'abbaye de Notre-Dame (3), où M. le prieur et tous les religieux me reçurent parfaitement bien. Apres dîner, je vis le chartrier où il y a des titres fort curieux, que je n'eus pas le temps de copier. Nous partîmes sur les cinq heures pour aller coucher à Migny, où M. Soulignac, qui en est curé, nous reçut le mieux du monde.

6 juin. Nous chantâmes de suite trois grand'messes dans l'église de St-Pierre de Migny, prieuré dépendant de St-Sulpice de Bourges. M. le curé de St-Georges dit la première du St Sacrement. Je dis la seconde de St Robert. Le curé de Migny la troisième des défunts. Après dîner, nous partîmes pour Vierzon. Nous passâmes l'Arnon au port de Lazenay (4); nous vîmes, à la gauche, le prieuré de Reully (5) qui dépend de l'abbaye de St-Denis; nous traversâmes la petite ville de Lury (6) où il y a un prieuré dépendant de Vierzon, dont le P. Benoît Nicolas est titulaire. Nous arrivâmes, avant quatre heures, à Vierzon (7), où le R. P. D. Laurent Daubiat me fit tous les accueils possibles. Nous eûmes l'honneur de souper avec lui et avec D. Louis Veilhers (8), qui a été conventuel à la dernière diète.

7. J'ai reçu une lettre de D. Jacques La Codre (9), prieur

---

(1) D. Michel Roy, né à Riom, fit profession à l'âge de 20 ans, dans l'abbaye de St-Augustin de Limoges, le 7 septembre 1691 et mourut à St-Jean-d'Angely, le 2 juillet 1755.

(2) Issoudun, chef-lieu d'arrondissement du département de l'Indre.

(3) L'abbaye de N.-D. d'Issoudun (*Exoldunum*), Ordre de St-Benoît, diocèse de Bourges.

(4) Lazenay, chef-lieu de commune, canton de Lury, arrondissement de Bourges (Cher).

(5) Reuilly, chef-lieu de canton de l'arrondissement d'Issoudun.

(6) Lury, chef-lieu de canton de l'arrondissement de Bourges (Cher).

(7) Vierzon, chef-lieu de canton de l'arrondissement de Bourges (Cher). — Le monastère de St-Pierre de Vierzon, anciennement Dèvre (*Dovera* seu *Virzio*), fut uni en 1671 à la Congrégation de St-Maur.

(8) D. Louis Veilhers, né à Beaulieu en Limousin, fit profession à l'âge de 19 ans, dans l'abbaye de St-Augustin de Limoges, le 15 octobre 1683 et mourut à St-André de Meimac, le 21 novembre 1727.

(9) D. Jacques de la Codre, né à St-Pourçain et mort dans le monastère

futur de Savigneux, datée d'aujourd'hui de St-Sulpice, et une du P. de Ste-Marthe, en date du 27, de Marmoutiers, dans laquelle il me mande que le Chapitre général doit finir le lendemain, 28 mai; qu'il a été élu prieur de St-Denis, que son prédécesseur D. Arnoul de Loo a été élu général et autres nouvelles du Chapitre. J'ai écrit au R. P. Massuet, à D. François Anceaume (1), abbé de St-Sulpice, et à D. Gabriel Lhuilier, par D. J. Lacour, procureur de Vierzon, qui va demain à Bourges.

8. Nous fîmes un service solennel pour feu Monseigneur le Dauphin. Le R. P. prieur officia. Je fis chantre avec D. L. Veilhers et D. F. Martialot (2).

8 juin. Le R. P. prieur me fit l'honneur de me prendre pour aller rendre visite à M. le lieutenant-général et aux principaux de Vierzon. Nous soupâmes avec le R. P. Guillot, Minime d'Issoudun.

9. Fr. M. Roy est retourné à Chezal-Benoît. Je l'ai chargé d'une lettre pour le P. prieur claustral D. P. Boutaud (3). J'ai reçu quelques visites et trois lettres que D. Louis Cavelier (4) m'a apportées de Tours : une de D. F. Redon, visiteur de la Bretagne, du 24 mai, deux de D. Mathieu Denis Nuel (5), du 30 mai et du 5 juin. D. J. Lacour m'en a ap-

---

de cette ville, le 15 juillet 1752, fit profession à l'âge de 18 ans, le 14 août 1692, à l'abbaye de St-Augustin de Limoges.

(1) D. François Anceaume, né à Dieppe, fit profession à l'âge de 19 ans, à St-Faron de Meaux, le 17 mai 1671, et mourut en odeur de sainteté dans l'abbaye de St-Denis, le 21 août 1729. (*Hist. litt. de la Cong. de St-Maur*, page 491).

(2) D. François Martialot, né à Limoges, fit profession à l'âge de 18 ans, dans l'abbaye de St-Augustin de cette ville et mourut à la Chaise-Dieu, le 26 décembre 1722.

(3) D. Pierre Boutot, né à Donzenac, diocèse de Limoges, fit profession à l'âge de 21 ans, dans l'abbaye de St-Augustin de cette ville et mourut à Chezal-Benoît, le 3 mai 1718.

(4) D. Louis Cavilier, né à Calais, diocèse de Boulogne, fit profession à l'âge de 17 ans, dans l'abbaye de St-Florent de Saumur, le 25 mai 1686.

(5) D. Mathieu-Denis Nuel, né au Puy en Velay, fit profession à l'âge de 19 ans, dans l'abbaye de St-Augustin de Limoges, le 16 septembre 1655, et mourut à St-Germain-des-Prés, le 15 septembre 1712.

porté une quatrième du R. P. abbé de Bourges. On m'a communiqué une nouvelle épitaphe que M. Boileau a fait sur M. Arnauld (1) après la destruction de Port-Royal. La voici :

Au pied de cet autel de structure grossière,
Gît sans pompe enfermé dans une vile bière,
Le plus savant mortel qui jamais ait écrit,
Arnaud qui sur la grâce instruit par Jésus-Christ,
Combattant pour l'Eglise, a dans l'Eglise même,
Souffert plus d'un outrage et plus d'un anathème ;
Plein du feu qu'en son cœur souffla l'esprit divin,
Il terrassa Pélage et foudroya Calvin,
De tous ces faux docteurs confondit la morale ;
Et pour fruit de son zèle on le vit rebuté,
En cent lieux opprimé par la noire cabale,
Errant, pauvre, banni, proscrit, persécuté ;
Et même après sa mort leur fureur mal éteinte,
N'aurait jamais laissé ses cendres en repos
Si Dieu lui-même ici de son ouaille sainte
A ces loups ravissants n'avait ravi les os.

10. J'ai chargé de cinq lettres D. L. Cavelier, qui va prédicateur à la Chaise-Dieu : 1° pour D. J. Lamy, à Clermont ; 2° pour M. l'abbé Gascher ; 3° pour D. J. Perbet (2) à la Chaise-Dieu ; 4° pour M. Pierre Rome, chanoine de l'église du Puy, et la cinquième pour D. P. Nogin, prieur de Chanteuges. J'ai soupé avec le D. Cavelier et avec le P. sous-prieur. M. Perrelan, doyen de Montet-aux-Moines et prieur de l'abbaye de Massay, arriva après notre souper.

(1) Antoine Arnaud, fils du célèbre avocat Antoine Arnaud, naquit à Paris le 6 février 1612. Très-savant lui-même, il prit part aux premières luttes du Jansénisme qui l'obligèrent à se retirer dans les Pays-Bas, où il mourut, à Bruxelles, le 8 août 1694. Son cœur, porté à Port-Royal-des-Champs, en fut enlevé lorsque les bâtiments de cette abbaye furent abattus par ordre du Roi, en 1708.

(2) D. J.-B. Perbet, né au Puy en Velay, fit profession à l'âge de 19 ans, dans l'abbaye de St-Benoit-sur-Loire, le 16 juin 1669, et mourut à Chezal-Benoit, le 25 avril 1722.

11. J'ai reçu une lettre de D. G. Lhuilier. Le R. P. provincial des Jésuites est venu ici (1). J'ai reçu quelques visites. Nous avons fait la procession du Très-Saint Sacrement après complies, et l'on m'a prié de faire premier chantre.

12. Je fus avec le R. P. prieur aux religieuses d'En-bas et aux religieuses d'En-haut (c'est ainsi qu'on les nomme à Vierzon) pour prendre l'année de leur fondation. Celles d'En-bas qui sont auprès du pont de pierre, le long de la rivière, sont des Hospitalières qui ont soin de l'Hôtel-Dieu que l'on a bâti auprès de la chapelle de St-Eloi, qui sert d'église à ces religieuses qui y furent établies l'an 1633. Les Hospitalières d'Aubigny en sont sorties l'an 1706. Les religieuses d'En-haut sont de l'Ordre de St-Augustin, sous le titre du St-Sépulcre-en-Jérusalem. St Jacques le Mineur est leur patron. Leur habit est assez particulier. Elles portent, sur un habit noir, un rochet sans manches et par-dessus, à côté gauche (sic), une croix rouge de Jérusalem, ou une croix double. On voit la même croix sur leur manteau et un cordon rouge à cinq pendants. Il n'y a que quatre maisons de cet Ordre en France (2). Celle de Vierzon, où il y a 40 religieuses, fut établie l'an 1644.

13. Je retournai aux religieuses d'En-bas et fus voir quelques MM. avec le Père cellérier.

14. Je dis la messe que l'on dit tous les dimanches à l'honneur de Ste Perpétue. Avant et après vêpres, je reçus quelques visites.

15. J'en rendis quelques-unes depuis dîner jusqu'à vêpres.

16. Je fus aux Capucins avec D. F. Martialot.

17. Je partis de grand matin avec le R. P. prieur; nous déjeûnâmes à Méry (3), prieuré dépendant de Vierzon, dédié à St Martin, situé agréablement sur le Cher, à une lieue de Vierzon. M. Maigreau, natif de Vierzon, qui en est curé, nous

---

(1) Le provincial des Jésuites était alors le P. Louis-François de Clavyer, né à Tours, le 9 septembre 1656, mort à Paris, le 25 janvier 1738.

(2) Ces maisons étaient établies à Charleville, Paris, Vierzon et Luynes en Touraine.

(3) Méry-sur-Cher, chef-lieu de commune du canton de Vierzon (Cher).

donna d'excellent vin. De là nous passâmes à Theniou (1), autre prieuré dépendant de Vierzon, dédié à St André; ensuite à la Châtre (2), à Mennetou (3), où il y a un monastère de Bénédictines qui dépendent de l'abbaye de Beaumont-lès-Tours, dont Madame de Verthamont de la Ville-aux-Clercs est prieure. Notre chapitre général leur a accordé une aumône de 40 écus. Nous passâmes enfin le Cher auprès de Langon (4), prieuré dépendant de Fontgombaud (5), et nous arrivâmes à Olivet où nous fûmes parfaitement bien reçus. Nous dînâmes et soupâmes avec les religieux et avec M. le curé de St-Georges de Salebris (6), dépendant de St-Sulpice de Bourges, et avec M. le curé de la Commanderie qui est auprès de Villefranche-sur-Cher (7).

Olivet (8) est une abbaye de l'Ordre de Cîteaux, fondée l'an 1144, sous la filiation de la Cour-Dieu. La situation est charmante aussi bien que la vue. On voit Romorantin et plusieurs paroisses. Je trouvai les noms de plusieurs abbés dans les archives qui ne sont pas considérables. Proche l'endroit où l'on enterre les religieux, on lit les vers suivants que D. Robert Boyetet, Orléanais, y a fait écrire :

Vivere disce modo, dum tempus durat et ætas :
Tempora labuntur, vivere disce modo.

(1) Thenioux, chef-lieu de commune du canton de Vierzon (Cher).
(2) Chatres, chef-lieu de commune du canton de Mennetou-sur-Cher.
(3) Mennetou-sur-Cher, chef-lieu de canton de l'arrondissement de Romorantin (Loir-et-Cher).
(4) Langon, chef-lieu de commune du canton de Mennetou-sur-Cher.
(5) L'abbaye de N.-D. de Font-Gombaud (*Fons-Gumbaldi*), Ordre de St-Benoît, dans le diocèse de Bourges. — Chef-lieu de commune du canton de Tournon-St-Martin, arrondissement de Le Blanc (Indre).
(6) Salbris, chef-lieu de canton de l'arrondissement de Romorantin (Loir-et-Cher).
(7) Villefranche-sur-Cher, chef-lieu de canton de l'arrondissement de St-Amand (Cher).
(8) L'abbaye de N.-D. d'Olivet (*Olivetum*), dans l'ancien diocèse de Bourges, sur le territoire de la commune de St-Julien-sur-Cher, canton de Mennetou, arrondissement de Romorantin (Loir-et-Cher).

Vivere qui didicit moritur qui durus acerbam
Non metuens mortem ; vivere disce modo.
Mors vitam eripiet, sed mortem vita sequetur
Eterna in cœlis, vivere disce modo.
Disce mori, dubiæ labuntur tempora vitæ
Nec redeunt unquam pristina, disce mori.
Cum semel horrendum perveneris ante tribunal
Nil opus est lacrymis, sed modo disce mori.
Non te decipiant mundus, caro, dæmonis astus,
Spes vitæ, vel opes, sed modo disce mori.

Fac jam sanus et vivens, quod fecisse volueris moriens.

Le même jour, 17 juin, on faisait à Vierzon l'office de St Gondon (1), que l'on appelle en latin *Gundulphus*, et que l'on croit avoir été archevêque de Milan, dont le corps a été transporté dans le Berry au Bourg-St-Gondon, à trois lieues de Gien, où il y avait autrefois une abbaye dépendante de celle de St-Florent de Saumur, ensuite de celle de Vierzon, à présent réduite en un simple prieuré qui dépend de Vierzon.

18 juin. D. Daubin, natif de Vierzon, cellérier de N.-D. d'Olivet, nous fit l'honneur de nous conduire à Glatigny (2). Nous passâmes par St-Julien-sur-Cher, paroisse dépendante de N.-D. d'Issoudun, dans laquelle paroisse est le monastère d'Olivet. Nous passâmes aussi à la Chapelle-Moine-Martin (3), prieuré-cure qui dépend de Massay, où Dom Dubosc, qui a été de notre Congrégation, est prieur depuis un an. M. Vinot, religieux de Fontevraud et aumônier des Dames de Glatigny, qui sont du même Ordre, nous reçut parfaitement bien, et nous régala magnifiquement en gras et en maigre. C'est le meilleur cœur

---

(1) Le Père Labbe compte saint Gondulfe parmi les saints du Berry, parce que cet évèque y mourut sous le froc d'un ermite et y fut enseveli (*Nova Bibliotheca*, t. II, p. 346). Voir au 30 juillet 1711 et au 17 janvier 1715.

(2) Le monastère de Glatigny (*Glatiniacum*), Ordre de Fontevraud, dans l'ancien archiprêtré de Vierzon, diocèse de Bourges. — Aujourd'hui dans la commune de Chabris, canton de St-Christophe-en-Bazelle (Indre).

(3) La Chapelle-Mont-Martin, chef-lieu de commune du canton de Mennetou-sur-Cher (Loir-et-Cher).

du monde et l'homme le plus généreux que j'aie encore vu. Outre nous trois, M. le prieur de Langon, M. Gauthier, chanoine de la Ferté-Imbaut et deux curés, avec une dame, étaient du festin. Après dîner, nous saluâmes Madame la prieure qui fit venir toute sa communauté. Nous partimes pour Olivet entre cinq ou six heures du soir.

19. Nous chantâmes solennellement une messe de *Requiem* pour un domestique d'Olivet décédé depuis un mois, tant ces religieux sont charitables! Nous en avons reçu mille honnêtetés, et je dois les nommer par reconnaissance :

M. Daumont, prieur, Orléanais, D. Bouloy, aussi Orléanais, D. Bichet, de Vierzon et aussi, D. Daubin. D. Jaupitre, ci-devant lieutenant criminel d'Orléans, était absent.

20. Nous partîmes d'Olivet fort satisfaits et fûmes dîner à Vierzon avec D. Gabriel Lhuillier, mon bon ami, et M. Daubin, avocat, frère de D. Daubin.

21 juin. Je dis la grand'messe à Vierzon. Je suis surpris qu'aujourd'hui on n'y fasse point l'office de St Raoul (1) ou Rodolphe, archevêque de Bourges, que l'on croit être le premier fondateur du monastère de Dèvre, transféré à Vierzon l'an 903. Cependant, quoiqu'il me semble que St Raoul n'est que le principal bienfaiteur de Dèvre, puisque je trouve une ancienne charte de Charles, roi de France, dans le Cartulaire de Vierzon, page III, col. I, où je lis ces mots : *Statuimus atque firmamus ut supradicti monachi supra scriptas res cum omni integritate a venerando pontifice Radulfo vel ejus antecessoribus ad eorum stipendia deputatas perpetuo teneant*, etc. Ce qui marque que les prédécesseurs de St Raoul avaient fait du bien au monastère de Dèvre, qui, par conséquent subsistait avant St Raoul. Quoiqu'il me semble, dis-je, que St Raoul n'est pas le premier fondateur de Dèvre ou Vierzon, je crois néanmoins qu'on doit y faire son office au moins double de seconde classe;

---

(1) Saint Raoul était issu de la Maison royale de France et fils d'un autre Raoul, comte de Quercy, seigneur de Turenne. (Justel, *Hist. de la Maison de Turenne*, p. 7).

vu qu'à Beaulieu, on en fait (sic) de première classe avec octave, puisqu'il a fondé cette abbaye. Dans le diocèse de Bourges, on en fait (sic) simple et dans le monastère de Vierzon, dont il est le plus ancien bienfaiteur reconnu, on n'en fait pas seulement mémoire.

22 juin. Je reçus une lettre du R. P. D. Anceaume, abbé de St-Sulpice, qui m'envoie, de la part de Dom Denis de Ste-Marthe, abbé de St-Denis, un livret intitulé : *R. P. Philippi Labbe* (1) *Bitur. S. J. Regia Epitome historiæ sacræ et prophanæ, etc... Parisiis apud G. Meturas 1654.* On a relié avec ce livret deux autres opuscules du même auteur, imprimés en 1651, dont l'un est intitulé : *Methodus Chronologiæ discendæ nova, facilis et expeditissima et versibus technicis comprehensa, etc...* Le troisième a pour titre: *Regia Epitome historiæ sacræ ac prophanæ ab orbe condito per annos quinquies mille DCCIV. Ad annum Christi MDCLI. Technitis versibus comprehensa.*

22. On a fait à Vierzon la fête des SS. dix mille crucifiés, du Troisième ordre. On croit qu'il y a plusieurs de leurs reliques dans ce monastère. Le P. D. Martial Croizier (2) me fit l'hon-

---

(1) Le Père Philippe Labbe, né à Bourges le 10 juillet 1607 et mort à Paris le 25 mars 1667. Jésuite savant et laborieux qui a laissé de nombreux ouvrages, entre autres une Histoire du Berry. Nous allons rétablir le titre de ceux dont parle ici D. Boyer:

Regia Epitomæ Historiæ Sacræ et Profanæ, in qua Patriachiæ, Judices, Reyes Judæi, Romani, Græci, Turcæ, Concilia Generalia, Decem Ecclesiæ Persecutiones, sæcula Romana et christiana, aliaque plurima ad sanioris chronologiæ canones exacta breviter repræsentantur. Parisiis, Meturas, M DC LIII, 16° ou in folio expenso. — Ibid. M DC LIV.

Methodus chronologiæ discendæ nova, facilis et expeditissima ex versibus technicis comprehensa. Cette Méthode parut aussi en français : *Méthode aisée pour apprendre la chronologie sacrée et profane depuis Adam jusqu'à notre temps, en soixante vers artificiels, tirez de l'abrégé royal de l'alliance chronologique.* Paris, chez Gaspar Meturas, 1649, 12° et en placard.

Regia Epitomæ Historiæ Sacræ et Profanæ ab orbe condito per annos quinquies mille D CC IV. Ad annum Christi M DC LI. Complectens technicos versus centum ac nonaginta septem cum tetrastichis tribus et brevi omnium explicatione per sectiones 33 deducta. Parisiis, 1651, 12° et en placard.

(2) D. Martial Croisier, né à Limoges, fit profession dans l'abbaye de St-Augustin de cette ville, à l'âge de 18 ans, le 30 mars 1698.

neur de m'accompagner jusqu'à l'abbaye de St-Martin de Massay (1), à deux petites lieues de Vierzon. Nous y arrivâmes à six heures du matin, et nous en partîmes à sept heures du soir, après souper. M. Penlan, prieur du monastère, M. le pitancier, M. Blisson, Avignonnais, ex-Capucin et chantre de Massay, et M. Foucauld, sacristain, nous firent beaucoup d'accueil. Il y a peu de papiers dans les archives. Le Cartulaire est assez beau. Ces messieurs demandent très-fort l'introduction de notre réforme. M. de Mailly, archevêque de Reims, en est abbé. Il faudra bien de la monnaie pour réparer les lieux réguliers. L'église est bien délabrée. Le monastère a été fondé l'an 738 par le comte Egon.

24 juin. Je reçus une lettre de D. Massuet, du 17 juin, et une autre de D. M. Martin de Chezal-Benoît.

27. J'écrivis à D. C. Conrade, prieur de la Chaise-Dieu. Je dis la messe aux Hospitalières de Vierzon.

29. Nous célébrâmes solennellement la fête de St Pierre, patron de l'abbaye. D. F. Martialot et M. Sabar, vicaire de la paroisse, firent une procession de plus de quatre lieues de chemin. D. Louis La Coste et D. Pierre Gillet (2) se sont rendus à la fête.

30. J'ai reçu une lettre fort obligeante de Madame de St-Germain (3), abbesse de Ste-Claire du Puy, du 12 mai, et une autre de D. B. Jourda de la Chaise-Dieu, du 13 juin. Cette abbesse m'envoie le blason des armes des abbesses de son monastère et quelques autres Mémoires. On tint la foire de St-Pierre dont les droits nous appartiennent. Je fus, avec D. Louis, aux Hospitalières de Vierzon voir un portrait de la Véronique

---

(1) L'abbaye de St-Martin de Massay (*Masciacum*), Ordre de St-Benoît. — Chef-lieu de commune du canton de Vierzon (Cher).

(2) D. Pierre Gillet, né à Châteauneuf, diocèse de Bourges, fit profession à l'âge de 22 ans, dans l'abbaye de la Trinité de Vendôme, le 12 août 1690.

(3) Gabrielle Colette de Morgues de St-Germain, sœur de Sylvestre de Morgues, abbé de Doue, et nièce de Mathieu de Morgues de St-Germain, le conseiller et serviteur fidèle de la reine Marie de Médicis dont il partagea l'exil.

de Rome tiré sur l'original. On dit qu'un légat du pape en ayant porté trois en France, il en donna un à Madame de Seneterre, dame d'honneur de la Reine, qui en fit présent à Madame de Lignerac de la Châtre, enterrée au chœur de l'abbaye de Vierzon, et celle-ci en fit don aux Dames-Hospitalières, à condition qu'on ne l'exposerait que le vendredi-saint pendant le service.

J'ai écrit à D. R. Massuet auquel j'envoie un gros paquet de Mémoires pour le cinquième volume des Annales qu'il fait imprimer actuellement. J'ai écrit aussi à D. Martial Martin, procureur de Chezal-Benoît. Madame de Ste-Geneviève m'a donné un beau signet.

JUILLET.

1711. 1. Je fis réponse à Madame l'abbesse de Ste-Claire, à D. B. Jourda, D. G. Lhuilier, etc.

3. Le R. P. D. Magloire Loz (1), visiteur de notre province de Chezal-Benoît, arriva à Vierzon, de Romorantin, sur les neuf heures. J'eus l'honneur de dîner avec lui et avec le P. sous-prieur.

4. Je dis la messe aux Hospitalières. Les RR. PP. abbé de St-Sulpice, prieur de Vierzon, secrétaire du visiteur, prieur de St-Benoît-du-Sault arrivèrent de Bourges, et dînèrent avec le P. visiteur qui commença sa visite après vêpres. Le P. abbé s'en retourna, le même jour, à Bourges avec D. C. Billot, son procureur.

5. J'envoyai à D. R. Massuet une histoire de Vierzon depuis l'an 1000, avec les preuves. Le tout est compris en 59 pages. Il y avait, dans le même paquet, plusieurs titres que j'ai pris aux archives d'Orsan, d'Olivet, de Massay et de Chezal-Benoît qui pourront servir pour le cinquième volume des Annales que ce savant confrère fait imprimer actuellement. Le même jour, dimanche, je dis la messe à St-Paul de Lury (2), à deux lieues

---

(1) D. Joseph Magloire Loz, né à Peumerit Cap, diocèse de Quimper, fit profession à l'âge de 19 ans, dans le monastère de St-Melaine de Rennes, le 29 mai 1671, et mourut à Marmoutiers, le 27 août 1722.

(2) Lury, chef-lieu de canton de l'arrondissement de Bourges (Cher).

de Vierzon, d'où dépend cette paroisse. M. le curé fit un fort beau prône après l'offertoire de ma messe, après laquelle il me fit déjeûner. Je fus dîner à deux lieues de là, à St-Pierre de Migny où M. Soulignac, qui en est curé, me régala bien. J'assistai aux vêpres où il y avait des paysans qui chantaient très bien et avec méthode.

6 juillet. J'écrivis à D. Ant. Palerne, prieur de Bassac, au P. sous-prieur de Vierzon à qui j'ai bien de l'obligation.

M. le curé de Migny me fit rester malgré moi.

7. Je fus, de grand matin, à Issoudun avec M. Soulignac, et nous dînâmes chez Courtault, au Dauphin, où l'on est parfaitement bien. Nous fîmes collation dans l'abbaye de Notre-Dame, où M. Piron, religieux et cellérier de lad. abbaye, m'ouvrit les archives et je commençai à travailler à deux heures jusqu'au soir. M. Soulignac retourna à Migny dont le P. Martial Croizier est titulaire. C'est un religieux qui a bien du mérite.

8. Je travaillai, dès cinq heures du matin jusqu'à six heures du soir, dans les archives de Notre-Dame, excepté les heures du dîner et du souper que je pris avec la communauté.

9. Je travaillai tout le matin auxdites archives et il n'y a pas un seul papier que je n'aie vu. Je dînai aux RR. PP. Minimes. Le P. correcteur était malade. Le P. Guillot, qui est vicaire, me combla d'honnêtetés. J'en reçus beaucoup des autres religieux, surtout du P. Grazon qui m'accompagna en ville toute la soirée. Nous fûmes à St-Cyr qui est une église collégiale et paroissiale. M. Giraud, qui en est prieur, et M. Grazon syndic, oncle du d. Père, m'ouvrirent leurs archives avec empressement, mais je n'y trouvai presque rien pour moi. Le grand autel est magnifique. L'église est fort irrégulière. La paroisse est dans la nef qui était toute tendue de deuil, à cause du service que l'on y devait faire le lendemain pour Monseigneur le Dauphin. Nous fûmes ensuite à St-Paterne où il y a le presbytère et la croisée d'une église des plus magnifiques. Le tombeau de St Paterne, élevé sur quatre colonnes, est derrière le maître-autel. C'est une antiquité digne d'être vue, et il est dommage que le sépulcre de ce St évêque de Vannes soit caché par un vilain

retable. M. le prieur-curé me communiqua une vie manuscrite de St Paterne et je copiai un procès-verbal de l'ouverture du dit tombeau. Nous soupâmes aux Minimes où je trouvai l'histoire de leur couvent écrite fort au long, avec tout ce qui s'est passé de remarquable dans Issoudun depuis l'an 1615 que le dit couvent fut établi sous le titre de Notre-Dame de Bethléem.

10. Je dis la messe aux Cordeliers où le P. Fayard, qui en est gardien, me donna à déjeûner. Je ne trouvai rien parmi leurs papiers, excepté quelques titres de leur ancien couvent de Nevers d'où ils ont été chassés par MM. les Récollets. Je fus voir le tombeau de Ste Brigide d'Ecosse (1) dans l'abbaye de Notre-Dame. Son chef est dans un reliquaire à part. On conserve, dans la même abbaye, les corps de St Baïe et de St Talasse (2). Je remerciai MM. nos anciens et les PP. Minimes. Je reçus une lettre du curé de Migny et une du prieur claustral de Chezal-Benoît qui m'envoya un cheval pour aller à Chezal-Benoît. Je partis sur les quatre heures. Je soupai avec le R. P. D. Guy Buisson, nouvellement débarqué avec D. Jean Urban, procureur de la Chaise-Dieu. Je soupai avec eux et avec le P. prieur claustral. Je reçus une lettre de D. J. Perbet et une du P. Mignot, Chanoine-Régulier et professeur de théologie à Montfort-la-Canne, près Rennes.

11. D. G. Buisson prit possession solennelle de l'abbaye et célébra la grand'messe à laquelle je fis diacre. Il régala magnifiquement la communauté. M. Paillet, prieur de la Celle, s'y trouva avec M. Varin, notaire de Mareuil. J'écrivis à D. Mathurin Tranchant, ancien abbé, qui va à Chelles (3) et je l'ai chargé d'un cahier in folio, de 19 pages, où il y a plusieurs titres de N.-D. d'Issoudun, et plusieurs remarques pour le P. de Ste-Marthe auquel j'ai aussi écrit amplement. J'ai dit la messe à l'autel de St Benoît.

(1) Sainte Brigitte la Thaumaturge.
(2) St Baye, prêtre, et St Thalaze, chorévêque d'Auvergne, furent martyrisés à Issoudun à la fin du ve siècle.
(3) L'abbaye de N.-D de Chelles (*Cala*), diocèse de Paris.

12. Je dis la messe de St J. Galbert (1) à l'autel du tombeau du B. André, disciple de ce Saint. J'ai écrit à D. Perbet par D. Urban qui retourne à la Chaise-Dieu.

13. Je partis de Chezal-Benoît avec le R. P. abbé ; nous passâmes à Mareuil (2) où il y a des forges. Nous dînâmes à St-Florent. Nous soupâmes avec les RR. PP. visiteur, abbé de St-Sulpice, secrétaire et procureur de Chezal-Benoît. Je reçus des lettres de D. Croizier, sous-prieur de Vierzon ; D. Lamy, zélateur de St-Allyre ; la Sœur du Cœur-de-Jésus ou Madame Dugone, religieuse de Langeac ; la Sœur de Ste-Geneviève, religieuse de Vierzon; du P. prieur de St-Denis, du P. Constantin, Capucin de Gannat ; de M. Sauvageon, chantre et chanoine de St-Amable de Riom qui m'a envoyé un catalogue des abbés de son église.

14 juillet. — J'écrivis au P. sous-prieur de Vierzon par D. Jacques Douhet (3) qui va demeurer à Solignac. J'écrivis aussi à son frère qui est prieur de St-Pourçain (4).

15. Le P. Visiteur avec son secrétaire fut coucher à la Charité. Le P. abbé de Chezal-Benoît et D. G. de la Chaussée à Vierzon. Le P. procureur de Chezal-Benoît conduisit dans son monastère D. J. Dorat (5) qui va demeurer à St-Jouin et D. P. Pinson (6) qui va à St-Michel en l'Erm. Après dîner je fus, avec D. B. Nicolas, voir M. l'archevêque qui me fit beaucoup d'amitiés, trois directeurs du séminaire, M. Bernard, Mme l'abbesse de St-Laurent, Mme de Nantia, M. de Guéri, etc... Je soupai

---

(1) St Jean Gualbert, de l'Ordre de St-Benoît, fondateur de la Congrégation de Vallombreuse.

(2) Mareuil, chef-lieu de commune du canton de Charost (Cher).

(3) D. Jacques Douhet, né à Limoges, fit profession dans l'abbaye de St-Augustin de cette ville, à l'âge de 21 ans, le 16 juillet 1691.

(4) D. Joseph Croizier, né à Limoges, fit profession dans l'abbaye de St-Augustin de cette ville, à l'âge de 19 ans, le 8 juillet 1688, et mourut à Noaillé, le 15 octobre 1716.

(5) D. Jean Dorat, né à Limoges, fit profession dans l'abbaye de St-Augustin de cette ville, à l'âge de 21 ans, le 23 octobre 1685, et mourut à Beaulieu près Loches, le 21 février 1717.

(6) D. Pierre Pinson, né à Paris, fit profession dans l'abbaye de St-Augustin de Limoges, à l'âge de 20 ans, le 27 octobre 1687.

avec le P. sous-prieur de Vierzon, D. François de Chavenat (1) et D. Macé.

16. J'ai reçu une lettre de D. Massuet, du 10 juillet.

17. Je fus en ville avec D. Grandchamp (2), dépositaire de Vierzon. Je reçus une lettre de D. Ph. Raffier, procureur général de notre Congrégation en Cour de Rome.

18. J'assistai, aux grandes écoles, à une thèse de droit que soutint M. Pierre Michelet, de St-Pourçain. Je reçus plusieurs lettres. D. Nicolas partit pour St-Pourçain. F. Boyer et F. Goyon arrivèrent de Clermont.

19. Dimanche. D. Léon d'Héré, sous-cellérier, mourut pendant matines, après avoir reçu tous les Sacrements. C'était un saint religieux. Il avait été prieur à St-Pourçain et trois fois de suite conventuel de D. C. Conrade à St-Sulpice. Nous l'enterrâmes sur le soir et quatre Chanoines-Réguliers de St-Ambroise assistèrent à ses obsèques.

21. Je partis de Bourges fort satisfait des honnêtetés du R. P. abbé D. François Anceaume. Je dînai à Estrechy (3) et soupai à la Charité avec D. François Maupin.

22. Le jour de Ste-Madelaine, qui est de précepte au diocèse d'Auxerre, je commençai à travailler aux archives de la Charité.

25. Le jour de St-Jacques, nos Pères furent officier à la paroisse de St-Jacques où ils avaient chanté les premières vêpres. Je reçus une lettre de D. Massuet, du 22.

26. Je dis la messe à l'autel de Ste Anne. Je mis entre les mains de D. Claude de Montchanin un recueil de ce que j'ai extrait pour les Annales de l'Ordre, pour le faire tenir à D. Massuet avec le livre de M. de Charant (4). Ce recueil contient 44 pages

---

(1) D. Ignace-François de Chabenat, né à Bourges et mort dans le monastère de St-Sulpice de cette ville, le 14 mars 1725, fit profession à l'âge de 20 ans, dans l'abbaye de Vendôme, le 19 mars 1704.

(2) D. J.-B. Grandchamps, né à Treignac, diocèse de Limoges, fit profession dans l'abbaye de St-Augustin de cette ville, à l'âge de 22 ans, le 7 août 1693, et mourut à St-Angel le 22 décembre 1731.

(3) Etrechy, chef-lieu de commune du canton de Sancergues (Cher).

(4) Cet ouvrage, dont parle pour la seconde fois D. J. Boyer, a pour titre : *Abrégé chronologique du prieuré et de la ville de la Charité-sur-Loire*, Bourges. Christot, 1709, in-8.

in-folio. J'ai reçu mille honnêtetés de D. Louis Hérissant, prieur de la Charité, fils d'un imprimeur de Paris. C'est un homme sans façon et d'un excellent caractère. J'en ai reçu aussi de tous nos confrères et surtout de D. Montchanin, ci-devant prieur de Pommiers et de Nanteuil, du P. sous-prieur D. Evrard, de D. Fondnoble, de D. Benoît Bidal, hôtelier, etc...

27. Je fus aux Bénédictines, qui sont un essaim du Val-de-Grâce, et aux Hospitalières. Je soupai le soir avec trois de nos confrères, et avec M. Nicolas Collanche, Chanoine-Régulier de la Congrégation de France, qui vient de Gâtines en Touraine pour aller prendre possession de la cure de St-Denis-d'Epiry (1), au diocèse de Nevers.

28. Je partis avec le P. Collanche pour Nevers, fort satisfait de nos Pères de la Charité. Nous dînâmes et soupâmes à St-Martin où je fus bien accueilli de MM. les Chanoines-Réguliers, nos bons amis. Le souper fut magnifique, il y avait trois prêtres séculiers, etc...

29 juillet. Je dis la messe à St-Etienne où D. Louis Dolet, prieur, me fit cent accueils. Je pris un extrait de quelques titres qu'il a apportés de Cluny et qui regardent son monastère. Je dînai avec lui et avec D. Claude Vincent et D. François Belmajour. Sur le soir, j'entendis une exhortation du P. Georgelin (2), Jésuite, directeur du séminaire, aux converses Ursulines. Ce bon Père s'escrima bien et criait à pleine-tête pour se faire entendre d'une demi-douzaine d'auditeurs que nous étions. Je fus voir les émailleries, la place Ducale qui est belle, Mme l'abbesse des Bénédictines de N.-D. Les RR. PP. Dubois et Collanche me firent l'honneur de m'accompagner.

30. Je travaillai, dans les archives de nos sœurs de N.-D., où il y a quantité de titres, mais peu qui soient curieux. J'y trouvai un martyrologe manuscrit d'Usuard, de l'an 1317. Je vis les reliques enchâssées fort proprement, et en quantité. Il

---

(1) Epiry, chef-lieu de commune du canton de Corbigny, arrondissement de Clamecy (Nièvre).

(2) Peut-être le P. Louis Georgelin, né au diocèse de St-Brieuc, le 11 février 1661, mort à la Flèche, le 21 juillet 1746 ?

y en a de fort considérables de St Révérien (1), évêque d'Autun ; de St Même (2), de St Genoux (3), etc... Mme l'abbesse me fit voir son appartement qui est magnifique. Il y a quelques évêques enterrés au Chapitre. Dans l'église, le tombeau d'Herman (4), évêque de Nevers, est élevé, et la Cathédrale y vient faire un office tous les ans au mois de juillet. Sa mort est marquée le 22 au dit Martyrologe. Je dis la messe au maître-autel sur les onze heures et je dînai à St-Martin avec le P. Bouchard qui vint me prendre à Notre-Dame.

Après dîner, je travaillai à St-Etienne où D. Dolet me prêta le Cartulaire de son monastère, celui de la Cathédrale de St-Cyr, qui est très-beau, et le Martyrologe de la Cathédrale, semblable à celui de Notre-Dame. J'écrivis une lettre fort ample à D. Massuet, et je lui envoyai un gros paquet des titres que j'avais copiés des d. Cartulaires, et la fondation de St-Victor de Nevers, ancienne abbaye qui est à présent un prieuré dépendant de la Charité. J'écrivis aussi au P. D. G. de la Codre (5), prieur de St-Germain d'Auxerre, et au P. Mignot, professeur de philosophie à Montfort-la-Canne en Bretagne. Je couchai à St-Etienne et soupai à St-Martin.

31. Je dis la messe à St-Martin, travaillai et dînai à St-Etienne. J'entendis, au collège, vêpres et le panégyrique de St Ignace prononcé par le P. de Fontenay (6), Jésuite. Son texte : *Mag-*

(1) Dom E. Martène rapporte qu'on voyait dans le jardin de cette abbaye des Bénédictines de N.-D. de Nevers (*Sta-Maria Nivernensis*) une petite chapelle à l'endroit où l'on croit que ce saint évêque fut décapité.

(2) S. Même ou Maxime, abbé de Limours.

(3) S. Genou ou Genulfe, évêque de Cahors, qui mourut en Berry ; son corps fut porté et inhumé dans le bourg qui porte son nom, près de Buzançais (Indre). Voir au 17 juin 1711 et au 17 janvier 1715.

(4) Herman, évêque de Nevers (840-860).

(5) D. Gabriel de la Codre, né à St-Pourçain, fit profession à l'âge de 20 ans, dans l'abbaye de St-Augustin de Limoges, le 4 septembre 1685, et mourut dans celle de St-Pourçain le 25 janvier 1738. Voir *Hist. litt. de la Cong. de St-Maur*, p. 533.

(6) Pierre Claude de Fontenai, né à Paris, le 27 juillet 1683, entré au noviciat le 31 août 1698, fut recteur du collège d'Orléans. Il continua l'histoire de l'Eglise gallicane, à la mort du P. Longueval, acheva le tome ix, composa le xe et le xie jusqu'à la p. 522, et mourut à la Flèche, le 13 octobre 1742.

nus effectus sum, et præcessi omnes sapientia. Il fit voir que son patriarche avait eu la sagesse la plus sublime par rapport à sa fin : *Ad M. D. G.* la plus éclairée pour choisir les moyens pour parvenir à cette fin ; et la plus heureuse dans l'exécution. De cinq gros quarts-d'heure que cet outré flatteur ennuya son auditoire, il en employa pour le moins trois gros quarts-d'heure à faire l'éloge de ses compagnons au prix desquels il ravala tout le reste de l'Eglise. On rougissait de ce qu'il ne rougissait pas de débiter ses extravagances. Le prélat Edouard (1) donna la bénédiction et ensuite la tonsure. J'allai faire la collation et souper à St-Etienne.

AOUT.

1711. 1. Samedi. Je dis la messe à St-Martin, à l'autel de N.-D. de Pitié. Je travaillai tout le jour dans le chartrier du monastère où je dînai avec le P. Collanche. Sur le soir, je fus avec lui voir travailler au verre et à la faïence. Je vis aussi les églises de la Visitation, de l'Oratoire, de St-Arigle (2) et je soupai et couchai à St-Etienne.

2. Je dis la messe à St-Etienne après la grande à laquelle j'avais assisté. Après dîner, je fus aux Carmélites, avec le P. prieur, parler à Mme de Laire et trois autres Clermontoises. De là je fus aux Carmes-Déchaussés fondés par M. l'abbé Le Roy, conseiller au parlement, qui est enterré au milieu de l'église. Après vêpres je fus prendre congé de MM. les Chanoines-Réguliers qui me firent aussi l'honneur de venir à St-Etienne.

3. Je dis la messe de l'invention de St Etienne au maître-autel qui a été sacré par Yves de Chartres (3) et trois autres évêques dont les noms sont gravés sur la table qui est de marbre blanc, avec celui de St Hugues (4), abbé de Cluny. On chômait la fête dans la paroisse. Le P. prieur me prêta un cheval pour aller à St-Pierre le Moûtier, où je dînai avec D.

---

(1) Edouard Bargedé, évêque de Nevers (1706-1719).
(2) St Arigle ou Agricole, évêque de Nevers.
(3) St Yves d'Anteuil, évêque de Chartres (1090-1115).
(4) St Hugues, fils de Dalmace, comte en Semur en Brionnais, était né en 1024 et mourut le 29 avril 1109.

La Tanerie, prieur, D. Jacques Guilleau, procureur et D. Jacques Baille, jadis moine du Monastier St-Chaffre. Il touche l'orgue. Il sait aussi jouer de la flûte douce et du violon.

Je fis la moitié du chemin de Nevers à St-Pierre avec M. Taillefer, curé de Souvigny, et le R. P. Amy, Dominicain et définiteur (1) général de la province, qui fit tout ce qu'il put pour m'entraîner à Moulins à la fête de St Dominique.

4. Je dis la messe de St Dominique à l'autel du Rosaire où est le portrait du Saint et le tombeau de D. de Bressoles, prieur de St-Pierre-le-Moûtier. J'écrivis au R. P. du Chesne, prieur de St-Martin, auquel j'envoyai une liste des abbés de sa maison. J'écrivis aussi au P. Dubois et à D. Lhuillier. Après dîner je fus aux Augustins et à leur chapelle de St-Roch, où était leur première demeure. Je fus ensuite aux Ursulines pour prendre l'année de leur fondation. D. J. Baille eut la charité de m'accompagner.

5. Je partis de St-Pierre fort satisfait du R. P. prieur et surtout de D. Baille, D. Rouër, D. Bazin, etc. Je n'emportai qu'un seul titre de l'an 1165, qui est un accord ou association faite entre Louis VII, roi de France, et Guillaume, abbé de St-Martin d'Autun, d'où dépend le prieuré de St-Pierre-le-Moûtier, touchant la justice que le prieur a donnée au roi dans lad. ville. D. Duret (2), de notre congrégation, est à présent prieur titulaire de St-Pierre-le-Moûtier, coseigneur de la ville avec le Roi et premier conseiller-né au baillage et siége présidial, par la concession qu'en fit le Roi à D. François Rapine, prieur, l'an 1632. Je passai l'Allier au Port-Baneau (3), près de la Ferté-Chauderon (4). Je vis en passant le prieuré de St-Léo-

---

(1) Définiteur, conseiller ou assesseur du Provincial.

(2) D. Edmond J.-B. Duret, né à Paris le 3 novembre 1671, fit profession à St-Faron de Meaux, le 6 juillet 1689, et mourut à l'abbaye de St-Riquier, le 23 mars 1758. Voir *Hist. litt. de la Cong. de St-Maur*, p. 750.

(3) Port-Baneau, commune de St-Léopardin d'Augy (Allier).

(4) La Ferté-Langeron, commune de Chantenay, canton de St-Pierre-le-Moûtier.

bardin (1) qui dépend de St-Sulpice. J'arrivai à midi à St-Menoux où Mme l'abbesse me retint à causer par une douce violence. Je soupai avec D. Jean Phelippard et avec son frère.

6 août. Je dis la grand'messe à St-Menoux. Une religieuse toucha l'orgue, une autre chanta un motet à l'élévation, on alluma quantité de cierges à l'autel qui était richement paré et j'avais des ornements magnifiques. Après le dîner, qui fut splendide, je partis sur les trois heures avec D. Jean Phelippard, fort satisfait de Madame l'abbesse qui m'a marqué une confiance extraordinaire. Elle me prêta un cheval et me fit aussi accompagner par un de ses gens à cheval. D. Jean Fricaud, prieur de St-Pierre de Souvigny, me reçut avec une bonté extraordinaire. On ne peut voir un supérieur plus aimable. Je soupai avec D. P. Allard, prieur titulaire de La-Voûte et avec D. Phelippard.

7. Je dis la messe à l'autel de St Mayeul (2) et je travaillai sur des titres que l'on a recouvrés depuis peu. Il y a un Nécrologe, un Martyrologe, un Missel et plusieurs autres manuscrits fort anciens. Je dînai avec le R. P. prieur, D. Vaurion, procureur, D. Marc de Bompré, trois gentilshommes et un curé de Forest. Je soupai avec le R. P. prieur.

8. Je dis la messe à la chapelle de N.-D. où sont enterrés les seigneurs de Bourbon (3). Je fus voir les dames Bénédictines. Je fis collation avec le R. P. prieur.

---

(1) St-Léopardin, commune de St-Léopardin d'Augy, canton de Lurcy-Lévy (Allier).

(2) S. Mayeul, abbé de Cluny, mourut à Souvigny en 994.

(3) Deux chapelles, situées en face l'une de l'autre, ont servi de sépulture aux seigneurs de la Maison de Bourbon. Les personnages dont les corps y furent déposés sont : Louis II de Bourbon et Anne Dauphine, sa femme ; — Jean, bâtard de Pierre I de Bourbon, et Agnès Chaleu, sa femme ; — Jean I et Marie de Berry, sa femme ; — Charles I et Agnès de Bourgogne, sa femme ; — Jean II ; — Pierre II et Anne de Beaujeu, sa femme, ainsi que Suzanne Bourbon, leur fille, épouse de Charles III de Bourbon-Montpensier, plus connu sous le nom de Connétable de Bourbon ; — François de Bourbon, duc de Chatelleraut, frère de ce même connétable; enfin Louise de Bourbon, fille légitimée de Louis XIV et de Madame de Montespan, morte âgée de six ans, à Bourbon-l'Archambaud, en 1681.

9. Je dis la messe à l'autel de St Odile (1), et le 10 aussi.

11. Je partis de Souvigny, fort satisfait de tous nos RR. Pères et chargé de plusieurs Mémoires. Je traversai Moulins sans m'y arrêter. Je m'arrêtai demi-heure avec la nouvelle prieure d'Iseure. Je passai toute la journée dans les bois. Je fus à St-Pourçain de Malchère (2).

Je dînai à la Vallée-de-Misère, assez misérablement, avec une écuellée de lait de chèvre que je corrigeai néanmoins avec du vin bourguignon que je trouvai dans cette misérable auberge. Je passai ensuite à Dompierre (3) et arrivai à la fin avec beaucoup de peine à l'abbaye de Septfonds (4), de l'Ordre de Cîteaux. D. prieur me reçut avec toute la satisfaction que je pouvais souhaiter selon notre sainte Règle. On me fit pourtant souper seul, mais tout était de bon goût. J'assistai à complies et fus charmé d'entendre chanter le *Salve* par ces SS. religieux. Ils sont environ 120. Ils vivent dans un entier éloignement du monde, dans un silence perpétuel, dans une abstinence extraordinaire et dans une charité parfaite. Leur contentement paraît sur leur visage et il n'y a rien dans ce saint lieu (c'est ainsi que l'on nomma cette abbaye dans son institution qui fut du temps de St Bernard : *Sanctus locus,*) qui ne porte à Dieu.

12. Je dis la messe à cinq heures du matin, à l'autel de St Bernard, où il y a un fort beau tableau de ce St abbé. Je travaillai ensuite à une liste des abbés que F. Laurent, cellérier, me promit d'achever. J'assistai à la grand'messe et je partis après dîner, fort édifié de la vie de ces BB. solitaires. Je passai toujours dans les bois, par Dompierre, par St-Pourçain sur Bê-

---

(1) S. Odilon, abbé de Cluny, que l'on dit être de la noble maison de Mercœur en Auvergne, fut le fondateur de l'abbaye de La Voûte. C'est lui qui institua la fête de la commémoration des morts, et fut un des promoteurs de la *Trêve de Dieu*. Il mourut à Souvigny le 1er janvier 1049.

(2) St-Pourçain Malchère, commune de Lusigny, canton de Chevagnes (Allier).

(3) Dompierre, chef-lieu de canton de l'arrondissement de Moulins (Allier).

(4) L'abbaye de N.-D. de Septfonds *(Septem Fontes in Burgundia)* dans l'ancien diocèse d'Autun. Eustache de Beaufort y introduisit la réforme de l'abbé de Rancé en 1660. Septfonds est encore aujourd'hui un monastère de Trappistes, situé dans la commune de Diou, canton de Dompierre (Allier).

bre (1), St-Révérien (2), les Goûtes (3), St-Voye (4) et je couchai à St-Gérand (5) où les rats m'égayèrent toute la nuit, etc.

13. Je passai l'Allier à une lieue de St-Gérand et j'arrivai bien arrosé à St-Pourçain, sur les 9 heures. Je dînai avec D. J. B. Palerne (6), sous-prieur, mon bon ami, avec D. P. Ducher et D. J. Heulhard. Tous les autres étaient à l'infirmerie ; nous soupâmes aussi tous quatre.

14. Je fus voir l'*Ecce Homo* qui est à la paroisse de St-Georges. C'est un chef-d'œuvre. Je rendis aussi quelques visites et assistai aux premières vêpres de l'Assomption. J'avais dit la messe de la vigile à l'autel de Notre Dame.

15. Je la dis au même autel et communiai quantité de personnes. Je fis sous-diacre à la grand'messe. Après none, j'assistai au sermon du P. sous-prieur qui avait pris pour texte : *Operuit cœlos gloria ejus, et laudis ejus plena est terra.* Le dessein était tiré du texte. Il prouva fort solidement que Marie était admirable aux anges par l'excellence de sa gloire, et aimable aux hommes par l'excellence de son pouvoir. Il déclame fort à mon gré. Nous fîmes aux vêpres la procession solennelle par la ville, où les PP. Cordeliers et les prêtres de la paroisse assistèrent avec quantité de peuple : *populus processionis.*

16. Je dis la messe à l'autel de St Pourçain. Pendant la nuit, j'entendis un tonnerre effroyable qui faisait trembler toute la maison. Après dîner, je partis de St-Pourçain où nos confrères m'ont fait mille amitiés. Je suis arrivé trempé à Chantelle où le R. P. Adrien de Villiers, prieur et les PP. Garnier et Cordier ne m'en ont pas moins fait. Le Père Godefroy, sous-maître des novices de St-Irénée de Lyon, arriva un peu

---

(1) St-Pourçain sur Bèbre, chef-lieu de commune du canton de Dompierre.
(2) St-Révérien, commune de Vaumas, canton de Dompierre.
(3) Les Gouttes-Pommier, commune de Saligny, canton de Dompierre.
(4) St-Voir, chef-lieu de commune du canton de Neuilly-le-Réal (Allier).
(5) St-Gérand-le-Puy, chef-lieu de commune du canton de Varennes (Allier).
(6) D. J.-B. Palerne, né à St-Chamond, fit profession le 9 novembre 1697, à l'âge de 18 ans, dans le monastère de St-Augustin de Limoges,

après moi, encore plus trempé que moi, et nous soupâmes tous ensemble. J'ai laissé à D. J. Heulhard un gros paquet pour D. Massuet où il y a quantité de Mémoires de Souvigny, de St-Pierre-le-Moûtier, d'Iseure, etc.

17. Je copiai l'acte de translation d'une relique de St Vincent, martyr, du monastère de St-Benoît et de St-Vincent de Castres à celui de St-Vincent de Chantelle. Après déjeûner, je partis pour Riom après avoir passé la rivière auprès de la Marche au port de Genzac (1). Je rencontrai un Carme avec lequel je bus à Gannat. De là, nous traversâmes Aigueperse (2), où il y a un Chapitre, une Sainte-Chapelle et un monastère de Ste-Claire. Je soupai et couchai à Ste-Geneviève de Riom, chez les Chanoines-Réguliers, où le R. P. prieur, le Père Panteau qui est un très-habile homme, et le Père Le Roux, me comblèrent d'honnêtetés.

18. Je dis la messe à Saint-Amable, à l'autel de la paroisse. M. Sauvageon, chantre et digne chanoine de cette église, me donna de très-beaux ornements. Je dînai à Mauzac, où D. E. Sabbatin, prieur, D. Léopold du Chesne, D. Odile Rigaud et D. Sauvagnac me régalèrent bien. Sur les trois heures, je partis pour St-Allyre, après avoir collationné à Ste-Geneviève. M. l'abbé d'Armagnac (3), qui logeait à St-Allyre, me témoigna beaucoup d'amitié. MM. les abbés de la Bournat et Pascal, qui étaient avec lui, me caressèrent beaucoup, de même que le P. abbé, D. Nicolas Vignolles (4), et D. C. Conrade, prieur de la Chaise-Dieu. Je soupai avec ces deux derniers et avec D. Urban.

19. Aujourd'hui, on joue, au collège de l'Oratoire de Riom, la tragédie d'Annibal, dont il est parlé dans Tite-Live, dé-

---

(1) Jenzat, chef-lieu de commune du canton de Gannat (Allier).
(2) Aigueperse, chef-lieu de canton de l'arrondissement de Riom (Puy-de-Dôme).
(3) Abbé commendataire de la Chaise-Dieu.
(4) D. Nicolas Vignolles, né à Saintes, fit profession à l'âge de 21 ans, dans l'abbaye de St-Augustin de Limoges, le 9 mars 1690, et mourut à Marmoutiers, le 3 décembre 1736.

cade 4, liv. 9. J'ai déjeûné avec M. l'abbé d'Armagnac qui m'a fait beaucoup de caresses. M. l'Evêque et M. l'Intendant lui rendirent visite et le maire lui donna le présent de la ville, qui consistait en six bouteilles de bon vin que nous bûmes. Cet aimable abbé partit pour la Chaise-Dieu, où il voulait m'amener avec lui. Je soupai avec D. Jean Daulne qui va d'Issoire à Brantôme.

20. Je fus avec D. Michel Joly (1), cellérier de St-Nicaise de Reims, aux Petites-Bernardines où il dit la messe. Je la fus dire à l'abbaye de l'Esclache, où Madame l'abbesse m'offrit à déjeûner. Au retour, je trouvai à St-Allyre le R. P. visiteur de l'Oratoire et le P. La Clède, supérieur de l'Oratoire de Clermont, mon ancien ami. Après dîner, je fus avec D. P. Laurent rendre visite à M. le prévôt de la Cathédrale, à MM. de la Roche, Rochette, Meyran, Féligonde et autres chanoines de la Cathédrale, à M. l'abbé de St-Genès, M. Le Large, M. l'abbé de la Bournat, etc...

Nous entendîmes vêpres à l'Esclache et ensuite la prédication de M. Morange, doyen de St-Pierre, qui débita un panégyrique de St Bernard pillé, mot à mot, de M. Fléchier. Mgr l'évêque donna la bénédiction du T.-S. Sacrement et Madame de Ronzet, nièce de Madame l'abbesse, chanta fort proprement un motet.

21. Je fus avec D. M. Joly rendre visite à Madame l'abbesse de l'Esclache, à Mme du Ronzet et à Mme de Laborange, ses religieuses, à M. le curé du Port et autres bons amis.

21 août. Je fus voir aussi avec D. Jean Fricaud, prieur de Souvigny, Mme d'Agrain, abbesse de Ste-Claire, et Mme du Floquet. Je soupai avec ce prieur et celui de Mauzac, avec le R. P. abbé, D. Claude Déage, Feuillant Savoyard, D. Antoine Ponceton (2) et D. M. Joly.

---

(1) D. Michel Jolly, né à Montillot, diocèse de Sens, fit profession à l'âge de 29 ans, dans l'abbaye de Lire, le 30 septembre 1693, et mourut à St-Germain-des-Prés, le 20 octobre 1731.

(2) D. Antoine Poncelton, né à Craponne, diocèse du Puy, fit profession

22. Je fus voir M. Rochette, vicaire-général avec D. J. Fricaud; je fus aussi rendre quelques visites, avec D. J. Eyrolles, à MM. de Féligonde, de la Bournat, Fréhel, etc... Je soupai avec le R. P. visiteur, le P. abbé, le P. secrétaire et D. Joly. J'ai écrit aux prieurs de St-Denis, de Bassac et de Chanteuges.

23. Je reçus la visite de M. Sahuc, M. Poutud, prêtre du Puy, etc...

24. Je reçus la visite de M. l'abbé de St-Genès, de M. Chevalier, promoteur et chanoine de St-Genès, etc.

25. Je fus voir Mme l'abbesse de Bonnessaigne (1) avec Claude Donjan (2), ex-prieur de St-Angel. Je dis la grand'messe. Après-midi, je fis quelquess visites avec D. Joly. M. Vernet, chanoine de St-Genès, M. Vigier, prêtre, M. l'abbé de St-Genès me vinrent voir.

26. Je rendis quelques visites avec D. P. Laurent à plusieurs chanoines de la Cathédrale. D. J. F. Girardin arriva ici.

27. M. l'abbé de la Bournat me fit l'honneur de me venir voir. Nous fûmes en récréation chez les Carmes-Déchaussés où le P. Antonin nous fit voir plusieurs expériences de mathématiques très-curieuses et très-rares. D. Michelet arriva.

28. J'ai écrit au P. prieur de Chanteuges, à D. B. Dolet, prieur de St-Etienne de Nevers; à M. Montet, chanoine du Puy; au P. prieur de Ste-Geneviève de Riom. J'ai laissé au P. abbé un gros paquet pour le P. prieur de St-Denis, où il y a le catalogue des abbés de la Prée, d'Olivet, des Pierres, de Chezal-Benoît, de St-Martin de Nevers, de St-Amable de Riom, et plusieurs Mémoires pour le *Gallia Christiana*.

28 août. Après dîner, je fus aux Cordeliers avec D. P. Michelet. Je fus voir ensuite M. le prévôt, M. Gascher et M. Meyran, chanoines de la Cathédrale; de là, nous fûmes aux Ursu-

---

à l'âge de 19 ans, dans l'abbaye de St-Allyre, et mourut à la Chaise-Dieu, le 9 février 1721.

(1) Catherine de Beauverger-Montgon.

(2) D. Claude Donjan, né à Moulins, fit profession le 26 avril 1672, à l'âge de 21 ans, dans l'abbaye de St-Allyre où il mourut le 22 mai 1720.

lines, où nous entendîmes un prêtre de l'Oratoire qui fit un panégyrique achevé du grand St Augustin. L'auditoire était choisi et nombreux. Le prédicateur fit voir les miséricordes du Seigneur sur Augustin, sans mesure ; et la reconnaissance d'Augustin pour le Seigneur, sans bornes.

29. Après avoir pris congé du R. P. visiteur, du P. abbé, du P. prieur de Souvigny, etc., je partis pour Issoire. Je passai à Vaire (1), où il y avait une très-belle foire, que l'on nomme la *Foire des Cercles*. Je déjeûnai à Coudes (2) sur Allier, et dînai à Issoire. Après dîner, je fus voir M. Guérin, président, etc. (3).

30. Je dis la messe à l'honneur et à l'autel de St Vernis (4), martyr, patron des vignerons. Le P. prieur voulut me retenir à cause de la fête de la dédicace de leur église qu'ils célébraient solennellement. Mais j'étais pressé de partir. Je dînai à St-Germain-l'Herm et soupai à la Chaise-Dieu avec M. l'abbé, M. Le Maître, son aumônier, et M. de Varennes. M. l'abbé et le R. P. prieur me firent tout le bon accueil imaginable.

31. Je dis la messe, à laquelle M. l'abbé assista, à l'autel de N. B. P. St Benoît. Je soupai avec M. Pascon, advocat en parlement, habitant de Langeac, qui est venu ici pour avoir ses titres de judicature dans la terre de Chanteuges.

SEPTEMBRE.

1711. 1. Mlle d'Allègre, M. le marquis de Voguë, sa sœur, bénédictine d'Aubenas, dînèrent chez M. l'abbé. Je dînai et soupai avec M. Pascon, à qui M. l'abbé donna ses lettres d'institution de bailli de Chanteuges et de Pinols.

(1) Veyre, chef-lieu de canton de l'arrondissement de Clermont (Puy-de-Dôme).
(2) Coudes, chef-lieu de commune du canton d'Issoire.
(3) Jean Guérin qui venait de succéder à son père, Pierre Guérin, dans la présidence de l'Election d'Issoire.
(4) S. Verny (*S. Garnerius*, Garnier, Warnier ou Warner, Vernier ou Vernis), jeune vigneron martyrisé par les Juifs, en 1287, à Obserwesel, diocèse de Trèves. Les vignerons des bords du Rhin, de la Franche-Comté et de l'Auvergne l'ont choisi pour leur patron spécial.

2. J'ai écrit au P. prieur de Chanteuges et à Madame Crouzet (1), religieuse de la Visitation, au Puy, ma cousine-germaine. Les jours suivants, j'ai dit la messe de M. l'abbé, à sa prière. Il m'a fait beaucoup d'amitiés chaque jour.

J'ai écrit à M. Rome, chanoine du Puy, au P. abbé de St-Allyre, à D. Jean Daulne, à D. Antoine Poncetton, au R. P. visiteur.

J'ai laissé un paquet de Mémoires, au R. P. prieur de la Chaise-Dieu, pour le R. P. de Ste-Marthe.

Les autres jours, jusqu'à la Nativité de la Vierge, j'ai mis en ordre les collections que j'ai faites en chemin.

S. N. D. B.

CATALOGUS

Eorum quæ transmisi ad R. P. D. Dionysium de Sainte-Marthe pro nova editione Galliæ Christianæ.

* *Astericus indicat integrum esse catalogum archiepiscoporum seu episcoporum, seu abbatum.*
Λ *Notula designat plura de iisdem me misisse.*

PRO VOLUMINE PRIMO (2)
ARCHIEPISCOPI.

Albienses, *Alby.*
Avenionenses, *Avignon.*
Auxitani, *Auch.*
Bisuntinenses, *Besançon.*
Bituricenses, *Bourges.* Λ
Colonienses, *Cologne.*
Lugdunenses, *Lyon.* Λ
Parisienses, *Paris.*
Remenses, *Reims.*
Rotomagenses, *Rouen.*
Senonenses, *Sens.*
Tarantasienses, *Moutiers-en-Tarentaise.*
Tolosani, *Toulouse.*
Turonenses, *Tours.*
Viennenses, *Vienne.*

---

(1) Anna Félix, sœur aînée de Louise Félix mère de Dom Jacques Boyer, avait épousé Barthélemy Crouzet, procureur à la sénéchaussée du Puy en Velay. C'est ce qui résulte des recherches de M. Paul Le Blanc aux archives municipales de la ville du Puy, dans les registres du Baptistère St-Jean.

(2) Il est presque superflu de faire remarquer au lecteur que l'édition du *Gallia Christiana*, dont se servait D. Boyer, ne pouvait qu'être celle de 1656, 4 vol. in-folio; puisque celle des Bénédictins, à laquelle il collaborait, ne parut qu'en 1715, 1720, etc...

— 114 —

PRO II ET III VOLUMINIBUS
EPISCOPI.

Adurenses, *Aire.*
Æduenses, *Autun.* ⚠
Agathenses, *Agde.*
Aginnenses, *Agen.*
Ambianenses, *Amiens.*
Anicienses, *Le Puy.* *
Augustenses, *Aoste.*
Aurelianenses, *Orléans.*
Antissiodorenses, *Auxerre.* ⚠
Bajocenses, *Bayeux.*
Bellicenses, *Belley.* ⚠
Bellovacenses, *Beauvais.*
Bethleemitani, *Bethléem.* ⚠
Biterrenses, *Béziers.*
Cadurcences, *Cahors.*
Claromontenses, *Clermont.* *
Cabilonenses, *Chalons-s-Saône.*
Catalaunenses, *Chalons-s-Marne*
Constantienses, *Coutances.*
Dienses, *Die.*
Ebroicenses, *Evreux.*
Engolismenses, *Angoulême.*
Gebennenses, *Genève.* ⚠
Glandevenses, *Glandève.*
Gratianopolitani, *Grenoble.*

Lactorenses, *Lectour.*
Lemovicenses, *Limoges.*
Leodienses, *Liège.*
Lingonenses, *Langres.*
Lodovenses, *Lodève.*
Lucionenses, *Luçon.*
{ Magalonenses, *Maguelonne,*
{ seu ou
{ Monspelienses, *Montpellier.*
Meldenses, *Meaux.*
Mimatenses, *Mende.* ⚠
Nemausenses, *Nîmes.*
Nivernenses, *Nevers.* ⚠
Noviomenses, *Noyon.*
Rutenenses, *Rodez.* ⚠
Santonenses, *Saintes.*
Sarlatenses, *Sarlat.*
Tornacenses, *Tournay.*
Trecenses, *Troyes.*
Uceticenses, *Uzès.*
Valentinenses, *Valence.*
Vapincenses, *Gap.*
Virdunences, *Verdun.*
Vivarienses, *Viviers.*

DECANI.

Anicienses, *Le Puy.* *
Aurelianenses, *Orléans.*
Bituricences, *Bourges.* ⚠

Lingonenses, *Langres.*
Pictavenses, *Poitiers.*

PRÆPOSITI
Anicienses * et Claromontenses *

ABBATES *
Claromontenses ⚠

PRO IV VOLUMINE IN QUO CONTINENTUR
ABBATIÆ.

S. Amabilis Ricomagensis, *St-Amable de Riom.* A; * (1).

S. Amandi Rotomagensis, *St-Amand de Rouen*; B.

(1) A Ordre de Saint-Augustin.

S. Ambrosii Biturencis, *St-Ambroise de Bourges*; A.
S. Andreæ Claromontensis, *St-André de Clermont*; P. *
S. Aniani Thomeriarum, *St-Chignan (Hérault)*; B.
S. Antonii Viennensis, *St-Antoine de Viennois*; A.
S. Aphrodisii Biterrensis, *St-Aphrodise de Béziers*.
Aquabella, *Aiguebelle*; C.
Aquaviva, *Aiguevive*; A.
Ardorellum, *Ardorel*; C.
Arthona, *Artonne*.
Athanacum, *Ainay (Lyon)*; B.
Barzella, *Barzelle*; C.
Bellus locus, *Beaulieu*; B. *
  Diœcesis Lemovicensis (*Diocèse de Limoges*).
Bellus locus, *Beaulieu*; A. *
  Diœcesis Bononensis (*Diocèse de Boulogne*).
Bellus mons, *Beaumont*; B. *
  Diœc. Claromontensis (*Diocèse de Clermont*).
Bellus mons, *Beaumont*; B.
  Diœc. Turonensis (*Diocèse de Tours*).
Bellus visus, *Beauvoir*; C.
Benedictio Dei, *La Bénisson-Dieu*; C.
Blancha vel Insula Dei, *La Blanche (D. de Luçon)*.
S. Benedicti Castrensis, *St-Benoît de Castres*; B.
Bonasania, *Bonnesaigne*; C.
Bonus radius, *Bouras*; C.
Boschetum, *Le Bouschet*; C.
Brantholmium, *Brantôme*; B.
Buxeria, Diœc. Bituric., *Bussière-près-Culant*; C.
Cantoënum, *Chantoin*; A. *
Cantogilum, *Chanteuges*; B. A
Carentonium, *Charenton-en-Berry*; B.
Casa Dei, *La Chaise-Dieu*; B. *
Casæ, *Les Chases*; B.
Casale Benedictum, *Chezal-Benoît*; B. *
Castellio, *Châtillon*; A.
Castricensoris, *Château-Censoir*.
Caziacum, *Chési*; B.
Cella S. Eusicii, *Celles-en-Berry*; C.
Cella Medulphi, *Saromon*; B.
Celsiniæ, *Sauxillanges*; B. *
Cisseriacum, *Chissery*; C.
Clarusfons, *Clairefontaine*; C.
S. Claræ Aniciensis, *Ste-Claire du Puy.* *
S. Claræ Claromontensis, *Ste-Claire de Clermont.* *
S. Claræ Montis Brisonis, *Ste-Claire de Montbrison.*
Cleyracum, *Cleyrac*; B.
Cluniacum, *Cluny*; B. A
S. Clementis Metensis, *St-Clément de Metz*; B.
Crudatum, *Cruas*; C.
Curia Dei, *La Cour-Dieu*; C.
Cussiacum, *Cusset*; B. *
Dei locus, *Dilo*; P.
Doe, *Doue*; P. *
Dolense, *Déols*; B.

B Ordre de Saint-Benoît.
C — de Cîteaux.
D — de Saint-Dominique.
G — de Grammont.
P — de Prémontré.
U Urbaniste ou Ordre de Sainte-Claire.

Ebrolium, *Ebreuil*; B. A
Esclachia, *L'Eclache*; C. *
S. Evodii Aniciensis, *St-Vosy du Puy*. *
Exoldunum, *Issoudun*; B. *
Faremonasterium, *Farmoutiers*; B.
Fenerium, *Feniers*; C.
S. Florentii Salmuriensis, *St-Florent de Saumur*; B.
Fontebraldi, *Fontevraud*.
Fonsfrigidus, *Fontfroide*; C.
Fonsmorignyacus, *Fontmorigny*; C.
S. Germani a pratis, *St-Germain des Prés*; B.
S. Genesii Claromontensis, *St-Genès de Clermont*. *
S. Gilberti Novem Fontium, *St-Gilbert de Neufontaine*; P. *
S. Ilidii Claromontensis, *St-Allyre*; B. *
Insula Barbara, *L'Ile-Barbe*.
S. Jacobi Biterrensis, *St-Jacques de Béziers*; A.
S. Johannis Laudunensis, *St-Jean de Laon*; B.
S. Johannis Senonensis, *St-Jean-lez-Sens*; A.
S. Jovini de Marnis, *St-Jouin de Marnes*; B.
S. Juniani Nobiliacensis, *St-Junien de Noaillé*; B.
S. Launi Thoarcensis, *St-Laon de Thouars*; A.
S. Laurentii Bituric., *St-Laurent de Bourges*; B. A
Locus regius, *Lorroy*; C.
Magnus locus, *Manglieu*; B. *
Majus monasterium, *Marmoutiers*.
S. Margaritæ, *Ste-Marguerite*; A.
B. Maria de Fontibus, *N.-D. de la Font*; C.

B. M. Nivernensis, *N.-D. de Nevers*; B.
B. M. Vallis Dei, *La Valdieu (Bâle)*; B.
B. M. de Rocha, *La Roche*; A.
S. Martini Massiacensis, *Massay*; B. A
S. Martini Nivernensis, *St-Martin de Nevers*; A. A
Mauziacum, *Mauzac ou Mozac*; B. *
Medius mons, *Mégemont*; C.
Meymacum, *Meymac*; B.
Menatum, *Menat*. A
S. Maximini Miciacensis, *St-Mesmin de Micy*; B.
S. Menulphi *St-Menou*; B. *
S. Michaelis in periculo maris, *Mont St-Michel*; B.
Millebeccus, *Maubec*; B.
Monasterium novum, *Moustier-Neuf*; B.
Monspetrosus, *Montpeyroux*; C.
Nigerlacus, *Nerlac*; C.
Olivetum *Olivet*; C. *
Omnium sanctor. in insula, *Toussaints-en-l'Ile de Châlons-s-Marne*; A.
Orbacum, *Orbais*; B.
S. Petri Lugdunensis, *St-Pierre de Lyon*; B.
S. Petri de Turre Aniciens., *St-Pierre-La-Tour*. *
S. Petri Viennensis, *St-Pierre de Vienne*; B.
S. Petri Vivi, *St-Pierre le Vif*; B.
S. Petri de Uzarchia, *St-Pierre d'Uzerche*; A.
Piperacum, *Pébrac*; A. *
Podium Ferrandi, *Puy-Ferrand*; A.
Pontilevium, *Pontlevoy*; B.
Pratea, *La Prée*; C. *
Quadraginta, *les Crante*; A.

Reclusum, *le Reclus*; C.
S. Rigaldi, *St-Rigaud*; B.
Rigniacum; *Regni*; C.
S. Satyri; *St-Satur*; A. ⚹
Savigniacum, *Savigny*; B.
Septem Fontes, *Septfonds*; C. ⚹
S. Severini, *St-Severin*; A.
S. Sigiranni, *St-Cyran*; B.
Silva Benedicta, *La Sauve-Bénite*; C. ⚹
Sollemniacum, *Solignac*; B. *
Seguretum, *Séguret, St-Michel d'Aiguille, au Puy*. ⚹
Stella, *L'Etoile. Poitiers;* C.
S. Stephani Divionensis, *St-Etienne de Dijon*.
S. Sulpicii Bituricensis, *St-Sulpice de Bourges*; B. *
S. Sulpicii Bellicensis, *St-Sulpice en Bresse*; C.
S. Symphoriani Thiernensis, *St-Symphorien de Thiers*; B. ⚹

S. Theofredi, *Le Monastier St-Chaffre*; B. ⚹
S. Theotardi de Monte Albano, *St-Théotard de Montauban*; B.
Tornusium. seu Trenorchium, *Tournus*; B.
SS. Trinitatis Pictavensis, *La Ste-Trinité de Poitiers*.
S. Trinitatis Vindocinensis, *La Ste-Trinité de Vendôme*; B.
Valeta, *Valette*; C.
Vallis benedicta, Diœc. Lugdun. *Valbenoite*; C. ⚹
Vassiacum, *Vassy*; C.
Vernucia, *La Vernuce ou Grosbois*; A.
Vezeliacum, *Vezelay*; B.
S. Vincentii Cœnomanensis, *St-Vincent-lez-le-Mans*; B.
Virtus, *Vertus*, A.
Ysodrum, *Iseure*. ; B.
Yssiodorum, *Issoire*; B.

OMISSÆ ABBATIÆ, HIC ADDENDÆ.

Blasilia, *Blesle*; B.
B. Mariæ de Petris, *N.-D. des Pierres*; C. *
Gymons, *Gimont*; C.
S. Hyppolithi Bituricensis, *St-Hippolyte de Bourges*; B.

S. Martini Æduensis, *St-Martin-lez-Autun*; B.
S. Martini Tutellensis, *St-Martin de Tulle*; B.
Plenipedensis, *Pleinpied*; A.
Stirpum, *l'Esterp*; A.

ELENCHUS

Chartarum ad R. P. D. Renatum Massuet transmissarum pro Annalibus Benedictinis (1).

Collectanea ex archivis S. Illidii Claromontensis paginis xv contenta.

Syllabus abbatissarum S. Petri de Casis, et priorissarum S. Saturnini de Valle Regia, pagin. x.

---

(1) *Annales Ordinis S. Benedicti* (ab ann. 480 ad ann. 1157). Paris, Robustel, 1703-39, 6 vol. in f°. — Les quatre premiers volumes de cet ouvrage ont été publiés par D. Mabillon. Après sa mort, le cinquième fut publié, en 1713,

Donatio ecclesiæ S. Mauritii de Rocha in Reynerio, et priorum ejusdem monasterii indiculus.

Catalogus priorum Celsiniensium.

Chartæ P. Pictavorum, et Gerardi Engolismensis, episcoporum (1) pro monasterio de Jazenolio (2) Casa Dei subjecto.

Pro monasterio S. Ægidii Camalariensis, notæ.

De familia de Tournemire, pauca.

De monasterio S. Crucis Savignacensis observationes, unà cum indice priorum hujusce monasterii, et duabus chartis [exemptilibus] (sic).

Bulla Pauli pp.... Litteræ Caroli de Bourbon.

Abbatis Yssiodorensis, et observationes quædam circa monasterium S. Stremonii Yssiodorensis.

Compositio inter Guillelmum de Monte Revello, præpositum ecclesiæ Aniciensis, et Artaudum de Mastra, hostalarium Casæ Dei.

De tumulo Clementis pp. VI apud Casam Dei dissertatiuncula (3).

Catalogus priorum S. Salvatoris in Rua (4).

Carta fundationis monasterii S. Flori, nec non excerpta quædam ex cartulario dicti monasterii.

Bulla sæcularisationis (ut vocant) ecclesiæ Cathedralis S. Flori.

Plura de monasterio S. Petri de Bellomonte in Arvernia, et abbatissarum indiculus.

Abbatum S. Sebastiani Magnilocensis series.

Carta Theotardi ex monacho Aurilacensi Aniciensis episcopi, ex autographo in archivis Cathedralis ecclesiæ Claromontensis adservato.

De monasterio S. Galli Langeacensis, notæ.

Priorissarum Vallis Dei, alias de Comps, elenchus.

Excerpta ex necrologio et tabulario Celsiniarum.

Origo parthenonis S. Spiritus Yssiodorensis, et priorissarum catalogus.

---

par D. René Massuet, qui en a écrit la préface. Le sixième volume, laissé imparfait par D. Mabillon et ses successeurs, D. T. Ruinart et D. R. Massuet, a été achevé et publié par D. E. Martène (*Hist. litt. de la Cong. de St-Maur*, pp. 261, et suiv. 378 et 568).

(1) Pierre II, év. de Poitiers, et Gérard II, év. d'Angoulême, dans les premières années du XIIe siècle.

(2) Jazenolium, Gazenolium ou Gazenobium. Voir *Gall. Christ.*, t. II, col. 332 E, 1168 D, 1234 D.

(3) Voir la lettre de D. Jacques Boyer, dans laquelle il parle du tombeau de Clément VI : *Mémoires de Litt. et d'Hist. recueillis par le P. Desmolets, de l'Oratoire*. T. VIII, 1re partie, p. 186.

(4) St-Sauveur en Rue, prieuré bénédictin dans l'ancien diocèse de Vienne.

Bulla Leonis IX pro fundatione Casæ Dei, ex autographo.

Instrumenta novem pro monasterio S. Marcellini Cantogilensis, ex autographis ibidem adservatis. pag. 24.

Excerpta ex veteri necrologio S. Petri De Casis. pag. 7.

Excerpta ex archivis Vallis Dei.

Item ex archivis parthenonis B. M. de Marciaco.

Carta de monasterio Mauziacensi.

Bulla Alexandri pp. III pro eodem monasterio 1165 (1).

Alia Gregorii pp. XI data Urbe Veteri, pontif. an. primo.

Carta Stephani Arvernor. episcopi Petro abbati Mauziaci.

Sex privilegia regum pro dicto monasterio (2).

Bulla Gregorii pp. XI data Romæ apud S. Petrum III Kal. januar. pontif. anno tertio, in favorem Casæ Dei.

Fragmenta veteris Cartularii Casæ Dei, inter quæ reperiuntur donationes de Fornols, de Lusillac, etc.

Donatio monasterii S. Roberti Aniciensis.

Fundatio eremi Vallis Jesu, ordinis Camaldulensis, et aliqua instrumenta pro eadem (*sic*) eremo, prima omnium quæ sunt in Gallia.

De monasterio S. Ragneberti apud Segusianos.

Carta donationis Petri, Rutenensis episcopi, monasterii S. Leodegarii Ebroliensis. Ex autographo.

Compositio inter fratres Menatenses et de Bella aqua, an. 1136, ex archiv. eccl. Cathed. Claromont.

Fundatio S. Sepulchri de Jaligni. Ex iisdem (3).

Excerpta e necrologio parthenonis B. Mariæ de Cussiaco, optimæ notæ.

Præceptum S. Ludovici pro Mauziacensi cœnobio (4).

Fundatio monasterii Cœlestinorum Vichiaci. 1410.

Bulla Honorii pp. III. pontificat. anno IX. Abbati Ebroliensi.

Index abbatum Ebroliensium, Menatensium et Mauziacensium.

Miscellanea pro Annalibus Benedictinis, codice integro.

Elenchus reliquiarum ecclesiæ S. Martini Menatensis, cum processu verbali an. 1670.

Carta societatis inter monachos Menatenses et Ebrolienses. A. C. 1224.

Index prioratuum Mauziaco subjacentium, num. 32.

Variæ observationes pro monasteriis S. Menulphi, S. Porciani,

---

(1) *Gall. Christ.* Inst., t. II, col. 111 C.
(2) *Gall. Christ.* Inst., t. II, col. 108. 110 114.
(3) *Gall. Christ.* Inst., t. II, col. 105.
(4) *Gall. Christ.* Inst., t. II, col. 114.

Mauziacensi, Celsiniensi, Sylviniacensi, Castrensi (1), Cellensi S. Eusicii (2), Gaudiacensi (3), S. Dionysii de Ruilliaco (4), S. Dionysii Exoldunensis (5), Insulæ supra Milmandram (6), Dolensi (7), S. Paterni Exoldunensis (8), etc...

Privilegium S. Ludovici pro Masciacensi cœnobio an. 1258. Ex autographo.

Fundatio abbatiæ S. Gundulphi (9), et cartæ ad ipsam pertinentes. Ex autogr. in archivis Virzionis adserv.

Carta Arnulphi abbatis Exoldun. a. 1200. Ex autographo apud Olivetum.

Carta Ysabellis abbatissæ S. Hyppolithi Bituricensis. Ex autographo. Ibidem.

Cartæ Iohanis abbatis Dolensis, ex autographis apud Ursanum, ord. Fontisebraldi ; ex cujus cartulario optimæ notæ excerpsi permulta.

Historia completa Casæ Dei ex cartis originalibus.

Historia completa Casalis Benedicti.

Abbatum S. Sulpicii Bituricensis index, cum variis observationibus circa historiam monasterii.

Catalogus abbatum S. Petri Virzionensis et historia ejusdem monasterii, pag. 59 comprehensa.

Plura ex egregio ejusdem monasterii cartulario exscripta.

Index abbatissarum S. Laurentii Bituricensis, cum variis notis ad historiam ejusdem parthenonis.

Varia instrumenta ex archivis B. Mariæ Exoldunensis, cum observatiunculis, pag. 19, in-folio.

Varia item exscripta ex cartulario, et cartis B. Mariæ de Charitate ad Ligerim, pag. 44, in-folio.

Varia, et optima, ex cartulario, et martyrologio S. Cyrici.

Nivernensis, ex cartulario S. Stephani Nivernensis, ex martyrologio B. Mariæ Nivernensis, et ex variis cartis ejusdem urbis.

Fundatio S. Victoris Nivernensis, ord. Cluniacensis.

Privilegium Ludovici regis pro monasterio S. Petri de Monasterio, in diœcesi Nivernensi.

---

(1) St-Autrille du Château lez Bourges, uni à la Ste-Chapelle de Bourges.
(2) Celles en Berry.
(3) Sur l'Aubois.
(4) St-Denis de Rully.
(5) St-Denis d'Issoudun.
(6) Monastère disparu, sur la Marmande. Voir : *Gall. Christ.*, t. II, col. 121.
(7) Déols.
(8) St-Paterne d'Issoudun.
(9) St-Gondon.

Plurima ex archivis Sylviniacensibus exscripta, præsertim ex necrologio et tabulario.

Indiculus priorum S. Crucis de Volta, cum variis observationibus pro historia ejusdem monasterii.

Exscripta ex archivo monasterii S. Marcellini Cantogilensis (1).

Donatio ecclesiæ S. Quirici (2) per Rangerium, episcopum Lucensem.

Statuta abbatis Casæ Dei, pro monasterio S. Theotardi de Monte Albano. 1246.

Alia pro eodem monasterio statuta. 1280.

Donatio ecclesiæ S. Dionysii per Raymundum, episcopum Uzeticensem. 1186.

Donatio comitis d'Urgel.

Donatio Hugonis abbatis, anno 1448.

Testamentum Baronis de Florac. 1344.

Statuta Jacobi de Sancto Necterio.

Transactio inter archiepiscopum Bituricensem, et abbatem Casæ Dei.

Transactio inter episcopum S. Flori, et abbatem Casæ Dei.

Transactio inter abbatem Casæ Dei, et archidiaconos Brivatenses. 1445.

Fundatio facta ab abbate Casæ Dei, in ecclesia S. Juliani Brivatensis. 1445.

Fundatio Andreæ, Eyrauld (3) abbatis 1417.

Transactio inter abbates Cluniaci et Casæ Dei pro bonis defuncti episcopi Valentinensis (4). 1493.

Titulus præbendæ ecclesiæ Brivatensis pro abbato Casæ Dei.

Tituli pro præbenda ecclesiæ Aniciensis in favorem abbatis Casæ Dei.

Transactio inter episcopum Claromontensem, et priorem Cantogilensem.

Transactiones inter abbatem Casæ Dei, et canonicos S. Galli Langiacensis 1266 et 1489.

---

(1) *Gall. Christ.*, t. II, Inst., col. 82.

(2) St-Quirice de Lucques, en Italie.

(3) André Ayrauld, *alias* de Chanac, mis en 1377 à la tête de l'abbaye de la Chaise-Dieu qu'il gouverna pendant 43 ans, 4 mois et douze jours. Il mourut à Chanteuges, le 12 mai 1420; son corps fut rapporté à la Chaise-Dieu et enseveli à l'entrée du chœur du côté droit.

(4) Transaction, du 23 août 1493, entre Jacques de Senecterre, abbé de la Chaise-Dieu, et Jacques d'Amboise, évêque de Clermont et abbé de Cluny, au sujet de prieurés relevant de ces abbayes, et possédés, de son vivant, par Antoine de Balzac, évêque de Valence, mort en 1491.

Donatio monasterii d'Andrie (1) abbati Casæ Dei. 1233.

Donatio monasterii de Rocheta (2). 1219.

Fundatio prioratùs de Médagues per dominum Petrum de Camaleria, qui factus est monachus Casæ Dei, anno M CXIII.

Donatio comitis Pictavor. et Tolos. 1272.

Privilegium Ludovici regis. 1276.

Privilegium Johanis regis pro evocandis Casæ Dei causis ad judicem S. Petri Monasteriensis.

Vidimus privilegii Philippi regis.

Alia plura excerpta minoris momenti.

Au nom de Notre-Seigneur Jésus-Christ. Ainsi soit-il.

Les grâces et les faveurs que le Seigneur a daigné me faire, par l'entremise de la très-sainte Vierge Marie, principalement depuis que je voyage pour chercher des Mémoires pour la nouvelle édition de *Gallia Christiana*, sont si grandes, que je serais un ingrat, si je ne continuais de faire le journal du dict voyage, que j'ai commencé sous les auspices de Marie, dont j'ai éprouvé les faveurs singulières en mille occasions. Je ne puis donc commencer la continuation de ce journal par un jour plus heureux que celui de sa bienheureuse Nativité.

Le 8 septembre 1711, Monseigneur François-Louis-Anne-Marie de Lorraine, dit l'abbé d'Armagnac, abbé commendataire de Montiérender et de la Chaise-Dieu, officia solennellement dans l'église de la Chaise-Dieu, à la grand'messe et aux deux vêpres. D. Jean Urban étant diacre, j'eus l'honneur d'être son sous-diacre; D. Etienne Cassière fut diacre assistant, D. Jacques Joubert (3) sous-diacre assistant, D. Pierre Benoît (4), diacre porte-croix; les chantres étaient D.

---

(1) St-Robert d'Andrie, dans l'ancien diocèse d'Auxerre.

(2) Della Rocca, dans le Montferrat, en Italie.

(3) D. Jean-Jacques Joubert, né au Puy en Velay, fit profession à l'âge de 18 ans, le 24 avril 1698, dans le monastère de la Daurade de Toulouse.

(4) D. Pierre Benoit, né à Murat, diocèse de St-Flour, fit profession à l'âge de 22 ans, dans l'abbaye de N.-D. de la Daurade de Toulouse, le 31 octobre 1682, et mourut à St-Sauveur d'Aniane le 14 janvier 1729.

Pierre Bérard (1), D. Benoît Jourda, D. Jean Suduyraud (2), F. Joseph Blanc (3), etc.; D. Jean Perbet, maître des cérémonies. Ce prince officie avec beaucoup de grâce et de majesté, et sait parfaitement bien ses cérémonies, qu'il a apprises, au séminaire de St-Magloire.

9 septembre 1711. Je partis de la Chaise-Dieu avec D. Pierre Nogin, prieur de Chanteuges, et M. Pierre-Simon Touchebeuf, curé dudit lieu. Nous dînâmes à Mazeiras (4), chez M. Pons, qui en est curé et qui nous reçut très-bien. J'avais dit la messe à St-Robert.

10. Je partis de Chanteuges avec un valet de pied. Je m'arrêtai à la Font-du-Fau (5) et à St-Gal (6). Je couchai à Saint-Flour (7), chez Guimbard, à l'Ecu de France, après avoir bien soupé avec M. Potdevigne, curé de Sainte-Marie, qui est un fort honnête homme.

11. Je dis la messe à la Visitation, après avoir salué Mme d'Estaing. Je fus ensuite rendre mes devoirs à Mgr l'évêque, son frère, Joachim-Joseph d'Estaing (8), qui me reçut à bras ou-

---

(1) D. Pierre-Gilbert Bérard, né à St-Pourçain, fit profession à l'âge de 20 ans, dans l'abbaye de St-Remi de Reims, le 12 mai 1671, et mourut à St-Allyre le 1er septembre 1722.

(2) D. J.-B. Suduyraud, né à Limoges, fit profession dans l'abbaye de St-Augustin de cette ville, à l'âge de 23 ans, le 11 décembre 1702.

(3) D. Joseph Blanc, né au Puy en Velay, fit profession à l'âge de 19 ans, dans l'abbaye de St-Augustin de Limoges, le 14 octobre 1710.

(4) Mazeyrat-Aurouze, chef-lieu de commune du canton de Paulhaguet (Hte-Loire).

(5) La Font-du-Fau (la fontaine du Hêtre), hameau de la commune de Pinols, chef-lieu de canton de l'arrondissement de Brioude (Hte-Loire).

(6) St-Gal, hameau de la commune de Vabres, canton de St-Flour.

(7) St-Flour, chef-lieu d'arrondissement du département du Cantal. Autrefois, comme aujourd'hui, siège d'un évêché.

(8) Joachim-Joseph d'Estaing-Saillant, fils de Jean-Joachim, comte d'Estaing-Saillant et de Claude-Marie de Comboursier, dame du Terrail de Bayard, était chanoine-comte de Lyon et prieur de St-Irénée, lorsqu'il fut nommé évêque de St-Flour en 1693. Il fut un des Présidents de l'Assemblée du Clergé de France en 1715, et mourut âgé de 90 ans, doyen des évêques du royaume, le 13 avril 1742. — D J. Boyer avait déjà eu l'honneur d'être reçu par ce prélat, dans son château de Neschers, le 9 novembre 1710.

verts. J'eus l'honneur de dîner avec lui, et avec plusieurs ecclésiastiques et religieux. Sur le soir, je montai à cheval accompagné de M. la Girardière, maître d'hôtel de M. l'évêque et nous fûmes au-devant de M. l'abbé d'Armagnac, qui vint accompagné du R. P. D. Charles Conrade, prieur de la Chaise-Dieu, de M. de Cumignac, de M. Le Maître, de M. Vauzelles, etc. M. l'évêque nous régala magnifiquement.

12. Je dis la messe à la Cathédrale, à laquelle assista M. d'Armagnac et sa suite. M. de Ponsonnaille, archidiacre, à la tête du chapitre dont il est le digne chef, le harangua. Les consuls de la ville en firent autant, et lui présentèrent le vin de la ville. M. Salles, juge de l'évêché, fit aussi un compliment très-judicieux. Après avoir dîné, à l'évêché, avec M. l'abbé et plusieurs personnes distinguées, je fus au collége, et je rendis visite aux principaux chanoines de la Cathédrale qui m'avaient accordé, le jour précédent, l'entrée dans leurs archives, par acte capitulaire, m'ayant fait l'honneur de me faire entrer dans la salle du chapitre, lors même qu'ils étaient en délibération.

13. M. l'abbé assista à la messe du P. prieur de la Chaise-Dieu, dans l'église de la Visitation; je la dis, à même temps, à l'autel de St François de Sales. Nous déjeûnâmes dans la chambre de Madame d'Estaing, sœur du prélat, et nous prîmes ensemble le café. J'ai toujours mangé à l'évêché, où M. l'évêque nous a régalés magnifiquement et où il y avait soir et matin une vingtaine de couverts. J'entendis, à la Cathédrale, les premières vêpres de Ste Croix.

14. Je dis la sainte messe aux Filles de la Croix, dont M. Malet, chanoine et secrétaire de M. l'évêque, est supérieur. Je déjeûnai chez M. Vidal, trésorier et chanoine de la Cathédrale. Je travaillai aux archives de la Cathédrale, et le jour suivant, 16, je travaillai chez M. l'archidiacre et à la Cathédrale.

15. Je travaillai au couvent des RR. PP. Jacobins, qui est ancien et commode. Le P. Guichenon, neveu du fameux historien de Bourg-en-Bresse, prieur, le P. Laye, sous-prieur, et tous les religieux me firent beaucoup d'honnêtetés. Ils me don-

nèrent à déjeûner, et me firent voir leurs reliques, entre lesquelles il y a une oreille de St Jean-Baptiste, patron de leur église, dans un beau reliquaire donné par Jean, duc de Berry, leur fondateur. Il y a aussi une Sainte Epine et un très-beau soleil ou custode pour le Très-Saint Sacrement.

18 septembre. Je travaillai aux archives de l'évêché. Il y a un ancien cartulaire et peu d'autres titres. M. l'abbé d'Armagnac partit pour Brioude et la Chaise-Dieu, avec le P. prieur, etc. fort content des honnêtetés de M. l'évêque qui l'accompagna jusqu'au foiral (1). Je dînai à l'évêché avec M. l'abbé de Langeac, et une vingtaine de personnes distinguées. Je fis collation au collége, où les PP. Jésuites m'obligèrent de coucher. Le P. Baudranger, le P. Lachaize et le P. Rome, mon ancien condisciple, me firent beaucoup d'amitiés.

19. Je dis la messe dans l'église du collége. Je travaillai le matin à la collégiale de Notre-Dame, où il y a peu de choses curieuses. M. le prévôt et les chanoines m'ont témoigné beaucoup d'amitiés. M. l'évêque fit l'ordination dans la Cathédrale; elle fut nombreuse. M. l'abbé de Langeac prit le sous-diaconat, M. de Vernols, chanoine de St-Genès de Clermont, fut ordonné prêtre ; il y avait deux de nos confrères de Cluny, et plusieurs autres religieux. Je dînai chez M. de Ponsonaille, archidiacre de St-Flour, avec le P. La Chaise, Jésuite, natif de Montauban, qui est très-honnête homme, de même que M. l'archidiacre qui m'a fait cent caresses. Je fus voir Mme d'Estaing avec M. l'abbé de Vernols. Je fis collation à l'évêché où j'ai reçu mille honneurs, de la part de M. l'évêque, de M. le marquis du Terrail (2), son frère, qui est un gentilhomme d'un mérite extraordinaire. M. le marquis de Saillant (3), son digne fils, qui, à l'âge de 22 ans, est déjà colonel et qui a infiniment de l'esprit,

---

(1) Champ de foire.

(2) Gaspard d'Estaing, marquis du Terrail et de Ravel, marié à Philiberte de la Tour-St-Vidal.

(3) Charles-François d'Estaing, colonel du régiment d'infanterie de son nom en février 1706, mort le 29 août 1746, marié à Marie-Henriette de Colbert-Maulevrier.

m'a fait aussi beaucoup d'accueil. Mais j'en ai reçu particulièrement de M. l'abbé de Roussille (1), de M. l'abbé de Tournemine (2), de M. Crozat, archiprêtre et chanoine de St-Flour, tous trois vicaires généraux. Ce dernier m'a communiqué plusieurs choses, de même que M. Malet, chanoine de la Cathédrale et secrétaire de M. l'évêque. J'ai aussi beaucoup d'obligations à M. Beaufils (3), chanoine de la Cathédrale, qui est très entendu dans l'histoire de son église, et le faiseur du Directoire pour le diocèse. Je suis aussi très-redevable à M. Vidal, chanoine et trésorier de la Cathédrale, qui m'a donné un bon lit et une chambre très-propre pendant mon séjour à St-Flour. C'est le meilleur cœur que l'on puisse trouver. Je serais trop diffus, si je voulais nommer tous ceux qui m'ont fait l'honneur de me faire des amitiés, et des honnêtetés que je ne méritai jamais.

20. Je dînai, à l'évêché, avec M. l'abbé de Roussille, M. du Chambon, chanoine à la Cathédrale et le R. P. Carrière, Cordelier, natif d'une bonne famille d'Aurillac, confesseur de M. l'évêque. Ce prélat me fit présent d'un mandement qu'il n'a fait paraître que ce matin, et qu'il a fait, conjointement avec M. l'évêque de Clermont, pour condamner 35 propositions tirées des cahiers dictés par trois professeurs du collége des Pères de l'Oratoire de Riom (4). M. l'évêque de St-Flour a fait le préambule de la condamnation, et M. Jüery, prêtre chorier de la Cathédrale, a fait la censure des propositions. Entre plusieurs

---

(1) Louis-Léger de Scorailles, chanoine comte de Brioude et grand vicaire de St-Flour.

(2) Antoine de Tournemire ou Tournemine, né le 2 mars 1657, curé de Murat, puis grand vicaire de St-Flour.

(3) M. Beaufils est, sans doute, le chanoine B., auquel D. J. Boyer a adressé les *Remarques historiques et critiques sur le Propre du diocèse de St-Flour*, imprimées dans les Mémoires du P. Desmolets.

(4) L'abbé Theillard, curé de Virargues, a rapporté ce fait, à la dernière page de son *Histoire manuscrite d'Auvergne*: « M. Destin, evesque de St-
» Flour, en examinant un ordinand qui avait estudié sous les Pères de l'Ora-
» toire de Riom s'estant avisé que ses opinions favorisaient le party des
» Jansénistes, se fit montrer ses cahiers de théologie et ayant mandé venir le
» régent de Riom à St-Flour pour porter ses cahiers, on y découvrit 35 propo-
» sitions qui appuyaient le Jansénisme, sur quoy M. de St-Flour en ayant donné

curiosités que l'on voit dans le cabinet de M. de St-Flour, j'ai remarqué une urne d'albâtre qui est antique et toute blanche; néanmoins, lorsque l'on y met une bougie allumée, elle paraît de diverses couleurs et elle est transparente quoiqu'elle soit assez épaisse. Elle fut trouvée à St-Irénée de Lyon, dont M. l'évêque est prieur commendataire. Il y a aussi des figures de bronze d'une beauté singulière; la chaise de la Mère Agnès (1) de Langeac; le portrait du fameux chevalier Bayard (2), grand-oncle de M. l'évêque, du côté maternel; une planche en taille douce des prélats de la maison d'Estaing; le portrait de M. de Montrouge, évêque de St-Flour, dont le corps est encore tout entier, etc.

Le P. Rome et le P. Léger, Jésuites, deux Pères de St-Lazare, M. l'archidiacre, M. Beaufils, etc., me sont venus dire adieu ce matin, 20 septembre. Après dîner, je suis parti avec M. l'abbé de Roussille et le R. P. Carrière.

Nous avons collationné à Cussat (3) et couché à la Volpilière (4), où nous avons été bien régalés. Cette maison porte de *gueules au chevron d'or, chargé de cinq tourteaux d'azur.*

Le château qui est fort propre est dans un vallon agréable,

» avis à M. de Champigni, évesque de Clermont, ces deux prélats par leur
» mandement comun du 17 août 1711 condemnèrent lesd. trente-cinq propo-
» sitions comme erronées et tendant à l'hérésie.
» Ensuite M. de St-Flour, par son mandement du 9 may 1714, a fait recevoir
» la Constitution du pape Clément XI du 8 septembre 1713, portant condamna-
» tion de plusieurs propositions extraites d'un livre intitulé : Le nouveau testa-
» ment en français avec des réflexions morales sur chaque verset, imprimé à
» Paris en 1699.
(Bibliothèque de la ville de Clermont : Mss. n° 117, et Imp. n° 1284 *Recueil*, 4°).

(1) Agnès Galand, née au Puy le 17 novembre 1602, religieuse du Tiers-Ordre de St-Dominique, morte en odeur de sainteté à Langeac, le 19 octobre 1634.

(2) Nous avons déjà vu que la mère de Joachim d'Estaing appartenait à la maison du Terrail.

(3) Cussac, chef-lieu de commune du canton sud de St-Flour.

(4) La Volpilière, hameau de la commune de St-Martin-sous-Vigouroux, canton de Pierrefort, arrondissement de St-Flour.

dont les abords sont horribles ; mon cheval s'est abattu et couché par côté sur ma jambe, sans que j'aie eu le moindre mal par la protection du Seigneur. Pendant mon séjour à St-Flour, j'ai reçu des lettres de M. Boyer, curé de St-Arcons, de M. Lamothe, de Langeac, du R. P. prieur de Chanteuges et je leur ai fait réponse.

Une des curiosités de St-Flour, c'est la grosse cloche fondue du temps de Charles de Noailles, évêq. Elle pèse vingt mille, et a de circonférence plus de vingt pieds et sept de hauteur. Je l'ai mesurée, et en ai pris l'inscription (1).

21 septembre. J'entendis la messe du P. Carrière dans le chapelle du château de la Volpilière, je la dis ensuite dans la même chapelle. Après dîner, nous partîmes avec M. l'abbé de Roussille. Nous passâmes à Larniac (2) par des chemins détestables ; nous fîmes collation à la Capelle-Barret (3) et nous couchâmes à Croupière (4) où M^mo la marquise de Roussille (5) nous reçut avec une honnêteté que l'on ne saurait exprimer. Cette dame, qui est de la maison de Cailus, tante de M. l'évêq. d'Auxerre (6) et mère de l'abbé de Roussille, a infiniment de l'esprit, et un mérite au-dessus du commun. Elle a deux fils colonels et une fille à marier. Le château de Croupière est dans un agréable vallon ; il est magnifiquement meublé, et les appartements sont fort commodes. On nous servit délicatement, et à vaisselle d'argent.

22 septembre. Madame de Roussille m'obligea malgré moi de séjourner dans son château. Je dis la messe de St Maurice

(1) *Je m'appelle Marie-Thérèse — cinq cents quintaux je pèse — qui ne veut pas me croire me pèse — me repèse et me mette à mon aise.*
(2) Narnhac, chef-lieu de commune du canton de Pierrefort.
(3) La Capelle-Barrès, chef-lieu de commune du canton de Pierrefort.
(4) Cropières, commune de Raulhac, canton de Vic-sur-Cère, où naquit, en 1661, Marie Angélique de Scorailles, plus connue sous le nom de Duchesse de Fontanges, favorite de Louis XIV.
(5) Charlotte de Tubières de Caylus, mariée le 7 janvier 1677 à Annet-Joseph de Scorailles, marquis de Roussilhe, frère de la duchesse de Fontanges.
(6) Charles-Daniel-Gabriel de Pestel de Lévis de Tubières de Caylus.

dans la chapelle, qui est une des plus belles que l'on puisse voir. Le retable est magnifique. Il y a une belle tribune. La chapelle est toute remplie de tableaux d'un goût exquis. Ils partent de la main de M. de Courteville (1). Le plafond est d'une beauté achevée. Le sacrifice d'Elie y est représenté, et le ciel qui est au milieu est une perspective très-délicate. M. Pouget, aumônier du château, eut la bonté de me servir la messe. Nous eûmes un dîner magnifique. Il y eut quatre ou cinq curés du voisinage.

23. Je partis de Cropière, fort satisfait des honnêtetés de M. l'abbé de Roussille, Louis-Léger de Scorailles, et des belles manières de Madame et Mademoiselle de Roussille. Le Père Carrière eut la bonté de m'accompagner à Aurillac (2) jusqu'à mon auberge, à Fontrouge, où nous bûmes ensemble. J'y soupai avec M. l'abbé de Cambefort, chanoine, et deux autres messieurs.

24. Je fus très-incommodé toute la matinée. Après midi, je fus aux Carmes voir le R. P. Joseph Lescure, qui me communiqua quelques Mémoires de feu Père Séraphin. Comme je les épluchais, M. de Cambefort de Tourtoulou (3), conseiller au présidial, me vint trouver dans la cellule du P. Joseph, et me fit voir toutes les raretés de sa ville. Le réfectoire des Carmes, qui est à fausse équerre, est assez bien. La peinture du plafond est assez curieuse et particulière : on y lit presque tous les versets du *Benedicite* et des *Grâces*. Tout auprès des Carmes, et à l'entrée d'Aurillac, il y a trois monastères fort propres, savoir des PP. Cordeliers, des Cordelières et de la Visitation. Ce dernier a été fondé par Mme de Noailles, qui y est décédée, le 18 de ce mois, en bonne odeur. Le couvent des Cordeliers est le plus ancien; on y enseigne la philosophie et la théologie; il y a un tableau de St Roch qui est excellent. Nous vîmes le cours

---

(1) Le seul tableau de M. de Courteville, que nous ayons vu, ne nous a pas paru digne des éloges accordés par D. Boyer à cet artiste, ni du titre de *pictor regius*, qui accompagnait la signature.

(2) Aurillac, chef-lieu du département du Cantal.

(3) Paul Dourados de Cambefort, seigneur de Tourtoulou, fils de Jean de Cambefort, conseiller au Présidial d'Aurillac, et de Jeanne de Gaignac.

arrosé des deux côtés des eaux de la Jourdane. C'est un des plus beaux que l'on puisse voir et le point de vue en est charmant. C'est feu M. de Cambefort qui a eu soin d'y planter des arbres pendant son consulat. Quand je fus au logis de M. de Tourtoulou, il me fut impossible de me défendre de ses honnêtetés; il envoya quérir mon cheval, à mon insu, et me régala bien à souper et tout le lendemain. Il me fit voir aussi l'ancienne abbaye de notre Ordre (1), érigée en collégiale. L'église a été ruinée entièrement à quelques voûtes près, qui sont fort hardies, et l'ancien clocher subsiste encore. La châsse des reliques de St Géraud, fondateur du monastère et patron d'Aurillac, est fort propre. Il y a une chapelle de Notre-Dame du Cœur qui est fort enjolivée, et très-fréquentée du peuple.

25 septembre. J'ouïs la messe au collége. Je fus voir M. Jacquet, doyen de la collégiale, et vicaire-général de M. l'archevêque de Bourges, abbé de St-Pierre d'Aurillac (2). Je vis aussi les bassins dont il est parlé dans les Analectes de D. Mabillon (3); ils sont d'une prodigieuse grandeur, et je ne sais comment on a pu les voiturer à une ville dont les avenues sont si difficiles. Il n'y a rien de curieux dans les archives que ce qu'en a tiré D. C. Estiennot. Après dîner, je fus, avec M. l'abbé de Cambefort, au Buy (4) qui est une abbaye de Bénédictines, sur une petite colline au faubourg d'Aurillac. Madame de Conros (5), qui en est abbesse, était absente. J'ai fait une

(1) L'abbaye de St-Pierre d'Aurillac (*Aureliacum*), plus tard appelée de St-Géraud, du nom de son fondateur, Ordre de St-Benoît, dans le diocèse de St-Flour, fut sécularisée le 13 mai 1561, par une bulle de Pie IV. L'abbé était seigneur, comte d'Aurillac.

(2) Léon Potier de Gèvres, le même qui avait reçu D. J. Boyer, avec affabilité, lors de son passage à Bourges.

(3) *Vetera Analecta*..... studio Joan. Mabillon. Paris, Montalant, 1723, p. 580. — Ces bassins étaient creusés dans deux énormes blocs de serpentine, l'un d'eux existe encore et sert de vasque à la fontaine de la place du Monastère.

(4) L'abbaye de St-Jean-Baptiste de Buix-lez-Aurillac (*Buxum*), Ordre de St-Benoît.

(5) **Marie de St-Martial de Conros de Puy de Val**, nommée le 26 mars 1681, morte le 5 janvier 1723. Elle était fille d'Henri de Conros, et de Jeanne de Pompadour.

liste des abbesses. Le clocher de la paroisse de Notre-Dame est à voir, à cause du degré fait en limaçon. Il y a soixante prêtres habitués dans cette église.

26. Je partis d'Aurillac charmé des manières de M. de Cambefort. C'est un homme d'un génie de premier ordre, d'une piété exemplaire, d'une probité et d'une droiture reconnues de tous ceux qui ont l'honneur de le fréquenter. Il est frère de M. l'abbé de Cambefort (1), docteur de Sorbonne, abbé de St-Pierre-de-Maurs et curé de Bonne-Nouvelle à Paris. Son neveu, chanoine d'Aurillac, marche sur ses traces et a beaucoup de mérite. Je fus dîner à Montvert (2), prieuré dépendant d'Aurillac. La nuit me surprit au Doux (3), où M. Métivier du Doux m'aubergea (sic) avec tout le bon accueil possible.

27. Je dis la messe dans la chapelle du château du Doux, et après avoir déjeûné avec M. du Doux et M. son fils, je fus dîner à Beaulieu (4) où D. L. Guilhomin, qui en est prieur, me fit toute sorte d'honnêtetés. J'en ai reçu pareillement de tous nos confrères. Après dîner, je fus prévenu de visites jusqu'à vêpres, et depuis vêpres jusqu'au soir.

28. Je fus aux Religieuses, après midi, avec D. Michel Redon (5), sous-prieur, et nous rendîmes ensuite plusieurs visites à mes anciens amis.

(1) Paul-Joseph Dourados de Cambefort, nommé abbé de St-Pierre de Maurs le 25 avril 1707, mourut étant encore curé de N.-D. de Bonne-Nouvelle, le 8 novembre 1722, âgé de 64 ans.
(2) Montvert, chef-lieu de commune du canton de la Roquebrou, arrondissement d'Aurillac.
(3) Le Doux, commune d'Altillac, canton de Mercœur, arrondissement de Tulle (Corrèze).
(4) L'abbaye de St-Pierre et de St-Paul de Beaulieu (*Bellus locus*), Ordre de St-Benoît, Congrégation de St-Maur, dans l'ancien diocèse de Limoges — aujourd'hui chef-lieu de canton de l'arrondissement de Brives (Corrèze). — On sait que la *Lettre sur quelques singularités du Rituel de l'abbaye de Beaulieu* (Mémoires de Littérature et d'Histoire du P. Desmolets, t. XI, page 449), est attribuée à D. J. Boyer. — Voir *Abrégé de l'Hist. de l'abbaye de St-Pierre de Beaulieu en Bas-Limousin*, par D. Amand Vaslet, prieur de cette abbaye (1727), publié par l'abbé J.-B. Poulbrière. (Brive, Roche, 1884).
(5) D. Michel Redon, né à Clermont en Auvergne, fit profession à l'âge de 16 ans, dans l'abbaye de St-Augustin de Limoges, le 7 septembre 1693,

29. Je fus aux Ursulines, où le P. Levet, Jésuite, fit un sermon pour la prise d'habit de M¹¹ᵉ Marguerite Braconac. Son frère, M. le curé d'Astalhac (1), dit la grand'messe où il y avait affluence de peuple. Je fus accablé de visites toute la soirée.

30. Le matin, je dis la messe aux Religieuses. Je recueillis plusieurs choses du Cartulaire de Beaulieu (2) qui est fort ancien. Après dîner, je fus à Vaux avec D. Joseph Baray (3), mon condisciple, qui m'a comblé d'amitié. D. Antoine Champelos (4), D. Joseph Peyronnon (5), D. Pierre Dalème (6), et le P. procureur D. Hyacinthe du Pouget (7), m'ont fait aussi beaucoup d'honnêtetés; de même que M. le prieur de Monts (8), D. Jacques Laurie, ancien religieux de Beaulieu, et les principaux habitants de cette ville où j'ai demeuré trois ans et prêché très-souvent. Le soir, nous soupâmes avec le R. P. Augustin, Récollet d'Argentat (9) qui allait à St-Céré voir son provincial, le P. Gilbert Doux-Saint, mon ancien ami, auquel j'ai écrit.

(1) Astaillac, chef-lieu de commune du canton de Beaulieu.

(2) Le Cartulaire de l'abbaye de Beaulieu en Limousin a été publié par M. Maximin Deloche; (Paris, imp. Impériale, 1859, 4°).

(3) D. Joseph Baray, né à Limoges, fit profession, dans l'abbaye de St-Augustin de cette ville, à l'âge de 19 ans, le 30 avril 1690, le même jour que D. J. Boyer.

(4) D. Antoine Champelos, né à Billom, fit profession à l'âge de 22 ans, dans l'abbaye de St-Allyre, le 6 août 1670 et mourut à Beaulieu, le 17 avril 1717.

(5) D. Joseph Peyronnon, né à Auxerre, fit profession à l'âge de 22 ans, dans l'abbaye de St-Augustin de Limoges, le 7 novembre 1691.

(6) D. Pierre Dalème, né à Limoges, fit profession dans l'abbaye de St-Augustin de cette ville, à l'âge de 22 ans, le 1ᵉʳ août 1694.

(7) D. Hyacinthe du Pouget, né à St-Cirgues, diocèse de St-Flour, fit profession à l'âge de 21 ans, le 16 novembre 1669, dans l'abbaye de St-Allyre, et mourut à Beaulieu, le 26 juillet 1718.

(8) Imons, commune de St-Martin-la-Méanne, canton de la Roche-Canillac (Corrèze).

(9) Argentat, chef-lieu de canton de l'arrondissement de Tulle (Corrèze).

OCTOBRE.

1711. 1. Comme j'étais prêt à partir de Beaulieu, le cheval de nos Pères blessa notre jument, ce qui m'obligea à rester encore quelques jours, pendant lesquels le R. P. prieur me fit toute sorte d'amitiés, de même que nos confrères. Je parcourus les papiers du monastère, où il y a peu de choses notables. Je reçus de nouvelles visites de mes anciens amis.

4. Dimanche. Je partis de Beaulieu avec le R. P. Pali, recteur du collége de Mauriac; nous nous arrêtâmes au Doux et à Bicheran (1). Notre jument s'abattit auprès de la Bibraque, sans que j'eusse le moindre mal. Nous fîmes collation à la Broquerie (2) où il y a une longue et pénible barricade. Nous couchâmes assez mal à St-Privat (3).

5. Je dis la messe dans l'église de nos Sœurs de Brageac (4). Mme Gilberte de Villemontée (5), qui en est abbesse, nous donna à dîner, et me fit beaucoup d'honnêtetés, de même que Madame sa nièce, desquelles j'ai l'honneur d'être connu particulièrement. J'arrivai à Mauriac (6) vers les trois heures, ayant passé, avec le P. recteur, à St-Jean, maison de récréation des Jésuites. D. Jacques de Crespat, prieur de notre monastère de St-Pierre de Mauriac, me fit mille amitiés. Dès que je fus arrivé, M. Lacombe, le P. Bonnefont, Jésuite, etc., me firent l'honneur de me venir voir. Le P. prieur retint M. Pomeyrol, bachelier

___

(1) Bichiran, commune d'Altillac, canton de Mercœur, arrondissement de Tulle (Corrèze).

(2) La Broquerie, commune d'Hautefage, canton de Servières (Corrèze).

(3) St-Privat, chef-lieu de commune, canton de Servières (Corrèze).

(4) L'abbaye de N.-D. de Brageac (*Braiacum*), Ordre de St-Benoît, dans l'ancien diocèse de Clermont. — Aujourd'hui chef-lieu de commune du canton de Pleaux, arrondissement de Mauriac (Cantal).

(5) Elle était fille de Jacques d'Autier de Villemontée et de Marie de Châteaubodeau.

(6) L'abbaye de St-Pierre de Mauriac (*Mauriacum*), Ordre de St-Benoît, dans l'ancien diocèse de Clermont, unie à la Congrégation de St-Maur le 4 août 1627. — Aujourd'hui chef-lieu d'arrondissement du département du Cantal.

de Sorbonne, curé de Chalvignac (1), et M. Ronnat pour souper avec nous. Nous fûmes bien régalés ; D. Pierre Berthon (2) fut de la partie.

6 octobre. Le matin je reçus plusieurs visites de nos anciens amis de Mauriac. Après dîner, je fus voir M. Ignace de La Loubeyre, doyen et seigneur de Mauriac, M. Bonnefont, les PP. Jésuites et plusieurs de mes amis. Le P. D. Pierre Vialle, sous-prieur, me fit l'honneur de m'accompagner et de souper avec moi, de même que le R. P. prieur et D. François Combes (3), procureur, qui venaient du couvent des Cordeliers de St-Projet (4) dont ils m'apportèrent l'acte de fondation, etc...

7. Je rendis plusieurs visites avec le R. P. prieur, et je soupai avec D. Pierre Veytard (5) et D. Amable Mallet (6), dépositaire.

8. Le matin, je fus aux Religieuses de l'Ordre de St-Dominique. Après dîner, nous fûmes à Marchant (7), où M. Ronnat nous donna un ambigu magnifique.

9. M. l'abbé de La Loubeyre me fit l'honneur de me venir voir. Le P. prieur le pria à dîner, et quelques autres messieurs de mes amis.

10. Je soupai avec D. Louis Reboul (8), qui vient de St-

---

(1) Chalvignac, chef-lieu de commune du canton de Mauriac.

(2) D. Pierre Berthon, né à Brantôme, fit profession à l'âge de 20 ans, dans l'abbaye de St-Augustin de Limoges, le 30 avril 1683, et mourut à Bassac, le 17 octobre 1719.

(3) D. François Combes, né à Ussel, fit profession à l'âge de 22 ans, dans l'abbaye de St-Augustin de Limoges, le 7 août 1695, et mourut à Mauriac, le 19 novembre 1712.

(4) St-Projet, commune de Neuvic, arrondissement d'Ussel (Corrèze).

(5) D. Pierre Veytard, né à Gannat, fit profession à l'âge de 25 ans, dans l'abbaye de la Trinité de Vendôme, le 15 juillet 1683, et mourut à St-Angel, le 2 mars 1730.

(6) D. Amable Malet ou Mallet, né à Clermont en Auvergne, fit profession à l'âge de 21 ans, dans l'abbaye de St-Augustin de Limoges, le 31 janvier 1702, et mourut à St-Allyre, le 6 janvier 1740.

(7) Marchamps, commune de Mauriac.

(8) D. Louis Reboul ou Rebours, né à St-Pourçain, fit profession à l'âge de 22 ans, dans l'abbaye de St-Augustin de Limoges, le 15 octobre 1696, et mourut à Mauriac, le 8 avril 1720.

Angel pour rester à Mauriac, où j'ai reçu mille amitiés du R. P. prieur et de tous nos confrères.

11. Après avoir dit la messe à l'autel de St Benoît, je partis de Mauriac avec D. Mallet et M. le doyen, qui fut escorté de M. le maire, M. le président de l'Election, M. Chaviale, son juge, et d'une douzaine des principaux bourgeois qui nous accompagnèrent jusqu'au port d'Arche (1) où nous passâmes la Dordogne. Nous fîmes collation à Peyrou (2) et soupâmes à Ussel (3), chez Moncorier, où M. Ternat, curé de cette ville, nous envoya du vin de Puydarnac (4).

12 octobre. Après avoir bien dîné à Ussel, nous fûmes coucher au château de Pressonet (5). M. l'abbé de Langeac (6), qui en est seigneur, duquel j'avais l'honneur d'être connu particulièrement, nous régala magnifiquement. C'est un gentilhomme d'une probité reconnue. M. de Langeac (7), son fils unique, me fit un accueil extraordinaire; de même que le P. Jacopin, Cordelier, docteur de Sorbonne, qui apprend à M. l'abbé les principes d'un bon ecclésiastique. Il y avait à souper plusieurs dames de Clermont. Ce château est très-beau et les dehors, la vue et la situation en sont charmants, quoiqu'il soit situé dans la montagne.

13. Nous partîmes de Pressonnet charmés de la générosité de M. l'abbé de Langeac et de M. le marquis. Ils sont amis particuliers de notre maison de St-Allyre. Ils portent la châsse de ce saint, le jour de la fête, et ils sont enterrés dans le caveau du sanctuaire. Nous fûmes à Agelle (8) pour y dîner. Je me

---

(1) Arches, chef-lieu de commune du canton de Mauriac.
(2) Peyroux commune de Liginac, canton de Neuvic.
(3) Ussel, chef-lieu d'arrondissement du département de la Corrèze.
(4) Puy d'Arnac, chef-lieu de commune du canton de Beaulieu.
(5) Préchonnet, commune de Bourg-Lastic, arrondissement de Clermont (Puy-de-Dôme).
(6) Claude Allyre de Langeac, seigneur de Préchonnel. Après la mort de sa femme, Madeleine de Montanier, il entra dans les Ordres, afin de conserver dans sa maison la seigneurie de Bonnebaud qui en était, depuis plusieurs siècles, le fief ecclésiastique.
(7) Gilbert Allyre, marquis de Langeac, sénéchal d'Auvergne.
(8) Gelles, chef-lieu de commune du canton de Rochefort, arrondissement de Clermont.

trouvai mal en chemin, et fus obligé de coucher à Agelle, fort incommodé. M. le doyen et le P. dépositaire furent coucher à Clermont. La paroisse de St-Georges d'Agelle dépend de l'abbaye de St-Allyre. Nos Pères y ont un château sur le bord d'un étang.

14. Je me sentis assez de courage pour aller à Clermont, où le R. P. abbé me mit à l'infirmerie, avec huit de nos confrères. Je côtoyai le Puy-de-Dôme et passai par Chamalières (1).

15 octobre. M. le doyen de Mauriac me fit l'honneur de me venir voir. Le P. abbé le retint à souper. Il part demain pour Meaux, étant grand vicaire de M. de Bissy qui en est évêque. Je trouvai à Clermont des lettres de D. Pierre Maloet, professeur de philosophie à St-Sulpice de Bourges, de D. G. L'huiller, de D. Dominique André, de D. P. Nogin, prieur de Chanteuges, de M. le curé de St-Arcons, etc. J'écrivis à D. J. Croisier (2), prieur de St-Pourçain, à D. Denis de Ste-Marthe, prieur de St-Denis, et je laissai un gros paquet pour lui entre les mains du R. P. abbé.

16. Je partis pour la Chaise-Dieu. Je dînai aux Martres-de-Vayre (3), dans la maison du prieuré qui appartient à nos Pères de Sauxillanges. Ce fut D. Gabriel Fovyn, procureur de ce monastère, qui nous donna un dîner royal. M. le curé de St-Genès de Clermont, M. le doyen d'Ennezac, MM. le curé et vicaire des Martres étaient de la partie. Après dîner, je partis pour Sauxillanges avec le P. procureur qui est homme d'esprit et un bon cœur ; il est natif de Montbrison. Nous brûlâmes Vic-le-Comte, et arrivâmes fort tard à Sauxillanges, où le R. P. prieur me reçut fort cordialement ; il ne venait que d'arriver de La Voûte de Chillac où il avait fait la visite avec le P. prieur de Rueil en Brie, visiteur ; l'autre visiteur D. P. Wallard étant arrêté par

---

(1) Chamalières, faubourg de Clermont.

(2) D. Joseph Croizier, né à Limoges, fit profession à l'âge de 19 ans, dans l'abbaye de St-Augustin de Limoges, le 8 juillet 1688, et mourut à Noaillé, le 15 octobre 1716.

(3) Les Martres-de-Veyre, chef-lieu de commune du canton de Veyre-Monton (Puy-de-Dôme).

la goutte. Dom Néré, procureur de La Voûte, mon ami, les avait accompagnés ici.

17 octobre. Je fus rendre mes devoirs au R. P. Dom Pierre Wallart, prieur de Cluny et visiteur de l'Ordre, que j'avais vu prieur à Souvigny. Je déjeûnai avec D. Placide de Laval, sous-prieur et professeur de théologie. Il me donna une thèse touchant l'église; elle est remplie d'érudition. Nos confrères doivent la soutenir le 19, en présence des deux visiteurs de l'Ordre de Cluny, auxquels elle est dédiée. D. Antoine Poncetton, religieux de notre abbaye d'Issoire, en doit faire l'ouverture. Le professeur, qui est natif de Paris et originaire de Messine, est un galant homme, qui a une belle voix, un riche naturel, une belle prestance et un grand fonds de doctrine et de religion. Après avoir déjeûné avec lui, je partis pour la Chaise-Dieu. Je passai à Chaméane (1), prieuré dépendant de la Chaise-Dieu. Je m'arrêtai à St-Germain-l'Herm qui en dépend aussi; on y faisait de grands préparatifs pour la foire que l'on y doit tenir lundi prochain. La fête de St Germain, que l'on croit avoir été ermite aud. lieu de son nom, s'y célébrait hier. Je soupai avec D. Marcellin Pinel (2), sous-prieur de la Chaise-Dieu. D. Antoine Chassaing, prieur d'Issoire, arriva quelque temps après moi. Je reçus des lettres du R. P. abbé de St-Allyre, de D. Girardin, du P. du Chesne, prieur des Chanoines-Réguliers de Ste-Geneviève de Riom, D. M. Montet, chanoine du Puy.

18. Dimanche. J'entendis la messe de D. J.-B. Perbet, à la chapelle de l'infirmerie. On me phlébotomisa (3) copieusement. Le R. P. prieur fit la nomination des officiers du monastère.

19. La fête de la Translation de St Robert, abbé et patron du monastère. M. l'abbé officia solennellement à la messe et aux deux vêpres. Dom P. Nogin, prieur de Chanteuges, fut diacre, D. Placide Ardant, doyen, sous-diacre, D. Benoît Jourda,

---

(1) Chaméane, chef-lieu de commune du canton de Sauxillanges.

(2) D. Marcellin Pinel, né à Clermont en Auvergne, fit profession à l'âge de 19 ans, dans l'abbaye de St-Faron de Meaux, le 4 juin 1663 et mourut à St-Robert de Montferrand, le 6 octobre 1712.

(3) C'est-à-dire : on me saigna.

procureur de l'abbé, diacre d'honneur, etc. On porta les reliques à la procession, comme aux fêtes du grand premier ordre. Après vêpres, M. l'abbé me fit l'honneur de me venir voir à l'infirmerie et de me dire adieu. Il me gratiosa beaucoup, et me dit plusieurs choses obligeantes. Je donnai à M. Le Maître, son aumônier, un paquet pour le R. P. prieur de St-Denis. J'ai écrit aussi à D. P. Maloët, à D. Louis Dolet, prieur de St-Etienne de Nevers et à M. Montet, chanoine de l'église de N.-D. du Puy. J'ai dit la messe à la chapelle de l'infirmerie.

20. M. l'abbé est parti ce matin pour Paris; le R. P. prieur le doit accompagner jusqu'à Bourges. Frère Etienne de Benoît (1) l'a harangué fort joliment en latin. D. J. Perbet lui a présenté des vers français, sur son départ, qui sont de bon goût. Frère Léonard Colomb (2) lui en a aussi présenté.

22 octobre. On m'a saigné pour la seconde fois.

23. J'ai écrit à M. de Puydenat, à M. Fayole, au R. P. prieur de St-Denis, etc..

24. J'ai reçu une lettre de M. de Puydenat, une lettre de D. Lamy, zélateur de St-Allyre, et une de M. l'abbé de Combes, abbé de St-Genès de Clermont, qui me fait part de quatre vers que M. l'abbé Vernet, chanoine de St-Genès, vient de découvrir sur une pierre sépulcrale de Rencon, évêque de Clermont.

> Abbas Robertus hæc fecit carmina mœstus
> Orans cum lachrymis tanto pro presule fusis
> Quo pater altitonans peccanti debita laxans
> Det tibi pro meritis Rencōnis gaudia pacis.

On voit, par ces quatre vers, que St Robert, premier abbé de la Chaise-Dieu et neveu de Rencon, est l'auteur des autres quatre vers, qui sont au tombeau de ce prélat qui est dans un

---

(1) D. Etienne de Benoît de Chassignolles, né à Maringues, fit profession à l'âge de 21 ans, dans l'abbaye de St-Augustin de Limoges, le 24 février 1711, et mourut à la Chaise-Dieu, le 7 octobre 1772.

(2) D. Léonard Colomb, né à Limoges, fit profession dans l'abbaye de St-Augustin de cette ville, à l'âge de 19 ans, le 14 octobre 1710, et mourut à St-Maixent, le 10 avril 1752.

— 139 —

jardin au-dessous des Capucins, et qui sont imprimés dans *Gallia Christiana*, t. 2, fol. 528 (1).

26. J'ai écrit à D. Jacques La Codre, prieur de Savigneux, à M. l'abbé de Combes, à M. l'abbé d'Armagnac, à D. Lamy, à M. Montet, à ma cousine de la Visitation, etc.. J'ai reçu quelques autres lettres, etc. J'ai été fort incommodé le reste du mois.

NOVEMBRE.

1711. 1. D. Jean Perbet, D. P. Blacheyre (2) et moi fîmes la sainte communion, dans la chapelle de l'infirmerie, à la messe de D. L. Senemaud (3). J'assistai à la grand'messe, au sermon de D. Louis Cavelier et à vêpres, dans la tribune de l'orgue.

2. Je fis la communion à la messe de D. Claude Ardant, doyen de la Chaise-Dieu, à l'autel de St Robert. Je partis ensuite avec lui et M. Bassier et son fils, et nous fûmes dîner à Sambadel (4), chez M. le curé, qui nous accompagna jusqu'au Puy (5). Nous soupâmes à St-Louis, chez la veuve Dupont, avec M. Tetelette, curé de St-Martin-de-Polignac, et de M. de la Haye, Chanoine-Régulier de Pébrac, mes bons amis, et M. Chaptard et M. Bassier.

3. J'entendis la messe à la Cathédrale, et je déjeûnai avec D. Ardant, chez M. Montet, prêtre et chanoine de la Cathédrale, qui m'a donné un lit et sa table pendant mon séjour au Puy (6). MM. Perrin et Danty, chanoines de la Cathédrale et

(1) Et à la col. 260 du t. II de la nouvelle édition (1720).

(2) D. Pierre Blacheyre, né à Chancel, diocèse du Puy, fit profession à l'âge de 22 ans, à l'abbaye de St-Augustin de Limoges, le 30 avril 1683, et mourut à la Chaise-Dieu, le 2 mars 1714.

(3) D. Léonard Senamaud, né à Limoges, fit profession dans l'abbaye de St-Augustin de cette ville, à l'âge de 18 ans, le 20 septembre 1686, et mourut à la Chaise-Dieu, le 22 septembre 1712.

(4) Sembadel, chef-lieu de commune du canton de la Chaise-Dieu.

(5) Le Puy en Velay (*Anicium*), chef-lieu du département de la Haute-Loire.

(6) D'après l'estime générale de la ville du Puy de 1723-1730, les frères Montet ou Montés, chanoines de l'église Cathédrale N.-D., habitaient une maison située rue du Greffe « confrontée de bise par la rue qui mène, de la rue du Greffe, à la grande porte de l'église N.-D. » — On les soupçonnait de Jansénisme.

M. Guillet, prêtre de Lyon, sont pensionnaires chez M. Montet.

4. Je dis la sainte messe en l'honneur des SS. Agricole et Vital (1), patrons de l'église de la Chaise-Dieu, dans la Cathédrale, à la chapelle du St Crucifix. M. Peyret, chanoine syndic de la Cathédrale, et M. Pierre Rome, aussi chanoine, me vinrent voir par députation du chapitre, pour me remercier de quelques petits services que j'ai rendus à la Cathédrale.

5 novembre. On me fit saigner. Toutes les dames de l'Hôtel-Dieu, avec le curé, le ministre et le pénitencier de la Cathédrale me firent l'honneur de me rendre visite en corps. Plusieurs chanoines, et plusieurs de mes amis, me firent la même grâce.

6. Je dis la messe au St-Esprit (2) et j'assistai au service solennel que l'on fit, dans cette église, pour feue ma tante Ysabeau Félix (3), qui décéda à pareil jour l'an 1709. M. Dupin, curé de l'Hôtel-Dieu, célébra la messe, après laquelle on fit l'absolution autour de la représentation. On anticipa l'anniversaire de feu mon aïeul, Jean Félix (4), qui mourut le 10 novembre, et l'on dit une seconde messe solennelle avec absolution. Ma tante Félix a fondé cet anniversaire, à perpétuité, avec le sien et celui de Gabrielle Couderc, mon aïeule, décédée le 4 décembre, et de Charles Jurie, son mari, ayant fait ses héritiers les pauvres malades de l'Hôtel-Dieu.

7. Je dis la messe aux Filles de la Visitation Ste-Marie, où je vis ma cousine, Sœur Peyronne Robert. Je dînai à l'Hôtel-Dieu avec M. le curé, M. Poutud, pénitencier, M. de Bellecombe, ministre, et un gentilhomme du Velay. Après dîner, je rendis quelques visites aux principaux de la Cathédrale.

(1) St Agricole et St Vital, martyrs à Bologne, en Italie, au ive siècle.
(2) L'église de l'Hôtel-Dieu du Puy, sous le vocable du St Esprit, avait un curé qui exerçait sa juridiction sur les malades et les enfants trouvés de cette maison. (*Almanach historique pour 1787*, par l'abbé Laurent, p. 62).
(3) Ysabeau Félix, épouse de Charles Jurie, était la sœur de Louise Félix, mère de D. J. Boyer. Elle fit enregistrer, conformément à l'édit de novembre 1696, ses armoiries qui étaient: *d'azur à un chevron d'argent, accompagné de trois lis de même, tigés et feuillés de sinople, deux en chef et un en pointe.*
(4) Jean Félix, procureur au Sénéchal du Puy et certificateur d'enquêtes, avait épousé Gabrielle Coudert, d'une famille bourgeoise d'Allègre.

8. Je dis la messe à **St-Vosy** (1), où les **MM.** du chapitre collégial me donnèrent à déjeûner.

9 novembre. Je dis la messe à la Cathédrale, à l'autel de St Mayeul. Messieurs les chanoines m'y donnèrent à déjeûner. J'eus une longue conférence avec M. Rome l'aîné et M. Peyret le syndic, touchant le nouveau Sanctoral. Je rendis quelques visites après dîner.

10. Je dis la messe à St-Georges (2), dont on fait la fête dans tout le diocèse. J'entendis les vêpres chantées en musique à la Cathédrale. Je les entendis aussi à St-Georges, où le P. prieur des Carmes fit le panégyrique de ce saint apôtre, et premier évêque du Velay. *Tanquam prodigium factus sum multis.* Il fit voir les merveilles opérées dans St Georges et par St Georges. Son sermon était farci de vieux adages. M. Le Fèvre (3), supérieur du séminaire, donna la bénédiction du Très-Saint Sacrement.

(1) St-Vosy, ancienne abbaye sécularisée, située dans la ville du Puy. Son église était à la fois collégiale et paroissiale.

(2) L'église collégiale de St-Georges, unie par Monseigneur de Maupas du Tour au Grand-Séminaire du Puy, était aussi paroissiale. — St Georges, l'un des soixante-douze disciples de Jésus-Christ, fut, nous l'avons dit (19 octobre 1710, note), le premier apôtre du Velay. Envoyé par St Pierre dans les Gaules avec St Front, il mourut de mort subite à Bolseno en Italie. Son compagnon revint à Rome, et raconta ce douloureux événement au prince des apôtres qui le consola, et lui remit son bâton en lui ordonnant de le placer sur le tombeau de Georges. Celui-ci ressuscita aussitôt. Ce bâton miraculeux fut plus tard partagé entre l'évêque de Périgueux et celui de Ruessium. St Front garda la partie supérieure, et St Georges prit la moitié inférieure qui est encore conservée dans le couvent des Demoiselles de l'Instruction du Puy. — En dehors des nombreuses dissertations sur l'Apostolicité des églises de France, la légende et les reliques de St Georges ont donné lieu à de savants écrits, parmi lesquels nous citerons: *Les traditions chrétiennes sur St Georges, premier évêque du Velay, ou Recueil de documents authentiques sur l'apostolat de ce saint évêque, suivi d'un Mémoire sur les Reliques de St Georges et de St Hilaire,* par le P. M. M. Malbaran. S. J. (Le Puy, Freydier, 1877. *Procès des Reliques de St Georges en 1428,* par M. l'abbé Payrard (Tabl. Historiques du Velay, t. IV, p. 220). *Vie de St Front,* par M. l'abbé Pergot (Périgueux, 1861), etc....

(3) Thierry Le Fèvre, né dans le diocèse de Noyon, entra dans la Congrégation de St-Sulpice, le 30 octobre 1694. Il succéda à M. Guyton dans la supériorité du Grand-Séminaire du Puy, où il mourut le 28 mai 1724.

11. Je dis la messe à la Visitation, à l'autel de Saint François de Sales, avec le voile du calice dont ce bienheureux prélat se servait dans la dernière messe qu'il dit à Lyon. Je dînai au doyenné aux frais du chapitre cathédral, qui me voulut faire cet honneur. Il y avait sept chanoines de la partie, savoir : M. le doyen (1), M. du Cros, son frère (2), M. Rome, M. Irail (3), M. du Rochan, trésorier, M. Genestet (4) et M. Peyret, le syndic (5) qui avait eu soin de ce repas magnifique.

12 novembre. Fête de St Vosy, premier évêque du Puy, je dis la messe au maître-autel de son église, avec les beaux ornements de M. Laussac, chanoine de lad. église. Je dînai avec lui chez M. Roudil, baptiste et prieur de St-Jean (6). J'entendis vêpres, complies et le sermon à St-Vosy, après lequel on donna la bénédiction. M. Gagnereau, curé de St-Marcel, fit le panégyrique du saint. *Lucerna ardens et lucens.* Je fis collation avec le prédicateur et tous les chanoines de St-Vosy.

13. Je dis la messe à la Cathédrale à l'autel de St André. Je fus voir Monseigneur l'évêque qui me remercia du Sanctoral, etc.

14. Je dis la messe pour nos confrères défunts à l'autel de St Mayeul. Je partis du Puy fort satisfait de M. Montet et de Messieurs du chapitre, qui m'ont fait plus d'honneur que je

---

(1) Marcellin de Béget, qui mourut au Puy le 15 septembre 1757. Son successeur au doyenné fut l'abbé de Béget de Cublèse, son neveu.

(2) Le 5 juin 1725, l'abbé de Béget du Cros, frère du doyen, chanoine lui-même et sordoyen de la Cathédrale du Puy, étant devenu fou, fut conduit par les archers dans le couvent des Cordeliers de Brioude, pour y être enfermé aux loges.

(3) Le chanoine Irail décéda, au Puy, le 16 novembre 1734.

(4) Claude Genestet, chanoine et prévôt de la Cathédrale du Puy, mourut dans cette ville le 27 avril 1722.

(5) Le syndic du chapitre du Puy était le chanoine chargé des affaires portées devant les tribunaux.

(6) St-Jean des Fonts-Baptismaux était le baptistaire où l'on baptisait tous les enfants nés dans les différentes paroisses de la ville du Puy. Cette église était desservie par un vicaire perpétuel, qui portait le titre de prieur, et était à la nomination du prévôt de la Cathédrale. (*Almanach historique pour 1787*, par l'abbé Laurent, p. 62).

n'en méritais. Je dînai à Polignac (1), dans la maison des Chanoines-Réguliers avec M. de Creil, sacristain, et M. La Roche. Le soir, M. Rigaud, prieur-curé de La Mothe, et M. Chantoiseau, curé de Vieille-Brioude, arrivèrent à Polignac. Je soupai avec eux chez M. le curé. Je fus voir le château (2) qui est très-fort par sa situation. Il y a une inscription fort antique, et une figure d'Apollon, avec le temple que l'on dit avoir été consacré à son honneur. Il y a aussi, dans l'enceinte du château, l'église de St-Andéol, où était le prieuré des Chanoines-Réguliers, transféré dans la paroisse du bourg dédiée à St Martin.

15 novembre. Dimanche. Je dis la messe à Polignac, à l'autel du Rosaire. M. Rigaud, ancien curé de Polignac, curé de la Mothe-Canillac, natif de Riom, Chanoine-Régulier de la Congrégation de France, officia à la grand'messe avant laquelle on fit la procession du T. S. Sacrement. M. Chantoiseau, parent de M. d'Aguesseau, curé de St-Vincent de Vieille-Brioude et supérieur de la communauté, fit un excellent panégyrique de St Martin : *Bonum certamen certavi* ; il a combattu pour mériter le ciel et pour y conduire les autres. Il a un fort beau talent et beaucoup d'érudition. M. Tetelette, curé de Polignac, natif de Nevers, neveu du fameux Philibert Tetelette, chancelier de Ste-Geneviève et de l'Université de Paris, est le meilleur cœur du monde ; il a beaucoup de savoir et de l'esprit infiniment. Il nous donna un magnifique dîner, où nous étions treize. Nous étions neuf, au souper qui n'était pas moins splendide. Le P. prieur de Vieille-Brioude officia à vêpres, et donna la bénédiction où il y avait une grande affluence de peuple. Il y a plus de mille communiants dans la paroisse.

(1) Polignac, chef-lieu de commune du canton du Puy (Haute-Loire). — En 1142, Humbert, évêque du Puy, avait fait don de l'église de St-Martin de Polignac au monastère de Pébrac.

(2) Le château de Polignac, berceau de la puissante famille de ce nom. Au milieu de ses ruines imposantes, on voit encore l'inscription et le masque dont parle D. J. Boyer. Ces curieux débris ont exercé la sagacité des antiquaires depuis Gabriel Syméoni (*Description de la Limagne d'Auvergne*, pp. 117 et 125. Lyon, 1560), jusqu'à nos jours.

16. Je partis pour la Chaise-Dieu, où j'arrivai en bonne santé. J'y trouvai des lettres de D. Jean Lamy, de D. Amable Mallet, de Mauriac, du R. P. Ignace Rome, Ignatien (1) de St-Flour, de D. Jacques de la Codre, prieur de Savigneux, etc.

18 novembre. Je fis les deux noëls suivants, à la réquisition de M. Arnaud, maître de musique à la Cathédrale du Puy.

NOEL.

(Sur l'air : Ah ! que l'amour est, etc...)

I.

(Le Chœur).

Divin agneau, maître de l'univers,
Venez du haut des cieux, descendez sur la terre,
Donnez-nous votre paix, terminez notre guerre,
 Rompez nos liens, et brisez tous nos fers.
 Divin agneau, maître de l'univers,
Venez du haut des cieux, descendez sur la terre.
 Divin agneau, Jésus, Dieu de bonté,
Considérez l'état d'un peuple misérable.
Ecoutez nos soupirs, soyez nous secourable,
 Affranchissez notre captivité.
 Divin agneau, maître de l'univers,
Venez du haut des cieux, descendez sur la terre.

II.

(Une seule voix d'enfant de chœur).

Consolez-vous, peuple, consolez-vous,
Mon peuple bien aimé, mon plus cher héritage,
Je viens vous délivrer de ce dur esclavage,
 Et vous combler de plaisirs les plus doux.
 Consolez-vous, peuple, etc.

---

(1) Ignacien, nom vulgaire donné aux Jésuites, membres de la Compagnie de Jésus, disciples de St Ignace de Loyola.

(Un enfant et une basse continuent):

Par sa naissance il vient combler nos vœux ;
Il doit un jour mourir pour le salut des hommes,
Et nous rendre immortels de mortels que nous sommes.
    Que notre sort est doux, charmant, heureux !
    Consolons-nous, hélas ! consolons-nous ;
Nous sommes de Jésus le plus cher héritage.

III.

(Le Chœur).

Ah ! que Jésus est un charmant vainqueur !
Il partage avec nous les fruits de sa victoire,
Il descend ici-bas du séjour de sa gloire
    Pour devenir notre unique bonheur.
    Ah ! que Jésus, etc.
    De son amour suivons les douces lois,
Courons à son berceau sitôt qu'il nous appelle ;
Il veut nous faire part de sa gloire immortelle :
    Répondons tous, répondons à son choix.
    Ah ! que Jésus, etc.

AUTRE NOEL.

(Sur l'air : Aimons tous, aimons sans alarmes, etc.*).*

I.

Chantons tous, chantons à la gloire
De Jésus fait enfant pour nous ;
Chantons, célébrons sa mémoire,
Il vient de naître pour nous tous.
Chantons tous, chantons à la gloire
De Jésus fait enfant pour nous.
Sur les rives de notre Loire,
On entend nos concerts les plus doux ;
Chantons tous, chantons, etc.

II.

Voici, voici l'année sainte,
Le jubilé du Rédempteur ;
Cherchons l'amour, chassons la crainte,
Tout conspire à notre bonheur.
    Voici, voici, etc.
Venez tous adorer sans feinte
D'Israël le saint Libérateur.
    Voici, voici, etc.

III.

Cessez, cessez, tristes alarmes,
Un Dieu contente nos désirs ;
Sa justice met bas les armes,
Attendrie par nos soupirs.
    Cessez, cessez, etc.
De cet enfant rempli de charmes
Attendons de solides plaisirs.
    Cessez, cessez, etc.

20 novembre. J'écrivis à M. Rome, à M. Montet, au P. Rome, à M. Avoust, curé de St-Ostien (1), à M. Montet, chanoine de Monistrol, à M. Roudil, à M. Rousson, prieur de Beaune, au P. Raffier, procureur général.

23 novembre. Le R. P. prieur revint de Bourges, où il avait accompagné M. l'abbé d'Armagnac ; il m'apporta une lettre de D. Laurent Baubiat, prieur de Vierzon ; j'en reçus une, le même jour, du prieur de Beaune.

25 novembre. J'ai envoyé à M. Rome un cahier de quarante pages, contenant des offices propres que j'ai composés pour le futur Jubilé (2) de N.-D. du Puy. J'ai aussi écrit à

---

(1) St-Hostien, chef-lieu de commune du canton de St-Julien-Chapteuil, arrondissement du Puy.

(2) Le Jubilé de N.-D. du Puy a lieu lorsque le Vendredi-Saint se rencontre le 25 mars, c'est-à-dire quand il coïncide avec la fête de l'Annonciation.

M. Borie, curé de Montmorin, pour le prier de noter les antiennes.

29. J'ai envoyé au même M. Rome un projet de règlement, que j'ai dressé pour le Jubilé du Puy. J'ai aussi écrit à M. Montet. D. Louis Cavelier prêcha, dans notre église de la Chaise-Dieu, où il doit prêcher l'Avent et le Carême.

30. J'ai reçu une lettre fort obligeante de M. Rome, et j'en ai écrit une autre à M. Pascon. J'ai fait une ode pour envoyer, au R. P. prieur de St-Denis, un bénitier d'émail fait par L. Laudin, émailleur à Limoges (1). C'est une pièce très-curieuse, où Ste Marthe est représentée avec St Denis l'Aréopagiste; et, à la coquille, on voit les armes de l'illustre et savante famille de Ste-Marthe. Ce bénitier coûte un louis-d'or, et l'ouvrage en est très-beau.

DÉCEMBRE.

1. J'ai rangé quelques Mémoires pour envoyer au P. de Ste-Marthe, pour l'édition de *Gallia Christiana*.

ADDENDA VEL EMENDANDA

Tom. I.

In archiepiscopis Lugdunensibus. *(Lyon)*.

Tom. II.

In episcopis Agathensibus (*Agde*), Claromontensibus (*Clermont*) et Genevensibus (*Genève*).
In decanis et præpositis Aniciensibus (*Le Puy*).

Tom. III.

In episcopis Mimatensibus (*Mende*), Rutenensibus (*Rodez*) ac Vaurensibus (*Lavaur*).

---

(1) Dans leurs études sur l'émaillerie à Limoges, MM. Maurice Ardant, Auguste du Boys et l'abbé Texier ne font aucune mention de L. Laudin. S'agit-il de Noël II Laudin (1657-1727) ou de Jacques II Laudin (1663-1729), et D. J. Boyer ne s'est-il pas trompé? Faut-il ajouter un nom nouveau à cette dynastie d'émailleurs Limousins? Telles sont les questions que je ne puis résoudre, et que je pose aux artistes, aux érudits et aux chercheurs.

Tom. IIII.

In abbatiis, Blasiliensi (*Blesle*), Bellilocensi (*Beaulieu*) diœcesis Rutenensis, Cantoënnensi (*Chantoin*), Casæ Dei (*la Chaise-Dieu*), de Casis (*les Chases*), Cluniacensi (*Cluny*), de Corona (*la Couronne*), S. Evodii Aniciensis (*St-Vosy du Puy*), Exiensi (*Eyssex*), Piperacensi (*Pébrac*), S. Petri de Turre (*St-Pierre-la-Tour*), Resbacensi (*Rebais*), Thiernensi (*Thiers*), de Valloriis (*Valloire*).

2 décembre. Je dis la messe à l'autel de St Robert, et partis ensuite pour Souvigny, étant député de Mgr l'évêque du Puy, et du chapitre cathédral, pour demander une relique de St Mayeul, abbé de Cluny (1). Je dînai à St-Germain-l'Herm. Je soupai à Sauxillanges avec les RR. PP. prieur et sous-prieur, avec Dom Grangier, prieur de Montpeyroux, Dom de Réquelène, sous-procureur, et D. Mallet, procureur du Bouschet, tous trois de l'Ordre de Cîteaux.

3. On célébra la Dédicace de l'église de Sauxillanges. Il y a une foire que l'on appelle la Foire du Pardon, à cause des Indulgences que le Pape Urbain II accorda à tous ceux qui visiteraient l'église qu'il avait consacrée (2). Je dis, ce jour-là, la messe à l'autel de St Godon, dont on voit encore le corps tout entier. Le R. P. prieur fit tout ce qu'il put pour m'engager à rester le jour de la fête ; mais, comme j'étais pressé, je partis avec les trois religieux de Cîteaux, que je quittai à la vue d'Ironde (3), après avoir passé dans St-Babel (4); ils allaient au Bouschet, et je fus dîner aux Martres-de-Veyre, et souper à St-Allyre avec trois François, D. F. Gagnon (5), D. J. F. Girardin, et D. F. Bastide (6).

4 décembre. Je dis la messe de St Benoît, à son autel. Je

---

(1) Voir au 5 décembre 1710.
(2) En 1095.
(3) Ironde ou Yronde, chef-lieu de commune du canton de Vic-le-Comte.
(4) St-Babel, chef-lieu de commune du canton d'Issoire.
(5) D. François Gaignon, né à Bourges, fit profession à l'âge de 19 ans, le 17 juin 1672, dans l'abbaye de St-Allyre, où il mourut le 20 avril 1710.
(6) D. François Bastide, né à St-Benoît-du-Sault, fit profession à l'âge de 20 ans, dans l'abbaye de St-Augustin de Limoges, le 30 janvier 1699.

dînai avec M. Vigier, nouveau curé de St-Cassy (1). Il y avait une célèbre foire, à Montferrand, que l'on appelle la Foire du grand vendredi après la St-André (2). Après dîner, je fus en ville, faire plusieurs commissions pour les officiers de la Chaise-Dieu, payer les décimes, acheter, etc. Je fus voir M. l'abbé de St-Genès, et le P. Joseph Lescure, Carme d'Aurillac, qui m'était venu voir le matin. Je soupai avec D. F. Bastide, dépositaire, avec lequel j'étais allé en ville, et avec D. F. Gagnon, procureur, et D. P. Michelet.

5. Samedi. Je dis la messe à N.-D. d'Entre-Saints ; j'écrivis à D. Amable Mallet, dépositaire à Mauriac ; à M. de Cambefort, conseiller à Aurillac ; à M. Laurie, prieur de Monts à Beaulieu ; à D. Conrade, prieur de la Chaise-Dieu ; à D. J. Suduyraud, zélateur ; à M. le curé de Montmorin ; au R. P. D. D. de Ste-Marthe, prieur de St-Denis, et à M. du Crohé. A deux heures après midi, je partis pour Riom ; je couchai chez M. Archon, conseiller, avec lequel je soupai, et avec ses deux frères, dont l'un est abbé de Mauzac, et l'autre chambrier dudit Mauzac (3). Je fus faire mes prières à St-Amable, et vis M. le chantre, mon bon ami.

6 décembre. Je dis la messe à la chapelle de St-Amable, où M. Sauvageon, chantre, me fit beaucoup de caresses. Je partis fort satisfait de celles de MM. Archon, après avoir écrit au R. P. D. Nicolas Vignolles, abbé de St-Allyre, auquel j'avais fagoté les vers suivants à cause de sa fête.

> Nourrir la piété, déraciner les vices,
> Induire à la vertu des cœurs encor novices,
> Conduire avec douceur un innocent troupeau,
> Obliger le vieil homme à céder au nouveau,
> Louer avec ferveur notre céleste Père,
> Aimer vos nourrissons comme une bonne mère :
> Sans flatter, digne abbé, c'est votre vrai tableau.

(1) L'église paroissiale de St-Cassi était attenante à l'enceinte de l'abbaye de St-Allyre.
(2) Cette foire avait été établie en 1541.
(3) François Archon. Voir au 10 février 1711, note.

Je couchai à Gannat, à la Croix-Blanche, où je fus bien régalé par M. Marcland, curé de Ste-Croix, qui fit son possible pour me retenir chez lui. Je fus aussi voir sa sœur et ses nièces, religieuses aux Filles de Notre-Dame, qui ont été établies l'an 1649. C'est une colonie de celles de Riom.

7. J'arrivai à St-Pourçain après une heure ; il y avait quantité d'étrangers, à cause de la foire de St-Nicolas. Je soupai avec D. Martial Croisier, sous-prieur de Vierzon, et D. Heulhard.

8 décembre. Jour de la Conception de la Vierge Immaculée. Je dis la grand'messe aux Dames-Bénédictines. Je fis ensuite diacre à la messe de D. M. Croizier, frère du P. prieur de St-Pourçain, dans notre église dud. St-Pourçain. D. J. B. Palerne fit un sermon fort savant sur le mystère. Je reçus quelques visites des MM. de la ville. Le P. prieur me fit toute sorte de bons accueils. Je soupai avec lui et avec son frère, mon bon ami, et avec le P. sous-prieur de St-Pourçain, et un Prémontré.

9. Je partis pour Souvigny, après avoir dit la messe de l'octave de la Conception, à l'autel de Notre-Dame du Scapulaire, où nous avions fait une procession, le jour d'auparavant, après vêpres. Je passai par Meillard (1), Treban (2) et Cressange (3). Je soupai avec D. J. Fricaud, prieur, D. Benoît Fabry, sacristain et M. Boyron.

10. Le R. P. prieur, qui a beaucoup de bonté pour moi, lut au chapitre de Souvigny ma lettre de députation de l'évêque et du chapitre du Puy (4). Tous nos Pères consentirent unanimement à me donner une partie du scapulaire de St Mayeul. Je dis une messe votive du saint, à son autel, en

---

(1) Meillard, chef-lieu de commune du canton de Montet-aux-Moines, arrondissement de Moulins.

(2) Treban, chef-lieu de commune du canton de Montet-aux-Moines, arrondissement de Moulins.

(3) Cressanges, chef-lieu de commune du canton de Montet-aux-Moines, arrondissement de Moulins.

(4) Le texte de cette lettre a été donné par M. l'abbé Ogerdias, à la page 265 de *l'Hist. de St Mayol* (Moulins, Desroziers, 1877).

action de grâces. Je soupai avec le R. P. prieur, D. L. Matharel et D. Toussaint Châtelus.

11. J'écrivis à D. Gabriel L'Huilier, à M. de Ste-Geneviève, à D. L. Dolet, prieur de St-Etienne de Nevers, au R. P. du Chesne, prieur de St-Martin de Nevers. Je vis plusieurs manuscrits du monastère de Souvigny, dont j'ai fait plusieurs extraits. Je dis la messe à l'autel de St Mayeul.

12. J'écrivis à D. D. de Ste-Marthe, au P. Venuste, Carme à Moulins, et à M. le doyen de la Cathédrale du Puy. J'ai dit la messe de l'octave de la Vierge, à la chapelle de Bourbon qui lui est dédiée. Après midi, le R. P. prieur, l'étole pendant au col, accompagné de toute la communauté, a ouvert la cassette où est le scapulaire de St Mayeul, dont il a coupé une pièce de demi-pied en carré, qu'il a mis dans une boîte cachetée, qu'il m'a remise entre les mains avec une lettre adressée au chapitre du Puy, que D. Estienne Dubois a composée (1). J'ai soupé avec le R. P. prieur et D. B. Fabry, secrétaire. J'ai extrait plusieurs choses d'un Cartulaire de Cluny, fort ancien, que j'ai trouvé dans les archives. Il y a aussi un fort beau Cartulaire de Souvigny, fait par les soins de M. de Mégrigny, prieur commendataire (2).

13 décembre. Je dis la messe à St-Odile-le-Vieux, ainsi appelé pour le distinguer d'un nouvel autel du même saint. Après none, le R. P. prieur fit un excellent sermon sur la pénitence. Après vêpres, il me donna une lettre, ou plutôt une réponse du chapitre de Souvigny à celui de N.-D. du Puy (3). Il me fit l'honneur de souper avec moi, et deux autres de nos RR. PP.

14. La communauté de Souvigny me donna une procuration de faire une société de leur chapitre avec celui du Puy. Je dis

---

(1) Les archives municipales de la ville du Puy gardent une expédition du procès-verbal d'ouverture de la cassette dans laquelle était renfermé le scapulaire de St Mayol. Ce document et la lettre composée par D. Etienne Dubois ont été imprimés dans l'ouvrage cité au cours de la note précédente, pp. 376 et 378.

(2) Nicolas de Mégrigny était titulaire de ce bénéfice en 1632.

(3) Cf. *Hist. de St Mayol*, p. 266.

la sainte messe à l'autel de St Mayeul en actions de grâces. Je partis, sur les neuf heures, avec un guide à cheval, fort satisfait de toutes les honnêtetés de nos RR. PP., que je dois nommer ici par reconnaissance : D. Jean Fricaud, prieur, qui a enseigné la théologie avec applaudissement, et qui est plein de mérite; D. Etienne Dubois, sous-prieur et secrétaire du chapitre, qui est un vieillard d'une sainteté reconnue et un homme d'oraison; D. Hugues Donadieu, qui a été prieur de Souvigny, où il a fait bâtir le dortoir, etc., etc., etc.; D. Jean Phelippard, directeur des Bénédictines de l'abbaye de St-Menou, qu'il a gouvernées près de 20 ans avec beaucoup de sagesse; D. Louis Taupin, de la Charité-sur-Loire; D. de Vaurion, procureur, Lyonnais; D. B. Fabry, Provençal; D. Toussaint Châtelus, Parisien, (c'est un religieux qui promet beaucoup et qui est capable d'enseigner; il m'a fait mille biens en qualité d'hôtelier); D. Louis Matharel, fils d'un gentilhomme d'Usson-en-Auvergne; il a beaucoup de piété; D. Pierre Allard, prieur de La Voûte-de-Chillac, était à son prieuré; je l'ai trouvé à dire (sic), c'est un de mes bons amis, et un religieux d'un rare mérite, exilé de Paris pour avoir soutenu avec fermeté les intérêts de son Ordre. Je partis donc de Souvigny, très-satisfait de tous ces RR. PP., et fort content du trésor qu'ils m'avaient confié. Nous passâmes à Besson (1), cure dépendante de notre monastère de St-Pourçain. Nous nous arrêtâmes à Brenay (2), cure dépendante de Souvigny. Nous passâmes ensuite une rivière fort dangereuse, à la Racherie (3), commanderie de Malte. J'arrivai heureusement à St-Pourçain, avant vêpres, et je soupai avec le R. P. prieur, son frère, et D. Charles Colardeau (4), ci-devant prieur de Fives (5).

(1) Besson, chef-lieu de commune du canton de Souvigny.
(2) Bresnay, chef-lieu de commune du canton de Souvigny.
(3) La Racherie, hameau sur l'Ouzenau, dans la commune de Contigny, canton de Montet-aux-Moines.
(4) D. Charles Colardeau, né à Aubanton, diocèse de Laon, fit profession à l'âge de 26 ans, dans l'abbaye de St-Faron de Meaux, le 14 décembre 1695, et mourut à St-Allyre le 20 mai 1712.
(5) Monastère de la Congrégation de St-Maur, situé près de Lille en Flandre, dans l'ancien diocèse de Tournay.

15 décembre. Je dis la messe de l'octave de la Conception à l'autel du Rosaire. Dom Martial Croizier retourna à Vierzon, où il est sous-prieur. Je transcrivis quelques titres concernant le monastère de St-Pourçain. Je soupai avec le R. P. prieur, et D. Colardeau qui attend la saison pour boire les eaux de Vichy. Je fis quelques visites après dîner.

16. Je continuai mon travail. Je dînai avec le P. prieur de St-Gilbert, notre compatriote. Je reçus quelques visites après dîner. Je dis la messe à l'autel de St Pourçain.

17. Après avoir dit la messe du vœu de la Congrégation, à l'autel du Rosaire, je fus dîner à Gannat, à la Croix Blanche, et souper à Aigueperse, à St-Jacques.

18. Je dînai à Riom, avec M. Archon et toute sa famille. Le R. P. gardien des Cordeliers me prêta l'épitaphe de Pierre Génébrard, composée par son fils, archevêque d'Aix, en hébreu, en grec et en latin. M. de Combes, abbé de St-Genès, me fit l'honneur de me venir voir. M. Sauvageon, chantre de St-Amable, me donna trois rubans de ce saint (1). Je fis collation à St-Allyre avec D. Donjan (2).

19 décembre. M. l'évêque donna les ordres. M. l'abbé de Langeac, qui était logé à St-Allyre, dont il se dit parent (sic), et qui me fit mille amitiés, prit le diaconat. Je dis la messe à N.-D. d'Entre-Saints. Après dîner, je fis quelques visites et plusieurs emplettes pour la Chaise-Dieu. Après collation, j'écrivis à D. Jean Perbet et à D. P. Ardant. Je reçus une liste des abbés de St-Martin de Nevers et des prévôts d'Evaux (3).

20. Avant vêpres, je rendis visite aux archivistes de la Cathédrale, où un Père Récollet prêcha l'Avent.

21. Je rendis de même plusieurs visites à plusieurs chanoines de la Cathédrale, où j'entendis vêpres avec D. P. Laurent.

---

(1) Ce sont de petits rubans légers, de la largeur d'un centimètre environ, sur lesquels on imprime : *St Amable, priez pour nous*, et que l'on bénit le jour de la fête de ce saint.

(2) D. Claude Donjan, né à Moulins, fit profession à l'âge de 21 ans, le 26 avril 1672, dans l'abbaye de St-Allyre où il mourut le 22 mai 1720.

(3) Evaux, chef-lieu de canton de l'arrondissement d'Aubusson (Creuse),

22. Je travaillai, avec le même D. P. Laurent, aux archives de la Cathédrale, qui nous furent ouvertes par M. la Roche et M. de Féligonde. Après dîner, nous travaillâmes chez M. la Roche. M. le curé de St-Pourçain et M. Piarron, lieutenant du maire de la même ville, emmenèrent de Clermont deux Sœurs grises (1) pour les établir dans leur hôpital. J'écrivis à D. Benoît Nicolas.

23 décembre. Je travaillai, comme le jour précédent, avec D. P. Laurent, à la Cathédrale, et, après dîner, chez M. la Roche. Nous soupâmes avec Dom Bazin qui va demeurer, de St-Pierre-le-Moûtier à Sauxillanges, et avec un autre religieux de la même maison qui va demeurer à la Voûte. Je reçus une lettre de Solignac, de F. C. Bérard (2).

24. Je fis un noël, à la prière du R. P. prieur claustral. J'écrivis à M. le prévôt de la Cathédrale, et à M. Vernet, chanoine de St-Genès. J'ai vu chez lui l'épitaphe de Rencon, que M. l'abbé de St-Genès m'avait envoyée. C'est un excellent morceau d'antiquité, que M. son père a trouvé dans une rue de Clermont, où cent charrettes passent tous les jours sans qu'elles aient endommagé cette pierre sépulcrale, sur laquelle les roues passaient continuellement. M. l'abbé Gaschier m'a donné un projet du Bréviaire de Clermont, pour en faire présent à la Cathédrale du Puy. Je suis monté au grand clocher de St-Allyre, où j'ai pris les inscriptions des grosses cloches. La première est ainsi :

Hæc campana primum facta est impensis D. Hugonis de Cussac abbatis hujus cenobii circa annum M CC LXX. Sed deinde fractam auxerunt P.P. Cong. Casalis Benedicti ; ac tandem iterum fractam refecerunt P.P. Cong. S. Mauri. Sedente Clemente X. Regn. Ludovico XIV. Abbate hujus ecclesiæ D. Germano Claveau, anno 1664. Divo Clementi consecrata.

Laudate Dominum in cymbalis bene sonantibus.

---

(1) Filles de la Charité, connues sous le nom de Sœurs de St-Vincent de Paul.
(2) D. Claude Bérard, né à Clermont en Auvergne, fit profession à l'âge de 18 ans, dans l'abbaye de St-Augustin de Limoges, le 2 septembre 1692, et mourut à St-Allyre le 15 novembre 1734.

La seconde est ainsi :

J. H. S.

Dissipo tinnitu nubes Illidius atras
Et placida festos voce perorno dies.
Sedente patre Gautier abbate et visitatore
Generali Cong. Casalis Benedicti anno 1627.
Fuit hæc campana benedicta et hîc locata.

Ave Maria.

Te Deum laudamus.
Et Verbum caro factum est.
Maître Jean Dubois m'a faict 1627.
Sta Maria inter Sanctos.

24 décembre. Le R. P. abbé me chargea de faire une inscription pour la grosse cloche qu'il veut faire refondre au mois prochain. Je lui ai présenté la suivante :

Clemens ero in quem mihi placuerit. *Exod. XXXIII.*

Clemens sit Dominus, fac, præsul maxime, clemens,
Dum campana tuum nomen ad astra vehit.

Hanc-ce campanam primum fusam D. Hug. de Cussac, abb. S. Illidii an M. CC LXX, bis refectam, tertium fractam auxerunt ac refecer. P.P. Cong. S. Mauri, et S. Clementis nomini quod scriptum est in libro vitæ consecrav. Sedente Clemente PP. XI. regn. Ludov. XIV. Abbate D. Nicolas de Vignolles.

A. R. S. MDCCXII.

M. l'abbé Vernet m'a donné une copie figurée de l'épitaphe de Rencon, évêque de Clermont, dont il a la moitié, qu'il a trouvée à la porte des Cercles. L'autre moitié est dans le jardin d'un paysan, proche les Capucins, et on s'en sert pour laver.

25. Le saint jour de Noël. Je fis diacre au R. P. abbé, à la première et à la troisième messe.

26. J'écrivis à D. R. Massuet et lui envoyai, pour les Annales de l'Ordre de S. B., les pièces suivantes :

1. Donatio reliquiarum S. Vincentii martyris Aymerico prior S. Vincentii de Cantella, Bituricensis diœceseos, facta a Guillelmo

abbate S. Benedicti et S. Vincentii villæ de Castris, diœces. Albiensis A. D. 1257. Ex autographo.

2. Carta Duranni Arvernorum episcopi Petro, abbati Trenorciensi et Guillelmo priori S. Porciani, qua monasterio S. Porciani concedit ecclesias de Barberiaco et de Karello. Circa annum 1066.

3. Donatio ecclesiarum Quintiniaci, Hospitalis subtus Vernolium, etc. eidem monasterio facta à Willelmo Arvern. episcopo, anno M C.

4. Donatio ecclesiæ S. Lupi ab eodem.

5. Donatio ecclesiarum Paredi et Villenæ a Petro Arvern. episcopo, regnante Philippo Franc. rege.

6. Carta ejusdem Petri episcopi, anno 1108.

7. Carta Falconis dynastæ Jaliniacensis.

8. Carta Stephani Arvern. episcopi.

9. Novem bullæ Summorum Pontificum in favorem monasterii S. Portiani : hæc omnia instrumenta ex autographis exscripta.

10. Plura excerpta è veteri abbatiæ Cluniacensis chartario, quod habetur in Sylviniacensi monasterio.

11. Quædam excerpta ex archivis Mauriaci.

12. Ectypon crucis crystallinæ, quam Hugo de Blot, abbas Casæ Dei, dedit Cantogilensi monasterio ; in qua videre est litteras græcas.

13. Tumulus Hugonis de Cussac, abbatis S. Illidii Claromontensis, a fratre Stephano Buisson delineatus, et optime. Habetur in capitulo Illidiano a latere ecclesiæ (1).

27 décembre. J'écrivis à D. Maur Marcland, abbé de St-Augustin, à F. C. Bérard, à M. Sauvageon, chantre de St-Amable, au R. P. Masson, gardien des Cordeliers de Riom, à M. Rochette, chanoine de la Cathédrale, au P. Rome, préfet du

---

(1) En transmettant aussi, à D. Bernard de Montfaucon, l'image de ce tombeau, D. J Boyer lui écrivait le 28 décembre 1716: « Je vous envoie, mon
» Père, le mausolée d'Hugues de Cussac, abbé de St-Allyre, qui vivait l'an
» 1270, comme je l'apprends de l'inscription de la grosse cloche que cet
» abbé fit faire lad. année. Ce pieux abbé a fait beaucoup de bien à ce mo-
» nastère et il est enterré dans le Chapitre. Frère Etienne Buisson a dessiné
» parfaitement bien ce tombeau, et je ne vous envoie ce dessin qu'afin
» que V. R. puisse se servir de lui dans le besoin. » (B. N. Mss. Franc.,
n° 17703, f° 215). — L'auteur du croquis, D. Etienne Buisson, né à Vollore,
le 12 décembre 1689, fit profession à l'âge de 21 ans, dans l'abbaye de
St-Augustin de Limoges, le 11 juin 1711. — Voir au 2 juillet 1712, note.

collège de St-Flour, au R. P. D. J. Fricaud, prieur de Souvigny, M. l'abbé de St-Genès et M. Vernet, chanoine de la même église, m'écrivirent fort obligeamment. D. Joachim Guérin arriva ici de Chezal-Benoît où il était curé.

28 décembre. Je dis la messe à N.-D. d'Entre-Saints, où l'on croit que sont enterrés les corps de plusieurs Saints Innocents. Je partis, de St-Allyre, très satisfait du R. P. abbé et de tous nos R.R. P.P., et de nos jeunes confrères qui sont bien aimables. J'allai au Bouschet (1), abbaye de l'Ordre de Cîteaux, appelée autrefois *Valluisant*. Dom David, qui en est prieur, me reçut parfaitement bien, et je commençai, dès les trois heures du soir, à travailler aux archives.

29. Je continuai mon travail toute la journée. Le soir, nous soupâmes avec le gardien des Cordeliers de Vic-le-Comte, qui est un fort honnête homme.

30. Je vis le trésor du Bouschet où, entre plusieurs reliques, il y a le chef de Ste Eububie, que l'on prétend être une compagne de Ste Ursule (2). On n'en fait aucune fête. Le reliquaire a été donné par Guy, cardinal de Boulogne, évêque de Porto, qui a été enterré au Bouschet, comme il avait ordonné par son testament, l'an 1376 (3). Son mausolée, où il est représenté en marbre blanc, est magnifique. On y voit aussi

---

(1) L'abbaye de N.-D. du Bouschet, ou de Vauluisant (*Boschetum, Vallis Lucida*), Ordre de Cîteaux. — Aujourd'hui le Boucheix, commune d'Yronde, canton de Vic-le-Comte.

(2) Baluze appelle cette sainte : Eubibie ; il a donné, à la page 129 du t.ı de *l'Histoire généalogique de la Maison d'Auvergne*, un dessin de ce reliquaire où se trouvent, à côté des armoiries du cardinal de Boulogne, celles du cardinal de Murols dont notre auteur remarqua le tombeau, le 23 janvier 1711, lors de sa visite aux Cordeliers de Clermont.

(3) Guy de Boulogne ou d'Auvergne était fils de Robert VII, comte d'Auvergne et de Marie de Flandres, sa seconde femme. D'abord archevêque de Lyon, puis créé cardinal-prêtre du titre de Ste-Cécile, le 20 septembre 1342, par le pape Clément VI, il devint évêque de Porto, et mourut le 25 novembre 1573.

plusieurs tombeaux des comtes d'Auvergne et de Boulogne, fondateurs de cette abbaye (1).

François de Polignac fut enterré dans la même église, l'an 1503; Louise de Créquy, 1469. L'on voit, au presbytère, un tombeau de Bertrand, comte d'Auvergne et de Louise de la Trémoille, son épouse, avec cette épitaphe : « Cy gist hautte » et puissante Dame Loyse de la Trémoille, comtesse de Bou- » logne et d'Auvergne, laquelle trépassa le ve jour d'avril » l'an mille cccc lxviiii. Priez Dieu pour elle. » Tout auprès, il y a un ange de bronze qui porte un cartouche où sont écrits les vers suivants :

    Siste gradum, quocumque velis transire, viator,
    Ac pia premente (2) mortis spectacula pone :
    Hic Ludovica moror angusto clausa sepulchro,
    Nobilitata licet generis splendore parentum,
    Huicque Bolonensi Comiti comitata potenti,
    Quo tulit hanc ob rem generosa Bolonia prolem,
    Cujus eram titulis famæ prestantior altis,
    Grata cui, facilis, pia subjectis, proba, mitis,
    Docta, timorata ; superis mea vota parata,

---

(1) Quelques-uns de ces tombeaux sont représentés dans *l'Histoire généalogique de la Maison d'Auvergne*, par Etienne Baluze (Paris, 1708, in f°, 2. vol.). Les membres de cette puissante famille, dont les corps reposaient dans l'église du Bouschet, étaient : Robert IV, comte d'Auvergne, fondateur de cette abbaye, et Mahault de Bourgogne, sa femme. Dans ce même tombeau étaient enterrés Guy II, comte d'Auvergne et Pernelle du Chambon, sa femme (t. i, p. 70). — Et sous d'autres mausolées : Guillaume X — Robert V (t. i, p. 103) — Guillaume XI — Robert VI, dans le tombeau de Robert V, son père. — Robert VII et Marie de Flandres — Godefroy de Boulogne, seigneur de Montgascon, fils de Robert VII et Marguerite Dauphine, sa femme (t. i, p. 119) — Guy, cardinal de Boulogne, autre fils de Robert VII (t. i, p. 128) — Jean I, comte d'Auvergne, un des fils de Robert VI (t. i, p. 148) — Louise de Créquy, fille de Jean et de Louise de la Tour d'Auvergne (t. i, p. 533) — Bertrand VII de la Tour et Louise de la Trémouille, sa femme (t. i, p. 543) — François de Polignac, fils ou petit-fils d'Anne de la Tour.

(2) La mesure du vers demande un autre mot.

Religionis amans cum veste sepulta Minorum.
At mihi quid prodest genus altum, gloria, fama?
Quid probitatis honos, motus pietatis in omnes?
Quid proles? quid res? quid castra, palatia, turres?
Talia nulla valent fatalia solvere jura:
I modo, vive, vale, numero remorante dierum
Prospice quid fueram, quid sum, quid erisque probato
In cineres atro jaceo resoluta sub a[ntr]o
Qui in valida non valens...... ore hoc primum terui
Qui post palatio phaseque leto corrui (1)
Anno milleno bis ducento sexageno
Cum bis septeno extincta sum sub florigeno.

Auprès de ce mausolée, il y en a un autre sans épitaphe, autour duquel on voit plusieurs novices et profès de l'Ordre de Cîteaux, qui ont le capuchon pointu et les manches de la coule comme on les porte à la Trappe et à Septfonds (2). Ce que j'ai aussi remarqué dans des anciennes peintures du Bouschet. Après avoir dîné avec le R. P. prieur, D. Malet, son neveu, cellérier du monastère, D. Gabriel Jolivet et le P. gardien de Vic-le-Comte, je partis pour Issoire, charmé des honnêtetés de ces religieux. Je trouvai, à Issoire, D. J. Guérin qui eut le lendemain la fièvre quarte. Je soupai avec lui, et avec D. Joseph Charrier.

31 décembre 1711. — Je fus coucher à Brioude, chez M. Julien de Vèze, théologal et chanoine de la célèbre église de St-Julien (3) et prieur de la Trinité, à l'honneur de la-

---

(1) Le texte de ce vers, comme celui du précédent, est évidemment fautif.

(2) Voir la gravure du tombeau de Robert IV, comte d'Auvergne (*Histoire généalogique de la Maison d'Auvergne*, t. I, p. 70).

(3) Il y a lieu de s'étonner que, ni dans l'un, ni dans l'autre, de ses deux passages à Brioude, notre Bénédictin n'ait fait mention des riches archives du noble chapitre de cette ville; et des démarches qu'il dut tenter, sans aucun doute, pour y avoir accès. C'était là, en effet, l'objectif de son voyage. Peut-être que le chanoine-archiviste repoussa sa demande par un refus formel qui devait, du reste, d'autant moins offenser un étranger que les chanoines-

quelle je consacre tous mes voyages, tous mes travaux et toutes mes petites occupations. Amen (1).

comtes, eux-mêmes, n'étaient pas traités avec plus de faveur ; ainsi que l'atteste le *Gallia Christiana* (t. II, col. 495). Peut-être aussi, et plus vraisemblablement, lui répondit-on que le chapitre avait chargé un de ses membres d'écrire son histoire, et que, lorsque cette œuvre serait terminée, elle serait communiquée aux Bénédictins de Paris qui pourraient, s'ils le jugeaient à propos, lui donner place dans leur important recueil.

Quoi qu'il en soit, l'ouvrage fut entrepris et terminé par le doyen du chapitre, Bernard-Christophe de Bragelongne, le même que notre voyageur avait rencontré, le 28 septembre 1710, au château d'Alleret, en compagnie de son oncle et prédécesseur, Nicolas de Bragelongne. — Bernard Christophe de Bragelongne, Bragelogne ou Bragelone, fils de Christophe-François, seigneur d'Enzenville, conseiller au Parlement de Paris, et de Charlotte Pinette de Charmois, docteur de la Faculté de Paris, membre de l'Académie des sciences, fut nommé doyen de Brioude en 1716. Il y mourut, le 20 février 1744, à l'âge de 56 ans.

Son travail fut envoyé aux auteurs du *Gallia Christiana*, qui, s'ils le retouchèrent, y laissèrent cependant encore quelques inexactitudes ; ainsi que nous l'a fait remarquer, à diverses reprises, notre savant ami, M. l'abbé Souligoux, dont la critique est toujours si sûre, surtout en ces matières. On y lit, par exemple, que les vieillards qui enterrèrent le corps de St Julien étaient au nombre de trois ; cela est contraire à la légende de notre église qui en admet deux seulement, St-Ilpise et St-Arcons. Il y est dit encore, que la dame qui fit bâtir une chapelle sur le tombeau du saint martyr, était d'Auvergne ; cette assertion est contraire au récit de Grégoire de Tours. Celui-ci donne clairement à entendre qu'elle était Espagnole. Voyez lib. II mirac., cap. IV.

(1) Le 23 août 1710 ; prise de possession du prieuré simple de la Trinité, sans cure, conventuel sans obligation de résidence, en commande, de l'Ordre de St-Augustin, diocèse de St-Flour ; ou de la cure de Sainte-Agathe de Cusse avec le prieuré annexé de Trinité, du même Ordre, commande et diocèse : par Messire Julien de Vèze, comte-théologal de St-Julien de Brioude, en vertu des lettres de provisions de la Cour de Rome, du 3 des Kalendes de février 1710. Celui-ci est mis en possession de l'église et de la maison prieurale de la Trinité ; puis il se rend à l'église paroissiale de Ste-Agathe-de-Cusse, qu'il trouve abattue, détruite et abandonnée ; et il touche les pierres de la masure comme signe de sa prise de possession. (Acte reçu Galambret, not. à Brioude).

Cette note due à l'obligeance de M. Fournier-Latouraille, montre que ces deux bénéfices avaient été distincts avant d'être unis. Ils étaient situés, l'un et l'autre, sur le territoire actuel de la commune de Monclard, canton de Paulhaguet.

La Trinité est le lieu d'un antique pèlerinage, encore fréquenté de nos jours, où l'on se rend, le dimanche après la Pentecôte, de différentes parties de l'Auvergne, du Velay, du Forez, du Vivarais et du Gévaudan.

Dans la bibliothèque de Souvigny, il y a une vie de Pierre le Vénérable, abbé de Cluny, qui n'a pas encore été imprimée. Elle commence ainsi : *Sancto Patri et Domino suo Stephano, Dei gratia Cluniacensi abbati, frater Radulphus bonis omnibus frui nunc et in œvum. Diu quidem, Pater, silueram et prœ verecundia, etc....* Il y a aussi une fort belle Bible (1), qui a été apportée, à ce que l'on dit, au concile de Bâle. Il y a une Epître de St Paul aux Philadelphiens, si je m'en souviens bien (2).

Voici une Ode que j'ai envoyée au R. P. D. Denis de Ste-Marthe, prieur de St-Denis, avec un fort beau bénitier d'émail dont j'ai parlé ci-devant.

ODE.

Vase à tenir cette eau bénite,
Qu'un prêtre fit toujours avec tant de bonheur,
Que le chrétien s'en fait une marque d'honneur,
    Et le démon en prend la fuite.
Va trouver le Prieur, de tous le plus charmant,
A ses yeux, à son cœur, sers-moi de truchement,
    Et pars pour Saint-Denis-en-France,
Comme un otage sûr de ma reconnaissance.

---

(1) Ce superbe manuscrit se trouve maintenant à la bibliothèque de la ville de Moulins. (*Hist. de St Mayol*, par l'abbé Ogerdias, p. 599). — D. E. Martène parle aussi de cette bible, (*Voy. litt. de deux relig. bénéd. de la Cong. de St-Maur*, t. I, p. 46). Nous engageons nos lecteurs à se reporter aux passages parallèles des deux voyages, principalement pour ce qui concerne les monastères de la Charité, de Souvigny et ceux du diocèse de Bourges, où D. Ed. Martène précéda de trois ans D. J. Boyer.

(2) Nous avons maintenu ce paragraphe à la place qu'il occupe dans le cahier de D. Boyer, bien qu'il nous semblât plus naturel de le voir figurer, au 11 décembre 1711, après cette phrase : « Je vis plusieurs manuscrits du monastère de Souvigny, dont j'ai fait plusieurs extraits. »

Entre d'un air hardi dans ce saint monastère,
Où l'on garde en dépôt les cendres de nos Rois ;
Ce lieu de sainteté si propre à tes emplois :
    Ton usage ordinaire,
Plutôt que cet émail dont on t'a revêtu,
Te fera trouver place au temple de vertu,
Et chacun en voyant les armes que tu portes
Avec empressement viendra t'ouvrir les portes.

Que ton illustre sort paraît digne d'envie !
Je ne puis réfléchir sur le rang glorieux,
Qu'en sa chambre te donne un prieur si pieux,
Que mon âme n'en soit et charmée et ravie ;
Tu le verras plonger mille fois dans ton sein
    Sa sainte et respectable main,
Quand, mû par l'Esprit-Saint, il priera le Père,
Cherchant la croix du Fils dans son eau salutaire.

    Cette main toujours caressante,
    Toujours ouverte à ses amis,
    Prodigue même aux ennemis,
    Aux grands, aux petits bienfaisante ;
    Main, vrai symbole de sa foi,
    Toujours fidèle à pratiquer la loi ;
Cette main qu'à jamais respectera la France,
Mêlera dans tes eaux sa première innocence.

Savante main, que tout le monde honore,
Qui manie à propos un délicat pinceau
    Pour faire l'excellent tableau
        Du grand Cassiodore :
    Main glorieuse, docte main,
Qu'on vit préconiser par l'oracle Romain,
Et qui sut mériter une immortelle gloire,
En immortalisant l'illustre Saint Grégoire.

Main guidée autrefois par le Dieu du Parnasse,
Terrible aux ennemis de la religion ;
Aux ennemis jurés de la confession ;
Aux ennemis masqués du docteur de la grâce ;

Redoutable aux tyrans en soutenant les droits
Des princes détrônés, des légitimes Rois ;
Terrible aux partisans de l'outrée ignorance,
Et qui sut dans le cloître affermir la science.

Main que l'on vit enfin triompher dans les chaires,
      Proscrire le vice et l'erreur,
    Toucher le juste, effrayer le pécheur,
    Développer nos plus profonds mystères ;
Main qu'anima le sang de ses nobles aïeux,
Chef d'œuvre de la terre, et l'ouvrage des cieux ;
Cette main si puissante en œuvres glorieuses
Rendra, sacré vaisseau, tes ondes précieuses.

      Auprès d'un dévot oratoire,
Tu seras le secret et fidèle témoin
    De tant de vertus, qu'avec soin
Nos neveux voudraient bien étaler dans l'histoire ;
Ah ! que ta place un jour te fera de jaloux !
      A coup sûr ignorerons-nous
      Ce qu'une humilité profonde
S'efforce de cacher aux yeux de tout le monde.

Tu portes de Denis l'inanimée image,
Mais le Denis vivant, qu'a vu naître Paris,
Représente à nos yeux, par des traits bien plus vifs,
      Le Denis de l'Aréopage :
Et si nous ignorons quel est l'original,
      C'est que l'on ne confond pas mal,
      Sous une juste ressemblance,
Le Denis de la Grèce et celui de la France.

    Si tu sais que l'on se récrie
      Contre cette comparaison,
Assure qu'elle n'est ni contre la raison,
      Ni sujette à la flatterie,
Et dis que leur savoir, leur rare piété
      Sont garants de la vérité.
Que leur titre d'auteur, leur qualité d'apôtre,
Décident du mérite et de l'un et de l'autre.

De l'hôtesse d'un Dieu la figure brillante
Fait revivre, en nos jours, tous ces illustres morts
Qui, portant son saint nom, donnèrent des trésors
A la France chrétienne, à la France savante,
Les Louis, les Abels, les Scévoles nouveaux,
Un fameux général, les célèbres jumeaux,
Qui firent revenir tant de vertus bannies
Que Denis, en lui seul, a si bien réunies.

    Enfin, vase sacré, je te demande en grâce,
        Il est même de ton devoir,
De tenir constamment dans ton saint réservoir
La meilleure eau bénite, et la plus efficace
        Pour écarter l'esprit malin
Qui veut sur la vertu répandre son venin;
    Chasse surtout le démon de l'envie
Dont la haute vertu fut toujours poursuivie.

        Je prédis avec assurance
Que, sans avoir le prix ni la beauté de l'or,
Tu dois à Saint-Denis avoir place au trésor;
        Pour te servir de récompense
Il suffit que l'on dise un jour aux curieux :
C'est du grand Sainte-Marthe un monument pieux.
Ne puisse-tu pourtant jouir de cette gloire,
Que, des prélats de France, il n'ait fini l'histoire (1).

1712.

1 janvier. Je dis la sainte messe au maître-autel des Frères-

---

(1) Ces interminables flatteries n'autoriseraient-elles pas à appliquer à D. Boyer la critique qu'il adressait, lors de son passage à Nevers, à un panégyriste de St Ignace ? Il est rapporté plus loin, au 10 janvier 1712, que D. Denis de Ste-Marthe répondit à cette ode par une lettre remplie d'humilité. L'illustre Bénédictin avait trop de bon sens, pour qu'il ait pu en être autrement. Qui sait même si, après la lecture de ces vers, il ne dit pas avec son contemporain Boileau :
      Il se tue à rimer, que n'écrit-il en prose !
              (*Sat. IX*).

Mineurs (1) de Brioude. Le R. P. Mercier, qui en est gardien, voulut me retenir à dîner, de même que le sieur de Vauzelle ; mais j'avais donné parole à M. le théologal qui me traita magnifiquement, avec le R. P. François Chantoiseau, prieur de St-Vincent de Vieille-Brioude. J'entendis le sermon dudit sieur prieur dans l'église de St-Julien. Comme M. le théologal l'avait averti un peu tard, et qu'il n'avait pas eu le temps de composer un sermon sur le mystère de la Circoncision, il prêcha sur les grandeurs de Jésus, qu'il nous fit voir comme l'apôtre de notre foi et le pontife de notre amour (2). Il a la composition charmante, le geste fort naturel et la diction tout-à-fait agréable. Il fut fort applaudi, et après le sermon, M. le théologal nous donna une collation splendide. Je partis ensuite, avec le Père Chantoiseau, pour Vieille-Brioude, où nous soupâmes fort bien avec M. Lazenier, juge de La Vaudieu.

2 janvier. Nous fimes un service solennel dans l'église de St-Vincent de Vieille-Brioude, prieuré dépendant de l'abbaye de Pébrac, pour l'oncle du R. P. Chantoiseau, décédé depuis peu en Provence, où il était gouverneur d'un port de mer. M. le prieur nous régala splendidement, et après dîner il voulut m'honorer de sa compagnie jusqu'à La Vaudieu. Comme nous étions sur le point de monter à cheval, M. Rigaud, prieur de La Mothe-Canillac, arriva à Vieille-Brioude, et j'eus l'honneur d'embrasser cet ancien ami. Je partis ensuite fort satisfait des manières honnêtes des RR. PP. Hébert, de Rincy, Millet, Chanoines-Réguliers de Vieille-Brioude. Nous passâmes sur le pont (3) qui est d'une seule arcade extrêmement hardie. Nous fimes collation chez M. Lazenier. Madame d'Angennes, prieure de La Vaudieu, me donna à souper, et je couchai dans son appartement. Toutes les autres Dames me firent beaucoup

---

(1) Les Frères-Mineurs-Capucins établis à Brioude en 1619. (*Hist. ms. de l'église St-Julien de Brioude*, ch. XXII).

(2) Hébr., 3, 1.

(3) M. Henry Mosnier a publié une très-intéressante note au sujet de ce pont. (*Voyage de Monnet, Inspecteur général des mines, dans la Haute-Loire et le Puy-de-Dôme*. Le Puy, Marchessou, 1875, p, 71).

d'honnêtetés, surtout les Dames de Berbezit, de Blot, de Canillac, de Lugeac, de Marcellanges, de La Vialle, de La Mothe, de Bouillé, etc.

3 janvier 1712. — Après avoir dit la messe au maître-autel de St-André-de-La Vaudieu, je fus à vêpres à Chanteuges, où nos confrères D. Thomas Viviers (1), D. Jacques Razes (2) et D. François Rochon me régalèrent. M. Jean Boyer, curé de St-Arcons, ayant appris mon arrivée, vint me voir aussitôt et coucha dans le monastère.

4. Je fus fort incommodé ce jour-là, et ne pus partir pour la Chaise-Dieu. On me fit voir un poëme pompeux et propre au dernier point. C'est l'ouvrage d'un Jés...., ou plutôt polisson. On peut en juger par les deux premiers vers (3) :

Stabat odoriferi merdoso in limine culi
Vessa furens, putidæ certissima nuntia merdæ.

Cela me rappelle l'inscription qu'un Clermontois mit à la porte de la ville de Montferrand, au lieu de l'ancienne qu'on y lisait. Les voici l'une et l'autre, faites-en le parallèle :

Regia sum, campis florens et florida pratis.

Rustica sum, porcis florens et florida merdis.

5. Je partis pour la Chaise-Dieu, et j'eus une fort rude journée. Je fis collation à Mazérat, chez M. Pons, curé du dit lieu, où je trouvai le P. prieur de Chanteuges et le P. Pinel, ancien sous-prieur de la Chaise-Dieu, qui allait demeurer à

---

(1) D. Thomas Vivier, né au Puy-en-Velay, fit profession à l'âge de 20 ans, dans l'abbaye de St-Augustin de Limoges, le 13 octobre 1683, et mourut à la Chaise-Dieu, le 31 janvier 1724.

(2) D. Jacques Razes, né à Limoges, fit profession dans l'abbaye de St-Augustin de cette ville, à l'âge de 17 ans, le 26 septembre 1690, et mourut à la Chaise-Dieu, le 14 août 1718.

(3) J'ai vainement cherché dans les recueils spéciaux ce poëme scatologique, et je déclare n'avoir pu en découvrir l'auteur. Je laisse au charitable Bénédictin la responsabilité de son assertion.

Savigneux. Je soupai avec D. Joachim Guérin, ci-devant curé de Chezal-Benoît, qui avait été autrefois mon sous-sacristain à la Chaise-Dieu, dont il avait été nommé sous-prieur avant les premières vêpres de l'Epiphanie.

6. Dom Jean-Jacques Joubert fit le discours pour la rénovation des vœux. *Innova dies nostros sicut a principio.* Il nous donna deux motifs pour nous renouveler : la perfection de notre état, et les imperfections auxquelles nous sommes sujets. Je reçus des lettres du P. prieur de St-Denis, du R. P. prieur de St-Martin de Nevers, visiteur des Chanoines-Réguliers de la Congrégation de France de la province d'Aquitaine, et de M. Soulignac, curé de Migny-en-Berry. Ce visiteur m'a envoyé une liste des abbés de son monastère et des prieurs d'Evaux.

9. J'ai écrit à D. Girardin et au R. P. prieur de Vierzon, au curé de Migny, à M. Rousset, à D. P. Laurent, à M. Maloët, chanoine de Chamalières.

10. J'ai reçu une lettre de D. Girardin qui m'a envoyé celles que D. Ardant, D. Perbet, D. Jourda, D. Suduyraud, M. Pascon m'avaient écrites à Clermont. J'ai aussi reçu une lettre du P. prieur de St-Denis, remplie d'humilité.

12 janvier 1712. J'ai écrit à D. J. Lamy, et ai reçu une lettre du P. Dubois, secrétaire du P. visiteur des Chanoines-Réguliers de Nevers.

14. J'ai écrit à M. Hilaire Montet, chanoine de l'Eglise du Puy, à M. Rome l'aîné (1), auquel j'ai envoyé le projet du Bréviaire de Clermont, de la part du syndic de cette Cathédrale, et à M. Laussac, chanoine de St-Vosy. J'ai reçu une lettre de M. Rousson, prieur de Beaune.

15. J'ai dit la messe à l'infirmerie, et donné la sainte Communion à D. P. Blacheyre, qui m'a fait une confession

---

(1) Pierre Rome, chanoine de la Cathédrale du Puy, est l'auteur d'une *Relation du Jubilé de N.-D. du Puy en 1701*, publiée d'après le manuscrit original, par M. Adrien Lascombe. (Le Puy, Freydier, 1876).

générale de toute sa vie avec de grands sentiments de religion. J'ai fait sous-diacre d'office à la grand'messe.

16. J'ai écrit à M. Montet et fait réponse au cousin Rousson.

18. Je reçus réponse de M. Montet et de M. Rome. Ce dernier m'envoie obligeamment deux exemplaires de l'Histoire du Puy, de la part du Chapitre cathédral (1).

21. J'ai écrit à M. Rome, pour le prier de remercier MM. du Chapitre du présent qu'ils ont eu la bonté de me faire ; j'ai aussi écrit à M. Bergonhon (2), syndic du Chapitre de St-Vosy, une lettre de douze pages sur la translation des corps saints qu'ils ont trouvés sous le maître-autel ; et je lui ai envoyé un office pour le jour de cette translation, avec un projet de mandement épiscopal. J'ai aussi écrit à Madame Robert, ma cousine, religieuse à la Visitation, et à Dom Grangier, prieur de Montpeyroux.

25. J'ai dit la grand'messe pour D. Ant. Roy. Le R. P. prieur partit pour aller prendre possession du prieuré de St-Jean-Centenier (3), au diocèse de Viviers, que M. l'abbé de la Chaise-Dieu lui a donné. J'ai reçu une lettre de Dom Massuet. M. Rousson, prieur de Beaune, m'est venu voir. J'ai soupé avec lui, avec le P. doyen, avec M. de Vauzelles et autres deux.

26. J'ai été incommodé pendant trois jours.

29. Après avoir dit la sainte messe et déjeûné avec D. A. Roy, nous avons été à Dore-l'Eglise, où M. le curé nous a fait goûter son vin. Nous dînâmes à Beurières, chez

---

(1) *Discours Hist. de la très-ancienne dévotion de N.-D. du Puy*, par le R. P. Odo de Gissey, S. J. (Le Puy, Varolles, 1644). — *Hist. de l'Eglise angélique de N.-D. du Puy*, par le frère Théodore. (Le Puy, Antoine Delagrave, 1693).

(2) Gabriel Bergonhon, né le 7 mai 1676, fils d'autre Gabriel, sieur de Rachas, procureur du Roi en la sénéchaussée du Puy, et de Madeleine Genestet, mort le 19 août 1714.

(3) St-Jean-le-Centenier, chef-lieu de commune du canton de Villeneuve-de-Berg (Ardèche).

M. le curé, qui dépend des PP. Minimes de Chaumont (1), où nous soupâmes avec le R. P. Pellissier qui en est correcteur.

30. Nous fûmes dîner avec le P. La Mothe, qui a été provincial, à la Grand'Rive (2), chez M. Dupuy qui nous régala fort bien, et nous fit voir ses moulins à papier et ses magasins qui sont très-bien garnis.

30 janvier. Après dîner, nous partîmes pour la Chaise-Dieu et le P. La Mothe nous fit l'honneur de nous accompagner jusqu'à Beurières ; il est natif de Riom, et il est plein d'honnêteté. Le P. Bellaigue, qui est aussi de la communauté de Chaumont, est un saint homme ; il est ex-provincial, et enseigne la théologie à l'âge de 64 ans. La maison de Chaumont est un prieuré de l'Ordre de St-Benoît, fondé du temps de Lothaire, roi de France. Les PP. Minimes y sont établis depuis l'année 1607, par la résignation de Louis Galambrun, et avec le consentement des religieux de Sauxillanges, d'où dépend ce prieuré dédié à St Pierre. Il y a un beau retable au maître-autel. Le chartrier est en très bon ordre, mais il y a peu de titres. Ces bons Pères nomment à sept cures dépendantes du prieuré, savoir : St-Pierre de Chaumont, St-Jean d'Ambert (3), St-Jean de Marsac (4), Notre-Dame de Beurières (5), St-Just (6), Ste-Croix de Baffie (7) et St-Pierre de Grandrif (8).

(1) Chaumont, chef-lieu de commune du canton d'Arlanc (Puy-de-Dôme). — On avait établi en ce lieu, depuis 1846, une école départementale de sourds-muets qui vient d'être détruite par un incendie.

(2) La Grand'Rive, commune de Marsac, canton d'Ambert. — La famille Dupuy de la Grand'Rive est une de celles qui avaient contribué à rendre, au siècle dernier, l'industrie du papier si florissante dans les environs d'Ambert. — Voir *Note sur la Papeterie d'Auvergne antérieurement à 1790*, par M. Michel Cohendy. (Clermont, Thibaud, 1862).

(3) Paroisse de la ville d'Ambert.

(4) Marsac, chef-lieu de commune du canton d'Ambert.

(5) Beurières, chef lieu de commune du canton d'Arlanc.

(6) St-Just-de-Baffie, chef-lieu de commune du canton de Viverols.

(7) Ste-Croix-de-Baffie, commune de St-Just.

(8) Grandrif, chef-lieu de commune du canton de St-Anthème. — Pour ce qui concerne Grandrif, l'indication donnée par D. Boyer n'est pas conforme à celle des *Pouillés des diocèses de Clermont et de St-Flour*, publiés par M. Alexandre Bruel. (Imprimerie nationale, 1882).

31. J'écrivis à Dom Jean Lamy, D. Girardin, M. l'abbé de St-Genès, D. Croizier, prieur de St-Pourçain, D. Amable Malet. Je reçus, le même jour, trois lettres du P. Lamy et une de D. Girardin. J'écrivis aussi au R. P. abbé de St-Allyre.

FÉVRIER.

1712. 1. J'écrivis à M. Montet et je lui envoyai l'office pour le Jubilé du Puy, etc..., noté en plain-chant par M? Claude Borie, curé de Montmorin. J'écrivis aussi aud. curé, pour le remercier, et à M. l'abbé de Villars d'Agrain, fordoyen (1) et chanoine du Puy.

4. J'écrivis à M. Rousson, curé de Beaune, et à M. Montet, auquel j'envoyai une grande lettre latine de huit pages, que j'écris à MM. de l'Université de St-Mayol, pour leur donner avis que je leur apporte, de Souvigny, une partie du scapulaire de ce grand saint.

On a fait les vers suivants sur un ex-jésuite qui a pris fantaisie de se marier. C'est une pièce de carnaval :

EPIGRAMMA.

Ducere vis sponsam, qui cornua trina gerebas (2);
Pondus erit levius, cornua bina geres.

IMITATIONS.

A trois cornes un homme est d'un air trop hideux,
La femme que tu prends t'en tient quitte pour deux.

Qu'une femme ait sceu vous oter
A l'aide de grâce efficace (3)
Trois cornes qu'on vous vit porter,
Doit-on douter de cette grâce ?

(1) Le titre de fordoyen était seulement honorifique ; primitivement ce dignitaire était chargé de la surveillance des intérêts temporels du Chapitre.

(2) Allusion à la barrette ou bonnet carré à trois cornes que portent les Jésuites.

(3) Les discussions du jansénisme avaient mis à l'ordre du jour, à cette époque, les théories sur la grâce.

AUTRE IMITATION.

De trois cornes jadis on vous fit un présent,
C'est une grâce triomphante ;
D'une on rend aujourd'hui votre joug moins pesant,
C'est une grâce suffisante.

AUTRE DU STYLE DE MAROT.

Gente nouvelle à raconter ;
A tête noire empanachée
On faisait trois cornes porter ;
Chef ne peut pas les supporter :
Une des trois est arrachée
Par créature à les planter (1).

Ceci me remet en mémoire un quatrain auvergnat que l'on fit à M. Lacoste, médecin de Mauriac, qui avait été jésuite.

N'en poudes re rabatre,
S'es toumbat dins lou bois,
Erias de très à quatre
Serez de quatre à dois.

6 février. Je reçus une lettre de M. Montet qui me prie, de la part de MM. de l'Université de St-Mayol, de chercher un prédicateur pour faire le panégyrique de ce grand saint. Le P. Rome, préfet du collége de St-Flour, m'écrit aussi, et me salue

---

(1) Ces épigrammes, un peu trop familières peut-être, ne sont qu'un document de plus à ajouter à tout ce que l'on sait déjà des passions excessives qui animèrent les luttes confessionnelles de cette époque. D. Clémencet, avec plus de gravité parce qu'il écrivait pour le public, n'est pas moins ardent, et l'on trouve encore la trace de ces violentes discussions, jusque dans les derniers écrits de D. Brial, publiés cependant dans les premières années de ce siècle, et après de terribles événements qui auraient dû, il semble, ramener la paix entre deux ordres également utiles à l'Eglise.

de la part de Mgr l'évêque de cette ville. J'ai aussi reçu une lettre du prieur de Beaune, pleine d'esprit.

7. Un de nos jeunes confrères lisant le Directoire, au lieu de *ex decreto capituli generalis*, marqué ainsi : *ex dec. cap. gen.*, a dit plaisamment *ex decimo capite Geneseos*.

9. J'écrivis à M. Rome le jeune (1), chanoine de l'église du Puy, et à M. son aîné, aussi chanoine de la même église. Je lui ai envoyé un cahier d'environ cinquante pages, contenant des prières que j'ai faites pour le Jubilé du Puy, à la prière de MM. de la Cathédrale.

10. Le R. P. prieur a fait son exhortation sur ces paroles d'Isaïe : *Quærite Dominum, dum inveniri potest*. Il nous a appris où il fallait chercher Dieu, et de quelle manière il le fallait chercher. Il est net dans ses expressions, et juste dans ses pensées. D. Cavelier, prédicateur de la maison, a prêché sur la mort : *Memento homo quia pulvis es*, etc... Rien de plus certain que la mort, pensez-y donc. Rien de plus incertain que son heure ; il faut donc s'y préparer. La pensée de la mort nous en fait connaître les périls. La préparation à la mort nous les fait éviter.

11 février. J'ai dit la grand'messe pour D. Benoît Jourda, qui avait des affaires à cause de la foire de la Chaise-Dieu. Le diacre et le sous-diacre hebdomadiers se sont rencontrés être du Puy, D. J. J. Joubert et F. J. Blanc. J'ai reçu une lettre de M. Montet, chanoine de Monistrol-en-Velay, qui me mande quelques particularités des communautés de cette ville, pour *Gallia Christiana* (2) et qui m'envoie une lettre de Madame Rochette, prieure des Dames Augustines de St-Didier. J'ai fait réponse à l'un et à l'autre.

12. J'ai fait diacre à la messe du P. sous-prieur ; D. Joubert, sous-diacre, etc. J'ai reçu une lettre du P. abbé de St-Allyre qui me dit avoir fait graver, ou mouler à la grosse cloche, les vers que j'avais composés pour ce sujet. J'ai aussi reçu réponse

---

(1) Joseph Rome, frère de Pierre Rome.
(2) Edition de 1720, t. II, col. 259, Inst.

de D. Lamy et de D. Bastide. On m'envoie de Clermont le discours que prononça le Pape, dans le Consistoire, sur la mort de Charles Thomas (1), cardinal de Tournon. On ne peut rien voir de plus touchant, ni de mieux dit. Les épithètes que le Saint-Père donne à cet illustre cardinal méritent d'être racontées ici. Il l'appelle : *Orthodoxæ religionis zelatorem maximum, pontificiæ auctoritatis intrepidum defensorem, ecclesiasticæ disciplinæ assertorem fortissimum, magnum ordinis cardinalium lumen et ornamentum, virum vere apostolicum, insuetæ virtutis virum*, etc.. C'est pourtant cet homme, d'une vertu rare et extraordinaire, que les bons Pères ont persécuté dans la Chine ; et s'il en faut croire aux relations qui nous sont venues de ce grand royaume ou empire, l'ayant sustenté du pain de la tribulation et de l'eau d'angoisse, ils ont été cause de sa mort. Ce qui est constant, c'est que S. S., à la fin de son discours si éloquent, nous dit en termes couverts que les Jésuites sont les ennemis de l'Eglise (2) et qu'ils ont semé l'ivraie dans le champ

---

(1) Charles Thomas Maillard de Tournon, né à Turin, d'une famille piémontaise, le 21 décembre 1668. Le pape Clément XI le nomma, le 5 décembre 1707, son vicaire apostolique aux Indes et en Chine. Il y prohiba, en 1703 et en 1707, les rites malabares et les anciennes cérémonies chinoises encore pratiquées par les nouveaux chrétiens. Cette dernière interdiction mécontenta l'empereur de la Chine qui le fit arrêter et conduire à Macao, où il mourut le 8 juin 1710. Les Jésuites furent accusés d'avoir provoqué ces rigueurs. La conduite du légat, créé cardinal en 1707, fut approuvée par le Pape. Sa mission dans l'extrême Orient a donné naissance à une vive polémique, dont ce passage du journal de D. Boyer est un faible écho. — M. H. Wilhem, qui est profondément versé dans tout ce qui concerne l'histoire littéraire des Bénédictins, nous a signalé un écrit anonyme de D. Clémencet où se trouvent d'importants détails sur ce douloureux incident. Il est intitulé : *Lettre d'Eusèbe Philalethe à M. François Morenas, sur son prétendu abrégé de l'Histoire ecclésiastique de M. Fleuri, etc.* A Liège (Paris), Philippe Gramme, 1753, in-12. La 17e lettre est consacrée, tout entière, à raconter l'histoire des missions chinoises, les persécutions subies par le cardinal de Tournon et l'oraison funèbre qu'à prononcée, en son honneur, le pape Clément XI, devant le collège des cardinaux. Ces lettres virulentes, et qui rappellent parfois les *Provinciales de Pascal*, servent habituellement de supplément à l'Abrégé de l'Histoire ecclésiastique de l'abbé Racine. Voir *Hist. litt. de la Cong. de St-Maur*, p. 638.

(2) Il serait curieux d'avoir une copie authentique des paroles du Pape reconnaissant les Jésuites comme coupables de la mort du cardinal de Tournon.

de l'Eglise, puisque le cardinal de Tournon n'a point eu d'autres ennemis, dans sa légation, que les RR. PP. de la Société, *Inimicus homo*. Et leur général en est convenu, lorsqu'au commencement de décembre passé, assisté de ses assistants et des procureurs des provinces venus à Rome pour la Congrégation générale qui représente tout le corps jésuitique, il a présenté au vicaire de J.-C. un acte signé de tous par lequel ils se soumettent absolument, et sans restriction mentale, aux décrets de 1704, et autres émanés en conséquence, et donnés par le saint cardinal sur les cérémonies chinoises et sur l'idolâtrie tolérée et soutenue par leurs confrères. Le Pape a fait imprimer cet acte; Dieu veuille que, s'il n'est pas tout à fait volontaire, il soit du moins sincère. Le P. prédicateur de la Chaise-Dieu a fait un sermon pathétique pour prouver la facilité du pardon des ennemis. Prions avec ferveur pour la conversion de ceux de l'Eglise; et, pour me servir des paroles avec lesquelles Clément XI finit son discours, demandons au Seigneur : *Ut, avulsis ex agro missionis Sinensis, quæ inimicus homo super seminavit, zizaniis, catholicæ fidei seges illic reflorescat, et ad majorem Divini nominis gloriam uberius in dies multiplicetur.*

14 février. Le P. prieur reçut une lettre de M. l'évêque de St-Flour, qui me fait l'honneur de me saluer particulièrement. Je reçus trois réponses, du R. P. prieur de Souvigny, de celui de Vierzon et de M. Rome l'aîné. Je commençai ma semaine de célébrant. Le soir, après vêpres, on fit l'adoration de la Sainte Epine (1), à la manière accoutumée.

(1) Cette Sainte Epine n'était pas la seule relique importante de l'église de la Chaise-Dieu. On y conservait aussi les chefs de St Benoît, de St Robert et de Ste Ursule, un bras de St Sébastien, un de St Martin et un de St André. Ce dernier était contenu dans une châsse si riche, qu'elle fut déclarée capable de payer la rançon d'un roi, par François I, lors de sa visite à cette abbaye en 1533. La misère causée par les guerres de religion força les moines de la Chaise-Dieu à vendre, à Lyon, une partie de leurs reliquaires ; entre autres celui du chef de Ste Ursule qui avait été donné par un religieux, nommé Guy de la Barge, et avait coûté deux cents moutons d'or, celui du chef de St Martin et celui du chef de St Benoît. En 1625, ce dernier fut enfermé dans un nouveau reliquaire fait, à la sollicitation de D. Etienne Faure, réfecturier, qui

19 février. J'achevai heureusement mes exercices spirituels que j'avais commencés avec le Carême. Dieu me donne la grâce de garder les promesses que je lui ai faites. Je reçus le même jour une lettre de M. Rome le jeune, chanoine de la Cathédrale du Puy et de St-Vosy, qui me prie d'aller au Puy pour l'élévation des corps saints de six évêques du Puy, M. Bergonhon, syndic du Chapitre de St-Vosy, écrit à même temps au R. P. prieur que je suis absolument nécessaire, moi qui ne suis bon à rien, à cette cérémonie, et il m'envoie un cheval. Le P. prédicateur a publié un mandement du R. P. prieur général de l'exemption de la Chaise-Dieu (1), qui ordonne des prières publiques pour l'heureux succès des conférences d'Utrecht. Dimanche prochain et les deux jours suivants, le Saint Sacrement sera exposé, dans notre église, pour l'oraison des Quarante-Heures. Les trois dimanches suivant, on en fera autant dans nos trois paroisses. Ce mandement est bien dicté.

20. J'eus une cruelle journée, la neige et le vent de bise m'ayant accompagné depuis la Chaise-Dieu jusqu'au Puy, où j'arrivai sur les cinq heures du soir. Je trouvai MM. Peyret, syndic, et Rome le jeune, chanoine de la Cathédrale, avec M. Nolhac et M. Laussac, chanoines de St-Vosy, qui m'attendaient tous quatre au faubourg St-Laurent, malgré le froid violent qu'il faisait. Je couchai chez M. Montet, où j'ai toujours resté à l'ordinaire. Le même jour, D. Jacques La Codre, prieur de Savigneux, partit pour Montbrison après avoir obtenu le consentement des religieux de la Chaise-Dieu pour l'union du prieuré de Valflorie (2) aux Pères de St-Lazare, qui nous résignent le prieuré de Savigneux, dont l'un d'eux est titulaire,

---

y mit 600 livres, par un célèbre orfèvre de Paris, nommé Cranyer ou Camyet. En 1627, le même religieux fit exécuter, par le même artiste, le reliquaire du bras de St Robert. (*Hist. ms. de l'abbaye de la Chaise-Dieu*, par D. Gardon. B. N. Mss. Fr. 12777).

(1) Pour connaître les causes de cette exemption et les privilèges qui en étaient la conséquence, voir *L'Auvergne au Moyen-Age*, par M. Dominique Branche, pp. 257 et suiv. (Clermont F^d, 1842).

(2) Valfleury, près de St-Christo-Lachal-Valfleury, canton de St-Chamond (Loire).

et que nous faisons unir à la mense conventuelle. Le P. prieur de la Chaise-Dieu partit aussi pour La Vaudieu, où il doit recevoir demain la profession des deux sœurs de Berbezit (1), qui ont deux autres sœurs et trois tantes, dont l'une est prieure, dans la communauté de La Vaudieu. D. Joubert doit prêcher à cette cérémonie. Je reçus, à mon départ de la Chaise-Dieu, une lettre de D. Girardin et une de M. Montet.

21 février. Je dis la messe à l'autel de Ste Anne, à la Cathédrale, où le Saint Sacrement était exposé pour le troisième dimanche du mois. J'y entendis aussi la messe nouvelle de M. Sanial, chanoine, qui avait été ordonné prêtre le jour précédent. Je dînai magnifiquement chez M. le prévôt Genestet avec M. de Seneuge (2), son neveu, M. Marie, chorier, et M. Mauzac, avocat. Nous fûmes ensuite au sermon, où MM. de la Cathédrale me firent place dans leur tribune avec eux. Le P. Vidal, Jésuite, natif de la Voûte-de-Chillac, fit un sermon bien prouvé et bien pathétique ; il fit voir qu'il y avait moins de peine à servir Dieu que le monde, et plus de plaisir à servir Dieu que le monde. Après avoir entendu none, vêpres et complies, et pris la bénédiction du St Sacrement, je fus voir M. l'évêque, M. le doyen, M. l'abbé de Bassac (3) et autres amis, etc. MM. de St-Vosy me donnèrent un mandement du prélat, composé par M. Bergonhon, leur syndic, pour annoncer l'élévation des corps saints. Ils ont fait imprimer des hymnes que je leur avais envoyées pour la procession. Je soupai chez

---

(1) M^{elles} de Vichy de Berbezit.
(2) M. Genestet de Seneujols.
(3) Antoine Arcis, fils de François et de Marie Bonnet, abbé de St-Vosy, chanoine et vicaire-général du Puy, échangea la cure de St-Didier-en-Velay, contre l'abbaye de Bassac, au diocèse de Saintes, avec Antoine de Cellières, qui était né à St-Didier. Plus tard, il permuta, du consentement du Roi, cette abbaye pour la sacristie de St-Nizier de Lyon. où il mourut le 6 mars 1721. — Son neveu, François Arcis, fils de Claude-François et de Marguerite Crespe, lui succéda dans ce bénéfice, comme il l'avait fait, le 7 mai 1715, dans l'abbaye de St-Vosy. Il était en même temps prieur de St-Julien-du-Pinet, chanoine de N.-D. du Puy et conseiller au Présidial de cette ville, dans laquelle il mourut, le 29 août 1729.

M. Arcis, l'hebdomadier, oncle de M. Sanial ; le repas fut extraordinairement bien préparé ; il y avait un saumon de quinze livres, et une profusion de brochets, de truites et autres poissons. M. le doyen était de la fête avec neuf chanoines de la Cathédrale, et je faisais le onzième. M. Sanial est un très-bon prêtre, et un jeune homme d'espérance.

22 février. Je dis la sainte messe à la Cathédrale, à l'autel des Innocents. Je dînai chez M. Montet, avec M. Perrin et M. Guillet. Je fis collation avec M. Laussac, qui la payait, et avec M. Rome le jeune, chez M. Mathieu Rome, son frère, curé de St-Hilaire (1). Le matin, j'eus une longue conférence avec M. Pierre Rome l'aîné, pour les processions du Jubilé. Après dîner, je rendis plusieurs visites ; je fis quelques commissions pour nos Pères de la Chaise-Dieu, et je fus, avec MM. de St-Vosy, pour donner ordre aux reposoirs que l'on doit faire en Pannessac (2) et au Martouret (3), et à l'ornement de douze brancards et à plusieurs autres choses pour le bon ordre de la procession.

23. Je dis la messe à la Visitation. Je fus tout le matin avec MM. de St-Vosy. Je dînai splendidement chez M. le doyen de la Cathédrale, qui est un galant homme. Nous étions dix à table. M. Rousson, l'avocat, mon cousin, avait été invité à mon occasion. Après dîner, je fus à la maîtrise, où nous réglâmes ce que l'on chanterait à la procession de dimanche prochain. Je fis quelques visites, et plusieurs personnes de considération me firent l'honneur de me venir voir ; j'écrivis à M. Rousson, prieur de Beaune, fils dud. avocat.

24. Je tombai dangereusement malade d'une fausse pleurésie, et d'une violente oppression de poitrine. M. Montet a eu pour moi tous les soins imaginables. M. Galavel, médecin et M. Bellecombe, apothicaire et ministre de l'Hôtel-Dieu, m'ont

---

(1) St-Hilaire, paroisse de la ville du Puy, unie à celle de St-Pierre-le-Monastier.

(2) *En* Pannessac, expression locale. La rue Panessac était alors la plus belle rue du Puy.

(3) La place du Martouret, à cette époque, la plus grande de la ville.

très-bien servi. Les principaux chanoines de la Cathédrale, et tous ceux de St-Vosy m'ont rendu visite, de même que M. le curé de Solignac, celui de St-Georges, M. de Limandre (1), M. Chabron, subdélégué de l'intendant, et plusieurs autres de mes amis, surtout M. Berthon, curé de Retornac, etc...

25. M. l'évêque, après avoir dit la messe basse, ouvrit solennellement le tombeau de St Vosy (2), où l'on trouva le corps de ce saint évêque avec son chef au côté de l'évangile, dessous l'autel ; on trouva, du même côté, les ossements de St Scutaire, son successeur immédiat. Du côté de l'épître, on trouva cinq chefs rangés en forme de croix, et les ossements des SS. Suacre, Hermentaire, Aurèle et Bénigne, évêques du Puy (3). Le Seigneur ne voulut pas m'accorder d'assister à cette auguste cérémonie qui m'avait attiré au Puy. Il n'y a que les saints qui méritent de voir les reliques des saints.

28 février. — 3ᵉ Dimanche de Carême. Mgr l'évêque dit la messe solennelle à St-Vosy. On chanta l'office que j'avais composé. Après vêpres, on fit une procession générale. Tous les arts et métiers avaient chacun leur enseigne, etc. Après MM. de la Cathédrale, qui chantaient les hymnes que j'avais composées, et que M. Bergonhon, syndic, avait eu soin de faire imprimer, il y avait trente-six prêtres revêtus de dalmatiques qui portaient les Saintes Reliques, savoir, deux à chaque chef ou buste

---

(1) M. de Limandre était le fils de M. Chabron le subdélégué.
(2) St Vosy fut le 7ᵉ évêque du Puy, St Scutaire le 8ᵉ, St Suacre le 11ᵉ, St Hermentaire le 12ᵉ, St Aurèle le 16ᵉ, il mourut en 595, et St Bénigne lui succéda.
(3) Les archives municipales de la ville du Puy conservent (GG, 6.) les procès-verbaux d'ouverture du maître-autel de l'église St-Vosy en 1711 et 1712 Ce dernier a été publié, par M. Antoine Jacotin, dans les *Mémoires de la Société des Amis des Sciences et des Arts de la Haute-Loire*, 1878, pp. 268 et suiv.

et quatre à chaque châsse. Vingt-quatre ecclésiastiques, avec des torches, étaient à côté de chaque relique, et, entre chaque relique, il y avait des bourgeois armés. M. l'évêque terminait la procession suivi d'une foule de peuple. Les rues étaient tapissées, et l'on reposa les reliques au Martouret et en Pannessac. Pendant l'octave, le St Sacrement a été exposé à St-Vosy, et l'on y a prêché tous les jours, excepté aujourd'hui, à cause de la procession.

Le 29 février, M. P. Rome, chanoine de la Cathédrale, fit le premier sermon. L'église de St-Vosy était ornée de deux rangs de tapisseries de haute lice et de quantité de beaux tableaux. Nous avons appris la mort de Mgr le Dauphin (1), arrivée le 18 février, six jours après celle de Madame la Dauphine, qui mourut le 12 du même mois.

MARS.

1712. Le 1er, M. Arcons Genestet prêcha à Vosy. Le 2, M. Martin, chanoine de St-Paulien. Le 3, M. Laussac, chanoine de St-Vosy. Le 4, M. Bergonhon, chanoine et syndic. Le 5, M. Nicolas, curé de St-Ahond. Le 6, M. Arcis, chanoine, de la Cathédrale (2).

7. Le P. Vidal, prédicateur de la ville, qui, en cette qualité, est obligé de prêcher tous les ans à St-Vosy, à cause de la Dédicace de cette église et de la fête de Ste Perpétue, dont on y conserve les reliques. Après la bénédiction, on chanta le *Te Deum*, en action de grâces.

Le premier mars, le P. prieur de la Chaise-Dieu me vint voir et m'apporta une lettre du P. de Ste-Marthe, avec une liste de plusieurs abbayes où j'ai ordre d'aller. Il m'avait aussi amené un cheval, pour aller avec lui à Lyon.

---

(1) Le duc de Bourgogne, marié à Marie-Adélaïde de Savoie.
(2) Voir au 21 février 1712, note.

Le 2 mars, on tint l'Assiette du Velay (1), où le P. prieur assista, par députation de l'abbé de la Chaise-Dieu qui y a place, en qualité de prieur et baron du Bouschet-St-Nicolas.

Le 3, les Etats, ou Assiette, firent faire un service à la Cathédrale pour Mgr le Dauphin et son épouse.

Le 7, M. Nicolas prêcha, aux Jacobins, le panégyrique de St Thomas.

Le 10, le P. Peyret et le P. Bertrand, Jésuites, M. le doyen de la Cathédrale, etc., etc... me vinrent voir.

12 mars. Je sortis pour la première fois, pour aller dire la messe à Notre-Dame; mais, étant à l'église, je me trouvai si faible que j'eus de la peine à entendre la messe. Le P. cellérier de la Chaise-Dieu me vint voir. Il allait du prieuré de St-Privat (2) à celui de St-Julien de Chapteuil (3); l'un et l'autre dépendants de la Chaise-Dieu. J'ai écrit à D. Massuet, et au Père abbé de St-Allyre. M. Montet a un ancien Rituel en parchemin qui est fort bien peint. Dans l'ordre pour visiter un malade, il y a la bénédiction des cendres et du cilice. Dans la formule de l'extrême-onction, après les onctions de la poitrine, des épaules, des yeux, des oreilles, des narines et des lèvres, on lit les suivantes qui semblent particulières (4):

---

(1) Le Velay était un des pays de Languedoc qui se gouvernaient par des Etats particuliers, qu'on pouvait comparer aux Etats Généraux de cette province. Personne n'a mieux défini le rôle, et expliqué le fonctionnement de cette assemblée que M. Augustin Chassaing; *Chroniques d'Etienne Médicis, bourgeois du Puy*, t. II, pp. 506 et suiv. (Le Puy, 1874).

(2) St-Privat-d'Allier ou en Velay, chef-lieu de commune du canton de Loudes, arrondissement du Puy (Hte-Loire).

(3) St-Julien-Chapteuil, chef-lieu de canton, arrondissement du Puy (Hte-Loire).

(4) Au tome IV de l'*Histoire des Sacrements, ou de la manière dont ils ont été célébrés et administrés dans l'Eglise, et de l'usage qu'on en a fait depuis le temps des apôtres jusqu'à présent*, Paris, 1745, 6 vol. in-12. D. Charles Chardon, bénédictin de la Cong. de St-Vannes, a donné tout l'historique des formules liturgiques employées dans les différents diocèses pour ad-

Ad guttur. ✝ In nomine Patris et Filii et Spiritus Sancti, sit tibi hæc unctio olei sanctificati ad purificationem mentis et corporis, et ad munimen et ad defensionem contra jacula immundorum spirituum quod ipse prestare dignetur.

Ad collum. Ungo te oleo sanctificato ✝ in nomine Patris et Filii et Spiritus Sancti, ut more militis invicti preparatus ad luctam possis aereas superare catervas, per eumdem Dominum.

Après l'onction des mains et des pieds, il y a quelques oraisons et ensuite quatre bénédictions, dont voici la première :

Benedictio super infirmum. Dominus Jesus Christus apud te sit, ut te defendat, amen. Intra te sit, ut te reficiat, amen. Contra te sit, ut te conservet, amen. Ante te sit, ut te deducat, amen. Pro te sit, ut te redimat, amen. Super te sit, ut te benedicat, amen. Qui cum Patre et Spiritu Sancto....

13 mars. Dimanche de la Passion. J'entendis la messe de M. Moulin, syndic de St-Mayeul, à la Cathédrale, à la chapelle de St Sauveur, sous le clocher, et je fis la sainte communion. Je reçus des lettres de M. de Cambefort, conseiller d'Aurillac, et de D. F. Bastide, dépositaire de St-Allyre, qui m'envoie la fondation des Augustins et des Carmélites de Moulins; de Madame Marcland, veuve, à qui j'ai fait réponse, de M. Montet, chanoine de Monistrol; de D. François Girardin, religieux de St-Allyre, qui me mande qu'on est sur le point de fondre la grosse cloche où l'on doit mettre l'inscription de

---

ministrer l'Extrême-Onction. On est frappé (pp. 463-467) de l'identité complète des formules rapportées par D. Boyer, avec celles que renferme un Rituel de l'Extrême-Onction, remontant certainement au xe siècle, trouvé par le célèbre bibliothécaire du Vatican, Luc Holstenius, dans un couvent de Catane (Sicile) et, par lui, communiqué au P. Morin, de l'Oratoire. La formule *ad collum* du manuscrit du chanoine Montet est la même que celle du Rituel Sicilien ; avec cette différence que, dans celui-ci, elle est relative à l'onction de la tête. Enfin, la formule de D. Boyer, pour l'onction de la gorge, est celle qui, dans le manuscrit de Catane, se rapporte à l'onction du cou.

ma façon. On fondra, à même temps, celle de Ste-Claire, où l'on mettra l'inscription suivante :

Clarum edidi sonum, anno 1598. In honorem S. Claræ, auspice potentissima principissa Carola de Montmorency (1) Arvernorum comitissa, Francisca de Chaussecourt (2) abbatissa : Fracta et refecta clariorem edam sonum in honorem ejusdem S. Claræ anno 1712. Sedente super cathedram Petri Clemente XI, regnante Ludovico XIV. Annuente præsule nostro Francisco Boschart de Saron, favente Joachimo de la Chétardie (3), Carola d'Agrain, abbatissa (4).

13 mars. Après vêpres, on fit une procession générale par toute la ville, où l'on porta les mêmes reliques qu'à la fête de l'Assomption. Les rues étaient tapissées, et il y avait une foule de peuple extraordinaire. On fit cette procession pour demander à Dieu les dispositions nécessaires pour gagner le Jubilé.

14. M. le doyen reçut une Bulle de Clément XI (5) qui

---

(1) Charlotte de Montmorency, fille ainée de Henri I du nom, duc de Montmorency, Pair et Connétable de France, et d'Antoinette de la Mark-Bouillon ; mariée, le 6 mai 1591, à Charles de Valois, duc d'Angoulême, Comte d'Auvergne, fils naturel de Charles IX et de Marie Touchet.

(2) Françoise de Chaussecourte, fille de Blaise, seigneur de Cherdon, et de Marie de la Grange. Le Pape Sixte V lui accorda ses Bulles le 1er décembre 1587, et elle prit possession le 10 novembre 1588.

(3) Joachim Trotti de la Chétardie, né en 1655, au château de la Chétardie (Charente), entra dans la Congrégation de St-Sulpice, et fut supérieur des séminaires du Puy et de Bourges. En 1695, il fut appelé à Paris pour diriger la paroisse de St-Sulpice. En 1702, il refusa l'évêché de Poitiers auquel il avait été nommé. Il fut le directeur de la princesse de Condé, de la princesse de Conti et de Madame de Maintenon. Le roi Louis XIV l'avait en grande estime. Monsieur de la Chétardie, qui a laissé de nombreux ouvrages, mourut le 29 juin 1714. Sa sœur, Charlotte de la Chétardie, avait été abbesse de Ste-Claire de Clermont ; cela explique l'intérêt qu'il portait à cette maison, et que son crédit à la Cour rendait efficace.

(4) Charlotte de Pradier d'Agrain, d'une famille noble du Puy-en-Velay.

(5) Les démarches faites, pour l'obtention de cette bulle, par l'assistant de France du supérieur général des Jésuites et le procureur général de la Congrégation de St-Maur, D. Philippe Raffier, sont rapportées dans le *Mémoire sur le Jubilé de Notre-Dame du Puy* du chanoine Pouderoux, publié par M. l'abbé Payrard, p. 14. (Le Puy, 1874).

proroge le Jubilé jusqu'au 4 avril inclusivement, et qui l'étend aux Religieuses, aux malades, aux prisonniers, etc...

17. Je commencai à dire la messe à la chapelle des Saintes Reliques de l'église de la Cathédrale.

M. Montet m'a prêté un ancien état des charges de la Cathédrale. Il y a plusieurs coutumes fort curieuses. J'ai trouvé un trait d'histoire, feuillet 12, qu'il faut mettre ici, car peut-être il serait difficile de le trouver ailleurs.

« Le XVI jour du mois d'octobre, lequel jour se célèbre
» dans cette église l'office de *Nomine Jesu*, suivant la fonda-
» tion faite et ordonnée par messieurs les consuls de cette
» ville du Puy, instrument receu par Maîtres Maurice Leblanc,
» notaire, secrétaire du vénérable chapitre, et Jehan Chillac,
» notaire, secrétaire desd. sieurs Consuls, en datte du xxiiii
» jour de novembre 1594, en reconnaissance et actions de
» grâces, à Dieu et à la glorieuse Vierge-Marie, de l'admira-
» ble et miraculeuse délivrance de cette dicte ville procédée
» d'une singulière faveur et miséricorde de Dieu, par l'assis-
» tance de laquelle la trahison et entreprise que les ennemis
» de Dieu et de lad. ville et aulcuns habitans leurs adhérans
» et complices avaient sur icelle, fut découverte et rompue,
» les aulcuns desd. habitans auteurs de lad. trahison trou-
» vez en armes le sabmedi, xve jour dud. mois octobre aud.
» an, environ les neuf heures de nuit, ayant été faits prison-
» niers, et le lendemain jour de dimanche, xvie dud. mois au
» matin, sur l'ouverture de la porte le sieur Chatte, assisté de
» plusieurs grands et factieux capitaines et grand nombre de
» gens de guerre, sous l'assurance qu'ils avaient desd. habi-
» tans traîtres, ayant voulu furieusement gagner la porte St-
» Gilles, aurait été avec plusieurs des adhérans et complices
» mis en pièces et autres faits prisonniers, et ladite ville déli-
» vrée de son entière ruine qui, par la seule voye humaine,
» était inévitable : au moyen de quoi la susd. fondation a été
» érigée, et pour la solennité et entretènement du divin service,
» lesd. sieurs consuls ont fondé et légué à perpétuité la som-

» me de six écus deux tiers, pour pension annuelle, payable an-
» nuellement à MM. les secrestains de lad. église, etc., etc. (1).

Les MM. de St-Vosy, m'ont prêté un ancien Missel du Puy, en vélin (2). Les cérémonies de la messe sont assez particulières, de même que les prières. A la messe de N. B. P. St-Benoît on dit l'oraison comme nous la disons dans l'Ordre, l'évangile *Vigilate*, la postcommunion *Perceptis*; le reste est du commun, excepté la secrète qui est comme s'en suit :

Secreta. — Paternis interventionibus magnifici pastoris Benedicti, quæsumus familiæ tuæ, omnipotens Deus, commendetur oblatio cujus vitalibus decoratur exemplis. Per Dominum. Les oraisons de St Thomas, archevêque de Cantorbéry, sont aussi bien particulières. Il y a de semblables Missels à la Cathédrale et chez M. le prévôt de l'église.

17. Après dîner, j'ai rendu quelques visites à M. le doyen et autres chanoines, qui m'avaient fait l'honneur de me venir voir. Après complies, j'ai demeuré deux heures aux archives basses de la Cathédrale, où il y a deux anciens graduels en beau vélin, une bible de même, les Epîtres de St Jérôme, les ouvrages de Sulpice Sévère avec des miniatures et quelques autres Mss. (3).

---

(1) Voir *Mémoires de Jean Burel, bourgeois du Puy*, publiés par M. Augustin Chassaing, p. 389 et suiv. (Le Puy, 1875).

(2) Ce Missel a eu la bonne fortune de tomber entre les mains de M. Bertrand de Doue. Il est encore conservé avec un soin pieux, par les enfants de l'honorable ancien président de la Société académique du Puy. Bien que l'ornementation de ce beau manuscrit soit celle employée par les artistes du xve siècle, et que son calendrier ait été dressé en une année, où la fête de l'Annonciation coïncidait avec le Vendredi-Saint, on ne peut préciser celle pendant laquelle il fut exécuté; car, à cette époque, les Jubilés de N.-D. du Puy se succédèrent à des intervalles assez rapprochés : 1407, 1418, 1429 et 1440. Le suivant n'eut lieu qu'en 1502.

(3) Nous engageons nos lecteurs à se reporter aux pages que M. Léopold Delisle a consacrées aux Manuscrits du Chapitre du Puy. Ce serait enlever de leur intérêt d'en donner seulement des extraits, et notre cadre ne nous permet pas, à notre grand regret, de les reproduire en entier. (*Le Cabinet des Manuscrits de la Bibliothèque Impériale*, t. I, p. 509 et suiv.).

Voir aussi la notice que le très-savant et si bienveillant Administrateur Général de la Bibliothèque Nationale a écrite, à l'occasion d'un de ces manuscrits : *La Bible de Théodulphe.* (Paris, Champion, 1879).

18. Je dis la messe à la Cathédrale, au St Crucifix ; on y célébrait solennellement la fête de St Gabriel. On a publié un mandement de M. l'évêque du Puy, en date du 11 mars, pour ordonner des prières publiques pour feu Mgr le Dauphin et Mme la Dauphine. La lettre du Roi à M. l'évêque est datée de Marly du 20 février. On a publié une autre lettre de M. l'évêque, en date du 14 mars, pour avertir du Bref de N. S. P. le Pape, donné à Rome, le 18 février dernier, pour la prorogation du Jubilé. Le Banquier (1) écrit que Sa Sainteté souhaite qu'on lui envoye une relation du Jubilé. J'assistai à complies à la Cathédrale. J'écrivis au P. prieur de la Chaise-Dieu, à D. Jean Perbet, à D. Girardin, à D. Bastide.

19 mars. Je dis la sainte messe à la Cathédrale à l'autel de Ste Anne, St Joseph, etc.... J'entendis les vêpres solennelles à la Cathédrale, après lesquelles M. l'évêque donna sa bénédiction ; le P. Vidal fit ensuite le panégyrique de St Joseph. *Electus ex millibus,* il fit voir que la qualité d'époux de Marie était la source de sa sainteté, et la qualité de père de Jésus la source de son bonheur. Après dîner, je fis quelques visites, et je trouvai chez M. Martel, avocat, quelques terriers de la Chaise-Dieu et de La Vaudieu. J'entendis complies à la Cathédrale, et ensuite le *Stabat* que l'on y chante en musique tous les samedis de Carême. Plusieurs chanoines et choriers de la Cathédrale, des prêtres et des séculiers de la ville font retraite dans le Séminaire et dans les monastères, pour se disposer au Jubilé.

20 mars. Dimanche des Rameaux. On apprit la mort de M. le Dauphin, ci-devant duc de Bretagne (2), arrivée le 8 de ce mois. Il était âgé de cinq ans deux mois. Je dis la messe, à la Visitation, pour Madame Peyret, nièce de l'abbé Peyret, Ursuline de Monistrol, décédée au Puy. On la doit enterrer ce

---

(1) Les Banquiers, expéditionnaires en Cour de Rome, étaient des officiers qui se chargeaient de faire venir toutes les Bulles, Dispenses et autres expéditions qui se font en cette Cour.

(2) Louis de France, fils du duc de Bourgogne, né le 8 janvier 1707.

soir, après vêpres, à la Visitation. J'entendis tierce et la grand'messe à la Cathédrale. Les chanoines avaient fait la bénédiction des palmes dans l'église de St-Laurent. On éteint les cierges pendant la Passion dont on chante une partie en musique, à savoir celle des troupes ou de la synagogue. J'entendis, à la Cathédrale, le P. Vidal qui prêcha sur la dévotion à la Ste Vierge. Son discours était fort bon, mais hors de propos. Il fit voir la dévotion et l'attachement que nous devons avoir pour Marie : *Adhæsit anima mea post te.* La protection de Marie envers ses dévots : *Me suscepit dextera tua*, et l'assurance de salut attachée au service de Marie : *Ipsi vero in vanum quæsierunt animam meam.* Après le sermon, j'assistai à none, vêpres, complies et à la procession du St Sacrement que l'on fit pour le troisième dimanche du mois. Je vis ensuite, dans la cour de l'évêché, la revue des six compagnies des Isles (1) de la ville et de la compagnie de N.-D. du Puy. Il y avait en tout environ 700 hommes, dont M. Pinot est colonel. Ces soldats ont gardé l'église pendant tout le Jubilé, chaque compagnie montant la garde tour à tour.

21 mars 1712. Je dis la messe à St-Georges, à l'autel de l'Enfant Jésus, pendant que M. l'évêque la disait au maître-autel. J'ai assisté ensuite à la translation ou changement des reliques des Saints Georges, premier évêque du Velay, Agrève, évêque du Puy et martyr, et Hilaire, évêque de Poitiers. Le prélat, après avoir dit le *Veni Creator, etc..,* a changé ces reliques, des vieilles châsses dans des neuves qui sont fort propres. On m'avait fait l'honneur de m'inviter à cette cérémonie pour lire les procès-verbaux. Dans la châsse de St Georges, nous avons trouvé les ossements en bon état (2), le procès-verbal de Pierre, évêque du Puy l'an 1160, et les autres dont il est

---

(1) La ville du Puy était divisée en quartiers ou îles. Voir le plan de la ville du Puy en 1544. (*Chroniques d'Etienne Médicis*, publiées par M. Augustin Chassaing, t. II, p. 600). — Les compagnies des îles formaient une garde urbaine, employée surtout au maintien de l'ordre public.

(2) *Gallia Christiana*, 1720, t. II, col. 687.

parlé dans l'histoire du Puy (1), avec un marbre fort ancien dont M. Gohet, chanoine et doyen de St-Vosy, a parfaitement bien imité les caractères. Dans la châsse de St Hilaire, nous avons vu les ossements presque tous en charbon, excepté les plus gros qui sont tous noircis. Il y a un marbre, mais il est plus récent que celui de St Georges (2). Dans la châsse de St Agrève, il n'y a point de marbre; mais les ossements et les procès-verbaux sont en bon état.

22 mars. J'écrivis au P. de Ste-Marthe et je lui envoyai une copie des inscriptions des marbres de St Georges et de St Hilaire, une relation de la translation des SS. Vosy, Scutaire, Suacre, Hermentaire, Aurèle et Bénigne, évêques du Puy ; de plus les inscriptions bien imitées des marbres que l'on a trouvés dans les châsses de St Vosy et de St Scutaire (3) ; la description d'un calice de plomb, d'un morceau de fer, d'un bâton de bois, qui semble un bâton pastoral, et d'une cuiller de bois dur, qui paraît être de cerisier ou de poirier, qui a sept pouces et quelques lignes de longueur ; le cuilleron a environ quatre pouces et demi de longueur, sur deux de largeur, avec une juste profondeur ; le manche, qui a environ trois pouces, a aussi un trou au bout, comme si on voulait l'attacher à la ceinture (4). On trouva toutes ces choses dans la châsse de St Vosy, couverte de peau, au calice près qui était à côté de l'épître, au milieu de quatre chefs rangés en forme de croix, et la moitié du chef de St Scutaire. L'autre moitié du chef de St Scutaire était dans la châsse où étaient ses ossements. Cette châsse et celle de St Vosy étaient du côté de l'évangile ; car il y a une séparation au milieu de la concavité de l'autel, qui est d'une seule pierre creusée comme un sépulcre (5). On trouva aussi, au-dessous des

---

(1) Odo de Gissey, 1644, pp. 236 et 257. — Le frère Théodore, p. 170.

(2) Ces inscriptions sont figurées dans le *Gallia Christiana*, 1720, t. II, col. 688.

(3) Voir *Hist. génér. de Languedoc*, 1745, t. v, p. 675.

(4) Voir *Les Premiers Evêques du Puy*, par M. A. Aymard (Annales de la Société d'agriculture du Puy, t. XXIX, pp. 556 et 557).

(5) On voit ce sarcophage au musée de la ville du Puy.

quatre corps saints qui étaient rangés pêle-mêle, environ quatre doigts (1) de vieux linge, de vieux ornements, etc..., un autre corps avec la tête en plusieurs pièces ; mais on n'en sait pas le nom. Au bord de la pierre qui couvre l'autel on lit les trois vers suivants en lettre gothique.

> His patribus dignis urbs claruit inclyta signis,
> Virgine dante pia, quam signat imago, Maria ;
> Nam Deus exaudit hos sex quos hæc petra claudit.

Le même jour, 22 mars, j'ai dit la messe au collége, à l'autel de Notre-Dame du Secours. Le R. P. Peyret m'a enrôlé dans la confrérie, où M. de la Roche-Aymon est le premier enrôlé ; en quoi il a été suivi de plusieurs chanoines, ecclésiastiques, religieux et des principaux de la ville. J'y ai fait aussi écrire le nom de feu mon père. La première institution de la confrérie de N.-D.-du-Secours fut faite dans le collége de Ste-Foy, ville de l'Amérique (2). Innocent X l'approuva le 13 août 1653. Alexandre VII, Clément X et Innocent XI ont confirmé cet établissement. Clément XI, à l'imitation de ses prédécesseurs, a accordé l'érection de cette confrérie, dans l'église du collége du Puy, par sa bulle donnée à Rome le 1er juillet 1711, et l'on en fit la première solennité au Puy, le jour de la Purification 1712. Cette confrérie est une association de plusieurs personnes, qui font dire chacune deux messes par an pour les associés ; et par là l'on a part, pendant sa vie, à plus de 200,000 messes, et, après sa mort, à plus de 400,000, que l'on dira à perpétuité. Après que je l'eus dite aud. autel, le

---

(1) C'est-à-dire, une épaisseur de quatre doigts, environ six à sept centimètres.

(2) La congrégation de N.-D. de Secours a été instituée au collége de la Compagnie de Jésus à Santa-Fé de Bogota. Elle fut ensuite établie en plusieurs villes.

Le P. François Varaiz, né dans le royaume de Valence, et mort en Amérique, dans la Nouvelle-Grenade, le 5 janvier 1658, imprima, vers 1649, un petit traité sur la congrégation de *Nuestra Senora del Socorro*, dont il était fondateur.

P. Peyret et le P. Bergonhon me firent prendre un doigt de vin au réfectoire, car le bon Dieu m'a donné la force de jeûner pendant la Semaine Sainte. Je dînai magnifiquement chez M. Chabron, subdélégué de M. l'intendant du Languedoc, avec son aîné, M. de Limandre, et un capitaine d'infanterie. Après dîner, je travaillai jusqu'au soir chez M. Martel, avocat, qui a beaucoup de titres de l'abbaye de Doüe, deux terriers de la Chaise-Dieu, un de La Vaudieu, etc... Je reçus des lettres de D. Chabrut (1), zélateur de Limoges, de D. Lamy, zélateur à Clermont, de D. Jean Perbet, de M. du Crohé, marchand à Clermont. Ce dernier m'envoie deux émaux de la façon de Laudin, que D. Amable Chabrut a eu le soin de faire faire pour le prix de 25 livres. L'un représente St Hilaire, évêque de Poitiers ; il est en forme de bénitier, avec une coquille au-dessus où sont les armes de M. Hilaire Montet, mon bienfaiteur, à qui j'en ai fait présent. L'autre est une figure de St Mayeul, abbé de Cluny, telle qu'elle est gravée par Jollain au commencement du ve tome des Actes des Saints de l'Ordre de St-Benoît. Elle est de la même grandeur ; et M. le doyen de la Cathédrale, baile-mage de l'Université de St-Mayeul, et les autres chanoines, à qui j'ai fait voir cet émail, l'ont trouvé d'une beauté achevée. Au bas, on lit ce qui suit :

> Forma scapularis B. Mayoli Abb. Cluniac.
> cujus pars, quam hîc veneraris, Eccl. Aniciensi
> à monachis Silviniaci concessa est
> anno Jubilæi Aniciens. 1712.

23 mars, Mercredi-Saint. J'entendis, à la Cathédrale, une grand'messe célébrée, en l'honneur de la Vierge, par M. Girardin, grand-vicaire, et chantée en musique. M. l'évêque et tous les corps de la ville y assistèrent pour demander à Dieu, par l'entremise de sa mère, la grâce de bien commencer le Jubilé.

---

(1) D. Amable, *alias* Pierre Chabrut, né à Ardes, diocèse de Clermont, fit profession à l'âge de 20 ans, dans l'abbaye de St-Augustin de Limoges, le 18 février 1705, et mourut à Souillac, le 17 février 1731.

J'entendis aussi complies à la Cathédrale, et ensuite l'office des ténèbres, après lequel on porta solennellement l'image de Notre-Dame du Puy sur l'autel que l'on avait dressé exprès dans la nef de l'église, à l'aile droite, du côté du St Crucifix, sur un échafaud orné de riches tapisseries, etc... L'autel était orné des reliques et de quantité d'argenterie. Il y avait un si grand luminaire que, chaque jour du Jubilé, il s'y est consumé pour 50 écus de cire blanche pour le moins, car chaque jour il s'y est brûlé 150 livres pesant de cire. Toute la nef et le devant du jubé étaient ornés de tapisseries de haute lice, de tableaux, de bras dorés, de plaques et de lustres de bronze doré. Pour représenter le concours des deux mystères, de l'Annonciation et de la mort du Fils de Dieu, qui ont donné occasion au Jubilé, on avait mis au devant du jubé, sous un dais magnifique, un beau crucifix d'argent et, à côté, deux excellents tableaux, l'un de la Vierge, et l'autre de l'ange Gabriel annonçant le mystère de l'Incarnation. On porta donc la sainte image sur le d. autel, en cet ordre. Les deux porte-croix étaient précédés du suisse, du bedeau et de plusieurs soldats des Isles. Ensuite venait le capiscol (1), les quatre plus anciens chanoines, en chape, portant chacun un gros flambeau de poing, deux enfants de chœur avec des chandeliers d'argent, deux thuriféraires, les deux sacristains et les deux gardes d'autel, revêtus de dalmatiques, portaient la sainte image sur un embalais ou civière à col richement parée. M. l'évêque, revêtu des ornements pontificaux, terminait la marche. Les chanoines étaient rangés en haie au bas du chœur, et quantité de noblesse occupait les hautes stalles, et les uns et les autres avaient des cierges de cire blanche allumés pendant toute la cérémonie. La musique était dans une tribune qui répond au chœur, et, au d. autel, elle chanta un motet à l'honneur de la Vierge, et le carillon sonna pour annoncer cette espèce de translation, que l'on ne fait jamais qu'au Jubilé du Puy. M. d'Agrain et M. de

---

(1) Capiscol a ici la même signification que Précenteur, et veut dire le chef des chantres.

Voliac étaient à côté de la sainte image, tenant l'épée nue, et ils restèrent de même, chaque jour du Jubilé, à côté de l'autel, en qualité de chevaliers de N.-D. du Puy (1). Le gradin le plus près de cet autel était brisé, au milieu, par un socle sur lequel on plaça l'image de la Vierge. Sur un gradin plus haut, brisé par un autre socle, était placé le St Prépuce (2). L'autel fut toujours gardé par plusieurs soldats et officiers. Il y avait aussi toujours des chanoines ou choriers qui y priaient pendant le jour, et les portiers pendant la nuit. Deux chanoines couchèrent aussi dans l'église pendant le Jubilé, et on ne saurait donner assez de louanges au zèle et à la piété de Messieurs de la Cathédrale.

24 mars 1712. Je dis la messe à St-Vosy. M. l'évêque dit la messe solennelle à la Cathédrale, et bénit le St Chrême. Le P. Vidal fit ensuite le sermon pour l'ouverture du Jubilé, dans la chaire de pierre qui est au Fort (3). J'assistai, en chape, à la procession avec les Bénédictins de St-Pierre, qui ont le premier rang après la Cathédrale. Tous les soldats des Isles, sous les armes, précédaient la procession; ensuite, venaient tous les chefs de métiers, précédés de leurs enseignes, les confrères de Notre-Dame du Puy et du Très-Saint Sacrement, en grand nombre, et tous les autres, à la manière accoutumée; à cela près, que tout le clergé était en chape, et que chaque église portait ses reliques sur des embalais ou petits brancards richement parés. M. l'évêque marchait le dernier, suivi d'une foule innombrable de peuple. Les rues étaient tapissées, et les avenues gardées par des soldats. Ceux du régiment de Saillant bordaient la place du Martouret. Quand la procession fut arri-

---

(1) Cette place d'honneur était généralement occupée par quelques-uns des barons du Velay, et, en leur absence, par des gentilhommes de la meilleure noblesse du pays.

(2) Voir *Chroniques d'Etienne Médicis*, publiées par M. A. Chassaing, t. I, p. 54.

(3) La place du Fort est attenante à la Cathédrale, du côté méridional. Cette chaire de pierre fut démolie en 1762, par les ordres de Mgr Lefranc de Pompignan.

vée à la porte dorée (1), on chanta en musique le psaume *Jubilate*, et M. l'évêque ouvrit la porte, en frappant trois fois avec sa crosse.

La procession finie, et chacun ayant fait sa prière devant l'autel du Jubilé, où M. l'évêque avait exposé le St Sacrement après la messe, sur un troisième socle, au-dessus du St Prépuce, on dit vêpres au chœur, et chacun se retira en paix. A deux heures, je fus au *mandatum*, à la Cathédrale, où M. l'évêque les mains (*sic*). On me donna un petit pain et un verre de vin, comme aux chanoines. J'assistai à complies et aux ténèbres, où l'on chanta merveilleusement les leçons de Jérémie. Il y avait un corps de garde à la Cathédrale, et les officiers donnèrent si bien les ordres, et on fut si ponctuel à les exécuter et à ouvrir à propos les barricades, qu'il n'arriva aucun désordre. Sur le soir, D. Gabriel de Veyrac, prieur de St-Pierre-le-Monastier (2), avec MM. les curés dud. St-Pierre et de St-Hilaire et toute la paroisse, qui est la plus nombreuse de la ville, vinrent en procession visiter l'église, pour gagner le Jubilé. Les Pénitents firent aussi leur procession, à l'accoutumée. La foule du monde qui visita l'église pendant le Jubilé, fut extraordinaire ; on les faisait entrer par la grande porte, et sortir par celle de St-Jean. Je dînai hier chez M. Rome, avec le Père recteur du collège de St-Flour, le P. Rome, préfet, etc...

25 mars 1712. Le Vendredi-Saint, M. Girardin dit la messe basse de la fête de l'Annonciation, au nouvel autel du Jubilé, et consacra plusieurs petits pains, car il en manquait déjà, tant l'affluence des communiants était grande. Je visitai plusieurs églises où le St-Sacrement était exposé. Le P. Vidal prêcha la Passion à St-Pierre-le-Monastier, où assista M. l'évêque, etc. J'assistai à la Cathédrale, à l'office, où M. l'évêque assista, étant sur son trône épiscopal. M. le doyen officia. Il n'y a rien

(1) La porte dorée se trouvait tout au haut du grand escalier de la Cathédrale. Elle n'existe plus aujourd'hui.
(2) Le prieuré de St-Pierre-le-Monastier, situé près de la place du Martouret, dépendait de l'abbaye du Monastier-St-Chaffre. On avait établi, dans l'église de ce prieuré, une paroisse à laquelle fut unie plus tard celle de St-Hilaire.

de particulier, sinon qu'après l'adoration de la croix, on lave les reliquaires, qui sont apportés au célébrant par plusieurs chanoines ; et, après l'adoration, on dit trois fois *Ave Maria gratia*, etc..., en découvrant le reliquaire d'un des souliers qu'on dit être de la Vierge. On rapporta le St Sacrement au maître-autel, de celui du Jubilé, en procession. J'assistai aux ténèbres de la Cathédrale, où il y avait quantité de noblesse, qui a resté au Puy presque tout le temps du Jubilé, entre autres les familles de la Rochefoucaud de Langeac, de la Rochefoucaud de Rochebaron, de la Rochefoucaud de Gondras, de Lafayette, de Langeac de Dalet, de Chauvigny, de Duprat, de Siougeac, de Beauvergier-Montgon, de Canillac, de Berbezit, de Guiolet, du Tronchet, de Scorailles de Roussille, d'Apcher, de Colombines, de la Roque, de Beaumont de Briges, d'Allègre, de Domèze, de Chavagnac, etc..., et plusieurs autres du Velay, d'Auvergne, du Forest, du Lyonnais, du Vivarais, du Rouergue, etc., etc.... Les paroisses de St-Vosy et de St-Pierre-la-Tour (1), furent en procession à la Cathédrale, sur le soir du Vendredi-Saint.

26. Je dis la messe à la Cathédrale, à l'autel de St-Laurent; je visitai l'église, pour gagner le Jubilé. J'assistai à prime et aux autres petites heures, que les chanoines disent pendant ces trois jours, debout, rangés sur deux lignes au bas du chœur. J'assistai aussi à tout l'office du matin et du soir. M. Pradier, hebdomadier, le plus ancien des chanoines, célébra la messe, à laquelle assista M. l'évêque. On bénit les fonts-baptismaux à St-Jean, qui sont les seuls de la ville, et où l'on baptise tous les enfants. Avant complies, on chanta le *Stabat Mater* en musique. Après complies, M. l'évêque, en chape, rapporta le St Sacrement à l'autel du Jubilé. Je dînai chez M. Girardin, et fis collation chez M. le doyen. La paroisse de St-Georges fut en procession à la Cathédrale, avec les Pénitents du Confalon,

---

(1) St-Pierre-la-Tour (*S. Petrus de Turre*), ancienne abbaye sécularisée, était devenue une des paroisses de la ville du Puy.

et les pauvres de l'Hôpital-Général. Celle de St-Jean de Jérusalem (1) y fut aussi.

27 mars 1712. Le saint jour de Pâques, j'assistai aux matines de la Cathédrale, où M. l'évêque officia de même qu'à la grand'messe et à vêpres où j'assistai aussi. Je dis la sainte messe à l'autel des SS. Innocents.

28. Je dis la messe à St-Vosy, où MM. les chanoines me donnèrent à déjeûner de même qu'hier et demain (sic).

L'affluence du peuple fut extraordinaire le lundi et le mardi ; en telle sorte qu'on ne pouvait passer dans les rues qu'avec beaucoup de peine. Toutes les paroisses de l'archiprêtré de St-Paulien vinrent en procession à la Cathédrale. Celle de la collégiale de St Georges, où était autrefois le siège épiscopal du Velay, se distingua par son bel ordre. Les chantres portaient la mitre, et le célébrant le bâton pastoral de St Georges. La procession de Polignac, où sont les Chanoines-Réguliers, était la plus nombreuse. J'assistai aux vêpres de St-Vosy.

29. Je dis la messe à St-Georges, ma paroisse (2), à l'autel du St Enfant Jésus, en l'intention de faire mes Pâques. Je dînai chez M. l'abbé Arcis, avec Mme l'abbesse de Vorey, etc.. Les paroisses de l'archiprêtré de Monistrol allèrent en procession à Notre-Dame. Les chantres de Monistrol portaient la mitre et le bourdon. Il y eut, ce jour-là, environ quarante processions.

30 mars. Je dis la messe à St-Vosy. Les paroisses de l'archiprêtré de Tence (3) furent à la Cathédrale en procession.

31. Les processions de l'archiprêtré de Solignac se rendirent pareillement à Notre-Dame. Ainsi, pendant ces quatre jours, tout le diocèse du Puy fut gagner le Jubilé. Pendant que j'y restai, je dis la messe à la Cathédale ou à St-Vosy, à moins

---

(1) Commanderie de l'ordre de Malte, dépendant du grand bailli de Lyon, qui nommait à la cure. Elle était située à l'est de la ville, dans un faubourg.

(2) D. J. Boyer était né sur cette paroisse.

(3) Le diocèse du Puy comprenait seulement les trois archiprêtrés de St-Paulien, de Monistrol et de Solignac.

que je ne marque une autre église. M. le comte de Langeac me donna à dîner.

AVRIL.

1. Les Bénédictins de l'abbaye de St-Théofrède du Monastier vinrent en procession au nombre de vingt-cinq. Ils étaient tous en chape, précédés d'un grand nombre de Pénitents-blancs et de filles revêtues de même couleur. On sonna la seconde cloche de la Cathédrale ; M. le doyen et trois autres chanoines les reçurent à l'entrée de l'église. M. de Plagnol, capiscol de lad. abbaye, célébra la messe à l'autel de St Mayeul ; la musique de la Cathédrale et les religieux chantèrent à l'alternative. Les Pénitents de St-Flour, de Brioude et de Langeac sont aussi venus en procession à Notre-Dame. Ceux de Brioude avaient avec eux la musique de St-Julien, qui chanta une grand'-messe fort proprement (1). Aujourd'hui et demain (sic), je dis la messe au baptistère de St-Jean. Je dînai et soupai chez M. le prévôt.

2 avril. Les Carmes de la ville furent à la Cathédrale en procession.

3. Les Cordeliers y furent de même, précédés des Filles du Tiers-Ordre et d'un grand nombre d'hommes sous les armes. Je dînai avec D. Jean-Baptiste Perbet, religieux de la Chaise-Dieu, qui vint au Puy gagner le Jubilé de même que D. B. Jourda, D. L. Cavelier et D. J. Joubert. Nos Pères de Chanteuges y vinrent aussi, savoir le R. P. prieur, D. Thomas Viviers et D. F. Rochon. Il y avait plusieurs autres religieux étrangers de divers Ordres, six Chartreux, plusieurs Bernardins, Minimes, Récollets, etc.., et plusieurs religieuses des Chases, de La Vaudieu et toute la communauté de Vorey.

4. On célébra la fête de l'Annonciation avec grande solen-

---

(1) Voir la relation du pèlerinage des Pénitents-blancs du Confalon de Brioude à N.-D. du Puy, lors du Jubilé de 1712 (*Mélanges historiques*, publiés par M. l'abbé Payrard, 2ᵉ fascicule, p. 106).

Il n'existe plus de confrérie de Pénitents à Brioude : mais nous nous rappelons avoir assisté en 1864 à l'arrivée des Pénitents de St-Flour qui venaient accomplir, malgré la neige, ce traditionnel pèlerinage.

nité. Après vêpres, on fit la clôture du Jubilé par une procession semblable à celle de l'ouverture, et il y eut une foule extraordinaire. On croit qu'il y a eu près d'un million d'étrangers(1) qui sont venus gagner le Jubilé. Il y a eu des étrangers de Savoie, de Strasbourg, de Paris, d'Angers et de plusieurs villes éloignées du Royaume. Dieu nous fasse la grâce de bien conserver celle du Jubilé, par les mérites de J.-C. et de sa divine Mère.

5 avril. D. Perbet et moi dîmes la sainte messe à St-Pierre-le-Monastier. Je la dis à l'autel de St Benoît, dont je faisais l'office. Je dînai à la prévôté. J'entendis vêpres à Notre-Dame.

6. Je dis la sainte messe, à la Cathédrale, à l'autel de Ste Anne et de St Joachim, dont on faisait l'office en mîtres. La Ville fit dire une messe solennelle, au grand autel, en actions de grâces pour le Jubilé.

7. Je dis la messe dans la salle de l'Hôtel-Dieu et j'y dînai avec M. curé, M. le pénitencier et M. l'administrateur. Les officiers des Isles firent célébrer une autre grand'messe à la Cathédrale, et le chapitre leur donna à dîner, de même qu'aux confesseurs étrangers.

8. Je dis la messe à St-Vosy.

9. Je la dis à Ste-Marie.

10. Je la dis, à la Cathédrale, à l'autel de St Mayeul. Je dînai avec M. Girardin, chanoine de la Cathédrale et grand-vicaire (2). Je fis un marché de douze écus avec M. François (3), habile peintre, pour un tableau de St Bénigne, évêque du Puy, que l'on doit poser dans la salle de l'Hôtel-Dieu, dont il a été le fondateur. Je fis un autre marché, avec le même peintre, pour deux tableaux de St Vosy et de St Scutaire, évêques du

---

(1) Dans cette évaluation, D. J. Boyer s'est laissé entraîner par son admiration et son enthousiasme. D'après des documents officiels, ce chiffre aurait été, approximativement, de cent mille pèlerins.

(2) Pierre-Nicolas Girardin, qui mourut au Puy le 5 décembre 1723.

(3) Barthélemy François, peintre comme Jean, son père, et comme son grand-père le célèbre Guy François, mourut au Puy, le 6 février 1715, âgé d'environ 60 ans.

Puy. Des personnes dévotes m'ont confié ce soin, et m'ont donné l'argent.

Les paroisses de St-Georges et de St-Pierre-la-Tour firent leurs processions à la Cathédrale, à la manière accoutumée, toutes les paroisses de la ville et du diocèse ayant coutume de faire une semblable procession tous les ans depuis Pâques jusqu'à la Pentecôte. Le même jour, Pouderoux, enfant de chœur de la Cathédrale, sortit de la maîtrise et fut reçu au nombre des choriers. M. le doyen le fouetta sur sa robe avec des verges (1), ensuite, après lui avoir fait prêter serment en chapitre (2), il le conduisit au chœur, lui mit le bonnet carré sur la tête, etc.. C'est la manière dont on les reçoit au Puy. M. Beaufils (3), excellent sculpteur, m'apporta un dessin d'un reliquaire pour le scapulaire de St Mayeul ; je l'ai remis entre les mains de M. le doyen, baile-mage de l'Université. Pendant que j'ai été au Puy, j'ai reçu plusieurs lettres, entre autres du P. prieur de la Chaise-Dieu, de D. Jourda, de M. de Cambefort, conseiller du Roi, à Aurillac, de D. Girardin, etc. J'en

---

(1) Cette action était, sans doute, un reste des vieux usages remontant à nos lois germaniques, où l'on voit, dans certaines circonstances dont on veut conserver et fixer le souvenir, fouetter les enfants ou leur tirer les oreilles, pour qu'ils se rappellent toujours le fait dont ils ont été témoins ou acteurs. D'après Baluze, une coutume analogue se pratiquait encore de son temps dans quelques-unes de nos provinces, *præsentim in Gallia Narbonensi* (*Capitularia Regum Francorum*, t. I, p. 45 et t. II, p. 997).

(2) Voir la formule de ce serment à la page 17 de la *Forma Juramentorum ecclesiæ Cathedralis et Angelicæ Beatæ Mariæ Aniciensis*, 1745.

(3) Bien qu'il fût appelé Beaufils, il signait Bonfils. — M. Paul Le Blanc nous a gracieusement autorisé à extraire des *Variétés Historiques et Biographiques*, qu'il publie en ce moment, dans les *Mémoires de la Société Agricole et Scientifique de la Haute-Loire*, le passage suivant : « Mathieu Bonfils » n'était pas originaire du Velay ; il était né en 1667, à St-Bonnet-le-Château, » en Forez. Attiré à Monistrol, vers 1685, par Pierre Vaneau, sculpteur » en titre d'Armand de Bethune, évêque du Puy, il travailla pendant six ans » dans l'atelier de ce maître. Il devint non seulement son élève favori, mais » encore son beau-frère, par son mariage célébré à Monistrol en 1691, avec » Isabeau Vaneau.. Plus tard, Bonfils vint habiter le Puy. En 1716, les » Etats du Velay, dans l'intention d'encourager les artistes à se fixer dans le » pays, le déchargèrent du logement des gens de guerre, de la taxe du com- » merce et industrie, meubles et capitation...... »

ai écrit aussi plusieurs autres, surtout à D. Massuet, au P. prieur de la Chaise-Dieu, etc.. Je ne puis que me louer des honnêtetés de M. Montet (1), pendant tout le temps que j'ai resté chez lui. J'en puis dire autant de MM. de la Cathédrale et de St-Vosy, etc., qui m'ont fait l'honneur de me venir dire adieu.

11 avril. Après avoir dîné avec M. Bernard, chanoine de la Cathédrale, et avec M. Laussac, chanoine de St-Vosy, je fus, avec ce dernier, coucher à St-Remi (2), prieuré dépendant de la Chaise-Dieu. M. Besqueut, curé, que nous avons nouvellement nommé à cette cure, où il avait été vicaire, nous reçut parfaitement bien. L'église est fort belle et bien ornée. Nous trouvâmes à St-Remi, M. Arsac, curé de Bains (3), vicaire forain et plusieurs autres curés qui avaient fait le matin un service pour le défunt curé.

12. Nous entendîmes la messe de M. Farigoules, vicaire de St-Remi, frère de M. de Bellidentis (4), seigneur de Bains, qui m'a donné, lorsque j'étais au Puy, la donation de l'église de Ste-Foy de Bains, par les vicomtes de Polignac, à l'abbaye de Conques (5), en Rouergue. M. Laussac et moi fûmes dîner chez M. Boyer, curé de St-Arcons, qui nous fit voir le corps dudit saint (6), qui est sous l'autel, et nous donna de son

---

(1) Le chanoine Montet décéda, au Puy, le 30 janvier 1730.

(2) St-Remy, dans la commune de Vergezac, canton de Loudes (Haute-Loire).

(3) Bains, chef-lieu de commune du canton de Solignac-sur-Loire (Haute-Loire).

(4) Antoine Bellidentis Deslandes, avocat en Parlement, seigneur de Bains, conseil du Pays de Velay.

(5) Cette charte est reproduite à la page 345 du *Cartulaire de l'abbaye de Conques-en-Rouergue*, publié par M. G. Desjardins. — Une traduction de cette même charte a été donnée par M. Rocher, dans le Pouillé du diocèse du Puy (*Tabl. hist. du Velay*, t. v, p. 470). L'abbaye de Conques (*Conchœ*), de l'Ordre de St-Benoît, fut sécularisée en 1537, et le prieuré de Ste-Foy de Bains uni, en 1619, au collège des Pères Jésuites du Puy. — Conques est aujourd'hui un chef-lieu de canton de l'arrondissement de Rodez (Aveyron).

(6) Voir *Vie des Saincts et Sainctes d'Auvergne et du Velay*, par J. Branche, p. 411.

suaire. Nous fûmes coucher à Chanteuges, où le R. P. prieur nous reçut bien.

13. Nous fûmes dîner à l'abbaye des Chases. Après dîner, nous repassâmes l'Allier, et fûmes à l'église de Ste-Marie (1), où M. Loude, curé, nous fit voir les corps saints dont il est parlé dans la Vie des Saints d'Auvergne, par Branche (2). Nous fûmes souper à Chanteuges.

14. Nous fûmes dire la messe à Ste-Catherine de Langeac. Nous fîmes porter le dîner et le souper aux Capucins, chez qui nous couchâmes.

15. Nous déjeûnâmes à Langeac, chez M. Portanier, chanoine de St-Gal. Nous dînâmes à Chanteuges, avec M. le curé de St-Arcons, le P. Honoré du Chambon, Capucin, et le P. Angélique de Vollore. M. Laussac partit pour le Puy après dîner.

Le 15 et les jours suivants, je travaillai aux archives de Chanteuges, où je fis de nouvelles découvertes.

18. Je fus dîner à St-Arcons, avec D. Thomas Viviers.

22. Je partis pour la Chaise-Dieu avec D. F. Rochon, nous dînâmes à Fix (3), et soupâmes avec le R. P. prieur, le P. prieur de Sauxillanges, D. Bassin, son compagnon, le P. Métayer, Minime de St-Etienne-en-Forest, D. F. Bastide, dépositaire de St-Allyre, D. J. Douhet, doyen de Savigneux, un Jacobin, le maître de musique de la Cathédrale du Puy, qui était venu, avec neuf autres musiciens, pour la fête de St Robert.

23. On célébra avec magnificence les premières vêpres de St Robert. Je reçus des lettres de D. Girardin, D. Lamy, du P. prieur de Montbrison. Je reçus réponse du P. de

---

(1) Cette petite église solitairement assise sur les bords de la rivière d'Allier, entre St-Julien des Chazes et Prades, est un bijou d'architecture Romane. Qu'il nous soit permis de rendre ici un juste hommage à M. l'abbé Bringier qui, en la rachetant, l'a sauvée d'une lente, mais certaine destruction.
(2) Voir J. Branche, loc. cit., p. 744.
(3) Fix, chef-lieu de commune du canton d'Allègre (Haute-Loire).

Ste-Marthe, du 4 avril (en date), touchant les reliques de St Vosy, etc...

23 avril. Les musiciens du Puy me remirent une lettre latine, de l'Université de St-Mayeul, en date du 10 des calendes de mai, pour réponse à celle que je leur avais écrite au mois de février. Ces musiciens ont commencé par un beau motet, à l'exposition du T.-St Sacrement que l'on a faite après vêpres. Ils ont chanté le premier psaume en musique, le troisième en faux bourdon. L'hymne et le *Magnificat* en musique, de même que le *Regina cœli*, après complies, et un motet à la Bénédiction, et *Domine, salvum fac Regem*, en faux bourdon.

24. Fête de St Robert. Il y eut une affluence extraordinaire de peuple. On fit l'office avec toute la pompe possible et sans nulle confusion. La musique chanta, au jubé, pendant qu'on encensait les reliques dans la nef, un motet que j'avais composé. Elle chanta aussi toute la messe et les vêpres comme hier. On leur a donné 110 livres, et on les a défrayés pour le voyage. Il y avait un serpent et une basse de viole, et on a trouvé la composition de M. Arnaud fort belle. J'ai écrit à M. Rome l'aîné, auteur de la lettre latine de l'Université, à M. Montet, M. Rome le jeune, à M. Gohet (1), M. Laussac, M. Beau, directeur du séminaire, M. Perrin, chanoine de la Cathédrale.

25 avril. Les musiciens partirent fort contents ; F. Jacques Veyssier, notre organiste, les accompagna. Je leur donnai l'avis de D. Denis de Ste-Marthe, de D. B. de Montfaucon et de D. E. Martène, tous trois fort versés dans l'antiquité, touchant les inscriptions des tombeaux de St Georges, de St Vosy, de St Scutaire, de St Hilaire de Poitiers, etc... (2). Tous nos confrères, et plusieurs religieux d'autres Ordres partirent aussi ; il y avait deux Prémontrés, trois Minimes, un Dominicain, deux Récollets, etc...; nous fîmes la procession des grandes litanies après vêpres. J'appris qu'on avait fait ici un

(1) M. Gohet, chanoine de St-Vosy, mourut le 15 janvier 1736.
(2) Voir *Histoire générale de Languedoc*, éd. Dumège, t. ix, p. 685.

service solennel, avec une grande illumination fort bien entendue, pour Mgr le Dauphin et son épouse, le 6 avril; et un autre de même, le 23, pour M. de Brionne (1), frère de Mgr l'abbé de la Chaise-Dieu.

28 avril. Je reçus une lettre fort obligeante de D. R. Massuet, en date du 16 avril. J'écrivis au P. prieur de Savigneux, pour le remercier des titres de Valbenoîte qu'il m'a envoyés; au P. Métayer, Minime, à D. Lamy, à D. Girardin, au P. Dubois, secrétaire du R. P. visiteur des Chanoines-Réguliers, à Nevers, et à M. Rousson, prieur de Beaune. On a tenu aujourd'hui, à la Chaise-Dieu, la foire du jeudi avant l'Ascension.

28 avril. Le R. P. prieur de la Chaise-Dieu, assisté de D. P. Bérard et D. A. Carmantrand (2), en présence de quelques curés, bénit la chapelle domestique de notre maison de Mercuri (3), dans la paroisse de St-Privat du Velay, en l'honneur et sous le titre de l'Assomption de Marie.

29. Je soupai avec D. Esbrayat (4), qui vint du Puy avec F. Jacques. Ce dernier m'apporta des lettres de M. Rome, de M. Peyret, syndic, et de M. Perrin, chanoines de la Cathédrale, et une lettre de ma cousine de la Visitation. Le R. P. prieur de Vieille-Brioude m'envoya une lettre par un exprès, à cheval, et je lui fis réponse par le même.

30. J'écrivis à M. Rome l'aîné, à M. le prieur de Vieille-Brioude, une seconde lettre, et au R. P. prieur de Sauxillanges. M. Jacques de Seneuge et M. Mauzac, qui vont à Billom à la

---

(1) Henry de Lorraine, comte de Brionne, grand écuyer de France, marié à Madeleine d'Espinay.

(2) D. Antoine Carmantrand, né à Clermont-en-Auvergne, fit profession à l'âge de 19 ans, dans l'abbaye de St-Allyre, le 16 août 1686, et mourut à la Chaise-Dieu, le 25 janvier 1733.

(3) Mercury ou Mercuret, village de la commune de St-Privat d'Allier, canton de Loudes.

(4) D. Claude-François Exbrayat, né au Puy-en-Velay, fit profession à l'âge de 19 ans, dans l'abbaye de la Trinité de Vendôme, le 17 avril 1702.

fête du Précieux Sang (1), ont couché ici, et j'ai mangé avec eux. J'ai envoyé à M. l'abbé Gascher, baile de la Cathédrale de Clermont, une lettre du syndic de celle du Puy, qui le remercie du bréviaire que j'ai apporté à la Cathédrale du Puy.

MAI.

1712. 1. Je reçus une lettre de M. P. Rome qui me fait l'honneur de m'écrire, de la part de l'Université de St-Mayeul, pour m'inviter à porter au Puy les reliques de ce saint abbé au jour de sa fête.

2. Je lui ai fait réponse. J'ai aussi écrit à M. Peyret, syndic du chapitre, et au R. P. prieur de Sauxillanges. Je fus, à l'Orme (2), voir MM. le comte et le chevalier de Boissieux.

3. J'écrivis à M. Montet. Sur les sept heures du soir. M. Joseph Rome, chanoine de la Cathédrale, et M. Molin, syndic de l'Université de St-Mayeul, arrivèrent ici avec le Suisse de la Cathédrale. L'Université m'a fait l'honneur de députer ces deux Messieurs, pour me venir inviter à porter, au Puy, la relique du Scapulaire de St Mayeul. M. le doyen, baile-mage de l'Université, m'a écrit une lettre des plus obligeantes.

4. Nous avons fait les trois processions des Rogations à l'ordinaire, aux trois paroisses de St-Martin, de Notre-Dame de Laire et des SS. Agricole et Vital (3). J'ai soupé avec MM. les députés de l'Université de St-Mayeul.

5 mai. Fête de l'Ascension. Je partis, avec MM. les députés de l'Université de St-Mayeul, sur la fin de la grand'messe. Nous fîmes collation à Allègre (4), et nous soupâmes chez M. Molin, où j'ai couché pendant mon séjour au Puy. Quelques MM. de la Cathédrale m'y rendirent visite à la fin du souper.

6. Après avoir dit la messe à la Cathédrale, à l'autel de

---

(1) Voir J. Branche, loc. cit., p. 274, et aussi *Hœmachristolatrie, ou traité du culte et vénération du précieux Sang de J.-C. spécialement de celui qui est à Billom-en-Auvergne, diocèse de Clrmont, en l'église collégiale de St-Cerneuf*, par J. Seguin. Nantes, 1679.

(2) L'Orme, habitation située dans la commune de la Chaise-Dieu.

(3) Ces trois paroisses étaient dans la ville de la Chaise-Dieu.

(4) Allègre, chef-lieu de canton de l'arrondissement du Puy (Haute-Loire).

St Mayeul, je déjeûnai chez M. Montet, le chanoine. Je dînai avec M. l'évêque, ses vicaires généraux, son aumônier, M. le procureur du roi et M. de Retornac. Sur les trois heures du soir, je fus chez les RR. PP. Dominicains avec M. Molin, syndic, et nous y fîmes collation. Peu de temps après, Mgr l'évêque, revêtu de ses habits pontificaux, précédé d'une procession générale de tous les corps séculiers et réguliers de la ville, arriva dans l'église de St-Laurent. J'avais posé la relique de St Mayeul au milieu du maître-autel sur un socle bien orné, et j'avais mis la boîte de carton dans une autre boîte fort riche. Après que Mgr eut encensé la relique, je pris entre mes mains la d. boîte, revêtu de notre froc et ayant l'étole pendante, je lui dis à peu près les paroles suivantes, autant que je puis m'en souvenir depuis six ou sept jours ; car j'écrivis ceci à Mazan (1), n'ayant pas eu le temps d'écrire plus tôt.

MONSEIGNEUR,

« Voici les reliques que vous avez souhaitées avec tant de zèle, que vous avez demandées avec tant de piété, et que vous venez recevoir avec tant de pompe et de magnificence. St Grégoire étant fortement sollicité par Constantine Auguste, de lui donner des reliques de St Paul, pour les placer dans l'église qu'elle avait fait bâtir dans le palais impérial en l'honneur de cet Apôtre des gentils, ce grand pape, qui avait intérêt à ménager l'Impératrice, lui refusa néanmoins jusqu'à un linge qui était fermé dans le cercueil où était le corps du saint apôtre. Il écrit à cette princesse que la coutume de l'Eglise Romaine n'est pas de toucher aux corps des saints, ce qui passerait pour un sacrilège ; mais qu'on enferme un voile dans une boîte, et qu'on le met ainsi proche des corps saints ; qu'ensuite on l'envoie dans les églises qui ont demandé des reliques, et que Dieu s'en sert pour opérer de grands miracles. Nos confrères de Souvigny, voulant imiter la religion de ce premier pape de l'Ordre de St-Benoît, ont pour vous, Messieurs,

(1) Mazan, abbaye dans le diocèse de Viviers. Voir au 12 mai 1712.

plus de déférence qu'il n'en eut pour une souveraine. Charmés de renouveler l'ancienne société de votre Cathédrale avec l'Ordre de Cluny, ils ne vous offrent pas un linge que l'on ait mis auprès du tombeau de St Mayeul ; mais ils vous accordent avec empressement une partie du scapulaire que cet illustre pénitent a porté pendant sa vie, et que le pape Urbain II trouva tout entier, plus d'un siècle après la mort du saint, quoiqu'il fût enterré dans un lieu extrêmement humide. Si le manteau d'Elie faisait séparer les eaux du Jourdain ; si l'ombre de St Pierre guérissait les malades ; si les mouchoirs qui avaient touché le corps de St Paul avaient la vertu de mettre en fuite l'esprit malin, que ne devez-vous pas espérer, Messieurs, en possédant les reliques d'un saint qui a été le thaumaturge de son siècle, d'un saint, que son successeur St Odile assure avoir opéré plus de miracles, à la Ste Vierge près, qu'aucun autre saint, d'un saint qui en a opéré de si éclatants en faveur de vos citoyens ? Vous connaissez mieux que moi, Messieurs, le pouvoir, le mérite et la sainteté de ce grand saint que vous avez choisi pour votre patron : le pouvoir, pour en faire un sujet de protection ; le mérite, pour en faire l'objet de votre admiration ; la sainteté, pour en faire le modèle de votre imitation. Recevez donc, Messieurs, ce sacré dépôt que l'on ne m'a confié qu'à votre recommandation, et dont je conserverai, pour votre vénérable Université, une reconnaissance éternelle. Recevez ces précieuses reliques pour les porter dans une église que St Mayeul a honorée de sa présence, qu'il a arrosée de ses larmes, qu'il a fait retentir de ses prédications, et où vous l'honorez avec une piété exemplaire et d'un culte singulier. C'est par une providence particulière que ce saint abbé, ayant accompagné le triomphe du Sauveur le lendemain de son Ascension, qui fut celui de sa mort, il veut choisir le même jour pour entrer en triomphe dans votre église angélique. Accompagnez ce triomphe avec allégresse, chantez des cantiques de louange ; et quand vous lèverez vos mains pures vers le ciel, et que vous offrirez vos vœux aux pieds de l'autel de votre illustre patron, n'oubliez pas, je vous en conjure, une personne qui vous est entièrement dévouée. »

Après avoir prononcé ce compliment, assez mal troussé à cause du peu de temps que j'avais eu pour m'y disposer, Monseigneur l'évêque me dit, en peu de mots, qu'il était sensiblement obligé à nos Pères de Souvigny, et à moi en particulier, etc.. Je descendis ensuite du côté de l'évangile, où j'avais prononcé mon discours, et je m'approchai du prélat qui était au bas du presbytère (1), et lui remis la relique entre les mains.

Je lui remis aussi une lettre latine du prieur et de la communauté de Souvigny (2), que le prélat fit lire, à haute voix, par M. le syndic de l'Université. La musique chanta ensuite un beau motet de St Mayeul, et M. l'évêque, assisté de M. le prévôt, qui était son diacre, et de M. le fordoyen, son sous-diacre, leva les sceaux de la boîte, sortit le scapulaire enveloppé dans du satin blanc, et fit lire le verbail (3) qui y était aussi inclus, par M. Chomel, chanoine, et son promoteur. Après qu'il eut remis la boîte de carton dans ladite autre boîte qui était fort riche, et après l'avoir fermée à clef, la procession s'en retourna en bon ordre à la Cathédrale, en passant par les rues des Farges, de l'Oye (4), de Pannessac, de Raphaël, du Greffe, et l'on entra par la porte du Fort. Le prélat ayant posé la relique sur l'autel, la musique chanta un fort beau motet; après quoi, Mgr l'évêque donna la bénédiction du S. Sacrement à tout le peuple qui était accouru en foule à cette solennité. Le Père de St-Geniez, qui avait prêché le jour précédent à la Cathédrale, avait annoncé, par ordre de l'évêque, que l'on chômerait, depuis midi, dans la ville et aux faubourgs. Ce qui fut cause qu'il y avait un nombre extraordinaire de personnes qui assistaient à cette procession, de telle sorte qu'on

---

(1) Ici, et dans plusieurs autres passages de son journal, D. Boyer a employé le mot *Presbytère* comme synonyme de *Chœur*, lieu de l'église où se tiennent les prêtres.

(2) *Hist. de St Mayol*; par l'abbé Ojerdias, p. 576.

(3) *Loc. cit.*

(4) De Louche.

avait de la peine à passer dans les rues, et surtout à sortir de l'église de St-Laurent, quoiqu'elle soit extrêmement vaste. Les consuls accompagnèrent la procession, et il n'y manquait pas un seul chanoine de la Cathédrale. Je pris le pas après eux, avec D. Gabriel de Veyrac, prieur de St-Pierre, qui me força de prendre sa droite. Dès que la procession fut entrée dans l'église, il tomba une pluie douce, dont la terre avait grand besoin ; elle dura presque toute la nuit. Je soupai chez M. Molin, qui me traita magnifiquement, aux frais de l'Université, avec M. Rome le jeune, M. Arnaud, maître de musique, et quelques autres choriers. Ce que j'ai dit ci-dessus, que c'est par une providence particulière que St Mayeul a choisi le vendredi d'après l'Ascension, etc., n'est pas un compliment, puisque M. l'évêque avait déterminé cette solennité au 11 mai, jour de St Mayeul, et que M. le doyen et autres chanoines l'en avaient très-fort sollicité ; mais ayant indiqué ses visites audit jour, 11ᵉ mai, et voulant assister à cette translation, il la fixa au vendredi, 6 mai, malgré tout ce qu'on lui représenta, et nonobstant toutes les mesures que l'on avait prises (1). M. Jean Jouve, chorier, mourut sur les dix heures du soir.

7 mai 1712. Je dis la messe à l'autel de St Mayeul, je fus voir M. l'évêque qui partit pour Rosières (2), et autres paroisses voisines, où il allait faire ses visites pastorales. Je travaillai, chez M. Rome l'aîné et M. Chomel, pour le verbail de la réception de la relique (3), que l'on a mis dans ladite boîte cachetée par le prélat, jusqu'à ce qu'on ait fait un reliquaire, Je dînai, chez M. le doyen, avec les deux Messieurs sus-nommés, M. Molin et M. du Cros, etc. Après dîner, je fus voir plusieurs de mes amis, et, entre autres, M. l'abbé Peyret, syndic de la Cathédrale, qui m'avait rendu visite conjointement avec M. le doyen, l'un et l'autre députés du chapitre, le jour d'auparavant. Je soupai au

---

(1) St Mayeul mourut le 11 mai, lendemain de la fête de l'Ascension, de l'année 994.
(2) Rosières, chef-lieu de commune du canton de Vorey (Haute-Loire).
(3) *Hist. de St Mayol*, p. 375.

prieuré de St-Pierre, avec M. le prieur et son frère, M. le sacristain.

8. Après laudes de la Cathédrale, je dis une grand'messe de St Mayeul, à son autel, après laquelle je donnai à déjeûner à M. Lashermes, mon diacre, M. Garnier, mon sous-diacre, M. Molin, M. Arnaud, M. Gérentes, M. Roudil, M. Pouderoux, et à tous les enfants de chœur. Je fus ensuite à Polignac avec M. Roudil, pour voir M. le curé et nos autres amis, les Chanoines-Réguliers. M. Arnaud me donna à souper à la maîtrise, et à MM. Molin, Lashermes, Gérentes et M. Gendre.

8 mai. J'écrivis au R. P. prieur de Souvigny, et j'assistai à vêpres, à Polignac, et à la bénédiction du Très-Saint Sacrement. Les enfants de chœur chantaient des (sic) jolies chansons, en partie, avec la basse de violon, et M. le maître leur donna un jour de vacance en ma faveur.

9 mai. M. Laussac, chanoine de St-Vosy, me donna à manger, et à MM. Mauzac, Bernard et Rome, chanoines de la Cathédrale, M. Nolhac le jeune, chanoine de St-Vosy, M. Molin et M. Roudil. Après avoir pris congé de M. le doyen et des principaux chanoines, je fus chez M. La Coste, dernier consul, où je fis collation avec M. Lashermes et M. Gendre, choriers, qui m'accompagnèrent jusqu'aux portes de la ville. Je trouvai, au faubourg d'Avignon, M. Bergonhon, le sescal (1), et M. Nolhac l'aîné, chanoine de St-Vosy, qui me descendirent de cheval, et m'obligèrent de boire un coup avec eux. Je pris ensuite le chemin du Monastier (2). Je rencontrai frère Gauthier, convers de cette abbaye; nous bûmes un coup à Coubon (3), après avoir passé la Loire. C'est un prieuré dépendant de cette abbaye, et dédié à St Georges, premier évê-

---

(1) Le sescalat n'était plus qu'un titre honorifique. Anciennement, le sescal était une sorte de sénéchal qui s'occupait des soins intérieurs de la maison des chanoines, lorsque ceux-ci vivaient en communauté.

(2) Le Monastier-sur-Gazeille, chef-lieu de canton de l'arrondissement du Puy. L'abbaye de St-Chaffre-le-Monastier (S. *Theofredus*, autrefois *Calmelium, Calminium, Calminiacum*), Ordre de St-Benoît, dans le diocèse du Puy.

(3) Coubon, chef-lieu de commune du canton du Puy.

que du Velay. J'arrivai à Monastier un peu tard, et toute la nuit il y eut un tonnerre épouvantable, avec beaucoup de grêle, etc...

10. Je dis la messe à l'autel des Saintes-Reliques, que M. de Chabanes, sacristain, me montra après la grand'messe. D. Benoît Plagnol, chantre et prieur claustral, m'ouvrit les archives, et je vérifiai ce que D. Estiennot a extrait du Cartulaire qu'ils appellent le *Livre Rouge*, et qui est fort ancien. Le jubé de l'église est fort beau ; il a été fait par le B. d'Estaing (1), évêque de Rodez, abbé du Monastier. M. le prieur, qui a été novice chez nous, et qui n'est sorti de la congrégation que par infirmité, me donna à dîner. C'est un saint religieux, et qui maintient le bon ordre dans la communauté, autant qu'il se peut. M. Dunoir et M. de Garaniol me rendirent visite. Il y avait, ce jour-là, un gros marché au Monastier, ce qui est ordinaire tous les mardis. Les frères convers ou oblats ont conservé, à ce que l'on prétend, l'ancien habit de Lérins. Ils sont vêtus de tanné ou noir naturel ; outre le scapulaire, il y a au haut du capuchon une banderolle, large d'environ cinq pouces, pendante par derrière, à peu près comme celle des Sœurs Collètes ou converses de Ste-Claire. Je fus coucher à Goudet (2), où il y a un frère convers habillé de même.

11 mai. Fête de St Mayeul. Je dis la sainte messe, en son honneur, dans l'église conventuelle des Bénédictins de Goudet. Ce monastère est situé auprès de la Loire, à deux lieues de Monastier ; il dépend de l'abbaye de Tournus (3). M. l'abbé de Lafayette est prieur commendataire. Il y a six moines qui ont peu d'éducation et de religion, et point de science. Dom Chapon, en lisant les leçons de matines, tirées du livre de la Sagesse, pour le Commun des Confesseurs non Pontifes, que l'on récite

---

(1) François d'Estaing, fils de Gaspard, et de Jeanne de Murols, chanoine-comte de Lyon, fut abbé du Monastier de 1492 à 1503. Il fut nommé en 1501 évêque de Rodez, où il mourut en odeur de sainteté le 1er novembre 1529.

(2) Goudet, chef-lieu de commune du canton du Monastier.

(3) Tournus (*Tornusium* ou *Trenorchium*), abbaye de Bénédictins, dans l'ancien diocèse de Châlons-sur-Saône.

si souvent qu'on les sait par mémoire ; cet habile homme dit, sans malice, *transvertit sensum sine macula* (1). Je ne trouvai pas un seul document, ou papier dans ce prieuré, et ces bons moines ne surent jamais dire de quel saint sont les reliques enfermées dans deux châsses de bois doré fort proprement, qui sont au maître-autel où j'avais dit la messe. Je soupai chez M. Jean Restaix, mon compatriote et mon condisciple, curé de St-Pierre de Goudet ; son église est proprette, et il y a des Pénitents du St-Sacrement. Le château de Beaufort (2), qui appartient à M. Pujol, notre compatriote et ami, conseiller à la Cour des Aides de Montpellier, est tout auprès de Goudet, sur un rocher escarpé au bord de la Loire.

Je partis de Goudet, charmé des bonnes manières de M. le curé. Je fus coucher à Mazan (3), abbaye de l'Ordre de Cîteaux, au diocèse de Viviers, dans une vallée de la forêt de Bauzon, sur le bord de la petite rivière des Itiers. Je passai par des chemins détestables et j'eus de la peine à trouver ce monastère. L'église est basse, humide et obscure. Le cloître est ancien et matériel ; il y a un recoin où l'on faisait la lecture, et un autre où il y avait une fontaine, comme à celui de la Chaise-Dieu, devant la porte du réfectoire qui sert à présent d'écurie. Le dortoir est neuf, et assez propre. Mgr l'évêque de Viviers (4) est abbé de Mazan. Le P. prieur, qui est profès de Cîteaux, y est allé pour se trouver à l'élection de l'abbé, qui se doit faire le 19 de ce mois. Dom Galand, sous-prieur et mon compatriote, m'a reçu parfaitement bien, de même que tous les autres religieux ; surtout D. Montanhac qui a beaucoup d'esprit et de politesse, D. Legal et D. de Jalasset, qui a servi le Roi pendant quinze ans, tous trois natifs du Puy.

(1) Transvertit sensum sine malitia. Sop., IV, 12.
(2) Ce château est aujourd'hui en ruines.
(3) Mazan (*Mansus Adas, Mansus Adami, Mansiada*) — aujourd'hui, ruines situées dans la commune de Mazan-et-Mazeyrac, canton de Montpezat (Ardèche).
(4) Charles-Antoine de La Garde de Chambonas, transféré de Lodève à Viviers en 1690, mourut le 21 février 1713.

D. du Sauzet, cellérier, qui est un gentilhomme du voisinage et D. Laval, que j'avais vu à la Chaise-Dieu, me firent aussi beaucoup d'amitiés.

12 mai. Je travaillai fortement, depuis le matin jusqu'au soir, à faire des extraits du Martyrologe et du Cartulaire de Mazan.

13. Je parcourus tous les autres titres de la maison, et fis une liste exacte des abbés. Il y avait ici un peintre, qui a peint un bourgeois du voisinage à genoux devant Notre-Dame de Pitié, l'épée au côté droit. Le bourreau du Puy a peint, d'une autre attitude, ce barbouilleur, qui a été effigié au Martouret, depuis peu. Auprès de l'église de Mazan, il y a une chapelle dédiée à St Martial. Anciennement, on y disait la messe pour les femmes, qui ne pouvaient entrer dans les églises de Cîteaux.

14. Je partis de Mazan, fort content des Religieux ; j'entendis l'office et la grand'messe de l'abbaye des Chambons (1), du même Ordre, qui est éloignée de celle de Mazan de trois lieues. Le chemin est difficile ; on passe continuellement dans les bois, sans trouver un seul village, et toujours montée ou descente. Dom Bréas, prieur des Chambons, natif de St-Etienne-en-Forest, me reçut parfaitement bien. Il a de l'esprit et de la capacité, et par-dessus tout beaucoup de religion. Il a été, pendant dix-sept ans, confesseur des Dames de St-Antoine, à Paris.

Il a été aussi prieur de la Cour-Dieu, dans la forêt d'Orléans ; il a refusé le prieuré de Cîteaux. Il a porté, de Paris, 1200 volumes de livres choisis, et il m'a fait voir grand nombre de coquillages très-rares et très-curieux. L'abbaye des Chambons est située sur les montagnes du Vivarais, au bois de Bauzon, dans une vallée fort froide et fort angustiée, l'église est assez jolie. Dom Roche, natif du Puy, qui y a été prieur, a fait faire cinq autels de front. Au maître-autel, qui est celui du milieu, il y a deux figures au naturel de St Benoît et de St Bernard, et quatre autres de St Pierre, St Paul, St Michel, etc...

---

(1) L'abbaye cistercienne des Chambons (*Cambonium* ou *Campi boni*). — Village de la commune de Borne, canton de St-Etienne de Lugdarès (Ardèche).

Dom Boyer, qui a aussi été prieur des Chambons, a fait bâtir une aile du cloître. Il n'y a rien de particulier dans les archives que le titre de fondation, et quelques abbés que j'ai trouvés.

15. Le dimanche de la Pentecôte, Dom Bréas me pressa extraordinairement de dire la grand'messe, mais je ne voulus point accepter cet honneur. J'assistai à tout l'office du matin et du soir, que l'on fait avec beaucoup d'édification, D. prieur ayant introduit une honnête réforme dans cette maison. Dom Basalgète, sous-prieur et économe, natif de Langogne, D. Arnaud, D. Guitard, D. Daizac et le syndic m'ont fait beaucoup d'amitiés, et m'ont voulu retenir le reste de la semaine aux Chambons, dont l'évêque de Marseille est abbé (1).

17 mai. J'achevai mon catalogue des abbés des Chambons, que j'ai tiré, tant des diverses chartres des archives, que de l'ancien Cartulaire, qui est écrit vers la fin du XIIe siècle, ou au commencement du XIIIe. Il y a de fort belle argenterie aux Chambons, et, entre autres pièces, une belle statue de la Vierge, une crosse et des calices anciens. Les armes des Chambons sont celles de la maison de Borne (2), à savoir : *d'or à un ours de sable passant patté de gueules.* On voit ces anciennes armes, au Puy, dans la maison des Chambons, qui est vis-à-vis de St-Pierre-la-Tour, et qui est à présent aliénée à un bourgeois. On y a ajouté une crosse portée par cet ours, avec cette devise : *Cuncta ferit, dum cuncta timet.* Il y avait foire à Lobaresse (3), qui est à une demi-lieue des Chambons.

18. Je partis des Chambons très satisfait de D. Jean-Louis Bréas, prieur, de D. Nojaret, cellérier, et généralement de tous les religieux. Je fis collation à une lieue des Chambons, au bourg de St-Etienne (4), dont la paroisse est de la nomination

---

(1) Henri-François-Xavier de Belzunce de Castelmoron, le célèbre évêque de Marseille, fut abbé commendataire des Chambons de 1706 à 1755.
(2) Borne, chef-lieu de commune du canton de St-Etienne de Lugdarès (Ardèche).
(3) Loubaresse, chef-lieu de commune du canton de Valgorge (Ardèche).
(4) St-Etienne de Lugdarès, chef-lieu de canton de l'arrondissement de Largentière (Ardèche).

de l'abbé des Chambons. M. de Lavers, vicaire de cette paroisse, qui avait dîné et soupé le jour précédent aux Chambons, m'obligea de collationner avec lui. Je guéai l'Allier à demi-lieue de sa source, à Luc (1), où il y a un ancien château, et un prieuré dédié à St Martin, et dépendant de l'abbaye de Cruas (2).

Je grimpai sur une montagne fort escarpée, que l'on appelle Chapedeluc, et, après la montée, j'entrai dans les bois, et arrivai enfin à l'abbaye des Dames de Mercoire (3), qui est fille de Mazan-sous-Cîteaux. Elle est située dans un vallon caché et affreux. L'église est toute délabrée, par la fureur des Huguenots ; on fait le service dans le chapitre. Mesdames de Morangiès et de Noailles, qui en ont été abbesses, ont rétabli les lieux réguliers. Il ne reste rien de l'ancien monastère que le réfectoire qui était fort vaste ; et, dans un titre, j'ai trouvé qu'il y avait cinquante religieuses bénites, quinze demoiselles, plusieurs convers ou oblats, quatre aumôniers, deux prédicateurs. Madame de Celetz (4), abbesse de N.-D. de Mercoire, me reçut on ne peut pas mieux. Je soupai avec Dom Le Blanc, confesseur des Dames, que j'avais vu à Mazan dont il est profès, et qui avait prévenu, en ma faveur, Madame l'abbesse. Je commençai, dès ce jour, à travailler aux archives qui sont peu considérables, et où j'ai trouvé, néanmoins, de quoi faire une suite d'abbesses. Madame de Condres, prieure et économe de la maison, qui est une religieuse d'une grande vertu, eut la bonté de rester aujourd'hui et tout le lendemain (sic) aux d. archives. Mme l'abbesse, qui est de Mende, et qui a un frère chanoine

---

(1) Luc, chef-lieu de commune du canton de Langogne (Lozère).

(2) L'abbaye de N.-D. de Cruas (*Crudatum, Cruas*), Ordre de St-Benoît, au diocèse de Viviers. — Aujourd'hui chef-lieu de commune du canton de Rochemaure (Ardèche).

(3) L'abbaye de N.-D. de Mercoire (*Mercoria*), Ordre de Cîteaux, dans le diocèse de Mende. — Aujourd'hui, habitation de la commune de Chaudeyrac, canton de Châteauneuf-Randon (Lozère).

(4) Hélène Reversat de Celetz, née à Mende, le 26 février 1656, fille de Melchior et de Marie de Combres, fut nommée par le roi, le 15 août 1686, à l'abbaye de Mercoire, qu'elle administra jusqu'en 1729. (*L'Abbaye de Mercoire*, par M. Ferdinand André, archiviste de la Lozère, p. 55).

à Montpellier (1), distingué par son érudition et par sa piété, est une digne sœur de ce digne prêtre.

19. Je dis la messe à la chapelle de Mercoire ; D. Le Blanc la chanta ensuite pour l'élection de l'abbé de Cîteaux, qui doit se faire aujourd'hui. On montre, à Mercoire, la *Sainte Corde*, que l'on prétend être une parcelle de celle avec laquelle notre Rédempteur fut lié et garrotté. Je dînai et soupai toujours avec D. Le Blanc, qui est un excellent religieux, et avec trois pensionnaires.

20. Je partis, très-content, de Mercoire ; je passai par le Cheilars-l'Evêque (2), et par le bourg de St-Flour (3), et dînai à Langogne (4), chez Dom Cholvy, Bénédictin, profès et natif du Monastier. La ville est assez agréable. Je pris la fondation des Capucins, des Filles de Notre-Dame et de celles de St-Joseph. Je vis aussi l'église des SS. Gervais et Protais, qui est un prieuré dépendant du Monastier. Les officiers et presque tous les religieux me rendirent visite. M. Borelli, communaliste ou habitué, qui s'entend en antiquités, me fit beaucoup d'amitiés, et voulut me retenir, de même que M. Cholvy et quelques autres. Mais je fus coucher à Pradelles (5), à trois quarts de lieue de Langogne. Cette ville est située sur une montagne. Sept ou huit moines de Langogne m'accompagnèrent jusqu'au pont qui est sur l'Allier, où il y a une chapelle dédiée à la très-sainte Vierge. Le P. Georges de St-Paulien, Capucin, me fit beaucoup d'amitiés.

21. Je dis la messe à N.-D. de Pradelles, chez les RR. PP. Dominicains. Le P. Maguelonne, fameux missionnaire, prieur du couvent, me fit beaucoup d'honneur, voulut me retenir à

---

(1) L'abbé de Celetz, docteur de Sorbonne, grand-archidiacre de Montpellier et grand-vicaire de Mgr de Colbert de Croissy, dont il partageait les idées. (*Nouvelles ecclésiastiques*, année 1731, p. 55).

(2) Chaylard-l'Evêque, village de la commune de Chaudeyrac (Lozère).

(3) St-Flour-de-Mercoire, chef-lieu de commune du canton de Langogne (Lozère).

(4) Langogne, chef-lieu de canton de l'arrondissement de Mende (Lozère).

(5) Pradelles, chef-lieu de canton de l'arrondissement du Puy (Hte-Loire).

dîner, et m'accompagna dans la ville et chez les Filles de Notre-Dame, où je pris l'année de la fondation. L'église des Jacobins est célèbre par les fréquents miracles que Dieu y opère en faveur de Marie (1). Je dînai chez M. d'Aubignac, qui est un galant homme, où j'avais couché très-proprement. Je voulais aller coucher au Puy, mais la grêle et la pluie me retinrent plus de trois heures à Bizac (2), de sorte que je fus obligé d'aller coucher au Brignon (3), chez M. Bernard, curé, jadis chorier du Puy, et mon ancien ami. J'y trouvai M. du Vernet, curé de Cayres (4), mon ancien condisciple, et nous fîmes collation tous trois avec M. le vicaire.

22. Dimanche de la Trinité. Je dis la messe au maître-autel de la paroisse dédiée à St Martin, et dépendante de l'Université de St-Mayeul. Le devant de l'église est joli. L'église est fort propre et bien voûtée. M. Bernard me força de faire le prône, sans m'avoir averti le soir auparavant. Je pris pour texte : *Parate viam Domini*, et je tâchai d'apprendre à un peuple nombreux les dispositions pour bien célébrer la Fête-Dieu. MM. Valentin, des Rois, de Costaros, etc., qui ont des maisons dans la paroisse, étaient à ce prône.

22 mai. Après dîner, je fus au Puy, toujours accompagné de la pluie. Les RR. PP. Cordeliers conventuels me forcèrent obligeamment à coucher chez eux, et me régalèrent bien. Le P. gardien a beaucoup de religion et de mérite. Il touche parfaitement bien le clavessin (*sic*). Le P. Chastel, procureur, le P. Rey, sacristain, le P. Chabron et tous les autres me témoignèrent bien de l'amitié.

23. Je fus, avec le P. Chevrier et le P. d'Alquier (5), sorti de la maison de Borne, dont il est parlé ci-dessus, conventuel de Mende, où il enseigne la théologie, à la Cathédrale, pour y

---

(1) Le Père Geyman, prieur de ce couvent, en a donné le récit. (*Hist. de l'image miraculeuse de N.-D. de Pradelles*. (Le Puy, Delagarde, 1672).
(2) Bizac, village de la commune du Brignon.
(3) Le Brignon, chef-lieu de commune du canton de Solignac-sur-Loire,
(4) Cayres, chef-lieu de canton de l'arrondissement du Puy (Hte-Loire).
(5) Jean Antoine d'Altier de Borne.

entendre l'oraison funèbre de Mgr Louis, Dauphin de France. Il y avait un échafaud, entre l'autel et le chœur de St-André, sur lequel était la représentation, sous une grande couronne royale. Il y avait une grande illumination. M. l'évêque officia, et, après la messe, on fit cinq absoutes. Ensuite le P. Bertrand, natif du Puy, de l'Ordre de St-Ignace, fit l'oraison funèbre. Il prit pour texte ces paroles du 2ᵉ livre des Rois, ch. 19 : *Versa est victoria in luctum, in die illa, omni populo ; audivit enim populus, in die illa, dici : Dolet rex super filio suo.*

Ce Père, qui a de l'esprit, s'expliqua, avec beaucoup d'éloquence, sur les vertus morales de ce prince qui nous promettaient et nous faisaient espérer qu'il aurait été un grand roi ; et sur ses vertus chrétiennes qui l'ont rendu un prince accompli. Il poussa un peu loin son héroïsme, et s'escrima, plus d'un gros quart-d'heure, contre les Jansénistes, bien que je ne croie pas qu'il y en eût un seul dans son nombreux auditoire ; car la graine en est bien clair-semée au Puy (1). Il fit valoir surtout ce Mémoire (2), suspect de Mgr le Dauphin, contre les novateurs, fondement ruineux pour battre en ruines ses adver-

---

(1) L'assertion de D. Boyer n'est peut-être pas très-exacte. Au Puy, comme ailleurs, le parti avait ses adhérents. En 1699, une polémique s'était élevée, dans cette ville, au sujet d'un écrit intitulé, La *Conduite qu'ont tenue les PP. Bénédictins depuis qu'on a attaqué leur édition de St-Augustin.* Il y était dit (p. 110), que des religieux Bénédictins avaient été refusés aux Ordres, depuis peu, par Monseigneur de Béthune, évêque du Puy, parce qu'ils étaient suspects de Jansénisme. Il fut répondu à cette accusation dans la *Lettre d'un prêtre du Puy aux RR. PP. Jésuites de la même ville* (1699), dont une copie existe à la Bibliothèque de Lyon (Mss. n° 1187 du catalogue Delandine). Nos lecteurs pourront lire ce qui regarde cette querelle, dans l'*Histoire de la nouvelle édition de St Augustin, donnée par les PP. Bénédictins de la Cong. de St-Maur,* composée par D. Vincent Thuilier et publiée, en 1736, par l'abbé Goujet, in-4° de 34 pages, non-compris les 6 pages de l'Avertissement ; ou, tout au moins, dans le précis des contestations sur la nouvelle édition de St Augustin, qui se trouve dans l'*Histoire littéraire de la Cong. de St-Maur,* de D. Tassin, pages 501-510.

(2) Quoi qu'en dise notre Bénédictin, le Mémoire attribué, par l'orateur Jésuite, au Duc de Bourgogne n'était rien moins que *suspect* ; et, loin d'être un *fondement ruineux,* il porta, aux novateurs, un coup qui leur fut sensible. Nous croyons devoir dire pour quelles raisons l'illustre défunt l'avait composé.

saires. Je mangeai chez **M.** Montet. Après midi, je fus à St-Vosy, et vis porter les corps saints dans la nouvelle chapelle souterraine, où l'on plaça leurs bustes et leurs châsses d'une manière bien entendue. **MM.** les chanoines de St-Vosy me donnèrent un souper magnifique.

24 mai. Je dis la messe à la Cathédrale, à l'autel de St Mayeul. Je dînai chez **M.** Montet, et soupai avec **M.** Laussac. Je rendis visite aux principaux de la Cathédrale, et fus remercier **MM.** les chanoines-pauvres (1), qui avaient élu et agrégé dans leur corps **M.** Robert, chorier, à ma sollicitation.

M. l'évêque, le doyen et le prévôt briguaient ce pauvre canonicat pour Poutud ; mais ces **MM.** me firent l'amitié de me tenir leur parole, malgré des sollicitations si puissantes. Je fus aussi remercier **M.** le doyen, etc., de la bonne réception

---

Les écrivains du parti janséniste avaient répandu le bruit que ce prince ne partageait pas, à leur égard, les idées de son aïeul Louis XIV ; et se proposait, au contraire, lorsqu'il serait roi, de les dédommager des persécutions dont ils étaient alors l'objet. Ces bruits, quelque invraisemblables qu'ils dussent paraître, ne laissèrent pas que d'affliger les catholiques sincères, et leurs craintes furent même partagées par le Saint-Père, Clément XI, qui en fit part à l'ambassadeur de France, le cardinal de la Trémouille. Celui-ci, tout naturellement, en écrivit au Roi. En présence de ces bruits, le Duc de Bourgogne composa un Mémoire destiné à les démentir. La mort, qui le frappa si subitement, ne lui laissa pas le temps de l'envoyer lui-même au Pape ; mais Louis XIV voulut que cet écrit, trouvé parmi les papiers de son petit-fils, lui fût adressé, pour lui faire connaître que ce prince, loin d'être partisan du jansénisme, était mort, la plume à la main, en le réfutant. Le Mémoire fut donc imprimé au Louvre, et envoyé à Rome. Il fit, sur l'esprit du Pape, une impression des plus favorables, et augmenta considérablement les regrets que cette mort prématurée lui avait causés. Ce Mémoire avait à peine paru qu'il fut attaqué, de la manière la plus injurieuse, dans un libelle que l'avocat général, Joly de Fleury, déféra aux chambres assemblées du Parlement de Paris. La Cour, par arrêt du 17 juin 1712, condamna cet écrit à être brûlé au pied du grand escalier, ce qui fut exécuté le jour suivant. (*Vie du Dauphin, père de Louis XV*; par l'abbé Proyard, t. 2, p. 291 et suiv. Paris, 1782, 2 vol. in. 12. — Davrigny : *Mémoires chronol. et dogm.*, t. 2, p. 355. Nîmes, 1781, 2 vol. in 8°. — *Mémoires pour servir à l'Hist. ecclés.* (attribués à l'abbé Jauffret qui fut, plus tard, évêque de Metz), t. 1, p. 64. Paris, 1806, 2 vol. in 8°).

(1) Pour ce qui concerne cette institution, voyez *les Chanoines Pauvres de N.-D. du Puy*, par M. l'abbé Payrard. (*Tabl. Hist. du Velay*, t. 1, p. 14).

qu'ils avaient faite à M. le prieur de Vieille-Brioude (1), à qui j'avais donné, de la part du chapitre, le panégyrique de St Mayeul. Cet habile prédicateur fit ce sermon en cinq ou six jours et ravit son auditoire qui était des plus choisis. Il prêcha, le 11 mai, le premier panégyrique de St Mayeul qui ait été prêché au Puy de mémoire d'homme. Il prit pour texte : *Hæc est victoria quæ vincit mundum, fides nostra.* M. Molin lui donna un magnifique souper, aux frais de l'Université. M. le curé de Polignac et M. Hébert, Chanoine-Régulier de Vieille-Brioude, étaient de la partie. J'ai appris un remède excellent et souverain pour la goutte ; vous le trouverez au dernier feuillet de ce cahier (2). Dieu nous préserve d'un mal si violent, et nous donne sa grâce et sa gloire. Ainsi soit-il.

Au nom de N. S. J. C. Ainsi soit-il.

Je commence le troisième cahier de mon itinéraire par un des plus heureux jours de ma vie, puisqu'aujourd'hui, mercredi, 25 mai 1712, MM. de la Cathédrale du Puy m'ont rendu participant de toutes les prières et de toutes les bonnes œuvres qui se feront à perpétuité, ou par eux, ou dans leur église. Voici le fait : Ayant été prié, par nos Pères de Souvigny, de faire, en leur nom, une société spirituelle avec la Cathédrale de Notre-Dame du Puy, et en ayant procuration signée de Dom Fricaud, prieur, et de D. E. Dubois, sous-prieur et secrétaire, en date du 14 décembre 1711, et scellée du sceau du monastère de Souvigny, j'ai été voir ce matin M. le doyen qui m'a fait déjeûner, et qui a exhibé ma procuration au Chapitre. Tous, d'une voix unanime, ont consenti à cette société spirituelle. M. Peyret, syndic, m'en a apporté la parole avant vêpres, et m'a prié de dresser les articles de cette

---

(1) Le P. François Chantoiseau, qui fut plus tard assistant de la Congrégation des Chanoines-Réguliers de France. (*Nouvelles ecclésiastiques*, année 1746, p. 6 et année 1755, p. 27).

(2) Au verso du dernier feuillet de ce cahier, on trouve effectivement écrit cette formule d'un laconique scepticisme : *Beuvez et souffrez,*

union : ce que j'ai fait, après avoir entendu vêpres et complies, à la Cathédrale, à côté de M. le doyen.

Dans le premier article, MM. de la Cathédrale font participants de toutes les messes, prières, aumônes, etc., les religieux de Souvigny, et moi, comme leur procureur, quoiqu'indigne. Dans le second, il est dit que, dans ces deux églises, tous les ans, le vendredi lendemain de l'Ascension, on dira la grand'messe pour les vivants de chaque église réciproquement ; et qu'après la messe on dira, à l'autel de St Mayeul, le psaume 132, avec les autres prières que j'ai dressées.

Et comme St Mayeul est mort le vendredi d'après l'Ascension, et qu'à pareil jour j'ai porté ses reliques au Puy, on a ordonné que l'on dirait deux grand'messes de St Mayeul, l'une à sa chapelle, l'autre au maître-autel, toutes les fois que la fête de St Mayeul escherra au vendredi après l'Ascension. Dans le dernier article, on a promis de dire, dans l'église du Puy, une grand'messe avec absoute pour les religieux défunts de Souvigny, ce que lesd. religieux pratiqueront respectivement pour les prêtres et clercs de N.-D. du Puy. M. le doyen et M. le syndic ont signé, avec moi, ce traité que j'ai promis de faire ratifier (1).

Le même jour, 25 mai, après dîner, je fus voir M. l'évêque qui me gratiosa extraordinairement ; il partit, ce jour-là même, pour St-Julien-de-Chapteuil, prieuré dépendant de la Chaise-Dieu, dont mon cher D. Elie-Jean-Baptiste-Placide Ardant est titulaire. Il doit y faire demain sa visite épiscopale, qui continuera dans les autres paroisses de ce canton, jusqu'au dernier du mois de juin.

26 mai 1712. Jeudi du Corps du Christ. Je dis la sainte messe à St-Vosy, dans la chapelle souterraine des Saintes Reliques. MM. les chanoines de cette église y chantèrent hier une grand'messe avec solennité, et c'est la première qui y ait été

---

(1) Les conditions de l'alliance contractée entre l'église du Puy et le monastère de Souvigny sont rapportées, d'après le texte original, à la page 380 de l'*Histoire de St Mayol*, déjà citée.

célébrée. Ils m'avaient prié le mardi, au soir, de la célébrer, et je leur en avais donné quelque parole; mais je me trouvai un peu incommodé. J'assistai à la déposition que fit, par devant notaire, une fille âgée de 20 ans, du lieu de Chambon, diocèse de Viviers, disant : qu'elle avait été alitée, presqu'un an entier, et percluse de tous ses membres, et qu'elle avait été guérie dès que sa mère l'eut vouée à St Vosy et aux autres SS. évêques du Puy, auxquels elle vint rendre son vœu aujourd'hui, avec sa mère et quelques-uns de ses parents qui ont attesté la même chose. J'ai remarqué une si grande naïveté dans les dépositions uniformes de ces bonnes gens, que j'ai signé ce miracle sans hésiter. J'ai assisté aux offices de la Cathédrale; M. le prévôt a officié, et donné la bénédiction. Le P. Vidal, Jésuite, prêche l'octave. Son sermon d'aujourd'hui dont le texte était : *Tu es verè Deus absconditus*, était fort plat ; mais il l'a prononcé avec beaucoup de zèle. Il a plu continuellement plus de trente heures ; de sorte qu'on a renvoyé la procession générale à dimanche prochain.

27 mai. J'ai dit la messe à la Visitation ; j'ai accepté le tableau de St Bénigne que M. François a fait pour l'Hôtel-Dieu. Je lui ai donné 8 livres pour faire deux deuils (1) ou deux autres petits tableaux que porteront les marguilliers, l'un de St Vosy, l'autre de St Scutaire. Le tableau de St Bénigne coûte 40 livres. J'ai dîné chez M. l'abbé Peyret, avec le P. Peyret, son frère, et M. de St-Arcons, son neveu. Après dîner, j'ai composé une épitaphe fort simple, pour mettre au tombeau de M. Claude Spert (2), dernier abbé de St-Pierre-la-Tour, qui résigna à M. l'abbé Peyret, qui fait la dépense de cette épitaphe. M. Buffet la doit graver sur la pierre. Je soupai chez Madame la vicomtesse d'Apchier (3).

28. Je dis la messe à la Cathédrale. Je déjeûnai à l'Hôtel-

---

(1) Petites plaques peintes qui s'adaptaient à la poignée des torches.
(2) Cette épitaphe est reproduite dans le *Gallia Christiana*, éd. de 1720, t. II, col. 755.
(3) Anne de Chevalier de Rousses de Malesagne, mariée par contrat du 6 septembre 1685, à Hugues d'Apchier, vicomte de Vazeilles, seigneur de St-Didier-d'Allier et d'Ebde.

Dieu, et fus coucher à Polignac, avec M. Claude Tetelette (1), Nivernais, Chanoine-Régulier de la Congrégation de France, et curé de St-Martin de Polignac.

29. Je dis la messe au maître-autel de Polignac. Après quoi, on fit la procession solennelle du Très-Saint-Sacrement, tout le tour du château. On dit ensuite la grand'messe et M. le curé fit un excellent prône sur la fréquente communion : *Compelle intrare*. Dans la première partie, il fit voir les grâces et les avantages de l'Eucharistie, puissant motif pour nous porter à la fréquente communion. Dans la seconde partie, il parla des dispositions requises pour s'approcher de la sainte Table, qui nous doivent faire trembler, si nous nous en approchons indignement. Après avoir dîné avec M. le curé et son vicaire, je fus coucher à St-Paulien, chez M. Chabron, subdélégué des Intendants de Languedoc et d'Auvergne (2), et juge de St-Paulien, qui me reçut parfaitement bien. Je fis collation chez M. Colin, chanoine de St-Paulien, après la bénédiction. Je fus voir avec lui l'église de St-Paulien, etc.

30 mai 1712. M. Claude Galien, prêtre, me donna à dîner et à MM. Jouve, curé de St-Georges à St-Paulien, Chabron et Laussac. M. Martin, chanoine, me donna la collation et à M. Colin. Je vis les archives de M. Chabron, où il y a une quantité de papiers, un Mss. dont j'ai pris l'extrait, un ancien chandelier, etc. Je couchai à Allègre, chez M. Couderc (3), lieutenant, mon cousin.

(1) Nous avons vu, au 15 novembre 1711, que ce Chanoine-Régulier était le neveu de Philibert Testelette (et non Tetelette) qui publia, en 1677, *Vindiciæ Kempenses adversus R. P. Franciscum Delfau, monachum Cong. S. Mauri.* (Paris, Sébastien Cramoisy, in-8º). D. Mabillon a répondu à cet ouvrage de Testelette par les *Animadversiones in Vindicias Kempenses.* (Paris, Billaine, 1677, in-8º. Ces *Animadversiones* ont été réimprimées dans le tome i des OEuvres posthumes de Mabillon et Ruinard, publiées par D. Vincent Thuilier.

(2) Georges de Chabron, seigneur de Chassagnoles et de Solilhac, mort le 13 mai 1749.

(3) Jacques-Ignace Couderc, né le 5 juin 1672, d'abord procureur au baillage, puis lieutenant général du marquisat d'Allègre; fut marié à D^{elle} Catherine Grellet. Anna Couderc, sa sœur, épousa, le 27 mars 1703, Me Antoine Branche, lieutenant de la terre de Chassagne, résidant à Paulhaguet. (Note due à l'aimable obligeance de M. E. Grellet de la Deyte).

31. Je dis la messe au maître-autel de la paroisse de St-Jean-Baptiste d'Allègre. M. le curé, nommé Dubreuil, natif de Ceaux (1), me donna à déjeûner. Outre la paroisse, il y a, dans la place d'Allègre, un oratoire dédié à Notre-Dame, dont il est parlé dans les Vies des SS. d'Auvergne, par Branche (2). Il y a aussi une fort belle chapelle dans le château; elle est sous le nom de St Yves, et les Pénitents y font leurs assemblées. Il y a un mausolée de marbre, un bénitier de même, qui est transparent, et une Notre-Dame de Pitié de marbre avec ce vers :

Virgo, per has lachrymas, Alacrum defendito stirpem.

Je fus souper à la Chaise-Dieu, avec le Père prédicateur. En passant, je vis, à Monlet (3), la croix de la Mission que les Jacobins missionnaires y ont plantée dimanche passé.

JUIN.

1712. 1. Je trouvai une lettre de Dom Montanhac, religieux de Mazan, qui m'envoie l'acte de la fondation de son abbaye, que j'y avais oublié. J'ai écrit à D. Girardin à Clermont.

2. Je reçus une lettre de R. P. prieur de Savigneux. On fit la procession du St Sacrement après les vêpres solennelles.

3. Le R. P. prieur partit pour Moulins, pour aller au devant de M. l'abbé de la Chaise-Dieu. Je l'ai chargé d'une lettre de deux feuilles de papier que j'envoie au R. P. prieur de Souvigny, avec le procès-verbal de la translation du scapulaire de St Mayeul et plusieurs autres actes concernant cette cérémonie.

4. D. L. Delmas partit pour le Puy, et j'ai écrit par lui à M. Molin, syndic de St-Mayol, à M. Roudil, prieur de St-Jean, à M. Bergonhon, syndic de St-Vosy, à Madame la vicomtesse d'Apchier, à M. Vianez, curé de St-Paulien, à M. Restaix, curé de Goudet. D. Jourda est aussi parti pour Chanteuges, et je l'ai chargé d'une lettre pour M. le marquis de Gondras et d'une autre pour M. Boyer, curé de St-Arcons. J'ai dit la grand'messe pour led. D. Jourda qui était hebdomadier. On fait l'anniver-

---

(1) Ceaux d'Allègre, chef-lieu de commune du canton d'Allègre.
(2) Page 109.
(3) Monlet, chef-lieu de commune du canton d'Allègre.

saire de Dalmas (1), abbé de la Chaise-Dieu. J'ai aussi écrit à M. Rousson, prieur de Beaune. J'ai oublié de mettre, au 27 mai, une faveur singulière que m'ont faite MM. les chanoines de St-Vosy. En voici la teneur :

Nos canonici insignis Ecclesiæ collegiatæ S. Evodii Aniciensis capitulariter congregati, Reverendum admodum P. D. J. B. sacerdotem ord. S. Ben. cong. S. Mauri, de nobis et nostra ecclesia bene meritum, per has presentes litteras participem reddimus omnium missarum, orationum, eleemosynarum, ac bonorum operum quæ vel à nobis, vel in nostra ecclesia in perpetuum fient; eidemque D. Jac. B. promittimus, quòd nos vel successores nostri, post ipsius mortem, majorem missam pro animæ ejusdem refrigerio celebrabimus, in sacello Sacrarum Reliquiarum SS. Evodii et aliorum Anicii Episcoporum, quorum gloriam et cultum tantopere promovit. Datum Anicii, in capitulo nostro, die 27ª maii, anno salutis reparatæ 1712. Antonius Goy, decanus — R. Nolhac — Augier — Ranquet — Robert — Laussac — Bergonhon, syndicus — A Nolhac — Vandosme — Rome.

5 juin 1712. J'ai fait diacre à la grand'messe, et porté la croix double à la procession. J'ai reçu deux lettres d'Issoudun, l'une de M. le curé de Migny, l'autre de Madame David. J'ai écrit à M. Rome l'aîné, chanoine du Puy, à M. Bergonhon (2), sescal de la même église, à M. Laussac, chan. de St-Vosy, et à M. Cholvy, religieux à Langogne.

6. J'ai acheté une jument vingt-cinq écus.

8. M. le prieur de Beaune m'est venu voir, j'ai soupé avec lui et avec un religieux de Port-Dieu, D. P. Bérard et D. J. Suduyraud.

9. J'écrivis au Puy à M. Montet, M. Molin, M. Rousson,

---

(1) Dalmas ou Dalmace de Cusse ou de La Cour, douzième abbé de la Chaise-Dieu, mort le 2 juin 1190 et enterré devant l'autel des Vierges. Le jour de cet anniversaire, les religieux se rendaient en procession à son tombeau.

(2) Ignace Bergonhon, frère de Gabriel, dont il est parlé au 21 janvier 1712. (*Variétés historiques et biographiques*, par M. Paul Le Blanc, p. 18. Le Puy, Marchessou, 1885).

avocat. M. le doyen m'avait envoyé une lettre pour remercier, de la part du chapitre, le P. prieur et la communauté de Souvigny. Je l'ai accompagné d'une des miennes et ai fait réponse à M. le doyen.

10. Etienne Boyer, commis (1) novice, que j'ai fait recevoir à Chanteuges, m'a acheté une selle, une bride, un licol, des courroyes; le tout ou son voyage se monte : 20 livres. M. Rousson, qui a eu ce soin, m'a fait une réponse pleine d'esprit. J'ai fait diacre à la grand'messe, à la place de D. B. Jourda.

11 Après avoir dîné avec MM. Peghaire, Bessayre et D. A. Roy, j'ai été à la Chapelle-Geneste.

12. J'ai écrit à Dom Le Blanc, à Mercoire; à D. Montanhac, relig. de Mazan ; à M. Chabron, subdélégué des Intendants de Languedoc et d'Auvergne. J'ai reçu une lettre de D. Girardin, avec une épitaphe de Mgr le Dauphin. J'ai assisté à la procession que l'on a faite après vêpres, à Notre-Dame du collège (2), pour demander le beau temps. C'est une neuvaine que l'on commença jeudi passé; la pluie, qui dure depuis environ six semaines, gâtait tous les fruits de la terre. Depuis qu'on a commencé la première procession, il fit vendredi passé le plus beau temps qu'on puisse voir. Aujourd'hui, à Clermont, on a fait une procession extraordinaire pour le même sujet. On a porté la statue de Notre-Dame du Port et les principales reliques de la ville, avec beaucoup de pompe, et le beau temps s'est levé aussitôt.

13. Après avoir dit la sainte messe à N.-D. de Pitié, je suis parti pour Clermont, avec D. Benoît Jourda. Nous avons dîné à St-Germain-l'Herm, et soupé à Sauxillanges avec D. Mont-

---

(1) Dans la Congrégation de St-Maur, on appelait *Commis* un laïque qui s'était donné volontairement à une maison pour travailler sous les ordres du prieur ou du procureur. C'est ce qu'on appelait dans d'autres Ordres, un *Donné* ou un *Oblat*.

(2) L'église de N.-D. du Collège fut construite, dans le monastère de la Chaise-Dieu, par Jean de Chandorat, son vingt-quatrième abbé, qui fut plus tard évêque du Puy. Il y choisit sa sépulture au côté droit de l'autel, où il fut enterré le 29 septembre 1535, étant mort à Monistrol-sur-Loire, le 15 de ce même mois.

chanin, sous-prieur. Le R. P. prieur m'a fait mille honnêtetés.

14. Après avoir dit la sainte messe, nous fûmes dîner à Vic-le-Comte. Nous vîmes la Sainte Chapelle et Notre-Dame, que l'on y a apportée de Billom depuis 1702, qui y opère des miracles continuels. Nous soupâmes à St-Allyre avec le P. prieur claustral.

15. Je fus, avec D. Jourda, faire quelques visites et quelques commissions à Clermont.

16. J'en fis autant avec D. Jourda.

17 juin. M. l'Intendant nous prêta son carrosse pour aller au devant de M. l'abbé de la Chaise-Dieu. Je partis, à cet effet, avec le R. P. abbé de St-Allyre, le P. prieur de Mauriac et D. B. Jourda, procureur dud. abbé. Nous fîmes collation à Riom, au Cerf-Volant; et M. l'abbé ne venant point, comme on nous avait mandé, nos PP. retournèrent à St-Allyre. Je fus voir M. l'abbé de St-Genès et son frère, qui est supérieur de l'institution des Pères de l'Oratoire, à St-Magloire de Paris. C'est un homme d'une érudition consommée et d'une haute vertu. Je fus coucher à Mauzac, où je fis collation avec nos confrères.

18. Je fus à Artonne (1), en passant par St-Bonnet des Champs (2) et par St-Myon (3). M. Chevalier, Riomois, chanoine d'Artonne, me donna à dîner. M. le théologal fut de la partie. Je soupai chez M. l'abbé d'Artonne (4) et fis une liste de ses prédécesseurs.

19. Je dis la messe à quatre heures du matin, à l'autel de Ste Vitaline (5), dont St Grégoire de Tours fait mention, et dont le corps repose dans la collégiale d'Artonne, de même que

---

(1) Artonne, chef-lieu de canton de l'arrondissement de Riom. — L'abbaye séculière de St-Martin d'Artonne (*Arthona*), au diocèse de Clermont, avait été convertie en un chapitre de douze chanoines.

(2) St-Bonnet-près-Riom, chef-lieu de commune du canton de Riom.

(3) St-Myon, chef-lieu de commune du canton de Combronde (Puy-de-Dôme).

(4) François Ogier, qui avait succédé dans ce bénéfice à son oncle Louis Ogier.

(5) Voir Jacques Branche: *La Vie des Saincts et Sainctes d'Auvergne et du Velay*, p. 313.

celui de St Paterne, évêque d'Avranches. M. le bailli Rosier me donna à dîner, et je fus coucher à St-Allyre, où j'eus l'honneur de saluer M. l'abbé d'Armagnac.

20 juin. Je dînai avec M. l'abbé d'Armagnac, le P. abbé de St-Allyre, le P. prieur de la Chaise-Dieu, le supérieur de l'Oratoire de Clermont et un de ses confrères, M. l'abbé Le Maître, M. de Lafosse, le P. cellérier de la Chaise-Dieu et D. Lamy, zélateur de St-Allyre. On nous régala magnifiquement. Après dîner, j'accompagnai M. l'abbé qui allait à la Chaise-Dieu, à demi-lieue de Clermont. Je fus ensuite à l'abbaye de Beaumont, avec le P. abbé et le P. zélateur, et nous fûmes souper à St-Allyre.

21. Je rangeai quelques Mémoires.

22. Je fus dîner à Montferrand, où le P. prieur me retint à coucher. Je fis quelques recueils de leurs titres et transcrivis leur fondation.

23. Je fus dîner à Cebazat (1), où M. Charles Mélier, doyen de la collégiale, qui est natif de Montfaucon (2), et mon ancien condisciple, me régala bien. Je demeurai longtemps dans leurs archives, sans y pouvoir rien trouver. On conserve, dans l'église (3) de St-Etienne de Cebazat, le corps de St Longison, abbé, et son chef est dans un reliquaire d'ébène, fort particulier pour la façon. Il y a une pierre au mur de l'église avec cette inscription :

Abra ✠ ham

24. Je passai la fête de St Jean à St-Allyre.

25. Je partis de Clermont, avec Frère Etienne de Benoît qui allait voir son père. Nous dînâmes à Riom, au Cerf-Volant. Je m'arrêtai pour coucher à Ennezat, et F. Etienne fut cou-

---

(1) Cebazat, chef-lieu de commune du canton de Clermont-Ferrand.
(2) Montfaucon, chef-lieu de canton de l'arrondissement d'Yssingeaux (Haute-Loire).
(3) St Longis ou Longison, abbé de La Boisselière, diocèse du Mans (VIIe siècle).

cher à Maringues. M. l'abbé Polaillon de Glavenas, mon compatriote et ami, chanoine d'Ennezat, me fit souper et coucher chez lui.

26. Après avoir dit la messe dans l'église collégiale des SS. Victor et Couronne (1) d'Ennezat, je fis quelque recueil dans leurs archives que ces MM. m'ouvrirent très-obligeamment. Je fus ensuite aux Augustins, où le P. prieur me donna à déjeûner et me fit voir la fondation de leur couvent. Il y a plusieurs épitaphes des Juifs composées en hébreu. La ville d'Ennezat est bien percée et paraît avoir été considérable. F. Etienne et M. de Benoît, son cadet, vinrent me chercher à Ennezat. M. de Polailhon nous donna à dîner, et M. de Martillat (2), chanoine d'Ennezat, fort honnête homme, fut de la partie. Nous fûmes souper à Maringues, où M. de Chassignole, père de Frère Etienne, nous reçut magnifiquement.

27. Je dis la messe aux Ursulines, où F. Etienne a une sœur religieuse. Leur aïeul, M. de Benoît, a fait bâtir l'église, qui est fort belle, et leur a donné plusieurs ornements.

M. de Chassignole nous régala le mieux du monde. Je fus aux Récollets après dîner. Je fus aussi à l'église de Notre-Dame, prieuré dépendant de la Chaise-Dieu. D. Ant. Carmantrand en est titulaire, et D. Sirmond, ancien moine, y résidant, en est sacristain. Il y a une fort belle sonnerie, et le clocher en est fort beau, surtout le degré en limaçon qui paraît être de la même main que celui d'Aurillac. Le P. gardien des Récollets et le P. vicaire me rendirent visite, et les parents de F. Etienne, qui sont les plus apparents de la ville et tous opulents.

28 juin. Je dis la messe aux Ursulines. Après dîner, F. Etienne partit avec son frère qui l'accompagna jusqu'à la Chaise-Dieu, où il va étudier en philosophie. Je fus coucher à

---

(1) St Victor et Ste Couronne, martyrisés en Syrie, au IIe siècle.
(2) Robert Enjobert de Martillat, mort à Clermont le 4 juin 1727, était fils de Jacques Enjobert, écuyer, seigneur de Martillat et de Catherine Barrel.

Montpeyroux (1), après avoir passé l'Allier et ensuite la Dore, à Puy-Guillaume (2).

29. Je dis la messe au maître-autel de l'abbaye de Montpeyroux qui est majestueux. Madame de la Richardie (3), abbesse de Bonlieu (4), accompagnée de deux de ses religieuses, d'une Bénédictine de Lavêne (5), d'un gentilhomme, son parent, et d'un religieux de Cîteaux, son aumônier, avec lesquels j'avais fait collation le jour d'auparavant, partit pour retourner à Bonlieu. Je fis une liste des abbés de Montpeyroux, mais je ne pus trouver la fondation.

30 juin. Comme je voulais partir après avoir dit la messe, D. Jean de Réquelène, Dijonnais et cellérier, me pria de rester, pour dicter à D. Galien, natif de St-Chamond, deux titres qu'ils ne pouvaient déchiffrer. Cela m'occupa toute la journée.

JUILLET.

1712. 1. Je partis de Montpeyroux fort satisfait des manières charmantes de D. Grangier, prieur, natif de Dijon, et profès de Cîteaux. C'est un homme tout de cœur; il me donna six lettres de recommandation pour les prieurs des monastères de son Ordre, où je dois aller. Les autres religieux susnommés et D. Jolivet, qui est le quatrième, me firent aussi beaucoup d'honnêtetés. Le monastère est d'une grande propreté. Dom Etienne Prinstet, qui en était prieur, a commencé à le réparer, et D. Grangier, qui lui a succédé, continue à le rendre complet.

---

(1) Montpeyroux, village de la commune de Puy-Guillaume. — L'abbaye de N.-D. de Montpeyroux (*Mons-Petrosus*), Ordre de Cîteaux, dans le diocèse de Clermont.

(2) Puy-Guillaume, chef-lieu de commune du canton de Châteldon (Puy-de-Dôme).

(3) Madeleine de la Richardie de Besse (1705-1713).

(4) L'abbaye de N.-D. de Bonlieu (*Bonus Locus*), Ordre de Cîteaux, située près de St-Agathe-la-Bouteresse, canton de Boën, arrondissement de Montbrison (Loire).

(5) Laveine, prieuré de religieuses Bénédictines, près de Crevant, canton de Lezoux, arrondissement de Thiers (Puy-de-Dôme). Voir *Chroniques de l'abbaye de Laveine*, par M. Marcellin Boudet. (Mémoires de l'Académie de Clermont, 1862).

D. Prinstet, qui est un homme d'un grand mérite, fut ensuite procureur général de l'Ordre à Rome. Etant venu en France, pour assister à l'élection du Général, le P. Tellier (1) le fit exclure et priver de voix passive, parce qu'il avait donné, à Rome, sa voix active contre l'idolâtrie des Chinois enseignée par les bons Pères, et condamnée par le Saint-Père.

Ce grand homme, D. Prinstet, qui aurait été infailliblement élu Général, sans la maligne exclusion jésuitique, vient d'être exilé dans une affreuse solitude, par les charitables soins du R. P. confesseur. Le dit jour, premier juillet, j'arrivai à Thiers sur les huit heures. Je descendis au Moûtier, ou abbaye de St-Simphorien, qui est dans un faubourg, au bas de la ville, cramponnée, pour ainsi dire, sur une montagne escarpée. M. de la Chastagneraye (2), abbé du Moûtier, me combla d'honnêtetés ; il me donna à dîner et voulut me retenir quelques jours chez lui. Je lus toutes les pièces des archives ; mais je ne pus faire une liste d'abbés que depuis 1251, quoique cette abbaye soit beaucoup plus ancienne. M. Micolon, prieur claustral, me donna la collation et je montai ensuite à la ville, où M. Clave (3), prêtre et chanoine de St-Genès, me donna à souper dans l'Hôpital-Général, dont il est directeur.

2 juillet. Je dis la sainte messe à la Visitation, au faubourg de Thiers, où la collégiale fut ensuite en procession, et on y célébra une grand'messe pour la confrérie des gainiers, *quasi vero* (4) la Vierge faisait jadis des gaines. Je fus aux Capucins, voir le P. Mathieu, de Riom, mon ancien ami. Je rendis aussi visite à

---

(1) D. J. Boyer écrit, comme quelques auteurs, Tellier et non Le Tellier.

(2) Nous avons dit, dans une note précédente (9 janvier 1711), que M. de la Chastagneraye mourut en 1713 ; une obligeante communication de M. Antoine Guillemot, de Thiers, nous apprend que ce décès eut lieu le 15 décembre 1732.

(3) Jean Clave, fils de Barthélemy Clave et de Marie Valentin, né le 28 mars 1666, mort le 27 octobre 1729, prêtre, chanoine et chantre du chapitre de St-Genès (*Nouveaux Documents inédits sur la ville de Thiers*, publiés par M. Antoine Guillemot. Clermont, Ferdinand Thibaud, 1884, p. 62).

(4) Comme si.

M. le prévôt (1) qui voulut me retenir à dîner ; mais j'avais promis à M. Delotz (2), marchand, qui me régala bien avec M. l'abbé Clave, chez qui il avait soupé le jour d'auparavant. M. Clave est oncle et parrain de F. Jean Clave (3), et M. Delotz, beau-frère de F. E. Buisson ; c'est à leur sollicitation que ces MM. me traitèrent si bien. Je fis collation à Lezoux (4), et soupai à Ravel (5), où M. le marquis du Terrail (6), me reçut parfaitement bien. Le P. Cyprien, de Cusset, et F. Clément, de Thiers, y mangèrent aussi, et le lendemain.

3 juillet, dimanche. Je dis la messe à la chapelle du château de Ravel qui est fort propre. Le château est un des plus beaux de la paroisse. Il y a trois corps de logis, flanqués de plusieurs tours ; les appartements sont spacieux et richement meublés. On me fit coucher dans un lit de damas rouge, et M. du Terrail me fit mille caresses, et m'obligea de rester chez lui plus que je n'aurais voulu ; et je fus obligé de céder à ses honnêtetés, à cause de l'inondation causée par le tonnerre et par une grosse pluie.

4. Je dis la messe à la chapelle de Ravel. Après dîner, je descendis au bourg avec M. du Terrail qui en est seigneur, et

---

(1) Pierre Moisant, né à Thiers, le 22 octobre 1660, fut prévôt du chapitre de St-Genès, sur la résignation de Gilbert de la Volpilière. Il prit possession le 8 septembre 1689 et conserva cette dignité jusqu'à sa mort, arrivée le 9 décembre 1717.

(2) Jacques Delotz, fils d'Antoine Delotz et d'Anne Lechaux, né le 21 mars 1685, mort le 23 septembre 1741 ; marié le 30 juin 1711, à Catherine Buisson, fille de Pierre Buisson, notaire et procureur au baillage de Vollore, et de Marie Comte Mambrun. (Généalogie dressée par M. A. Guillemot). — Voir au 26 décembre 1711, n° 13, note.

(3) D. Jean Clave, fils de Claude et de Marie Cusson, né à Thiers, le 5 mai 1687, fit profession à l'âge de 24 ans, le 20 septembre 1711, dans l'abbaye de St-Augustin de Limoges et mourut à St-Germain des Prés, le 30 juin 1750, sous-prieur de ce monastère et procureur général de l'Ordre.

(4) Lezoux, chef-lieu de canton de l'arrondissement de Thiers (Puy-de-Dôme).

(5) Ravel, chef-lieu de commune du canton de Vertaizon.

(6) Gaspard d'Estaing, comte de Saillans, marquis du Terrail et de Ravel, fils aîné de Jean, et de Claude Marie de Comboursier. — Voir au 10 novembre 1710.

cette terre lui vaut environ 22,000 livres de rente. Nous fûmes visiter les papiers de la paroisse, où je ne trouvai que quelques fondations faites par Pierre Flotte (1), chancelier de France, et Guillaume, son fils, seigneur de Ravel, par Guy d'Amboise (2), vicomte de Ravel, par C. de la Rochefoucaud (3), vicomtesse de Ravel, et par MM. d'Estaing, à qui cette vicomté appartient à présent. La paroisse, dédiée à Notre-Dame, est tout à fait belle. On voit le tombeau d'Estaing, élevé au milieu du chœur avec les armes d'Estaing et du Terrail. M. Chassain, bailli de Ravel, père de notre cher F. Gilbert Chassain (4), qui m'était venu voir hier matin, nous donna une collation fort propre. M. le curé voulait aussi me régaler. Il y a quatre vicaires, fondés par Jean Flotte (5), obligés à résidence. Il y a, au château de Ravel, une grande salle où l'on a tenu les Etats d'Auvergne, et l'on y voit les armes de la noblesse d'Auvergne. La vue de Ravel est une des plus belles d'Auvergne ; l'on voit Clermont, Riom, Thiers, Billom, etc., et jusqu'aux portes de Moulins.

5 juillet. Je déjeûnai chez M. le bailli de Ravel. Je fus ensuite à Lezoux. Je ne trouvai rien à la collégiale de St-Pierre. On y conserve un bras de St Taurin, évêque d'Evreux, et il y a une porte de ville du nom de ce saint. Je bus deux coups chez les Augustins-Déchaussés qui me prièrent de rester à dîner. Je dînai à Beauregard, chez M. le curé, nommé Gibert, natif de Mauriac, où je l'avais connu. La vue du château, qui appartient aux évêques de Clermont, est charmante. Le

(1) Pierre Flotte et son fils Guillaume Flotte, gentilshommes d'Auvergne, furent l'un et l'autre chanceliers de France, le premier en 1302, le second en 1339.
(2) Guy d'Amboise, seigneur de Ravel, en 1514.
(3) Charlotte de la Rochefoucaud, femme de Louis de Comboursier, dame de Ravel, vers 1580.
(4) D. Jean Gilbert Chassaing, né à Ravel, diocèse de Clermont, fit profession à l'âge de 26 ans, le 3 février 1711, dans l'abbaye de St-Augustin de Limoges.
(5) Jean Flotte, abbé de St-Médard de Soissons, était fils du chancelier Guillaume Flotte et d'Alix de Chastillon, sa première femme.

P. Masson, Minime, qui dîna avec nous, voulut m'amener dans son couvent ; mais je fus coucher à Aulnat (1), chez M. Pierre Vissaguet, curé du lieu, qui a été mon régent en sixième. Il est sorti de la Compagnie, malgré elle, après y avoir fait ses derniers vœux. Mauvaise planche !

6. J'entendis la messe du P. Cohade, Dominicain, dans la paroisse d'Aulnat, dédiée à St Rustique (2), évêque de Clermont, que le vulgaire nomme St Rutiry. Le corps du saint prélat est dans une châsse de bois doré au-dessus du maître-autel. Le chapitre cathédral est seigneur du lieu et curé primitif de la paroisse. Je dînai à Bourdon (3), chez M. Le Gros de Bourdon (4), conseiller à la Cour des Aides. Le P. Cohade, son compagnon, M. le curé d'Aulnat étaient de la partie avec la famille de M. de Bourdon.

6 juillet. Je soupai à St-Allyre avec D. Marc de Bompré et D. Jean Lamy.

7. Je fis quelques visites en ville avec D. Girardin ; au retour, nous soupâmes avec D. Alexis Parrel (5), qui va de Souillac à la Chaise-Dieu, pour y être prédicateur.

8. Je sortis en ville avec D. A. Parrel.

9. Je reçus des lettres de D. Jourda, de M. Molin, de M. Lashermes, de M. Montet. J'écrivis à M. Montet, à M. le doyen du Puy, à F. G. Chassain, à F. Amable Soubeyrot (6),

(1) Aulnat, chef-lieu de commune du canton de Clermont.

(2) St Rustique, huitième évêque de Clermont (vers 424), avait été pasteur de l'église d'Aulnat avant son élévation à l'épiscopat.

(3) Bourdon, maison de campagne, dans la commune d'Aulnat, sur l'emplacement de laquelle on a bâti une importante fabrique de sucre.

(4) Etienne Le Gros de Bourdon était le petit-fils d'Antoine Le Gros ou Gros, sieur des Clastres, habitant à Langeac, qui contribua à la construction du couvent de Ste-Catherine de cette ville. (*Vie de la Vénérable Mère Agnès de Jésus*, par M. de Lantages, revue par M. l'abbé Lucot, pp. 286 et 296. Paris, Vve Poussielgue-Rusand, 1863).

(5) D. Alexis Parrel, né à Craponne, diocèse du Puy, fit profession à l'âge de 19 ans, le 22 juin 1689, dans l'abbaye de St-Augustin de Limoges, et mourut à Beaulieu-en-Limousin, le 9 janvier 1732.

(6) F. Amable Soubeyrot, convers, né à Clermont en Auvergne, fit profession à l'âge de 21 ans, le 30 octobre 1685, dans l'abbaye de St-Augustin de Limoges, et mourut à la Chaise-Dieu, le 19 février 1727.

à D. Jourda. Je dînai à la salle, avec le P. prieur de Mauriac, M. son frère, et M. Claris, conseiller à la Cour des Aides.

10. Je dis la messe à la Visitation, à l'autel de St François-de-Sales. J'y étais allé avec le P. prieur de Mauriac qui la dit au grand-autel. Il était allé voir sa tante et sa sœur qui y sont religieuses. Je fus aussi au collége où le P. de Laire me donna cent francs. J'ai écrit à M. le prévôt (1), son frère, qui est à Paris, pour se faire rendre pareille somme au P. prieur de St-Denis, à qui j'ai aussi écrit. J'ai entendu le prône de M. le supérieur du séminaire (2), à St-Bonnet, où le St Sacrement était exposé. Il prêcha géométriquement, et il a une grande facilité à se bien énoncer. Il a fait voir que l'homme riche ne peut être heureux, que les richesses sont la source du véritable malheur, et qu'il est presque impossible qu'un homme riche soit sauvé. Nous avons été aux Minimes voir un beau reliquaire de la façon du sieur Dangoran, natif de Bourges, très-habile orfèvre. Dimanche passé, le R. P. provincial mit dans ce reliquaire, qui coûte cinquante pistoles, une relique de St François-de-Paule que le couvent de Beauregard a accordée à celui de Clermont. Ledit provincial porta cette relique, dimanche matin, 3 juillet, de Beauregard dans l'église des Jacobins de Clermont. Les Minimes, accompagnés de tous les Religieux Mendiants de la ville, furent en procession aux Jacobins, d'où ils portèrent en grande pompe ladite relique dans l'église des PP. Minimes. On fit une station dans l'église des Hospitalières. M. le théologal célébra la messe solennelle aux Minimes; elle fut chantée par la musique de la Cathédrale. Le même dimanche, 5 juillet, la grêle tomba si cruellement, qu'elle perdit quatre vingts paroisses, depuis Eygurande jusqu'auprès de St-Pourçain. On pesa des morceaux de grêle qui pesèrent deux livres et demie. Nos Pères de St-Allyre ont perdu la récolte de Thuret, où ils avaient plus de quatre cents setiers de grains, celle d'Agelle et de Côme, où la grêle a rompu des branches d'arbres.

(1) Voir au 28 avril 1711, note.
(2) Thomas Bourget, prêtre de St-Sulpice.

10 juillet au soir. M. l'abbé de St-Genès me vint voir. Je fis un marché conditionnel avec M. Dangouran pour le reliquaire de St Mayeul. M. l'abbé Vernet m'écrivit une lettre obligeante et m'envoya l'inscription suivante bien figurée qu'il a tirée d'un reliquaire de la Cathédrale, que l'on appelle de St Arthême, et que l'on porte aux incendies.

✠ In nomine Dī summi et in honore scor. martir. Agriculi et Vitalis ABB. civitat. hanc caps. ex elimoniọ Carolo rege anno XVIII regni sui nec non Hicterio comite vel reliquis chranis qui hunc aurum vel gemas congregaver. p. animas eor. Haddebert Eps fieri rogavit et vos Dom. Epi sucers vi... ... in mercedibus orate p. nob. ✠
Deodiggus fecit. ✠

J'ai vu, dessous l'autel de la Cathédrale, un autre reliquaire d'or de même structure, avec de semblables caractères, sans date.

In nomine Dī Sumi et in honore Sce Marie Sci Petri et Sci Martialis vel quor reliquiæ hîc condite sunt Audebertus eps fieri jussit.

Il y a un troisième reliquaire de même trempe :

Hic hab Reliquie de caput S. Agriculi et Sci Vitalis..... Hadebertus eps in Bononia civitate jubente Carolo rege recipit festo eorum IV kal. decemb.

11 juillet. Je reçus une lettre de M. Maloët, chanoine de Chamalières, avec un catalogue des évêques de Clermont, et une description très exacte de la même ville. J'écris à M. Molin, syndic de St-Mayol du Puy, et au P. Conrade par D. Bourgneuf et Dom de Gamache (1), religieux des Blancs-Manteaux, qui vont à la Chaise-Dieu.

(1) D. de Gamaches, né à Paris, fit profession à St-Faron de Meaux, le 22 octobre 1685, et mourut à St-Denis-en-France, le 16 mars 1740. *Hist. litt. de la Cong. de St-Maur*, p. 577.

— 234 —

12. Je laisse à D. Girardin un gros paquet de Mémoires pour le R. P. de Ste-Marthe dans lequel est contenu ce qui suit :

PRO TOMO PRIMO GALLIÆ CHRISTIANÆ
Addenda et emendanda
IN ARCHIEPISCOPIS.

Albiensibus, *Alby.*
Arelatensibus, *Arles.*
Auscicensibus, *Auch.*
Bisuntinensibus, *Besançon.*
Lugdunensibus, *Lyon.*

Narbonensibus, *Narbonne.*
Tolosanis, *Toulouse.*
Turonensibus, *Tours.*
Viennensibus, *Vienne.*

PRO TOM. II ET III
IN EPISCOPIS.

Agentanensibus, *Agen.*
Ambianensibus, *Amiens.*
Bellicensibus, *Belley.*
Beluacensibus, *Beauvais.*
Cabilonensibus, *Châlons-sur-Saône.*
Catalaunensibus, *Châlons-sur-Marne.*
Æduensibus, *Autun.*
Sancti Flori, *St-Flour.*

Gebennensibus, *Genève.*
Gratianopolitanis, *Grenoble.*
Lemovicensibus, *Limoges.*
Magalonensibus, *Maguelone.*
Nivernensibus, *Nevers.*
Santonensibus, *Saintes.*
Suessionensibus, *Soissons.*
Trecensibus, *Troyes.*
Valentinensibus, *Valence.*

IN PREPOSITIS.
Anicii, *Le Puy.*

IN DECANIS.
Cabilonensibus, *Châlons-sur-Saône.*

ITEM PLURIMA ET HÆC CURIOSA PRO EPISCOPIS :

Claromontensibus (*Clermont*), Matisconensibus (*Mâcon*), Mimatensibus (*Mende*), et Vivariensibus (*Viviers*).

Inscriptiones trium lypsanothecarum (1) eccles. Claromontensis factarum ab Adalberto episcopo Claromontensi tempore Caroli Magni, a Damiano Vernet, presbytero et canonico S. Genesii, accuratissime delineatæ.

Historia monialium Montis Carmeli in urbe Molinensi, a virgine ejusdem ordinis scripta.

Fundatio Augustinianorum urbis ejusdem.

Aliæ plures fundationes diœcesis Claromontensis.

---

(1) Lypsanothecæ, *reliquaires.* Ce sont ceux dont notre Bénédictin vient de relater les inscriptions.

PRO TOMO QUARTO GALLIÆ CHRISTIANÆ.

Carta fundationis Mansi Adæ (*Mazan*), in diœcesi Vivariensi, anno 1123, cum catalogo abbatum ejusdem monasterii.

Carta fundationis Camporum Bonorum (*les Chambons*), in eodem diœcesi, cum indice abbatum hujusce monasterii.

Catalogus abbatum Vallis Lucidæ seu de Boscheto (*Le Bouschet*), diœcesis Claromontensis, cum pluribus cartis ad idem monasterium spectantibus.

Index accuratus abbatum Montispetrosi (*Montpeyroux*).

Index abbatissarum Mercoriæ (*Mercoire*), diœc. Mimatens.

Indiculus abbatum Valetæ (*Valette*), diœces. Tutellensis.

(*Prædicta sex monasteria sunt Ordinis Cisterciensis*).

Catalogus abbatum sæcularium S. Martini de Arthona (*Artonne*), diœcesis Claromontensis.

Catalogus abbatum S. Martini Nivernensis, Ord. Canonicorum Regularium, Cong. Gallicanæ.

Plures cartæ ad monasterium Vallis Benedictæ (*Valbenoite*), Ord. Cisterc., diœc. Lugdunensis, pertinentes.

Catalogus abbatissarum S. Johannis de Buxo (*Le Buis*), Ord. S. Benedicti, prope Aurilacum.

Index abbatum S. Symphoriani Thiernensis (*Le Moûtiers*), ab anno 1251.

Plurima pro abbatibus Cluniacensibus et Bellilocensibus in diœcesi Lemovicensi.

QUÆDAM ADDENDA ET CORRIGENDA IN ABBATIIS QUORUM NOMINA HIC SUBJICIUNTUR SINE ORDINE.

Yssiodorum, *Issoire*; B.
Firmitas, *La Ferté*; C.
Roseriæ, *Rosières*; C.
Aceyum, *Acey*; C.
Buxeria, *Bussière*, près Culant; C.
Casa Dei, *La Chaise-Dieu*; B.
Fons Morini, *Fontmorigny*; C.
Cantoënum, *Chantoin*; A.
Sinaqua, *Sinanque*; C.
Aqua bella *Aiguebelle*; C.
Bonavallis (Viennensis), *Bonnevaux*; C.
Ambroniacum, *Ambronay*; B.
S. Benigni Divionensis, *St-Bénigne de Dijon*; B.
Carrofium, *Charroux*; B.
De Fontibus, *Fontaine Ste-Claire d'Alais*; C.
Insula Barbara, *L'île Barbe*; B.
S. Johannis Angeriacensis, *St-Jean d'Angely*; B.
S. Justi, *St-Just*.
S. Leodegarii, *St-Léger*; B.
Mauziacum, *Mauzac*; B.
S. Maxentii, *St-Maixent*; B.
S. Petri Cabilonensis, *St-Pierre de Châlons*.
Psalmodium, *Pseaume*; C.
Savigniacum, *Savigneux*; B.
Silvanesium, *Salvanez*; C.

12 juillet 1712. Je fus à Chamalières avec D. Pierre Laurent ; nous demeurâmes longtemps aux archives, sans y presque rien trouver. M. Maloët, chanoine de N.-D. de Chamalières, nous donna une collation fort propre, et nous accompagna jusqu'à St-André. On montre, dans la collégiale de Chamalières, le corps de Ste Thècle, vierge et martyre, dans une châsse de bois doré, sur le maître-autel. La boiserie du chœur est fort belle. On voit encore les lieux réguliers des religieuses que l'on dit y avoir été placées par St Genès, comte. J'ai trouvé des anciens livres de chœur où il y a un office propre de Ste Thècle, qui était composé avant qu'on eût découvert les reliques de cette première martyre de l'Eglise (1), ce qui peut assurer la vérité de ses reliques. Il y a aussi, à Chamalières, un ancien calendrier où St Anaclet, dont on fait la fête demain, est appelé Clet, ce qui confirme le sentiment de ceux qui ne font qu'un pape de ces deux (2).

13. Je partis de St-Allyre avec D. Jacques de Crespat, prieur de Mauriac. Nous côtoyâmes le Puy de Dôme, et dînâmes à Agelle. Nous fûmes coucher à Préchonnet, chez M. le comte de Langeac, qui nous traita splendidement. M. l'abbé, son père (3), était à Bonnebaud dont il est prieur. M. Rochette (4), procureur du roi à Riom, beau-père de M. le comte de Langeac, soupa avec nous. M. Antoine Allyre, comte de Langeac, est un brave gentilhomme ; il a beaucoup d'amitié pour moi et pour la maison de St-Allyre, dont il se dit parent. Il nous força de déjeûner à Préchonnet, qui est un fort beau château.

---

(1) Ste Thècle d'Iconium. Jacques Branche, page 551, croit que la première martyre chrétienne, et Ste Thècle, honorée à Chamalières, sont deux personnes différentes. Cet avis n'est pas partagé par la plupart des hagiographes.

(2) Ce n'est, en effet, qu'un seul et même personnage. Voir *Revue des Questions historiques*, avril 1876.

(3) Voir au 12 octobre 1711, note.

(4) Jean Rochette, seigneur de Fromental, marié, le 7 février 1676, à Catherine Fromenton. Leur fille, Marie Reyne, épousa, en 1710, Antoine Claude Gilbert Allyre, comte de Langeac, sénéchal d'Auvergne.

15. Nous partîmes, de bon matin, sans dire adieu à M. le comte de Langeac, qui ne nous aurait point laissé partir. D. de Crespat fut à Mauriac, et moi à Latour, vilote dans la montagne, où il y a les mazures d'un ancien château qui appartient à la maison de Bouillon. Après avoir assez mal dîné, et passé par des chemins impraticables, j'arrivai à La Vassin ou la Vaissy (1), abbaye de Filles de l'Ordre de Cîteaux, dans un vallon entouré de montagnes couvertes de bois. Je soupai avec l'aumônier, Dom Gandilhon, parce que Madame l'abbesse était incommodée.

16 juillet. On célébra solennellement la fête de St Etienne, troisième abbé de Cîteaux. J'assistai à la messe où toutes les religieuses communièrent; elles sont dix-huit de chœur et quatre converses. Je dînai avec Madame l'abbesse (2), avec Madame de Chabannes, religieuse de St-Julien, sa nièce, et un gentilhomme du Languedoc. Elle partit, après dîner, avec sa nièce et ce gentilhomme, pour aller à Riom-de-Montagne (3), affermer ses dîmes, et de là au château de Madic, voir M. de Curton, son frère. Cette abbesse me fit mille honnêtetés, et m'obligea à rester le soir à la Vassin. Cette abbaye a été entièrement brûlée; il n'y a presque point de titres. Les paysans l'appellent *La Vaissy*, et je trouve ce nom dans les plus anciens titres. On dit qu'un seigneur de la Tour, ayant perdu sa fille, la fit chercher en diligence, et que l'ayant trouvée au lieu où est à présent l'abbaye, ses gens dirent en langage auvergnat : *La vessy*, c'est-à-dire la voicy, et qu'il fit bâtir au même endroit un monastère. Mais il faudrait des preuves pour cela, et je crois que ce mot vient du latin, *Vallis sana*, la Val-

---

(1) La Vassin (*Vallis Sana*), abbaye de l'Ordre de Cîteaux, d'abord appelée Entraigues, diocèse de Clermont, dans la commune de St-Donat, canton de Latour d'Auvergne. Voir *Etude hist. sur l'abbaye royale de la Vassin*, par M. Elie Jaloustre. Clermont, Ferdinand Thibaud, 1879.

(2) Elisabeth de Chabannes, fille de Christophe et de Gabrielle-Françoise de Rivoire du Palais, succéda à sa sœur Françoise de Chabannes, le 25 avril 1690. Cette abbesse mourut en 1730. *Idem*, p. 54.

(3) Riom-ès-Montagne, chef-lieu de commune de l'arrondissement de Mauriac (Cantal).

Sain ou la Vassin. La maison est fort angustiée. Il n'y a rien de beau qu'une allée qui est sur le bord de la Trentaine, qui va se jeter dans la Dordogne. Les religieuses, qui sont toutes de qualité, y vivent avec beaucoup de régularité. Je soupai avec Dom Gandilhon, natif de Murat, profès de Mègemont (1), qui avait été longtemps vicaire au Pont-du-Château, avant que d'entrer dans l'Ordre de Cîteaux ; Frère Constantin, de Gannat, et F. Gabriel, du Puy, diacres Capucins, étaient de la partie. Ce dernier, qui est un fort bon religieux, est à la Vassin depuis un mois, ayant été mordu à une jambe par un chien. F. Constantin est neveu des DD. Rabusson (2), vicaires et procureurs généraux de l'Observance de Cluny.

17. Je dis la messe après prime, et je partis ensuite pour Feniers, éloigné de trois lieues de la Vassin. Madame du Sauzet, sous-prieure, me fit beaucoup d'honneur. Mesdames de Charmey et de la Fosse voulurent me donner une calotte et des

---

(1) L'abbaye de N.-D. de Mègemont (*Medius Mons*), ordre de Cîteaux, diocèse de Clermont, fut occupée par des religieuses jusqu'au 12 juillet 1612. A cette date, Françoise de Nérestang, qui en était abbesse, et son frère, Claude de Nérestang, abbé de la Bénisson-Dieu, firent, du consentement du Pape, permutation de leur abbaye. Les religieuses de Mègemont allèrent s'établir à la Bénisson-Dieu et les moines de ce monastère les remplacèrent à Mègemont.

(2) L'un d'eux, D. Paul Rabusson, était né, le 5 septembre 1654, à Gannat, d'Antoine Rabusson, conseiller du Roi et lieutenant en la châtellenie royale de cette ville, et de Michelle Mirlavaud. Il fit profession à Cluny, le 25 août 1685. En 1676 et 1678, il fut chargé de composer ce fameux *Bréviaire de Cluny*, qui a servi de modèle à tant d'autres. On lui associa, pour l'aider dans ce travail, D. Claude de Vert qui ne se chargea que des rubriques. D. P. Rabusson dressa le plan et arrangea tout l'ouvrage. Il fut même assez heureux pour persuader à M. de Santeuil de consacrer à la poésie sacrée le talent que celui-ci avait montré pour la poésie profane. Il lui fournissait les pensées, et le poète en composa la plupart de ces belles hymnes, qui furent d'abord insérées dans le Bréviaire de Cluny et que plusieurs autres Bréviaires de France adoptèrent alors. Quelques-unes d'entre elles sont de Nicolas le Tourneux, savant chanoine de la Ste Chapelle de Paris. D. Rabusson fut élu supérieur général de la réforme de Cluny, en 1693, en 1697, en 1708 et en 1711. Il est mort dans le monastère de St-Martin-des-Champs, le 23 octobre 1717, âgé de 83 ans. *Mémoires de Trévoux de févr.* 1718. — *Nouvel. litt. du 25 juillet* 1718. — *Mémoires pour servir à l'Hist. des hommes illustres, etc...* tom. 1. — *Moréri*. — (Voir au 14 mars 1711, texte et note).

mitaines ; mais je les remerciai. Toute la communauté vint me conduire, et l'on me pria instamment de rester jusqu'au lendemain ; mais je partis à huit heures, et arrivai à une heure à Feniers, après avoir passé par des chemins abominables, ayant été obligé de mettre souvent pied à terre, surtout à la côte qui descend à Condat (1), paroisse qui dépend de la Cathédrale de Clermont. L'abbaye de Feniers (2) n'en est éloignée que d'un demi-quart de lieue. Elle est située sur une haute montagne ; c'est néanmoins un vallon, à cause des plus hautes montagnes qui l'environnent. Le château abbatial, qui est très-fort, domine le monastère qui est tout bâti à neuf, à l'église près, par l'industrie de D. Nicolas de la Barrière, qui en est prieur depuis 1686. Ce digne prieur, natif de St-Mihiel-en-Lorraine, fils de Claude, procureur général au Parlement de Lorraine, prit l'habit de Cîteaux à St-Benoît (3), au diocèse de Metz, dont il fut ensuite prieur ; de là il fut choisi prieur de Villers-Betnack (4), au même diocèse. L'an 1681, D. Charles de Bretagne, abbé de Villers-Betnack, résigna son abbaye à D. de la Barrière, du consentement de tous les religieux ; mais D. Noel Le Fèvre surprit un brevet de Louis XIV, roi de France, qui possédait alors la Lorraine. Cependant D. Nicolas obtint des bulles en 1699 ; mais Mgr le duc, à la sollicitation de feu M. le Dauphin, a maintenu D. Le Fèvre, de sorte que D. de la Barrière n'a aucune espérance de retourner en Lorraine. Il est visiteur et vicaire-général de son Ordre dans l'Auvergne, le Velay, le Forest, le Dauphiné, et c'est un homme d'un vrai mérite. Son sous-prieur, D. Bec, qui est Francomtois, est aussi fort honnête homme. Les autres religieux sont : D. Puray,

---

(1) Condat-en-Feniers, chef-lieu de commune du canton de Marcenat, arrondissement de Murat (Cantal).

(2) L'abbaye de N.-D. du Val-Honnête ou de Feniers (*Vallis Honesta, Feneriæ*), Ordre de Cîteaux, dans l'ancien diocèse de Clermont. — Feniers, village de la commune de Condat. — Voir *Histoire de l'abbaye de Feniers ou du Val-Honnête en Auvergne*, par M. Ad. de Chalvet de Rochemonteix. Clermont, Ferd. Thibaud, 1882.

(3) L'abbaye de St-Benoit-en-Volvre (*S. Benedictus in Vepria*).

(4) Villers-Betnach (*Villarium in Betnach*).

cellérier, D. Le Noir, F. Béranger et F. Dulac, qui étudie à présent à Toulouse, frère de notre D. Michel Dulac (1). M. l'abbé de Villers m'a reçu magnifiquement et m'a traité splendidement. L'abbaye de Feniers se nommait autrefois *Vallis honesta*; et quand elle aurait perdu son nom, l'honnêteté de celui qui la gouverne le lui mériterait de nouveau. Les titres sont presque tous perdus. Je n'ai pu trouver qu'une douzaine d'abbés.

18 juillet. Je dis la messe de l'octave de N. B. P. St Benoît, et je travaillai le reste du jour.

19. Après avoir dit la messe, je voulus partir pour Mauriac, mais M. l'abbé de Villers ne le voulut jamais permettre. Il voulait même me retenir au moins huit jours; mais le 20, de grand matin, je me dérobai pour partir. Je déjeûnai à Riom-de-Montagne, prieuré uni à l'abbaye de la Vassin. Je dînai à deux lieues de là, sur le bord d'une fontaine, ayant apporté mes petites provisions. Je fis collation aux Pradels (2), et arrivai à Mauriac sur les huit heures du soir, ayant marché tout le jour par des chemins abominables et par des côtes horribles. Je trouvai en chemin M. le prévôt d'Aurillac, etc..., avec qui j'entrai à Mauriac.

21 juillet 1712. M. de M. de Cambefort, conseiller d'Aurillac, mon allié, me fit l'honneur de me venir voir, accompagné de son beau-frère, M. Bonnefont, notre médecin. Je leur rendis la visite, après vêpres, avec le R. P. prieur.

22. Je fus à Salers avec le P. D. F. Combes, notre procureur, et F. de Vinols, natif de Craponne, procureur des Jésuites de Mauriac, qui allaient à la foire de la Madeleine. Les brouillards étaient si épais, que nous ne nous voyons pas. Excellent commencement de canicule. Je fus contraint de prendre notre manteau à cause du froid. Je dis la messe chez les Récollets, où j'ai prêché autrefois. Le P. gardien me donna à

---

(1) D. Michel Dulac, né à Fiougou, près de la Chaise-Dieu, fit profession le 17 juillet 1695, à l'âge de 18 ans, dans l'abbaye de St-Augustin de Limoges.

(2) Pradelles, village de la commune d'Anglards, canton de Salers.

déjeûner fort obligeamment. Leur couvent a été bâti l'an 1630, par la comtesse de Caylus. Le F. de Vinols nous donna à dîner à St-Louis. Le P. Androle, procureur du collége d'Aurillac, fut de la partie. Après dîner, je fus chez les Filles de Notre-Dame, qui ont été établies en 1646. Nous partîmes de Salers sur les cinq heures du soir ; nous vîmes la cascade de Salins qui est un chef-d'œuvre de la nature. Sous une grande nappe d'eau, qui tombe d'une hauteur prodigieuse, une douzaine de personnes peuvent s'asseoir commodément et faire collation, au bord d'une excellente fontaine. Il n'y a rien de plus curieux que de voir les arcs-en-ciel, parfaitement bien imités lorsque le soleil vient à donner sur cette nappe d'eau. On dit que cette eau gèle quelquefois du haut en bas, quoiqu'elle coule avec tant d'impétuosité, et ceux qui l'ont vue m'ont assuré qu'on ne pouvait rien voir de plus agréable.

23. M. Turgot, Intendant d'Auvergne, vint voir la communauté. Après midi, j'ai rendu visite, avec D. A. Vialle, à mes amis de la ville.

24. M. l'Intendant a entendu la messe dans notre église ; il est ensuite allé déjeûner sous la cascade, et dîner à Salers (1). Il a resté ici deux jours pour la partition de la dîme royale. J'ai reçu des visites des principaux de Mauriac. Après vêpres, nous avons été au collége où le St-Sacrement était exposé pour l'indulgence du quatrième dimanche du mois. Le P. Merole a fait un très-bon sermon sur le jugement dernier, mais d'une longueur extraordinaire. Le P. prieur m'a fait voir une imagination assez grotesque de F. E. Buisson. Ce bon frère s'est charitablement chargé d'envoyer, de St-Allyre à Mauriac, les billets de nos confrères défunts. Le nom de feu D. Antoine Violon lui ayant frappé l'archet de la glande pinéale, il a parfaitement bien dessiné un violon, et il a placé une tête de mort sur les cordes avec cette inscription :

Hic jacet Antonius Violon,
Qui mortem nullo modulamine flectere scivit.

(1) Salers, chef-lieu de canton de l'arrondissement de Mauriac (Cantal).

25 juillet. On me porta quelques bouquets. D. Jacques de Crespat, prieur, célébra la grand'messe, et avant vêpres il nous donna une collation magnifique et délicate. Il y avait quatre Jésuites et quatre séculiers.

26. Après avoir dit la messe, je partis avec le P. Merole et avec D. Amable Mallet, pour Valette (1), abbaye de l'Ordre de Cîteaux, éloignée de trois lieues de Mauriac. Le chemin est des plus rudes et la barricade de la Ferrière (2) est affreuse. Ce monastère est caché entre de hautes montagnes, des rochers escarpés et des bois fort épais, dans un petit vallon le long de la Dordogne. Dom Laubine nous reçut parfaitement bien. Dom Brun, cellérier, arriva le soir et soupa avec nous.

27. Je fis un extrait de deux Cartulaires du XIII° siècle. Après dîner, D. Mallet retourna à Mauriac, et le P. Merole fut coucher à Chalvignac.

28. Je vis les autres papiers du chartrier, où il y a plusieurs bulles pour les priviléges de l'Ordre de Cîteaux. Je dressai une liste exacte des abbés de Valette, depuis 1143 jusqu'aujourd'hui. Dom Brun fut dans quelque ferme et je dînai seul avec D. Laubine. Après dîner, je fus à Chalvignac, où M. Pomeyrol, qui en est curé, me reçut bien ; il est bachelier de Sorbonne et mon ancien ami. J'ai prêché autrefois, dans sa paroisse, le panégyrique de St Martin qui en est titulaire. Le prieuré est uni au séminaire de Clermont. Après avoir collationné, je partis pour Mauriac avec le P. Merole. Je soupai avec le P. Vigerat, Minime de Bort, que je connais depuis douze ans.

29. J'assistai à une procession générale, que l'on fait tous les ans à Mauriac, en actions de grâces pour la délivrance de cette ville des hérétiques, l'an 1574. Je fis diacre au R. P. prieur, qui portait une belle figure d'argent de la Très-Ste Vierge. Après dîner, il me fit l'honneur de me conduire à Brageac, où Madame Gilberte de Villemontée nous reçut parfaitement bien. Je vis le soir même tous les papiers, où je ne pus trouver que

---

(1) L'abbaye de N.-D. de la Valette (*Valeta*), Ordre de Cîteaux, dans le diocèse de Tulle, près d'Auriac, canton de Servières (Corrèze).

(2) La Ferrière, commune de Tourniac, canton de Pleaux (Cantal).

les noms de quinze abbesses. On nous donna un souper fort délicat et bien entendu.

30. M. le curé de Brageac, qui est aumônier des religieuses, nous fit voir à nu les reliques, entre autres une partie considérable des chefs des SS. Côme et Damien, Gervais et Prothais, des reliques de St Fabien, de St Sébastien et de St Til (1), qui est comme le fondateur de cette maison, au-dessous de laquelle on voit les ruines de son ermitage, sur la pente d'un rocher affreux et escarpé. Il y a aussi un reliquaire ancien de cuivre émaillé, où étaient les reliques des dits saints que l'on dit y avoir été apportées par Raoul de Scorraille, de même qu'une petite croix fort curieuse et ancienne. Après avoir pris deux noix confites, nous descendîmes à pied la côte de Brageac qui est la plus rude et la plus affreuse que j'aie encore vue ; nous arrivâmes à Mauriac à huit heures. Après dîner, je fis quelques visites avec le R. P. prieur ; après vêpres, je vis quelques papiers du coffre du dépôt, où il y a un procès-verbal des reliques de St Quinide (2), évêque de Vaison, dans une châsse dorée par les soins de D. Rorice Gottereau, prieur de Mauriac, l'an 1653, le 23 septembre. Le corps de ce saint prélat est encore tout entier. Il y a aussi un acte du don que fit, au monastère de Mauriac, le R. P. D. Jean Elie de St-Benoît, provincial des Feuillants et prieur à Tulle, des reliques de St Sabinien, martyrisé à Rome, sous Romulus, préfet de l'empereur Sévère, l'an 234. Il est contresigné de D. Jacques de St-Scolastique, sous-prieur et secrétaire, 1662, 9 mai, avec la permission de M. d'Estaing, évêque de Clermont, pour l'exposition desdites reliques, en date du 1er avril 1663. Autre procès-verbal de la translation des reliques de St Mary, patron de Mauriac, le 21 septembre 1653. D. Joachim Gérentes (3)

(1) St Paul Tillon. Voir *Jacques Branche*, p. 128. Il est également connu sous le nom de St Théau ou Thielman.

(2) St Quinide ou Quenin, évêque et patron de Vaizon (Vaucluse), où il naquit dans le vi° siècle.

(3) D. Joachim Gérentes, né au Puy-en-Velay, fit profession à l'âge de 22 ans, le 12 août 1667, à St-Allyre de Clermont, et mourut dans l'abbaye de St Maixent, le 27 septembre 1720.

fit faire un buste de bois argenté et D. François Douay (1), visiteur, y mit avec solennité le chef de St Mary, le 22 juillet 1701. Le 16 octobre 1643, Octave de Bellegarde, archevêque de Sens, fit la translation de Ste Théodechilde (2), fille de Clovis, roi de France et fondatrice de Mauriac. Ce prélat mit à part une vertèbre de la sainte pour les religieux de Mauriac, dont le monastère dépend de celui de St-Pierre-le-Vif, où est le corps de la sainte. J'ai lu, avec un singulier plaisir, la permission de L. H. de Gondrin, archevêque de Sens, pour transporter cette relique à Mauriac. Le latin est d'une netteté admirable, la date du 30 juillet 1632 (3).

31 juillet. Le P. prieur dit la messe dans l'église du collége de Mauriac, au maître-autel. Je la dis à l'autel de St Ignace. Je déjeûnai au collége. Après nos vêpres, nous fûmes au collège entendre le sermon de notre P. sous-prieur, D. A. Vialle. Il prit pour texte : *Audivit eum et vocem ipsius, et dedit illi coram præcepta* (4), etc. Il fit voir St Ignace comme un disciple fidèle à écouter la voix de Dieu, un illustre pénitent, exact à pratiquer la loi et un apôtre zélé à l'apprendre aux autres. Son sermon fut applaudi, et on lui rendit justice. L'éloge de la société était d'une fine délicatesse ; les Ignatiens en furent très satisfaits, et nous encore plus d'un magnifique souper qu'ils donnèrent à toute notre communauté. M. du Prat, évêque de Clermont, a fondé ce collége. On voit ses armes à une vitre avec cette devise :

Et folio triplici cæcas illumino mentes.

(1) D. François Douai, né à St-Riquier, diocèse d'Amiens, fit profession à l'âge de 24 ans, le 17 juillet 1657, dans l'abbaye de St-Faron de Meaux, et mourut à St-Pourçain, le 27 septembre 1701.

(2) Voir le récit de cette translation à la page 198 du *Catalogus Archiepiscoporum Senonensium ad fontes historiæ noviter accuratus*, par D. Hugues Mathou. Paris, Simon Langronne, 1688. — Et aussi *Sainte Théodechilde, vierge, fille de Clovis, fondatrice du monastère de St-Pierre-le-Vif, à Sens, et du pèlerinage de N.-D. des Miracles, à Mauriac (498-860)*, par M. l'abbé Chabau. — Aurillac, Picut, 1884.

(3) Cette date ne peut pas être exacte, car Louis-Henri de Gondrin succéda, le 16 août 1646 seulement, à Octave de Bellegarde, dont il était le coadjuteur depuis le 14 mai 1645.

(4) Eccles. 45, 5.

Aux trois trèfles de ses armes, il y a les noms des colléges de Clermont à Paris, de Mauriac et de Billom qu'il a fondés; mais je n'aurais jamais cru qu'une feuille ou trèfle éclairât un esprit. A la porte de l'écurie il y a une inscription de l'Ecriture Sainte : *Pascent vos scientia et doctrina.* Excellent foin ! Il y avait jadis : *Nolite fieri sicut equus.* C'est de l'invention du P. de Chambeuil.

AOUT.

1712. — 1. Je rangeai quelques manuscrits.

2. J'écrivis à Madame l'abbesse de Brageac, et lui envoyai une méditation pour le jour de St Gilbert, son patron, l'office propre de St Til, que j'ai composé, avec une requête à M. l'évêque de Clermont pour l'approbation de cet office.

3. Je partis de Mauriac avec M. Ronnat qui me fit l'honneur de m'accompagner jusqu'à St-Angel. Nous déjeûnâmes au couvent des RR. PP. Cordeliers de St-Projet, où l'on m'attendait, le jour précédent, à la fête de N.-D. des Anges, à laquelle le R. P. gardien m'avait invité. Ce couvent est dans un fonds, le long de la Dordogne, entre deux grandes barricades. Le P. Ravennat y est exilé pour un sermon qu'il prêcha à Agen sur la dévotion de la T.-Ste Vierge. A mon sens, il n'y a pas d'hérésie dans ce sermon, mais il y a beaucoup d'imprudence. Ce qu'il dit, pour ôter les abus qui se sont glissés dans le culte que l'on rend à la Mère de Dieu, serait tolérable dans des cahiers de théologie, mais je ne voudrais pas me servir dans la chaire, devant le peuple, des similitudes dont se sert ce bon Cordelier. Les journalistes de Trévoux ont fait imprimer le mandement de M. l'évêque d'Agen contre le d. sermon (1). Un autre Cordelier a fait un factum contre ce

---

(1) Le mandement de l'évêque d'Agen, Mgr François Hébert, contre le sermon du P. Ravennat, a été imprimé dans les Mémoires de Trévoux, N° d'octobre 1707, p. 1802, sous le titre de : *Censure de Mgr l'Ill. et Révér. évêque et comte d'Agen du sermon prêché, dans l'église des religieuses de Villeneuve d'Agénois, le 4 février 1707 (contre le culte de la Sainte-Vierge).* — Table méthodique des Mémoires de Trévoux, par le P. Sommervogel; 1 partie, p. 17, n° 149.

mandement. St-Projet est du diocèse de Limoges, dans la paroisse de Neuvic, où nous fûmes dîner chez La Selve, hôte.

Neuvic (1) est dédié à St Etienne dont on chômait la fête. M. de Ventadour en est seigneur, et nos Pères de St-Angel curés primitifs et collateurs de la cure, où ils ont les dîmes et la rente de trois villages. Nous fûmes voir M. de la Serre et M. André, qui nous donnèrent la collation. L'un est père de F. Martial du Laurent (2), et l'autre, frère de D. Georges Longvel (3). Nous eûmes la pluie pendant deux heures, et nous soupâmes à St-Angel (4) avec D. P. Moulinier (5) et D. M. Nicot (6).

4. J'écrivis au R. P. D. Denis de Ste-Marthe et je lui envoyai les Mémoires suivants :

ADDENDA VEL EMENDENDA IN PRIMO VOLUMINE
GALLIÆ CHRISTIANÆ.

In archiepiscopis Auxitanis (*Auch*), Bituricensibus (*Bourges*), Burdegalensibus (*Bordeaux*), Rotomagensibus (*Rouen*), et Turonensibus (*Tours*).

IN ALIIS DUOB. VOLUM. SEQUENT.

In episcopis Æduensibus (*Autun*), Andegavensibus (*Angers*), Aniciensibus (*Le Puy*) plura, Baïonensibus (*Bayonne*), Cadurcensibus (*Cahors*), Claromontensibus (*Clermont*) plurima.

In præpositis et abbatibus Claromontensibus (*Clermont*) etiam plurima.

In episcopis Lactorensibus (*Lectoure*), Lemovicensibus (*Limoges*)

---

(1) Neuvic, chef-lieu de canton de l'arrondissement d'Ussel (Corrèze).

(2) D. Martial du Laurent du Brueil, né à Tulle, fit profession, à l'âge de 30 ans, dans l'abbaye de St-Augustin de Limoges, le 26 mars 1711.

(3) D. Georges André Lonvert, né à Neuvic, diocèse de Limoges, fit profession, à l'âge de 20 ans, dans l'abbaye de St-Augustin de Limoges, le 16 août 1699, et mourut à Bassac, le 29 mai 1723.

(4) Le prieuré de St-Angel (*S. Michaël de Angelis*), Ordre de St-Benoît, Congrégation de St-Maur, dans l'ancien diocèse de Limoges. — St-Angel, commune du canton d'Ussel (Corrèze).

(5) D. Pierre Moulinier, né à Limoges, fit profession à l'âge de 20 ans, le 8 décembre 1677, dans l'abbaye de St-Florent de Saumur, et mourut à St-Angel, le 23 septembre 1718.

(6) D. Mathieu Nicot, né à Limoges, fit profession dans l'abbaye de St-Augustin de cette ville, le 7 janvier 1693, et mourut à Solignac, le 8 août 1718.

plura, Petragoricensibus (*Périgueux*), Sagiensibus (*Séez*), Vasionensibus (*Vaison*).

Indiculus 15 archipresbyteratùum diœcesis Claromontensis, nec non abbatiarum, ac capitulorum ejusdem diœcesis per archipresbyteratus divisorum.

Carta fundationis capituli Eneziacensis.

PRO IV VOLUMINE GALLIÆ CHRISTIANÆ.

Catalogus abbatissarum B. Mariæ de Brajaco (*Brageac*).
Catalogus abbatum Vallis-Honestæ seu de Feneriis, Ord. Cisterc. (*Feniers*).
Catalogus abbatissarum Vallis Sanæ (*La Vassin*).
Catalogus abbatum Valletæ (*Valette*), cum multis documentis ex tabulario ejusd. abbatiæ excerptis.
Catalogus abbatum S. Andreæ de Meymaco (*Meymac*).
Indiculus abbatum Calmeliacensium (*Le Monastier St-Chaffre*).
Plurima addenda in abbatibus Carrofiensibus (*Charroux*), S. Genesii Claromontensis (*St-Genès de Clermont*), S. Petri à Turre (*St-Pierre-la-Tour*) et S. Petri de Uzerchiæ (*Uzerche*).

PAUCA ADDENDA AUT CORRIGENDA IN ABBATIIS QUARUM NOMINA SUBJICIUNTUR :

Albiniacum, *Aubignac.*
S. Andochii, *St-Andoche.*
S. Amabilis Riomensis, *St-Amable de Riom.*
Arthona, *Artonne.*
S. Augustini Lemovicensis, *St-Augustin de Limoges.*
Bona Sagna, *Bonnesaigne.*
Crassa, *La Grasse.*
Doë, *Doue.*
Ebrolium, *Ebreuil.*
Garda Dei, *Garde-Dieu.*
S. Geraldi Auriliacensis, *St-Géraud.*
Locus Regius, *Lorroy.*
Magnus Locus, *Manglieu.*
Menatium, *Menat.*
S. Martialis Lemovic, *St-Martial de Limoges.*
S. Petri de Casis, *Les Chases.*
S. Satyrii, *St-Satur.*
S. Savini Pictavensis, *St-Savin de Poitiers.*
Tutella, *Tulle.*
Villarium Betnach, *Villers Betnach.*

J'ai aussi envoyé, au R. P. de Ste-Marthe, un Mémoire, imprimé en feuille volante, touchant la d. abbaye de Villers-Betnach, et un compliment imprimé à Clermont, et que M. Jean Chalvet, prêtre du diocèse de St-Flour, doit prononcer avant que de soutenir ses thèses de théologie, qu'il a dédiées à M. l'évêque de St-Flour. Il fait un éloge achevé du mandement de ce prélat contre les RR. PP. de l'Oratoire, et il le compare aux Augustin, aux Hilaire, aux Cyrille, aux Damascène, aux Borromée et aux François de Sales. Les bons Pères Jésuites ont enfanté ce joli compliment ; mais ils ont oublié de dire que le prélat enseigne le péché philosophique et condamne des propositions qui sont dans la Somme de St Thomas.

5 août. Après avoir dit la messe, à l'autel de la Vierge, je fus à Ussel, capitale du duché de Ventadour. Je fus chez les Récollets, pour prendre leur fondation, et le P. Victorin, qui en est gardien et qui est mon ancien ami, me retint obligeamment à dîner. C'est un religieux qui est fort poli et qui a du mérite. Je ne le croyais pas en ce pays. Leur couvent est sous le titre de N.-D. des Neiges, mais leur église est consacrée sous le nom de St-Joseph, par Anne de Lévis, archevêque de Bourges (1).

Il y a une chapelle contiguë des Filles du Tiers-Ordre, où reposent les corps de St Herculan, martyr, et de Ste Victoire, vierge et martyre. Il y a aussi, à Ussel, un couvent d'Ursulines et une chapelle de Pénitents blancs. Après dîner, je partis, sur les trois heures, pour l'abbaye de Bonnaigue (2), de l'Ordre de Cîteaux. J'y trouvai M. l'abbé de La Colombe (3), qui faisait la visite. M. de Périssat (4), abbé de Bonnaigue, que je connais particulièrement, me reçut très-bien. Je servis d'acolyte, en 1689, à M. d'Urfé, évêque de Limoges, lorsqu'il bénit cet abbé à St-Augustin. Je soupai avec les deux abbés.

6 août. Je copiai la fondation de Bonnaigue, qui est de l'an 1157, par les seigneurs d'Ussel. Je fis des extraits d'un ancien Cartulaire, qui est très beau. Il y a aussi un ancien martyrologe, avec la Règle de St Benoît, et le devoir des visiteurs

---

(1) Anne de Lévis-Ventadour était fils d'Anne, duc et pair de France, et de Marguerite de Montmorency. Il occupa le siège de Bourges du 11 novembre 1649 au 17 mars 1662.

(2) L'abbaye de N.-D. de Bonnaigue (*Bona-Aqua*), Ordre de Cîteaux, dans l'ancien diocèse de Limoges. — Bonnaigue, commune de St-Fréjoux-le-Majeur, canton d'Ussel (Corrèze).

(3) M. de La Colombe appartenait à une famille noble d'Auvergne.

(4) Marc Philippe de Périssat fut abbé de Bonnaigue, de 1662 à 1714.

de l'Ordre de Cîteaux. M. de Périssat a fait bâtir tout le monastère, tel qu'il est à présent. Il a aussi bâti l'église, jusqu'au cordon des voûtes; mais les taxes exorbitantes, dont il est chargé, l'empêchent de continuer ce saint ouvrage. Après avoir dîné, avec les deux abbés, je fus souper à St-Angel, où je trouvai mon cher D. Jean-Baptiste Palerne qui, de sous-prieur de St-Pourçain, va l'être à Noaillé, en Poitou (1). Je fis collation à Ussel, en passant.

7 août. Hors le temps de la messe et des vêpres, je travaillai aux archives de St-Angel qui sont peu considérables. Je dis la messe à l'autel de St Gaudence, martyr et évêque, dont on conserve le chef avec beaucoup de vénération. D. J. B. Poncet (2) a renouvelé cette dévotion. On célèbre sa fête le 13 novembre, et le dimanche le plus prochain du 31 août.

8. Après dîner, je fus à l'abbaye de Bonnesagne (3), où Madame Catherine de Beauvergier-Mongon (4) me donna une collation fort propre. Je soupai, à Meymac (5), avec D. J. Malavergne, prieur, D. Andreau (6), sous-prieur, et D. J. B. Palerne.

9. Je travaillai aux archives de Meymac, et je fis un catalogue des abbés. Il y a une copie du Cartulaire d'Uzerche (7).

(1) Voir au 17 février 1714.
(2) D. J.-B. Poncet, né à Limoges, fit profession dans l'abbaye de St-Augustin de cette ville, le 17 juillet 1695, à l'âge de 17 ans, et y mourut le 5 janvier 1721.
(3) L'abbaye de Bonne-Saigne (*Bona-Sania*), Ordre de St-Benoît, dans l'ancien diocèse de Limoges. — Bonnesagne, commune de Combressol, canton de Meymac (Corrèze).
(4) Catherine de Beauvergier était religieuse de St-Pierre des Chases lorsqu'elle fut nommée abbesse de Bonnesaigne, en 1701.
(5) L'abbaye de St-Léger, St-André ou St-Pierre de Meymac (*Meimacum*), Ordre de St-Benoît, Congrégation de St-Maur, dans l'ancien diocèse de Limoges. — Meymac, chef-lieu de canton de l'arrondissement d'Ussel (Corrèze).
(6) D. Jean Andraud, né à St-Nectaire, diocèse de Clermont, fit profession à l'âge de 20 ans, dans l'abbaye de la Ste-Trinité de Vendôme, le 5 décembre 1677, et mourut à Meymac, le 16 avril 1726.
(7) L'abbaye de St-Pierre d'Uzerche (*Uzerchia*), Ordre de St-Benoît, dans l'ancien diocèse de Limoges. — Uzerche, chef-lieu de canton de l'arrondissement de Tulle (Corrèze).

Il y a aussi un ancien livre d'anniversaires en langage limousin. Il commence par le mois d'août et finit par celui de juillet. On trouve au commencement du livre le vers suivant :

Adsit principio Sancta Maria meo.

Le monastère de St-André de Meymac, dans son origine, fut dédié à Notre-Dame, l'an 1085. Entre les noms de quelques abbés que j'ai trouvés dans ledit livre, j'ai trouvé celui d'un cardinal, au mois de septembre, en ces termes : *Raynal la porta* (1) *Cardinal de Ostia layset XX sols a far son anoal. VIII sol en un ort*, etc..., et il met en détail où il faut prendre ces vingts sols de rente. Je fis collation avec D. J. Guillon (2), mon ancien condisciple, et F. Jacques Moreau qui va, de Souillac, demeurer à la Chaise-Dieu. D. Andreau se propose d'exercer ses écoliers qui doivent représenter, devant le P. visiteur, la tragédie du Cid. C'est un saint religieux et un excellent confrère, qui rend bien du service à Meymac depuis longtemps.

10. Je vis le chef de St Léger, qui est fort révéré à Meymac. Les tambours et les fifres commencèrent à annoncer la fête de ce saint évêque d'Autun, que l'on doit célébrer avec pompe à la manière accoutumée, le 25 de ce mois. J'écrivis au P. abbé de St-Allyre, au P. prieur de la Chaise-Dieu, à D. R. Massuet, à D. Perbet, à D. Girardin, à M. de Chantoiseau, prieur des Chanoines-Réguliers de Vieille-Brioude, et à M. Montet, chanoine du Puy. A Meymac, il y a un ancien rituel de l'abbaye de Bonnaigue. Devant la porte du monastère, il y a la

---

(1) Raynaud de la Porte, évêque de Limoges de 1294 à 1316, puis archevêque de Bourges, Cardinal prêtre du titre de Saint-Nerée et de Saint-Achillée, en 1320. (*Notice sur la vie et l'épiscopat de Raynaud de la Porte*, par M. Armand de la Porte. Bull. de la Société arch. et hist. du Limousin, t. XI, p. 139, 1861).

(2) D. J. Guillon, né à St-Jean-le-Centenier, diocèse de Viviers, fit profession à l'âge de 29 ans, le 8 septembre 1669, dans l'abbaye de St-Allyre, où il mourut le 13 janvier 1728.

maison de M. Bérard, prêtre, qui a fait faire une montre solaire avec l'inscription qui suit :

Qu'aquo sio tar, ou qu'aquo si d'abouro,
El chau mouri per segur à qu'auqu'houro ;
Foze me donc mouri, Seigneur, din lou moumen
S'you dève mal uza del resto de mon tem (1).

11 août. Je dis la messe à St-Léger. Je travaillai vigoureusement le reste du matin et après dîner ; j'allai coucher à Aigleton (2), chez M. Gaye, maire du lieu, où je fus très-bien venu. Je perdis un étui de ciseaux à Meymac, une canne à la forêt de Ventadour, et je cassai notre tasse à Aigleton.

12. Je déchirai très fort notre manteau à Rosiers (3). Le bon vin que j'y bus me fit oublier toutes ces pertes. Rosiers est le lieu de la naissance de Clément VI. M. Balay a bâti une grange sur les ruines du château de ce pape. Il y a auprès un puits magnifique. Je me rafraîchis un peu à la Bitarelle (4). J'arrivai à Tulle, sur le midi, fort altéré. Je logeai au Soleil, chez M. Pastrie. M. l'abbé Mouret, chanoine et chambrier de la Cathédrale, et M. son frère me donnèrent la collation. Le Père maître des novices des Récollets m'en donna une spirituelle et très agréable. J'eus le plaisir d'entendre le panégyrique qu'il fit de Ste Claire. Il prit pour texte : *Ego diligentes me diligo.* Il fit voir, dans les trois points de son discours, que Ste Claire était la plus aimante, la plus aimable et la plus aimée de son époux. Il fit des compliments à perte de vue aux Dames de Ste-Claire. Ce couvent est le premier des Récollettes, érigées en France par la bulle de Paul V, l'an 1612. Ce bon prédicateur a un nom aussi singulier que son sermon ; il est nommé le Révérend P. Sauveur. Je fus faire la révé-

(1) « Que ce soit plus tard, que ce soit maintenant; il faut mourir, pour sûr, à quelque heure. Faites moi donc mourir, Seigneur, dans ce moment, si je dois mésuser du reste de mon temps. »
(2) Egletons, chef-lieu de canton de l'arrondissement de Tulle (Corrèze).
(3) Rosiers, chef-lieu de commune du canton d'Egletons.
(4) L'Habitarelle, commune de Tulle.

rence à Mgr l'évêque de Tulle (1), qui s'est confiné dans une chambrette du collége des Jésuites, pour avoir de quoi bâtir de belles chambres à ces bons Pères. Il me fit compliment de ce qu'il ne me pouvait pas recevoir à l'évêché, étant obligé de changer son pain en pierres. Je soupai plus gaillardement à l'auberge, avec trois marchands qui me parurent fort honnêtes gens. Je ne cherchai rien à Tulle, parce que j'ai déjà une liste exacte des abbés et des évêques de cette ville, par le savant Etienne Baluze, qui en est originaire, outre que D. E. Martène (2) y a fait de nouvelles recherches.

13. Je fus voir le P. Estienne Vachon, gardien des Récollets de Tulle, que j'avais connu autrefois à St-Céré. Leur couvent est le premier des Récollets, en France ; il avait été bâti pour les Cordeliers, l'an 1491. Le R. P. gardien me donna une table historique des Récollets de la province de Toulouse, ou du T.-S.-Sacrement, par le P. Zacharie, 1701. Il voulut me retenir à dîner ; mais je fus à deux lieues de Tulle, où M. Jean Martial Espinasse, curé de St-Maixent (3), me retint obligeamment.

Ce digne curé est savant et entend bien à faire les vers français ; lorsque je demeurais à Beaulieu, j'avais commerce avec lui, nous nous écrivions souvent en vers, et nous fûmes ravis de nous voir pour la première fois. Le P. Modeste, Carme-Déchaussé, dîna avec nous. St-Maixent dépend de l'évêque

---

(1) André Daniel de Beaupoil de Saint-Aulaire, fils de Daniel, et de Guyonne Angélique de Chauvigny de Blot, nommé en 1702, mourut en 1720. Ce prélat avait reçu la visite de D. E. Martène et de D. U. Durand, à la fin de novembre 1711.

(2) Le chapitre général de la Congrégation de St-Maur, tenu en 1708, chargea D. Martène, alors religieux de Marmoutiers, de visiter les archives des églises cathédrales et des abbayes de France, afin d'y recueillir tous les monuments qui pouvaient contribuer à perfectionner le nouveau *Gallia Christiana* entrepris par D. Denis de Ste-Marthe. Ce fut le 10 juillet que D. Martène entreprit ces recherches, seul d'abord. L'année suivante, 1709, il s'associa D. Ursin Durand, aussi religieux de Marmoutiers. (*Hist. litt. de la Congrégation de St-Maur*, p. 549 et *Voyage litt. de deux Religieux Bénéd. de la Cong. de St-Maur*, t. I, 1re partie, p. 2; 2e partie, p. 69).

(3) St-Mexant, chef-lieu de commune du canton de Tulle (Corrèze).

de Limoges. Le curé me fit voir un ancien pouillé du diocèse où je trouvai plusieurs choses remarquables.

14. Après avoir dit la sainte messe, M. le curé me donna un guide à cheval, qui me conduisit jusqu'à Chameyrac (1), paroisse dédiée à St Etienne. Je passai par Favars (2), prieuré dépendant de Beaulieu. Le curé de Chameyrac me donna un autre guide; je passai à Cornil (3), et j'arrivai à dîner à Obazine (4). Dom Bouhier (5), qui en est prieur, me reçut magnifiquement. M. l'abbé de La Colombe, que j'y trouvai, l'avait prévenu en ma faveur. Ce prieur, qui est fils d'un président à mortier de Dijon et docteur de Sorbonne, a un mérite distingué. Il a eu vingt et une voix pour être général de l'Ordre de Cîteaux. Il est vicaire-général dans la province. Dom Dominique Fournet, cellérier; Dom Fournet, son cousin, qui est sacristain; Dom Dumas, prieur de Valette et profès d'Obazine; D. de Salingarde, etc, me firent cent honnêtetés. Après dîner, M. Bouhier me prêta le Cartulaire qui est très beau; il a près de 700 pages. J'en fis des extraits. Je vis aussi la vie de St Etienne, abbé et fondateur d'Obazine, que M. Baluze fit imprimer à Paris, chez Muguet, 1683 (6). Il serait à souhaiter que ce savant homme, qui était du pays, eût fait quelques notes sur cette vie. J'ai tâché d'en faire avec le secours du Cartulaire.

L'abbaye d'Obazine est située, comme il est marqué dans lad. vie. L'église est belle, le cloître est long et vaste. Le

---

(1) Chameyrat, chef-lieu de commune du canton de Tulle.
(2) Favart, chef-lieu de commune du canton de Tulle.
(3) Cornil, chef-lieu de commune du canton de Tulle.
(4) L'abbaye de N.-D. d'Obazine (*Obasina*), Ordre de Cîteaux, dans l'ancien diocèse de Limoges. — Aujourd'hui Aubazine, commune du canton de Beynat, arrondissement de Brive (Corrèze). Voyez *Voyage litt. de deux Bénéd. de la Cong. de St-Maur*, t. I, 2e partie, p. 69.
(5) Dom Bouhier était, sans doute, le fils de Bénigne Bouhier, président au parlement de Dijon, et le frère de Jean Bouhier, le célèbre érudit et bibliophile bourguignon.
(6) Voir *Les œuvres de Baluze cataloguées et décrites*, par M. René Fage, page 72. (Tulle, Crauffon, 1882).

réfectoire est grand et ancien, de même que le Chapitre où est le tombeau des seigneurs de Comborn. Le tombeau de St Etienne est auguste, placé devant une chapelle de son nom, quoiqu'il ne soit pas canonisé et que l'on fasse un service pour les morts, dans cette chapelle, le 8 mars qui est le jour de la mort de St Etienne. L'on fait aussi, le même jour, une aumône générale, où il y a un concours extraordinaire de gens qui conservent ce pain surnommé de St Etienne, dont on se sert efficacement dans les maladies. La fête est chômée dans le bourg d'Obazine, quoiqu'elle ne soit pas de précepte, et que l'on ne fasse aucun office de ce bienheureux abbé. Le valet de M. le prieur, surnommé Estève (1), est de la famille de St Etienne qui était natif de Vielge, paroisse de Bassignac-le-Haut (2), au diocèse de Tulle.

15 août 1712. J'assistai à la messe solennelle qui fut célébrée par l'abbé de la Colombe. Après vêpres, on fit la procession dans le cloître. Il y avait, à la tête, deux enseignes et nombre de confrères de l'Assomption portant des torches. Après dîner, je fus à Coiroux (3) avec M. l'abbé de La Colombe et M. le prieur d'Obazine. Madame du Mazel, qui en est prieure, nous donna une collation fort propre. Nous revînmes après vêpres. La situation de Coiroux est telle qu'elle est représentée dans la vie de St Etienne, excepté la muraille qui séparait l'église en deux, que l'on a abattue depuis peu, pour y faire une grille, et placer le chœur en bas. La communauté est de vingt-deux religieuses. Je vis Madame de Sauvebœuf, novice. Je l'avais connue particulièrement à Beaulieu, et elle a beaucoup d'esprit et de mérite.

16. M. l'abbé de La Colombe partit pour aller faire la visite à Cadouin. Dom Brun, cellérier de Valette, arriva ici, de Tulle,

---

(1) Forme romane du mot Etienne. D. E. Martène parle aussi de ce serviteur (*loc. cit.*).

(2) Bassignac-le-Haut, chef-lieu de commune du canton de Servières, arrondissement de Tulle (Corrèze).

(3) L'abbaye de Coiroux (*Coyresium*), Ordre de Citeaux, dans l'ancien diocèse de Limoges.

où il a gagné un procès. J'écrivis, par lui, au P. prieur de Mauriac, à M. Ronnat, et à M. Pommerie. M. le prieur d'Obazine eut l'honnêteté d'envoyer un exprès à Brive, chez M. Couderc, agent de M. Blouin (1), abbé commendataire d'Obazine, et lui demander la clef du trésor qu'il envoya fort honnêtement. M. David, juge d'Obazine, en a une autre et M. le prieur une troisième. Nous eûmes beaucoup de peine d'ouvrir la porte, qu'on n'avait point ouverte de trois ans. Nous en eûmes encore plus de rester dans les archives. M. le juge s'y trouva mal. Il y avait un seul monceau de plus de trois cents chauves-souris attachées à la voûte. Dom Dominique leur tira dessus, et fut si adroit qu'il en tua deux, et donna l'épouvante aux autres, qui furent néanmoins assez tôt rassemblées. Leur ordure infectait, et, sans exagérer, il y en avait un pied d'épaisseur. Il y a peu de titres et assez mal tenus. Il y a un ancien catalogue de manuscrits très-curieux, mais qui ont malheureusement disparu. Il reste encore un beau Ms. de St Ambroise, un autre d'Alger (2), sur l'Eucharistie, et quantité d'expositeurs de l'Ecriture sainte. Nous ne pûmes guères rester dans les archives, tant elles étaient infectes. Il fallut porter les papiers dans l'allée du dortoir.

17. Sur le soir, je fus à Coiroux, où je ne trouvai que quelques fragments d'un ancien Nécrologe. Madame de Sauvebœuf me donna une lettre pour son aînée, et m'obligea de passer à Moulin d'Arnac. Madame la prieure, qui est très sage et spirituelle, me fit mille honneurs.

18. Dom Bouhier, après m'avoir comblé d'honnêtetés, fit tout ce qu'il put pour m'engager à rester dans sa maison. Il me donna un valet à cheval pour me conduire jusqu'à la Grifolière (3),

(1) Pierre Armand Blouin, nommé abbé d'Obazine, le 26 avril 1686.
(2) Alger, savant prêtre de Liège, entra en 1121 à Cluny, où il mourut après un séjour d'environ dix années. Le manuscrit, dont parle D. Boyer, devait être celui du *Traité du Sacrement du corps et du sang de Notre-Seigneur*, divisé en trois livres, publié par Erasme, à Fribourg, en 1530, et inséré depuis dans la *Bibliothèque des Pères*.
(3) La Grifoulière, commune de Ménoire, canton d'Argental, arrondissement de Tulle (Corrèze).

où nous bûmes deux coups. Nous passâmes par Puy de Noa, commanderie de l'Ordre de Malte. Je dînai au château de Moulin d'Arnac (1), paroisse de Nonars-sous-Puy d'Arnac (2). Mlle de Sauvebœuf, dont j'étais déjà connu, et MM. ses frères (3), me reçurent avec empressement ; mais je partis, sur le soir, pour Beaulieu, où je soupai avec le R. P. D. Louis Guilhomin, prieur, M. le curé de Borrèze, etc.

Plusieurs personnes de la ville me firent l'honneur de me prévenir.

19. Je partis de grand matin pour Leyme (4). Après avoir passé Bretenoux (5), je me trouvai fort mal en chemin, et fus obligé de me coucher à St-Céré (6), à l'Hercule, jusqu'au soir. Le lendemain, j'eus une diarrhée qui me tourmenta pendant quatre jours. Je crois que c'est un présent des chauves-souris d'Obazine. J'arrivai, sur le tard, à Leyme, où je soupai avec le P. Bernard, Récollet, qui y sert d'aumônier. C'est un religieux d'une rare vertu. Madame d'Aubeterre (7), abbesse de Leyme, est une fille du premier mérite. Il est peu d'abbesses de sa trempe. M. le prieur d'Obazine, qui est visiteur de son monastère, lui avait écrit en ma faveur, et elle me reçut comme un ange.

20 août. Je dis la messe à l'autel de St Eutrope; la grande fut célébrée par M. le curé de Ruaires, avec diacre et sous-diacre, et chantée par un Feuillant et plusieurs curés avec lesquels je dînai. Le P. Séraphin, Récollet, fit, après l'évangile,

---

(1) Ce château a servi d'asile momentané au maréchal Ney, en 1815.

(2) Nonards, chef-lieu de commune du canton de Beaulieu, arrondissement de Brive (Corrèze).

(3) Voir *Nobiliaire du Diocèse et de la Généralité de Limoges*, publié par l'abbé A. Lecler, t. II, p. 125 (Limoges, Ducourtieux, 1878).

(4) L'abbaye de la Grâce-Dieu ou Leyme (*Gratia Dei, Lumen Dei*), Ordre de Cîteaux, dans le diocèse de Cahors. — Leyme, chef-lieu de commune du canton de la Capelle-Marival, arrondissement de Figeac (Lot).

(5) Bretenoux, chef-lieu de canton de l'arrondissement de Figeac (Lot).

(6) St-Céré, chef-lieu de canton de l'arrondissement de Figeac (Lot).

(7) Marie Bouchard d'Esparbès de Lussan d'Aubeterre, nommée abbesse de Leyme, le 30 mai 1705.

le panégyrique de St Bernard. *Exultabit solitudo et florebit.* Il fit voir que S. Bernard a uni l'humilité la plus profonde à la gloire la plus solide dans la solitude, et la pénitence la plus austère aux fleurs de la science et du zèle. Il prêcha avec beaucoup d'action et d'agrément. Je soupai le soir avec les deux Récollets et avec le vicaire de Ruaires. Je fus coucher ensuite à Ruaires (1), avec M. Lantillac, curé du lieu, et avec son vicaire, M. Brunet, fort sage ecclésiastique. Ruaires est un prieuré uni à Leyme. Madame l'abbesse a donné la cure à M. Lantillac, qui était son aumônier, et qui est un fort galant homme.

21. Je dis la messe à Notre-Dame de Ruaires, et fus dîner à l'hôpital de Beaulieu (2). Madame de Gourdon de Vaillac-Genoilhac (3), qui est grande-prieure, me reçut avec tous les accueils possibles. J'avais autrefois prêché dans son église, qui est dédiée à St Jean-Baptiste. La communauté est illustre et nombreuse. Ces dames sont de l'Ordre de St Jean-de-Jérusalem. Elles portent la croix comme les chevaliers de Malte, et font preuve de noblesse aussi exactement qu'eux. Après dîner, Madame la grande-prieure vint avec toutes ses Dames pour me faire honneur. Je vis ensuite leur Cartulaire, d'où je copiai la fondation et quelques autres actes. Je vis aussi une vie manuscrite de Madame Anne de Vaillac (4), dernière prieure, composée par M. Amadieu (5), vicaire-général à Orléans. Celle de

---

(1) Rueyres, chef-lieu de commune du canton de la Capelle-Marival.

(2) Le monastère de St-Antoine de Beaulieu, en Quercy, était une dépendance du Grand-Prieuré de St-Gilles, de la langue de Provence, de l'Ordre de St-Jean de Jérusalem. Il était situé près d'Issendolus, canton de la Capelle-Marival. (*Preuves de noblesse des Dames religieuses de Beaulieu, en Quercy, par le comte de Grasset.* — Paris, Dumoulin, 1868.)

(3) Galiotte ou Claudine de Gourdon gouvernait cette maison, depuis 1702, en qualité d'abbesse; elle avait été coadjutrice de sa tante, à partir du 6 avril 1686. Elle mourut le 16 avril 1716.

(4) Galiotte de Ste-Anne de Gourdon de Vallhac, abbesse dès 1661, mourut le 7 janvier 1702.

(5) Hugues Amadieu, né près de Cahors, où il fut curé de St-Urcise, et depuis grand-vicaire d'Aire en 1700, sous M. Fleuriau. Ce prélat ayant été transféré à Orléans, il l'y suivit. Il avait été pendant quelque temps supérieur

Madame Galiotte de Vaillac (1) est imprimée depuis longtemps. On voit dans l'église une belle châsse, où sont les reliques de Ste Fleur (2), religieuse de cette maison, décédée l'an 1267. Je fus recoucher à Ruaires, et je trouvai, à Thémines (3), M. le curé et M. le vicaire qui faisaient un enterrement.

22. Je partis avec M. le curé et M. le vicaire de Ruaires pour faire un autre enterrement à Leyme, de Mme Catherine Martin, religieuse, âgée de 96 ans, qui était morte le jour d'auparavant. M. le curé de Ruaires célébra la messe chantée par une douzaine de curés avec qui je dînai. Je travaillai aux archives, où je découvris vingt-cinq abbesses.

23. Je partis de Leyme, après avoir dit la messe au grand autel, et je ne puis que me louer des honnêtetés de l'illustre abbesse, de madame de Jumillac, sa nièce, de Madame de Melon, de toute la communauté et du bon P. Bernard. Je dînai à St-Céré, chez les PP. Récollets, y étant presque forcé par le P. de St-Martial, ex-provincial, et par le P. Césarée, gardien. Leur bibliothèque est riante et bien percée. Je fus voir les dames de la Luzerne, à la Visitation, sœurs de M. l'é-

---

et confesseur extraordinaire des Dames de l'Hôpital, et il contribua à réformer cette maison. Il mourut le 2 mai 1710. Il a mis en latin une vie de Ste Fleur. (*Bibl. hist. de la France*, par le P. Lelong, t. I, p. 919).

(1) Galiotte de Ricard de Gourdon-Genouillac-Vailhac, née le 5 novembre 1588, entreprit la réforme des Dames de l'Ordre de Malte, en France. Elle mourut le 25 juin 1618, en odeur de sainteté. Elle était sœur de Jean de Gourdon, évêque de Tulle, auquel le P. Odo de Gissey a dédié l'Hist. de N.-D. de Rocamadour. (*Preuves de noblesse des Dames religieuses de Beaulieu*, par le baron de Sarliges d'Angles. — Paris, Dumoulin, 1868). — Il a été écrit deux vies de Madame de Vaillac. L'une, par Hilarion de Coste, dans les *Éloges des personnes illustres en piété*, p. 775, (Paris, 1630, in 4º); l'autre, par le P. Thomas d'Acquin de St-Joseph, Carme-Déchaussé, (Paris, 1633, in 8º). On trouve son portrait et sa généalogie dans le Martyrologe de Malte, (Paris, 1654).

(2) Ste Fleur ou Flore, née à Maurs (Cantal), vers 1309, morte le 11 juin 1367, et non 1267, comme le dit D. Boyer. Le P. Lelong cite quatre vies imprimées de cette sainte, *loc. cit.*, et il en a paru une autre par M. l'abbé Cyprien Lacarrière, curé d'Issendolus, (Toulouse, 1871).

(3) Thémines, chef-lieu de commune du canton de la Capelle-Marival.

vêque de Cahors ; je passai à Belmont (1), cure dépendante de Beaulieu, et le titre clérical de St Raoul, archevêque de Bourges, et fondateur de Beaulieu, natif du château qui domine sur la ville de St-Céré, et qui appartient à présent au duc de Bouillon. M. Joseph Scribe, qui en est curé, et mon ancien ami, me reçut à bras ouverts, et voulut me retenir à coucher, mais je voulus aller jusqu'à Paulhac, où je fis collation à cause du jeûne de la veille de St Barthélemy, qui est de précepte dans le diocèse de Cahors. M. Jean Laval, curé de St-Julien de Pauliac (2), prieuré dépendant de Beaulieu, me reçut comme son intime, et me voulait retenir au moins huit jours.

24. Je dis la messe à Pauliac, sur la Dordogne, et rangeai mes papiers de Leyme.

25. Après avoir dit la messe et dîné à Pauliac, je fus au château, surnommé Castelnau de Bretenoux (3), et qui appartient à M. de Clermont-Seyssac. Il y a une galerie magnifique, et la vue est une des plus charmantes. Au-dessous du château, il y a une église collégiale, fondée l'an 1506, en l'honneur de St Jean ; il y avait une foule extraordinaire de peuple à cause de la fête de St Louis, qui est la vote de cette église, selon le langage du pays. Je fis collation avec M. Vezi, curé de Bretenoux, où j'ai prêché autrefois les dimanches du Carême. Je fus ensuite à Vaux, voir M. Darche, curé d'Altillac, prêtre d'une vie exemplaire, et souper à Beaulieu avec P. Michel Redon, sous-prieur.

26 et 27. Je reçus et fis plusieurs visites et rangeai un peu mes Mémoires.

28. Notre P. prieur dit la grand'messe aux Ursulines ; le P. Levet, Jésuite, fit l'éloge de St Augustin, bon ami de la

---

(1) Belmont-près-Bretenoux, chef-lieu de commune du canton de Bretenoux (Lot).

(2) D. Amand Vaslet donne à cette cure le nom de St-Loup de Paulhac. — Elle était située dans la commune actuelle de Prudhomat, canton de Bretenoux.

(3) Voir *Notice historique et archéologique sur Castelnau de Bretenoux* (Lot), par M. l'abbé Poulbrière, (Tulle, 1873).

grâce molinienne. J'envoyai, de grand matin, un exprès à Obazine, pour retirer le présent cahier avec quelqu'autres papiers que j'y avais oubliés. J'écrivis à M. le prieur et à D. Fournet, qui me firent des réponses très-obligeantes. Nos pêcheurs prirent, hier, trois quintaux de poissons.

29. Je dis la messe à l'autel de St Jean-Baptiste, et fus dîner à Martel (1). La paroisse est dédiée à St Maur, et dépend de Souillac. M. Vidal (2), avocat, historiographe du Querci, veut que ce fut Charles Martel qui fit bâtir cette église, l'an 726 ; ce qui prouverait que la tradition de la venue de St Maur en France est plus ancienne que ne prétend M. Baillet. Je fus aux Cordeliers dont le couvent est fort curieux ; nous y trouvâmes des titres de l'an 1230, mais nous ne pûmes pas trouver la fondation. Il y a un hôpital de religieuses Maltoises de peu de conséquence. M. de la Chaise, juge de Martel, me fit voir un extrait, très-recherché, des titres qui sont dans la maison de ville. Après avoir fait collation aux Cordeliers, je fus souper à Souillac (3), où le R. P. D. Joachim Gérentes me reçut avec empressement. J'y reçus une lettre du R. P. prieur de St-Denis, du 18 août.

30. J'assistai à la grand'messe et à vêpres de la fête de St Fermier (4), que l'on célèbre avec octave. On ne sait rien de la vie de ce saint. Dans un vieux livre de reconnaissances à

(1) Martel, chef-lieu de canton de l'arrondissement de Gourdon (Lot).
(2) Jean de Vidal est l'auteur d'*Abrégé de l'Histoire des évêques, barons et comtes de Cahors* (Cahors, Dalvy, 1660, in 8°) — de *Traitté des reliques et vies des Saincts Hilarion, Agaton et Piamon, anachorètes d'Orient, contenant l'histoire de leurs hauts-faits, etc...* (Cahors, Pierre Dalvy, 1664, petit in-8°) — de *Mémoire généalogique pour servir à M. Roux de Laval, procureur du Roy au Seneschal de Casteljaloux, dans le duché d'Albret.* (6 pages petit in-8°), où l'on lit : Baillé par mémoire par moy soûssigné, advocat en parlement, en ladite cour des Aydes de Caors, à présent de Montauban, et consul dudit Caors l'année 1657. Fait à Caors le 18 août 1673 : VIDAL. (Bienveillante communication de M. Louis Greil, de Cahors).
(3) L'abbaye de N.-D. de Souillac (*Solliacum ou Sublacum*), Ordre de St-Benoît, Congrégation de St-Maur. — Souillac, chef-lieu de canton de l'arrondissement de Gourdon (Lot).
(4) Connu aussi sous les noms de St Fraigne ou St Fermère.

Pierre d'Ornhac, doyen de Souillac, l'an 1474, on voit le portrait de St Fermier habillé en diacre. J'ai trouvé, dans un vieux Processionnal, des répons où il y a quelques circonstances de la vie de ce saint : *In die Sti Fermerii ad processionem.*

℞. O mirabilis pueritia cœlesti visione clarificata! O laudabilior adolescentia sancti Fermerii cui tanta dignè Christi inhæsit prudentia, *ut seniles certatim transcenderet animos virtute beata.

℣. Cuncta reprehensionis digna felicitas postposuit, ac puerilia acta omnimodo devitavit, ut seniles certatim, etc.....

℞ II. O virum dignissimum et levitam almificum Sanctum Fermerium qui tanta in Christo electus est gratia, ut spontanea oculorum cæcitate perfunctus *cum ei aliquid videre libuit, etiam videndi potestas non defuit.

℣. Eluso voluntarie visuum obtutu, oculorum salva substantia pietate divina favente; cum ei.

℞. III. Quædam mulier, ferarum invasione, tribus orbata filiis, ad viri Dei pedes Fermerii provoluta, nimis anxia flens et mærens supplicat pro natis miserabili casu peremptis; * at ille fusis ad Deum precibus, dum surrexit ab oratione, surrexerunt pariter et pueri de morte.

℣. Pueris itaq. bestiali sævitia extinctis, misera genitrix, filiorum veste comperta, ad Dei virum festina perrexit. At ille fusis.

℞. IIII. O miles fortissime, o insuperabilis athleta qui, per corporalem spontaneæ cæcitatis caliginem, adeptus es perpetui luminis claritatem, et ideo martyriali triumpho effectus es acceptabilis hostia Christo *cui, precamur suppliciter, semper assistas interventor pro nobis.

℣. Gloriosum ergo de hoste reportans triumphum, regni laurea decoratus exultas cum Christo. Cui precamur.

On gardait autrefois, dans l'église de Souillac, le corps de St Fermier, avec ceux de St Constans, St Florence et Ste Ancelle, et l'on célébrait la fête des corps saints avec la même solennité qu'à Beaulieu.

Dans le même Processionnal, il y a la manière de donner l'habit de St-Benoît, où je trouve une prière très dévote, que l'abbé disait à celui qu'il revêtait, et que je prie le Seigneur de vouloir accomplir en moi.

Exuat te Dominus veterem hominem cum actibus, etc.

Eripiat Dominus de corde tuo sæculi pompas quibus, dum baptismum susciperes, abrenuntiasti, et immittat in te sanctum religionis amorem, sanctoque fervore succendaris, et ardeas celestium bonorum desiderio.

Dans la forme de la profession, il n'est point fait mention du vœu de pauvreté; mais l'abbé dit seulement au novice :

Promittis obedientiam et castitatem servare, et vivere secundum vitam et ordinationem Dominorum tuorum ?

Le novice répond : Promitto.

31. J'écrivis à M. Montet, chanoine, du Puy, à M. Soulignac, curé de Migny, et à Madame David.

Au bas de cette page, on lit les deux pièces de vers suivantes, inspirées par l'élévation au cardinalat du Jésuite J.-B. Tolomei.

Voir, au 12 février 1712, ce qui concerne le cardinal de Tournon.

>Tournon, l'illustre cardinal,
>Est mort, à Makao, par les mains des Jésuites.
>Tous les soins qu'ils ont pris pour lui faire du mal
>Ne font que couronner sa gloire et ses mérites.
>Il doit à leur fureur la gloire du martyre,
>Le pape à un Jésuite a donné son chapeau;
>Je n'y trouve rien à redire,
>La dépouille de droit appartient au bourreau.

>Jure, patres, vestra est Turnonis purpura cœsi;
>Martyris exuvias quis, nisi tortor, habet?

SEPTEMBRE.

1712. 1. J'écrivis à D. D. de Ste-Marthe et rangeai quelques Mémoires, ainsi que le jour précédent.

2. Je partis pour Beaulieu, avec D. Charles de Meyssat (1), sous-prieur de Souillac, et D. Dominique André (2). Nous déjeûnâmes à Martel, chez M. l'assesseur, où nous trouvâmes trois personnes de Souillac, qui nous accompagnèrent jusqu'à Beaulieu. Nous passâmes par Veyrac (3), prieuré uni à l'évêché de Tulle ; nous dînâmes à Puybrun (4), ville du Quercy, qui paraît avoir été belle et qui est bien percée. Il y a auprès une chapelle ruinée, sous le nom de Ste Rondine. Nous passâmes la Cère et la Dordogne, et soupâmes avec le R. P. prieur, qui avait retenu notre manteau pour m'engager obligeamment de venir à la fête. Dom Jean Marie Palerne (5), mon ami, procureur de Solignac, arriva le même jour.

3. Je vis les papiers de la prévôté de Brivezac (6), dépendante de Solignac, qui sont en dépôt à Beaulieu. J'y trouvai les noms de quelques abbés de Solignac. D. Nicolas Vignoles en est titulaire. Après vêpres, on fit une procession solennelle, à la chapelle des SS. Prime et Félicien, frères natifs d'Agen, et martyrisés au temps de St Caprais et de Ste Foy, et animés par leur exemple (7).

4 septembre. Dimanche. Je dis la messe à l'autel des SS. martyrs, où sont leurs reliques. On y dit ensuite une grand'messe et enfin, après la grand'messe, que le R. P. prieur célébra au grand autel, où était exposé le St Sacrement, et à laquelle je fis sous-diacre, on fit une grande procession autour de la ville.

---

(1) D. Charles de Messac, né à Saintes, fit profession à l'âge de 19 ans, dans l'abbaye de St-Augustin de Limoges, le 15 octobre 1696, et mourut à St-Jean d'Angely, le 6 août 1736.

(2) D. Dominique André, né au Puy-en-Velay, fit profession à l'âge de 19 ans, dans l'abbaye de St-Augustin de Limoges, le 18 juillet 1702, et mourut à celle de St-Austremoine d'Issoire, le 14 juin 1736.

(3) Vayrac, chef-lieu de canton de l'arrondissement de Gourdon (Lot).

(4) Puybrun, chef-lieu de commune du canton de Bretenoux (Lot).

(5) D. Jean Marie Palerne, né à St-Chamond, fit profession à l'âge de 18 ans, dans l'abbaye de St-Augustin de Limoges, le 23 novembre 1698.

(6) Brivezac, chef-lieu de commune du canton de Beaulieu, arrondissement de Brive (Corrèze).

(7) *Abrégé de l'Hist. de l'abbaye de St-Pierre de Beaulieu en Bas-Limousin*, etc..., publié par M. l'abbé Poulbrière, pag. 29 et suiv.

Nous étions tous en chape, le prieur des Pénitents bleus de St-Jérôme et son frère portaient la châsse des saints. Il y avait une grande affluence de peuple. Plusieurs curés voisins dînèrent au monastère. Après none, M. de Roufilhac, vicaire de St-Sosy (1), fit le sermon. *Custodit Dominus omnia ossa, etc.* (2). Il fit voir que les reliques des saints méritaient notre admiration et notre vénération. Il ne prit pas bien le sujet de la fête, qui est proprement la révélation des reliques de St Prime et de St Félicien, que l'on trouva cachées dans la nef de l'église. J'ai prêché autrefois à cette fête que le peuple appelle des *Corps saints*. M. de Roufilhac a, d'ailleurs, beaucoup de vivacité, une belle voix, une déclamation fort agréable et une excellente mémoire. Après vêpres, on donna la bénédiction.

5 septembre. Je reçus et fis quelques visites, avec D. Palerne, qui était venu, pour ses affaires de Brivezac.

6. Je partis, avec D. de Messac et D. André, que je quittai en haut de la côte de Cionniac (3). Je fus ensuite à Beilbac (4), pour voir M. le curé, mon ancien ami. J'ai prêché autrefois, dans la paroisse, les fêtes de la Pentecôte.

Il me retint à dîner avec trois autres ecclésiastiques. Il est bachelier de Sorbonne, bon gentilhomme et, par-dessus tout, il est savant et a les manières fort nobles. Après dîner, je passai la Dordogne, et fus coucher à Carennac (5), doyenné de Cluny.

(1) St-Sozy, chef-lieu de commune du canton de Souillac (Lot).
(2) Psal. 33. 21.
(3) Sioniac, chef-lieu de commune du canton de Beaulieu (Corrèze).
(4) Bilbac, chef-lieu de commune du canton de Beaulieu (Corrèze).
(5) Carennac, chef-lieu de commune du canton de Vayrac (Lot). — Lire dans la *Correspondance de Fénelon*, (éd. Lecoffre, t. II, p. 9), la lettre que l'illustre prélat écrivit à la marquise de Laval, plus tard sa belle-sœur, lorsqu'il se rendit, en 1681, dans cette ville, pour y prendre possession du doyenné, que l'évêque de Sarlat, son oncle, venait de lui résigner.

« C'est pendant le court séjour que Fénelon fit à Carennac, qu'il composa
» l'ode qui commence par ces mots :

» Montagnes, de qui l'audace
» Va porter jusques aux cieux
» Un front d'éternelle glace....

» On doit bien croire que Fénelon n'avait jamais eu l'idée de faire impri-

Dom Antoine d'Aidie, qui est sorti de la Congrégation par infirmité, me reçut très-noblement, et me fit coucher dans la maison de M. de Salignac (1), doyen commendataire et neveu de M. de Cambrai. Il y a une belle galerie, dont la vue est charmante, mais qui bouche malheureusement les vitres de l'église. Je ne pus voir aucun titre, parce que M. de Lavaur, agent du doyen, qui a une clef des archives, reste à St-Céré. M. de Roufilhac, originaire de Carennac, d'une très-ancienne noblesse, me vint voir, avec M. Taillefer, qui a beaucoup d'esprit et de lecture.

7 septembre. Je fus à Rocamadour (2). On ne trouve aucun sentier, mais des pierres, élevées d'espace en espace, guident sûrement les voyageurs. On ne trouve aucun village, excepté les Alis (3), dont le château et l'église appartiennent à Obazine. Cette paroisse n'est qu'à un demi-quart de lieue de Rocamadour. Dès que je fus descendu de cheval, je montai à la célèbre chapelle de Notre-Dame; mais je n'y pus point dire la messe, me trouvant incommodé. L'église collégiale de St-Sauveur, sous le titre de la Transfiguration, où il y a quatorze chanoines, est la principale de Rocamadour. Au bas de cette église, et un peu à côté, est l'oratoire de Notre-Dame qui est fort propre. La figure de Notre-Dame est noire, comme celle du Puy. Il

---

» mer cette ode; elle ne fut en effet imprimée qu'après sa mort, à la suite
» de la première édition de Télémaque, publiée par sa famille. Elle était
» adressée à l'abbé de Langeron, qu'une heureuse conformité de caractères
» et de goûts avait uni à Fénelon dès sa première jeunesse, qui fut ensuite
» associé à tous les travaux et à tous les évènements de sa vie, qui vécut et
» mourut fidèle à l'amitié, dans l'adversité comme dans la prospérité. »
(*Hist. de Fénelon*, par le cardinal de Baussel, liv. 1). — Charles Andraud de Maulevrier-Langeron, chanoine-comte de Lyon, aumônier de Mad. la Dauphine, évêque nommé d'Autun, fut abbé de Mégemont, au diocèse de Clermont.

(1) François Barthelmy de Salignac-Fénelon, plus tard évêque de Pamiers.

(2) Rocamadour, chef-lieu de commune du canton de Gramat, arrondissement de Gourdon (Lot).

(3) Les Alix, hameau de la commune de Rocamadour.

y a des lampes d'argent fort bien ouvrées. Au dehors de cette chapelle on lit cette inscription :

> Hoc oratorium saxi ruina collapsum Dionysius de Bar, quem Bituris peperit, antistes et dominus Tutellensis ecclesiæ, anno MCCCC. LXXIX, erexit funditus et ampliavit.

Cette chapelle est dessous un rocher massif, qui paraît comme suspendu, et au-dessus duquel il y a un vieux château désert. Le P. Odo de Gissey (1) qui a écrit, assez impoliment et avec peu de justesse, l'histoire de N.-D. de Rocamadour, dit que l'on y monte par 278 degrés. Le Propre du diocèse de Cahors, nouvellement imprimé, dit qu'il n'y en a que 182. Je ne les ai point comptés ; mais j'ai été édifié au possible de voir quantité d'hommes et de femmes grimper sur le roc, à deux genoux, et dire un *Ave Maria*, à chaque marche. Au-dessous de l'église de St-Sauveur, on voit l'église paroissiale dédiée à St Amadour, qui était un ermite, qui a fait sa pénitence sur ce rocher. On montre ses reliques dans cette église, qui est d'une grande propreté. On montre aussi son tombeau au-devant de la porte de Notre-Dame, où l'on a dressé un autel. Il y a, auprès, deux autres chapelles séparées, et au-dessus la chapelle de St Michel, où l'on montre un coutelas mal fabriqué, que l'on nomme l'épée de Roland, parent de Charlemagne. Au-dessous de cette chapelle, sont les archives, où je travaillai trois heures, sans y rien trouver de singulier. C'était un monastère de Bénédictins dépendant de l'abbaye de Tulle. On voit encore le logis abbatial et les ruines du réfectoire, qui était magnifique. J'étais logé à la

---

(1) Le P. Odo de Gissey naquit à Autun, vers 1568 ; il entra dans la Compagnie de Jésus, et mourut à Toulouse, le 16 mars 1643. Il est l'auteur de *Discours historiques de la très-ancienne dévotion de Nostre-Dame du Puy*. Cet ouvrage a eu, en moins de vingt-cinq ans, trois éditions, et il ne mérite, sous aucun rapport, la critique que D. J. Boyer adresse à l'*Histoire de N.-D. de Roquemadour*, (Toulouse, 1652, in-12). — Voir *Bibliothèque des Ecrivains de la Compagnie de Jésus*, p. 2145, (Liège et Paris, 1869, in-f°) ; et *Notice sur Odo de Gissey*, par M. Adrien Luscombe, (Le Puy, Marchessou, 1871).

Charette, dans une maison qui avait été bâtie par Henri II, roi d'Angleterre. Il y a quatre cheminées à l'anglaise, qui sont tout à fait hardies. Après avoir entendu les premières vêpres de Notre-Dame, je repassai aux Alix et passai à Meyronne (1), où l'on faisait la fête de St Cloud, patron de la paroisse. L'évêque de Tulle en est prieur et seigneur. J'y trouvai M. de Roufilhac, qui passa avec moi la Dordogne, et nous fûmes à pied jusqu'à St-Sosy, prieuré dépendant de Brageac. Il y a une religieuse qui en est titulaire. L'église est dédiée à St Barthélemy. Tout auprès, il y a un village que l'on appelle, les Monges ou Moinesses. M. de Roufilhac me donna la collation et un bon lit.

8 septembre. Je fus dire la sainte messe à Souillac, à l'autel de la Très-Sainte Vierge Marie, patronne de l'abbaye. D. Michel Accarion (2), cellérier, m'a communiqué tous les titres, dont j'ai fait un catalogue des doyens et des abbés de Souillac. Il y a un ancien pouillé des bénéfices du diocèse de Cahors, en langage quercynois. Le R. P. prieur m'a fait présent de huit médailles fort antiques. D. Jean Le Bren (3) fit le sermon, avant vêpres.

12. Après dîner, je partis pour Sarlat, avec M. l'abbé de Roufilhac. Nous fîmes collation à Prasch (4), chez M. le curé, qui a un beau jardin. C'est la dernière paroisse du diocèse de Cahors, et Ste-Natalène (5) est la première de celui de Sarlat, où nous arrivâmes sur les six heures, et nous couchâmes aux Bons Enfants.

13. Nous fûmes voir M. le grand-vicaire, et quelques amis

---

(1) Meyronne, chef-lieu de commune du canton de Souillac (Lot).

(2) D. Michel Accarion, né au Puy-en-Velay, fit profession à l'âge de 19 ans, dans l'abbaye de St-Allyre de Clermont, le 29 août 1668, et mourut à Souillac, le 25 septembre 1712.

(3) D. Jean le Breu, né à Argentan, diocèse de Séez, fit profession à l'âge de 19 ans, dans l'abbaye de Jumièges, le 18 juillet 1674, et mourut à St-Savin de Poitiers, le 10 novembre 1730.

(4) Prats de Carlux, chef-lieu de commune du canton de Carlux, arrondissement de Sarlat (Dordogne).

(5) Ste-Natalène, chef-lieu de commune du canton de Sarlat.

que j'ai aux Récollets. M. Dupuy, confiseur, natif du Puy, nous donna à déjeûner. Le fils du lieutenant-général de Gourdon était le quatrième. Je dînai aux Bons Enfants, avec Dupuy et deux autres Messieurs. Je fus coucher à St-Amand (1), où M. le prieur me reçut bien cordialement.

14. L'abbaye de St-Amand est très-ancienne. Le monastère a été entièrement ruiné, à l'église près, qui est fort belle, mais toute nue, avec des vitres d'abbé (sic). La maison est forte et entourée de murs. Il n'y a que quatre Chanoines-Réguliers et bandouliers (2). Le prieur m'accompagna jusqu'à Cauli, à un gros quart de lieue du monastère; là, sur un roc, il y a un château qui sert de maison à l'abbé de St-Amand. M. de Longueval (3), fils de M. de Lagarde, gentilhomme Viscomtin (4), proche de Beaulieu, possède cette abbaye. Il avait envoyé, de grand matin, un exprès qui me trouva au lit, pour m'inviter à prendre sa maison. Il avait fait pêcher copieusement, et il nous régala fort bien. M. de Beaulieu, gentilhomme de Cauli, fit le quatrième. Avant dîner, je vis tous les papiers, où je ne trouvai rien de curieux. Après dîner, je retournai à St-Amand avec M. l'abbé, qui voulut, par honnêteté, faire maigre tout ce jour-là, quoiqu'il ne soit pas du Scapulaire. Il a été, environ trente ans, porte-Dieu à St-Sulpice, à Paris.

15. Je passai la Vezère à Condat (5), et fus dîner à Châtre (6), où il y a une abbaye de Chanoines-Réguliers, sous le titre de

---

(1) L'abbaye de St-Amand de Coli (S. Amandus de Coli), Ordre de St-Augustin, dans l'ancien diocèse de Sarlat. — St-Amand de Coly, chef-lieu de commune du canton de Montignac (Dordogne).

(2) D. Boyer surnomme ainsi ces religieux, à cause d'une bande-linge, ou petit scapulaire, qu'ils portaient par-dessus leur robe, et qui descendait seulement jusqu'à la ceinture.

(3) Henri de la Garde de Longueval, fils de Léonard, et de Marie de Grenier.

(4). Viscomtin signifie : habitant de la Vicomté de Turenne.

(5) Condat-sur-Vezère, chef-lieu de commune du canton de Terrasson (Dordogne).

(6) L'abbaye de N.-D. de Chastres (de Castris), Ordre de St-Augustin, dans le diocèse de Périgueux. — Châtres, chef-lieu de commune du canton de Terrasson (Dordogne).

Notre-Dame ; mais, comme il n'y a ni moines, ni église, ni monastère, je fus voir M. le curé de St-Nicolas, pour lui demander des nouvelles de cette abbaye défunte. Il me dit que M. l'abbé d'Aubusson (1) en avait le revenu et les titres ; il me donna à dîner avec empressement. Je passai ensuite à Badefou (2) et arrivai à Dalon (3), où je complimentai assez longtemps Dom prieur, qui me regardait fort sérieusement, sans répondre un seul mot à mes honnêtetés. Il ne manque pourtant pas d'esprit, mais bien d'oreilles. Je criai plus haut dans la suite, et eus beaucoup de plaisir à l'entendre parler. Il est Troyen, et a nom D. Jacques Corrard, profès de Pontigny. Le monastère en dépend, et a sous lui sept autres abbayes. L'église était grande et belle, mais la nef est à bas. Je déjeûnai, ce jour-là, au diocèse de Sarlat ; je dînai à celui de Périgueux et soupai à celui de Limoges, sans faire que trois ou quatre lieues de chemin.

16 et 17. Je travaillai assidûment à faire des extraits du Cartulaire de Dalon, qui est un des plus curieux que j'aie encore vu. Il n'y a point d'autres papiers que des terriers et des lièves.

18. Après avoir dit la messe, je partis très-satisfait des religieux de Dalon, et surtout du prieur, de D. Jean-Léonard Barbier, frère d'un gentilhomme voisin de Dalon, et de D. Broussard. Le P. prieur, qui est sourd, et qui le fait quelquefois plus qu'il ne l'est, au lieu de *Gallia Christiana*, entendait *Gallina Christiana*, et ne pouvait comprendre quel ouvrage ce pouvait être. J'arrivai à Terrasson (4), à deux heures ; j'assistai à vêpres, dans l'église de St-Sour, et ensuite à la bénédiction que M. l'évêque de Sarlat fait donner, dans son diocèse, pour

---

(1) François d'Aubusson, fils de Jacques, seigneur de Villac, et de Diane de la Royère.
(2) Badefols-d'Ans, chef-lieu de commune du canton d'Hautefort (Dordogne).
(3) L'abbaye de N.-D. de Dalon (*Dalonia, Dalonum, Dalonium*), Ordre de Cîteaux, dans l'ancien diocèse de Limoges. Elle était située près de Ste-Trie, chef-lieu de commune du canton d'Excideuil (Dordogne).
(4) Terrasson, chef-lieu de canton de l'arrondissement de Sarlat (Dordogne).

la paix, etc., tous les dimanches. Je ne trouvai aucun papier dans l'abbaye de Terrasson (1), parce que M. de Montmège (2), qui en est abbé et qui les a tous, était absent. Dom de Calvimont, prieur, me fit toutes les amitiés possibles; il me retint à souper et à coucher. Il y a huit religieux, dont quatre sont frères, de l'ancienne maison de Jayat (3), et ces quatre ont autres deux frères moines à Uzerche. L'abbaye de St-Sour de Terrasson est au plus haut de la ville, qui est faite en terrasse ou en amphithéâtre. Il n'y a que le chevet de l'église qui subsiste, elle était grande et belle. Le monastère est tout à bas, a un petit corps de logis près, où il y a huit chambres, un réfectoire et une cuisine. M. de Montmège a fait bâtir à neuf le logis abbatial, où je couchai, dans une chambre très-propre. Le bon abbé a fait aussi bâtir un hôpital et une chapelle attenante, que l'on bénit dimanche passé. La paroisse est dédiée à St Julien, la ville est fort marchande. Il y a beaucoup de foires et de bons marchés. Elle est située sur le bord de la Vézère, sur laquelle il y a un beau pont. Les reliques de St Sour (4) sont au milieu du chœur. Ce saint fait de fréquents miracles, et les sourds l'invoquent par rapport à son nom. Auprès de Terrasson il y a un ermitage sur un rocher escarpé, au-dessus de la Vezère, où St Sour faisait sa pénitence. Il y a un ermite qui y fait sa demeure, et ce lieu est célèbre par le roman de l'*Ermite de Terrasson* (5). Après souper, je fus voir M. le doyen de Cairac

(1) L'abbaye de St-Sour de Terrasson (*Terracinum, Terassonum, S. Sorus Terracinensis*), Ordre de St-Benoît, dans l'ancien diocèse de Sarlat.

(2) Jean de Reillac de Montmège, fils de Jean, et de Louise de Souillac.

(3) Jayac, chef-lieu de commune du canton de Salignac, arrondissement de Sarlat (Dordogne).

(4) Voir *Vie de St Sour*, par M. l'abbé A. B. Pergot, curé de Terrasson, (1857, in 8°). Ce saint ermite, né en Auvergne, mourut, le 1er février 580, dans le monastère qu'il avait fondé. L'église paroissiale de Terrasson conserve ses reliques.

(5) *Le Solitaire de Terrasson*, Nouvelle, par M. de M., (Paris, Barbin, 1677).
— Barbier attribue ce livre à Madame Bruneau de la Rabattellière, marquise de Merville. Son sujet est le séjour que le chevalier de Belges, fils du comte de Freslon, en Provence, aurait fait, pendant les années 1675 et 1676, sous le rocher de St-Sour, retraite dont il aurait été tiré par sa femme et sa fille. — Ces renseignements nous ont été transmis par M. A. Dujarric-Descombes.

et M. le juge de Terrasson, qui m'avaient fait honnêteté. Ce dernier voulut me retenir à coucher, et me pressa, très-fort, à venir dîner chez lui le lendemain. J'ai aussi beaucoup à me louer de D. Nicolas, natif de Terrasson, qui est un bon religieux, qui a beaucoup de douceur et de savoir-vivre. M. le prieur me fit voir un ancien moule de médailles, où St Sour est représenté avec le roi Gontran, à genoux, avec ces mots autour : *Sancti Sori qui Regem Francorum liberavit à lepra.*

19 septembre. Je fus dîner à Cauli, chez M. l'abbé de St-Amand, et souper à Sarlat (1), avec M. Rousselle, sacristain de St-Amand, M. de St-Cyr, M. Dupuy et un chanoine de Rocamadour, aux Bons Enfants.

20. M. Pignol, avocat, me fournit quelques Mémoires ; M. Veyssière, official et vicaire-général, m'invita à dîner ; mais j'avais promis aux Récollets, la dernière fois. Le P. Onésine Lescot, gardien, me fit beaucoup d'honnêtetés. M. Scribe, curé d'Orlhaguet (2), le P. Policarpe Garabige et F. Jérôme de Périssat, tous deux natifs de Beaulieu, dînèrent avec moi. Je fus coucher à St-Cyprien (3).

21 septembre 1712. Le R. P. Jacques du Noyer, prieur de St-Cyprien, m'obligea de séjourner dans son monastère. C'est un homme d'une probité reconnue ; il vit comme un saint, et il a gouverné avec toute la sagesse possible sa communauté, depuis plusieurs années qu'il en est prieur titulaire. Il a restauré l'église et fait bâtir les lieux réguliers. Ce monastère est fort ancien ; c'était autrefois une abbaye dépendante de celle de St-Sernin de Toulouse, à présent un prieuré conventuel de la Congrégation des Chanoines-Réguliers de Chancelade. Il est situé sur la Dordogne, à trois lieues de Sarlat, dans un bel aspect. Le corps de St Cyprien, abbé, compagnon

---

(1) Sarlat, chef-lieu d'arrondissement du département de la Dordogne. — Cette ville était autrefois le siège d'un évêché.

(2) Orliaguet, chef-lieu de commune du canton de Carlux (Dordogne).

(3) St-Cyprien, chef-lieu de canton de l'arrondissement de Sarlat, où il existait autrefois un prieuré de Chanoines-Réguliers de la Congrégation de Chancelade.

de St Amand et de St Sour, a été pillé par les religionnaires. Le P. prieur me fit voir le peu de papiers qu'il a retirés, avec beaucoup de peine, des citoyens de la ville de St-Cyprien, dont l'archevêque de Bordeaux est seigneur. Pendant que nous chantions vêpres, Mgr l'évêque de Sarlat arriva de son château d'Yssigeac (1). J'eus l'honneur de souper avec lui, et à sa droite, ayant fait collation le matin.

22 septembre. M. l'évêque (2) me ramena à Sarlat ; il voulut même que notre cheval fût dans ses écuries. Il me fit mille carresses pendant mon séjour dans son palais épiscopal. M. Selve, neveu de M. Armand Gérard (3), cité dans *Gallia Christiana*, me communiqua quelques Mémoires de son oncle. M. le comte de La Mothe-Fénelon (4), frère de M. de Cambray, gentilhomme âgé de plus de 80 ans, qui vit comme un saint, me donna quelques lumières touchant ses oncles évêques

---

(1) Issigeac, chef-lieu de canton de l'arrondissement de Bergerac (Dordogne).

(2) Paul de Chaulnes, fils de Claude, conseiller au Parlement de Grenoble, et de Marguerite de Chissay de la Marcousse, fut nommé évêque de Sarlat le 1er novembre 1701, et transféré à Grenoble le 8 janvier 1721. Il mourut le 22 octobre 1725.

(3) Armand de Gérard-Latour était fils de noble Antoine de Gérard, écuyer, seigneur de Latour, des Yvières, Palomière, conseiller du Roi, chef de justice de la sénéchaussée de Sarlat, et de Catherine de Salis. Il était né vers 1618. Il entra dans les Ordres et devint chanoine de la Cathédrale de Sarlat, puis grand-vicaire. Il écrivit des commentaires sur l'histoire ecclésiastique du diocèse de Sarlat, et les communiqua aux frères de Ste-Marthe pour l'édition du *Gallia Christiana* de 1656. Sa vaste érudition l'avait mis en relations avec les plus savants hommes de son siècle : Baluze, Bolland, Papebroch, Henschenius, Baudrand, Mabillon, Fénelon, Fleury, Ste-Beuve, Labbe, etc.., et il entretenait avec eux une correspondance suivie. Elle a été publiée, en partie, par M. Gaston de Gérard, qui a bien voulu nous donner ces renseignements, dans le *Bulletin de la Société historique et archéologique du Périgord*. Le chanoine Armand de Gérard mourut en 1694.

Son neveu était Jean de Selves de Plamon, conseiller au Présidial de Sarlat, qui avait épousé, le 30 août 1677, Claude de Gérard de Latour, demoiselle des Yvières, un des quatorze enfants de François de Gérard-Latour, écuyer, seigneur de Latour, etc.., frère aîné du chanoine, et de Catherine de Costes de la Calprenède.

(4) François de La Mothe-Fénelon, frère aîné de l'archevêque de Cambrai.

de Sarlat (1). En un mot, les principaux de la ville, par rapport à leur illustre prélat, me firent mille honneurs.

23. Je dis la messe à la chapelle de St Benoît, au cloître de la Cathédrale, que M. l'évêque a fait réparer avec beaucoup de soin.

24. Je dis la messe, pour D. Michel Accarion qui mourut hier à Souillac, à la Cathédrale, où le prélat fait tous les jours de nouvelles décorations. J'assistai à l'ordination qu'il fit, dans sa chapelle favorite de St Benoît, où il officia avec la majesté d'un grand pontife.

25. Je dis la messe aux Filles de Notre-Dame. J'entendis vêpres à la Cathédrale, et travaillai fortement le reste du jour, pour achever mes collections.

26. Je partis de Sarlat, infiniment satisfait des bonnes manières du prélat, et avec regret de quitter un homme si aimable et si bienfaisant. M. l'abbé Veyssière, vicaire général et official, chanoine de Sarlat, qui m'a marqué une amitié toute singulière, me fit l'honneur de m'accompagner jusqu'à St-Cyprien, où nous arrivâmes pour dîner. Le R. P. prieur me fit voir quelques autres papiers qu'il avait recouvrés, et une liste de ses prédécesseurs, fort imparfaite.

27. Le P. prieur de St-Cyprien me donna un homme à cheval, pour me conduire à Cadouin (2), où D. Jean Benoît, qui en est prieur, me fit toutes les amitiés possibles. Je passai la Dordogne à Badefou (3). M. l'official retourna à Sarlat, après que nous eûmes dîné ensemble à St-Cyprien.

28. Je travaillai fortement dans les archives, qui sont en bon ordre, et je fis une liste assez exacte des abbés de Cadouin.

---

(1) Ponce de Salignac (1485-1492). — François de Salignac de La Mothe-Fénelon (1567-1578). — Louis I de Salignac (1578-1604). — Louis II de Salignac (1604-1639). — François de Salignac de La Mothe-Fénelon (1639-1688).

(2) L'abbaye de N.-D. de Cadouin (*Caduinum, Cadunium*), Ordre de Cîteaux, dans l'ancien diocèse de Sarlat. — Cadouin, chef-lieu de canton de l'arrondissement de Bergerac (Dordogne).

(3) Badefols de Cadouin, chef-lieu de commune du canton de Cadouin.

Cette abbaye est située dans un vallon entouré de bois et de montagnes. L'église est vaste et belle. On y conserve fort religieusement le suaire du Sauveur, qu'on prétend avoir été découvert par Aymard (1), évêque du Puy, etc. Le P. prieur m'a fait présent d'un abrégé de l'histoire de ce suaire imprimé à Tulle, chez Jean Dalvy, 1682 (2). Cette relique est suspendue à la voûte du presbytère, avec trois chaînes de fer, qui soutiennent un coffre fort, dans lequel elle est enfermée. Il y a quantité de beaux manuscrits dans la bibliothèque de Cadouin.

29. Après avoir dit la sainte messe, au grand autel, et après avoir dîné avec la communauté, je partis pour Fontgauffier (3), où j'arrivai avant vêpres. Madame de Vertron (4), qui en est abbesse, me reçut avec empressement. Dès le soir même, je travaillai en diligence et ne laissai un seul papier à

---

(1) Adhémar de Monteil, légat du Saint-Siège à la première croisade. C'est lui qui composa l'hymne *Salve Regina* appelée par St Bernard : *Antiphona de Podio*. Voyez, à ce sujet, la savante dissertation que M. H. Fraisse, curé de Monistrol-sur-Loire, a écrite dans la *Semaine Religieuse du diocèse du Puy*, 3e année, pp. 480. 495. 511 et 546.

(2) Il existe plusieurs histoires, anciennes ou récentes, du St Suaire de Cadouin. L'une d'elles a été imprimée en 1643, (Paris, Bessin, in-12), par les soins des Prieur et Religieux réformés de cette abbaye. Celle qu'indique D. Boyer en est l'abrégé. M. le vicomte de Gourgues a publié (Périgueux, J. Bonnet, 1869) un volume sur le St Suaire de Cadouin, qui a donné lieu, dans la *Revue des Questions historiques* de janvier 1870, à un article critique de M. le comte Riant. Ce savant académicien s'est encore occupé du St Suaire dans les *Exuviæ sacræ Constantinopolitanæ*, tom. I, pp. CLXVII à la note, CXCI, CXCIV, CCXX à la note, et tom. II, pp. 298 et 502. (Paris, Leroux, 1878).

Le St Suaire aurait été découvert, en même temps que la Ste Lance, le 14 juin 1098, à Antioche. Mais le récit le plus ancien qui mentionne cette découverte est celui d'Albéric de Trois-Fontaines, chroniqueur du XIIIe siècle. Il en parle deux fois, d'abord à l'année 1098, puis à l'année 1119. Les chroniqueurs de la première croisade n'en disent rien, quoiqu'ils rapportent l'invention de la Ste Lance. Leurs témoignages sont reproduits, *in extenso*, dans l'édition française du Pierre l'Hermite de Hagenmayer, pages 78 et 266.

(3) L'abbaye de N.-D. ou de St-Géraud de Fontgauffier ou Fontgouffier (*Fons-Gauferii*), Ordre de St-Benoît, dans l'ancien diocèse de Sarlat. — Fongaufier, commune de Sagelat, canton de Belvès (Dordogne).

(4) Louise Guyonnet de Vertron, nommée abbesse le 24 décembre 1706.

feuilleter. L'abbesse soupa avec moi, dans sa chambre, et me témoigna beaucoup de considération.

30 septembre. Je dis la messe au maître-autel, et travaillai tout le jour aux archives de Fontgauffier. Je mangeai toujours avec Madame l'abbesse ; c'est une fille d'une grande conduite et d'un esprit supérieur. La communauté vit dans une grande union. L'église est dédiée à St Géraud, et le monastère dépend de l'abbé d'Aurillac. Il est situé au-dessous, et à la vue de Belvez (1), dans un vallon assez agréable. Il y a une belle source d'eau vive, dans l'intérieur du monastère, qui pourrait bien lui avoir donné le nom de Fontgauffier, parce que j'ai lu, dans des anciens pouillés de Sarlat : *Fontgofre* et *Fontgoufre*, et cette source étant très profonde, elle a du rapport à un gouffre d'eau. Quoi qu'il en soit, elle fait moudre un moulin au sortir du monastère, et forme la petite rivière de Nauze, où il y a quelques moulins à papier, et va se mêler avec les eaux de la Dordogne.

OCTOBRE.

1712. 1. Je partis de Fontgauffier, et après avoir passé la Dordogne, je fus dîner à St-Cyprien, où MM. les chanoines n'oublièrent rien pour me retenir jusqu'au lundi. Je fus coucher à Sarlat. M. l'évêque envoya quérir notre cheval au cabaret, et me donna très bien à souper.

2. Je dis la messe à la chapelle de St Benoît, où M. l'évêque a fait porter l'image de N.-D. de Pitié qui était dans le Chapitre. Le Saint-Sacrement y était exposé, à cause de la fête de N.-D. de la Victoire (2). Je fus dîner, avec Monseigneur, chez M. Jacques Poitevin, chanoine de la Cathédrale. J'assistai, après vêpres, au *Te Deum* que la musique chanta à la Cathédrale pour la prise de Douai (3). Le soir, une grosse fièvre me

---

(1) Belvès, chef-lieu de canton de l'arrondissement de Sarlat (Dordogne).

(2) Fête instituée par le pape Pie V (1571), pour rappeler la victoire de Lépante.

(3) La ville de Douai venait d'être reprise, le 8 septembre 1712, par le maréchal de Villars.

prit, et ne me quitta point que le 24 octobre. Je fus à l'extrémité, et l'on me porta le St Viatique le 14 de ce mois, sur les huit heures du soir. M. Dat, aumônier de M. l'évêque, m'administra l'Eucharistie qu'il avait prise à la Cathédrale.

Mgr l'évêque était à la tête de plusieurs ecclésiastiques et séculiers qui accompagnèrent le T.-S. Sacrement, chacun un flambeau à la main. La charité de M. de Sarlat me retira des portes de la mort. Il prenait soin, lui-même, de voir si l'on me faisait de bons bouillons. Il me visitait deux ou trois fois, chaque jour. Il envoyait, d'heure en heure, savoir en quel état j'étais. Enfin, un bon père n'aurait pas eu plus de soin d'un fils unique. Les domestiques, voyant la bonté du prélat pour moi, me servaient avec un soin extraordinaire. J'eus aussi deux habiles médecins, M. Vayssière et M. Pascal, auteur du savant traité des Eaux minérales de Bourbon (1), qu'il a dédié à M. Guy Crescent Fagon, premier médecin du Roi, sous qui il a fait son cours de médecine à Paris. J'ai une obligation singulière au R. P. Antoine Chaumel (2), Jésuite, qui m'a confessé pendant ma maladie ; il me rendait visite deux ou trois fois par jour ; il m'a prêté des chemises et de l'argent et m'a marqué toute l'amitié possible. Ce bon Père est natif de Sarlat. Madame sa mère, qui se voit sans autre héritier qu'une seule fille déjà âgée, et qui a donné dans la dévotion, a donné son bien à la Compagnie de Jésus, pour faire une mission dans Sarlat. Le P. Chaumel, qui demeure depuis plus de quinze ans avec sa bonne mère, a fait bâtir une chapelle et un corps de logis pour les compagnons de sa mission. Le P. Pallée, de Niort en Poitou, demeure avec le P. Chaumel. Les chemises

---

(1) Bourbon-l'Archambaud. — (Paris, d'Houry, 1699, in 8º).

(2) Le P. Antoine Chaumel ou Chomel ne serait-il pas l'auteur de la traduction en vers français de la pièce du P. Commire, intitulée : *Ludovicus Magnus in quærenda gloria, Alexandro Magno felicior ?* Voir *Commirii Carmina*, t. II, p. 59. — Cette traduction se trouve aussi dans le *Recueil de vers choisis* (par le P. Bouhours) : Paris, 1701, 12º, p. 528.

que je portais étaient à lui. Si l'abbé allemand (1) eût vu un Bénédictin de St-Maur revêtu d'une chemise jésuitique à grand collet, quelles réflexions n'aurait-il pas faites ? Les Jésuites ont voulu avoir un collège à Sarlat ; mais les Paulistes s'y opposèrent. Les Paulistes sont une douzaine de gens d'église, d'épée et de robe, qui s'étaient associés pour visiter les malades, les pauvres honteux, pour mettre la paix dans les familles, etc. ; leur opposition en a fait exiler quelques-uns, mais ils n'ont jamais voulu démordre. Au reste, ces Paulistes, qui avaient pris St Paul pour leur protecteur, sont des gens de probité et les principaux de Sarlat. Je ne dois pas oublier ici des personnes de considération, qui m'ont rendu des visites très-fréquentes, pour ne pas dire quoditiennes, pendant ma maladie. M. le doyen et M. le prévôt de la Cathédrale ; M. Veyssière, grand-vicaire ; M. Poitevin, natif de Touraine, chanoine de la Cathédrale, ci-devant aumônier de feu M. de Beauveau ; M. le comte de La Mothe-Fénelon, frère de M. de Cambray ; le R. P. gardien des Cordeliers, avec le P. André et le P. Luc, peintre de Mgr de Sarlat ; le R. P. gardien des Récollets, avec le P. Garabige et le P. Danroque ; M. le curé de Sarlat ; M. de Grezel, secrétaire du Roi, avec son fils, Jésuite ; M. Selve ; M. la Frenaye, etc... La supérieure des Filles de N.-D. m'envoya voir souvent, et me fit présent de biscuits, etc... M. Boursolles, prébendier de la Cathédrale, me fit aussi présent de pommes, qui étaient fort rares, et l'on me fit beaucoup d'honneur à la considération du prélat.

28 octobre. On chanta le *Te Deum* pour la prise du Quesnoy (2). On ne peut rien voir de plus éloquent que le mande-

---

(1) Dom Boyer fait ici allusion aux attaques dirigées, par un abbé d'Allemagne, contre les Bénédictins à l'occasion de leur édition de St-Augustin. (Voyez *Hist. litt. de la Cong. de St-Maur*, p. 501). Le soi-disant abbé allemand était le P. Jésuite J. B. Langlois, né à Nevers, le 8 mars 1663, mort à Paris, le 12 octobre 1706. (*Dict. des Ouvrages anon. et pseud. publiés par des relig. de la Comp. de Jésus*, par le P. Carlos Sommervogel, S. J.; Paris, Palmé, 1884).

(2) Le maréchal de Villars avait repris le Quesnoy, le 4 octobre 1712.

ment de M. de Chaulnes, évêque de Sarlat. M. Jean-Jacques Coulombet, imprimeur, m'a fait présent d'une douzaine de mandements de la même force. Et ce qui est le plus surprenant, c'est que d'abord que ce savant prélat a reçu la lettre du Roi, demi-heure après, son mandement est prêt à mettre sous la presse. Ce qui égaya beaucoup ce *Te Deum*, c'est qu'un vieux musicien laissa tomber ses lunettes pendant qu'il faisait un récit, et cet Apollon lunatique ne laissa pas de nazarder (*sic*), sans prononcer un seul mot. Il y eut aussi deux enfants de chœur qui, épouvantés par une mousquetade, laissèrent tomber leurs papiers et firent le *Tacet*.

30. M. l'évêque partit pour Yssigeac, où M. l'Intendant de Bordeaux devait arriver. Dès qu'il y fut arrivé, il me fit l'honneur de m'écrire pour me prier de ne point sortir de l'évêché que je ne fusse entièrement remis.

NOVEMBRE.

1712. 1. Je fis la sainte communion dans la chapelle de l'évêché, par les mains de M. l'abbé Dat, aumônier de l'évêque.

5. Je fis réponse à Mgr l'évêque.

6. Le P. Pallée eut la bonté de dire la messe dans la chapelle de l'évêché. Après vêpres, on chanta le *Te Deum* pour la prise de Bouchain (1).

7. Je me rendis à Souillac, dans la litière de M. de Jully, receveur des tailles. Les RR. PP. prieur et sous-prieur, qui m'étaient venus voir à Sarlat pendant ma maladie, me reçurent fort bien, de même que tous nos confrères. J'eus encore quelques accès de fièvre, et M. Lachapelle, habile médecin, me fit prendre de nouveaux remèdes avec succès. Monseigneur de Sarlat m'a fait encore l'honneur de m'écrire d'Yssigeac. Je lui ai fait réponse. J'ai aussi écrit au R. P. général, à D. D. de Ste-Marthe, à D. Perbet, D. B. Jourda. J'ai reçu des réponses obligeantes des deux premiers.

(1) 19 octobre 1712.

DÉCEMBRE.

1712. 1. Je fis la communion, à cause de la fête de St Éloi, que l'on croit fondateur de Souillac.

8. J'assistai au sermon de D. Jean Le Bren. J'ai écrit à M. de Sarlat, à D. Nicolas Doé (1), au P. prieur de la Chaise-Dieu, à celui de St-Denis, au P. visiteur qui m'a fait réponse de St-Maixent.

24. Je dis la messe à l'autel de la Vierge. Je n'avais point célébré depuis le dernier septembre, car je ne fis que la communion le jour des Saints Anges-Gardiens, à la messe de M. Dat.

25. J'assistai à matines et au reste de l'office, et au sermon de D. Le Bren, mais je ne pus dire qu'une messe.

28. J'écrivis à M. de Sarlat, à dix des principaux de Sarlat, qui m'avaient rendu service pendant ma maladie. Le prélat me fit réponse le même jour, et m'envoya une autre lettre qu'il avait écrite le 24 décembre. M. Dat m'écrivit aussi, et il a été fait chantre de l'église de Montauban. Le R. P. D. Joachim Gérentes a vu poser la dernière pierre de Souillac, où il a fait faire plusieurs autres belles réparations.

S. N. D. B.

1713.

1ᵉʳ janvier. Le nom de Jésus soit béni. Il m'a donné pour étrennes une parcelle de sa croix, en me donnant la fièvre tierce et me faisant recevoir des lettres très-fâcheuses. J'en ai écrit une au R. P. de Ste-Marthe, et une autre au T. R. P. général, à qui j'ai envoyé un catalogue des Mss. de l'abbaye de Cadouin.

6. D. Dominique André fit le discours pour la rénovation des vœux ; il prit pour texte ces paroles d'Ezéchiel : *Facite vo-*

---

(1) D. Nicolas Doé, né à Troyes en Champagne, fit profession à l'âge de 19 ans, dans l'abbaye de St-Remi de Reims, le 13 juin 1659, et mourut à St-Denis en France, le 22 janvier 1724. Voir *Supplément à l'hist. litt. de la Cong. de St-Maur*, par M. Ulysse Robert, p. 38.

bis spiritum novum et cor novum (1). La division est naturelle.

7. Je reçus des lettres de D. J. Perbet, de D. Girardin, de D. Hyacinthe Farne (2), de M. Molin, syndic de St-Mayol et de D. C. Conrade, prieur de la Chaise-Dieu, qui me mande que le R. P. Scarfo, Jésuite Italien (3), qui avait de nouveau attaqué notre édition de St Augustin, pour la plus grande gloire de Dieu, a reçu une vive correction du Saint-Office, et a donné une rétractation par écrit (4). Il tient cette nouvelle de D. Philippe Raffier, procureur-général de notre Congrégation en Cour de Rome et mon ancien maître, à qui le R. P. général de la Société a fait faire des excuses par le P. Daubenton (5), assistant de France et confesseur du roi d'Espagne.

11. Le R. P. procureur de St-Cyprien, au diocèse de Sarlat, me fit l'honneur de me venir voir. Il eut la bonté de se charger de trois lettres pour MM. le doyen et le prévôt de Sarlat, et pour M. le chantre de Montauban. Je reçus, le même jour, une lettre de M. Dupuy.

13. Je reçus une lettre toute obligeante du R. P. prieur de St-Denis. J'écrivis à M. Laussac, chanoine du Puy, et à D. H. Farne, à St-Michel en Lherm. J'eus la fièvre pendant quatre nuits de suite, avec une grande sueur.

17. On fit fête de St Genoul (6), premier évêque de Cahors, qui est chômée dans tout le diocèse.

20. J'ai écrit à M. Montet, chanoine du Puy, et à M. Dunoir, bourgeois du Monastier. Je reçus une lettre de D. B. Jourda.

(1) 18, 51.
(2) D. Hyacinthe Farne, né à Limoges, fit profession dans l'abbaye de St-Augustin de cette ville, à l'âge de 18 ans, le 11 décembre 1702.
(3) Le P. Jean Chrysostôme Scarfo n'appartenait pas à la Compagnie de Jésus, il était religieux de l'Ordre de St-Basile; (*Hist. litt. de la Cong. de St-Maur*, p. 509).
(4) Voyez *Hist. litt. de la Cong. de St-Maur*, p. 791.
(5) Le P. Daubenton (Guillaume), né à Auxerre, le 21 octobre 1648, mort à Madrid, le 7 août 1723.
(6) Il y a identité entre St Gondon ou Gondulphe, dont il a été parlé au 17 juin ainsi qu'au 30 juillet 1711, et St Genoul ou Genulphe, évêque de Cahors.

22 Le P. Paul Danroque, Récollet de Sarlat, me fit l'honneur de me venir voir. J'écrivis, par lui, à M. l'évêque de Sarlat, au doyen et au prévôt de la Cathédrale.

28 janvier. Je reçus une lettre du R. P. de Ste-Marthe, une de M. Poitevin, chanoine de Sarlat et des RR. PP. Chaumel et Pallée, Jésuites. Le R. P. de Ste-Marthe a écrit une lettre de remercîment à M. l'évêque de Sarlat, pour les bons offices que ce bon prélat m'a rendus; et Mgr l'évêque a répondu au P. de Ste-Marthe, fort obligeamment, en ma faveur. Le R. P. La Sudrie (1), Jésuite, a donné la retraite aux hommes, dans la chapelle de St Benoît de Sarlat. Mgr l'évêque a assisté, chaque jour, avec édification, à tous les exercices de la retraite, qui duraient huit heures pour le moins.

31. On célèbre l'anniversaire de la dédicace de l'église de N.-D. de Souillac.

FÉVRIER.

1713. 2. D. Jean Le Bren prêcha, dans notre église, avec beaucoup d'action. Le R. P. provincial des Capucins, son secrétaire et le P. gardien de Turenne couchèrent ici. Ce provincial qui vient de Rome, nous dit que l'on avait fait une pasquinade sur la promotion de quatre cardinaux dont l'un était Vénitien, l'autre Théatin, l'autre Capucin, le quatrième Jésuite (2).

Voici la pasquinade:

Pour le Théatin: *Gratus Deo, non hominibus.* Pour le Vénitien: *Gratus hominibus et non Deo.* Pour le Capucin:

---

(1) La Sudrie. Cette famille est une des plus anciennes du Quercy. C'est un La Sudrie de Calváirac qui avisa le roi Henri IV de la trahison du maréchal de Biron. (*Mémoires de Sully*, année 1601).

(2) Louis Priuli, Vénitien, auditeur de Rote, cardinal du titre de St-Marc. — Jean-Marie Tomasi, des ducs de Palma, de Palerme, Théatin, cardinal du titre de St-Martin aux Monts. — Jean-Baptiste Tolomei, de Pistoye, Jésuite, cardinal du titre de St-Etienne-le-Rond. — François-Marie Casini, d'Arrezo, Capucin, prédicateur du Palais apostolique, cardinal du titre de Ste-Prisque. (*Moréri*).

Gratus Deo et hominibus. Pour le Jésuite : *Nec gratus Deo nec hominibus.*

Il semble que c'est de l'invention capucinale, qui donne le principal éloge au cardinal Casini, et qui avait trouvé jadis : Barbe sans pièce ; pièce sans barbe ; barbe et pièce ; ni pièce, ni barbe. Le même provincial nous a dit que Marphorio demandait à Pasquin pourquoi Sa Sainteté avait nommé trois moines cardinaux ? C'est, répond Pasquin, qu'il manquait au Sacré Collége de la piété, de la science et de la politique. Le cardinal Théatin fournira la piété, le Capucin la science, le Jésuite la politique. Je ne m'inscris pas en faux contre la science du cardinal Casini ; mais le révérend provincial me permettra de dire que, lorsqu'on veut railler, on dit : la science d'un Capucin, l'humilité d'un Jésuite, etc... *Ridendo dicere verum quid vetat ?*

3. Je reçus une lettre de D. Jean Perbet, et en écrivis une autre à D. Girardin. J'envoyai au R. P. prieur de St-Denis les Mémoires suivants :

ADDENDA VEL CORRIGENDA
IN GALLIÆ CHRISTIANÆ TOMO PRIMO.

In archiepiscopis Burdegalensibus plura.
In Narbonensibus pauca.
Quædam homagia archiepiscopis Burdegalensibus reddita a prioribus S. Cypriani Sarlatensis.

IN II° ET III° TOM.

In episcopis Aginnensibus plura, (*Agen*).
In Albiensibus, (*Albi*).
Aniciensibus plura, (*Le Puy*).
Baïonensibus, (*Bayonne*).
Cadurcencibus quam plurima, (*Cahors*).
Claromontensibus, (*Clermont*).
Ebroicensibus (*Evreux*), ubi dissertatiuncula de episcopatu Jacobi de Comborn (1).

---

(1) Jacques de Comborn était évêque de Clermont (1444-1474). D. Boyer veut parler de son frère Pierre de Comborn, qui fut successivement évêque de Chartres, d'Evreux et de St-Pons.

Engolismensibus, (*Angoulême*).
Lactorensibus, (*Lectour*).
Lemovicensibus plurima, (*Limoges*).
Petrocoriensibus, (*Périgueux*).
Rutenensibus, (*Rodez*).
Santonensibus, (*Saintes*).
Tutellensibus, (*Tulle*); accuratus eorum catalogus.
In episcopis Vasionensibus, (*Vaison*).
In decanis Cenomanensibus, (*Le Mans*) et Pictaviensibus, (*Poitiers*); ac præpositis Aniciensibus, (*Le Puy*).
Plura excerpta e veteri pancarta beneficiorum diœcesis Lemovicensis, (*Limoges*).
Carta fundationis hospitalis de Belloloco, vulgo d'Issandolus, Ord. S. Johannis Ierosolimitani, in diœcesi Cadurcensi, (*L'Hôpital de Beaulieu*).

IN TOMO QUARTO.

Pro abbatiis quæ sequuntur.
S. Ægidii, (*St-Gilles*).
Albiniacum, (*Aubignac*).
S. Amandi de Coli, Ord. S. Aug., diæc. Sarlat., (*St-Amand de Coli*). * Catalogus abbatum hujusce monasterii.
S. Augustini Lemovicensis, (*St-Augustin de Limoges*).
Aureliacum. * Plura de abbatibus S. Geraldi, (*St-Géraud d'Aurillac*).
Bella aqua, (*Bellaigue*).
Bella pertica, (*Belleperche*).
Bellus locus Lemovicensis, (*Beaulieu en Limousin*).
Bellus locus Rutenensis, (*Beaulieu en Rouergue*).
Beneventum, (*Bénévent*).
Bona aqua, (*Bonaigue*) *. Carta fundationis ejusdem monasterii et abbatum indiculus.
Bonus locus, (*Bonlieu*).
Bulium, (*Le Beuil*).
Abbatia B. M. de Cadunio, (*Cadouin*), Ord. Cisterc. * Accurata abbatum series.
Carta Heliæ, archiepi. Burdegalensis, et Ademari Petragoricensis episcopi, pro eodem monasterio.
Instrumentum consecrationis ecclesiæ.
Plura e tabulis hujus monasterii excerpta.
Historia S. Sudarii Caduniensis gallice edita Tutellæ.
B. M. de Castris O. A., diœc. Petragoric. * Notitia hujus abbatiæ et plura ad eam spectantia e cartulario Dalonæ excerpta.

Abb. de Conchis, Ruten. diœces., (*Conques*).

Cleyracum, (*Cleyrac*).

Curia Dei, (*La Cour-Dieu*).

Dalona, (*Dalon*).* Instrumentum fundationis. Catalogus abbatum. Vita B. Geraldi de Salis.

Plura e cartulario optimæ notæ excerpta, xiiii paginis comprehensa.

Ebrolium, (*Ebreuil*).

S. Eparchii, (*St-Cybar*).

B. Mariæ de Eremo, (*Leyme*), diœcesis Cadurcensis. * Abbatissarum syllabus.

Exiensis abbatia, (*Eysses*).

Faisia, (*La Faise*).

Figiacum, (*Figeac*).

Fons Gauferii, (*Fongauffer*), monialium O. B. diœc. Sarlat.* Elenchus abbatissarum.

Fonsguillelmi, (*Fontguillem*).

Fonsvivus, (*Grosbois*).

S. Fremerii, (*St-Ferme*).

Frenada, (*Frenade*).

Garda Dei, (*La Garde-Dieu*).

Gratia Dei, (*La Grace-Dieu*).

Grossum boscum, (*Grosbois* ou *Font-Vif*) (1).

Insula, (*L'île*).

S. Laurentii de Campo, (*St-Laurent du Champ*).

S. Leonardi, O. C., (*St-Léonard*).

Mansus Garnerius, seu de Curte, (*Mas Garnier*).

Marsiliacum, (*Marcillac*).

B. Mariæ Santonensis, (*N.-D. de Saintes*).

Moyssiacum, (*Moissac*).

Nantolium, (*Nanteuil*).

Obasina, (*Obasine*). * Catalogus abbatum. Plura e cartulario excerpta, vii pag. comprehensa.

Plura e cartis Coyresii, (*Coiroux*).

Palatium B. Mariæ, (*Palais Notre-Dame*).

Pinus, (*Le Pin*).

Planipedensis abbatia, (*Plein pied*).

Pontigniacum, (*Pontigny*).

Pratum benedictum, (*Prébenoît*).

Regula Lemovicensis, (*La Règle*) (2).

---

(1) Diocèse d'Angoulême.
(2) Diocèse de Limoges.

S. Saturnini Tolosani, (*St-Sernin*). Plura e schedis S. Cypriani Sarlat., S. Saturnino subditi.

Silva major, (*La Sauve majeure*).

Simora, (*Simore*).

Soliacum, (*Souillac*). * Index decanorum et abbatum hujusce monasterii et plura de erectione abbatiæ.

Sollemniacum, (*Solignac*), de eo plurima.

Turturiacum, (*Tourtoirac*). Plura e tabulario Dalonæ.

Tutella, (*Tulle*). * Catalogus abbatum S. Martini.

Valleta, (*Valette*).

B. M. de Valloriis, (*Valoire*).

Vindocinum, (*La Ste-Trinité de Vendôme*).

Vosium, (*Vigeois*).

Uzerchia, (*Uzerche*). * Plura e cartis Meymaci et ex cartulario Obasinæ.

Epitaphium Heliæ, abbatis Uzercensis, sepulti in claustro Obasinensi, ad portam ecclesiæ.

Pro annalibus Benedictinis.

Carta fundationis monasterii S. Geraldi Fontis-Gauferii.

Plures cartæ e tabulario Dalonensi exscripta, pro abbatis Sollemniacensi, Tutellensi, Uzercensi, etc..

Plurima instrumenta e cartulario Obasinæ.

Plura e cartis B. M. Rupis Amatoris.

Historia, typis edita, ejusdem Rupis Amatoris, ab Odone Gissæo, Soc. Jesu.

Notitia plurimorum monasteriorum Ord. S. Benedicti.

Plures aliæ notæ pro annalibus.

Carta donationis Eremi abbatissa Luminis-Dei a priorissa de Aurata Cardurc.

Voilà ce que j'ai envoyé au R. P. D. Massuet, auquel j'ai écrit, de même qu'au R. P. de Ste-Marthe, à qui j'ai aussi envoyé un ancien manuscrit, et une histoire complète des évêques de Sarlat, tirée des archives de l'évêché et de la Cathédrale, et de plusieurs manuscrits, que les principaux de la ville m'ont communiqués. Je reçus aussi le même jour, 3 février, une lettre du R. P. D. C. L. Conrade, prieur de la Chaise-Dieu.

10 février. Je reçus une lettre de Mgr l'évêque de Sarlat. Après dîner, je partis pour aller voir cet illustre prélat avec

D. F. Imberdis (1), cellérier de Souillac. Comme nous arrivâmes tard, nous soupâmes à la Croix-Blanche.

11. Nous dînâmes et soupâmes à l'évêché, où le prélat nous fit mille caresses. Je rendis visite aux principaux de la ville qui m'en avaient rendu plusieurs pendant ma maladie.

12. Nous dîmes la sainte messe aux Filles de Notre-Dame, où la prieure nous donna le café. Après avoir pris congé de Monseigneur, nous retournâmes à Souillac, où je trouvai plusieurs lettres pour moi : de M. Montet, chanoine du Puy ; de M. Servant ; de M. Poitevin, chanoine de Sarlat ; de M. Cumont de La Dieudye, doyen de Sarlat, qui m'envoya une liste exacte de ses prédécesseurs ; de M. Pignol, syndic du chapitre, qui m'envoie une copie de la bulle de sécularisation de l'église de Sarlat, accordée par Pie IIII, l'an 1559, pour des raisons bien frivoles, et une copie des statuts et constitutions de l'église Cathédrale de Sarlat, faits depuis la sécularisation de lad. église, de l'autorité de N. S. P. le Pape, du consentement du Roi et de François de Senecterre, évêque de Sarlat. Voici ce que je trouve de plus remarquable dans ces statuts :

Art. 10. Le sacristain doit tenir trois lampes allumées devant les autels de Notre-Dame de Pitié, de St Sacerdos et de St Benoît.

Art. 20. On doit dire une messe, à haute voix, tous les lundis, dans la chapelle de St Benoît, en l'honneur de ce saint, etc.

17 février. J'écrivis au R. P. de Ste-Marthe, à M. Servant, peintre au Puy (2) ; à Madame de La Mothe-Fénelon (3), sœur

---

(1) D. François Imberdis, né à Billom, diocèse de Clermont, fit profession à l'âge de 19 ans, le 1er mars 1671, dans l'abbaye de St-Allyre, et mourut à Souillac, le 10 novembre 1725.

(2) Pierre Servant, fils de Jacques Servant, peintre comme son père. Il peignit, en 1720, le portrait de Mgr de la Roche-Aymon, évêque du Puy, qui est à l'Hôpital-Général de cette ville. On voit aussi plusieurs de ses tableaux dans la Chapelle des Pénitents. Il existe, dans l'église de St-Paulien, une Descente du St Esprit de Pierre Servant qui mourut au Puy, le 1er janvier 1738, âgé d'entour 55 ans, et fut enterré à St-Laurent.

(3) Madame Paule de Salignac-Fénelon.

de M. l'archevêque de Cambrai, religieuse aux Filles de Notre-Dame de Sarlat ; à M. Pignol, chanoine et syndic de l'église de Sarlat, à qui j'ai renvoyé les statuts de ladite église. Je soupai avec les RR. PP. prieurs de Souillac et de Beaulieu, et le P. prédicateur de Souillac.

18. Le R. P. prieur de Beaulieu me prit pour faire ses visites à Souillac, où il a été autrefois prieur. Je soupai avec lui, etc.

19. J'écrivis au R. P. abbé de St-Allyre, et au P. prieur de Meymac, à qui j'envoie un pouillé des bénéfices qui dépendent de Meymac et de St-Angel.

19 février. J'assistai, à la paroisse de St-Martin de Souillac, au sermon que fit M. La Noüe sur l'importance du salut.

21. Nous fûmes à une grotte souterraine dans les vignes de Souillac; l'entrée est fort étroite, il y a au-dedans une bonne fontaine, et la voûte, toute d'une pièce, est très-curieuse à voir.

24. J'écrivis à M. de La Dieudye, doyen de Sarlat, à M. Montet et à M. Garnier.

25. Je fus avec le R. P. prieur à Borrèze (1), bourg éloigné de Souillac d'une bonne lieue ; nous passâmes à Lamothe (2) et à Bourzolles (3), prieuré dédié à St Projet (4), évêque de Clermont et martyr, et qui dépend de Souillac. Nous cotoyâmes toujours la petite rivière de Borrèze qui se jette dans la Dordogne, proche notre monastère de Souillac, et qui a donné son nom au bourg de Borrèze, car elle prend sa source à Paulin (5), à une lieue de là. MM. les curés de Borrèze et de Paulin vinrent au-devant de nous, presqu'aux portes de Souillac. M. le curé de Borrèze, qui est riche et généreux, nous régala splendidement et de bon cœur. Le dessert était magnifique, le vin excellent,

---

(1) Borrèze, chef-lieu de commune du canton de Salignac, arrondissement de Sarlat (Dordogne).

(2) La Mothe, hameau de la commune de la Chapelle Auzac, canton de Souillac (Lot).

(3) Bourzolles, hameau de la commune de Souillac.

(4) St Projet, Prejet, Priest ou Prix occupait le siège de Clermont vers la seconde moitié du VIIe siècle.

(5) Paulin, chef-lieu de commune du canton de Salignac (Dordogne).

et les liqueurs charmantes. Nous fûmes souper à Souillac. Madame de Vaillac, grande-prieure de l'Hôpital de Beaulieu, m'envoya un excellent jambon bien accommodé.

MARS.

1713. 1. Le R. P. prieur fit un excellent discours sur ces paroles de l'Apôtre : *Ecce dies salutis.* J'entendis aussi, à la paroisse, D. J. Le Bren, prédicateur du Carême, qui fit un bon sermon sur la mort. Nous apprîmes la nouvelle de la nomination de l'abbé de Polignac (1) au cardinalat, faite le 30 janvier, et celle de l'introduction de notre Congrégation au monastère de Mortagne, au diocèse de la Rochelle, le 3 février dernier. M. Verninac (2), apothicaire, père de notre médecin, mourut bien subitement. Ayant appris que son neveu et le gendre du médecin se querellaient, ce bon vieillard, qui menait une vie fort réglée, accourut au secours, et ayant vu la tête de son petit-fils ensanglantée, il s'assit sur un fauteuil et mourut dans le moment. Un paysan, âgé de 120 ans, mourut dernièrement dans la paroisse de Reignac (3).

2. Je dînai avec MM. les curés de Borrèze, de Meyrac (4) et de Paulin, etc.

3. J'arrivai à Gourdon, mercredi (5) : je dînai avec M. de Saint-Chamarand, Madame son épouse, son fils, un abbé, leur parent, et M. du Pojet à l'Ecu. Il y avait une célèbre foire à Gourdon, et quantité de noblesse. M. de La Melve et le R. P. gardien des Cordeliers me firent beaucoup d'honnêtetés. Sur

---

(1) Melchior de Polignac, un des négociateurs du traité d'Utrecht et l'auteur de *l'Anti-Lucrèce.* Voir *Le Cardinal de Polignac*, par M. A. Lascombe (Le Puy, 1870).

(2) M. Verninac devait être le parent de D. Jean Verninac, né à Souillac, le 1er mars 1690, qui fit profession à l'âge de 19 ans, dans l'abbaye de St-Augustin de Limoges, le 20 décembre 1708, et mourut, le 29 février 1748, probablement à Notre-Dame de Bonne-Nouvelle d'Orléans. (*Hist. Litt. de la Cong. de St-Maur*, p. 643).

(3) Rignac, commune de Cuzance, canton de Martel (Lot).

(4) Meyrac, commune de St-Sozy (Lot).

(5) 1er mars.

le soir, je partis avec M. de Cami d'Aymare (1), abbé de la Nouvelle (2), éloignée d'une lieue de Gourdon, et nous fîmes collation ensemble dans son logis abbatial. Pour aller de Souillac à Gourdon, il faut passer la Dordogne au pont de Lanzac (3); l'on passe aussi à La Mothe-Fénelon (4).

4. Je fouillai les archives de la Nouvelle, qui sont toutes dans un bahut. Je fis une liste des abbés sur les titres originaux. L'abbaye est toute ruinée, excepté la moitié de l'église, qui sert de paroisse. Il y a une relique de St Gervais qui fait plusieurs miracles en faveur des fous. Je fus voir D. Elie Maret, Angoumois, natif de la Rochefoucaud, en qui seul réside toute la communauté de la Nouvelle.

5. Premier dimanche du Carême. Après avoir dit la sainte messe, que M. l'abbé voulut servir, je dînai avec lui, et partis fort satisfait. Je passai à Decaniac (5), à la Vercantière (6). Je laissai à gauche Calamane (7), où il y a un excellent vignoble, et passai à Mercuès (8). J'arrivai à Cahors sur les cinq heures, et soupai chez Gatien.

6. Le R. P. prieur de la Chartreuse fit enlever ma personne et notre bête. Je dînai splendidement avec lui, avec D. procureur et D. coadjuteur. Le matin, je fus voir M. le curé de St-Pierre, qui est grand-vicaire. Il me fit l'honneur de me conduire chez M. Fouilhac, docteur régent en droit, homme très-habilissime, avec qui je conférai longtemps. Je passai toute l'après-dînée avec D. Guillot, vicaire, D. Charles Hercules,

---

(1) André de Cami, fils de Jean Pierre, seigneur d'Aymare, et de Marguerite de Jaubert de Rassiols.

(2) L'abbaye de N.-D. La Nouvelle-lès-Gourdon (*B. M. de Abbatia nova prope Gordonium, Sancta Maria de Gordonio*), Ordre de Cîteaux, dans le diocèse de Cahors.

(3) Lanzac, chef-lieu de commune du canton de Souillac (Lot).

(4) La Mothe-Fénelon, chef-lieu de commune du canton de Payrac (Lot).

(5) Dégagnac, chef-lieu de commune du canton de Salviac (Lot).

(6) Lavercantière, chef-lieu de commune du canton de Salviac (Lot).

(7) Calamane, chef-lieu de commune du canton de Catus (Lot).

(8) Mercuès, chef-lieu de commune du canton de Cahors. — Le château de Mercuès était autrefois la résidence habituelle des évêques de Cahors, qui le possèdent encore aujourd'hui.

jadis moine du Monastier, D. Joseph Valentin et D. Raymond Chillac, mes compatriotes. Je fis collation avec D. procureur, M. le curé de la Daurade, promoteur, et M. Maurice, curé de St-Maurice, aumônier de l'évêque. J'entendis la grand'-messe aux Chartreux (1).

7. Je dis la messe à Notre-Dame de la Daurade ; je passai la matinée avec M. Fouilhac (2), qui me fit voir son cabinet de médailles, fort curieux, nombreux et en bon ordre. Il a plusieurs statues de bronze, d'un goût excellent, et entre autres une tête de Vénus. Il a quantité de beaux et anciens manuscrits et une bibliothèque choisie. Je dînai à la Chartreuse en communauté. Après dîner, j'achetai un chapeau, etc. Je fus voir M. l'évêque (3), qui me fit mille amitiés, et me conduisit jusqu'à la Cour. Il me communiqua quelques titres de la Garde-Dieu, dont il est abbé, et écrivit à D. Vachon, supérieur, une lettre de recommandation pour moi.

8 mars. Je partis de la Chartreuse, satisfait au possible des bonnes manières de D. prieur. Je faillis périr en chemin, tant il y avait de boue. Le dimanche passé, j'avais eu la pluie, le soleil, la grêle, le grésil et, pour mieux dire, les quatre saisons de l'année, à chaque heure. Je passai à l'Hospitalet (4), à

(1) La Chartreuse de Cahors fut fondée par le pape Jean XXII, qui était né dans cette ville, où il érigea aussi une Université.

(2) Les curiosités, que M. Fouilhac montrait à D. J. Boyer, avaient été recueillies par son oncle, l'abbé Raimond Fouilhac de Mordesson, né au château de Mordesson, près Gramat, en 1622, mort en 1692 ; et qui fut chanoine et vicaire-général de Cahors sous trois évêques, historien et archéologue distingué, auteur de chroniques ou de notices sur les manuscrits et les antiquités du Quercy. Ses œuvres n'ont pas été imprimées ; elles sont conservées à la bibliothèque municipale de Cahors, sous les nos 1722-1726 du catalogue encore manuscrit. (Note due à l'obligeance de M. Louis Greil).

(3) Henri de Briqueville de la Luzerne, docteur de la maison de Navarre, et aumônier de la Dauphine, Victoire de Bavière, était fils de Gabriel, marquis de la Luzerne en Normandie, et de Marguerite de Bounoux. Il fut nommé évêque de Cahors, le 31 mai 1693, et gouverna longtemps ce diocèse où il mourut, le 16 juillet 1741, âgé de 85 ans ou environ (*Hugues du Tems*, t. I, p. 229). M. de la Luzerne accueillit également, avec faveur, D. Martène et son compagnon de voyage.

(4) L'Hospitalet, chef-lieu de commune du canton de Castelnau de Montratier.

Castelnau de Montratier (1), à Espanel (2) et arrivai avec grand'peine à la Garde-Dieu (3), où D. Vachon me reçut en galant homme.

9. Je fis un catalogue des abbés, tiré des titres originaux. Je dînai avec D. Vachon, D. de Juliac et D. Normand, Orléanais, et Frère Dominique, Carme-Déchaussé, qui est inspecteur des cloîtres et bâtiments que M. de Cahors fait faire aux dépens de l'hoirie de l'abbé de La Grange (4), son prédécesseur. J'ai écrit à M. le prieur de Beaune et à M. de Roufilhac.

10. D. Normand, procureur, me fit l'honneur de m'accompagner jusqu'à l'abbaye de St-Marcel (5), éloignée d'une bonne lieue de celle de la Garde-Dieu. M. le prieur me reçut parfaitement bien, et me fit voir tous ses papiers, que je fouillai très-exactement pour faire une liste des abbés. L'abbaye de St-Marcel est agréablement située auprès de Réalville. M. l'abbé de Camps (6) en est commendataire. Le prieur, qui est profès de la Rode, est seul sans aucun religieux.

11. Je passai l'Aveyron, et fus dîner à Montauban (7), avec M. d'Ouvrier, grand-archidiacre, M. Dat, chantre, et M. Ginisty, chanoine de la Cathédrale. M. le chantre voulut absolument que je logeasse chez lui, où je fis collation avec M. Ginisty. Le P. Fillol, Cordelier, me fit voir les curiosités de la ville.

---

(1) Castelnau de Montratier, chef-lieu de canton de l'arrondissement de Cahors (Lot).

(2) Espanel, hameau de la commune de Molières, chef-lieu de canton de l'arrondissement de Montauban (Tarn-et-Garonne).

(3) L'abbaye de la Garde-Dieu (*Guarda Dei*), Ordre de Cîteaux, dans l'ancien diocèse de Cahors. — La Garde-Dieu, village de la commune de Mirabel, canton de Caussade (Tarn-et-Garonne).

(4) François Noël de La Grange, clerc du diocèse de Troyes, abbé de la Garde-Dieu, de 1672 à 1706.

(5) L'abbaye de St-Marcel (*S. Marcellus*), Ordre de Cîteaux, dans l'ancien diocèse de Cahors. — St-Marcel, château, dans la commune de Réalville, canton de Caussade.

(6) François de Camps, aussi abbé de Signy, au diocèse de Reims.

(7) Montauban, chef-lieu du département du Tarn-et-Garonne.

12. Je dis la messe à Ste-Claire ; j'entendis le sermon du P. Delmas, prédicateur de la ville. Il fit un charmant discours sur le respect que nous devons à la parole de Dieu. Il a beaucoup de feu et d'onction. J'entendis vêpres à l'église paroissiale de St-Jacques, qui sert de Cathédrale. Je dînai avec les trois Messieurs susnommés, et avec M. d'Estarac, prébendier de la Cathédrale, dans le jardin de M. le grand-archidiacre.

13. Je passai la Garonne, dans le confluent où la Gimone se joint avec ce fleuve si renommé. J'arrivai à l'abbaye de Belleperche (1), où M. le prieur me fit tous les honneurs possibles. D. procureur me communiqua avec empressement tous les titres. On y fait l'office avec beaucoup de régularité.

15. De Belleperche, j'allai dîner au Masgarnier (2), avec le P. sous-prieur.

16. Après avoir dit la sainte messe, je partis pour Grand-Selve (3), avec D. Aliquot (4), dépositaire et zélateur, et avec F. Charles de Ribeyrès (5). D. de Jean, sous-prieur de Grand-Selve, nous fit mille accueils et nous dînâmes en bonne

---

(1) L'abbaye de N.-D. de Belleperche (*Bella-Pertica*), Ordre de Cîteaux, dans le diocèse de Montauban. — Belleperche, château de la commune de Cordes-Tolosannes, canton de St-Nicolas de la Grave, arrondissement de Castelsarrasin (Tarn-et-Garonne).

(2) L'abbaye de St-Pierre du Mas-Garnier (*Mansum-Garnerii* ou *Vidurni*, *S. Petrus de Curte* ou *de Curia, Garnesium, Garnense*, etc.), Ordre de St-Benoît, dans l'ancien diocèse de Toulouse, unie à la Cong. de St-Maur, le 25 août 1640. — Mas-Grenier, chef-lieu de commune du canton de Verdun-sur-Garonne, arrondissement de Castelsarrasin. Voyez *Monographie de l'abbaye du Mas-Grenier*, par M. Jouglar, de Bouillac ; (Toulouse, 1865, in-12).

(3) L'abbaye de N.-D. de Grand-Selve (*Grandis-Silva*), Ordre de Cîteaux, dans l'ancien diocèse de Toulouse. — Grand-Selve, commune de Bouillac, canton de Verdun-sur-Garonne.

(4) D. Pierre Aliquot, né à la Grasse, diocèse de Carcassonne, fit profession à l'âge de 29 ans, dans le monastère de la Daurade de Toulouse, le 12 septembre 1705, et mourut à N.-D. de la Grasse, le 12 juillet 1775, à l'âge de 99 ans. — Cf. *Les Prieurs claustraux de Ste-Croix de Bordeaux*, etc., par Ant. de Lantenay, p. 166.

(5) D. Charles de Ribeyreis, né au château de Moulin Bâti, diocèse de Limoges, fit profession, à l'âge de 17 ans, dans l'abbaye de St-Augustin de cette ville, le 28 janvier 1703, et mourut à St-Jean d'Angely, le 1er août 1755. Voir *Nobiliaire du Limousin*, déjà cité, t. IV, p. 18.

compagnie. Cette abbaye est auguste. On y fait l'office avec édification. Il y a une trentaine de religieux. On y conserve, dans une belle châsse, le corps de Ste Livrade (1), vierge et martyre. Il y a trois cloîtres et une belle église.

17 mars. Je dis la messe à Ste-Gertrude, et après dîner, je fus faire collation au Mas-Garnier, où nos confrères étaient arrivés hier.

18. Je passai par Verdun (2), par Grenade (3), et après avoir passé la Garonne, j'arrivai heureusement à Toulouse, en compagnie de deux fermiers du Mas, qui en étaient partis avec moi. Je mangeai avec D. Pierre Guirbaldy (4), religieux très-savantissime, qui m'a fait mille caresses pendant mon séjour.

19. Je fus bien repu ce jour-là de la parole de Dieu. J'entendis, à la Daurade (5), le prône du curé et le sermon de M. Richard, qui fit un excellent panégyrique de St Joseph. Après midi, je fus avec trois de nos Pères, dans le carrosse de M. de Berthier, premier président, aux Carmes-Déchaussés, où, après avoir ouï vêpres chantées en musique plate par lesd. RR. PP., j'entendis avec satisfaction le panégyrique de St Joseph, patron de l'église, prononcé par D. Charles-Armand de La Vie (6), prieur claustral de la Daurade.

---

(1) Ste Libérate ou Livrade fut martyrisée en Agenais, dans la seconde moitié du v⁰ siècle.

(2) Verdun-sur-Garonne, chef-lieu de canton de l'arrondissement de Castelsarrasin (Tarn-et-Garonne).

(3) Grenade-sur-Garonne, chef-lieu de canton de l'arrondissement de Toulouse (Haute-Garonne).

(4) D. Pierre Guirbaldy, né à Rodez, fit profession à l'âge de 21 ans, le 4 octobre 1672, dans l'abbaye de la Daurade de Toulouse, où il mourut, le 7 août 1750.

(5) L'abbaye de N.-D. de la Daurade (*B. M. Deaurata* ou *Fabricata*), Ordre de St-Benoît, Congrégation de St-Maur, située dans la ville de Toulouse. Son église était également paroissiale.

(6) D. Charles-Armand de La Vie, né à Bordeaux, fit profession à l'âge de 21 ans, le 6 mars 1683, dans l'abbaye de la Daurade de Toulouse, et mourut, le 24 mars 1757, dans le monastère des Blancs-Manteaux. D'après M. l'abbé Bertraud (Ant. de Lantenay), D. de La Vie est décédé le 17 mars. Cf. *Histoire des Prieurs claustraux de Ste-Croix de Bordeaux*, etc., pp. 86-90. — Voir *Nouvelles ecclésiastiques*, ann. 1728, p. 175; 1729,

— 294 —

20. J'assistai aux premières vêpres de St Benoît, que l'on chanta avec pompe. Le noviciat est bien rempli de bons sujets. Après dîner, D. de Cominihan (1), Toulousain, me fit voir la Cathédrale, St-Sernin, le Capitole, le chef de St Thomas d'Aquin, que je baisai avec beaucoup de respect, et les autres curiosités de la ville.

21. J'assistai à tous les offices de jour et de nuit. Les ornements de la Daurade sont magnifiques. Il y a quantité de belle argenterie. M. l'abbé Richard fit le panégyrique de N. B. Père, avec beaucoup d'éloquence. Il prit pour thème ces paroles du Psalmiste : *Anima ejus in bonis demorabitur, et semen ejus hereditabit terram* (2). Dans le premier point, il renferma toute la vie de St Benoît, sans en oublier aucune circonstance considérable ; dans le second, il fit un panégyrique des Bénédictins, qui ne dut point plaire aux Jésuites qui y étaient en nombre.

22. Je fus voir, avec D. de Cominihan, les autres curiosités de Toulouse. Je fus au collége des Bernardins, voir M. Loume, qui en est proviseur, et qui me communiqua les titres de Grand-Selve que l'on conserve dans ce collége. Je fus aussi à l'abbaye de....

23. Je partis de Toulouse très-sensible aux honnêtetés du R. P. prieur et de nos RR. PP., surtout de D. Fuilha (3), D. Guirbaldy, D. Cominihan, D. Sicaire Camus (4), D. L.

---

p. 97 ; 1754, p. 213 ; 1755, p. 58 ; et aussi *Histoire de la Constitution Unigenitus, en ce qui regarde la Cong. de St-Maur*, par D. Le Cerf de La Viéville, (Utrecht, 1736, in-12).

(1) D. J.-B. de Comynihan, né à Toulouse, fit profession à l'âge de 21 ans, le 20 avril 1703, dans l'abbaye de la Daurade de cette ville et y mourut, le 7 octobre 1767.

(2) Psalm. 24-13.

(3) D. Louis Fuilha, né à la Grasse, diocèse de Carcassonne, fit profession à l'âge de 18 ans, le 8 août 1669, dans l'abbaye de la Daurade de Toulouse, et mourut à Montolieu en octobre 1713.

(4) D. Joseph Sicaire Camus, né à Brantôme, diocèse de Périgueux, fit profession à l'âge de 19 ans, dans l'abbaye de la Daurade de Toulouse, le 19 août 1692.

Mas (1), etc.. Je dînai à la Capelle (2), abbaye de Prémontrés, sur la Garonne, avec le P. prieur et le P. procureur du Mas, qui étaient partis hier de Toulouse. On nous fit grande chère et grand feu. Je fus coucher au Mas, où je fis collation avec nos deux révérends qui m'ont marqué beaucoup d'amitié. Il y a un jeune profès, nommé F. Joseph Veyssette (3), jadis procureur du Roi en Albigeois, et très versé dans l'histoire, avec qui j'ai eu le plaisir de converser longtemps. Il a trouvé beaucoup de fautes dans les Annales de D. Mabillon.

26. Je partis du Mas avec le R. P. procureur, parfaitement honnête homme. Nous allâmes coucher à Montauban. Je logeai chez M. le chantre.

27 mars. M. l'abbé de Seguenville de Faudas (4), prévôt de la Cathédrale et grand-vicaire du diocèse, me pria à dîner, avec M. le chantre, et nous régala bien. MM. Figuier frères, dont l'un est chanoine et l'autre prébendier de la Cathédrale, étaient de la partie. L'aîné fait de bons tableaux, sans avoir jamais appris. Il a fait la carte du diocèse, dont il m'a fait présent. Le cadet fait des reliquaires en papier, d'un goût exquis. M. le prévôt me communiqua beaucoup de titres de sa famille, qui est ancienne et illustre, où je trouvai plusieurs prélats, etc. Il me donna aussi un catalogue des prévôts, ses prédécesseurs. M. Figuier, chanoine honoraire de la Cathédrale, oncle des deux susdits, me donna une liste des abbés de St-Martin de

---

(1) D. Louis Mas, né à la Grasse, diocèse de Carcassonne, fit profession à l'âge de 18 ans, le 2 septembre 1689, dans l'abbaye de la Daurade de Toulouse.

(2) L'abbaye de N.-D. de la Capelle (*Capella*), Ordre de Prémontré, dans le diocèse de Toulouse.

(3) Ce jeune profès était le futur historien de la province de Languedoc. D. Joseph de Vaissette était né à Gaillac, en Albigeois, le 4 mai 1685. Il fit profession à l'abbaye de la Daurade de Toulouse, le 11 juillet 1711 et mourut à St-Germain-des-Prés, le 10 avril 1756. — Voir *Dom Vaissette et son Hist. générale de Languedoc. Les collaborateurs et les promoteurs de cet ouvrage.* Introduction historique par M. Edouard Dulaurier. (*Hist. gén. de Languedoc*, t. 1; Toulouse, Ed. Privat, 1874); et *Hist. litt. de la Cong. de St-Maur*, p. 724.

(4) Il faudrait : *Faudoas*.

Montauban (1) et des évêques du même lieu, et me fournit plusieurs Mémoires. Je n'ai presque rien trouvé dans les archives de la Cathédrale. M. Satur de St-Sernin, secrétaire de la ville, tout huguenot qu'il est, me fournit quelques Mémoires curieux.

28. Je dînai avec nos trois messieurs et avec le P. Fillol, Cordelier, au jardin de M. l'archidiacre. Je fis collation chez M. Ginisty, qui me fit présent d'un petit imprimé où sont les motifs de la réduction du chapitre de Montauban, composé de deux menses. Je fus voir les PP. de Crespat et de Grezel, Jésuites, mes amis.

29. Il y avait foire à Montauban. J'en partis très-satisfait de MM. du chapitre, et surtout de M. Dat, qui me fit mille caresses.

29 mars. Je passai l'Aveyron à Bias (2), et fus dîner à Cairac (3), chez M. le curé, qui me fit voir les archives de M. le doyen qui est son frère. Cairac était un monastère dépendant de celui d'Aurillac; à présent il est sécularisé, et les chanoines demeurent à Castelnau de Montratier. Je fis collation à la Garde-Dieu, et bien m'en valut d'avoir dîné, car la voûte de la cuisine était tombée le matin, pendant l'office divin, deux maçons, qui crépissaient cette voûte, furent enterrés jusqu'à la ceinture dans les ruines, et eurent les jambes toutes meurtries.

30. J'arrivai à Cahors, ayant passé par Espanels, Flauniac (4), L'hospitalet. D. prieur de la Chartreuse était à la Borde-Rouge (5). D. Ignace Guillot, son vicaire, me reçut à bras ouverts.

---

(1) L'abbaye de St-Martin et St-Théodard de Montauban, érigée en évêché le 25 juin 1317, par le pape Jean XXII.

(2) Albias, chef-lieu de commune du canton de Nègrepelisse, arrondissement de Montauban.

(3) Cayrac, chef-lieu de commune du canton de Caussade, arrondissement de Montauban.

(4) Flaugnac, chef-lieu de commune du canton de Castelnau-de-Montratier, arrondissement de Cahors.

(5) La Borde-Rouge, village de la commune de Villesèque, canton de Luzech.

31. Je travaillai chez M. Fouilhac, qui me prêta le Cartulaire de l'église de Cahors, le Nécrologe de Moissac et quelques autres manuscrits. Je fus voir M. l'évêque, qui me fit cent amitiés, et me pria d'écrire à D. Vachon de venir incessamment à Cahors. D. prieur, ayant su que j'étais dans la Chartreuse, hâta son retour, à ce qu'il me dit, pour me venir voir. Le P. Caillou et le P. Faure, professeur de mathématiques dans l'Université, me firent l'honneur de me venir voir ; ils sont, tous deux, du Puy.

Au bas de cette page, D. Boyer a écrit ce distique sur la Reine d'Angleterre, Anne, fille de Jacques II. Il a été fait probablement à l'occasion de la paix d'Utrecht.

Pax est fæminei generis, dat fæmina pacem ;
Quæ Bellona fuit, mox Dea pacis erit.

AVRIL.

1713. 1. On célébra, à la Chartreuse, la fête de St Hugues, évêque de Grenoble. J'y dis la messe du saint. Je dînai à l'évêché avec Mgr et sa famille, et je fus régalé pontificalement.

2. Après avoir dit la messe aux Chartreux, le maître d'hôtel de M. l'évêque me vint joindre, de sa part, pour aller à Mercuès. C'est un château de l'évêque, à une lieue de Cahors, fort bien situé sur le Lot, et fort bien meublé. Feu M. Le Jay (1) l'a mis dans l'état où l'on le voit aujourd'hui. Après avoir déjeûné à la Chartreuse, nous fûmes dîner chez M. le curé de Mercuès, qui est un fort bon prêtre. M. le maître avait apporté du beau poisson, par ordre de Mgr. Après dîner, je copiai toutes les inscriptions qui sont au bas des tableaux des évêques de Cahors,

---

(1) Henri-Guillaume Le Jay, docteur de Sorbonne, fils de Charles, maître des requêtes, et de Gabrielle de Lestrat, fut nommé évêque de Cahors le 6 septembre 1680. Il commença le palais épiscopal et bâtit la maison de campagne de Mercuès. Il mourut le 22 avril 1693.

qui sont de l'invention de feu M. Fouilhac (1), chanoine de Cahors et vicaire-général du diocèse. Le cheval épiscopal donna un si rude coup de pied à mon palefroi, que je fus contraint de rester toute la semaine à Cahors, où D. Joseph Dupont, prieur de la Chartreuse, me retint avec toute la charité possible. Je soupai avec lui, avec M. l'abbé de St-Alvère, grand archidiacre, et un autre chanoine de la Cathédrale, avec M. le premier président et un conseiller, avec D. Innocent Germain, procureur, et D. Legier, coadjuteur.

3 avril. M. l'évêque me fit l'honneur de me prendre pour arbitre d'un petit différend qu'il avait avec les moines de la Garde-Dieu. J'obligeai Dom Vachon de se charger du soin des bâtiments que M. l'évêque y fait faire, ce qui fit bien du plaisir au prélat. Je restai toute la matinée avec lui, et il me pria à dîner avec Dom prieur des Chartreux, MM. les premier et second présidents et quelques autres séculiers. Le repas fut magnifique. Après dîner, je travaillai à la Daurade (2), où l'on me fit bénir des médailles de St Benoît. Je vis et baisai la sainte Coiffe ou Suaire du chef du Sauveur (3), que l'on montre, avec cérémonie, à la Cathédrale. Je fus voir M. le grand-archidiacre, M. le chantre, et M. le premier président, qui m'étaient venus voir les premiers.

4. Je dis la messe aux Chanoines-Réguliers, dans la chapelle

---

(1) Il y a, au château de Mercuès, une salle où les portraits de tous les évêques de Cahors sont peints, dans des panneaux, avec une inscription sous chaque portrait. Elles ont été continuées depuis le chanoine Fouilhac jusqu'à nos jours, et elles ont été publiées par M. l'abbé Adolphe Guilhon, (Cahors, 1865, in 8°). Voici celle de l'évêque qui reçut D. J. Boyer: *Henricus Briqueville de la Luzerne. — Vir ad regendos homines natus ; — pacis amans, pacis inimicos novatores a grege suo longius eliminavit; — suavi authoritate, mirabili consilio, ecclesiam suam rexit in pace, annis 8 supra 40 ; obiit junii, an. 1741.*

(2) Il ne faut pas confondre N.-D. de la Daurade de Cahors avec N.-D. de la Daurade de Toulouse.

(3) Voir la fort savante dissertation de Marc Antoine Dominicy, intitulée: *De Sudario capitis Christi*, etc..., (Cahors, Roussæus, 1640, 4°).

où est le tombeau du B. Alain de Solminiac (1) et je pris son épitaphe. Le P. prieur me pria à dîner; mais celui des Chartreux m'attendait avec bonne compagnie. Je parcourus les ouvrages mss. de Dom Bruno Malvesin, où j'ai remarqué beaucoup de fautes et peu de bonne foi (2).

5. Je travaillai aux Dominicains et fis plusieurs extraits du Nécrologe, qui est ancien et fort curieux (3).

6. Je fus, avec F. Pierre, à l'Ermitage, qui est agréablement bâti et qui domine sur la ville. Il y a six ermites qui vivent régulièrement.

7 avril. Le matin, j'achevai de lire le Nécrologe chez les RR. PP. Jacobins. Après dîner, je fus à la chapelle de St Anbré ou Ambrois, évêque de Cahors (4), où l'on voit un rocher dans lequel on dit que ce saint se retirait.

8. Dom Dupont, après avoir dîné avec M. le grand-archidiacre, M. le premier président, etc., et moi, partit pour aller au Chapitre général. On croit qu'il sera élu convisiteur. Il a beaucoup d'esprit, de mérite et de politesse. Il me fit présent de la vie manuscrite de Dom Jean de Libra, composée par D. Bruno Malvesin (5). Il m'a comblé d'honnêtetés pendant mon séjour à Cahors, et j'ai été charmé de la douceur de sa conversation. On célébrait, ce jour-là, à la Chartreuse, la solennité de la

---

(1) Le bienheureux Alain de Solminiac, 67ᵉ évêque de Cahors (1656-1659). D'abord abbé de Chancelade, où il introduisit la réforme. Léonard Chastenet, prieur des Chanoines-Réguliers de N.-D. de Cahors, a écrit la vie de M. de Solminiac, (Cahors, Bonnet, 1663).

(2) D. Bruno de Malvesin, religieux profès de la Chartreuse de Cahors, a laissé plusieurs ouvrages manuscrits qui sont conservés à la bibliothèque municipale de cette ville, dans un volume in folio, sous les nᵒˢ 1736 à 1745 du catalogue.

(3) Le Nécrologe des Dominicains de Cahors, qui se trouve à la Bibliothèque Nationale (Recueil de Doat), a été publié par M. l'abbé Martin, chapelain de Ste-Geneviève de Paris, dans l'Annuaire du Lot de 1876 et 1877.

(4) St Ambrois, 14ᵉ évêque de Cahors, vers 752, se retira dans une solitude du Berry; il y mourut près du bourg qui depuis a pris son nom.

(5) La vie du très-vénérable Père D. Jean de Libra, profès de la Chartreuse de Cahors, occupe les pages 465 à 522 du volume de manuscrits de D. Bruno de Malvesin, cité plus haut. Elle est datée de Cahors, 1708.

Compassion de Notre-Dame. J'écrivis à MM. Rome et Montet, chanoines du Puy.

9. J'assistai à la messe et à vêpres à la Chartreuse ; D. vicaire voulut absolument que je prisse le premier rameau. Il me fit présent d'un bâton, D. Chillac me donna un sablier, D. Bruno Delort une tabatière fort propre, et D. Thomas une poire artificielle. Tous ces bons Pères me comblèrent d'honnêtetés, et voulurent me retenir jusqu'après Pâques. Je dînai en communauté et soupai avec D. coadjuteur.

10. Je fus dîner à Fraissenet (1), et faire collation à Sousseirac (2). J'eus la neige sur le corps pendant deux heures, la giboulée demi-heure, et la pluie presque tout le jour.

11. J'arrivai à Souillac à midi, et j'y trouvai des lettres de Mgr l'évêque de Sarlat, de D. Denis de Ste-Marthe, de M. de La Faye, prévôt de Sarlat, de Madame de La Mothe-Fénelon, sœur de M. de Cambray, de M. Poitevin, chanoine de Sarlat, de M. Roudil, prieur de St-Jean, qui me mande que le 19 mars on chanta un *Te Deum* en musique, dans la Cathédrale du Puy, en actions de grâces de la promotion de M. l'abbé de Polignac, ci-devant prévôt de lad. Cathédrale. Pendant ce temps-là, on carillonnait toutes les cloches, et l'on tirait des pièces de campagne du roc de Corneille. Sur le soir, M. le doyen, accompagné des chanoines, mit le feu au bûcher, préparé sur le même roc, au son des cloches, au bruit des trompettes et tambours, et de l'artillerie.

12 avril. J'écrivis à M. l'évêque de Sarlat. Ce même jour la paix fut signée à Utrecht (3).

14. J'entendis, avec compassion, la Passion de notre prédica-

---

(1) Frayssinet, chef-lieu de commune du canton de St-Germain du Bel-Air (Lot).

(2) Soucirac, chef-lieu de commune du canton de St-Germain du Bel-Air (Lot).

(3) Cette phrase, celle qu'on lit au 15 avril suivant, et plusieurs autres, nous prouvent que D. Boyer retouchait parfois son Diarium ; car il était alors impossible de connaître à Souillac, le jour même, ce qui s'était passé à Utrecht ou à St-Germain-des-Prés.

teur dans la paroisse de Souillac. *De angustia et judicio sublatus*, etc. Il fit voir que le Sauveur avait souffert toute l'énormité du péché au jardin des Olives, toute la honte du péché en Jérusalem, toute la peine du péché sur le Calvaire.

15. Je chantai le *Præconium*, et je fis diacre à la messe. Le même jour, M. le Cardinal de Polignac envoya un exprès à nos Pères de St-Germain, pour leur annoncer la nouvelle de la paix, que le roi avait apprise la nuit passée par le fils de M. le premier écuyer. J'écrivis au R. P. de Ste-Marthe.

16. Le saint jour de Pâques, le P. prédicateur prêcha dans notre église. Après midi, nous fûmes à Notre-Dame du Port, accompagnés de M. le curé, du maire, des consuls et bourgeois de la ville. Il y avait une affluence de peuple extraordinaire, et nous chantâmes le *Regina cœli*.

17. Je reçus réponse de M. Fonteneil, curé de St-Sozy.

18. D. J. Le Bren prêcha, à la paroisse, sur la paix.

20. J'écrivis à D. C. Conrade; à M. le prévôt de l'église de Montauban; à D. Jean Lamy, premier sous-prieur de Mortagne; à D. J. Guillot, vicaire de la Chartreuse de Cahors; à D. R. Chillac, Chartreux; et à M. Fouilhac, docteur régent. J'ai laissé une lettre au P. prieur, pour le P. visiteur, pour les Mss. des Petits-Pères (1), dont il m'a chargé de faire la recherche. J'ai aussi écrit au P. prieur de la Daurade, et à M. Roudil, prieur de St-Jean, par D. Grosjean, prieur de la Chartreuse de Glandiers (2), mon ancien ami, qui va au chapitre général.

23. Je partis de Souillac, très satisfait des bontés du R. P. prieur et des amitiés que j'y ai reçues de la part de tous nos confrères. Je fis collation chez M. le curé de Périllac (3) et soupai à Sarlat, à l'évêché, où je couchai aussi dans mon ancien lit.

---

(1) Les Augustins-Déchaussés étaient quelquefois désignés sous le nom de *Petits-Pères*.
(2) Glandiers (Corrèze).
(3) Peyrillac, chef-lieu de commune du canton de Carlux (Dordogne).

24 avril. Je dis la messe de St Robert, aux Filles de Notre-Dame. Madame la supérieure me fit présent de quelques chapelets, et me donna du thé. Le P. Chaumel me fit prendre du café. Je dînai à l'évêché, avec le P. d'Arbouze, prédicateur du Carême. M. l'évêque était à Daglan (1), pour donner la confirmation, et il m'avait mandé de venir à Sarlat, pour faire un abrégé de l'histoire de son diocèse, que lui demande M. le duc du Maine, pour le comte d'Eu (2). Je fis quelques visites et soupai à l'évêché.

25. Je dis la messe à la chapelle de l'évêché. Au diocèse de Sarlat, on fait la fête de St Marc, de précepte, avec abstinence de viande. Je reçus visite des principaux de Sarlat. Plusieurs m'invitèrent à manger ; mais je restai toujours à l'évêché, avec le P. François d'Arbouze, qui est d'un bon commerce. Je transcrivis quelques titres que me fournit M. Pignol l'archiprêtre.

26. M. de Sarlat tardant trop à venir, je partis pour St-Cyprien, où je fus très-bien reçu par M. le prieur et par ses religieux, qui me firent mille caresses. J'appris que M. l'évêque était arrivé à Sarlat sur les neuf heures du matin. J'eus la neige sur le corps avec un vent froid, qui me la poussait dans la prunelle, pendant deux heures. La pluie m'accompagna ensuite jusqu'à St-Cyprien, excepté pendant un quart d'heure que je fus bien grêlé. Dès que je fus dedans, on vit le plus beau soleil qui fut jamais.

27 avril. Je partis avec M. Pinget, Chanoine-Régulier et curé de St-Cyprien, qui m'accompagna jusqu'à la Vézère, où, après avoir passé le bateau, nous nous séparâmes. Il fut coucher à Chancelade, et je fus dîner au Bugues (3), où Madame de la Barde (4), qui en est abbesse, me traita on ne peut mieux.

---

(1) Dagland, chef-lieu de commune du canton de Domme, arrondissement de Sarlat (Dordogne).

(2) Louis-Charles de Bourbon, comte d'Eu, fils du duc du Maine.

(3) L'abbaye du Bugue (*Albugia*), Ordre de S. Benoît, dans le diocèse de Périgueux. — Le Bugue, chef-lieu de canton de l'arrondissement de Sarlat.

(4) Louise de Vassal de la Barde, nommée le 1er novembre 1703.

C'est une fille fort douce, qui a un grand fonds de piété. La communauté est fort paisible et fort régulière. Elle est composée de seize Bénédictines et de quatre Sœurs converses. Je ne trouvai presque rien aux archives. Madame voulut absolument que je couchasse dans l'abbaye. Il y a deux paroisses dans le bourg, l'une dédiée à St Marcel, l'autre à St Sulpice, dont on fait la fête successivement. Celle-ci est un archiprêtré. Après vêpres, j'assistai à la bénédiction du T.-S.-Sacrement, que l'on donne tous les jeudis, dans l'église des religieuses qui est fort propre.

28. Je partis du Bugues, fort satisfait des honnêtetés de Madame l'abbesse, qui défendit à l'hôte de l'Image, où j'avais laissé notre cheval, de prendre de moi quoi que ce soit. Je fis halte à la Douze (1), et je me mouillai à discrétion jusqu'à Périgueux (2), où j'arrivai à trois heures après midi. Je fus voir M. l'évêque, Pierre Clément (3), qui me fit honnêteté. Je soupai, à l'auberge, avec un plaideur de Ste-Alvère (4).

29. Je dis la messe au petit Ligueux. Nos Sœurs chantèrent en musique le *Regina cœli*, à l'Offertoire, et on toucha l'orgue depuis l'Elévation jusqu'à la Communion, que je donnai à plusieurs religieuses. Je fus à la Mission, pour voir M. de La Serre, supérieur du séminaire ; il me pressa fort à dîner, mais j'avais promis à M. l'évêque. Il me conduisit à la Visitation, où il y a un amphithéâtre, à la tour de Vésone (5), à l'ancienne Cathédrale et chez M. l'abbé de La Peirouse. Je dînai à l'évêché, où je ne trouvai presqu'aucun Mémoire, non plus qu'à St-Front. Les gens de la religion ont tout pillé. Je fus voir M. d'Aubusson, abbé de Châtre (6), et M. de Vincenot (7), abbé de

---

(1) Ladouze, chef-lieu de commune du canton de St-Pierre de Chignac, arrondissement de Périgueux.

(2) Périgueux, chef-lieu du département de la Dordogne.

(3) Pierre Clément, né à Besançon, évêque de Perigueux de 1702 à 1709.

(4) St-Alvère, chef-lieu de canton de l'arrondissement de Bergerac.

(5) *Vesuna* était le nom de la ville principale des Pétrocoriens.

(6) Voir au 15 septembre 1712.

(7) Jean de Vincenot, chanoine, archidiacre et vicaire-général de Périgueux, d'où il était originaire.

Tourtoyrac, où je trouvai fort peu de choses. Leurs abbayes sont sans moines. Je fus coucher à l'abbaye de Chancelade (1), où M. l'abbé me reçut parfaitement bien. Je soupai avec M. Pingot, qui quitte la cure de St-Cyprien pour celle de Marsilly, au diocèse d'Orléans. Il a été prieur à Aubrac, et il a un vrai mérite.

30. Je dis la messe à l'autel de St Remy. Je fis plusieurs extraits du Cartulaire de Chancelade, qui est fort beau, et où j'ai trouvé des choses curieuses pour les évêques de Périgueux. On célébrait ce jour-là la fête de l'Invention de St Front.

MAI.

1713. 1. Après avoir dit la sainte messe, à l'autel de St Remy, je partis pour Brantôme, où je dînai. J'ai tout lieu de me louer des honnêtetés que l'on m'a faites à Chancelade. Le R. P. de Belair (2), qui en est abbé, est un saint homme, d'une grande douceur et d'une grande sagesse. Il a un prieur de son nom, qui le seconde bien, et qui est extrêmement poli. Le P. Garat, sous-prieur, neveu du saint abbé Garat, dont le P. Roche a écrit la vie, promet beaucoup (3). Le P. Clary, syndic, neveu du défunt abbé (4), est un très-honnête homme, qui m'a fait

---

(1) L'abbaye de N.-D. de Chancelade (*B. M. de Cancellata*), Ordre de St-Augustin, dans le diocèse de Périgueux. Chef d'une Congrégation de Chanoines-Réguliers qui occupait les monastères de Sabloncaux (Diocèse de Saintes), de Verteuil (D. de Bordeaux), Aubrac (D. de Rodez), St-Cyprien (D. de Sarlat) et Cahors, dans le diocèse et la ville de ce nom. Le B. Alain de Solminiac, nommé abbé de Chancelade, y établit la réforme, et obtint de Louis XIII, en cette considération, au mois de novembre 1629, que le chapitre élirait trois sujets, parmi lesquels le roi choisirait l'abbé. — Chancelade, chef-lieu de commune du canton de Périgueux.

(2) Jean Valbrune de Bellair, abbé de Chancelade de 1689 à 1730.

(3) Jean Garat, né en Limousin, gouverna ce monastère de 1658 à 1674. Le R. P. Léonard Roche, Chanoine-Régulier de Chancelade, a écrit la vie de ce vertueux abbé, qui a été imprimée à Paris en 1691, chez Charles Cabry. Ce livre est intitulé: *Le Portrait fidèle des abbés et autres supérieurs réguliers dans la vie de Jean Garat*, etc...

(4) Marc Clary, natif d'Uzerche, fut abbé de 1677 à 1689.

mille amitiés. Le professeur de philosophie, natif de Brantôme, a beaucoup de mérite, et toute cette communauté en est remplie. Il serait à souhaiter que cette Congrégation fût plus étendue. Elle n'a que six maisons : Chancelade, chef d'Ordre, Sablonceaux, Verteuil, Aubrac, Saint-Cyprien et Cahors. Le chapitre général doit commencer demain ; il n'y avait que le prieur de Verteuil qui fût arrivé avec le P. curé, député de sa communauté. J'ai trouvé à Brantôme (1) plusieurs de nos confrères et bons amis, qui y sont venus pour la fête de St Sicaire (2). Le P. prieur de Souillac et D. D. André, son religieux; D. Côme Perret (3), prieur claustral, et D. Puyfauvel (4), zélateur de Limoges; D. S. Parrel (5), de Solignac; D. P. Pastel (6), procureur de Meymac ; D. P. Berton (7), de Mauriac ; et M. le prieur de St-Jean de Colle. Nous nous sommes rencontrés six du Puy et trois du diocèse. Nous avons célébré solennellement les premières vêpres.

(1) L'abbaye de St-Pierre et de St-Paul de Brantôme (*Brantolmium*), Ordre de St-Benoît, dans le diocèse de Périgueux, fut unie à la Congrégation de St-Maur en juin 1636. — Brantôme, chef-lieu de canton de l'arrondissement de Périgueux.

(2) St Sicaire, un des saints Innocents.

(3) D. Côme Perret, né à Ambert, diocèse de Clermont, fit profession à l'âge de 20 ans, dans le monastère de la Daurade de Toulouse, le 7 octobre 1694, et mourut à la Chaise-Dieu, le 7 août 1754.

(4) D. Jean Puyfovel, né à Billom, diocèse de Clermont, fit profession à l'âge de 19 ans, dans l'abbaye de St-Augustin de Limoges, le 17 mars 1704. Il était prieur de la Chaise-Dieu, le 17 avril 1729, lorsqu'il refusa de signer l'appel contre la Bulle *Unigenitus*, et il remplissait les mêmes fonctions à St-Jean d'Angely, lorsqu'il fut député au chapitre de la Congrégation de St-Maur, tenu à Marmoutiers, près de Tours, le 2 juillet 1755, dont il est si longuement parlé dans les *Nouvelles ecclésiastiques*, année 1755, page 189 et suiv., et aussi dans l'ouvrage de D. Edme Perreau.

(5) D. Simon Parrel, né à Craponne, diocèse du Puy, fit profession à l'âge de 21 ans, dans l'abbaye de St-Augustin de Limoges, le 4 septembre 1685, et mourut à Ste-Croix de Savigneux, le 30 août 1719.

(6) D. Pierre Pastel, né à Craponne, diocèse du Puy, fit profession à l'âge de 19 ans, dans l'abbaye de St-Augustin de Limoges, le 1er août 1691.

(7) D. Pierre Berthon, né à Brantôme, fit profession à l'âge de 20 ans, dans l'abbaye de St-Augustin de Limoges, le 30 avril 1685, et mourut à Bassac, le 17 septembre 1719.

2 mai. Le concours du monde qui vint à la fête de St Sicaire était surprenant, quoique le temps fût mauvais. Nous fîmes la procession en chape par la ville, et deux diacres portaient le chef du saint martyr innocent. Il y avait des gentilshommes et des dames de la première qualité, qui suivaient la procession pieds nus, avec un suaire sur la tête, en actions de grâces de ce que, par les mérites du saint, ils avaient été tirés des portes de la mort. Je fus édifié de la dévotion du peuple. La foire fut très-bonne.

3. J'écrivis à M. l'évêque de Sarlat, au P. sous-prieur de Souillac, qui m'avait écrit, à M. Dat, à Dom Guillot, vicaire des Chartreux à Cahors, à M. Pommerie, au R. P. prieur de Mauriac, à M. l'abbé de Tournemire, vicaire-général du diocèse de St-Flour, à qui j'ai envoyé des Mémoires sur sa famille.

4. J'ai fait réponse à M. Coignet, vicaire-général du diocèse de Périgueux et chanoine de la Cathédrale.

5. Je dis la messe de St Hugues, patron du R. P. prieur (1) ; je fus dîner à Boschaud (2), où Dom Le Brun me reçut parfaitement bien. M. le curé de St-Angel (3) et deux séculiers de Champagnat (4) dînèrent avec nous. Je trouvai fort peu de titres, l'abbaye ayant été pillée par les Huguenots et par les commendataires. L'église était belle, les voûtes étaient en façon de calotte ou de coupe, comme à St-Front de Périgueux. Les trois autels sont d'une grande propreté.

6. Je partis de l'abbaye de Boschaud, après avoir dit la messe au grand autel, où l'on voit le corps d'un saint martyr, dont on ne dit pas le nom. D. Le Brun me donna un homme

---

(1) D. Hugues Bergonhon, né au Puy en Velay, fit profession à l'âge de 19 ans, dans l'abbaye de St-Allyre de Clermont, le 8 décembre 1665, et mourut à Souillac, le 24 mai 1717.

(2) L'abbaye de N.-D. de Boschaud (*Boscum-cavum*), Ordre de Citeaux, diocèse de Périgueux, près de Villars, canton de Champagnac-de-Bélair.

(3) St-Angel, chef-lieu de commune du canton de Champagnac-de-Bélair.

(4) Champagnac-de-Bélair, chef-lieu de canton de l'arrondissement de Nontron (Dordogne).

à cheval, nous passâmes à la paroisse de St-Martial de Villars. J'arrivai à Peyrouse (1) pendant la messe conventuelle. Dom Nivard Ramasson, prieur de l'abbaye, me reçut bien cordialement, et me fit voir tous les titres qui ont échappé à la fureur des protestants et à l'avidité des commendataires. Il répare l'église d'une manière admirable; le monastère est plein d'ouvriers de toutes sortes.

7 mai. Dimanche. Après avoir dit la messe au grand autel de Peyrouse, qui est tout à fait beau, je partis fort satisfait des bonnes manières des religieux qui firent leur possible pour me retenir. J'arrivai, de bonne heure, à St-Jean de Colle (2), où j'assistai à la grand messe et aux vêpres. Le P. Antoine Clément, qui en est prieur depuis longtemps, me fit mille honnêtetés. Il est le restaurateur de cette maison, et actuellement il y a sculpteur, peintre, doreur, menuisiers, etc.. M. de la Marthonie me donna quelques Mémoires touchant quatre évêques de son nom, dont un est enterré à St-Jean de Colle (3).

8. Après avoir dit la messe au maître-autel de St-Jean, je partis avec le P. de Lannoy, qui me fit l'honneur de m'accompagner jusqu'à Brantôme, où nous fûmes dîner. Nous nous arrêtâmes un peu à Champagnac, chez M. l'archiprêtre, qui est très-honnête homme. Je trouvai des lettres de M. Coignet et de M. Arnaut, théologal de Périgueux et supérieur du petit-séminaire. Je fis réponse au dernier, et écrivis à M. l'évêque.

9, 10, 11. Je rangeai mes Mémoires.

12. J'écrivis à D. Le Brun, à D. Girardin, à M. Colin,

---

(1) L'abbaye de N.-D. de la Peyrouse (*Petrosa*), Ordre de Cîteaux, diocèse de Périgueux, située entre St-Pardoux la Rivière et St-Jory de Chalais.

(2) St-Jean de Colle, prieuré de l'Ordre de St-Augustin, diocèse de Périgueux. — St-Jean de Côle est aujourd'hui un chef-lieu de commune du canton de Thiviers, arrondissement de Nontron (Dordogne).

(3) Le château de la Marthonie est situé tout près de l'église de St-Jean de Côle, où l'on voit le tombeau de Geoffroy de la Marthonie, évêque d'Amiens, mort en 1617. Plusieurs prélats de la même famille ont gouverné les diocèses de Dax et de Limoges.

chanoine de St-Paulien, au P. prieur de Souillac, au P. Bergonhon, Jésuite, au collége du Puy.

13. Je partis de Brantôme très-reconnaissant des honnêtetés de nos RR. PP. Je passai à Vieux-Mareuil (1) et couchai à Grosbos (2), où je ne trouvai qu'un religieux qui me reçut fort bien.

14 mai. Dimanche. Je dis la messe au grand autel de Grosbos. Le P. prieur, qui est Bas-Breton, arriva sur les neuf heures, et me donna la clef des archives, où je visitai tous les titres et dressai une liste des abbés. St Eutrope et Ste Quiterie (3) sont révérés à Grosbos; chacun a son autel, et il y a des reliques de cette sainte. M. le prieur me fit prêcher, et voulut me retenir quelques jours. On lui a volé 12,000 livres.

15. Après dîner, je partis pour Angoulême. Je trouvai un bourgeois de Cognac qui me fit loger à la Syrène, chez Croizet.

16. Je dis la messe de St Benoît, dont on faisait l'office à son autel, dans l'abbaye de St-Ausone (4). Madame d'Orléans de Rothelin (5), qui en est abbesse, me fit déjeûner, et me retint à dîner, et me donna obligeamment M. le curé de la Vallette, qui avait été aumônier de feu Madame de Ste-Croix de Poitiers (6), sa tante, pour me conduire dans la ville. Je fus

---

(1) Vieux-Mareuil, chef-lieu de commune du canton de Mareuil, arrondissement de Nontron.

(2) L'abbaye de N.-D. de Grosbos ou Grobois, appelée autrefois Font-Vif (*Grossum Boscum, B. M. de Grosso Bosco, Fons vivus*), Ordre de Citeaux, diocèse d'Angoulême. — Grosbot, village de la commune de Charras, canton de Montbron, arrondissement d'Angoulême (Charente).

(3) St Eutrope, évêque de Saintes. — Ste Quitère ou Quitterie, vierge et martyre.

(4) L'abbaye de St-Ausone (*S. Ausonius*), Ordre de St-Benoît, située dans la ville d'Angoulême.

(5) Françoise-Gabrielle d'Orléans de Rothelin, fille de Henri, et de Gabrielle Eléonore de Montaut de Bénac de Navailles, professe, puis grande-prieure de Ste-Croix de Poitiers, fut abbesse de N.-D. de Protection, au diocèse de Coutances, et devint ensuite abbesse de St-Ausone en 1711.

(6) Charlotte-Françoise Radegonde de Montaut de Bénac de Navailles.

voir M. l'évêque qui me retint jusqu'au soir et me fit cent amitiés.

17. Je fus à l'abbaye de la Couronne (1), à une lieue d'Angoulême, où le P. Guénon, Parisien, qui en est prieur, me reçut très-bien. Le P. Aubert, qui est procureur depuis longtemps, me fit voir les titres qui sont en bon ordre. Les autres Chanoines-Réguliers me firent bien des amitiés.

19 mai. Je retournai, de bon matin, à Angoulême. Je travaillai tout le jour dans l'abbaye de St-Ausone où je soupai. Je n'en sortis que pour aller dîner chez M. l'évêque (2), qui m'envoya à l'abbaye un de ses gens, pour m'en prier.

20. Je travaillai à l'évêché, où il y a un beau Cartulaire, et j'eus l'honneur de manger avec le prélat.

21. Je dis la messe à St-Ausone. J'écrivis au P. de Ste-Marthe et à la supérieure de l'Hôtel-Dieu du Puy. J'envoyai un paquet de Mémoires, pesant trois livres, au P. de Ste-Marthe. Je mangeai, ce jour-là, à l'auberge. Je travaillai au doyenné, où M. du Verdier (3), doyen, docteur de Sorbonne, me communiqua beaucoup de Mémoires. Je fus aux Capucins, où il y a une bibliothèque bien placée et remplie de bons livres. Il y a, entre autres, un livre chinois et un grand in-folio rempli de lettres Mss. originales. Ce recueil est très-curieux.

J'entendis, à la Cathédrale, les premières vêpres de St Ausone que l'on chanta solennellement.

22. Je dis la première messe à St-Ausone. Je fus ensuite à l'abbaye de St-Cybard (4), où je fis des extraits du Cartulaire qui est excellent. M. le prieur me fit déjeûner avec ses religieux, qui furent ensuite à la Cathédrale, pour faire la procession des

---

(1) L'abbaye de N.-D. de la Couronne (*Corona*), Ordre de St-Augustin, Congrégation de France, diocèse d'Angoulême. — La Couronne, chef-lieu de commune du canton d'Angoulême.

(2) Cyprien-Gabriel-Bernard de Rezay (1689-1757).

(3) Joseph du Verdier, qui fournit aux auteurs du *Gallia Christiana* la liste des doyens d'Angoulême.

(4) L'abbaye de St-Cybar (*S. Eparchius*), Ordre de St-Benoît, dans un des faubourgs d'Angoulême.

Rogations avec les chanoines. Je dînai à l'évêché. J'entendis vêpres, le sermon et le salut à St-Ausone. On fêtait, ce jour-là, la solennité de ce premier évêque d'Angoulême. Un Dominicain fit l'éloge de ce saint martyr avec beaucoup de feu et d'éloquence. Il prit pour texte ces paroles de l'Evangile de la fête : *Ego sum pastor bonus*. Au premier point, il fit voir que St Ausone avait prêché de parole : *Vocat oves* ; au second, qu'il avait prêché d'exemple : *ante eas vadit* ; au troisième, qu'il avait souffert le martyre pour la consommation de sa charité : *Bonus pastor animam ponit pro ovibus*. Les Bénédictines chantèrent une belle musique à vêpres et au salut. Elles ont d'excellentes voix et font bien l'office. Il y a beaucoup de régularité dans cette maison. Après le salut, M. l'évêque voulut que M. du Breuil, son aumônier, me conduisît dans son carrosse par la ville, et me fît voir le séminaire, l'hôpital, etc. Je soupai avec M. l'évêque, M. d'Osmond (1), archidiacre, parent de l'évêque, et M. du Breuil. Le prélat ne donne jamais à souper ; mais il a toujours douze couverts à dîner, et il traite magnifiquement et l'on y est bien servi. Les personnes de la première qualité se font un honneur d'être à la table de ce prélat, qui a des manières nobles et aisées. Il m'a distingué, sans aucun mérite de ma part, toutes les fois que j'ai mangé à l'évêché.

23. Je travaillai et dînai à l'évêché, et soupai aux Minimes.

24. Je travaillai et dînai à St-Cybard, où j'entendis les premières vêpres de l'Ascension. Je fus coucher à la Couronne.

25. Je dis la messe, et le jour suivant, à l'autel de Notre-Dame. J'assistai à la grand'messe et à vêpres. MM. les Chanoines-Réguliers me firent mille caresses, surtout le P. Pintard (2), natif de Chartres, qui me donna plusieurs de ses

---

(1) François d'Osmond, d'une ancienne famille de Normandie.

(2) Le P. Mathurin-François Pintard naquit à Chartres, le 25 décembre 1675. M. Henri Wilhelm a bien voulu nous signaler deux notices sur ce religieux, l'une de D. Liron dans la *Bibliothèque Chartraine*, p. 334, (Paris, Garnier, 1719, in-4°) ; l'autre de M. Lucien Merlet, archiviste d'Eure-et-Loir, dans la *Bibliothèque Chartraine antérieure au xixe siècle*, (Orléans, Herluison, 188). Il est probable que les ouvrages en vers français donnés à D. Boyer, par le

ouvrages en vers français, où il y a du sel. Le P. Tardieu, régent de philosophie, et le P. Sanadon, sacristain, me firent beaucoup d'accueil. Le cours est de quatre écoliers, qui sont tout à fait aimables : F. Chotard et F. Fleury, poète, tous deux Gnépins ou Orléanais ; F. Vernet, le plus jeune, qui a deux frères Chanoines-Réguliers, natif de Lyon ; et F. Julien La Mothe, de Langeac, que j'ai connu en Auvergne et aimé particulièrement.

26. Je séjournai encore ce jour-là à la Couronne, pour laisser reposer ma jument qui avait pris un clou de rue, dont elle a boité huit jours. Le P. Clément, prieur de St-Jean de Colle, arriva.

27. Je dînai à Châteauneuf (1), chez les bons Pères Minimes, qui me donnèrent une belle carpe de Charente. Le P. Julienne, correcteur, me fit voir l'église priorale qui dépend de Bassac (2), où je fus souper avec le P. prieur et M. Aultier.

28 mai. Le P. Maurice de Fondbon, Minime de Châteauneuf, que j'avais connu à Bommiers, me vint voir à Bassac, où je trouvai aussi Dom Thomas Viviers, que le P. prieur de Brantôme y avait envoyé à ma demande. Je reçus des lettres de M. l'évêque de Périgueux, de Dom Guillot et Dom Chillac, Chartreux, des prieurs de Brantôme et de Mauriac, et une toute obligeante de M. l'évêque de Sarlat. J'écrivis à M. Mignot, prieur de Montfort-la-Canne, à M. du Breuil, chanoine d'Angoulême et à M. l'abbé de Blanzac (3).

P. Pintard, sont quelques-unes de ces pièces fugitives qui, d'après D. Liron, « ont fait les délices des connaisseurs et qu'on sait être sorties de sa plume. »

(1) Châteauneuf-sur-Charente, chef-lieu de canton de l'arrondissement de Cognac.

(2) L'abbaye de St-Etienne de Bassac (*Bassacum*), Ordre de St-Benoît, dans l'ancien diocèse de Saintes. Elle fut unie à la Congrégation de St-Maur en 1664. — Bassac, chef-lieu de commune du canton de Jarnac, arrondissement de Cognac.

(3) Blanzac, abbaye sécularisée, dans le diocèse d'Angoulême. M. de l'Estoile en était alors abbé. — Blanzac, chef-lieu de canton de l'arrondissement d'Angoulême.

30. Dom Thomas et le P. Fondbon partirent de Bassac. J'ai écrit à M. de Périgueux, au P. prieur de Brantôme, qui m'avait écrit une seconde lettre avec des Mémoires, qu'il m'avait envoyés, de Chancelade et de Tourtoyrac, à M. l'abbé d'Osmond et au P. Pintard. J'ai reçu une lettre de Dom Girardin, et j'en ai écrit une autre à Dom Laugier.

31. M. l'évêque de Saintes (1) vint dîner de Cognac à Bassac; j'eus l'honneur de manger avec lui et de l'accompagner, avec le cher P. prieur, jusqu'à Angoulême, où Mgr l'évêque me reçut avec un accueil charmant et nous fit souper à l'évêché.

TABULA

Eorum quæ misi ad R. P. D. D. San-Marthanii,
PRO GALLIÆ CHRISTIANÆ TOMO I.

ADDENDA VEL EMENDANDA

In archiepiscopis Albiensibus (*Alby*), Aquensibus (*Aix*). Arelatensibus (*Arles*). Avenionensibus (*Avignon*). Auxitanis (*Auch*). Bituricensibus (*Bourges*). Lugdunensibus (*Lyon*). Narbonensibus (*Narbonne*) et Turonensibus (*Tours*).

Plura item ex archivis domini de Faudoas pro archiepiscopis Tolosanis (*Toulouse*).

PRO II° ET III° TOM.

PRO EPISCOPIS CADURCENSIBUS (*Cahors*). — Excerpta ex cartulario ecclesiæ Cadurcensis optimæ notæ, 12 paginis comprehensa.

Series accurata episcoporum Cadurcensium.

Enarratio ingressûs publici episcoporum Cadurc. in urbem, et homagii baronis de Sessac.

Oratio D. Parriel, cancellarii Cadurcens., in ingressu publico D. de Sevin, episcopi.

Alani de Solminihac epitaphium cum notis.

Plura ex archivis S. Petri de Cayraco (*Cayrac*).

Plura ex necrologio Prædicatorum Cadurcensium.

Plura ex archivis Cartusiæ Cadurcensis (*la Chartreuse de Cahors*).

---

(1) Henri-Augustin Le Pileur, fils de Jean, seigneur de Grandbonne, et de Catherine Heudebert du Buisson. Il fut nommé évêque de Saintes en 1711, et se démit en 1716. Ce prélat mourut, à Paris, le 25 avril 1726.

Oratio habita coram SS. D. N. Paulo pp. V, à D. Petro Le Blanc, præcentore Cadurcensi, pro Sacro Sudario capitis Christi in Cathedrali Cadurcensi adservato.

Fundationis instrumentum Parthenonis B. M. Canonissarum-Regularium apud Espagnacum, in diœcesi Cadurcensi, ex archivio B. M. de Corona.

PRO EPISCOPIS PETRAGORICENSIBUS. — Plura e. archivio S. Johanis de Cola.

Fundatio utriusque seminarii Petragoric.

Catalogus episcoporum.

Plurima excerpta e pancartà beneficiorum diœcesis Petragoricensis.

PRO EPISCOPIS SARLATENSIBUS. — Bulla Pii pp., 1559, cum litteris regiis, 1560, pro sæcularisatione ecclesiæ Sarlatensis.

Series priorum, decanorum, ac præpositorum Sarlatensium.

PRO EPISCOPIS MONTISALBANI. — Carta topographica urbis ac diœcesis Montisalbani, auctore E. G. Figuier, præbendario.

Tabula canonicorum Montisalbani.

Motiva reductionis capituli Montisalbani, compositi ex duabus mensis S. Martini et S. Stephani, in unam mensam.

Series episcoporum Montisalbani, 24 paginis in-folio comprehensa.

Accurata series præpositorum Montisalbani.

Tabula fundationum ecclesiæ Montisalbani.

Urbis et ecclesiæ a segregibus dirutæ curiosa descriptio.

Plura ex archivis domûs consularis.

Prærogativæ præpositi Montisalbani, ex statutis capituli, et bulla sæcularisationis.

ITEM ADDENDA VEL EMENDANDA IN EPISCOPIS :

Agathensibus, *Agde.*
Aginnensibus, *Agen.*
Appamiensibus, *Pamiers.*
Beluacensibus, *Beauvais.*
Bononiensibus, *Boulogne.*
Carcassonensibus, *Carcassonne.*
Claromontensibus, *Clermont.*
Condomiensibus, *Condon.*
Conseranensibus, *Couserans.*
Convenensibus, *St-Bertrand de Comminges.*
Forojuliensibus, *Fréjus.*
Lactorensibus, *Lectoure.*
Lemovicensibus, *Limoges.*
Lombariensibus, *Lombez.*
Matisconensibus, *Mâcon.*
Mirapicensibus, *Mirepoix.*
Oloronensibus, *Oloron.*
Massiliensibus, *Marseille.*
Rutenensibus, *Rodez.*
Santonensibus, *Saintes.*
Vasatensibus, *Bazas.*
Venciensibus, *Vence,*
Vivariensibus, *Viviers.*

ITEM IN PRÆPOSITIS

Claromontensibus.

PRO QUARTO TOMO GALL. CHRIST.

Fundatio monasterii Conchensis apud Ruthenos, ex cartulario ejusdem monasterii.

Series abbatum præfati monasterii Conchensis, usque ad Johannem Armandum de Fumea inclusive.

Catalogus abbatum Grandis-Silvæ, (*Grand Selve*).
— — Petrosæ, (*N.-D. de la Peyrouse*).
— — Boscicavi, (*Boschaud*).
— — Grossi Bosci, (*Grosbos*).
— — Gardæ Dei, (*la Garde Dieu*),
— — Abbatiæ novæ propre Gordonium, (*La Nouvelle*).
— — S. Marcelli prope Regalem villam, (*St-Marcel près Réalville*).

(*Hæ septem abbatiæ sunt Ordinis Cisterciensis*).
Carta fundationis Bellæperticæ, ejusd. Ordinis.
Elenchus abbatissarum de Albugia, Ord. Bened.
Series abbatum Montisalbani, ac Sarlati.
Plura e necrologio Moysiacensi, (*Moissac*).
Donatio B. M. de Eremo, ex authentico B. Mariæ Deauratæ, parthenonis Cadurcensis, (*N.-D. de la Daurade de Cahors*).
Donatio loci S. Marcelli abbati Septem Fontium, ex authentico.
Donatio Raymundi comitis Tolosani monasterio S. Marcelli, 1218.
Plura instrumenta pro monasterio S. Marcelli.
Urbani IV et Innocentii IV diplomata in favorem Gardæ Dei.
Donatio Raymundi comitis Tolosani eidem Gardæ Dei mon.
Plura e pancartâ Petragoricensis episcopatus pro abbatiis Albæterræ, S. Asterii, S. Petri de Turturiaco et S. Mariæ de Castris, ejusd. diœces.
Plura pro abbatiis Bellæperticæ, Marciliaci et S. Petri de Curte seu de Manso Garnerio.

QUÆDAM ADDENDA VEL CORRIGENDA IN ABBATIIS QUORUM NOMINA SUBJICIUNTUR.

S. Andræ Claromontensis, *St-André de Clermont*.
Aureliacum, *Aurillac*.
Brantolmium, *Brantôme*.
Beania, *Baigne*.
Cantamerula, *Chantemerle*.
Capella, *N.-D. de la Capelle*.
Combalonga, *Combelongue*.
Clayracum, *Clayrac*.
Cluniacum, *Cluny*.

Dalona, *Dalon.*
S. Dionysii in Francia, *St-Denis en France.*
Exiensis, *Eysses.*
Figiacum, *Figeac.*
S. Hilarii Carcassonensis, *St-Hilaire de Carcassonne.*
Magnus locus, locus restauratus, *Manglieu.*
S. Mariæ de Feneriis, *Feniers.*
S. Mariæ de Moreliis, *Moreaux.*
S. Martini Ruriscurtensis, *Ruricourt.*
Mansus asilii, *Le Mas d'Azil.*
Molezia, *Molèze.*
Mansusgarnerii, *Mas-Garnier,*
Parigniacum, *Pérignac.*
Pessanum, *Pessan.*
Vallis gratiæ, *Le Val de Grâce.*
Vallis sana, *La Vassin,*
Uzarchia, *Uzerche.*

Quædam pro monasterio S. Saturnini Tolosani.
Plurima e cartulario B. Mariæ de Cancellata.
Plura item e cartulario domini Engolismensis episcopi'.

JUIN.

1713. 1. Je travaillai vigoureusement sur le Cartulaire d'Angoulême que MM. de la Cathédrale me prêtèrent bien obligeamment. J'en écrivis vingt grandes pages. Nous dînâmes magnifiquement à l'évêché. Il y avait une noble compagnie. Sur le soir, je fus voir M. le doyen, et Madame l'abbesse de St-Ausone que je trouvai avec le R. P. général des Feuillants. M. le doyen me vint voir.

2. Je continuai fortement mon travail, depuis cinq heures jusqu'à dîner. Après dîner, nous partîmes pour Bassac. M. de Saintes et M. l'abbé de Jarnac (1) montèrent dans le carrosse de M. l'évêque d'Angoulême. Je fus dans la chaise de Mgr de Saintes. Le P. prieur (2) nous donna un souper royal.

3. Nous dînâmes magnifiquement. Mgr de Saintes dit la messe et, après dîner, il fut à Barbezieux (3), où il doit faire la visite et donner la confirmation.

5. Je fis diacre à la grand'messe du P. prieur, mon ami. Le P. dépositaire prêcha après vêpres.

---

(1) Guy-Charles Chabot de Jarnac, fils de Louis Chabot, comte de Jarnac et de Catherine de la Rochebeaucourt. Il avait été doyen de Saintes.
(2) D. Antoine Palerne. Voir au 11 avril 1711.
(3) Barbezieux, chef-lieu d'arrondissement du département de la Charente.

8. Je passai la Charente, au port de Vinade (1), et dînai à l'abbaye de la Frenade (2), où je ne trouvai que les valets. Je repassai la Charente, au port de Lys, proche Merpins (3), et soupai à Saintes (4), chez Saintpé, à l'enseigne de St Paul.

9 juin. Je dis la messe à l'autel de St Eutrope, dans le monastère de ce nom (5). Dom du Caurroy (6), qui en est prieur, me fit toutes sortes d'amitiés, et me régala bien. Dom Friou m'accompagna jusqu'à l'évêché, où le prélat me reçut parfaitement bien. Il n'était arrivé de Barbezieux que vers les onze heures. Je fouillai toutes les archives, sans y pouvoir trouver quoi que ce soit. Je fis collation aux Cordeliers, où le R. P. gardien m'entraîna, avec le P. Bonsonge, qui est un joli homme et tout plein d'honnêteté.

10. Je dis la messe à l'abbaye de Notre-Dame de Saintes (7). Madame de Lauzun me fit beaucoup d'honnêtetés et me communiqua le Cartulaire, que je parcourus entièrement. Mlle de Biron, sa nièce, a un mérite extraordinaire. Je dînai à l'évêché, où je fus bien régalé, et fis collation aux Jacobins, où le P. Guillet me caressa fort.

11. Je dis la messe aux Dominicains, et visitai le séminaire et les autres communautés, pour en prendre l'établissement. Il n'y a rien à la Cathédrale. MM. Renaudet, de St-Front et La Jaunie, chanoines de la Cathédrale, furent députés de leur compagnie, pour me communiquer leurs Mémoires. Je dînai à l'évêché, où était le provincial des Récollets, etc.

(1) Vinade, village de la commune de St-Même, canton de Segonzac, arrondissement de Cognac.

(2) L'abbaye de N.-D. de la Frenade (*Frenada*), Ordre de Citeaux, dans l'ancien diocèse de Saintes. — La Frenade, village de la commune de Merpins.

(3) Merpins, chef-lieu de commune du canton de Cognac.

(4) Saintes, chef-lieu d'arrondissement du département de la Charente-Inférieure. — Cette ville était autrefois le siège d'un évêché.

(5) L'abbaye de St-Eutrope (SS. *Eutropius et Stephanus*), Ordre de St-Benoit, située dans la ville de Saintes, n'était plus qu'un prieuré de l'Ordre de Cluny.

(6) D. Charles du Cauroy.

(7) L'abbaye de N.-D. de Saintes (*S. Maria Santonensis*), Ordre de St-Benoit, était située dans un faubourg de cette ville.

11 juin. Jour de la Trinité. M. l'évêque de Saintes reçut ordre de la Cour de faire chanter le *Te Deum*, et les échevins de publier la paix. On fera cette cérémonie dimanche prochain. Le P. Thomas Bergue prêcha à la Cathédrale ; j'assistai à vêpres, Monseigneur l'évêque était dans son siège. Je travaillai aux archives des Jésuites, où je trouvai beaucoup de Mémoires de l'abbaye de la Tenaille (1), unie au collége. Le P. Jacques de Mesplez, recteur du collége et fils de M. l'évêque de Lescar (2), me fit des accueils inimaginables. Il me donna un souper magnifique. Je revis agréablement le P. Voisin, que j'avais connu particulièrement à Beaulieu et à St-Jean d'Angely.

12. Je travaillai au collége, où je soupai aussi. Je dis la messe à l'autel de St Ignace, et tous ces bons Pères me firent mille caresses. M. l'abbé du Plessis (3), frère de feu M. de La Brunetière, évêque de Saintes, ancien doyen de la Cathédrale, me prêta le Cartulaire de son abbaye de St-Etienne de Vaux (4), de l'Ordre de St-Benoît, dont je fis des extraits avec beaucoup de travail. Je dînai à l'évêché, où se trouvèrent le R. P. provincial et le P. custode des Cordeliers, le P. recteur des Jésuites, le P. Voisin, etc.

Après souper, je fus aux Cordeliers, avec le P. recteur et

---

(1) L'abbaye de N.-D. de la Tenaille (*Tenalia*), Ordre de St-Benoît, dans l'ancien diocèse de Saintes. Elle fut unie au collége des Jésuites de cette ville en vertu d'une bulle de Paul V, du 24 août 1619. — La Tenaille, commune de St-Sigismond de Clermont, canton de St-Genis, arrondissement de Jonzac.

(2) Dominique des Claux de Mesplez, conseiller au Parlement de Pau, embrassa l'état ecclésiastique après avoir perdu sa femme, dont il avait eu plusieurs enfants. Il fut nommé évêque de Lescar, le 31 mai 1681, et mourut en 1718.

(3) Jacques du Plessis Gesté de La Brunetière, frère de M. Guillaume de La Brunetière, évêque de Saintes, mort le 2 mai 1702, fut nommé abbé de Vaux en 1681.

(4) L'abbaye de St-Etienne de Vaux (*Valles S. Stephani, S. Stephanus de Vallibus*), Ordre de St-Benoît, dans l'ancien diocèse de Saintes. — Vaux, chef-lieu de commune du canton de Royan, arrondissement de Marennes (Charente-Inférieure).

le régent premier, pour voir le R. P. provincial qui nous fit collationner avec le P. prieur des Jacobins, le professeur de théologie, aussi Jacobin, et un Jacobin qui est venu de Bordeaux, pour prêcher l'octave du Très-Saint Sacrement, et le prieur des Frères de la Charité, etc.

13. Jour de St Antoine de Padoue. Je dis la messe à son autel. J'entendis aussi celle de M. Joseph Garneteau, mon ancien écolier (1), qui avait dit sa première messe au séminaire, le jour précédent. Je dînai à l'évêché, et pris congé de Mgr l'évêque, qui m'a bien régalé et fait toutes les amitiés possibles. J'ai reçu pareillement beaucoup d'honnêtetés de M. de Vaux, docteur de Sorbonne, son grand-vicaire, de M. de Gesté, doyen, de M. Savalet, archidiacre d'Aunis, de M. l'archidiacre de Saintes (2) et de M. le syndic du Chapitre (3). Sur les trois heures, je partis de Saintes, avec le R. P. recteur, qui me fit l'honneur de me venir prendre à mon auberge, et m'accompagna jusqu'à l'abbaye de Fontdouce (4). Nous n'y trouvâmes qu'un moine en chemise et en culottes, qui n'eut ni vin, ni lit, ni Mémoires à nous donner. Nous retournâmes sur nos pas à St-Brix (5), où nous mangeâmes des sardines de Royan, dont le R. P. recteur avait pris bonne provision. M. de Pompadour est abbé de Fontdouce (6).

14 juin. Le R. P. recteur prit le chemin de Saintes, avec le correcteur qui nous avait accompagnés. Je partis pour la Frenade, plein de reconnaissance pour ce Jésuite si généreux. Je saluai en passant le château de Cognac (7), célèbre par la

---

(1) D. Jacques Boyer avait professé les humanités, alors qu'il était religieux au monastère de St-Jean d'Angely.

(2) Henri du Plessis Gesté de La Brunetière.

(3) M. de la Roche de Guimp.

(4) L'abbaye de N.-D. de Fontdouce (*Fons Dulcis*), Ordre de St-Benoît, dans l'ancien diocèse de Saintes. — Fontdouce, commune de St-Bris-des-Bois.

(5) St-Bris-des-Bois, chef-lieu de commune du canton de Burie, arrondissement de Saintes.

(6) Nicolas Machat de la Méchaussée de la Coste de Pompadour, nommé le 3 juin 1689.

(7) Cognac, chef-lieu d'arrondissement du département de la Charente.

naissance de François I. Dom Jean-Baptiste Vitier, prieur de la Frenade, me reçut parfaitement bien, et me communiqua tous les titres de l'abbaye.

15. Je dis la sainte messe à l'église de la Frenade. M. le prieur voulut me la servir. Après, il m'accompagna jusqu'à Bassac, où nous prîmes la bénédiction du Saint-Sacrement. Nous passâmes par St-Mesme (1), monastère ruiné de Bénédictines.

16. Je reçus des lettres du P. de Ste-Marthe et de M. l'abbé du Breuil, qui m'a envoyé des Mémoires de l'abbaye de Bournet (2). J'ai fait réponse au dernier et ai écrit à D. P. d'Estancheau (3), religieux de St-Denis.

17. M. le prieur de la Frenade est retourné chez lui. D. Jean Dalème (4) est arrivé de Brantôme, pour rester à Bassac. C'est une solitude toute charmante. Il y avait autrefois une partie des liens avec lesquels notre Sauveur avait été attaché. Ces reliques étaient fort renommées. La lettre de la femme de François I (5), qui est en original à Bassac, en fait foi. En voici une fidèle copie.

(1) St-Mème, chef-lieu de commune du canton de Segonzac, arrondissement de Cognac.

(2) L'abbaye de N.-D. de Bournet (*Bornetum*), d'abord de l'Ordre de St-Benoît, puis de Cîteaux, dans le diocèse d'Angoulême. — Bournet, village de la commune de Courgeac, canton de Montmoreau, arrondissement de Barbezieux.

(3) D. Pierre d'Estancheau, né à Blanzac, diocèse d'Angoulême, fit profession à l'âge de 37 ans, dans le monastère de St-Faron de Meaux, le 22 juin 1701, et mourut à l'abbaye de St-Denis-en-France, le 2 février 1739. Dans la matricule que possède M. Henri Wilhelm, il est nommé Jean-Jacques de Létancheau.

(4) D. Jean Dalème, né à Limoges, fit profession dans l'abbaye de St-Augustin de cette ville, à l'âge de 22 ans, le 1er août 1694.

(5) Claude de France, fille aînée de Louis XII, roi de France et d'Anne, Duchesse de Bretagne, née à Romorantin, le 13 octobre 1499, mariée à St-Germain en Laye, le 14 mai 1514, morte au château de Blois, le 20 juillet 1524. — Le roi François I et sa Cour, qui revenaient du camp du Drap-d'Or, se trouvaient à la fin du mois de juin et dans les premiers jours de juillet 1520, à Abbeville, d'où cette lettre est datée. (D'Aubais, *Pièces fugitives pour servir à l'Hist. de France. — Voyage de Charles IX*, p. 102, Notes : Itinéraire des rois de France). Le 10 août suivant naquit, à St-Germain-en-Laye,

De par la Royne.

« Chers et bien amés, le temps où debvons acouscher aprouche qui nous fait vous escripre et prier de nous envoyer le plus tot que pourrez le Sainct Cordon à Sainct Germain en Laye par le Religieux qui a accoutumé de y venir, nous recommandant toujours à vos bonnes et dévocieuses prières. Chers et bien amés, notre Seigneur vous ayt en sa garde. Escript à Abbeville, le premier jour de juillet. »

CLAUDE.

Et au dessus : *A nos chers et bien amés les abbés, religieux et couvent de Bassac.*

Dans un livre couvert de rouge, où sont contenus les droits du sacristain de St-Etienne de Bassac, on lit les vers suivants.

Oraison à Dieu en honneur et mémoire du sacré Saint Lien.

O bon Jhesus et très-miséricors,
Qui pour ouster des humains les discors,
Que Adam y mist par l'offense première,
Voulustes bien, par cruelle manière,
Par les Juyfs en merveilleux despris
Estre de nuict, comme un malfaiteur, pris,
Battu, lyé d'aspres et durs cordons,
Dont l'un d'iceulx, comme nous recordons,
En cette église et dévot oratoire,
Gist et repouse à votre très-grand gloire.
Je vous supply qu'en vertu de la corde,
Ou le cordon, dont cy je me recorde,
Duquel fustes lyé effroutément,
Que lyé sois en la foy tellement
Que puisse avoir toujours votre grace
Sans que le diable en rien me mesface ;
Et me guardez de son dampné lyen
Tant que je puisse avoir enfin le bien
De paradis, que vous avez promys
A vous servans et fidelles amys.
Amen.

la princesse Magdelaine, mariée, le 1ᵉʳ janvier 1536, à Jacques Stuart V, roi d'Ecosse.

Il y a aussi, dans le trésor de Bassac, une narration très-curieuse du combat de Guy Chabot, seigneur de Jarnac, et de François de Vivonne, seigneur de la Chastaigneraye, avec des vers latins et français sur le même sujet (1).

18 juin. Après vêpres, on fit la procession solennelle du St Sacrement. Je fis diacre. Nous fîmes la station à la paroisse de St-Nicolas. Ce même jour, on publia la paix à Saintes et on y chanta un *Te Deum* d'une belle composition. On avait fait venir la musique de la Rochelle, pour l'unir à celle de Saintes. Le même jour, on chanta le *Te Deum* à Angoulême, et le prélat donna un dîner royal où il y avait trente-six couverts. Il a une si grande attention à tout, que pendant que les rues des plus grandes villes sont pavées de pauvres, on n'en voit presque point à Angoulême. Lorsque j'y étais, M. l'évêque et la ville donnèrent 700 livres aux pauvres étrangers, pour se conduire chacun chez soi, et l'on mit des sentinelles aux portes de la ville, pour leur en empêcher l'entrée, et pour obvier aux maladies qui infectent les autres villes. On a enterré à Rochefort jusqu'à trente corps en un seul jour.

19. Le R. P. prieur eut la bonté de me conduire jusqu'à Châteauneuf. Nous dînâmes chez les bons PP. Minimes. Nous fûmes ensuite au château de Moulidar (2), dont le prieuré est uni au doyenné d'Angoulême. D. F. de Grandsaigne (3), prieur de St-Jean-d'Angely, et D. Robert Lyotard (4) arrivèrent à Bassac, presqu'à même temps que nous.

---

(1) Il s'agit du duel qui eut lieu à St-Germain en Laye, le 10 juillet 1547, entre Guy Chabot, seigneur de Jarnac, St-Gelais, etc... et François de Vivonne, seigneur d'Ardelay, dans lequel ce dernier fut tué. Ce sont les circonstances de ce combat qui ont fait appeler un coup peu loyal : *coup de Jarnac*.

(2) Moulidars, chef-lieu de commune du canton d'Hiersac, arrondissement d'Angoulême.

(3 D. François de Gransaigne, né à Clermont-en-Auvergne, fit profession à l'âge de 19 ans, dans l'abbaye de St-Augustin de Limoges, le 1er juillet 1685, et mourut à St-Allyre, le 16 mai 1738. Voir *Nouvelles ecclésiastiques*, année 1735, p. 66.

(4) D. Robert Lyotard, né au Puy-en-Velay, fit profession à l'âge de 19 ans, dans l'abbaye de St-Augustin de Limoges, le 2 septembre 1682, et mourut à St-Jean-d'Angely, le 18 novembre 1723.

20. Après dîner, je fus à Jarnac, avec les RR. PP. prieurs de St-Jean et de Bassac, et avec Dom Lyotard. Madame la comtesse (1) nous reçut fort bien. Le château est des plus beaux. M. de La Rochefoucaud de Montendre, qui a épousé Madame la comtesse, a fait des réparations bien entendues. M. l'abbé Chabot de Jarnac est prieur du prieuré bénédictin de St-Pierre de Jarnac, dépendant de St-Cybard. Il loge chez les Récollets, dont le couvent a été bâti, sur la Charente, en 1680, par Guy Henry Chabot, lieutenant du Roi en Saintonge et en Angoumois, et par Dame Marie-Claire de Créquy, son épouse (2).

21 juin. Je fus à St-Jean-d'Angely (3), avec le R. P. prieur et D. R. Lyotard. Nous dînâmes à Matha (4). D. Louis Cavelier prêcha, et le jour suivant. Un Jacobin qui devait prêcher l'Octave manqua, et nos Pères furent obligés de suppléer *in promptu*.

22. Nous fîmes la procession en chapes, par la ville. Mes écoliers et les principaux de la ville me rendirent visite. J'écrivis au Père abbé de St-Allyre, à D. Girardin, au P. prieur de Brantôme, à M. le doyen d'Angoulême. Je reçus une lettre du R. P. visiteur et une du P. de Ste-Marthe.

23. Le P. Lyotard, procureur de l'abbé, fit *la chevauchée de M. le prévôt-moine*. Il va par la ville, en froc et à cheval, accompagné des officiers, en robe de palais et en bonnet carré, et précédé par des huissiers et halebardiers. Chaque père de famille est obligé de nous donner une maille d'or, que l'on a appréciée à sept sols six deniers.

---

(1) Anne-Marie-Louise Chabot, mariée en juillet 1709, à Paul-Auguste-Gaston de La Rochefoucaud, dit le chevalier de Montendre, qui prit, à cause d'elle, la qualité de comte de Jarnac. (*Hist. généal. et chron. de la Maison royale de France*, par le P. Anselme, t. II, p. 66).

(2) Père et mère de la comtesse de Jarnac, dont il vient d'être parlé.

(3) L'abbaye de St-Jean-d'Angely (*S. Joannes Angeriacensis, Angeriacum, Angeliacum*), Ordre de St-Benoît, dans l'ancien diocèse de Saintes. La Congrégation de St-Maur entra en possession de ce monastère le 30 octobre 1623. — St-Jean-d'Angely, chef-lieu d'arrondissement du département de la Charente-Inférieure.

(4) Matha, chef-lieu de canton de l'arrondissement de St-Jean-d'Angely.

24. Après complies, le R. P. prieur entonna le *Te Deum*, chanté alternativement par le chœur et par une bande de violons. Les Jacobins, les Cordeliers et les Capucins y assistèrent avec le maire et les échevins. Nous fûmes ensuite processionnellement à la place, où le P. prieur, avec le maire, mirent le feu au bûcher que l'on avait préparé avec des devises. Toute la bourgeoisie était sous les armes. Le P. prieur donna deux tonneaux de vin au peuple, et un magnifique souper aux principaux de la ville. Il y avait vingt-cinq couverts.

25. Je fus dîner à Saintes, avec le R. P. D. Joseph Mignat, visiteur de la province de Toulouse, qui m'a donné mille témoignages d'amitié pendant tout le voyage. D. L. Cavelier était de la partie. Il va prêcher à Bassac. J'écrivis au P. prieur de St-Denis. Nous couchâmes à Pons (1), à St-Martin. Le P. recteur de Saintes, accompagné de trois Jésuites, me vint voir en cérémonie.

26. Nous dînâmes au Petit-Nyort (2), et couchâmes à Blaye (3), à la Fleur-de-Lys, chez Madame Fleury. Madame la présidente et lieutenante-générale de St-Jean était de notre voyage.

27. Nous nous embarquâmes pour aller à Bordeaux, où nous arrivâmes à neuf heures du matin. Nous dînâmes avec D. Jean Paul du Sault, prieur de Ste-Croix (4), et D. Jolys,

---

(1) Pons, chef-lieu de canton de l'arrondissement de Saintes (Charente-Inférieure).

(2) Le Petit-Niort, village de la commune de Mirambeau, arrondissement de Jonzac (Charente-Inférieure).

(3) Blaye, chef-lieu d'arrondissement du département de la Gironde.

(4) D. Jean-Paul du Sault, né à St-Sever-Cap de Gascogne, diocèse d'Aire, fit profession à l'âge de 17 ans, dans le monastère de la Daurade de Toulouse, le 21 mai 1667, et mourut à St-André d'Avignon, le 14 janvier 1724. Voir *Hist. litt. de la Cong. de St-Maur*, pp. 433-436; *Bibl. des Ecrivains de la Cong. de St-Maur*, par Ch. de Lama, p. 121; *Nouvelles ecclésiastiques*, année 1748, p. 153; *Les prieurs claustraux de Ste-Croix de Bordeaux*, par M. Ant. de Lantenay, pp. 90-92. Nous extrayons de ce dernier ouvrage le passage suivant qui nous semble devoir intéresser nos lecteurs auvergnats : « Le 24 mars 1713, à quatre heures du matin, mourut » Pierre Alboy, vicaire perpétuel de la paroisse de St-Michel de Bordeaux.

lecteur de théologie. Sur le soir, je vis le château Trompette, qui est un des plus propres du royaume, le fort Louis, etc... Je fus voir le P. Lambertie, procureur de province, dans la maison professe des Jésuites. Je vis aussi la publication de la paix. Il y avait des timbales, des trompettes d'argent ; les jurats étaient à cheval, suivis d'une centaine d'officiers vêtus magnifiquement.

28. Je fus à la Cathédrale de St-André, et je vis les autres curiosités de la ville qui ne sont pas considérables, à la rue des Fossés près. Les dehors sont magnifiques, et surtout le port. Le P. Lambertie et la présidente de St-Jean me vinrent voir.

29 juin. On fit des réjouissances extraordinaires pour la publication de la paix. Les boutiques ont été fermées pendant quatre jours. On a chanté le *Te Deum* à la métropole ; tout le Parlement était en robes rouges. M. le maréchal de Montrevel (1) n'y a point paru, ni au feu ; mais il a donné un souper magnifique dans l'Hôtel-de-Ville. Il y avait, tout auprès, quatre fontaines de vin, depuis cinq heures du soir jusqu'à six heures du matin. On a tiré continuellement le canon dans les trois châteaux, dans la maison de M. le maréchal, à Vignegaronne, et dans les vaisseaux. Il y en avait plus de trois cents. On ne peut rien voir de plus beau que les illuminations qui ont duré pendant trois nuits. Il semblait que la mer était toute en feu. Les Anglais se sont distingués, aussi bien que la

---

» Le lendemain, D. Dusault assembla le Chapitre du monastère auquel ap-
» partenait le choix du successeur et nomma « *tout d'une voix Antoine*
» *Grimault, prestre du diocèse de Clermont, docteur en théologie, ecclésias-*
» *tique d'une probité reconnue, zélé pour le salut des âmes, qui presche*
» *depuis trois ans dans la ville de Bordeaux et actuellement pendant ce*
» *présent carême dans la dite église de St-Michel, avec une capacité consommée*
» *et un applaudissement universel, et enfin souhaité et désiré pour pasteur de*
» *tous les habitants de ladite paroisse.* » Antoine Grimauld prononça, comme
» l'on sait, en 1715, une oraison funèbre de Louis XIV, qui a été imprimée.
» Il mourut le 19 avril 1722. » — L'abbaye de Ste-Croix de Bordeaux (*Sancta Crux Burdigalensis*), Ordre de St-Benoît, située dans la ville de Bordeaux. La réforme de St-Maur y fut introduite le 1er août 1627.

(1) Nicolas-Auguste de La Baume, marquis de Montrevel, créé maréchal de France le 14 janvier 1703.

jeunesse du Chartron qui a fait une dépense extraordinaire. On ne voyait que fusées en l'air, par toute la ville et aux environs. Il y avait une compagnie de Juifs sous les armes, qui ont fait merveille. Les Hollandais ont été fort froids. Il y avait une compagnie d'enfants de huit à neuf ans, au nombre de soixante, qui s'est attiré l'admiration de tous. Il y avait dix mille hommes sous les armes. On a supputé la dépense des cocardes à douze mille livres.

Il faudrait un livre pour décrire toutes les particularités de cette fête. On ne peut rien voir de plus magnifique. Il n'est arrivé aucun désordre, que la barbe d'un Capucin brûlée. Il y eut aussi un demi-monsieur qui, voulant amasser deux ou trois pièces de quatre sols, que M. l'Intendant avait jetées au peuple, fut si malheureux que de perdre son chapeau et sa perruque, sans pouvoir attraper un seul denier.

30. On chômait, à Bordeaux, la fête de St Martial (1), apôtre de la Guienne. Je fus à la Chartreuse, où D. Jacques Lyotard, prieur, notre compatriote, me reçut avec une joie extraordinaire. Il me fit dîner avec M. le lieutenant-général, qui est un des plus habiles hommes que je connaisse, et, ce qui vaut mieux, un juge très-intègre et désintéressé. Il a une piété solide et édifiante. Il y avait aussi deux gentilshommes, Dom procureur, et le Père dépositaire de Ste-Croix, avec qui j'étais venu. Je vis D. Thomas Lyotard, neveu du P. prieur. L'église est belle, le retable est magnifique, les huit colonnes sont de marbre noir avec des veines d'or ; la figure de l'ange Gabriel, en marbre blanc, est inestimable. Le tabernacle est argent et ébène, d'une beauté enchantée. Il y a des tableaux de prix et d'un bon goût. Il y a aussi dans la sacristie des ouvrages très-fins en ivoire. Ce qui satisfit davantage ma curiosité, c'est le rochet de St Charles-Borromée, où l'on voit encore le trou de la balle, qui donna occasion à l'extinction des Humi-

---

(1) St Martial, disciple de Jésus-Christ, fut l'apôtre de l'Aquitaine et mourut, évêque de Limoges, en l'année 74 de notre ère.

liés (1). C'est un présent du cardinal de Sourdis, fondateur de la Chartreuse. Je vis aussi la manufacture de Bordeaux où l'on fait, entre autres choses, des dentelles d'une finesse achevée. Une seule cravate coûte 1500 livres. On travaille aussi fort proprement en canevas, etc.

JUILLET.

1713. 1. Samedi. Je dis la messe à l'autel de la Vierge, dans notre église de Ste-Croix. Après dîner, je partis très-satisfait des bonnes manières de nos confrères. Le R. P. visiteur et le P. prieur me conduisirent jusqu'à la dernière porte ; D. Jacques Nicole (2), neveu du fameux M. Nicole et du P. Cheminais (3), et procureur de l'abbé de Béringhen (4), et le P. dépositaire me conduisirent *usque ad navem*. J'écrivis à M. l'évêque de Sarlat et à M. Roudil. J'arrivai à Blaye, sur les six heures, en bonne compagnie. Je ne dois pas oublier que j'ai une obligation particulière à un vénérable vieillard, D. Pierre Barry (5), qui a extrait tout ce qu'il a pu des archives de l'évêché, des Cartulaires de la Seauve (6) et de Ste-Croix, qui sont très-beaux.

---

(1) Cette tentative d'assassinat eut lieu le 26 octobre 1569. Elle se trouve rapportée, à l'occasion de l'histoire de l'Ordre des Humiliés, dans le *Dictionnaire des Ordres religieux*, du P. Héliot, t. IV, c. 15.

(2) D. Jacques Nicole, né à Chartres, fit profession à l'âge de 18 ans, dans l'abbaye de N.-D. de Lyre, le 3 août 1683, et mourut à Ste-Croix de Bordeaux, le 3 octobre 1725.

(3) Le P. Timoléon Cheminais de Montaigu, Jésuite et prédicateur distingué. Voir *Biographie universelle* de Michaud, éd. Delagrave, t. VIII, p 74.

(4) François de Béringhen, fils de Jacques Louis, premier écuyer du roi, et de Marie-Elisabeth d'Aumont, fut nommé abbé de Ste-Croix le 14 mai 1712. Il devint évêque du Puy en 1725, et mourut, âgé de 51 ans, le 17 octobre 1742.

(5) D. Pierre Barry, né à Aniane, diocèse de Montpellier, fit profession à l'âge de 21 ans, dans l'abbaye de la Daurade de Toulouse, le 11 janvier 1664, et mourut à Ste-Croix de Bordeaux, le 9 novembre 1720.

(6) L'abbaye de N.-D. de Sauve-Majeure ou la Seauve (*Silva Major*), Ordre de St-Benoît, diocèse de Bordeaux, fut unie en 1646 à la Cong. de St-Maur. — La Sauve-Majeure, chef-lieu de commune du canton de Créon (Gironde).

Au nom de J.-C. notre doux Sauveur.

La divine Marie, me comblant de jour en jour de ses faveurs, je commence heureusement ce quatrième livret de mon voyage, que j'espère devoir finir bientôt, au jour de la fête de la Visitation. Je dis la messe dans une église dédiée en son honneur, sous le titre de l'Assomption. Toute la garnison du château de Blaye y assista, en grande dévotion. Le R. P. correcteur des Minimes m'arrêta à dîner, et me régala bien avec toute la charité héréditaire dans son Ordre. C'est au maître-autel de leur église que je dis la messe de grand matin. Je fus ensuite aux abbayes de St-Romain (1) et de St-Sauveur (2) de Blaye. La première est de l'Ordre de St-Augustin. M. de Vaillac (3) en est abbé commendataire. L'église est propre et bâtie à neuf. L'autre abbaye est de l'ordre de St Benoît. Dom Fabre, nouveau général de la Congrégation des Exempts (4), y réside en qualité de prieur du monastère. Il nous a fourni un catalogue des abbés. C'est un bon homme, et tel qu'il le faut pour gouverner des moines *exempts* de bien faire. Le couvent des Minimes fut fondé, dans la ville de Blaye, le 17 mai 1606, par M. Jean d'Esparbès de Lussan (5), gouverneur de Blaye,

---

(1) L'abbaye de St-Romain de Blaye (*S. Romanus de Blavia*), Ordre de St-Augustin, diocèse de Bordeaux. Son église était à la fois abbatiale et paroissiale.

(2) L'abbaye de St-Sauveur de Blaye (*S. Salvator de Blavia*), Ordre de St-Benoît, Congrégation des Exempts, était située dans la ville de Blaye.

(3) J.-B. de Gourdon de Genouillac de Vaillac, nommé à ce bénéfice le 10 juillet 1669.

(4) Le Concile de Trente ayant obligé les monastères indépendants à s'unir en congrégation, ou à subir la visite des évêques, il se forma en France, en 1580, sous le nom d'*Exempts*, une association de Bénédictins. La réforme de St-Maur, qui avait fait de rapides progrès, ne tarda pas à être introduite dans un certain nombre des abbayes dépendantes de la Congrégation des Exempts, et il n'en resta bientôt plus que quelques-unes unies sous cette appellation. Ces communautés comptaient seulement 67 religieux, lorsque la Congrégation fut dissoute par Lettres-Patentes du 5 mars 1770. — Voir *Histoire de Marmoutiers*, par D. E. Martène, dans les *Mémoires de la Société arch. de Touraine*; Tours, 1875, tome xxv, p. 385 et suiv.

(5) Jean-Paul d'Esparbès de Lussan, sénéchal d'Agenois et de Condomois, mourut fort âgé, le 18 novembre 1616. De son mariage avec Catherine de

assisté de M. François d'Esparbès, son fils, et de Dame Hippolyte de Bouchard, son épouse.

Lorsqu'on voulut faire une citadelle à Blaye, on transporta le monastère de St-Romain, et toutes les maisons des particuliers furent démolies. Il n'y eut que le couvent des RR. PP. Minimes qui resta dans l'enceinte de la citadelle, et ces bons Pères, en reconnaissance des bienfaits qu'ils avaient reçus de M. Claude, duc de St-Simon (1), pair de France, gouverneur de la ville, château et comté de Blaye, lui accordèrent le titre de fondateur, le 26 mai 1654. Les Minimes de Blaye ont presque tous trois jambes (2). Je fus coucher au Petit-Nyort.

3 juillet 1713. Je dînai à Ponts, où je trouvai plusieurs officiers de distinction. Sur les quatre heures du soir, après avoir fait collation aux Jacobins, je fus souper à Saintes, à St-Paul, où je trouvai bonne compagnie. J'étais venu avec trois Anglais depuis Bordeaux.

4 juillet. Je rendis visite à quelques chanoines, et dînai au collège, où le P. de Mesplez, recteur, me fit cent amitiés. Je fus coucher à St-Jean, où le R. P. prieur me reçut avec sa bonté ordinaire.

5. Je reçus des visites des principaux de la ville.

6. Je rendis plusieurs visites avec D. Melchior Boyer (3).

Montagu de La Serre, il eut François d'Esparbès de Lussan. Celui-ci lui succéda dans ses charges et dignités et fut nommé maréchal de France, le 18 septembre 1620. Il avait épousé, le 12 juillet 1597, Hippolyte Bouchard, vicomtesse d'Aubeterre, fille unique de David d'Aubeterre. Le maréchal et sa femme avaient aussi fondé le couvent des Minimes d'Aubeterre.

(1) Claude de Rouvroy, duc de St-Simon, eut pour fils le célèbre auteur des *Mémoires*, Louis, duc de St-Simon, gouverneur de la ville, château et comté de Blaye, comme son père.

(2) Cela veut dire que les infirmités de ces religieux les obligeaient à se servir d'une canne. Cette expression rappelle l'énigme posée par le Sphynx à Œdipe.

(3) D. Melchior Boyer, né à Ahun, diocèse de Limoges, fit profession à l'âge de 24 ans, dans l'abbaye de St-Augustin de cette ville, le 24 juillet 1685, et mourut à St-Jean-d'Angely, le 21 mars 1729.

7. Je fus à la Fayolle (1) avec D. Jacques Cusson (2), zélateur. D. Etienne Marcombes (3), cellérier, nous régala fort obligeamment. M. l'avocat du roi, jadis mon écolier, et trois autres messieurs furent de la partie.

8 juillet. Je fis plusieurs visites avec D. V. Marcland.

9. Je fus chez les Ursulines, avec le P. prieur, et j'y dis la messe.

25. Je reçus plusieurs bouquets pour la fête de St Jacques. Nous nous rencontrâmes six Jacques dans la communauté de St-Jean-d'Angely.

31. Je visitai les couvents de la ville de Saint-Jean.

AOUT.

1713. 3. Je fus au Poupeau (4), paroisse de Bignay (5), avec D. Melchior Boyer et D. Vincent Marcland, où M. Mestadier, avocat du roi, qui a été mon écolier, nous régala magnifiquement et de bon cœur. Nous déjeûnâmes chez le procureur du roi.

4. J'entendis le panégyrique de St Dominique aux Jacobins. Le P. Amadieu, Cordelier, prit pour texte : *Omnia facio propter Evangelium* (6). Il fit voir que St Dominique, plein de foi, avait pratiqué l'Evangile ; que, plein de charité, il l'avait prêché.

On commença après vêpres une neuvaine à la Vierge, pour obtenir le beau temps et la cessation des pluies continuelles. D. Ant. Roy a prêché aujourd'hui à l'abbaye de Saintes,

---

(1) La Fayolle, village de la commune du Pin-St-Denis. — Les religieux de l'abbaye de St-Jean-d'Angely s'y retirèrent vers la fin de l'année 1594, jusqu'en 1600, époque à laquelle ils revinrent dans cette ville.

(2) D. Jacques Cusson, né à Thiers, diocèse de Clermont, fit profession à l'âge de 19 ans, dans l'abbaye de St-Augustin de Limoges, le 9 mars 1705, et mourut à St-Austremoine d'Issoire, le 11 novembre 1754.

(3) D. Etienne Marcombes, né à Riom, diocèse de Clermont, fit profession à l'âge de 19 ans, dans l'abbaye de St-Augustin de Limoges, le 9 novembre 1697, et mourut à St-Jean-d'Angely, le 15 juillet 1734.

(4) Le Poupeau, commune de Bignay, canton de St-Jean-d'Angely.

(5) Bignay, chef-lieu de commune du canton de St-Jean-d'Angely.

(6) I Cor. 9. 23.

pour la rénovation des vœux. J'ai fait la classe de rhétorique pendant deux jours.

15 août. Après vêpres, nous fîmes la procession solennelle, où assistaient les Jacobins, les Cordeliers et les Capucins, et tous les corps de ville.

18. Nous fîmes un service solennel pour D. Arnoul de Loo, notre supérieur-général, décédé à St-Germain-des-Prés, le 9 de ce mois.

19. Je reçus une lettre toute obligeante de M. l'évêque de Sarlat, qui m'a fait l'honneur de m'envoyer son mandement pour la publication de la paix, et un détail des réjouissances qui se sont faites, par son ordre, le 15 juin dernier. M. l'abbé de Vaux, vicaire-général de M. de Sarlat, m'a envoyé quelques Mémoires de Ponts, et le P. Justin Bergue, fameux prédicateur, gardien des Récollets de Ponts, m'en a envoyé quelques-uns de son couvent.

20. St Bernard ramena le beau temps, avec la nouvelle lune. On prit Landau.

26. Je partis de St-Jean avec Dom Vincent Torrillon (1), qui va demeurer à Solignac. Nous dînâmes à Macqueville (2), prieuré dépendant de l'abbaye de Charroux, uni au collége de Saintes. Nous soupâmes à Bassac.

28 et 29. Je transcrivis quelques titres d'une redevance du prieur d'Eschalat (3) au prévôt-moine de Bassac, que le P. prieur a retirés d'un procureur d'Angoulême; motif pour lequel j'étais retourné à Bassac, à la sollicitation du cher R. P. prieur.

30 août. F. Fleury et F. Julien La Mothe, Chanoines-Réguliers de la Couronne, me vinrent voir à Bassac. Ce dernier me donna une copie d'un manuscrit historique de l'abbaye de la

---

(1) D. Vincent Torilhon, né à la Chaise-Dieu, fit profession à l'âge de 19 ans, le 25 septembre 1669, à l'abbaye de St-Allyre, et mourut dans celle de la Chaise-Dieu, le 17 mai 1715.

(2) Macqueville, chef-lieu de commune du canton de Matha (Charente-Inférieure).

(3) Echallat, chef-lieu de commune du canton d'Hiersac, arrondissement d'Angoulême.

Couronne, que je l'avais prié de me transcrire. Le P. Dalème, prieur des Carmes-Déchaussés d'Angoulême, arriva le soir avec D. Jean Dalème, son frère. Il nous dit que les PP. Jésuites d'Angoulême venaient de soutenir une thèse, où ils avançaient que l'opinion du Père Maignan (1) sur les accidents est *periculosa in fide*.

31. On célébra, à Bassac, la fête de la dédicace de l'Eglise, dédiée à St Etienne. Je corrigeai le Cérémonial monastique, et fis un ordre des cérémonies, que l'on fera le jour des Saintes Reliques, que l'on célébrera pour la première fois le dimanche après la St Luc. Le P. sous-prieur de St-Jean-d'Angely est invité pour faire le sermon. On fera la procession en chapes, et l'on portera les quatre beaux reliquaires d'ébène que le P. prieur a fait venir de Paris. Il attend un tabernacle de même, et il a fait, dans l'église et dans le monastère, des réparations bien entendues.

SEPTEMBRE.

1713. 1. Je partis de Bassac avec le R. P. prieur et M. le curé de St-Simond (2) (*S. Sigismondi*); nous dînâmes à l'abbaye de la Frenade, où Dom Vitier, mon bon ami, nous régala bien. Nous passâmes la Charente au port de Lis, que nous avions passée, avant dîner, à Vinade. Nous couchâmes au prieuré de St-Georges d'Aurion (3), où M. de Maisonneuve, qui en est fermier, nous reçut parfaitement bien. Ce prieuré est situé sur la Charente, à une lieue et demie de Saintes, et il dépend de Bassac.

2. Nous dînâmes chez M. l'évêque de Saintes, qui doit partir, pour Paris, le 9 de ce mois, et qui avait mandé au prieur de

---

(1) Le P. Maignan (Emmanuel), religieux Minime, fort savant en philosophie et en mathématiques. Il était né le 16 juillet 1601, à Toulouse, où il mourut le 29 octobre 1676.

(2) St-Simon, chef-lieu de commune du canton de Châteauneuf-sur-Charente (Charente).

(3) St-Georges d'Orion, commune de Chaniers, canton de Saintes.

Bassac qu'il souhaitait le voir avant son départ. Ce prélat nous fit mille amitiés, et m'embrassa bien tendrement. Nous soupâmes à St-Eutrope, où M. du Caurroy, prieur, nous reçut à sa manière ordinaire.

3. Dimanche. Après avoir dit la messe à Ste-Claire, église la plus voisine de notre auberge de Saint-Paul, nous fûmes coucher à Rochefort (1), et M. le curé de St-Simond s'en retourna à sa paroisse. Nous logeâmes à la Ville de Poitiers. Nous traversâmes la belle allée de la Roche-Courbon (2).

4 septembre. Nous vîmes les magasins et l'arsenal, les corderies, etc., de Rochefort ; nous montâmes dans le vaisseau *La Reine des Anges*, que l'on armait et qui devait partir le lendemain. M. de La Galissonnière (3), commandant de la place, nous fit beaucoup d'honnêtetés. J'en reçus beaucoup de M. le curé de St-Louis et des bons PP. Capucins. Nous partîmes après le dîner. Nous fîmes collation chez les Capucins de Tonnay-Charente (4), où il y a une abbaye qui dépendait autrefois de celle de St-Jean-d'Angely. Nous passâmes la Boutonne, et, après avoir traversé la ville de St-Savinien (5), où il y a un prieuré dépendant de Bassac, et un couvent d'Augustins, nous couchâmes au château de Coulonges (6), chez M. de Mérignac.

5. Nous dînâmes au Poupeau, chez M. l'avocat du roi, et soupâmes à St-Jean, en bonne compagnie.

6. Le P. prieur de St-Jean, celui de Bassac, et le P. curé de St-Jean m'invitèrent à dîner avec eux. J'accompagnai le

---

(1) Rochefort-sur-Mer, port de guerre, chef-lieu d'arrondissement du département de la Charente-Inférieure.

(2) La Roche-Courbon, près St-Porchaire.

(3) M. de La Galissonnière, lieutenant général des armées du roi, était le père du vainqueur de Mahon.

(4) Tonnay-Charente, chef-lieu de canton de l'arrondissement de Rochefort. — L'abbaye de Tonnay-Charente (*Tauniacum, Talnacum, Thalnayum*), Ordre de St-Benoît, dépendait de l'ancien diocèse de Saintes.

(5) St-Savinien, chef-lieu de canton de l'arrondissement de St-Jean-d'Angely.

(6) Coulonges, chef-lieu de commune du canton de St-Savinien.

P. prieur de Bassac jusqu'à Asnières (1). Les autres deux furent prendre congé de M. l'évêque de Saintes.

8. Après vêpres, on fit la procession, après laquelle on donna la bénédiction ; ce que l'on fait les fêtes et dimanches, par ordre de M. l'évêque, pour demander à Dieu le beau temps.

11 septembre. Je fus à Fontenet (2), à une grande lieue de St-Jean, avec M. Maurice Griffon de la Richardière. M. Croizé de Fontorbe nous traita splendidement ; il y avait une nombreuse compagnie. Le prieuré de St-Vincent de Fontenet dépend de St-Jean-d'Angely. M. l'abbé de Bouville en est titulaire. Pierre d'Abzac de La Douze, moine de St-Jean, ensuite archevêque de Narbonne (3), était prieur de Fontenet, où il y avait plusieurs religieux.

Parmi les papiers du monastère de St-Jean, j'ai trouvé une lettre qui mérite d'être insérée ici. D. F. Rolle (4), qui en est l'auteur, possédait parfaitement l'Ecriture-Sainte. Il écrivit cette lettre au sujet de l'union du monastère de St-Jean à la Congrégation des Exempts (5), qui, selon les apparences, étaient alors moins exempts de bien faire qu'ils ne le sont à présent.

Reverendo in Christo patri Domino Angeliacensi Cænobiarchæ, Venerandis patribus Magistris ordinis, Religiosis fratribus, officiariis prioribus, minoribus Angeliacensis Abbatiæ, Generalis Congregationis Benedictinorum Exemptorum. Salutem, et sic bona plantare, ut nec inimicus valeat convellere.

Mirabilis facta est nobis, Venerandi patres et dilectissimi fratres, scientia vestra luculento sermone et ardenti desiderio confortata. Ecquis poterit adversus illam? Humilem procuratorum vestrorum supplicationem suscepimus, quâ per illos postulatis nobis

---

(1) Asnières, chef-lieu de commune du canton de St-Jean-d'Angely.
(2) Fontenet, chef-lieu de commune du canton de St-Jean-d'Angely.
(3) 1494-1502.
(4) D. François Rolle était né à la Réole (Gironde). — Son neveu, D. Anselme Rolle, introduisit, en 1617, la réforme de St-Maur dans l'abbaye de Ste-Croix de Bordeaux, unie à la Congrégation des Exempts depuis 1585.
(5) La Congrégation des Exempts occupa l'abbaye de St-Jean-d'Angely de 1584 à 1623.

nostræque Benedictinæ Congregationi Exemptorum uniri et aggregari. Copiosus est divinæ gratiæ sinus, qui nec deficit singulis, et sufficit universis: dispersos colligit, errantes revocat, redeuntes amplectitur, volentes trahit, et invitos compellit intrare. Hujus desiderio paternitatem ac devotionem vestram, quæ terrenæ militiæ infructuosos labores contemnit, totam se, ut experientia docet, ad palmam supernæ vocationis extendit; dum adhuc super flumina Babylonis sedentes recordati estis Sion, idest, veteris et antiquæ reformationis et monasticæ professionis Benedictinorum; ut operibus pietatis ac devotionis intenti, in exemplum justitiæ supra montes Bethel per virtutum gradus conscendatis. Crescat in dies voluntas hæc vestra bona, Deo placens et perfecta, disciplina regularis per industriam vestram vestro in monasterio Angeliacensi reviviscat: vestra diligentia a capite in barbam et usque in oram vestimenti, et inconsutilis tunicæ Christi descendat odor unguentorum vestrorum, et sit super omnia aromata terræ. Vestra denique singulari diligentia et providentia ad lapidem, qui Christus est, allidantur hujusce infelicis seculi fluctus; in opere vobis injuncto sedulo invigilate, ut mensuram bonam et confertam, coagitatam, et supereffluentem reportetis in sinum vestrum, cum dominus ad judicandum venerit, et reddiderit unicuique juxta opera sua. Valete in Domino, et vestris apud Deum orationibus me vestri studiosissimum, nostramque Benedictinorum Exemptorum congregationem juvate. Si quid vero instructionis, dilectionis, et doctrinæ poterimus, parati sumus vobis impertiri, et materna ubera potiùsquam paternam severitatem porrigere et exhibere. Lutetiæ Parisiorum, Kalend. Decemb. anno Domini millesimo quingentesimo octuagesimo (*sic*) quarto.

Et infra sign: FRANCISCUS ROLLE Generalis Benedictinorum Exemptorum. *Et inferius.* De mandato R^{di} D^{ni} Generalis Bened. Exemptorum. J. MOYSANT.

18 sept. Le R. P. D. F. de Grandsaigne, prieur de St-Jean, ayant reçu ordre de la Diète de chercher, au diocèse de Luçon, un endroit pour y transporter le monastère de St-Michel-en-Lherm, et d'en faire son rapport au Chapitre général prochain, me fit l'honneur de me choisir pour son compagnon. Nous fûmes dîner à Surgères (1), où la fièvre double tierce continue me

---

(1) Surgères, chef-lieu de canton de l'arrondissement de Rochefort-sur-Mer.

prit, de sorte que je fus obligé de m'y arrêter, et le P. prieur fut coucher à la Rochelle (1), où il prit congé de M. le maréchal de Chamilly (2), qui va à Paris.

19. J'eus assez de courage pour retourner à St-Jean, où la fièvre m'étrilla bien pendant sept jours.

OCTOBRE.

1713. 1. Je dis la sainte messe à la chapelle de l'infirmerie.

5. Je la dis à l'église. Le P. prieur de St-Jean est revenu avec la fièvre tierce. Il a acheté, de la bibliothèque de feu M. Begon (3), la Byzantine (4), et les portraits de D. Benoît Brachet (5) et de D. Luc Dachéry (6), le tout 50 pistoles.

Le vers suivant se peut changer en 1022 façons, en gardant le sens et les lois du vers hexamètre. On le peut aussi changer cent fois, en rétrogradant.

Tot tibi sunt dotes, virgo, quot sidera cœlo (7).

(1) La Rochelle, chef-lieu du département de la Charente-Inférieure.

(2) Noël Bouton, marquis de Chamilly, commandant des provinces de Poitou, Aunis et Saintonge, nommé maréchal de France le 14 janvier 1703.

(3) Michel Begon, Intendant de la généralité de la Rochelle, mort en 1710. Voir *Michel Begon*, par G. Duplessis; Paris, 1874. *Dictionnaire des Amateurs Français au* XVII° *siècle*, par Edmond Bonnafé, p. 17; Paris, Quantin, 1884.

(4) Il s'agit du corps d'Histoire de Constantinople, imprimé au Louvre pendant le XVII° siècle, et composé de 29 volumes in-folio.

(5) D. Michel Benoît Brachet, né à Orléans, mort le 7 janvier 1687, supérieur général de la Cong. de St-Maur. Voir *Supp. à l'hist. litt. de la Cong. de St-Maur*, par M. Ulysse Robert, p. 21.

(6) D. Jean Luc d'Achéry, né à St-Quentin, diocèse de Noyon, fit profession à l'âge de 23 ans dans l'abbaye de la Ste-Trinité de Vendôme, le 24 octobre 1632, et mourut à St-Germain-des-Prés, le 29 avril 1685. — Voir *Hist. litt. de la Cong. de St-Maur*, p. 103; et *Bibl. des Ecrivains de la Cong. de St-Maur*, par Ch. de Lama, p. 52. — D'après D. Tassin, *loc. cit.*, D. L. d'Achéry aurait fait profession le 4 octobre 1632, à l'âge de 52 ans; nous croyons qu'il y a là une faute d'impression, car, quelques lignes plus haut, on lit que celui-ci était né en 1609.

(7) Ce vers latin: *Tot tibi..* est du P. Bernard Bauhuis, né à Anvers en 1565 et mort en 1619; le suivant est aussi de lui. — Erycius Puteanus publia le premier, sous toutes ses formes, dans: *Erycii Puteani pietatis thaumata in Bernardi Bauhusi, e societate Jesu, Proteum Parthenium, unius libri versum, unius versus librum, stellarum numero, sive formis* MXXII *variatum « Tot tibi sunt dotes, Virgo, quot sidera cœlo. » Antverpiæ, ex officina Plantiniana,*

Le suivant, qui est tiré de l'Ecriture, se peut tourner en 3628800 manières.

$$\overset{a}{\text{Rex}},\overset{b}{\text{dux}},\overset{c}{\text{sol}},\overset{d}{\text{lex}},\overset{e}{\text{lux}},\overset{f}{\text{fons}},\overset{g}{\text{spes}},\overset{h}{\text{pax}},\overset{i}{\text{mons}},\overset{k}{\text{petra}},\text{Christus (1).}$$

Au bas de la page on lit :

EPIGRAMMA DE S. CAROLI EFFIGIE.
Dimidium pinxit quæ dextera Borromeum,
Norat quod totum pingere nemo queat.

13 octobre. Fête de St Venant, abbé, que l'on fait double au monastère de St-Jean ; je fus à la Fayolle, d'où je revins le lendemain. D. E. Marcombes, cellérier, m'y fit toutes les caresses possibles. Nous avons vu, à St-Jean, le P. supérieur de St-Aubin d'Angers, et Dom Rohault, bachelier de l'Université d'Angers et maître de théologie à St-Aubin, qui est un très-savant religieux, et qui a un mérite extraordinaire.

Voici la conclusion d'un discours adressé à une Ursuline de Dieppe, le jour de sa profession, par un autre religieux qui avait aussi un talent extraordinaire. C'est le vénérable Père Abacuc de Lombez.

« Courage, dit-il, ma chère Sœur, vous voilà enfin Ursuline, c'est-à-dire une jeune ourse encore informe et imparfaite, mais

---

apud Balt. et Joan. Moretos, 1617, 4°, 116 pp. — En 1653, Georges Joseph Bekker publia aussi : *Proteus Parthenius, id est, Bernardi Bauhusii Hexameter Marianus millies bis et vicies, sensu et metro servatis, variatus... Lovanii, excudebant Van Linthout et Vandenzander*, 1653, 16°, 74 pp. — Dans la suite, Bernoulli montra que ce vers était susceptible de 40320 combinaisons différentes, mais sans conserver la mesure, et le P. Prestet qu'il y en avait 5212, en la conservant. — On peut voir aussi les *Récréations littérales et mystérieuses, par le R. P. Antoine Dobert, Minime Daufinois, sourd et asthmatique. Lyon*, 1650, 8°. — Le P. Franç. de Franchis, Jésuite italien, publia aussi : *Carmen carminum prodens Virginis Deiparæ dotes exprimens etc...., Neapoli, apud Franciscum Ricciardo*, 1724, 4°, 74 pp. Il trouva qu'il était susceptible de 2368 combinaisons.

(1) *a* Apoc. 19.   *e* Johan. 1 et 8.   *i* Psalm. 67. Dan. 2.
    b Math. 2.   *f* Zachar. 13.   *k* I Cor. 10.
    c Malach. 4.   *g* I Timot. 1.
    d Mich. 4.   *h* Eph. 2.

votre charitable supérieure, comme la mère ourse, vous formera, vous façonnera et vous lèchera tant, que l'on verra incessamment s'ouvrir en vous les yeux de la circonspection, naître les oreilles de l'attention, s'affiler le museau de la précaution, s'étendre l'échine de la soumission et s'allonger la queue de la persévérance, qui vous fera passer dans le grand bassin des eaux vives qui rejaillissent en la vie éternelle, d'où vous serez transportée dans le giron du Père Eternel, où vous conduisent les mérites de son Fils, par la vertu du St-Esprit. »

18 octobre. On célébra, à St-Jean, la révélation du chef de St Jean. Fête de second ordre.

20. Je fus à St-Sauveur de Bignay, prieuré dépendant de celui de Lanville (1), de la Congrégation des Chanoines-Réguliers de France. Le P. Nouvellet, Champenois, me régala splendidement, et me donna une liste des prieurés d'Espagnac (2), en Quercy, où il a été aumônier. La flèche de l'église de Bignay est d'une délicatesse achevée.

21. On célèbre, au monastère de St-Jean, la fête de St Hilarion, dont on avait autrefois le corps, comme je l'ai trouvé dans le Cartulaire.

23. On célébra la dédicace de l'église de St-Jean.

24. D. Etienne Marcombes, cellérier, me fit l'amitié de me venir prendre à St-Jean, pour me conduire à la Fayolle, où il me donna très-bien à dîner, et le soir il me conduisit à la Chapelle-Bâton (3). Je partis de St-Jean, très-satisfait du R. P. prieur, et de tous nos RR. PP. qui m'ont fait mille amitiés pendant mon séjour, et surtout pendant ma maladie.

---

(1) Lanville, village de la commune de Marcillac-Lanville, canton de Rouillac (Charente).

(2) Espagnac, prieuré de Chanoinesses-Régulières de St-Augustin, connu sous le nom de *Val de Paradis* d'Espagnac. — Espagnac, village de la commune de Ste-Eulalie, canton de Livernon, arrondissement de Figeac (Lot).

(3) La Chapelle-Bâton, chef-lieu de commune du canton de St-Jean-d'Angely.

F. Pierre Terrasse (1) a fait une copie de mes Mémoires, et j'ai été édifié de la sagesse de nos jeunes confrères.

25. D. Robert Lyotard, procureur de l'abbé de St-Jean, me retint à la Chapelle-Bâton ; nous entendîmes la messe de D. Melchior Boyer, dans l'église paroissiale, dédiée à saint Clément, pape et martyr. Après dîner, nous fûmes, tous trois, avec M. Besvin, curé de la Chapelle, mon ancien écolier à St-Jean, voir M. Peluchon, au Breuil. Il y a une belle bibliothèque et un enclos charmant.

26. D. Lyotard et M. le curé me firent l'amitié de m'accompagner jusqu'à la Ville-Dieu d'Aulnay (2). Nous passâmes la Boutonne, à Coudiou (3), sur un très-mauvais esquif, conduit par une femme. Nous vîmes Aulnay, où il y a une église très-ancienne, et un couvent de Carmes. On nous montra une statue équestre de Charlemagne, au-dessus de la porte de St-Pierre d'Aulnay (4); mais elle est moins ancienne que cet empereur. L'église de Ste-Madelaine de la Ville-Dieu est une annexe de St-Pierre d'Aulnay, l'une et l'autre sont de la collation du chapitre de St-Pierre (5) de Poitiers. Après avoir dîné à la Ville-Dieu, je passai à Briou (6), à Vilaine (7), dépendance de Celles, à Montigné (8), annexe du prieuré de St-Maixent de Veyrines (9),

---

(1) D. Pierre Terrasse, né à Dun-le-Roy, diocèse de Bourges, fit profession à l'âge de 20 ans, dans l'abbaye de St-Augustin de Limoges, le 14 février 1712, et mourut à Chezal-Benoit, le 16 juin 1770.

(2) La Villedieu, chef-lieu de commune du canton d'Aulnay, arrondissement de St-Jean-d'Angely.

(3) Coudiou, village de la commune de Nuaillé, canton d'Aulnay.

(4) Voir *Les Cavaliers au portail des églises*, par M. Louis Audiat, (Angers, 1872); et aussi *Mémoires sur les statues équestres de Constantin placées dans les églises de l'ouest de la France*, par l'abbé Arbellot, (Limoges, 1885).

(5) L'église collégiale de St-Pierre-le-Puellier, dans la ville de Poitiers.

(6) Brioux-sur-Boutonne, chef-lieu de canton de l'arrondissement de Melle (Deux-Sèvres).

(7) Villaines, village de la commune de Périgné, canton de Brioux.

(8) Montigné, chef-lieu de commune du canton de Celles, arrondissement de Melle.

(9) Verrines-sous-Celles, chef-lieu de commune du canton de Celles, arrondissement de Melle.

où M. Dupuy, fermier de nos Pères de St-Maixent, me fit boire d'excellent vin d'Ains de trois feuilles.

27 octobre. J'arrivai, vers les huit heures du matin, à l'abbaye de N.-D. de Celles (1), où le P. Masson, sous-prieur des Chanoines-Réguliers, me reçut parfaitement bien. Le P. Gesvrier, procureur, me communiqua le peu de papiers qu'ils ont retirés des mains des Huguenots, et des héritiers des abbés commendataires. Je trouvai l'érection de l'abbaye qu'ils ignoraient. Le P. Simon, qui est prieur de Celles, était allé voir le P. prieur de St-Jean-d'Angely, son ancien ami.

28. M'étant botifié pour partir, après avoir dit la messe à l'autel de Notre-Dame, afin de me trouver à la fête de la translation des reliques de St Maixent et de St Léger, je fus obligé de rester à Celles, avec les curés de Torigny (2) et de St-Roman (3), à cause de la pluie qui tombait à pleins seaux. Je ne pus partir que le 30; encore fallut-il allonger d'une lieue mon chemin, à cause des ruisseaux qui avaient grossi extraordinairement. Je passai par Baussay (4), dans l'intention de demander à M. de Sevrette la vie de Louis XI, qu'il a manuscrite en vers français; mais il était à Ferrières. J'arrivai à St-Maixent (5) avec beaucoup de peine.

NOVEMBRE.

1713. 1. Je fis diacre, et le jour suivant, à la grand'messe. Je donnai au P. prieur une restitution de cent louis d'or vieux,

---

(1) L'abbaye de N.-D. de Celles (*Cella B. Mariæ*), Ordre de St-Augustin, Congrégation de France, dans l'ancien diocèse de Poitiers. — Celles-sur-Belle, chef-lieu de canton de l'arrondissement de Melle. — D. Ed. Martène visita ce monastère et quelques autres abbayes du Poitou en 1708. Voir *Voyage littéraire de deux religieux Bénédictins de la Cong. de St-Maur*, t. I, pp. 6-16.

(2) Thorigné, chef-lieu de commune du canton de Celles.

(3) St-Romans-lès-Melle, chef-lieu de commune du canton de Melle.

(4) Beaussais, chef-lieu de commune du canton de Celles.

(5) L'abbaye de St-Maixent (*S. Maxentius*), Ordre de St-Benoît, dans l'ancien diocèse de Poitiers. La Congrégation de St-Maur y fut introduite le 2 juillet 1634. — St-Maixent, chef-lieu de canton de l'arrondissement de Niort (Deux-Sèvres).

qui valaient cinq cents écus, que l'on m'avait confiés. D. Jacques Chappellet (1) fit un charmant sermon, et le dit bien. J'ai fait un extrait du Cartulaire de St-Maixent, et des plus anciens titres.

10. Je fus aux Cordeliers, aux Capucins, et aux Ecoles charitables pour prendre l'année de leur institution. Nous apprimes la mort de M. le duc Mazarin (2), qui arriva hier à la Melleraye.

13. Je dis la grand'messe dans l'église de Notre-Dame des Anges; D. Léonard David (3) était diacre, et D. Aymard Monmaur (4), sous-diacre, avec thuriféraire et céroféraire. Les Dames Bénédictines communièrent à la fin de ma messe, avant laquelle j'avais exposé le T.-St-Sacrement.

14. Après avoir dit la messe à l'autel de N. B. P. St Benoît pour tous nos confrères défunts, je partis avec D. François Roy, cellérier et procureur, et nous fûmes coucher à Luzignan (5), au Chapeau Royal. Le P. D. Antoine Vaslet, prieur de St-Maixent, m'a comblé d'honnêtetés. J'ai aussi beaucoup d'obligation à D. Chapellet, D. Jean Brunier, D. Monmaur, D. Chaussendier (6), etc.

(1) D. Jacques Chappellet, né à la Souterraine, diocèse de Limoges, fit profession, à l'âge de 18 ans, dans l'abbaye de St-Augustin de cette dernière ville, le 16 juillet 1691.

(2) Armand-Charles de La Porte, duc de Rethelois-Mazarin, de la Meilleraye et de Mayenne. Il avait épousé, par contrat du 28 février 1661, Hortense Mancini, nièce du cardinal Mazarin, lequel l'institua son héritier universel, à la charge de porter le nom et les armes pleines de Mazarini, ce qui fut confirmé par des Lettres vérifiées en Parlement le 5 août 1661. (*Hist. gén. et chron. de la Maison royale de France*, par le P. Anselme, t. II, p. 1100). — La Meilleraie, château, commune de Beaulieu-sous-Parthenay, canton de Mazières-en-Gatine (Deux-Sèvres).

(3) D. Léonard David, né à Limoges, fit profession à l'âge de 19 ans, dans l'abbaye de St-Augustin de cette ville, le 17 juillet 1695.

(4) D. Aymard Monmaur, né à Meyssac, diocèse de Limoges, fit profession à l'âge de 19 ans, dans l'abbaye de St-Augustin de cette ville, le 17 juillet 1695, et mourut à Mauriac, le 21 avril 1726.

(5) Lusignan, chef-lieu de canton de l'arrondissement de Poitiers (Vienne).

(6) D. Claude Chaussendier, né au Monastier-St-Chaffre, diocèse du Puy, fit profession, à l'âge de 27 ans, dans l'abbaye de St-Allyre de Clermont, le 16 août 1686, et mourut à St-Maixent, le 22 avril 1729.

15 novembre 1713. Nous partîmes de Lusignan, avec un brave gentilhomme d'auprès de Mesle, nommé Joscelin, descendant du fameux sieur de St-Preuil (1). Nous dînâmes à St-Cyprien de Poitiers (2), où le R. P. D. Blaise Vignolles (3), prieur, m'accabla de caresses. Nos autres confrères, qui sont mes anciens amis, m'en ont donné des marques sincères.

17. Entre dix et onze heures du soir, D. Jacques Jouvelin (4), sous-prieur, natif de Dreux, au diocèse de Chartres, mourut d'une oppression de poitrine. Il travaillait, comme moi, pour la continuation des Annales, et pour l'édition de *Gallia Christiana*, que le P. de Ste-Marthe m'écrit avoir mis depuis peu sous la presse.

18. Nous enterrâmes au Chapitre le P. sous-prieur; outre les Religieux de la communauté, qui sont tous d'élite, il y avait D. Ant. Viale, sous-prieur de St-Savin, D. F. Roy et D. François Simonnet (5). De plusieurs nouvelles que l'on mande de Paris touchant la Constitution contre le P. Quesnel, on dit un bon mot de M. Boileau, qu'il ne connaissait point d'autre Janséniste que le duc de Gesvres : *Il veut, mais il ne peut* (6).

(1) François Jussac d'Embleville de St-Preuil, d'une famille considérable de la Saintonge. Ce fut lui qui fit prisonnier le duc de Montmorency à la bataille de Castelnaudary. Il est connu par ses aventures et sa fin tragique. Il fut décapité à Amiens le 9 novembre 1641. (*Biog. univ.* de Michaud, éd. Delagrave, t. xxvii, p. 402).

(2) L'abbaye de St-Cyprien de Poitiers (*S. Cyprianus Pictaviensis*), Ordre de St-Benoît, située près et hors des murs de cette ville, fut unie à la Congrégation de St-Maur le 7 septembre 1642.

(3) D. Blaise-François Vignolles, né à Saintes, fit profession à l'âge de 19 ans, dans l'abbaye de St-Augustin de Limoges, le 23 août 1685, et mourut à St-Cyprien de Poitiers, le 19 août 1714.

(4) D. Jacques Jouvelin, né à Dreux, diocèse de Chartres, fit profession à l'âge de 19 ans, dans l'abbaye de N.-D. de Lyre, le 18 mai 1690, et mourut à St-Cyprien de Poitiers, le 17 novembre 1713. Voir *Supp. à l'Hist. litt. de la Cong. de St-Maur*, par M. Ulysse Robert, p. 58.

(5) D. François Simonnet, né à Ahun, diocèse de Limoges, fit profession dans l'abbaye de St-Augustin de cette dernière ville, à l'âge de 24 ans, le 16 juillet 1691, et mourut à St-Jean-d'Angely, le 12 février 1724.

(6) Allusion à un procès célèbre, alors pendant, entre François-Joachim Bernard Potier, duc de Tresmes et de Gesvres, et Marie-Magdeleine-Emilie Mascranni, son épouse. Voir *Mémoires du duc de St-Simon*, (Ed. Chéruel et Ad. Regnier fils), t. ix, p. 311 et t. x, p. 337.

Il y a une lettre d'une dame, soi-disant Ursule de La Grange, au Pape où il y a de l'esprit et du sel.

25 novembre. J'envoyai à D. Claude Chaussendier des leçons que j'ai brochées, à sa demande, pour la fête de St Saturnin, patron de la paroisse de St-Maixent, et pour la fête de St Symphorien d'Autun. Il n'y a presque rien du mien ; je me suis servi, autant que j'ai pu, des termes des actes des martyrs de D. T. Ruinart.

26. Dimanche. On faisait, chez nos Sœurs Bénédictines de la Trinité, la fête de la T.-Ste Trinité. Le R. P. prieur m'a amené au sermon. Dès que je vis le prédicateur paraître en chaire, il me sembla de voir le Père Eternel avec une barbe longue, épaisse, blanche et vénérable. C'était un bon Père Capucin, qui nous fit connaître ce profond mystère, au-dedans et au-dehors, (c'est sa division), par ses émanations et par ses missions. Je crois que ni lui, ni les auditeurs, qui étaient clair-semés, ne comprenaient pas ce qu'il disait. Il fit fort à propos, devant les Religieuses qui faisaient le plus gros de l'auditoire, toute sa morale contre les blasphémateurs. Le meilleur de cette pièce, c'est qu'elle fut très-courte. D. Jean Thomasson (1) donna la bénédiction du St-Sacrement.

29 novembre. Le Père Coquin, Religieux Augustin, fit le panégyrique de St Saturnin, dans la paroisse dédiée à ce saint, qui dépend de notre abbaye de St-Cyprien, où sa fête est de précepte.

30. Je fus à la Cathédrale, avec D. F. Roy, pour entendre le sermon que M. l'évêque de Poitiers fit, après l'évangile de la messe, qu'il célébrait pontificalement, à l'autel que l'on avait dressé exprès, dans la nef, devant le jubé. Ce prélat prêcha pour rétablir la confrérie de l'Adoration perpétuelle. Il a beaucoup de zèle et beaucoup d'onction. L'auditoire était très-nombreux.

---

(1) D. Jean Thomasson, né à Brantôme, diocèse de Périgueux, fit profession à l'âge de 17 ans, dans l'abbaye de St-Augustin de Limoges, le 15 octobre 1683.

DÉCEMBRE.

1713. 1. M. l'abbé de Montier-Neuf (1) vint voir le P. prieur et demanda à me parler, par rapport à son abbaye (2), qu'il veut faire insérer avec éloge dans *Gallia Christiana*. Le P. prieur lui donna un repas magnifique ; je fus de la partie avec M. Bardou, curé de Montier-Neuf, M. de Vezin de Ribourg et D. F. Roy. Le soir, pendant la collation, la fièvre me prit. Elle fut suivie d'une violente oppression de poitrine, d'un crachement de sang, d'un point de côté, d'une douleur d'oreille et de plusieurs autres fâcheux accidents. M. de La Grève, médecin, désespérait presque de ma vie ; il eut un grand soin de moi. Le P. prieur eut une charité paternelle à me procurer tous les remèdes nécessaires. Je fis une confession extraordinaire à D. J. Thomasson, mon confesseur ordinaire. Nos Pères me marquèrent beaucoup d'amitié et surtout mon charitable infirmier, D. Pierre Métayer (3), qui ne m'abandonnait ni de jour, ni de nuit, dans le fort de ma maladie. Je prie le Seigneur de récompenser sa charité.

17. Un Jésuite Hollandais, professeur de rhétorique, fit un discours sur la paix pour l'ouverture des classes. Il parla de la prise de Fribourg, de la guerre que le roi fait aux alliés et aux Jansénistes. Son latin était fleuri, mais il ne parla de rien moins que de la paix. Il parla de la Constitution, et qualifia le P. Quesnel de ces épithètes pompeuses : *Bellua hollandica*,

---

(1) Pierre d'Hauteville, originaire de Cluny en Bourgogne, nommé abbé de Montier-Neuf le 15 août 1711. Il introduisit les Clunistes-Réformés dans ce monastère et fut reçu, comme ses prédécesseurs, conservateur des priviléges de l'Université de Poitiers.

(2) L'abbaye de St-Jean-l'Evangéliste de Montier-Neuf ou Moustier-Neuf (*Monasterium Novum*), Ordre de St-Benoît, située dans la ville de Poitiers.

(3) D. Pierre Métayer, né à St-Etienne-en-Forez, fit profession, à l'âge de 17 ans, dans l'abbaye de St-Augustin de Limoges, le 4 décembre 1701. Il était prieur de St-Maixent, lorsqu'il fut député au Chapitre de la Congrégation de St-Maur tenu à Marmoutiers, près de Tours, le 2 juillet 1733, (*Nouvelles ecclésiastiques*, an. 1733, p. 189).

anhelans et expirans. M. l'évêque y était à la tête l'Université, etc...

21. Je communiai à la chapelle de l'infirmerie, où j'entendis la messe pour la première fois ; ayant été obligé de communier au lit le jour de la Conception de la T.-Ste-Vierge. Je ne pus célébrer aux fêtes de Noël.

Le 26, lorsque je croyais être guéri, j'eus la fièvre tierce, dont je fus quitte après six accès.

30. Le R. P. Dom Magloire Loz, visiteur de notre province, arriva à St-Cyprien, avec D. Léonard Picot (1), son secrétaire. Les prieurs de St-Maixent, de St-Savin et de Noaillé sont venus ici pour le voir. Celui de St-Jouin l'avait accompagné jusqu'à Etable (2). Dieu veuille bénir ses courses et les miennes. Amen.

S. N. D. B.

ELENCHUS

Collectaneorum quæ, anno 1714 ineunte, misi ad domnum R. Massuet, pro Annalium Benedictinorum continuatione vel emendatione.

Pactum Oliverii, abbatis Angeriacensis, cum fratre Guillelmo de Legio, præceptore domus militiæ templi de Rupella, anno 1298.

Plura e cartulario S. Maxentii, ubi præsertim agitur de charitate San-Maxentinorum in pauperes.

Instrumentum donationis Raimundi, Vicecomitis Turenæ, monasterio B. Sacerdotis de Sarlato, an. 1190.

Destructio monasterii de Bouzic, diœcesis Sarlatensis, sub dependentia abbatis Soliacensis, 1450.

Notitia monasterii de Rupefulcaudi, monasterio S. Florentii Salmuriensis subjacentis, 1215.

Sœcularisatio monasterii SS. Petri et Pauli de Cayraco, abbatiæ Auriliacensi subditi, 1563.

Relatio capitis S. Eutropii ex urbe Burdigalensi ad Santonensem per cardinalem Surdisium.

---

(1) D. Léonard Picot, né à Aubusson, diocèse de Limoges, fit profession dans l'abbaye de St-Augustin de cette ville, à l'âge de 18 ans, le 16 juillet 1691.

(2) Etable, village de la commune de Charray, canton de Neuville (Vienne).

Pancarta beneficiorum S. Stephani de Bassaco et S. Stephani de Beania.

Testamentum Guillelmi Garini de Portu Salnerio de Cogniaco, in favorem Bassiacensis monasterii, 1283.

Epistola Johanis, Engolismensis episcopi, ad Ludovicum Regem et Reginam Blanchiam, in favorem monasterii S. Maxentii, in quo fuerat enutritus.

Privilegium S. Ludovici in favorem ejusdem cœnobii. Dat. apud S. Maxentium, 1230, mense julii.

Donatio Aliernordis, Ducissæ Aquitanorum et Normannorum, eidem monasterio, 1152.

Privilegium Johannis, Anglorum regis, pro eod. monasterio.

Quædam ex cartulariis Angeriacensis et Vallensis abbatiarum.

Fundatio monasterii de Borneto.

Plurima addenda tomo sexto annalium.

Plurima item emendanda in quinto volumine. Codex 35. paginarum in folio continens plura emendanda vel addenda tom. sexto annalium, præsertim ad historiam monasterii Angeriacensis, e tabulario ejusdem monasterii excerpta; plura item pro aliis monasteriis Ord. S. Benedicti, in diœcesi Santonensi. Est, et in eodem codice præfato, notitia Concilii Santonensis hactenus ignoti; sunt et instrumenta Conciliorum Burdigalensis, Pictaviensis et Carrofensis nondum vulgata.

1714.

1 janvier. Le Seigneur m'accorda pour étrennes la grâce de pouvoir dire la sainte messe à la chapelle de l'infirmerie.

6. D. Pierre Métayer fit un excellent discours, et de fort bonne grâce pour la rénovation des vœux, où j'assistai, quoiqu'avec un peu de peine. Il prit pour texte ces paroles des Machabées : *Obtulerunt sacrificium super altare novum*, etc. (1). Il fit voir qu'il n'y avait rien de plus glorieux à Dieu, ni de plus utile aux Religieux que la rénovation des vœux.

9. Le R. P. visiteur vint de Noaillé, où il finit le jour même la visite qu'il avait commencée le 7.

13. On célébrait, dans le Poitou, la fête de St Hilaire. Le

---

(1) I Mac. 4. 53.

P. Jérôme, Feuillant, fit son panégyrique à la Celle (1). On prêche à St-Hilaire-le-Grand, le jour de la translation.

14. La translation de St Cyprien, martyr, du premier ordre.

15. D. P. Vialles, sous-prieur de St-Savin, fit le panégyrique de St Maur avec beaucoup d'éloquence, à la Trinité.

17. Le P. visiteur fit la clôture de sa visite : *Quoniam non cognovisti tempus visitationis tuæ*, etc. (2). Il partit pour St-Maixent, après le dîner, avec le P. prieur.

20. St Sébastien est de précepte à Poitiers.

25. Le P. visiteur revint de St-Maixent, avec le P. A. Vaslet, prieur. Le même jour, M. de Chièvres, chanoine de Saintes, m'apporta un gros paquet de Mémoires de la part de M. de La Roche de Guimp, chanoine et syndic de la Cathédrale de Saintes.

29. D. Pierre Métayer fit le panégyrique de St François de Sales à la Visitation. M. l'évêque de Poitiers (3) assista au sermon et donna la bénédiction.

FÉVRIER.

1714. 2. Le R. P. visiteur fit la bénédiction des cierges dans notre église de St-Cyprien, qui reconnaît pour titulaire la Ste Vierge, sous le titre de la Purification. Le P. prieur officia à la Trinité (4).

9. Je dis la messe, pour la première fois depuis ma maladie, dans notre église, où l'on célébrait l'octave de la Purification.

10. D. Jean Daulne prêcha à la Trinité, où je fus l'entendre avec beaucoup de satisfaction. Il avait pris pour texte ces paroles d'Abraham, au chap. xx de la Genèse : *Vere soror mea est*. Il fit un fort beau parallèle de Ste Scolastique avec St Be-

---

(1) Il y avait dans la ville de Poitiers l'abbaye de la Celle-St-Hilaire et l'église collégiale de St-Hilaire-le-Grand.

(2) Luc. 19. 44.

(3) Jean Claude de La Poype de Vertrieu, chanoine-comte de Lyon, nommé à cet évêché le 15 avril 1702; il mourut le 5 février 1732.

(4) L'abbaye de la Trinité de Poitiers (*S. Trinitas Pictaviensis*), Ordre de St-Benoît.

noît. Au premier point, il fit voir que cette sainte avait eu les mêmes grâces et les mêmes vertus que son bienheureux frère ; au second, la même gloire et la même puissance. Le même jour, entre minuit et une heure, la mère de notre P. prieur et du P. abbé de St-Allyre mourut (1), dans le monastère des Bénédictines de St-Maixent, où elle s'était retirée, depuis quelques mois, pour y finir ses jours en la compagnie de la Sœur Hippolyte de St-Maur, sa fille, religieuse dud. monastère. Cette bonne dame a toujours mené une vie édifiante et chrétienne, et elle a laissé en mourant, entre les bras de nos bonnes Sœurs, une grande odeur de ses vertus. Notre P. prieur qui l'avait assistée jusqu'au dernier soupir, fit les obsèques et célébra la grand'messe le 11, dimanche de la Quinquagésime, et revint ici le 12. Le susd. jour, 10 février, D. Jean Lamy, mon bon ami, prêcha aud. monastère des Bénédictines, à la profession d'une religieuse.

17 février. Le R. P. D. F. Michelet, prieur de Noaillé (2), me fit l'honneur de me conduire en son monastère.

18. J'entendis le P. D. Gilbert Palerne (3), qui fit un excellent sermon sur le jeûne. Nous soupâmes ensemble.

19. Je travaillai aux archives de Noaillé, où il y a des chartes très-anciennes.

20. Comme je retournais à Poitiers, je trouvai, dans la cour abbatiale, le P. prieur de St-Maixent et D. A. Monmaur, qui m'obligèrent de retourner sur mes pas. Le P. visiteur partit le même jour pour St-Savin, avec son secrétaire et notre P. dépositaire.

21. Je dînai avec le P. prieur de St-Maixent, celui de

---

(1) D. Blaise-François Vignolles (Cf. 15 novembre 1743, note), et D. Nicolas Vignolles (Cf. 18 août 1711, note). Voir sur ce dernier un curieux passage des *Nouvelles ecclésiastiques*, an. 1737, p. 12.

(2) L'abbaye de St-Junien de Noaillé ou Nouaillé (*Nobiliacum*), Ordre de St-Benoît, Congrégation de St-Maur, dans le diocèse de Poitiers. — Nouaillé, chef-lieu de commune du canton de La Villedieu, arrondissement de Poitiers.

(3) D. Gilbert Palerne, né à St-Chamond, diocèse de Lyon, fit profession dans l'abbaye de St-Augustin de Limoges, à l'âge de 20 ans, le 9 mai 1704.

Noaillé, D. Monmaur et D. Amable Malet, dépositaire de Noaillé, qui partirent ensuite, tous quatre, pour St-Maixent, et moi pour Poitiers. J'ai été extrêmement édifié de la modestie de nos jeunes confrères, et charmé des bonnes manières du P. prieur, du P. zélateur et de tous nos RR. Pères.

22 février. La fête de la chaire de St Pierre est de précepte dans la ville de Poitiers. Je fus à la Trinité, avec le R. P. prieur, et j'entendis le sermon d'un Capucin qui n'a guère plus de trois pieds de hauteur ; il a beaucoup d'esprit, de feu et de politesse. Il prêche joliment, et ressemble à St Jean-Porte-Latine, lorsqu'il est dans sa grande chaire. En parlant des concussionnaires, etc., il compara les souffreteux à Naboth, et laissa échapper ces mots : Encore si, après leur avoir ôté la vie, ils leur laissaient le champ, etc.

24. Je fus à Montier-Neuf, où M. l'abbé, Dom Pierre de Hauteville, me fit un accueil extraordinaire. Je parcourus le livre du Chapitre et le Cartulaire, qui est peu de chose. Le premier est plus considérable. M. l'abbé me traita splendidement avec une profusion de poisson, à trois services ; le tout d'un excellent goût. Sur le soir, je fus un peu me délasser chez les Frères de la Charité, qui sont logés très-proprement.

26. Le Seigneur m'affligea d'un rhumatisme au bras droit, dont je ne pus me servir en aucune manière, jusqu'à ce que l'on m'eût tiré de très-mauvais sang du bras gauche. J'ai été aussi fort oppressé de la poitrine.

MARS.

1714. 3. Je fus aux Augustins, voir le R. P. Coatquen, très-habile prédicateur de St-Hilaire, que j'ai appelé ailleurs *Coquin*, étant mal informé de son nom, que tout Poitiers prononce ainsi. Il est Angevin, et il a beaucoup de mérite. Je fis quelque autre visite.

5 mars. Je fus à l'abbaye de St-Benoît de Quincay (1), avec

---

(1) L'abbaye de St-Benoît de Quincay (*Quinciacum*), Ordre de St-Benoît, dans le diocèse de Poitiers, était unie à la Congrégation des Exempts. — Quincay, chef-lieu de commune du canton de Vouillé (Vienne).

M. Brunet, juge du lieu. Je visitai les titres du chartrier, où il y a autant de crottes de rat que de papiers. M. Le Doux nous donna à dîner. Ce monastère est de la Congrégation des Exempts. M. Le Boistel (1) en est abbé commendataire.

6. Je travaillai au greffe des insinuations ecclésiastiques, sans presque rien découvrir de nouveau.

7. J'assistai au panégyrique latin que fit, en l'honneur de St Thomas, M. Thoreau, recteur de l'Université. Tous les Religieux mendiants, suivis de l'Université en corps, vinrent dans l'église des Jacobins où, après l'offertoire de la grand'-messe, le recteur prononça, avec beaucoup de grâce, l'éloge du Docteur Angélique. *Lucerna ardens et lucens : ardens virtute, doctrina lucens.*

8. On tient à Poitiers la foire de la Mi-Carême. Il tomba beaucoup de neige, et le temps fut si rude, que je ne pus aller à la fête de St-Jean de Dieu, où les Frères de la Charité m'avaient invité. Je reçus un bréviaire en 2 tomes, dont le P. Jourda m'a fait présent.

11. M. l'abbé de Bessey, vicaire-général de M. l'évêque de Poitiers, mourut après sept ou huit jours de maladie. Il attendait un évêché, et il avait voulu le gagner en écrivant au P. Le Tellier contre M. Maunier, supérieur du séminaire, qu'il accusait de Jansénisme, assurant que les Bénédictins, les Chanoines-Réguliers, et tous les Jansénistes étaient continuellement dans sa chambre. Le nœud de l'affaire, c'est que le P. Maunier, homme d'un véritable mérite, avait la confiance de Mgr de Poitiers, ce qui faisait de l'ombrage à l'abbé de Bessey, et qui pis est, au RR. PP. de la Compagnie de Saint Ignace. Et son crime capital est d'avoir empêché le prélat de se trouver à l'assemblée pour recevoir la Constitution. C'est lui aussi, qui l'empêcha de mettre son nom à la tête du fameux

---

(1) Charles-Maurice Le Boistel, prêtre de l'Oratoire, mort en septembre 1716.

mandement de Luçon et de la Rochelle (1), ce qui lui aurait procuré l'archevêché de Sens et la charge de grand-aumônier de France, s'il en faut croire au P. Latour, recteur du collége; qui nous a assuré le savoir de source. Quoi qu'il en soit, la lettre de feu M. de Bessey a eu quelque effet, et à la vérité désagréable au prélat son bienfaiteur, et fâcheux à tous les honnêtes gens de la ville et du diocèse. Le P. Maunier a été exilé à Paris, sa patrie, à peu près comme le curé Chartrain, à Versailles, et l'on lui a substitué un Jésuite habillé en Père de St-Lazare. Le malheur est que le pauvre M. de Bessey est mort sans avoir eu la consolation de le voir, et qu'il est dans l'autre monde sans mître. Le plaisant de l'affaire, c'est que l'on remarque que le nouveau supérieur partit de Paris le même jour que l'abbé entra dans le lit de la mort; comme l'on a voulu dire que la reine d'Espagne mourut le même jour que le roi reçut la Constitution.

11. 4ᵉ Dimanche de Carême. Tous les corps ecclésiastiques et religieux, qui ont coutume d'assister aux processions générales, se rendent aujourd'hui à la Cathédrale de Poitiers pour faire une procession autour de l'église, conformément à ces paroles de l'office : *Lætamini cum Jerusalem, et conventum facite omnes*, etc.

12. Je fus voir M. Claude Pascal Langlois, Normand, prieur commendataire de St-Nicolas, qui me prêta obligeamment son Cartulaire que j'ai presque transcrit. Je vis les anciennes arênes de Poitiers. Je fus aussi à La Celle et à la bibliothèque du collége.

---

(1) « Le 15 juillet 1710, ordonnance et instruction pastorale des évêques
» de Luçon et de la Rochelle, portant condamnation des *Réflexions morales*.
» MM. de Lescure et de Champflour avaient concerté entre eux cette ordon-
» nance. Elle était divisée en deux parties, dont la première et la plus impor-
» tante était destinée à faire voir que les cinq propositions se trouvaient
» clairement dans Jansénius et étaient toutes renouvelées par Quesnel. »
(*Mémoires pour servir à l'Histoire ecclésiastique pendant le* xviiiᵉ *siècle*, Paris, Le Clerc, 1806, p. 50).

16. Après dîner, je fus à l'abbaye de Fontaine-le-Comte (1), où le P. Le Clerc, prieur, me reçut avec tout l'accueil possible. Je travaillai, les jours suivants, dans ses archives, où je n'ai pas laissé un seul papier à examiner.

17. Dom Pierre, prieur de l'abbaye du Pin (2), dîna avec nous. C'est un religieux d'une vertu consommée. J'oubliais de marquer, qu'en entrant à Fontaine-le-Comte, je trouvai une folle qui, se disant bête et débaptisée, mit à sa tête la bride de notre cheval, et voulait absolument que je la logeasse à l'écurie. J'eus beaucoup de peine à avoir la bride, et à mettre cette pauvre femme dehors. Il y a un tableau de St Augustin qui foule aux pieds quelques livres, où il y a le nom de quelques hérétiques, de Pélage, de Julien, de Célestius ; le P. de Gand y mit plaisamment, auprès de Pélage, en gros caractères noirs : Molina.

20. Le P. prieur de Fontaine-le-Comte et celui de St-Sauvan (3), me firent l'honneur de me conduire à Poitiers, où, après avoir assisté aux premières vêpres de N. B. P. St Benoît, le P. prieur de St-Cyprien nous régala bien. Je reçus de bons Mémoires de M. Adam, curé de St-Maur, et official de Saintes.

21. Nous célébrâmes avec beaucoup de recueillement la fête de notre saint patriarche. Nous n'avions pas besoin de bedeau, il n'y avait pas une âme à nos offices. J'entendis, à la Trinité, le panégyrique du saint, prononcé par le prédicateur Capucin. *Induxit illum in nubem, et dedit illi coram præcepta* (4), etc. La division commune, que Dieu l'avait caché dans la retraite pour le sanctifier, et qu'il l'en avait fait sortir pour sanctifier les au-

---

(1) L'abbaye de Fontaine-le-Comte (*Fons-Comitis*), Ordre de St-Augustin, Congrégation de France, dans le diocèse de Poitiers. — Fontaine-le-Comte, chef-lieu de commune du canton de Poitiers.

(2) L'abbaye de N.-D. du Pin (*B. M. de Pinu*), Ordre de Cîteaux, dans le diocèse de Poitiers. — Le Pin, village de la commune de Beruges, canton de Vouillé (Vienne).

(3) St-Sauvent-la-Plaine, chef-lieu de commune du canton de Lusignan (Vienne).

(4) Eccles. 45. 5, 6.

tres. Le discours était presque tout de Fléchier, ou des Eloges historiques.

23. Vendredi avant les Rameaux. On célébra solennellement à la Trinité, la fête de la Compassion de la Vierge. Le petit Père Capucin prit pour texte : *Stabat juxta crucem*, etc. Il fit voir la grandeur des souffrances de Marie, par l'amour qu'elle avait pour son Fils et pour les hommes.

24. Je fus au séminaire et aux Feuillants.

25. La Cathédrale et le Chapitre de St-Hilaire se rendent au cloître des Augustins, où le prédicateur de la Cathédrale, qui est cette année un habile Cordelier, fait le sermon, et les musiciens de deux églises chantent un motet à qui mieux mieux. La Cathédrale l'emporta sur St-Hilaire, et gagna le prix destiné aux meilleurs chantres, qui consiste en blé.

26. M. l'abbé de Montier-Neuf me fit l'honneur de me venir voir en carrosse, et me prêta le livre du Chapitre qui est fort bien écrit en parchemin, et a été fait environ l'an 1440. Il contient le Martyrologe d'Usuard (1), que quelques-uns attribuent à St Jérôme. A la tête de ce Martyrologe, il y a des lettres que D. Martianay (2) a omises dans son dernier volume de St Jérôme.

La première commence ainsi : Domino Sancto fratri Hieronimo presbitero Chromatius et Heliodorus episcopi in Domino salutem. Cum relligiossimus Augustus Theodosius Mediolanensium urbem, etc...

---

(1) D. J. Boyer, qui écrivait dans les premiers mois de 1714, ne devait alors connaître que l'édition, fort incomplète, du Martyrologe d'Usuard, donnée par Molanus à la fin du xvie siècle, car celle du P. Jésuite du Sollier parut seulement la même année, et celle de D. Jacques Bouillart en 1718. — Pour ce qui concerne le Martyrologe d'Usuard, voir le savant travail du P. de Buck, un des Bollandistes contemporains, intitulé : *Recherches sur les Calendriers ecclésiastiques* (Bruxelles, 1877, in-8°), et une note de M. Longnon, à la page 19 du volume de la Société de l'Histoire de France publié, en 1884, sous le titre de *Notices et Documents*.

(2) D. Jean Martianay, né à St-Sever-Cap de Gascogne, le 30 décembre 1647, fit profession dans l'abbaye de la Daurade de Toulouse, le 5 août 1668, et mourut à St-Germain-des Prés, le 16 juin 1717. Voir *Hist. litt. de la Cong. de St-Maur*, p. 382.

La seconde : Chromatio et Heliodoro episcopis Hieronimus presbyter. Constat Dominum nostrum omni die martyrum suorum triumphos excipere, etc. (1).

3°. Festivitates SS. apostolorum seu martyrum antiqui patres in venerationis mysterio celebrari sanxerunt, etc.

4°. La préface d'Usuard : Domino regum piissimo Karolo Usuardus indignus sacerdos et monachus perhennem (sic) in Christo coronam. Minime vestram latet, etc.

Les fêtes particulières de Montier-Neuf, que j'ai remarquées, sont à la page suivante (2).

XI Kal. Febr. — Pictavis, dedicatio Monasterii Novi, quod Urbanus papa secundus cum tribus archiepiscopis, totidemque episcopis venerabiliter dedicavit.

X Kal. Martii. — In Alemannia, Beati Galli abbatis, discipuli S. Columbani abbatis.

Non. Junii. — Pictavis, monasterio B. Johannis Evangel. exceptio S. Crucis et Reliquiarum sanctorum.

IV Kal. Aug. — In hoc monasterio, exceptio capitis B. Johannis præcursoris Domini.

XV Kal. Sept. — Pictavis, translatio S. Agonis episcopi.

XV. Kal. Novemb. — Angeliaco monasterio, inventio capitis B. Johannis Baptistæ, præcursoris Domini.

Kal. Novemb. — Pictavis, dedicatio ecclesiæ B. Hilarii episcopi et conf. Ipso die S. Lauteni abbatis.

---

(1) On transcrivait en tête de presque toutes les anciennes copies du Martyrologe ces deux lettres, la préface de Bède, qui commence par ces mots : *Festivitates Sanctorum*, etc..., et la dédicace d'Usuard au roi Charles le Chauve; pour rappeler que les principaux compilateurs de cet ouvrage furent St Jérôme, Bède et Usuard. (*Historia Christiana veterum patrum*, etc., par Laurent de La Barre; Parisiis, Michaelem Sonnium, 1583, p. 517).

(2) Il y a lieu de placer ici l'observation du P. de Buck, (page 15 de l'ouvrage précédemment cité) : « Par la forme, le Martyrologe d'Usuard l'empor» tait infiniment sur tous les autres. Aussi fut-il admis dans presque toutes » les églises conventuelles ; et l'on peut dire qu'avant la publication du Mar» tyrologe romain, il fut le Martyrologe du Patriarchat latin ou de l'Eglise » d'Occident. *Chaque église, chaque monastère y ajouteront leurs saints ;* » et l'on pourra dire de lui comme de la Renommée : *crescit eundo.* »

Idus Decemb. — Reversio Domni Martini episcopi de Burgundia.

II Non. Novemb. — Bituricis, Lusoris episcopi.

Après le Martyrologe, suit la Règle de St Benoît ; ensuite il y a des homélies pour les dimanches de l'année, et pour les principales fêtes, que l'on lisait au lieu de la leçon brève de prime. Enfin, il y a un Nécrologe, où il n'y a presque rien de particulier. Joachim d'Availloles, abbé, qui a fait relier ce livre, l'an 1555, a mis à la tête quelques titres imprimés par Besly (1), plusieurs bulles, un catalogue des abbés fort défectueux, etc....

A la fin de la Règle de St Benoît, on lit ces vers :

> Hæc est vita bonis, nec non et norma salutis,
> Arcus et arma piis, fulgida tela malis.
> Hæc monachis Sancti Benedicti regula patris,
> Perfectis plana est, suavis, et ampla via.
> Aspera sed parvis, nec non tyronibus arcta,
> Quos aluit gremio lactea vita diu.
> Ammonet hæc monachos sublimis regula cunctos,
> Ut rebus caveant, regna superna petant
> Colligit infirmos, juvenes, puerosque, senesque,
> Ut possint regna scandere luciflua;
> Heminas (2) geminas sextarius accipit unus
> Qua voluit fratrem vivere quaque die.

> Tu qui digne vel indigne si fueris proclamatus,
> Tam benigne, velut igne charitatis inflamatus,

(1) *Histoire des comtes de Poitou et des ducs de Guyenne*, par J. Besly, (Paris, Robert Bertault, 1647) ; pag. 565, 566, 587, 404, 436 et 452. — Jean Besly, historien du Poitou, naquit à Coulonges-les-Réaux, près Fontenay-le-Comte, en 1572, et mourut le 24 mai 1644. Besly était en relation avec une foule de savants et notamment avec le P. Jacques Sirmond et le président Savaron, nos compatriotes. (*Archives historiques du Poitou*; IX, 1880. *Lettres de Jean Besly* (1612-1647), publiées par M. Apollin Briquet).

(2) La détermination de la capacité exacte de l'*hémine* a beaucoup occupé les savants. D. Lancelot, religieux de l'abbaye de St-Cyran, écrivit en 1667 une *Dissertation sur l'hémine de vin et sur la livre de pain de S. Benoist et des autres anciens religieux*, (Paris, Charles Savreux), qui fut combattue par D. Jean Mabillon dans le premier volume des Actes du IVe siècle bénédictin, en 1677. D. Lancelot répondit à son tour ; mais son système a été solidement réfuté dans le commentaire de D. Martène sur la Règle de St Benoît, et aussi par M. Pelletier, savant bourgeois de Rouen. (*Hist. litt. de la Cong. de St-Maur, p. 228*).

Respondeas, et gaudeas tuis culpis emendatus,
 Pro te Christus accusatus, flagellatus obmutuit,
Opprobriis saturatus, clavos, crucem sustinuit,
 Ad extremum dulce latus operiri voluit,
Ut intrares ad cor ejus, intus tibi tonuit,
Te nunc precor ne ingratus tantis bonis sis fraudatus
Tui memor sis reatus, pati semper præparatus,
Qui pro te sic morti datus, qui pro se nil meruit.

27 mars. Le P. Verdillac, Jésuite Limousin, prédicateur de St-Didier, prêcha sur la Compassion de la Vierge, dans l'église des Carmélites, qui est une des mieux entendues de Poitiers. On avait dressé une espèce de théâtre pour le reposoir du Jeudi-Saint, ce qui donna lieu à quelque sectateur de la Compagnie de Jésus de semer dans la ville un bruit, que l'on faisait paraître des acteurs et des machines sur ce théâtre. Cela y attira une foule extraordinaire de gens distingués ; nous donnâmes dans le panneau, comme les autres, et avec de l'argent nous eûmes de la peine à trouver un méchant siège de paille. Enfin nous vîmes le P. Verdillac, qui, après s'être fait attendre trois ou quatre heures par la plupart des auditeurs, débita en fanatique une très-mauvaise pièce. Ses machines sont encore à paraître. Ce qu'il y a eu de charmant, c'est un *Stabat* chanté langoureusement par les Carmélites, après l'exorde.

28. La fièvre me prit pendant ténèbres. Elle me reprit, à la même heure, le Vendredi-Saint, et je fus obligé de finir mon carême ce jour-là. J'en eus enfin un troisième accès le jour de Pâques. Elle me prit aussi pendant que j'étais à matines. Cela m'empêcha de dire la sainte messe. J'ai appris des gens d'honneur que le P. Verdillac avait invité, lui-même, en chaire ses auditeurs pour voir quelque chose d'extraordinaire.

AVRIL.

1714. 1. Le saint jour de Pâques, après vêpres, il y a une affluence extrordinaire de peuple, dans notre église de St-Cyprien, pour révérer les reliques de St Guillaume, évêque de Poitiers.

2. Après none, je fus à Montier-Neuf, où je fis laver des pierres sépulcrales pour déchiffrer les épitaphes de quelques abbés. Je vis la mâchoire de St Marc dont il est parlé dans les Annales de Bouchet (1), p. 125.

7. Je partis de Poitiers avec M. Riche, marchand de Poitiers, qui allait à St-Maixent. Comme nous attendions, à Lusignan, que le dîner fût prêt, ce bon marchand déclamait contre la Constitution et surtout contre les bons Pères, qu'il disait être des mauvais voisins, etc. Un Père Jésuite, qui venait de Lesay (2), *lupus in fabula*, vint dîner avec nous et nous entretint sur la Constitution avec outrance. Il nous dit qu'à Lesay de sept cents communiants il n'y en avait que 200 qui eussent fait leurs Pâques. M. Riche enchérit que son germain, M. Riche, curé de Souvigné près St-Maixent, n'avait qu'un seul catholique dans toute sa paroisse, savoir le coûtre ou marguillier, et que, lorsqu'il était malade, il était obligé de dire la messe à St-Maixent. A une lieue de Lusignan, nous trouvâmes un Feuillant seul, avec sept jeunes femmes, dans le carrosse qui allait de Bordeaux à Paris. Voiture peut-être encore inouïe : *apprehendent septem mulieres virum unum* (3). Je soupai à St-Maixent avec le P. sous-prieur, D. C. Chaussendier, D. J. Lamy et D. J. Chappelet.

8. Dès le grand matin, je fus à l'abbaye des Chastelliers (4), à trois lieues de St-Maixent, pour voir les RR. PP. prieur de St-Maixent et le P. procureur, D. Fr. Roy, qui allaient à la Diète. Je dînai avec eux, et assistai à la messe. De ma vie je n'ai trouvé de si mauvais chemins et, quoique j'eusse pris un guide à cheval, je faillis rester dans le bourbier. Le P. prieur des Chastelliers me fit voir un catalogue des abbés, et la vie du B. Géraud de Sales, leur fondateur, tirée d'un ancien ma-

---

(1) *Annales d'Aquitaine*, par Jean Bouchet. Poitiers, 1644.
(2) Lezay, chef-lieu de canton de l'arrondissement de Melle (Deux-Sèvres).
(3) Isaie. 4, 1.
(4) L'abbaye de N.-D. des Chastelliers (*B. M. de Castellariis*), Ordre de Citeaux, dans le diocèse de Poitiers. — Les Châtelliers, village de la commune de Fontperron, canton de Ménigoute, arrondissement de Niort.

nuscrit de Clairvaux. Il n'y a rien de particulier dans ce monastère qui est fort riche. M. l'abbé de Lorraine (1) jouit de l'abbaye. Je fus recoucher à St-Maixent, d'où je partis le 9 avril, fête de l'Annonciation, avec D. Jacques Chappelet, qui allait prêcher à Niort, dans l'hôpital des Frères de la Charité, dont l'église est dédiée à la T.-Ste Vierge, sous le titre de l'Annonciation. Frère Heulhard nous régala magnifiquement. Il a deux frères parmi nous, et ce bon prieur est tout Bénédictin. Le P. Chappelet prêcha avec applaudissement. Le soir, nous avions sole, raie, saumon frais, carpes, tanches, morue, alose, etc. Il y avait un gros souper en gras, où étaient quatre Pères de l'Oratoire, trois Cordeliers et quelques séculiers.

10. Je fus à l'abbaye de St-Ligaire-lès-Niort (2), dont M. l'archevêque de Vienne est abbé. Je n'y trouvai presque rien. M. Clémenson, prévôt de la maréchaussée à Niort (3), me fit l'honneur de m'y accompagner, et de me faire voir les beautés de Niort. J'avais dit la messe conventuelle, à sept heures, dans l'église de la Trinité des Dames Bénédictines, où je vis les trois sœurs de Coybo (4) que j'avais connues à St-Jean-d'Angely, qui ont pris le voile et fait profession le même jour. Ce sont trois petits anges.

11. Je dis la messe, à la Charité, pour le P. Denis Berry, doyen des Frères de la Charité, décédé le jour de Pâques 1714, à Niort. Il avait 60 ans de profession, 77 ans d'âge, et il avait été cinq fois provincial. Je partis de Niort, charmé de la charité du P. Heulhard et de ses confrères. J'eus la compagnie de M. David, prieur de Fontblanche (5), prieuré qui

---

(1) François Armand de Lorraine d'Armagnac, évêque de Bayeux.

(2) L'abbaye de St-Liguaire ou St-Léger (S. *Leodegarius*), Ordre de St-Benoit, dans le diocèse de Saintes. — St-Liguaire, chef-lieu de commune du canton de Niort.

(3) Niort, chef-lieu du département des Deux-Sèvres.

(4) M. de Coybo, leur frère, qui avait été l'élève de D. Jacques Boyer à St-Jean-d'Angely, était alors professeur de philosophie au collége de Lisieux, à Paris.

(5) Fomblanche, village de la commune d'Exoudun, canton de La Mothe-St-Heraye, arrondissement de Melle.

dépend de la Couronne près d'Angoulême, et de M. Giraud, qui allait à St-Jean pour demander à M. Valois, notre avocat, une de ses filles en mariage. Nous dînâmes à St-Etienne (1); je soupai à St-Jean, avec six de nos confrères.

13 avril. Je fus coucher à la Chapelle-Bâton, avec D. R. Lyotard qui m'y régala bien.

14. Il me fit l'honneur de m'accompagner à l'abbaye de St-Séverin sur Boutonne (2), à deux lieues de la Chapelle et à trois de St-Jean. Le prieur curé, qui est un petit crasseux Chanoine-Régulier de Ste-Geneviève, nous fit humer le vent, un gros quart d'heure, devant sa porte, qu'il ouvrit enfin avec peine. Nous vîmes l'église, sans y trouver un seul monument antique. Bref, nous fimes un voyage blanc, et ne jugeant pas à propos d'aller dîner à Dampierre (3), où ce misanthrope avait pris la liberté de nous envoyer, nous fûmes dîner à la Chapelle et souper à St-Jean. Les trois jours suivants, je reçus des visites des principaux de la ville et j'en rendis de même. J'ai trouvé dans ce monastère un manuscrit qui a pour titre : *Quatuor novissimorum liber, de morte videlicet, pœnis inferni, judicio, et cœlesti gloria : quem pleriq. cordiale compellant, cuiq. prædicanti perutilis, atq. summopere necessarius, auctoritatibus sacrarum litterarum, exemplis, et poetarum carminibus passim refulgens feliciter incipit. Memorare novissima tua, etc.*

Ce livre est divisé en 4 parties; chacune traite des quatre fins, et elle est subdivisée en quatre chapitres.

In prima parte. Cap. I. *De morte corporali.* — Cap. II. *Quòd mors facit hominem se humiliare.* — Cap. III. *Quòd*

---

(1) St-Etienne-la-Cigogne, chef-lieu de commune du canton de Beauvoir, arrondissement de Niort.

(2) L'abbaye de St-Séverin (*S. Severinus*), Ordre de St-Augustin, Congrégation de France, dans le diocèse de Poitiers. — St-Séverin, chef-lieu de commune du canton de Loulay (Charente-Inférieure).

(3) Dampierre-sur-Boutonne, chef-lieu de commune du canton d'Aulnay (Charente-Inférieure).

mors facit omnia contempnere. — Cap. IV. *Quòd mors facit hominem penitentiam acceptare.*

Il faut voir dans les œuvres de Denis le Chartreux, ou dans quelque autre ascétique, si l'on y trouverait ce livre. Voyez le P. Echard (1), page 107 de la dissertation sur la Somme de St Thomas.

Dans le même Ms., il y a le traité suivant : *Incipit liber B. Augustini de conflictu vitiorum et machina virtutum.* — *Apostolica vox clamat per orbem, atque in procinctu fidei positis etc..... propitio Christo victores diaboli existamus carnalia desideria conculcemus. Amen.*

18 avril. Je fus dîner à Saintes, chez Saintpé, à St-Paul, avec D. E. Marcombes. Après dîner, je rendis quelques visites, etc...

19. Je travaillai tout le matin, au collége, pour refaire le catalogue des abbés de la Tenaille, que j'avais laissé perdre. M. l'abbé de Vaux me donna à déjeûner, et voulut me retenir pour dîner, de même que le P. de Mesplez et M. de Messac. Je dînai à St-Paul, et fus coucher à l'abbaye de Sabloncceaux (2). Le P. cellérier retourna à St-Jean.

20. Je trouvai fort peu de titres à Sabloncceaux. Ils sont presque tous au château de la Hoguette ; de même que ceux du prieuré de Ste-Gemme. M. de Sens (3), et son oncle, M. de

---

(1) Jacques Echard, Dominicain, né à Rouen le 22 septembre 1644, mort le 15 mars 1724, a continué l'ouvrage commencé par le P. Quétif, et l'a publié sous le titre : *Scriptores ordinis Prædicatorum recensiti, notisque historicis et criticis illustrati* (Paris, 1719-1721, 2 vol. in-f°). — Voir *Vie, écrits et correspondance littéraire de Laurent Josse Le Clerc*, par l'abbé Bertrand, chap. VIII, page 85-94, (Paris, Techener et Jules Vic, 1878, in-8°). — D. J. Boyer fut en correspondance avec ce religieux Dominicain, qui nous l'apprend, lui-même, à la fin de la courte notice sur le P. Panassière. (*Scriptores Ord. Prædicatorum recensiti*, t. II, sub anno 1675).

(2) L'abbaye de N.-D. de Sabloncceaux (*Sabloncellæ*), Ordre de St-Augustin, Congrégation de Chancelade, dans le diocèse de Saintes. — Sabloncceaux, chef-lieu de commune du canton de Saujon, arrondissement de Saintes.

(3) Hardouin Fortin de La Hoguette, archevêque de Sens, fils de Philippe, et de Louise de Péréfixe, sœur d'Hardouin de Péréfixe, archevêque de Paris. Ce prélat gouverna le diocèse de Sens du 23 mars 1692 au 28 novembre 1715.

Péréfixe, archevêque de Paris, ont tenu longtemps ces deux bénéfices sans y faire aucune réparation, etc. Après dîner, je fus avec le P. La Brousse de Bosfranc, sous-prieur de Sablonceaux, à Ste-Gemme (1), où il n'y a que deux moines, dépendants de la Chaise-Dieu.

M. de Tayac est commendataire de ce prieuré, qui lui vaut dix mille francs, charges faites. Il est neveu de M. de La Hoguette, archevêque de Sens, qui lui a résigné ce bénéfice. L'église était auguste, les ruines tirent des larmes des yeux. Le cloître subsiste encore. Il y a une chapelle souterraine bien voûtée, où il y a un autel, et, autour de la chapelle, cinq ou six beaux sépulcres de pierre, remplis d'ossements. Ste-Gemme n'est qu'à une lieue de Sablonceaux où je fus recoucher. J'y ai reçu toutes sortes d'honnêtetés du P. prieur et de tous ces Chanoines-Réguliers de Chancelade, qui sont gens exemplaires. Leur monastère est situé dans une agréable solitude, à quatre lieues de Saintes. Il y a une fontaine d'eaux minérales dans le jardin qui est spacieux. Il ne reste que le chevet et la croisée de l'église. La nef a été détruite par les Huguenots.

21. Je partis de Sablonceaux, passai par Corme-Royal (2), Solignonne (3), St-Porchaire (4) et m'arrêtai à St-Savinien, chez les Augustins. L'église, qui était très-belle, a été ruinée par les Huguenots, aussi bien que le couvent, où l'on assure qu'il y avait autrefois cent Religieux. Je couchai à Bignay, chez M. le prieur, qui ne voulut pas me laisser passer outre. Il me régala fort proprement.

22 avril. Après avoir dit la messe à St-Sauveur de Bignay, je fus dîner à St-Jean, où l'on enterra après vêpres, dans notre

---

Il avait été nommé par le roi le 15 novembre 1685, mais les différends de Louis XIV avec le Saint-Siège firent ajourner sa confirmation.

(1) Ste-Gemme, chef-lieu de commune du canton de St-Porchaire, arrondissement de Saintes.

(2) Corme-Royal, chef-lieu de commune du canton de Saujon, arrondissement de Saintes.

(3) Soulignonne, chef-lieu de commune du canton de St-Porchaire, arrondissement de Saintes.

(4) St-Porchaire, chef-lieu de canton de l'arrondissement de Saintes.

cimetière, M. Baron, gros richard, mort pour avoir été taillé par le fameux Frère Jacques, tierçaire de Besançon.

23. Le P. sous-prieur, et nos Pères, m'obligèrent à rester à St-Jean pour chercher dans les archives des papiers que demande D. Raffier, procureur général à Rome, pour s'opposer à l'union de l'abbaye de St-Jean au séminaire des Barbichets de Rochefort (1), ou plutôt pour la différer, et en tirer bonne composition. J'ai trouvé beaucoup de titres, dont j'ai dicté des extraits à M. Durand, notaire, avec beaucoup de travail pendant deux jours. J'ai trouvé, dans les archives, une copie de la bulle de sécularisation de St-Martial de Limoges.

24. Le P. Fulgence d'Angoulême, Capucin, mourut à minuit, et on l'enterra sur le soir. Presque toute la ville était à ses obsèques, et les bonnes femmes lui ont déchiré ses habits. Il était fort estimé.

25. Je partis pour l'abbaye de la Grâce-Dieu (2). Je m'arrêtai à Surgères, chez un de mes écoliers. Je passai ensuite à St-Bibien, où il y a les masures d'un monastère de l'Ordre de Fontevraud, et ensuite à Benon (3), comté du prince de Talmond, qui a 77 paroisses dépendantes, éloignée d'un quart de lieue de la Grâce-Dieu.

26. Je dis la messe pour l'anniversaire de mon père. Après dîner, je fus à une fontaine éloignée d'un demi-quart de lieue de l'abbaye, où il y a un timbre de pierre (4), où les malades se lavent et sont guéris de leurs infirmités, à ce que l'on m'a dit. On a ajouté que, le jour de la Pentecôte, ceux de la Trinité, de la Fête-Dieu, de l'Assomption et de la Nativité de la Vierge, il

---

(1) Il y avait à Rochefort un séminaire où les Lazaristes formaient des aumôniers pour la flotte. D. Boyer, mécontent sans doute de l'union projetée, s'est servi de ce sobriquet, qui devait provenir de la façon de porter la barbe adoptée par les maîtres ou par les élèves.

(2) L'abbaye de la Grâce-Dieu (*Gratia Dei*), Ordre de Citeaux, dans le diocèse de la Rochelle. — La Grâce-Dieu, village de la commune de Benon.

(3) Benon, chef-lieu de commune du canton de Courçon, arrondissement de la Rochelle.

(4) Dans certaines provinces on appelle *timbre* une grande auge en pierre.

vient à cette fontaine, chacune de ces fêtes, cinq ou six mille personnes. On croit que St Bernard guérit un lépreux en lui ordonnant de se laver dans lad. fontaine. Dom Hébert, religieux de Moreilles, arriva sur les trois heures et soupa avec nous. D. Jean-Bernard Kealli, abbé de St-Bernard de Jériponte, en Irlande, à présent prieur de la Grâce-Dieu, a bâti le dortoir neuf qui est très-propre. Il m'a fait mille amitiés; mais il ne m'a presque rien communiqué, n'ayant presque aucun titre. M. l'évêque d'Angoulême, abbé commendataire, a la clef des archives, où l'on m'assure qu'il n'y a pas grand'chose. Le monastère a été ruiné entièrement, au réfectoire près, dont on a fait l'église. Il est situé dans la paroisse de Benon, dédiée à St Pierre, sous le titre de sa chaire à Antioche. Il y a quatre barons qui dépendent du prince de Talmond, comme comte de Benon, savoir de Surgères, de Nuaillé (1), de Pauléon (2) et de Mauzé (3).

27 avril. Après dîner, je partis de la Grâce-Dieu, charmé des honnêtetés de Dom Kealli, sorti d'une des plus anciennes familles d'Irlande. Il voulut bien que Dom Tavernier, Picard, m'accompagnât jusqu'à l'abbaye de St-Léonard (4), éloignée de trois lieues. Nous passâmes par St-Sauveur (5), prieuré dépendant de Nuaillé, par Ste-Soule (6) et la Belle Croix (7). Un moment après que nous fûmes arrivés, les prieurs de St-Léonard et de

---

(1) Nuaillé, chef-lieu de commune du canton d'Aulnay (Charente-Inférieure).

(2) Pauléon, chef-lieu de commune du canton de St-Georges du Bois (Charente-Inférieure).

(3) Mauzé, chef-lieu de canton de l'arrondissement de Niort (Deux-Sèvres).

(4) L'abbaye de St-Léonard de Chaumes (*S. Leonardus de Calmis*), Ordre de Citeaux, dans le diocèse de La Rochelle. — St-Léonard est sur le territoire de la commune de La Rochelle.

(5) St-Sauveur de Nuaillé, chef-lieu de commune du canton de Courçon (Charente-Inférieure).

(6) Ste-Soulle, chef-lieu de commune du canton de La Jarrie (Charente-Inférieure).

(7) Bellecroix, village de la commune de Dompierre-sur-Mer, canton de la Rochelle.

Charon (1) arrivèrent de Maran. L'abbaye de St-Léonard est de l'étroite observance sous Pontigny. Dom Fondary, Auvergnat, neveu de Dom Mary, abbé de Cadoin et profès de la même abbaye, est prieur de St-Léonard, et remet ce monastère qui a été entièrement ruiné par les Huguenots. L'église est proprette et l'enclos fort agréable. Il y a quantité de titres, dont j'ai fait la liste des abbés ; mais il n'y a rien de curieux.

28. Je dis la messe de la Ste Vierge. Il plut, d'une grande force, toute la nuit et tout le jour. Le prieur de Charon ne laissa pas de partir, après dîner, pour la Rochelle qui n'est qu'à une lieue de St-Léonard. Il y a, dans cette ville, une rue de St-Léonard que les religieux ont perdue depuis les guerres et dont ils ont de très-bons titres. L'abbé de Reverseaux (2), aumônier du commun chez le Roi, est abbé de St-Léonard. Ce saint est celui du Limousin.

29. Je dis la messe en l'honneur de St Robert, fondateur de Cîteaux. Le monastère de St-Léonard a été fondé par les seigneurs de Dompierre, éloigné d'une lieue de St-Léonard. On tient que les Messieurs de Poulignac (3) étaient pour lors seigneurs de Dompierre. Dom Fondary, qui est homme de bon sens, et un grand économe, nous a bien régalés. Après dîner, D. Tavernier, qui est un excellent religieux, est parti pour la Grâce-Dieu, et moi pour la Rochelle, où je fus loger chez Girardeau, à la Ville-Neufve. J'entendis, aux Jacobins, none, vêpres et complies chantées par MM. de la Cathédrale.

---

(1) L'abbaye de la Grâce, ou de N.-D. de Charon (*Gratia S. M., sive de Caronte*), Ordre de Cîteaux, dans le diocèse de la Rochelle. — Charron, chef-lieu de commune du canton de Marans (Charente-Inférieure).

(2) Marin ou Martin de Gravelle de Reverseaux, nommé abbé de St-Léonard le 5 avril 1692, mort le 1er juillet 1725.

(3) Il existait en Saintonge une famille très-ancienne du nom de Poulignac, qui, malgré des prétentions émises au siècle dernier, n'avait rien de commun avec les vicomtes de Polignac en Velay. La terre de Poulignac-sous-Chalais, dont elle portait le nom, est située sur les confins de l'Angoumois, à 11 lieues S.-E. de Saintes (canton de Montolieu, arrondissement de Jonzac, Charente-Inférieure). Extrait de l'*Intermédiaire des Chercheurs et des Curieux*, année 1883, col. 469.

Mgr l'évêque officia pontificalement. J'entendis ensuite le panégyrique de St Pie, pape de l'Ordre de St-Dominique, prononcé avec véhémence par M. le trésorier de la Cathédrale. *Homines divites in virtute, pulchritudinis, etc...* (1). Il fit un grand éloge de M. l'évêque de la Rochelle (2) et farcit son sermon d'invectives trop injurieuses à M. le cardinal de Noailles et à ses partisans, au sujet de la Constitution (3). Le prélat et ses bons Pères Jésuites écoutèrent cela avec délectation. M. de la Rochelle donna ensuite la bénédiction du St Sacrement, ce qui doit être continué pendant l'octave, que l'on célèbre pour la canonisation du saint Pontife.

30 avril. Je dis la messe de St Eutrope dans l'église des RR. PP. Dominicains. La fête est chômée dans l'Aunis, qui était autrefois du diocèse de Saintes, dont ce saint martyr est apôtre. Je fus voir notre prieur de Mortagne, qui avait fait fulminer la suppression du prieuré et l'union à la mense conventuelle. J'entendis la grand'messe à St-Barthelmy, qui sert aujourd'hui de Cathédrale (4). Je travaillai aux archives de l'évêché que Mgr E. Champflour eut la bonté de me faire voir. Il y a peu de titres anciens, aussi bien qu'aux archives de la Cathédrale. M. l'abbé Redon, grand-archidiacre et grand-vicaire de M. l'évêque, me fit mille honnêtetés. J'entendis le panégyrique de St Pie par le P. Coatquen, Augustin, qui fut fort applaudi, et je pris ensuite la bénédiction du St Sacrement donnée par Mgr l'évêque. Je fis collation chez les Jacobins, avec

---

(1) Eccles. 44, 6.

(2) Etienne de Champflour, né à Clermont en Auvergne, le 19 mai 1646, mort à la Rochelle, le 26 novembre 1724. Il fut très-attaché aux doctrines de l'Eglise. — (*Monseigneur Etienne de Champflour, 4e évêque de La Rochelle* (1703-1724), par l'abbé Stanislas Braud, (La Rochelle, P. Dubois, 1883). — *Mélanges de Biographie et d'Histoire*, par Ant. de Lantenay, (Bordeaux, Feret, 1885), pages 139-181.

(3) Le cardinal de Noailles, archevêque de Paris, sans s'être déclaré formellement, passait alors pour favoriser les Jansénistes. En 1718, seulement, il fit appel contre la Constitution ; mais il se soumit deux ans plus tard.

(4) La Cathédrale de la Rochelle fut commencée en 1742 seulement.

le prédicateur Coatquen, que j'avais connu particulièrement à Poitiers, où il a prêché le carême à St-Hilaire-le-Grand. Les paroisses de la ville officièrent, ce jour, dans l'église des Jacobins. Les religieux de la ville doivent officier les jours suivants, et l'on attend avec impatience le vendredi prochain, auquel les vénérables Pères Capucins doivent officier, tous en chapes. Oh! que cette musique sera charmante !

MAI.

1714. 1. Je dis la messe aux Jacobins, où le P. Guillet, que j'avais connu à Saintes, me donna un déjeûner fort propre. Les Augustins officièrent ce jour-là. Le Père Coatquen m'engagea à dîner chez eux, et le P. prieur, qui est Irlandais, nous régala bien et d'un bon cœur. Sur les trois heures, je partis pour l'abbaye de la Grâce Notre-Dame de Charon, avec Dom Courcier, neveu du fameux théologal de ce nom (1) et prieur de la dite abbaye, où je fus bien reçu par Dom Favera et Dom Cornu, religieux de Clairvaux.

2. Je feuilletai le peu de titres qui sont à Charon ; après dîner, je passai le Braut, et fus coucher à l'abbaye de Moreilles (2), en passant proche la commanderie de Puy-Raveau (3).

3. Je dis la sainte messe dans l'église de Moreilles qui est très-belle. D. Jacques Godel, prieur, me fit beaucoup d'amitiés, de même que D. Foulon et D. Hebert. Ce prieur fait bâtir à grande hâte, et répare bien son monastère, dont l'évêque de Lavaur (4) est abbé depuis longtemps. Après dîner, je fus

(1) Pierre Courcier, de la maison et société de Sorbonne, chanoine et théologal de l'Eglise de Paris.

(2) L'abbaye de N.-D. de Moreilles (*Morolim*), Ordre de Cîteaux, dans l'ancien diocèse de la Rochelle. — Moreilles, village de la commune de Champagné, canton de Challié-les-Marais, arrondissement de Fontenay-le-Comte (Vendée).

(3) Puyravault, chef-lieu de commune du canton de Chaillé-les-Marais.

(4) Nicolas de Malézieu.

coucher à St-Michel en L'Herm (1), où D. P. Boutaud, sous-prieur, et tous nos chers confrères me reçurent parfaitement bien.

4. Mort du Duc de Berry (2).

4. Je dînai à la salle des hôtes, avec le P. sous-prieur et D. Barthelmy Epagnon (3), mon cher disciple. J'y soupai aussi avec D. de Linar (4) et D. J. J. Joubert, prédicateur de la maison, mon compatriote.

5. Le P. prieur de St-Maixent et celui de St-Michel arrivèrent, sur le soir, et me firent souper avec eux.

6. Le P. prieur de St-Jouin. Le P. cellérier de Noaillé et D. Jean Lamy arrivèrent à St-Michel.

7. J'en partis pour Luçon, avec D. P. Boutaud, sous-prieur de St-Michel. M. l'abbé de Pleaux (5), chanoine, neveu de M. l'évêque (6), nous donna un grand dîner. Ses cousins-germains, aussi neveux de l'évêque, et M. Gandouard, chanoine, étaient de la partie avec le P. Moricet, Loudunois, brave Jésuite, régent de philosophie. M. l'abbé Gandouard nous donna à souper, à tous six, et à deux autres chanoines et deux autres Jésuites. Plusieurs personnes de la ville nous invitèrent forte-

---

(1) L'abbaye de St-Michel en l'Erm ou l'Herm (*S. Michaël in Eremo*), Ordre de St-Benoît, dans l'ancien diocèse de Luçon, fut unie à la Congrégation de St-Maur le 27 octobre 1666.

(2) Charles de France, duc de Berry, d'Alençon et d'Angoulême, frère du duc de Bourgogne et du roi d'Espagne, troisième fils du Grand Dauphin et de Christine Victoire de Bavière.

(3) D. Barthelmy Epagnon, né à St-Jean-d'Angely, fit profession à l'âge de 19 ans, dans l'abbaye de St-Augustin de Limoges, le 17 mars 1704, et mourut à St-Jouin de Marnes, le 31 octobre 1758.

(4) D. Philibert Delsvain de Linars, né à Linars, diocèse de Limoges, fit profession à l'âge de 21 ans, le 6 mai 1700, dans l'abbaye de Marmoutiers, où il mourut le 6 août 1736.

(5) L'abbé de Grenier de Pleaux.

(6) Jean-François de Valderie de Lescure, né le 5 janvier 1664, nommé évêque de Luçon le 7 juin 1699. Il est mort le 23 mai 1723.

ment. Je vis la bibliothèque de feu M. de Barrillon (1), et je rendis visite aux principaux de la Cathédrale. L'abbé de l'Escure (2), neveu de l'évêque, dont j'ai parlé, est celui qui a affiché à Paris le célèbre mandement de son oncle (3). Il a la mâchoire bien pesante. Son frère, le prieur de St-Civier, est borgne, et fort disgracié de corps et d'esprit. Ils sont tous trois chanoines, et leur oncle va faire à Luçon un Escurial.

8 mai. Le P. sous-prieur fut à St-Michel pour dire la grand'messe ; la fête de l'apparition de ce St Archange étant fête de second ordre. Je fus dîner à l'abbaye de Trisay (4) à trois lieues de Luçon, sur le bord du Lay. D. de St-Phale, qui est de la famille de Courtenay (5), me reçut très bien. Il y avait deux curés à table. L'église est entièrement ruinée, excepté deux chapelles de la croisée que l'on a agencées en chapelle. N'y trouvant pas un seul papier, je fus coucher à quatre lieues de là, à Château-Roux (6), chez M. Jean François de l'Escure, évêque de Luçon. Il a fait bâtir, dans une métairie dépendante de son évêché, une maison qui lui coûte déjà 35 mille livres. Il vit là en solitaire. Il n'y avait qu'un Jacobin-Réformé, qui est le confesseur de ce prélat si dévoué à la Société. Il m'entretint du cardinal de Noailles et de la Constitution. C'est

---

(1) M. de Barillon fut, sur le siège de Luçon, le prédécesseur de M. de Lescure. Il a été accusé de Jansénisme par le chanoine du Tressay dans *l'Histoire des Moines et des Evêques de Luçon*, (Paris, Lecoffre, 1869); mais il a été victorieusement défendu par le P. Ingold, de l'Oratoire, dans ses intéressantes *Archives de l'Evêché de Luçon*, (Paris, Poussielgue, 1885). M. de Barillon était l'ami de D. Mabillon, ainsi qu'on peut le lire à la fin de l'Avertissement de *La mort chrétienne sur le modèle de N.-S. J.-C.* etc... (Paris, Robustel, 1702). Cf. *Hist. litt. de la Cong. de St-Maur*, p. 260.

(2) L'abbé François de Lescure.

(3) Voir *Mémoires pour servir à l'histoire ecclésiastique pendant le* xviiie *siècle*, t. 1, p. 87. (Paris, Le Clère, 1806).

(4) L'abbaye de N.-D. de Trisay, (*Trisagium*), Ordre de Citeaux, dans le diocèse de Luçon. — Trizay, commune de Puymaufrais, canton de Ste-Hermine, arrondissement de Fontenay-le-Comte.

(5) *Hist. généal. et chron. de la Maison Royale de France*, t. 1, p. 257.

(6) Châteauroux, château dans la commune de la Reorthe, canton de Ste-Hermine.

du prélat dont je parle, qui est d'ailleurs un bonhomme, qui sait même quelque chose, mais qui est grossier et entêté, etc. Le souper fut fort frugal et la conversation bien sèche. L'épitaphe suivante a plus de sel. Elle a été composée sur Madame Bruneau de Rabadalière, femme de M. de Chateaubriant des Roches (1), abbé de Trisay, qui a ruiné cette abbaye.

> Cy gist que je ne veux nommer,
> Femme qui se mêlat d'aimer
> D'une manière extravagante.
> Il est encore à décider,
> Si d'un marquis ou d'un abbé
> Elle fut femme ou bien amante.

9 mai. Je fus à sept bonnes lieues de Château-Roux, qui est éloigné une lieue de Ste-Hermine (2). Je repassai le Lay à un port que l'on appelle l'*Assemblée*, parce qu'effectivement le grand Lay et le petit Lay s'assemblent à cet endroit-là, à une lieue de Château-Roux. Je passai à la Chaise-le-Vicomte (3), à Château-sur-Yon (4), où il y a le prieuré de St-Lienne, dépendant de Marmoutiers, à St-André d'Ornay (5), prieuré dépendant de St-Florent de Saumur, et j'eus de la peine à trouver l'abbaye des Fontenelles (6), où le P. prieur me reçut parfaitement bien. C'est une abbaye des Chanoines-Réguliers de la Congrégation de France. Ils sont cinq chanoi-

---

(1) Gabriel de Châteaubriant, comte des Roches-Baritault, abbé de Trizay en 1652, quitta l'habit ecclésiastique, après la mort des enfants de son frère, et épousa Charlotte Hélie de Pompadour, veuve du seigneur de la Rabastelière. (*Hist. gén. et chron. de la maison royale de France*, par le P. Anselme, t. II, p. 1442).

(2) Ste-Hermine, chef-lieu de canton de l'arrondissement de Fontenay-le-Comte.

(3) La Chaize-le-Vicomte, commune du canton de La Roche-sur-Yon.

(4) *Château-sur-Yon*, La Roche-sur-Yon, où le corps de St Lienne fut transféré de Poitiers en l'année 904.

(5) St-André-d'Ornay, commune du canton de La Roche-sur-Yon.

(6) L'abbaye de N.-D. de Fontenelles (*B. M. de Fontenellis*), Ordre de St-Augustin, Congrégation de France, dans le diocèse de Luçon. — Fontenelles, village de la commune de St-André-d'Ornay.

nes ; M. des Nouhes de Beaumont (1), vicaire-général du diocèse, que j'ai vu à Luçon, en est abbé. Son frère, Jésuite, est supérieur du séminaire. L'église de Notre-Dame des Fontenelles est très-propre. On y voit le tombeau de la fondatrice, Béatrice de Machecou, épouse successivement des seigneurs de Mauléon et de Thouars. Les bons paysans allument des bougies à son tombeau, et croient que c'est l'aïeule de St Symphorien, qui est fort honoré dans cette église, de même que Ste Néomeye (2), dont il y a quelques reliques. Le jardin, divisé en trois terrasses, est d'une propreté enchantée. J'ai fait une histoire complète des abbés de ce monastère, et j'en suis principalement redevable aux Mémoires ou Cartulaire de Guillaume Halteau, prieur des Fontenelles, qui acheva ce travail en 1513. Il y a une histoire généalogique des rois de France, jusqu'à François I, en vers gaulois, qui est très-curieuse. Elle commence ainsi :

    Le premier Roy fut Pharamon
    Dix ans régna ou environ, etc.

11. Après avoir passé aux Fontenelles la fête de l'Ascension, j'en partis, le vendredi, sur les deux heures, très-satisfait des bonnes manières du P. Benoît, prieur, qui est un bon Picard, du P. Chaumel, sous-prieur, jadis curé de St-Elpize en Auvergne (3), où il est fort regretté et avec raison, et de tous ces Messieurs. Je passai par Clouseaux (4), Niel (5) et arrivai à l'abbaye de Bois-Grolland (6), fille de Moreilles, de l'Ordre de Cîteaux, où D. prieur me reçut avec toute l'honnêteté possible.

(1) Gabriel des Noues de Beaumont, fut nommé à cette abbaye vers 1675, et la posséda jusqu'en 1726.
(2) Ste Néomeye, Neomaie, Neomaye ou Néomadie, vierge en Poitou.
(3) St-Ilpize, canton de Lavoûte-Chillac (Haute-Loire).
(4) Les Clouzeaux, chef-lieu de commune du canton de La Roche-sur-Yon.
(5) Nieul-le-Dolent, chef-lieu de commune du canton de la Mothe-Achard, arrondissement des Sables-d'Olonne.
(6) L'abbaye de Bois-Grolland (*Brolium-Grollandi*), Ordre de Cîteaux, dans le diocèse de Luçon. — Le Bois-Grollant, château de la commune du Poiroux, canton de Talmont, arrondissement des Sables-d'Olonne.

12 mai. D. Martin Brogpier, natif d'Avesnes en Flandre, prieur de Bois-Grolland, me communiqua le Cartulaire de son monastère et le peu de titres qui ont échappé à la fureur des Huguenots. Les autres religieux me firent beaucoup d'honnêtetés, de même que M. de La Corbinière, ci-devant commandant de la noblesse des côtes des Sables-d'Olonne.

13 mai. Après avoir dit la sainte messe, je fus dîner à l'abbaye de Ste-Croix de Talmont (1), à une lieue de Bois-Grolland. D. Louis de Montfaucon (2), notre ancien confrère, me reçut noblement. Il y a quatre jeunes religieux, tous aimables. Je parcourus le Cartulaire qui n'est pas original, et je dressai un catalogue des abbés. Talmont est une principauté.

14. Après dîner, M. de Montfaucon me donna un guide pour me conduire à l'abbaye de St-Jean d'Orbestier (3). Il me communiqua des réflexions qu'il a faites touchant la Constitution de Clément XI. Je ne fis rien à Orbestier ; D. Jacques Alain, prieur, ayant les clefs des titres et se trouvant absent. D. Regain, sacristain, me reçut le mieux du monde. Nous nous fûmes promener sur le bord de la mer. Il voulut me mener aux Sables-d'Olonne, avec tout l'empressement possible.

15. Je passai un bras de mer avec douze pauvres matelots, dont le vaisseau avait échoué. Je vis un navire anglais qui avait pareillement échoué. Je dînai à l'abbaye de Lieu-Dieu-en-Jard (4), de l'Ordre de Prémontré. Je n'y trouvai rien,

---

(1) L'abbaye de Ste-Croix de Talmont (*Talmundum*), Ordre de St-Benoît, dans le diocèse de Luçon. — Talmont, chef-lieu de canton de l'arrondissement des Sables-d'Olonne.

(2) D. Louis de Montfaucon, né à Roquetaillade, diocèse d'Aleth, fit profession à l'âge de 21 ans, dans l'abbaye de la Daurade de Toulouse, le 28 avril 1680. Il mourut en 1718.

(3) L'abbaye de St-Jean-Baptiste d'Orbestier (*Orbisterium*), Ordre de St-Benoît, dans le diocèse de Luçon. — St-Jean-d'Orbetiers, commune de Château-d'Olonne, canton des Sables-d'Olonne.

(4) L'abbaye de N.-D. de Lieu-Dieu-en-Jard (*Locus-Dei in Jardo*), Ordre de St-Benoît, dans le diocèse de Luçon. — Jard, commune du canton de Talmont.

parce qu'étant en procès avec leur général, ils ont envoyé leurs titres à Paris. Il y a cinq novices qui ont un grand air.

16. Je fus à l'abbaye de Notre-Dame d'Angles (1), où il n'y a point de Chanoines-Réguliers. Jean Pharamond de Sainte-Hermine en est abbé (2). Le curé ne put me donner aucune connaissance. Je passai la rivière au port de la Claye, et arrivai à St-Michel en Lherm, où je trouvai le P. prieur de St-Maixent arrêté par la goutte.

17. Je visitai les archives de St-Michel où il n'y a que trois anciens titres. L'abbaye a été pillée, en 1452, par le vicomte de Thouars et par le seigneur de Chateaubriant, et détruite, en 1569, par Pierre des Villates, seigneur de Champagné. Comme le monastère était très-fort, les chanoines de Luçon y avaient réfugié leurs titres, qui furent pareillement pillés. L'abbaye est unie au collége Mazarin des Quatre-Nations, depuis 1671.

On prétend que Ste Hélène a fondé le monastère de St-Michel en Lherm en l'honneur de St Sauveur ; c'est le sentiment de Bouchet, dans les Annales d'Aquitaine. On fait encore, à St-Michel, la fête de St Sauveur, le 6 août, et celle de Ste Hélène, le 18 du même mois, avec solennité. Une des cloches de l'abbaye porte le nom de cette sainte avec cette inscription : *D. Helenæ semper augustæ Eremi hujus fundatrici zelantissimæ votum anno Domini* 1673. *A reformatione vero quarto*. L'autre est dédiée à St Michel : *Triumphatori dæmonum D. Michaeli ob revocatam nuper in hoc monasterio strictiorem observantiam anathema anno Domini* 1673. *A reformatione vero quarto*. Il est donc constant que la Congrégation de St-Maur réforma ce monastère l'an 1669, le 27 octobre ; mais il est bien incertain que Ste Hélène en soit la fondatrice.

---

(1) L'abbaye de N.-D. d'Angles, *(B. M. de Anglis)*, Ordre de St-Augustin, dans le diocèse de Luçon. — Angles, chef-lieu de commune du canton des Moutiers-les-Maufaits, arrondissement des Sables-d'Olonne.

(2) Il fut nommé le 23 février 1704.

20 mai. D. Jacques Joubert, notre compatriote, qui a prêché l'avent et le carême à St-Michel, fit un sermon fort solide sur la descente du St Esprit.

22 mai. Madame du Payré (1), nièce de D. de Ste-Marthe, accompagnée de deux de ses frères, dont l'un est commissaire de l'artillerie, furent immergés trois fois dans la mer par des maîtres jurés gagés par nos Pères (2). Je dînai avec eux, et le P. prieur nous donna un grand repas, où il y avait, entre autres, une partie d'une maigre que l'on prit hier et qui pesait 150 livres.

23. Je partis de St-Michel accompagné de D. Jean Jacques Joubert et du cher D. Barthélmy Epagnon, qui a été mon écolier à St-Jean-d'Angely. Nous dînâmes à Luçon, à la Coupe d'Or. M. l'évêque de Luçon et madame de La Rocheguion me firent beaucoup d'honneur. Cette dame me pria de passer à la Flocelière, chez M. de La Rocheguion, lieutenant général des armées du Roi, qui me souhaitait ardemment pour déchiffrer quelques titres. Nos confrères de St-Michel me firent bien de l'amitié, surtout le P. sous-prieur, D. Philibert de Linars, dépositaire, et D. Hyacinthe Farne, bourgeois de la barque (3). Frère Louis Grimaud (4) me donna des chape-

---

(1) Marie de Ste-Marthe, sœur de D. Denis de Ste-Marthe, avait épousé Jacques Grimoard, seigneur du Péré. La famille de Ste-Marthe était originaire du Poitou.

(2) A cette époque, un des remèdes les plus usités contre la morsure des chiens enragés consistait à plonger trois fois dans la mer les personnes qui étaient menacées de la rage. Si tel eût été le cas, D. Boyer n'eût pas manqué de le mentionner; il est donc probable qu'il s'agissait d'un simple bain de mer. Voyez sur ces immersions : *Lettres de madame de Sévigné* (Coll. des grands écrivains de la France, édit. Hachette), t. II, page 105, Lettre du 15 mars 1671; et aussi l'*Intermédiaire des Chercheurs et des Curieux*, n° du 25 juin 1885, col. 365.

(3) En terme de marine, bourgeois de la barque signifie le propriétaire d'un vaisseau, *navis dominus*. — Peut-être les religieux de St-Michel possédaient-ils un bateau, ou D. Boyer veut-il dire que D. H. Farne était prieur de ce monastère ?

(4) D. Louis Grimaud, né à Aiguepèrse, diocèse de Clermont, fit profession à l'âge de 20 ans, dans l'abbaye de St-Augustin de Limoges, le 15 août 1697.

lets. F. Claude Béral (1), archidiacre, me fit voir des urnes qu'il croit très-anciennes et qui ressemblent à des pots de ptisanne (2). Habile médailliste, il a acheté à la Rochelle, 50 sols, un scheling qui n'en vaut que sept, et qu'il conserve comme une ancienne monnaie des Romains.

M. de La Lande, chanoine et official, me communiqua une espèce de Cartulaire de la Cathédrale, où je trouvai plusieurs particularités sur les évêques de Luçon. Il me donna des exemplaires de la bulle de sécularisation, etc. M. de Butigny, sous-doyen, me donna la collation. C'est un saint prêtre, qui est savant et attaché à notre Congrégation.

24 mai. Je passai à Bessey (3), aux Moutiers-sur-Lay (4), à St-Ouën (5), et dinai à Chantonay (6), à la Croix-Blanche. L'église priorale et paroissiale dépend de St-Michel en Lherm. Je rencontrai trente-cinq ecclésiastiques de Nantes qui allaient à Luçon pour l'ordination. Ils étaient bien crottés. Les chemins étaient épouvantables. Je passai ensuite à St-Vincent (7), au Parc (8), très-beau château, et arrivai à l'abbaye de la Grene-

---

(1) F. Claude Béral semble être le même religieux que celui auquel D. Boyer donne ailleurs le nom de *F. C. Bérard* (Voir au 25 décembre 1711). Dans le *Supp. à l'Hist. litt. de la Cong. de St-Maur*, p. 14, M. Ul. Robert le nomme aussi *Béral*, suivant l'indication du n° 5989 de la matricule générale de cette Congrégation (Bibl. Nat. mss. lat., n° 12793). M. le comte Riant et M. Aug. Chassaing ont écrit *Berras*. Voyez la note insérée dans le *Bulletin de la Société nationale des antiquaires de France*, séance du 19 avril 1882.

(2) Tisane.

(3) Bessay, chef-lieu de commune du canton de Mareuil, arrondissement de la Roche-sur-Yon.

(4) Moutiers-sur-le-Lay, chef-lieu de commune du canton de Mareuil, arrondissement de la Roche-sur-Yon.

(5) St-Ouen-les-Pineaux, commune de Ste-Pexine, arrondissement de la Roche-sur-Yon.

(6) Chantonnay, chef-lieu de canton de l'arrondissement de la Roche-sur-Yon.

(7) St-Vincent-Sterlange, chef-lieu de commune du canton de Chantonnay.

(8) Le Parc, château dans la commune de Mouchamps, canton des Herbiers.

tière (1), où je trouvai D. Martial Poillevé (2), sous-prieur, et D. Pierre Pivart, dépositaire de Mortagne, qui commençaient à souper chez M. le prieur, qui me reçut très-bien.

25. Je travaillai aux archives, depuis cinq heures jusqu'à midi. Après dîner, je partis avec nos confrères et arrivai à Mortagne (3), en passant par les Herbiers (4), prieuré de St-Michel en Lherm. D. Nicolas Anne, prieur de St-Pierre de Mortagne, me reçut avec empressement. Ce monastère dépend de St-Michel. Le titre prioral est supprimé, et notre introduction n'est que depuis environ quinze mois, du 2 février 1713.

27 mai. Fête de la T.-Ste-Trinité. Les prêtres de la paroisse firent une procession autour de la ville en chantant le symbole *Quicumque*. Ils assistèrent le soir à nos vêpres, où le P. prieur officia en chape. On chanta immédiatement complies, où R. D. prieur resta chapé, et fit l'aspersion, et dit les litanies en cet équipage.

28. D. Léonard Tandeau (5), sacristain de Mortagne, me fit l'honneur de m'accompagner jusqu'à l'abbaye de Bellefontaine (6), où je ne trouvai presque point de titres. Les Feuillants occupent cette abbaye, du consentement de D. G. Tarrisse, général de notre Congrégation. Nous fûmes voir une belle

---

(1) L'abbaye de N.-D. de la Grenetière (*Granateria*), Ordre de St-Benoît, dans le diocèse de Luçon. — Les ruines de ce monastère se trouvent sur le territoire de la commune d'Ardelay, canton des Herbiers.

(2) D. Martial Poillevé, né à Limoges, fit profession dans l'abbaye de St-Augustin de cette ville, à l'âge de 19 ans, le 5 novembre 1695, et mourut à St-Sulpice de Bourges, le 18 août 1735.

(3) Mortagne-sur-Sèvre, chef-lieu de canton de l'arrondissement de la Roche-sur-Yon.

(4) Les Herbiers, chef-lieu de canton de l'arrondissement de la Roche-sur-Yon.

(5) D. Benoît *alias* Léonard Tandeau, né à St-Etienne de Noblat, diocèse de Limoges, fit profession dans l'abbaye de Marmoutiers, le 20 avril 1707.

(6) L'abbaye de N.-D. de Bellefontaine (*Bellus-Fons*), Ordre de St-Benoît, dans le diocèse de la Rochelle. — L'abbé commendataire, Michel Sublet, d'accord avec le général de la Cong. de St-Maur, y établit les Feuillants le 7 décembre 1642. — Bellefontaine, commune de Bégrolle, canton de Beaupreau (Maine-et-Loire).

fontaine qui a donné le nom au monastère. Il y a une figure de la Vierge à laquelle les peuples ont beaucoup de dévotion. Après avoir bien dîné avec trois Feuillants, nous fûmes souper à St-Florent-le-Vieil (1), où le P. prieur nous régala d'un grand cœur. La situation de cette abbaye est des plus charmantes du royaume. L'église et le dortoir sont bâtis tout à neuf ; mais il y a beaucoup de fautes. Il y a, dans St-Florent, un monastère de Filles de Ste-Claire. Nos Pères ont droit épiscopal sur neuf paroisses qui dépendent de l'abbaye (2).

29. Je dînai à St-Georges (3), où il y a un très-beau monastère de Chanoines-Réguliers. L'église est pleine d'inscriptions et de blasons fort curieux. Je fus coucher à notre abbaye de St-Nicolas d'Angers (4), où D. Riant (5), prieur, me fit toutes les amitiés possibles.

30. Je fus avec D. Jean-Baptiste Palerne, sous-prieur et prédicateur de St-Florent, mon bon ami, à l'abbaye de St-Serge (6), où D. Jacques Hubert, prieur, nous régala. Le dortoir est magnifique. L'église est très-belle. Il y a une sépulture du Sauveur qui est parfaitement bien faite. Le moine qui a fait faire ce bel ouvrage est à genoux auprès d'une belle Magdelaine. Ce qui donna occasion, à ce que l'on dit, à Henri IV

---

(1) L'abbaye de St-Florent-le-Vieil (*S. Florentius in monte Glonna*), Ordre de St-Benoît, Congrégation de St-Maur, dans le diocèse d'Angers. — St-Florent-le-Vieil, chef-lieu de canton de l'arrondissement de Cholet (Maine-et-Loire).

(2) Ces paroisses étaient : *Le Ménil, Bouzillé, St-Laurent-du-Mottay, Botz, Le Marillais, La Chapelle-St-Florent, Beausse, La Boissière, St-Macaire-en-Mauges.*

(3) St-Georges-sur-Loire, chef-lieu de canton de l'arrondissement d'Angers.

(4) L'abbaye de St-Nicolas d'Angers (*S. Nicolaus Andegavensis*), Ordre de St-Benoît ; la Congrégation de St-Maur y fut introduite le 20 juillet 1672.

(5) D. François Riant, né au Mans, fit profession à l'âge de 20 ans, dans l'abbaye de la Ste-Trinité de Vendôme, le 10 juillet 1659, et mourut à St-Sauveur de Levières, le 5 décembre 1718.

(6) L'abbaye de St-Serge le Noble (*SS. Sergius et Bacchus* ou *Medardus*), Ordre de St-Benoît, unie en 1629 à la Cong. de St-Maur.

de dire que les moines se mettent toujours auprès des plus belles. Il y a dans la même église deux statues de St Sébastien et de St Roch, qui sont d'une beauté achevée. Nous fûmes, après dîner, à la Cathédrale, où nous vîmes les torches qui sont renommées dans le royaume (1). On en fait de nouvelles tous les ans, et il faut douze hommes pour en porter une. On avait représenté la mort du duc de Berry, la publication de la paix et plusieurs histoires de l'ancien et du nouveau Testament. Nous fîmes collation à St-Aubin, avec les prieurs du Mont-Saint-Michel et de Château-Gontier (2), nouvellement arrivés. D. Altin Jumeau (3), prieur de St-Aubin, qui est un homme d'un rare

---

(1) Nous extrayons les détails suivants, sur les torches et le sacre d'Angers, du très-remarquable ouvrage de M. Célestin Port: *Dict. hist. géog. et biog. de Maine-et-Loire*, t. 1, p. 114, col. 1.

» Le Sacre (*Festum consecrationis*) était une fête nationale, tant sa réputa-
» tion était grande en France, même en Europe, par sa pompe et sa solen-
» nité. C'est la procession instituée, dans toute la chrétienté, par le pape Ur-
» bain IV, en 1261, au jour de la Fête-Dieu; mais que des circonstances in-
» connues, peut-être le souvenir de l'hérésie inexpiable de Béranger, firent
» transformer à Angers en cérémonie d'éclat. Les étrangers y accouraient du
» plus loin en foule, et par une ou deux fois qu'il s'agit d'en supprimer ou
» d'en modérer l'étalage excessif, la ville se pensa ruinée. Le principal spec-
» tacle se composait de douze fameuses torches, en forme de tentes carrées,
» ornées de colonnes, de feston, de corniches, portant une impériale chargée
» de vases de fleurs et une infinité de cierges allumés en forme de girandoles,
» le tout peint, argenté et doré. A l'intérieur, étaient représentées des histoires
» ou scènes historiques, tirées de l'ancien et du nouveau Testament, avec
» groupes de personnages en cire de grandeur naturelle où les artistes choisis,
» obligés chaque année à varier leur sujet, luttaient pour consacrer et quel-
» quefois acquérir d'un seul coup, dans une exposition si solennelle, une vérita-
» ble réputation. La rivalité aussi des amours-propres et le zèle pieux des
» divers métiers s'ingéniaient à multiplier les figures, les ornements. On voit
» seulement six torches figurer au sacre de 1569, portées chacune par un
» ou deux hommes. Les dernières fêtes exigeaient douze torches, et pour cha-
» cune douze et même seize porteurs. V. des dessins dans Berthe, Ms. de la
» Bibl. d'Angers, 806, p. 35, et dans Ballain, Ms. 867, p. 591.

(2) Prieuré de l'Ordre de St-Benoit, Cong. de St-Maur, dans le diocèse d'Angers.

(3) D. Altin Jumeau, né à Orléans, fit profession à l'âge de 18 ans, dans le monastère de St-Florent-de-Saumur, le 2 juillet 1677, et mourut à St-Sauveur de Redon, le 28 septembre 1721.

esprit, et qui va prieur à St-Melaine de Rennes (1), me fit beaucoup de caresses et voulut me retenir à souper; mais nous avions promis au P. prieur de St-Nicolas de retourner.

31. Je dis la messe à St-Sauveur de Levières (2), dans l'église souterraine (3). Je saluai D. Georges Louvel, prieur, qui me fit déjeûner avec D. Palerne. Nous assistâmes à la messe et à la procession à St-Aubin. Il y avait un concours de beau monde. L'autel était paré richement et je n'en ai jamais vu un plus magnifique. Les ornements sont précieux et cette église ressemble à une cathédrale. Après dîner, nous vîmes le Sacre d'Angers si renommé. On dit que depuis longtemps on n'avait vu une plus grande affluence de beau monde. M. l'évêque était à la procession et le présidial en robes rouges. J'assistai à complies et à la bénédiction à St-Nicolas, très-satisfait d'avoir vu la procession générale, qui serait magnifique, s'il y avait un peu plus d'ordre.

JUIN.

1714. 1. J'envoyai mon cheval, par terre, à St-Florent-le-Vieil, et m'embarquai avec le P. Palerne, sous-prieur de St-Florent. D. Riant, prieur de St-Nicolas, nous chargea de vitaille (sic); c'est un des plus galants hommes que l'on puisse voir et un très bon Père. Il va prieur à Levières. Nous cotoyâmes le beau château de Serrant (4), proche St-Georges (5), celui de Monte-Jean (6), proche lequel il y a un couvent de Cordeliers; nous nous arrêtâmes à Ingrande (7), où il y a une église bien propre, et un bureau où l'on visite tous les bateaux qui passent.

---

(1) Abbaye de l'Ordre de St-Benoît, Cong. de St-Maur.
(2) St-Sauveur de Levières (*Aquaria*), prieuré de l'Ordre de St-Benoît, Cong. de St-Maur, situé dans la ville d'Angers.
(3) N.-D. de Sous-Terre.
(4) Serrant, château de la commune de St-Georges-sur-Loire.
(5) St-Georges-sur-Loire, chef-lieu de canton de l'arrondissement d'Angers.
(6) Montjean, chef-lieu de commune du canton de St-Florent-le-Vieil.
(7) Ingrande, chef-lieu de commune du canton de St-Georges-sur-Loire.

Nous arrivâmes, à bon port et en bonne compagnie, à St-Florent où D. René Béchereau (1), prieur, nous régala bien après que nous eûmes assisté au salut.

2. Je partis pour Nantes, avec D. René Redoublé (2), religieux de Levières ; nous dînâmes à Châteauceaux (3), avec D. Jean Belan (4), qui allait joindre le visiteur de Bretagne, dont il est secrétaire. C'est un ancien ami que j'ai vu curé et prieur à Montreuil (5). Nous cotoyâmes Ancenis (6) et le beau château de Clermont (7). Nous arrivâmes à St-Jacques de Pirmil-lès-Nantes (8), où nous prîmes la bénédiction du St Sacrement, et soupâmes avec plusieurs de nos confrères étrangers. D. Etienne Deschamps (9), prieur, nous traita splendidement.

3. Après la grand'messe, célébrée par le nouveau prieur de Vertou (10), que je servis en qualité de diacre, nous fîmes une procession magnifique dans le bourg de Pirmil, sur les ponts de Nantes et dans une partie de la ville. Nous étions environ dix-

---

(1) D. René Beschereau, né à Tours, fit profession à l'âge de 21 ans, dans l'abbaye de St-Florent de Saumur, le 8 mai 1680, et mourut à St-Sauveur de Redon, le 29 janvier 1728.

(2) D. René Redoublé, né à Pipriac, diocèse de St-Malo, fit profession à l'âge de 22 ans, dans l'abbaye de St-Melaine de Rennes, le 15 mai 1700, et mourut à Landevenec, le 13 janvier 1735.

(3) Champtoceaux, chef-lieu de canton de l'arrondissement de Chollet.

(4) D. Jean Bellan, né à Pipriac, diocèse de St-Malo, fit profession à l'âge de 20 ans, dans l'abbaye de St-Melaine de Rennes, le 23 septembre 1669, et mourut à St-Vincent du Mans, le 12 septembre 1723.

(5) Montreuil-Bellay, prieuré de l'Ordre de St-Benoît, Cong. de St-Maur, dans le diocèse de Poitiers.

(6) Ancenis, chef-lieu d'arrondissement du département de la Loire-Inférieure.

(7) Clermont-sur-Loire, château de la commune de Le Cellier, canton de Ligné, arrondissement d'Ancenis.

(8) Pirmil, prieuré de l'Ordre de St-Benoît, Cong. de St-Maur.

(9) D. Etienne Deschamps, né à Redon, fit profession dans l'abbaye de Bourgueil, le 1er mai 1699, et mourut à St-Pierre de la Coûture, le 1er mai 1727.

(10) St-Martin de Vertou, prieuré de l'Ordre de St-Benoît, Cong. de St-Maur, dans le diocèse de Nantes.

huit religieux Bénédictins, outre le sous-prieur et le chantre de Villeneuve (1). La procession dura plus de cinq heures ; nous fîmes station, à la chapelle de N.-D. de Bonnegarde, qui nous appartient et qui est très-propre, dans l'église des Récollets, et à deux autels magnifiques que l'on avait préparés. Il y avait plus de 20 mille personnes à cette procession ; on y vient de quinze lieues à la ronde. Une troupe d'enfants bien vêtus, qui portaient les mystères de la Passion, précédaient la procession. Une Véronique, belle comme un jour, modeste comme un ange, vint au rencontre (sic) d'un enfant qui portait la croix, couronné d'épines, revêtu de pourpre, représentant le Sauveur, si parfaitement que les assistants fondaient en larmes. Sur les cinq heures du soir, on servit un repas magnifique et sans confusion, où nous étions plus de trente convives. On dit ensuite vêpres, après lesquelles on fit le salut. Un fameux négociant Huguenot fit tirer plusieurs fois le canon, lorsque notre procession passait sur les ponts, qui ont de longueur environ demi-lieue.

4 juin. Je fus à Nantes, pour voir les curiosités de la ville, la nef de la Cathédrale, le tombeau qui est aux Carmes (2), le collége de l'Oratoire, la collégiale de Notre-Dame, la Fosse (3), l'Ermitage (4), la cuivrerie de St-Nicolas, etc.; ce qui me fit beaucoup de plaisir, ce fut de voir danser des petits gars sur la *Pierre Nantaise* (5), qui est extrêmement unie, et si inclinée qu'un denier n'y peut tenir sans couler jusqu'au bout, et toutefois ces morveux l'arrêtaient fort adroitement avec les dents. Elle est proche de l'Ermitage, où les

(1) L'abbaye de Villeneuve (*Villa Nova*), Ordre de Cîteaux, dans le diocèse de Nantes.

(2) François II, dernier duc de Bretagne, avait choisi l'église des Carmes pour le lieu de sa sépulture.

(3) La Fosse était un faubourg, près du port, que l'on traversait pour aller à l'Ermitage; le quai de la Fosse est aujourd'hui une des belles promenades de Nantes.

(4) L'Ermitage était situé sur un rocher, d'où la vue s'étendait au loin.

(5) Une partie du rocher sur lequel était construit cet Ermitage était en pente et d'un grand poli, c'est ce qu'on appelait *la Pierre Nantaise*.

bons Pères Capucins nous donnèrent de la bière et des rafraîchissements. Je vis, chez Mareschal, libraire, une bible manuscrite très-ancienne et bien conditionnée et un lectionnaire, 4 vol. in-fol., écrit par le sacristain de Ste-Croix de Nantes, en 1510 ou environ. Il y a aussi une médaille de la duchesse Anne, et plusieurs manuscrits. Après le salut, je soupai à Pirmil, en bonne compagnie.

5. Après avoir dit la sainte messe, je déjeûnai avec D. E. Deschamps, qui partit pour Beaulieu-près-Loche (1), où il va être prieur, et avec nos confrères qui retournaient à Angers, à St-Florent, à Vertou, à Blanche-Couronne (2), et à St-Gildas (3). D. Deschamps est magnifique en tout. Il a jeté les fondements du bâtiment de Pirmil que l'on achève de couvrir, et qui est fort bien entrepris.

Je fus ensuite à l'abbaye de Villeneuve, de l'Ordre de Citeaux, à deux petites lieues de Nantes, où le P. prieur me reçut parfaitement bien. J'y trouvai M. de La Haye, maire des Sables, et plusieurs autres Messieurs et Dames. Ce monastère est auguste, bien bâti et fort propre. Il y a dans l'église plusieurs mausolées très-curieux. D. Lobineau a fait graver dans son Histoire de Bretagne, page 214, celui d'Alix, fille de Constance, fondatrice de Villeneuve, enterrée avec Yolande, fille de lad. Alix. Je suis surpris qu'il n'y ait pas ajouté les vers qui sont autour, que j'ai bien eu de la peine à déchiffrer.

..... Tumbæ par simplicitate colombæ
Corpore summissa felix Britonum comitissa
Inter opes humilis ita vixit quæ sibi vilis
. . . . arrideret eidem
Tandem finita felici funere vita
Fratres hujus alit conventus nobilitavit.

(1) L'abbaye de la Ste-Trinité de Beaulieu-près-Loches (*Bellus Locus prope Lochias*), Ordre de St-Benoît, Congrégation de St-Maur, dans le diocèse de Tours.

(2) L'abbaye de N.-D. de Blanche-Couronne (*Alba-Corona*), Ordre de St-Benoît, Congrégation de St-Maur, dans le diocèse de Nantes.

(3) L'abbaye de St-Gildas-des-Bois (*S. Gildasius in Nemore*), Ordre de St-Benoît, Congrégation de St-Maur, dans le diocèse de Nantes.

Alix mourut le 21 octobre 1221. On lit plus aisément les vers qui regardent Yolande.

> † Petri de Brana, Britonum ducis, hîc Iolanda
> Nobilis est proles, tegit hæc quam fulgida moles,
> Marchensis flore comitatus claruit ore
> In tanto decore domini flagravit amore
> Inter opes modica, sapiens, pietatis amica,
> Constans, munifica, cum corpore mente pudica,
> Mitis, fecunda virtutibus, ore jocunda,
> Per totum munda, patiens, sermone facunda.
> Sancta Maria Dei mater pia, clara diei
> Stella sua det ei parare locum requiei.
> Die dominica post festum beati Dionisii obiit domina
> Yolandis, committissa de Marchia et Engolismensis,
> Anno Domini MCC septuagesimo secundo.

Je travaillai, en diligence, dans les archives de Villeneuve qui sont les mieux rangées que j'aie vues jusqu'aujourd'hui. Le prieur, qui est natif d'Avesnes en Flandre, est un homme fort entendu, et qui accommode bien sa maison. Elle est de l'étroite observance ; nous assistâmes le soir à complies et au salut.

6 juin. Après dîner, je partis, malgré les instances du prieur, pour aller à Busay (1), mère de Villeneuve. J'y trouvai M. le grand bailli de Nantes, avec une douzaine de Messieurs et de Dames, et notre P. prieur de la Chaume (2), D. Laudin (3), qui allait à Blanche-Couronne pour y être aussi prieur. Le prieur de Busay me reçut avec empressement, et donna un souper des plus magnifiques, après que nous eûmes assisté à complies et à la bénédiction.

---

(1) L'abbaye de N.-D. de Buzay (*Buzeyum*), Ordre de Cîteaux, dans le diocèse de Nantes. — Buzay, commune de Rouans, canton de Le Pellerin, arrondissement de Paimbœuf.

(2) L'abbaye de N.-D. de la Chaume (*Calmaria*), Ordre de St-Benoît, Congrégation de St-Maur, dans le diocèse de Nantes. — Ses ruines sont situées près de Machecoul (Loire-Inférieure).

(3) D. Nicolas Laudin, né à Redon, fit profession à l'âge de 22 ans, dans l'abbaye de Marmoutiers, le 9 novembre 1695, et mourut à St-Sauveur de Redon, le 28 avril 1725.

7 juin. Après avoir dit la messe, j'assistai à la grande et à la procession autour de l'église, qui est la même, à ce que l'on assure, que St Bernard avait fait bâtir. Elle est grande, mais simple et sans voûte. Le monastère est bâti à neuf, d'une beauté enchantée. La situation l'est encore plus. M. Lefèvre de Caumartin est abbé de Busay. J'en partis, après avoir dîné avec cette belle et nombreuse compagnie, pour aller à notre abbaye de N.-D. de la Chaume, où j'en trouvai une aussi nombreuse. D. Lepape (1), sous-prieur, me reçut fort bien. Après complies, on fit la procession du St Sacrement dans le cloître. Il y avait une vingtaine d'enfants habillés en anges, et toute la ville de Machecou (2) qui était venue à cette solennité. On donna une belle collation aux principaux de la ville, pendant laquelle les violons, qui avaient joué pendant la procession, régalèrent nos oreilles.

8. Je dînai avec quatre bourgeois de Machecou, et soupai avec D. Benoît Guérin (3), religieux de Pirmil, etc.

9. Après avoir dit la sainte messe à la Chaume, je fus à Machecou, où il y a un ancien château, une rue fort longue et fort large, deux couvents de Capucins et Capucines ou Calvairiennes, deux paroisses. Je fus dîner à l'Isle-Chauvet (4), où D. prieur me reçut parfaitement bien.

10 juin. L'abbaye de N.-D. de l'Isle-Chauvet est située au milieu des marais salants. Elle est de l'Ordre de St-Benoît, mais notre Congrégation a consenti qu'elle fût donnée aux Camaldules, qui y vivent avec une grande édification (5). C'est la plus riche maison qu'ils aient en France. Après avoir dit et

---

(1) D. René-Jean Lepape, né à Knilis (?), diocèse de St-Pol-de-Léon, fit profession à l'âge de 21 ans, dans l'abbaye de St-Melaine de Rennes, le 29 septembre 1700, et mourut à N.-D. de Turpenay, le 19 septembre 1759.

(2) Machecoul, chef-lieu de canton de l'arrondissement de Nantes.

(3) D. Benoît *alias* François Guérin, né à Tours, fit profession à l'âge de 17 ans, dans l'abbaye de Marmoutiers, le 12 septembre 1701.

(4) L'abbaye de N.-D. de l'Isle-Chauvet (*Insula-Calveti*), Ordre de St-Benoît, dans l'ancien diocèse de Luçon. — L'Isle-Chauvet, commune de Bois-de-Céné, canton de Challans (Vendée).

(5) Les Camaldules prirent possession de ce monastère le 20 janvier 1680.

entendu la messe, je fus dîner à Breuil-Herbaud (1), où M. Jacques-Nicolas Beissier, fils du fameux chirurgien (2) qui guérit Louis XIIII, me reçut avec toute la cordialité possible. Il a été de l'Oratoire, et il a de l'esprit à revendre. Il est commandeur de l'Ordre de St-Lazare et du Mont-Carmel, et abbé de St-Clément de Metz et de Breuil-Herbaud. Il a fait de grosses réparations dans cette dernière abbaye. Nous étions plus de trente à table. Un commis de M. le comte de Pontchartrain (3), qui était venu prendre possession de la terre voisine de Palluau, était du festin, avec quantité de gentilshommes et dames, qui allaient à la foire de St-Gervais (4), célèbre en Poitou, à cause des beaux chevaux que l'on y voit. Le souper fut moins nombreux, mais aussi magnifique. L'abbé a les manières les plus engageantes, et rend sa solitude très-agréable; il est d'ailleurs bien réglé et fit chanter vêpres par son aumônier, car il n'a point de religieux.

11 juin. Je fus dîner à St-Fulgent (5), où je n'arrivai qu'à deux heures après midi, sans avoir déjeûné. Il est vrai que j'aurais pu le faire au Grand et au Petit-Luc (6), dont M. d'Orléans est prince; mais il était trop matin, et je ne trouvai rien dans les Landes et les bois qu'il fallut traverser. Je couchai à l'abbaye de la Grenetière.

12. Je fus dîner à la Flocelière (7), où M. de Puyguion (8), lieutenant-général des armées du roi, m'attendait depuis long-

(1) L'abbaye de N.-D. de Breuil-Herbaud (*Brolium Herbaldi*), Ordre de St-Benoit, dans l'ancien diocèse de Luçon. — Elle était située près de Palluau, chef-lieu de canton de l'arrondissement des Sables-d'Olonne.

(2) Jacques Beissier.

(3) Louis Phélypeaux, comte de Pontchartrain, chancelier de France.

(4) St-Gervais, commune du canton de Beauvoir (Vendée).

(5) St-Fulgent, chef-lieu de canton de l'arrondissement de la Roche-sur-Yon.

(6) Les Lucs, commune du canton de Le Poirée (Vendée).

(7) La Flocellière, commune du canton de Pouzauges, arrondissement de Fontenay-le-Comte.

(8) Nous ferons remarquer que plus haut (23 mai 1714), D. Boyer a appelé le seigneur de la Flocellière : *M. de la Rocheguion*.

temps. Il me fit tout l'accueil possible, et me communiqua quelques anciens titres. Il y avait fort belle compagnie.

13. Je dis la messe dans l'église des Carmes de la Flocelière, qui est très-propre, aussi bien que leur couvent. Ils s'empressèrent fort pour m'inviter à déjeûner, mais M. de Puyguion m'attendait. Je fus dîner à Mauléon (1), malgré les sollicitations de M. le marquis qui voulait en retenir une quinzaine. Après dîner, je fus travailler à l'abbaye de la T.-Ste-Trinité (2), ou le P. Sutaine (3), prieur des Chanoines-Réguliers, me fit cent amitiés. Il a fait rebâtir le chevet de l'église, et répare bien ce monastère. M. de Puyguion a acheté la seigneurie de Mauléon, de M. de La Trémoille. Le soir, je vis M. du Chesne (4), abbé de Mauléon, qui loge auprès de notre monastère de St-Jouin-sous-Mauléon (5).

14. La fête de St Basile est de précepte dans notre bourg de St-Jouin-sous-Mauléon, ce saint étant l'ancien patron de la paroisse. Je travaillai aux archives de la Trinité. D. René Pelé (6), prieur de St-Jouin, me fit beaucoup d'amitié. Il a une belle Bible écrite au XIIIe siècle. Ce petit établissement est fort joli. D. Hervé Mesnard (7), prieur titulaire, a bâti le dortoir.

---

(1) Mauléon, aujourd'hui Châtillon-sur-Sèvre, chef-lieu de canton de l'arrondissement de Bressuire.

(2) L'abbaye de la Trinité de Mauléon (*Maleolium, Malus Leo*), Ordre de St-Augustin, Congrégation de France, située dans la ville de ce nom et dans l'ancien diocèse de La Rochelle.

(3) Le P. Pierre Sutaine fut de 1733 à 1739 Général des Chanoines-Réguliers de la Congrégation de France. (*Nouv. eccl.*, an. 1729, p. 55; an. 1737, p. 29; et *Hist. de l'abbaye de Ste-Geneviève et de la Cong. de France*, par l'abbé Féret, t. II, pag. 152-155).

(4) François Duchesne, originaire de la Champagne, était docteur de Sorbonne et fils d'un médecin du roi.

(5) St-Jouin-sous-Mauléon, prieuré de l'Ordre de St-Benoît, Congrégation de St-Maur, dans le diocèse de Poitiers. — St-Jouin-sous-Châtillon, commune du canton de Châtillon-sur-Sèvre.

(6) D. René Pelé, né à Redon, fit profession à l'âge de 20 ans, dans l'abbaye de Marmoutiers, le 18 septembre 1694. Lorsqu'il mourut, il n'appartenait plus à la Congrégation de St-Maur.

(7) D. Hervé Ménard, né à Dinan, diocèse de St-Malo, fit profession à l'âge de 18 ans, dans l'abbaye de St-Melaine de Rennes, le 19 août 1682, et mourut à celle de St-Pierre de Lagny, d'une attaque d'apoplexie, dans les

15. Je fus, avec un brave gentilhomme, à l'abbaye de St-Jean de Bonneval, près Thouars (1). Madame de Châtillon (2), qui m'avait prié d'y venir, me régala bien. J'y trouvai Mlle du Payré (3), nièce du P. de Ste-Marthe, et M. son frère, avec d'autres personnes de distinction.

16. Je dis la messe de grand matin et déchiffrai plusieurs titres dont la bonne abbesse avait besoin. Je fis un catalogue de 25 abbesses. Après un gros dîner, je fus à l'abbaye de St-Lon (*sic*) de Thouars (4), et de là, à l'abbaye de St-Jouin de Marnes (5), où je soupai avec les prieurs de St-Jouin et de Vitray (6). Le premier m'obligea à passer la semaine chez lui pour me reposer et ranger mes Mémoires.

21. Je fus avec le R. prieur à l'abbaye de St-Pierre d'Airvaux (7), où nous entendîmes la grand'messe de M. Noël,

---

premiers jours de juillet 1735. Il fut élu, en 1733, Général de la Congrégation de St-Maur et se montra fort attaché aux doctrines de l'Eglise catholique. C'est sous son généralat que D. Ursin Durand, D. Charles de La Vie, D. Maur Dantine, D. Prudent Maran, D. Félix Hodin, D. Martin Bouquet et D. Nicolas de Batz furent expulsés de St-Germain-des-Prés. (*Hist. de la Constitution* Unigenitus *en ce qui regarde la Cong. de St-Maur*, par D. Le Cerf de la Viéville, pp. 240, 251, 260, 261, 274, 271 et 294; et *Nouvelles ecclésiastiques*, an. 1733, pag. 149, 155, 189, 193, an. 1734, pag. 101, an. 1735, pag. 66.)

(1) L'abbaye de St-Jean de Bonneval-lès-Thouars (*Bona Vallis prope Thouarcium*), Ordre de St-Benoît, dans le diocèse de Poitiers. — St-Jean de Bonneval, commune du canton de Thouars, arrondissement de Bressuire.

(2) Françoise-Marie de Chastillon, fille de François, seigneur de Boisrogues, en Loudunois, et de Madeleine-Françoise Honoré. Elle succéda, en 1708, dans le gouvernement de cette abbaye, à deux de ses sœurs et à deux de ses tantes.

(3) Voir au 22 mai 1714, note.

(4) L'abbaye de St-Laon de Thouars (*S. Launus Toarcensis*), Ordre de St-Augustin, Congrégation de France, était située dans la ville de ce nom et dans le diocèse de Poitiers.

(5) L'abbaye de St-Jouin de Marnes (*S. Jovinus de Marnis, Ensionense Monasterium*), Ordre de St-Benoît, dans le diocèse de Poitiers. La Congrégation de St-Maur y fut introduite le 28 septembre 1655. — St-Jouin de Marnes, commune du canton d'Airvault.

(6) N.-D. de Vitré, prieuré de l'Ordre de St-Benoît, Congrégation de St-Maur, dans le diocèse de Rennes.

(7) L'abbaye de St-Pierre d'Airvault (*Aurea-Vallis*), Ordre de St-Augustin, dans l'ancien diocèse de la Rochelle. L'abbé commendataire était, en 1714,

prieur des Chanoines-Réguliers qui nous donna ensuite à dîner.

25 juin. Je partis de St-Jouin très satisfait des bonnes manières du R. P. prieur, D. Léonard Brunier (1), supérieur très-savant et très-vertueux. Nos jeunes confrères me comblèrent d'amitiés. F. Jean Malevergne (2), nommé zélateur des jeunes profès de St-Maixent et F. Charles de Varèze (3), natif de St-Maixent, m'accompagnèrent jusqu'à St-Maixent. Nous dînâmes à Parthenay, au Dauphin. Nous vîmes l'église de N.-D. de la Couldre, où St Bernard fit le fameux miracle de la conversion de Guillaume, duc d'Aquitaine (4). M. de Longueville, gouverneur de Parthenay, donna cette église aux Ursulines en 1624. Elles ont bâti un monastère attenant, et le curé de cette paroisse leur sert d'aumônier. Nous vîmes aussi les églises de Ste-Croix et de St-Laurent de Parthenay. Le P. prieur de St-Maixent, D. François Chazal (5), nous reçut à bras ouverts.

Guillaume Dubois, plus tard premier ministre, cardinal et archevêque de Cambrai. — Airvault, chef-lieu de canton de l'arrondissement de Parthenay (Deux-Sèvres).

(1) D. Léonard Brunier, né à Limoges, fit profession dans l'abbaye de St-Augustin de cette ville, à l'âge de 16 ans, le 1er octobre 1695. Ce religieux fut nommé, en mai 1729, prieur de la Chaise-Dieu où il refusa, le 8 novembre 1730, de signer l'appel contre la Constitution *Unigenitus*. (*La Constitution Unigenitus déférée à l'Eglise universelle ou Recueil général des actes d'appel interjeté au futur Concile général*, tome III.)

(2) D. Jean Malevergne, né à Limoges, fit profession dans l'abbaye de St-Augustin de cette ville, à l'âge de 19 ans, le 2 septembre 1707, et mourut dans ce monastère, le 11 novembre 1770.

(3) D. Charles-François Jousseaume de Varaise, né à St-Maixent, fit profession, à l'âge de 22 ans, dans l'abbaye de St-Augustin de Limoges, le 2 avril 1708.

(4) « En 1131 au plus tard, séduit par Girard, évêque d'Angoulême, le » duc Guillaume embrassa l'obédience de l'anti-pape Anaclet après avoir re- » connu celle d'Innocent II. Il persista dans le schisme jusqu'en 1135 qu'il » fut terrassé par les exhortations pathétiques de St Bernard et rendit hom- » mage au véritable pape. » (*Art de vérifier les dates*: Chronologie des Comtes de Poitiers et Ducs de Guienne ou d'Aquitaine. — *Hist. des Comtes de Poitou et Ducs de Guyenne*, par Jean Besly, pp. 134-136.)

(5) D. François Chazal, né à Meymac, diocèse de Limoges, fit profession, à l'âge de 17 ans, dans l'abbaye de St-Augustin de Limoges, le 1er août 1694, et mourut à Pontlevoy, le 13 décembre 1729. Voir *Hist. litt. de la Cong. de St-Maur*, p. 439, et *Nouv. eccl.*, année 1730, p. 60.

26. On célébra, avec pompe, la fête de St Maixent. D. Jean Lamy fit son panégyrique après vêpres. On donna la bénédiction après complies. Le cellérier avait siégé, le jour précédent, au palais avec une grande fanfare. Tous les aubergistes doivent ce jour-là une mesure de vin.

27. Je travaillai aux archives de St-Maixent, où je trouvai des titres fort anciens et curieux. Les nouveaux prieurs de St-Savin et de Mortagne arrivèrent avec deux religieux et trois jeunes profès.

30. Je fus dîner à Lusignan, où il y avait une grosse foire. Je couchai à l'abbaye de Fontaine-le-Comte (1), où je fus assiégé par le tonnerre et par une grosse pluie qui me rafraîchit bien.

ELENCHUS

Eorum quæ misi ad Majus Monasterium prope Turones, Reverendo admodum Patri Domno Dionysio de Sainte-Marthe, præsidi comitiorum generalium Congreg. S. Mauri.

PRO DIŒCESI BURDIGALENSI.

Plura pro archiepiscopis et decanis S. Andreæ Burdigalensis.

Multa instrumenta ad longum exscripta e cartulariis S. Johanis Angeriacensis, S. Maxentii et Fontis-Comitis.

Inscriptio nosocomii prope Cartusiam Burdigalensem.

PRO DIŒCESI ENGOLISMENSI.

Plurima pro episcopis et decanis et archidiaconis ecclesiæ Engolismensis.

Fundatio decanatus et series decanorum.

Catalogus plurium archidiaconorum.

Instrumentum Hugonis, anno 1155, et Petri, anno 1177, episcoporum Engolismensium, pro monasterio B. Mariæ de Grosso Bosco (2).

Excerpta e cartulario ecclesiæ S. Petri Engolismensis, pag. 18.

Carta Bernardi, abbatis Nantoliensis, pro Grosso Bosco. IIII non. novemb. 1172 (3).

Series abbatum de Grosso Bosco (*Grobos*).

---

(1) L'abbaye de Fontaine-le-Comte (*Fons Comitis*). Ordre de St-Augustin, Congrégation de France, dans le diocèse de Poitiers. — Fontaine-le-Comte, chef-lieu de commune du canton de Poitiers.

(2) *Gall. Christ.*, t. II, Inst. col. 455.

(3) *Gall. Christ.*, t. II, Inst. col. 379.

Plurima pro abbatibus : S. Amantii de Buxia (*St-Amand de Boisse*), S. Arthemii de Blanziaco (*St-Arthème de Blanzac*), S. Eparchii Engolismensis (*St-Cybar-lès-Angoulême*), B. Mariæ de Borneto (*Bournet*), B. Mariæ de Cella Fruini (*La Celle-Frouin*).

Catalogus abbatum B. Mariæ de Corona (*La Couronne*).

Plura e cartulario S. Eparchi, pag. 18.

PRO DIŒCESI PETRAGORICENSI.

Plurima, notatu digna, pro episcopis Petragoric.

Observationes D. Coignet, canonici Petragoric. et vicarii-generalis D. episcopi Petragoricensis.

Catalogus abbatum S. Asterii (*St-Astier*).

Nomina quorumdam abbatum Turturiacensium (*Tourtoirac*).

Bulla Calixti pp. II, anno 1120, Guidoni abbati Turturiacensi directa (1).

Bullæ pro monasterio B. M. de Bosco Cavo, pag. 15.

Quædam pro abbatia S. Claræ Petragoricensi.

Epitaphia Johannis Garat et Marci Clary, abbatum Cancellatæ.

PRO DIŒCESI PICTAVIENSI.

Pro episcopis Pictaviensibus plura, pag. 33.

Plura pro decanis, ac subdecanis Pictaviens.

Notitia concilii Pictaviensis, de quo Gall. Christ. tom. 3, p. 878, col. 2; ex cartul. S. Maxentii.

Dissertatio de Reliquiis S. Hilarii, pag. 8.

Series abbatum S. Maxentii (*St-Maixent*).
— S. Juniani Nobiliacensis (*St-Junien de Nouaillé*).
— S. Benedicti de Quinciaco (*St-Benoît de Quinçay*).
— S. Mariæ de Cellis (*N.-D. de la Celle*).
— S. Mariæ de Fonte-Comitis (*Fontaine-le-Comte*).

Plura pro abbatibus Absiæ (*L'Absie*), et Carrofii (*Charroux*).

Plura e cartulario S. Maxentii instrumenta, ad longum transcripta, pag. 12.

Plures ex eodem observationes, pagellis xxiv in folio comprehensæ.

Plura e diario domini Riche, advocati regis in urbe S. Maxentii.

Carta fundationis Fontis-Comitis, et quædam instrumenta ad istud monasterium spectantia (2).

Carta Gaufredi, Carnotensis episcopi, magistro Gaufredo de Laureolo, primo Fontis-Comitis abbati (3).

---

(1) *Gall. Christ.*, t. II, Inst. col. 491.
(2) *Gall. Christ.*, t. II, Inst. col. 370, 371.
(3) *Gall. Christ.*, t. II, Inst. col. 376.

Carta Vuillelmi, Pictavorum præsulis, ad eumdem.
Carta Fulconis, abbatis Bonævallis, ad eumdem.
Carta erectionis monasterii B. Mariæ de Cellis in abbatiam.
Bulla Gelasii papæ pro Nobiliaco, anno 1119 (1).
Epitaphia Carolæ Flandrinæ Nassoviæ, abbatissæ S. Crucis Pictaviensis.

PRO DIŒCESI SANTONENSI.

Observationes pro episcopis, pag. 50.
Series decanorum S. Petri Santonensis.
Annotationes Frontonis de La Roche de Guimp et Petri de La Jaunie, canonicorum Santonensis ecciesiæ, pro sua ecclesia (sic).
Carta Atonis, episcopi Santonensis, pro Nobiliaco, anno XXXI Caroli regis (2).
Collecta e cartulario S. Johanis Angeriacensis, pag. 23, fol.
Series et historia abbatum Angeriacensium, pag. 22, fol.
Carta fundationis B. Mariæ de Tenallia (3).
Catalogus abbatum B. M. de Frenada.
Catalogus abbatum Talniacensium, et historia ejusdem monasterii a Johanne Hiacintho Paret, priore et protonotario apostolico, mihi communicata.
Excerpta e cartulario S. Stephani de Vallibus, pag. 19.
Plurima pro abbatissis S. Mariæ Santonensis.
Item pro abbatibus S. Mariæ de Castris et S. Leodegarii prope Niortum.
Fundatio monasterii S. Martini de Pontibus, anno 1067, sedente Goderanno, Santonensi episcopo.

ADDENDA VEL EMENDANDA IN ARCHIEPISCOPIS.

Auxitanis, *Auch.*
Bituricensibus, *Bourges.*
Cameracensibus, *Cambrai.*
Ebredunensibus, *Embrun.*
Mechliniensibus, *Malines.*
Moguntinensibus, *Mayence.*
Narbonensibus, *Narbonne.*
Parisiensibus, *Paris.*
Rotomagensibus, *Rouen.*
Senonensibus, *Sens.*
Tolosanis, *Toulouse.*
Turonensibus, *Tours.*

IN EPISCOPIS.

Aginensibus, *Agen.*
Albiensibus, *Albi.*
Ambianensibus, *Amiens.*
Andegavensibus, *Angers.*
Aniciensibus, *Le Puy.*
Aquensibus, *Dax.*

---

(1) *Gall. Christ.*, t. II, Inst. col. 347.
(2) *Gall. Christ.*, t. II, Inst. col. 345.
(3) *Gall. Christ.*, t. II, Inst. col. 484.

Aurelianensibus, *Orléans*.
Baiocensibus, *Bayeux*.
Baionensibus, *Bayonne*.
Bellicensibus, *Belley*.
Bellovacensibus * *Beauvais*.
Carcassonensibus, *Carcassonne*.
Carnotensibus, *Chartres*.
Cenomanensibus, *Le Mans*.
Corisopitensibus, *Quimper*.
Diniensibus, *Digne*.
Dolensibus, *Dôle*.

Lemovicensibus * *Limoges*.
Lucionensibus, *Luçon*.
Montalbanensibus, *Montauban*.
Nannetensibus, *Nantes*.
Nivernensibus, *Nevers*.
Olorensibus, *Oloron*.
S. Pontii, *St-Pons*.
Rupellensibus, *La Rochelle*.
Sarlatensibus, *Sarlat*.
Suessionensibus, *Soissons*.
Vasatensibus, *Bazas*.

IN DECANIS.

Bituricensibus, *Bourges*.
Bellovacensibus, *Beauvais*.

Cenomanensibus, *Le Mans*.

IN PRÆPOSITIS.

Remensibus, *Reims*.

PLURA ITEM PRO ABBATIIS.

Affligenium, *Afflinghem*.
de Allodiis, *Les Alleus*.
S. Amandi Elnonensis, *St-Amand en Pévèle*.
Aquistrium, *Guîtres*.
S. Augustini Lemovicensis, *St-Augustin de Limoges*.
Aurea-vallis D. Pictav., (1) *Airvault*.
Balgenciacum, *Beaugency*.
Beania, *Baigne*.
Bellavallis, *Bellevaux*.
Bonavallis Pict., O. Cist., *Bonnevaux*.
Brantolmium, *Brantôme*.
Burgulium, *Bourgueil en Vallée*.
Burgummedium Blesense, *Bourgmoyen de Blois*.
Casalis-Benedicti, *Chezal-Benoît*.
Cistercium, *Cîteaux*.

Dalona, *Dalon*.
Eleemosyna, *L'Aumône*.
de Essomis, *Essomes*.
Flaviacum, *St-Germer de Flaix*.
Fonsdulcis, *Fontdouce*.
Hamum, *Ham*.
S. Johannis Senonens., *St-Jean-lès-Sens*.
S. Johannis Suessionensis, *St-Jean de Soissons*.
S. Jovini de Marnis, *St-Jouin de Marnes*.
S. Launomari Blesensis, *St-Laumer de Blois*.
S. Leodegarii Ebroliensis, *St-Léger d'Ebreuil*.
S. Luciani Bellovacensis, *St-Lucien de Beauvais*.
Malliacum, *Mailly*.
Mansus azili, *Le Mas d'Azil*.
B. Mariæ de Moroliis, *Moureilles*.

(1) Airvault appartenait au diocèse de la Rochelle et non à celui de Poitiers.

S. Martialis Lemovicensis, *St-Martial de Limoges*.
S. Martini Lemovicensis, *St-Martin de Limoges*.
S. Martini Turonensis, *St-Martin de Tours*.
Masdio, *Madion*.
Niolium, *Nieul*.
Obasina, *Obazine*.
S. Petri Autissiodorensis, *St-Pierre d'Auxerre*.
Petrosa, *La Peyrouse*.
Podium Ferrandi, *Puyferrand*.
S. Quintini Bellovacensis, *St-Quintin de Beauvais*.
S. Salvatoris Ebroicensis, *St-Sauveur d'Evreux*.
S. Satyri, *St-Satur*.
S. Symphoriani Bellovacens., *St-Symphorien de Beauvais*.
Talmundum, *Talmond*.
Villanova, *Villeneuve*.
S. Vincentii Silvanectensis, *St-Vincent de Senlis*.
S. Uvandregesili, *St-Vandrille*.

JUILLET.

1714. 1. Après avoir dit la messe à Fontaine-le-Comte, je vins dîner à St-Cyprien, où je fus bien reçu du nouveau prieur, D. M. Valeix (1). Après vêpres, je visitai et fus visité du visiteur des Chanoines-Réguliers de la province d'Aquitaine, le R. P. Ambroise du Chesne, prieur et curé de St-Martin de Nevers.

2. Je dis la grand'messe, etc.

3 et 5. Je rendis plusieurs visites avec le P. prieur. Le 3, sur les dix heures du matin, j'assistai avec D. P. Métayer, à l'assemblée de l'Université, qui se fit dans le cloître des Cordeliers. M. l'évêque y présidait. Il y avait une belle et nombreuse compagnie. M. le lieutenant-général nous fit placer parmi Messieurs du Présidial. Le P. Bonnefoy, Dominicain, donna le bonnet au P. Guillaume du Temple, Cordelier. Le P. des Forges, son gardien, était son paranymphe (2). Le P. Simon Guinais, aussi Cordelier, soutint pour l'aulique (3).

---

(1) D. Michel Valeix, né à Clermont-en-Auvergne, fit profession à l'âge de 21 ans, dans l'abbaye de St-Allyre, le 4 mars 1666, et mourut à St-Cyprien de Poitiers, le 31 décembre 1716.

(2) Le Paranymphe était le parrain du récipiendaire, celui qui le couvrait de son patronage.

(3) De *aula*, salle. L'aulique était l'assemblée dans laquelle un théologien était reçu docteur.

7 juillet. Je fus à Montier-Neuf pour y travailler. J'y dînai, et D. Servières me conduisit, sur le soir, jusqu'à St-Cyprien. D. Simon Bougis, ci-devant notre général, mourut le 1er de ce mois, à Paris. M. de La Chétardie (1), curé de St-Sulpice de Paris, qui a été mon premier confesseur, mourut le même jour.

14 juillet. Nous célébrâmes la fête de St Cyprien, martyr, patron de notre maison de Poitiers. Il y avait huit religieux qui changeaient de monastère.

22. D. Pierre Métayer fit le panégyrique de Ste Madeleine dans l'église de la Trinité, *Dilexit multum* (2)..., il fit voir, avec beaucoup d'éloquence, la douceur, les lumières et la persévérance de l'amour de la sainte ; dans son commencement, dans ses progrès et dans sa fin. La collation fut magnifique.

24. J'eus une oppression de poitrine si forte, qu'il fallut me faire saigner copieusement malgré les chaleurs de la canicule.

25. Le P. Jacques de Gand et le P. de Ruvilé, procureur de Lanville, Chanoines-Réguliers, vinrent de Fontaine-le-Comte pour me souhaiter une bonne fête.

J'ai été voir les raretés des églises de St-Hilaire-le-Grand et de St-Hilaire-la-Celle, où l'on montre le tombeau du fameux évêque de Poitiers.

Il a passé ici quantité de nos confrères qui changent de monastère.

Le 27. D. Gilbert Palerne prit le carrosse pour aller à Reims. Je l'ai chargé de quelques lettres, et des Mémoires qui sont à la page suivante.

SYLLABUS

Eorum quæ misi ad R. P. D. D. San-Marthanum, priorem S. Germani Pratensis.

Plurima pro episcopis et abbatibus Malleacensibus, ex archivis ecclesiæ et episcopii S. Ludovici Rupellensis.

Indiculus episcoporum et decanorum Ruppellæ.

---

(1) Voir au 13 mars 1712.
(2) Luc. 7, 47.

Catalogus abbatum : S. Leonardi de Calmis, O. C. * — Gratiæ Dei, O. C. * — Gratiæ Nostræ Dominæ de Caronte, O. C. — SS. Trinitatis de Maloleone, O. A. * — Stæ Mariæ de Bellofonte, Fuliensium. — De Moroliis, O. C.

Plurima instrumenta ad dictas abbatias spectantia.

Catalogus emendatior et auctior episcoporum Lucionensium.

Quædam pro abbatibus B. Mariæ Lucionensis.

Bulla sæcularisationis Lucionensis ecclesiæ (1).

Statuta quædam pro dicta ecclesia (2).

Epitaphium cordis D. Henrici de Barillon, episcopi, auctore D. Dupuy, canonico eruditissimo.

Notitia omnium abbatiarum diœcesis Lucionensis, præter abbatiam de Blanca, et catalogus abbatum bene multorum. Abbatiæ : S. Michaelis in Eremo, O. B. * — S. Crucis de Talmundo, O. B. * — S. Johannis de Orbisterio, O. B. — B. Mariæ de Granateria, O. B. * — B. Mariæ de Brolio-Herbaldi, O. B. — B. Mariæ de Angla, O. A. — B. Mariæ de Fontenellis, O. A. * — B. Mariæ de Insula Calveti *, O. B., Camaldulensium. — B. Mariæ de Trisayo, O. C. — B. Mariæ de Brolio-Grollandi, O. C. * — B. Mariæ de Loco Dei in Jardo, O. Præmonstratens.

*Abbatiæ quæ asterisco * notantur, plurima instrumenta vel abbatum seriem mihi suppeditarunt,*

Item plurima pro episcopis Pictaviensibus.

Plurima pro episcopis ac decanis Santonensibus.

Index multorum abbatum S. Evodii Aniciensis.

Quædam pro abbatibus S. Petri à Turre.

Catalogus accuratus abbatum B. Mariæ de Tenalia, Diœcesis Santonensis, O. B.

Plurima pro abbatibus B. Mariæ de Sabluncellis, O. A., Cong. de Cancellata, ejusd. Diœcesis.

Plurima pro abbatibus S. Leodegarii prope Niortum, O. B., Diœcesis Santonensis.

Notitia abbatiæ S. Severini, O. A., Diœcesis Pictaviensis, cui præfuit Spiritus Fléchier, episcopus Nemausens.

Catalogus Domnorum B. Mariæ de Altobraco, O. A., Cong. B. Mariæ de Cancellata, Diœc. Rutenens.

Item misl R. P. D. R. Massuet plurima emendanda in tomo quinto Annalium, et plura addenda sexto volumini.

Præsertim pro Monasterio-Novo Pictaviensi, pro Granateria, Fontedulci, Tenalia, etc.

---

(1) *Gall. Christ.*, t. ii, Inst. col. 390.
(2) *Gall. Christ.*, t. ii, Inst. col. 402.

Inscriptio vasis argentei quod vidi in sacrario Cartusiæ Burdigalensis, in quo asservatur tunica, e vili lino contexta, seu Rochetum S. Caroli Borromei, cujus foramen factum globulo ferreo adhuc cernitur; et hæc referri possunt in Annal. ubi de Ordine Humiliatorum.

Est autem talis inscriptio :

Franciscus Cardinalis de Sourdis, archiepiscopus Burdigalensis et Aquitaniæ primas, naviculam hanc argenteam dedit, dicavitque Sancti Caroli Borromæi sacræ tunicæ lineæ asservandæ, quam insigni miraculo, sclopeti scilicet ictu ad cutim sine illius corporis noxa excepto, memorabilem a Paulo Sfondrato, Cardinali S. Ceciliæ, Gregorii XIV ex fratre nepote, dono accepit.

29 juillet. Nous assistâmes, dans l'église de la Trinité, à une exhortation que D. Jean Lamy fit aux Sœurs converses. Il leur fit voir les dispositions qu'elles devaient avoir dans leurs emplois et les récompenses qu'elles en recevront, si elles imitent leur patronne Ste Marthe. Ce discours était fort pathétique et la collation fut excellente.

30. Je travaillai aux archives de la Cathédrale, où il y a peu d'anciens titres. Le livre rouge et le livre enchaîné sont à voir. Ils sont du XIII° siècle. Il y a le serment des évêques, les statuts des chanoines, etc...

31. J'entendis au collége le panégyrique de St Ignace prononcé par un Ignatien. Il fit voir la sagesse de son patriarche dans sa pénitence et dans sa vie apostolique. Ils n'imitent guère la première. Il ne fit pas paraître la seconde dans les invectives qu'il fit, hors de propos, dans trois endroits de son sermon, contre les prétendus Jansénistes, contre qui il vomit toute sa morale. Il fut assez réservé sur les éloges de la Compagnie. M. l'évêque donna la bénédiction du T.-St Sacrement. Le tabernacle est une pièce curieuse à voir. La boiserie de la sacristie est fort propre.

AOUT.

1714. 1. On célèbre solennellement, à Poitiers, la fête de St Pierre aux Liens, surtout à la Cathédrale et à St-Pierre le Puellier. Je travaillai aux archives de la Cathédrale, et je copiai les épitaphes qui sont dans l'église. Il y a un manuscrit composé ou recueilli par M. Christophle Fauveau, official et chanoine. On y trouve plusieurs belles cérémonies, surtout celles des Rogations, qui sont célèbres à Poitiers.

2. On faisait, à St-Cyprien, la fête de St Loup, martyr, dont les reliques reposaient autrefois dans ce monastère. Je travaillai à la Cathédrale.

3. On faisait, à Ste-Croix et à Ste-Radegonde, la fête du Pas-Dieu (1). Je fus aux thèses que soutenaient une trentaine de Maîtres-ès-Arts. Ils ont donné, chacun, au professeur Jésuite, 22 livres, et ceux qui soutiennent en particulier, 50 écus chacun, sans parler de, etc., maltôte (2) partout, surtout chez les bons Pères. M. l'évêque était à cette thèse, toute l'Université, le Présidial, à qui elle était dédiée, et une fort belle compagnie. Il n'y eut que les religieux qui argumentèrent, au recteur de l'Université près. Le P. Martin, docteur Jacobin, prouva drôlement (3) le péché philosophique par Molina (4). Ces bons disciples en parurent choqués, et l'écolier répondit mal au docteur, ce qui a obligé la Faculté de faire un décret que les docteurs n'argumenteraient plus. Notre D. Jacques Chappellet fit des merveilles, aussi bien qu'à la première thèse dédiée à M. l'évêque.

4. Je fus, avec D. Chappellet, au panégyrique de St Dominique, prononcé par l'abbé Albert, docteur. Il prit pour texte : *Tulit abominationes impietatis et in diebus peccatorum corroboravit pietatem* (5). Il fit voir qu'il avait détruit l'impiété et

---

(1) On appelait le *Pas-Dieu* l'empreinte laissée par un des pieds de Notre-Seigneur Jésus-Christ sur une des pierres de la cellule de Ste Radegonde, lorsqu'il vint annoncer à cette sainte princesse sa mort prochaine.

(2) Maltôte signifie imposition faite sans fondement, sans nécessité, sans autorité légitime.

(3) Terme familier, c'est-à-dire, d'une façon plaisante.

(4) Au sujet d'une thèse sur le péché *philosophique* soutenue, en 1688, à Clermont en Auvergne, par le P. Pugean, Jésuite, voyez les *Lettres à M. François Morenas*, de D. Clémencel, p. 427, lettre dix-huitième.

(5) Eccli. 49, 3, 4.

l'hérésie, et il toucha le culte de Confucius, et qu'il avait établi la piété. Il prêcha en jeune homme. Il est vicaire de St-Porchaire, et a une chaire au collége de St-Pierre.

5. Je fus voir M. l'évêque, avec le R. P. prieur. Nous l'entendîmes, à St-Didier, faire une exhortation sur l'adoration perpétuelle du St Sacrement, et il donna ensuite la bénédiction. Ce prélat est infatigable dans ses fonctions. Le P. prieur fit aussi une exhortation aux Religieuses de la Trinité, où on nous servit une collation fort propre.

6. M. Mayaud, sous-doyen de la Cathédrale, qui va à Paris, m'est venu voir. Il a bien voulu se charger d'un petit paquet de Mémoires dont je fais la liste à la page qui suit. J'ai obligation à ce bon chanoine de m'avoir procuré, avec empressement, l'entrée aux archives de la Cathédrale.

R. P. Domno R. Massuet misi quæ sequuntur pro continuatione Annal. Bened.

Carta fundationis monasterii S. Nicolai Pictaviensis per Agnetem comitissam.

Privilegium Alexandri pp. pro eodem monasterio.

Confirmatio Gaufredi, Aquitanorum ducis, filii præfatæ Agnetis.

Alia ejusdem Gaufredi carta.

Qualiter canonici ecclesiam S. Nicolai amiserunt et monachi eam receperunt.

Judicium Amati, archiepiscopi Burdigalensis.

Aliud ejusdem antistitis judicium.

Privilegium Urbani pp. II, anno 1093 (1).

Instrumentum concordiæ capituli S. Hilarii-Majoris cum abbat' et capitulo Monasterii-Novi, ac priore et conventu S. Nicolai, 1166.

Duo diplomata Paschalis pp. alterum Petro Pictaviensi episcopo, alterum archiepiscopo Burdigalensi, necnon P. Pictaviensi et R. Santonensi episcopis.

Quædam donationes factæ dicto monasterio S. Nicolai.

Series 40 priorum S. Nicolai, quorum ultimus, Claudius Paschalis Langlois, hæc supradicta instrumenta exscribenda mihi humanissime commodavit.

Carta Philippæ, comitissæ Pictavorum, pro Monasterio-Novo

---

(1) *Gall. Christ.*, t. ii, Inst. col. 386.

Pictaviensi S. Johannis, cui donat maresia de Jard (1), ex archivis S. Maxentii.

Privilegium, seu concordia, Guillelmi, ducis Aquitan., cum Giraldo, abbate, et monachis Monasterii-Novi, 1129.

Notitia fundationis monasterii SS. Simonis et Judæ de Faya Monachali, vulgo *La Faye-Mongeau*, Monasterio-Novo subditi, ex archivis S. Maxentii (2).

Carta Johannis, regis Angliæ, ducis Aquitaniæ, etc. pro Monasterio-Novo.

Carta Ludovici, regis Franc., ducis Aquit., pro eodem, anno MCXLVI.

Cartæ Alienoris, reginæ Anglorum, pro eodem, ann. 1129 et 1152.

Carta Hysabellæ, reginæ Anglorum, comitissæ Marchiæ et Engolismæ, pro monasterio B. Mariæ de Leziniaco, subjacente abbatiæ Nobiliacensi, 1230.

Confirmatio ejusdem per Hugonem de Leziguiaco, maritum Hysabellæ.

Aliæ ejusdem Hugonis cartæ.

Ejusdem testamentum, 1269.

Forma qualiter conventus Monasterii-Novi debet recipere novum abbatem.

Decem bullæ pontificiæ in favorem Monasterii-Novi.

Plura regum privilegia, necnon Alfonsi comitis Pictav. et Tolosanorum.

Plurima excerpta e libro capituli Monasterii-Novi.

Plura de cladibus, incendiis et direptionibus monasterii Nobiliacensis.

Litteræ Henrici, regis Franciæ et Angliæ, pro Christi præputio adservato in abbatia B. Mariæ de Columbis, datæ Parisiis, 1427 et Uvesteini, 1447.

Bulla Pauli pp. III, pro eodem præputio, 1535.

R. Patri D. D. San-Marthano per eumdem Dominum Subdecanum Pictaviensem misi.

Plura pro episcopis, decanis ac subdecanis Pictaviensibus. Necnon quæ sequuntur.

Series abbatum S. Arthemii de Blanziaco.

Quædam pro abbatibus Insulæ-Calveti.

Item pro episcopis Tutellensibus.

---

(1) *Gall. Christ.*, t. II, col. 1267.
(2) *Gall. Christ.*, t. II, Inst. col. 355.

Plurima curiosa pro abbatibus S. Maxentii.

Bulla Lucii papæ Gaufrido, abbati de Fontedulci.

Multa pro eadem abbatia.

Bullæ Clementis V, Sixti IV, Johannis XXII, et plura regum privilegia pro capitulo S. Petri Pictav.

Plura instrumenta e tabulario S. Crucis Talemundensis contenta codice pag. XII.

Carta quinque abbatum pro monasterio B. Mariæ de Granateria.

Eidem R. P. Priori San-Germanensi per D. L. Caveller misi quæ sequuntur.

Plurima curiosa pro episcopis Pictaviensibus inter quæ quidam episcopi ad hunc diem ignoti reperiuntur.

Series abbatum S. Petri de Aurevalle, O. A.

Carta Vuillelmi, archiepiscopi Burdigal., Petri, episcopi Santonensis, et Guillelmi, prioris de Royano, pro institutione decani in ecclesia Engolismensi, 1213 (1).

Quædam pro eadem ecclesia Engolismensi S. Petri.

Catalogus decanorum Lucionensis ecclesiæ, ab ejusd. secularisatione, 1468.

Carta donationis ecclesiæ S. Leodegarii monasterio S. Andreæ de Meymaco.

Litteræ Caroli, Franc. regis, pro abbatia B. Mariæ de Granateria, 1420 (2).

Instrumentum restaurationis monasterii S. Michaelis in Eremo per Eblonem, episcopum Lemovicensem, anno DCCCC.XCI.

Notitia de ædificatione monasterii de Bellanoa (3) sub depend. abbatis S. Michaelis, Azonis et successorum, sumptibus Gaufredi, vicecomitis Thoarcensis, et concordia Aimerici, vicecomitis Thoarcensis, cum Petro, abbati S. Michaelis.

Carta subjectionis monasterii S. Michaelis in Eremo abbatiæ S. Florentii, sub Roberto abbate (4).

Bulla unionis mensæ abbatialis S. Michaelis collegio Mazarino sive 4 nationum, 1671.

Litteræ regiæ in favorem ejusd. monasterii, 1695.

Plura pro abbatibus ejusdem monasterii.

---

(1) *Gall. Christ.*, t. II, Inst. col. 451.

(2) *Gall. Christ.*, t. II, Inst. col. 425.

(3) *Bellanoa*, sita prope Marolium in diœcesi modo Lucionensi. (*Annales Ordinis S. Benedicti*, t. IV, pp. 486-487.)

(4) *Gall. Christ.*, t. II, Inst. col. 410.

Quædam emendanda vel addenda in his quæ sequuntur.

Astericus * denotat plura addimenta.*

ARCHIEPISCOPI.

Arelatenses et Burdigalenses *.

EPISCOPI.

Claromontenses, *Clermont.*
Constantienses, *Coutances.*
Dolenses, *Dol.*
Engolismenses, *Angoulême.*
Ebroicenses, *Evreux.*
Lemovicenses, *Limoges.*
Lexovienses, *Lisieux.*

Magalonenses, *Maguelonne.*
Nicienses, *Nice.*
S. Papuli, *St-Papoul.*
Santonenses, * *Saintes.*
Rutenenses, *Rodez.*
Ucetienses, *Uzès.*

ITEM PRÆPOSITI.

Anicienses et Aquenses.

DECANI ET SUBDECANI.

Pictavienses.

ABBATES.

Absiæ, *l'Absie.*
Albæ-Coronæ, *Blanche Couronne*
Albæ-Curiæ, *Aubecour.*
Alneti, *Lannoy.*
Altæ Cumbæ, *Hautecombe.*
S. Amandi de Buxia, *St-Amand de Boisse.*
S. Ambrosii Bituricensis, *St-Ambrois de Bourges.*
Angeriaci, * *St-Jean-d'Angely.*
S. Andreæ prope Brugas, *Bruges.*
Athanaci, *Aisnay.*
S. Audoeni Rotomagensis, *St-Ouen de Rouen.*
Averbodii, *Everbeur.*
S. Augustini Lemovicensis, *St-Augustin de Limoges.*
Aureæ-vallis. O. C., *Orval.*
Balcherivillæ S. Georgii, *Boscherville.*
S. Bavonis, *St-Bavon de Gand.*
Beaniæ, *Baigne.*
Becci, *Le Bec.*
Bellæperticæ, *Belleperche.*

Belliloci, D. Cænomanens., *Beaulieu-lès-le-Mans.*
S. Benigni Divionensis, *St-Bénigne de Dijon.*
Bonævallis Pictav. O. C., *Bonnevaux.*
Borneti, *Bournet.*
Boscaudoni, *Boscaudon.*
Brolii-Grollandi, *Bois Grolland.*
Bulii, *Le Beuil.*
Busayi, *Buzay.*
Cadunii, *Cadouin.*
Calæ, *Chelles.*
Calamorum, *Chaumes.*
Cancellatæ, *Chancelade.*
Capellæ ad plancas, *La Chapelle aux planches.*
Castellionis, Diœc. Virdun., *Châtillon.*
Claræ vallis, *Clairvaux.*
Clarismarisci, *Clairmarais.*
S. Clementis Metensis, *St-Clément de Metz.*
Cluniaci, *Cluny.*

de Columbis, Diœc. Carnot., *Colombes.*
de Columba, Diœc. Pict., *La Colombe.*
de Conquis, Diœc. Ruten., *Conques.*
Cormeriaci, *Cormery.*
Coronæ *, *La Couronne.*
S. Crucis Pict., *Ste-Croix de Poitiers.*
Culturæ, *La Coûture.*
Curiæ Dei, *La Cour-Dieu.*
S. Cornelii Compendiens., *St-Corneille de Compiègne.*
S. Cypriani Pictaviensis, *St-Cyprien de Poitiers.*
Dalonæ, *Dalon.*
Ebrolii, *Ebreuil.*
S. Ebrulphi, *St-Evroul d'Ouche.*
Egmundæ, *Egmont.*
Ellantii, *Elant.*
Epternaci, *Eternac.*
Faremonasterii, *Faremoûtiers.*
de Ferrariis, Diœc. Senon., *Ferrières en Gatinais.*
S. Florentii Salmuriensis, *St-Florent-lès-Saumur.*
Fontis-Comitis, *Fontaine-le-Comte.*
de Fontanis, *Fontaines-les-Blanches.*
de Fontenellis, *Fontenelles.*
Fontis-Ebraldi, * *Fontevraud.*
Frenadæ, *la Frenade.*
Fuldæ, *Fulde.*
Fulii, *N.-D. des Feuillans.*
Fuxi, *St-Volusien de Foix.*
Gastinæ, *Gastine.*
Gemblaci, *Gemblours.*
Gemetici, *Jumièges.*
S. Genulfi, *St-Genou.*
S. Germani Pratensis, *St-Germain-des-Prés.*

Gresteni, *Grestain.*
Grossi-Bosci, *Grobos.*
Hambeyæ, *Hambuye.*
Hasnonii, *Hasnon.*
S. Hilarii-Majoris, *St-Hilaire le Grand.*
Insulæ Barbaræ, *L'Ile-Barbe.*
S. Jacobi de Pruvino, *St-Jacques de Provins.*
Jardi, *Jard.*
S. Johannis Senonensis, *St-Jean-lès-Sens.*
Joyaci, *Jouy.*
S. Juliani Turonensis, *St-Julien de Tours.*
Lantenaci, *N.-D. de Lantenac.*
S. Launi Thoarcii, *St-Laon de Thouars.*
S. Launomari Blesensis, *St-Laumer de Blois.*
Lerini, *Lérins.*
Longi-pontis, *Longpont.*
Lucernæ, *La Luzerne.*
Luci, *Le Luc.*
S. Lupi Trecensis, *St-Loup de Troyes*
S. Lupi Aurelianensis, *St-Loup d'Orléans.*
Majoris monasterii, * *Marmoûtiers.*
Malliaci, *Mailly.*
S. Mariæ de Allodiis, *Les Alleus.*
B. M. de Castellariis, *N.-D. des Chastelliers.*
B. Mariæ de parvis castellariis in insula Rhea, * *N.-D. de l'Ile de Ré.*
S. Mariæ regalis, *La Réale.*
B. M. de Castris, Diœc. Santon., *Chastres.*
S. Mauri Fossatensis, *St-Maur les Fossés.*
S. Maxentii, * *St-Maixent.*
Meymaci, *Meymac.*

Monasterii-Novi Pictav., *Montierneuf.*

Misericordiæ Dei, *La Mercy Dieu.*

S. Medardi Suessionensis, *St-Médard de Soissons.*

Nigri-lacus, *Noir Lieu.*

Niolii, *Nieuil.*

de Nucaris, *Les Noyers.*

Oratorii, *Ormond.*

Palatii B. Mariæ, *Palais Notre-Dame.*

Pinus, *Le Pin.*

Pontigniaci, *Pontigny.*

Podii Ferrandi, * *Puy Ferrand.*

Pruliaci, Diœc. Turon., *Preuilly.*

Ressonii, *Ressons.*

de Sabluncellis, *Sablonceaux.*

S. Savini Pictaviensis, *St-Savin de Poitiers.*

S. Severini Pictaviensis, *St-Séverin, Diocèse de Poitiers.*

S. Severini de Castro Nantonis, *St-Séverin de Château-Landon.*

Talniaci, *Tonay-Charente.*

Talemundi, *Talmond.*

S. Theofredi, *Le Monastier St-Chaffre.*

Trisagii, *Trizay.*

Voti, *Le Vœu.*

Vindocini, *La Ste-Trinité de Vendôme.*

Virtus (sic) S. Mariæ, *N.-D. de Vertus.*

Virtus (sic) S. Salvatoris, *St-Sauveur de Vertus.*

Item 14 Augusti 1714, per F. Fr. La Borde, ad R. priorem San-Germanensem misi quæ sequuntur.

Codex 30 pag. in folio complectens seriem abbatorum Monasterii-Novi Pictaviensis accuratissimam, cum pluribus instrumentis ad ipsam spectantibus, nec non dissertatiunculam de anno fundationis ejusdem Monasterii-Novi.

Plura item pro Malleacensibus ac Rupellensibus episcopis.

Plura pro abbatia B. M. de Morellis, Diœc. Pictav.

— pro abbatia S. Leonardi de Ferrariis, Diœc. Pictav.

— pro episcopis Santonensibus.

— pro abbatia S. Maxentii.

— pro abbatia S. Illidii.

— pro abbatia B. M. de Castellariis, in insula Rhea.

— pro episcopis, decanis et subdecanis Pictav.

— pro abbatia B. M. de Bellacumba, Diœc. Anic.

— pro abbatia S. Cypriani Pictaviensis.

QUÆDAM ADDENDA VEL CORRIGENDA.

In archiepiscopis Turonensibus.

In episcopis Aurelianensibus, Claromontensibus, Olorensibus et Tolosanis.

In præpositis Aquensibus.

Historia S. Jovini de Marnis, decem paginis in folio comprehensa (1).

QUÆDAM PRO ABBATIIS QUÆ SEQUUNTUR.

Bonus locus, O. C., Diœc. Lemovicensis.
Bellus fons, O. B., nunc Fuliensium.
Fons Gauferii, O. B.
S. Crucis Burdigalensis, O. B.
Jotrum, O. B.
Lucionum, O. B.
Morimundus, O. C.
Valentia, O. C.
Excerpta ex archivis B. M. de Villanova, Diœc. Nannetensis, sex foliis contenta.

Item, misi die ultima septembris, plurimas sane curiosas pro episcopis Pictaviensibus notas.

Pro episcopis Pictaviensibus notas.
Multas item pro decanis et subdecanis.
Plura pro abbatia S. Cypriani ex cartulario aliisve monasterii tabulis excerpta.
Epitaphia quæ habentur in claustro Nobiliaci.
Carta fundationis FF. Prædicatorum Pictaviensium in ecclesia S. Christophori, per Philippum, decanum, et canonicos ecclesiæ Cathedralis.
Carta Philippi episcopi pro eod. conventu, 1222.
Fundatio monialium ord. S. Dominici in capella S. Magdalenæ Pictavensis, 5 augusti 1628.
Series accurata abbatissarum S. Johannis de Bonavalle prope Thoarcium.
Donum Ecclesiæ S. Crucis de Angla, nunc in abbatiam mutatæ, factum S. Cypriani monasterio et quædam notæ pro dictà Anglensi abbatià.
Epitaphium Francisci de Levi, quod est in ecclesia S. Andreæ de Meymaco.
Series abbatum S. Geraldi Aurilacensis.
Plura nomina abbatum S. Petri de Maurtio.
Epitaphia Alaidis et Yolandis, comitissæ Marchiæ, et aliorum quæ exscripsi e tumulis abbatiæ B. Mariæ de Villanova multo labore; et quæ non retulit D. Alexius Lobineau, in histor. Britan. (2).

---

(1) Voir, dans l'Appendice, la liste des lettres reçues par D. J. Boyer, à la date du 4 août 1714.
(2) Voir au 5 juin 1714.

Multa curiosa nimis ex archivis FF. Minorum Pictaviens. pro Galterio Pictaviensi episcopo, cujus epitaphium erui et testamenta exscripsi.

Multa pro Claromontensibus episcopis.

Donatio ecclesiæ Montisferrandi monasterio Casæ Dei, etc.

Plura pro abbatia S. Johannis in urbe Pictaviensi.

Plura pro abbatiis S. Maxentii, S. Hilarii-Majoris, Monasterii-Novi.

Plurima excerpta e necrologio, cartulario et tabulis originalibus SS. Trinitatis Pictaviensis, viginti paginis comprehensa.

Quædam addenda vel emendanda in his quæ sequuntur.

EPISCOPI.

Anicienses, *Le Puy.*
Ambianenses, *Amiens.*
Cabilonenses, *Châlons-s-Saône.*
Catalaunenses, *Châlons-sur-Marne.*
Engolimenses, *Angoulême.*
Helenenses, * *Eghilne.*
Santonenses, *Saintes.*
Sarlatenses, *Sarlat.*

DECANI.

Bituricenses.
Engolismenses.
Lucionenses.
Sarlatenses.

ABBATES.

Claromontenses.

ABBATIÆ.

Agedunum, *Ahun.*
Alba terra, *St-Sauveur d'Aubeterre.*
S. Amabilis Ricomagensis, *St-Amable de Riom.*
S. Augustini Lemovicensis, *St-Augustin de Limoges.*
Aurea vallis, Diœcesis Rupellensis, *Aircault.*
Bellus fons, *Belle fontaine.*
Cirisiacum, *Cerisy.*
S. Crucis Pictaviensis, *Ste-Croix de Poitiers.*
Dauratum, *Le Dorat.*
Fontenellæ, *Fontenelles.*
S. Genesii Claromontensis, *St-Genès de Clermont.*
S. Mariæ de Morellis, O. B., *Moureaux.*
S. Mariæ de Moroliis, O. C., *Moureilles.*
S. Mariæ Santonensis, *N.-D. de Saintes.*
Nobiliacum, *Noaillé.*
Orbisterium, *Orbestrier.*
Pinus, *Le Pin.*
Regula, Diœc. Lemovic., *La Règle.*

Cyclus indictionis perpetuus, quem proposui expedita methodo ad calcem Galliæ Christianæ inserendum, loco prolixioris tabulæ.

Exeunte anno 1714 R. P. San-Marthano misi quæ hic subjiciuntur.

Carmen elegiacum de S. Caprasio, primo Aginensi episcopo, auctore Bernardo de La Benazie, priore S. Caprasii Aginensis, cum notis ejusdem in præfatum metricum elogium.

Episcopatûs S. Caprasii vindiciæ per eumdem.

Index librorum ab eodem editorum, necnon ineditorum : sunt autem numero XXVII.

Ex tabulis Cartusiæ Glanderii plura pro episcopis Lemovic.; quædam pro archiepiscopis Arelatensibus, Bituricensibus et Viennensibus ; pro episcopis Claromontensibus, Rivensib. et Tolonens.; pro abbatiis S. Augustini Lemovic., Figiacensi, S. Martini Tutellensis, S. Pontii, ac Regulæ Lemovic.

Ex tabulis monasterii SS. Gervasii et Prothasii de Exiis (*Eysses, Dioc. d'Agen*) quædam pro episcopis Aginnensibus et abbatibus Moyacensibus, cui hæc abbatia subjacebat.

Plura item pro abbatibus Exiensibus.

Ex tabulis Cadunii, quædam pro episcopis Malleacensibus ac Ucetiensibus, necnon pro abbatibus Cadunii, Camporum Bonorum, Cistercii et Fontisguillelmi.

Ex tabulis prioratus Omnium sanctorum de Magna Buxeria plurima pro abbatia B. Mariæ Regalis, cui prioratus iste subjacet.

Quædam pro abbatiis S. Augustini Lemovic., S. Juniani Nobiliacensis et S. Petri Solemniacensis, ex originalibus.

Plura pro abbatissis S. Geraldi Fontis Gauferii.

Plurima pro abbatia B. Mariæ de Cadunio.

Instrumentum fundationis monasterii S. Petri de Stirpo, ex autographo exscriptum (1).

Series accurata abbatum ejusdem monasterii.

Plura instrumenta ex authenticis exscripta pro dicto Stirpensi monasterio (2).

Carta genealogica dominorum de Cabanesio., monasterii præfati fundatorum, pluresque eorum donationes.

Catalogus abbatissarum S. Mariæ et S. Laurentii de Alodiis, excerptus è necrologio ejusd. parthenonis.

Series abbatum quorumdam Bulii, Ord. Cisterc.

---

(1) *Gall. Christ.*, t. II, Inst. col. 194.

(2) En quittant Poitiers, sans doute pour revenir à la Chaise-Dieu, d'où il était parti, D. J. Boyer visita les monastères de la partie, qu'il n'avait pas encore parcourue, du diocèse de Limoges. D'après la liste des lettres qu'il a écrites, il se trouvait dans cette ville le 8 septembre 1714.

†

Dans la bibliotheque de Souvigny en bourbonnois
il y a une vie de pierre le venerable qui n'a
point été imprimée. Elle commence ainsi :
« S͞co patri et d͞no suo Stepho Dei gra Cluniacen͠
abbati, frater Radulfus bonis omnibus frui nunc
et in evum. Diu quidem, pater, silueram, et pre
uerecundia &c) Cette vie n'est pas bien longue, et
elle pourroit avoir place dans l'appendice de
votre 5.͞e tome. Si vous la souhaitez, vous n'avez
qu'à écrire deux lignes à Dom Jean Fricaud prieur
clanstral de Souvigny, qui m'a promis de l'envoyer
avec plaisir à V. R. C'est un galant homme qui
a beaucoup d'erudition.
Il a aussi le titre de la fondat͠on de marcigny,
mais comme c'est en 1064. Je ne l'ay point transcrit
à moins que vous ne vouliez la mettre dans
l'appendice.
Je ne souhaite rien tant que de trouver quelque
chose de considerable pour vous marquer que je
suis à vous&c et engager
   M. R. P.   Vostre très humble et
à la chaise dieu 28. decemb. très obeissant serviteur
                            f. J. Boyer

de Gondras me combla d'honestetez. Il me fit voir tous les apartemens de son chateau qui sont magnifiques, et qu'il a fait bâtir lui-même. à diné il nous traita Royalement, et me marqua beaucoup de distinction pour moy, quoiqu'il y eut à table plusieurs personnes de consideration, qui le meritoient mieux que moy. A deux heures je fus voir M. le curé de S. Eble paroisse dependante de la vouëtte, qui me fit voir Mille curiositez qu'il a faites lui même avec le bout de son couteau &c. Je passay ensuite à Aurat où je fus mortifié de ne pas rencontrer mr. Hugon curé, mon ancien condisciple et bon ami. Cette cure depend de l'abé de pebrac qui en est prieur. elle est dediée à S. Martin, et l'Eglise du prieuré à S. george Martyr. Je passay à l'auteuge dont le Doyen de langeac est prieur, et fus coucher à Aleret, chateau de Madame de Colombines, qui est de l'ancienne Maison de la Tour-Saint vidal en velay. 28. Je dis la Messe dans la chapelle d'Aleret dediée à la S. vierge. il y a des beaux ornemens, le crucifix et les chandeliers sont d'argent. Je dinai avec madame, et m. de la rogne Severac que j'étois allé voir, et Mr. l'abé de Bragelogne doyen de Brioude, son neveu. Je fis collation à paulhaguet chez mr. Branche mon parent, et chez mr. Avon. Je fus ensuite voir Madame de Canillac Religieuse des chases, et sa soeur m. de Montboissier à Chastagnes chateau

Plura pro Lemovicensibus episcopis.

Quædam pro decanis Lemovicens. S. Martini Lemovic. pro abbatibus, et abbatissis B. Mariæ de Regula, ex tabulis Regulæ Lemovic.

Quædam pro archiepiscopis Aquensibus, pro episcopis Albiensibus et Massiliensibus, ex Mss. S^{ti} Martialis Lemovicensis.

Quædam pro decanis Pictaviensibus et pro abbatibus S. Savini et S. Johannis in urbe Pictav.

Carta Andreæ abbatis Loci Dei in Jardo.

Dimensiones ecclesiarum S. Petri Pictaviensis, S. Stephani Lemovic., S. Mauritii Andegavensis, S. Florentii Salmurensis, S. Michaelis Burdigal. et ædificiorum S. Martialis Lemovicensis et S. Johannis Angeriacensis.

Amintæ preces ad Reverendiss. F. Innocentium Siculum, ministrum generalem FF. Minorum Capucinorum, seu Cl. V. D. Balzacii Libellus supplex, pro instituendo Capucinorum conventu apud Engolismenses, scriptus eleganti carmine quod sic incipit: Ausoniæ communis amor, etc...

Epitaphium Mathurini Richou, cantoris ecclesiæ Lucionensis, qui obiit die ultima augusti 1607.

Quædam pro abbatibus Scotorensibus seu Dorati.

APPENDICE

Au moment de clore cette publication, nous croyons utile de décrire le manuscrit d'après lequel elle a été exécutée. Ce volume, que son auteur fit revêtir d'une solide reliure en veau marbré, porte sur le dos orné de fers dorés, le titre : *Voyage historique* ; il mesure 185 millimètres de hauteur sur 128 millimètres de largeur. Il n'est pas paginé, mais il comprend 518 pages et contient : la narration des voyages (481 pages), la liste des lettres que D. J. Boyer a reçues ou écrites de juillet 1713 à novembre 1714 (15 pages), plus 18 pages blanches au milieu desquelles est intercalée une circulaire imprimée de D. René Massuet, du 21 juillet 1710 (4 pages).

D. J. Boyer ne s'est jamais nommé au cours de ce journal ; mais il a désigné, dans divers passages, avec leurs noms et prénoms, plusieurs membres de sa famille, ses grands-parents maternels, son père, sa mère, ses tantes, ses cousins, et il a rapporté, sur eux tous, des détails intimes qui suffiraient pour établir qu'il en est bien l'auteur. (Voir : 2 septembre et 6 décembre 1711, 23 février et 30 mai 1712). En outre, ces notes sont écrites en entier de la main de ce religieux, ainsi qu'il ressort de leur comparaison avec d'autres pièces émanées du même écrivain et signées par lui. Afin de permettre au lecteur d'en juger, nous avons fait reproduire une page de son manuscrit, prise au hasard, et nous l'avons mise en parallèle avec une de ses lettres conservée à la Bibliothèque Nationale. Il est inutile d'insister sur l'identité parfaite de l'écriture de ces deux fac-simile.

Nous allons donner en appendice, d'abord les listes dont il est parlé plus haut. Elles permettront de retrouver peut-être, soit dans les dépôts publics, soit dans les archives privées, quelques-unes des lettres de D. Boyer ou de ses correspondants.

Après ces listes, nous placerons sept lettres de notre Bénédictin à ses confrères, que M. Charles de Croze a transcrites à notre intention. Nous le prions de recevoir ici l'expression de notre gratitude, à laquelle nous associons le R. P. Sommervogel, de la Compagnie de Jésus, pour la communication d'une lettre de D. Boyer à l'abbé Lebeuf. Enfin, nous ajouterons la circulaire de D. R. Massuet, dont le texte n'a pas été réimprimé de nos jours.

D'après une assertion de M. l'abbé Lucot (1), nous avions pensé qu'on pouvait attribuer à D. Boyer l'*Admirable vie de Sœur Agnès de Jésus* conservée manuscrite à la bibliothèque du séminaire de St-Sulpice. Il résulte des renseignements que nous avons reçus du vénérable M. Gamon, supérieur de la Solitude d'Issy, que cette *Vie* est l'œuvre d'un religieux de St-Germain-des-Prés, resté inconnu, et qu'on lit dans la préface : « M. l'évê-
» que de St-Flour, à présent de Rodez, envoya, il y a quelques
» années, à M. Olier, curé de St-Sulpice, les Mémoires de la
» vie de cette sainte fille. M. le curé me les a mis en main avec
» plusieurs lettres,...... afin d'en faire un corps d'histoire
» comme j'ai tâché. » Et plus loin : « J'omettrai ici volontiers
» le témoignage de M. l'abbé de Pébrac, maintenant curé de
» St-Sulpice... » — L'Evêque de St-Flour, Charles de Noailles, dont il est question, mourut en 1648, M. Olier en 1657 ; D. J. Boyer est né en 1672, il ne peut donc être l'auteur de cet ouvrage.

Comme nous l'avons dit dans notre *Avant-Propos*, D. Boyer est l'auteur des *Remarques historiques et critiques sur le Propre du Diocèse de St-Flour* (Mende, Pierre et Joseph Girard, 1686) insérées, de 1728 à 1731, dans les *Mémoires de Littérature et d'Histoire* du P. Desmolets. Ces trois lettres adressées, croyons-nous, à l'abbé Beaufils, chanoine de l'église Cathédrale de St-Flour (voir au 19 septembre 1711, texte et note) furent motivées par une réimpression de ce recueil liturgique. Ces sortes de livres ont été si dédaignés pendant long-

---

(1) *Vie de la vénérable Mère Agnès de Jésus*, t. I, p. XLVI.

temps, et sont devenus si rares, que nous avons vainement recherché soit l'édition de 1686, soit celle qui dut être faite vers 1730. Toutefois, dans cette dernière, on ne paraît pas avoir tenu compte des critiques du savant Bénédictin ; car les suivantes (St-Flour, V^{re} Sardine et fils, 1772, in-12 ; et St-Flour, Vve Sardine, 1801, in-12) nous ont été communiquées par M. Paul Le Blanc, et nous y retrouvons, moins les fautes de latinité, les erreurs signalées par D. J. Boyer.

En terminant, nous remercions M. l'abbé Souligoux et M. Paul Le Blanc, nos excellents amis, et M. H. Wilhelm, juge de paix à Chartres, du savant concours qu'ils nous ont si libéralement prêté. Nous prions M. Léopold Delisle et M. Ph. Tamizey de Larroque d'agréer le témoignage de notre reconnaissance pour leurs sympathiques encouragements. Nous adressons enfin nos remercîments à toutes les personnes qui ont bien voulu faciliter ou favoriser notre travail, en particulier à MM. Adrien Lascombe et Elie Jaloustre.

LETTRES ÉCRITES PAR D. JACQUES BOYER.

1713.

JUILLET.

9 A M. de Vaux, vicaire-général de Saintes, à Ponts.
  A M. de Ponts, abbé de Châtres, à Ponts.
  A D. B. Jourda, sous-cellérier, à la Chaise-Dieu.
11 A D. C. Conrade, prieur de la Chaise-Dieu.
  A D. d'Estancheau, religieux à St-Denis-en-France.
15 A M. l'Evêque de Sarlat.
  Au R. P. D. Nicolas Vignolles, abbé de St-Allyre.
  A D. H. Bergonhon, prieur de Brantôme.
  A D. J. Gérentes, prieur de Souillac.
  A D. Girardin, religieux de St-Allyre.
  Au P. Clément, prieur de St-Jean de Colle.
  A D. Joseph Dupont, prieur de la Chartreuse de Cahors.
  A D. C. A. de La Vie, prieur de la Daurade, à Toulouse.
  A M. Dat, chantre et chanoine de Montauban.
  A M. Laussac, chanoine de Notre-Dame du Puy.
  A M. Montet, chanoine du Puy.
  A Mme Crouzet, religieuse de la Visitation, au Puy.
  Au R. P. prieur de St-Denis.
  A M. de La Roche, chanoine de Saintes.
18 Au R. P. D. Arnoul de Loo, général.
  Au R. P. prieur de St-Denis.
  A D. J. Guerrier, curé de St-Jean-d'Angely, à St-Maixent (1).
31 A M. l'Evêque d'Angoulême.
  A M. l'abbé du Breuil, chanoine, son aumônier.
  A M. La Mothe, Chanoine-Régulier, à la Couronne.

AOUT 1713.

1 Au P. prieur de Bassac, et à D. C. Laugier (2), à Bordeaux.
4 A M. l'abbé de Vaux, vicaire-général, à Saintes.
  A M. de La Roche, chanoine de St-Pierre à Saintes.

---

(1) D. Jean Guerrier, né à Clermont-en-Auvergne, fit profession à l'âge de 20 ans, dans l'abbaye de St-Augustin de Limoges, le 9 juillet 1684, et mourut, à St-Jean-d'Angely, le 31 octobre 1731. (*Voir Hist. Litt. de la Cong. de St-Maur*, p. 784 et aussi la préface des *Pensées, Fragments et Lettres de Blaise Pascal*, publiés par Prosper Faugère; Paris, Andrieux, 1844.) D. J. Guerrier était l'oncle du P. Pierre Guerrier de l'Oratoire.

(2) D. Claude Laugier, né au Puy-en-Velay, fit profession à l'âge de 22 ans, dans l'abbaye de St-Augustin de Limoges, le 1er août 1695.

A M. le curé de Tonnay-Charente.
5 A M. Coignet, vicaire-général, à Périgueux.
9 Au P. prieur de Bassac.
11 Au R. P. D. François Anceaume, abbé de St-Sulpice de Bourges.
Au R. prieur de Vierzon.
Au R. P. D. P. Maloët, à Bourges.
A M. David, à Vierzon.
Au P. sous-prieur de St-Michel.
A D. P. Barry, à Bordeaux.
18 Au R. P. D. Joseph Mignat, visiteur de Toulouse.
21 A M. l'abbé de Vaux.
A M. de La Jaunie, chanoine de Saintes, et au P. Voisin, Jésuite, à Saintes.
26 Au P. prieur de Souillac.
Au P. sous-prieur de Brantôme.
Au P. La Mothe, à la Couronne.
A Mme d'Estancheau, religieuse bénédictine, à St-Ausone.
A D. Jean Marie Palerne, procureur à Solignac.
A D. Claude Laugier.
A M. Griffon, à Maqueville.

SEPTEMBRE 1713.

7 Au R. P. visiteur.
Au R. P. prieur de St-Cyprien.
Au R. P. prieur de Meymac.
Au R. P. prieur de St-Angel.
Au R. P. Chaumel, à Sarlat.
A D. Girardin, à Clermont.
A M. Savalette, archidiacre d'Aunis, docteur de Sorbonne.
9 A M. Paret, curé de Tonnay-Charente.
13 A Dom d'Aubourg, chantre de St-Eutrope, à Saintes.
16 A Mgr de Sarlat.

OCTOBRE 1713.

5 Au R. R prieur de Souillac.
A M. l'abbé de Vaux.
6 A M. le curé de Charente.
Au P. prieur de Bassac.
7 Au P. prieur de St-Denis.
A D. B. Jourda, à la Chaise-Dieu.
A M. de La Jaunie, à Saintes.
16 Au R. P. prieur de St-Cyprien.
21 A M. l'abbé de St-Front, chanoine de Saintes.
A M. l'abbé de La Roche.
A M. de Launay, à Saintes.
Au P. procureur, à Sablonceaux.
A D. Florent Bourgnon.

NOVEMBRE 1713.

1 A D. Edme Martène, à St-Denis.
Au P. prieur de St-Michel.
2 Au P. prieur de St-Cyprien.
10 Au P. prieur de St-Jean.
A D. Robert Lyotard.
Au P. curé de St-Jean.
15 Au. R. P. D. Ant. Vaslet, prieur de St-Maixent.
Au P. prieur de Bassac.
A D. Antoine Roy, à St-Jean.
22 A D. B. Jourda, à Paris.
Au R. P. prieur de St-Denis.
A M. Servant, peintre, au Puy.
A D. J. Guilhon, à Meymac.
24 A D. E. Marcombes. } tous trois religieux à St-Jean.
A D. Jacques Cusson, zélateur.
A F. Jacques Servant.
25 A D. Claude Laugier.
Au R. P. curé de St-Jean.
A D. Claude Chaussendier.
A M. Coignet, à Périgueux.
A D. E. Marcombes.
Au R. P. prieur de St-Denis-en-France.
A D. Gilbert Palerne, zélateur, à Noaillé.
Au R. P. Michel Simon, prieur de l'abbaye de Celles.
Au R. P. abbé de St-Allyre. (Reçu réponse le 7 janv. 1714.)
A M. l'abbé de Vaux.

1714.

JANVIER.

2. A M. l'Evêque d'Angoulême.
Au R. P. D. Charles de l'Hostallerie, vicaire-général. (Reçu R. le 11 janvier).
A D. Florent Bourgnon, à Paris, (R. du 8).
5 Au R. P. Le Clerc, prieur de Fontaine-le-Comte, (R. le 7).
11 A M. l'Evêque de Sarlat.
A M. Montet, chanoine du Puy.
Au R. P. D. Léonard Brunier, prieur de St-Jouin (R. le 16).
A D. G. La Chassaigne.
A F. Jean Clément.
A D. J. Lamy, à Mortagne, (R. 20).
15 A D. René Massuet.
16 A D. B. Epagnon.
17 Au P. prieur de St-Jean.
A D. François Roy.

A D. C. Chaussendier, (R. 24).
18 A D. R. Lyotard, (R. 4 février).
Au P. prieur de Bassac.
A D. L. Veilhers, (R. 10 mars).
24 Au R. P. prieur de Mauriac.
A M. de Cambefort, conseiller d'Aurillac.
A M. Ronnat, marchand, à Mauriac.
A M. le chevalier Massoulie.
A M. Pommerie, à Mauriac.
A D. Jean Guilhon, à Meymac.
Au P. D. J. Gérentes, prieur, à Souillac.
A D. J. F. Girardin, à St-Allyre.
25 A D. Jourda, à Paris.
27 A D. V. Marcland.
A M. Mestadier, avocat du roy, à St-Jean.
A M. le prieur de Tonnay-Charente, lettre de 8 pages sur l'abbaye dud. lieu, (R. 30).
Au R. P. prieur de St-Denis, (R. 5 février).

FÉVRIER 1714.

10 J'ai envoyé à D. R. Massuet deux louis de 30# chacun, un catalogue de toutes les chartres qui sont dans le Cartulaire de St-Cyprien et un extrait du Cartulaire de St-Cybard, (Rép. du 26 février).
J'ai écrit, le même jour, au R. P. prieur de St-Thierry (1).
A M. Berthon, doyen et curé de Retournac.
A M. Bergonhon, chanoine du Puy.
A M. Rousson, prieur de Beaune.
A D. Benoît Jourda, à Paris.
A D. J. F. Girardin, à St-Allyre.
A D. Philippe Raffier, procureur-général de notre Congrégation, à Rome.
A D. Florent Bourgnon, à Paris.
M. Ballon, abbé de Ferrières en Poitou, qui va à Paris, s'est chargé de ce paquet.
15 Au R. P. abbé de St-Allyre.
Au R. P. D. Benoît, abbé de l'Etoile.
17 Au R. P. abbé de Chezal-Benoît, D. Guy Buisson, (R. 12 mars).
Au R. P. D. Laurent Baubiat, prieur de Vierzon, (R. 8 mars).
Au R. P. D. Pierre Maloët, à Bourges, (R. 10 mars).
22 Au R. P. prieur de Bassac, (R. du 16 mars).

MARS 1714.

4 Au R. P. vicaire-général.
A M. Montet, chanoine du Puy, (R. du 23).

---

(1) St-Thierry du Mont-d'Or, au diocèse de Reims.

A M. l'abbé de Montier-Neuf, (R. le même jour).
A D. G. La Chassaigne, (R. 8).
12 A D. J. Fricaud, prieur de Souvigny.
A D. P. Nogin, prieur de Chanteuge.
Au P. prieur de St-Jean, (R. 12 mars).
A M. le prieur de St-Séverin.
A D. François Ferret.
12 et 13 A M. l'abbé de Montier-Neuf, (R. desd. jours).
23 A M. Adam, official et curé de St-Maur, à Saintes.
Au P. prieur de Sablonceaux.
Au P. prieur de Fontaine-le-Comte.
27 A M. l'abbé de Montier-Neuf, (R. 28).

AVRIL 1714.

9 A F. Placide Heuïllard, à St-Jouin.
13 Aux RR. PP. visiteur, prieurs de Vierzon, de Bassac et de Solignac, et à D. Jean Guerrier, à Limoges, à la Diète.
17 A D. P. Métayer, à Poitiers.
24 Au R. P. visiteur de Toulouse, aux RR. prieurs de la Daurade, de la Chaise-Dieu, de St-Cyprien.

MAI 1714.

1 Au P. prieur de St-Jean, à Marmoutiers.
5 Au R. P. prieur de St-Denis.
Au R. P. visiteur.
A M. Montet, chanoine du Puy.
22 A M. l'abbé Redon, à la Rochelle, et à Dom Keally, prieur de l'abbaye de la Grâce-Dieu.
A M. le prieur de Moreilles.
A M. l'abbé d'Aynac-Turenne.

JUIN 1714.

19 Au P. de Ste-Marthe, prieur de St-Germain.
A ma cousine Crouzet.
A mon cousin Fayole.
A M. Roux.
A D. B. Jourda.
Au prieur de St-Julien de Beaune.

JUILLET 1714.

4 Au R. P. D. Charles d'Isard, assistant.
Au R. P. de Ste-Marthe, (R. des deux du 10 juillet).
A F. J. Bourlé (1).

---

(1) D. Jacques Bourlé, né aux Mottes-en-Hainaut (commune du Neuf-Mesnil, canton de Bavai-Nord), diocèse de Cambrai, fit profession à l'âge de 54 ans, dans le monastère des Blancs-Manteaux, le 10 juillet 1697.

A M. de L'Estoile, à Blanzac.

5 Au prieur de St-Jean d'Orbestrier, à ceux de Souillac et de St-Jouin.

7 A M. de La Jaunie.

A D. R. Lyotard, (R. du 22 juillet).

A M. Servant, peintre du Puy.

A D. E. Marcombes, (R. du 22).

A M. Clémenson, prévôt de la maréchaussée, à Niort.

9 A D. Martin Brognier, prieur à Bois-Grolland.

15 A D. B. Jourda.

A D. J. Daulne, (R. du 20).

A M. Maloët, doyen de Chamalières.

A D. J. Guilbon.

A M. David, (R. 18 août).

A M. le prieur de Sablonceaux, à qui j'ai envoyé une copie de la fondation dud. monastère.

19 A M. l'Evêque de Sarlat.

Au P. Marcland, prieur de St-Denis.

A D. P. Cordier, visiteur (1).

Au P. prieur de St-Jean, (R. du 22).

A l'abbé de la Joye (2), (R. du 4 août).

A D. G. Palerne, (R. du 20).

26 A M. de Chambefort, abbé de Maurs, curé de Bonne-Nouvelle, à Paris.

A D. René Massuet, (R. du 13 août).

Au P. prieur de St-Jean-d'Angely, (R. du 5 août).

Au P. sous-prieur de St-Michel, (R. 4 août).

Au P. zélateur de St-Maixent, (R. 30).

Au P. prieur de St-Jouin.

A M. Montet, au Puy.

29 Au R. P. prieur de St-Germain, (R. du 4 août).

Au P. La Mothe, à la Couronne.

Au P. Palerne, secrétaire, (R. 16 août, de la Chaise-Dieu).

Au P. Fricaud, à St-Marcel de Châlons.

AOUT 1714.

3 A D. P. Maloët, à Bourges.

Au R. P. prieur de Vierzon, (R. du 18 août).

12 A D. Maur Audren, assistant, (R. 26).

Au P. prieur de St- Germain.

A D. Massuet.

A M. de Coybo, professeur de philosophie à Paris, au collége de Lisieux, jadis mon cher disciple.

---

(1) D. Pierre Cordier, né à Reims, fit profession dans l'abbaye de St-Faron-de-Meaux, à l'âge de 23 ans, et mourut à St-Germain-des-Prés, le 17 avril 1729.

(2) La Joie, près Nemours, diocèse de Sens.

Au P. abbé de St-Allyre.
A M. Servant, (R. 7 septembre).
A D. P. Métayer, (R. 14).
A F. Jean Clément, (R. 14).
Au R. P. prieur de St-Maixent, (R. 27).
A D. E. Marcombes, (R. 3 octobre, de St-Jean).
A D. Marcland.
A F. J. Servant et F. Jac. La Fosse.
A M. de La Jaunie.
16 Au R. P. de Ste-Marthe, (R. du 21).
A D. Louis Cavelier, à Paris, (R. du Bec, 7 septembre).
A M. Guiton (1), supérieur à Issy.
A D. R. Lyotard, à Limoges, (R. du 6 octobre, de St-Jean).
A D. Accarin, chartreux à Cahors, (R. 12 sept).
A D. Gilbert Palerne, à Reims. (R. du 2 sept.).
22 Au R. P. D. R. Massuet.
23 A D. Cosme Perret, prieur claustral, à Limoges.
A D. Gabriel Marcland, à Toulouse.
26 Au P. abbé de St-Allyre, (R. 5 sept).
A M. Montet, (R. du 7 sept.).
27 A M. de Puyguion, lieutenant général, (R. 30 août).
30 Au R. P. D. Maur Audren.
A D. Jean Paul du Sault, visiteur, à Toulouse.
A D. Philippe Raffier, procureur-général, à Rome.
A M. l'abbé de La Jaunie.

SEPTEMBRE 1714.

2 Aux prieurs de St-Michel et de St-Jouin.
A D. D. Marcombes, Chaussendier, Métayer, Clément, à Montmeillant, (R. du 8 à Limoges).
14 A D. B. Jourda, à la Chaise-Dieu.
A M. Rousson, prieur de Beaune.
A F. Vincent Marcland, à Bourges.
Aux prieurs de St-Jean, de St-Maixent, de St-Cyprien, (R. 1er octobre), et de Bassac.
17 Aux RR. PP. visiteur et secrétaire de Chezal-Benoît, (R. du 25 oct., de Souillac).
A D. Antoine Poncetton.
23 A D. Maur Audren, assistant.

OCTOBRE 1714.

6 A M. l'Evêque de Sarlat, (R. du 12).
Au P. Tételette, sous-prieur à St-Antonin.

(1) François Guyton, prêtre de St-Sulpice, naquit à Beaune, en Bourgogne, le 2 février 1655. Il fut supérieur du séminaire du Puy de 1694 à 1712, et mourut à St-Sulpice le 26 janvier 1724.

9 Au R. P. D. Denis de Ste-Marthe.
 A D. Michel Valeix, prieur de St-Cyprien.
 A D. Ignace Guillot, vicaire de la Chartreuse de Cahors.
 A D. François La Bourgade (1), prieur de la Daurade, (R. du 12).
11 A Madame l'abbesse du Bugue.
13 A D. P. d'Ordé (2), prieur du Mas, (R. du 16).
14 A M. de Cambefort, conseiller à Aurillac.
 A M. Satur de St-Sernin, secrétaire du Roy.
20 Au P. Celse Textoris, provincial des Récollets.
 Au P. Peyret, au collége du Puy.
 Au P. prieur du Mas, (R. du 24).
 A D. Pierre Dufau, à Moyrac.

NOVEMBRE 1714.

1 Au R. P. prieur de St-Germain.
 A Mme Chasteigner de St-Georges, à Poitiers.
 A M. Figuier, chanoine à Montauban.
4 Au R. P. Général.
6 Au P. prieur de la Daurade
13 A D. René Massuet.
 A M. l'Evêque de Sarlat.
 A M. le marquis de Puyguion.
21 A D. A. Le Fèvre, prieur de la Chaise-Dieu (3).

---

(1) D. François Sabatier La Bourgade, né à Toulouse, fit profession à l'âge de 19 ans, le 8 mars 1672, dans l'abbaye de la Daurade, où il mourut le 17 décembre 1716.

(2) D. Pierre Dordé, né à St-Maurin, diocèse d'Agen, fit profession à l'âge de 18 ans, le 20 octobre 1676, dans l'abbaye de la Daurade, et mourut à Notre-Dame de la Grasse, le 13 août 1730.

(3) D. Alexandre Le Fèvre, né à Bernay, diocèse de Lisieux, fit profession à l'âge de 21 ans, le 24 février 1670 dans l'abbaye de Jumièges, et mourut à celle du Bec, le 15 septembre 1719.

LETTRES REÇUES PAR DOM JACQUES BOYER.

juin 1713.

13 De D. D. de Ste-Marthe, prieur de St-Denis-en-France.
   De D. Magloire Loz, notre visiteur, de Paris.
   De D. Joachim Gérentes, prieur de Souillac.
26 De M. l'abbé du Verdier, doyen d'Angoulême.

juillet 1713.

1 De M. Coignet, chanoine de Périgueux et vicaire-général.
2 De D. D. de Ste-Marthe.
16 De M. l'abbé de Vaux, vicaire-général de Saintes.
17 De D. Antoine Palerne, prieur de Bassac.
22 De M. l'abbé de Ponts, de Ponts.
   De D. Jean Guerrier.
24 De D. Claude Laugier, procureur de Brantôme, de Bordeaux.

aout 1713.

1 Du R. P. abbé de St-Allyre.
2 Du R. P. prieur de St-Denis.
4 Du R. P. prieur de Bassac.
   De M. l'Evêque de Sarlat.
5 De M. l'abbé de Vaux.
   De M. de La Roche.
7 Du R. P. prieur de Bassac.
8 Du P. Pintard, Chanoine-Rég. de la Couronne.
   Du P. La Mothe,   id.   id.
18 De M. l'abbé de Vaux, (du 18 août), de Saintes.
25 Du P. Voisin, Jésuite, de Saintes.
30 De M. l'Evêque de Sarlat.

septembre 1713.

1 De M. Paret, archiprêtre et curé de Tonnay-Charente.
3 De D. Amand Vaslet, sous-prieur de Brantôme.
6 De D. J. M. Palerne.
9 De D. Etienne Marcombes, de la Fayolle.
   Du R. P. visiteur de Toulouse, de Toulouse.
   De Mme d'Estancheau, religieuse de St-Ausone.
11 De M. Paulian.
12 De D. E. Marcombes.
13 De M. l'Evêque d'Angoulême.
14 Du R. P. prieur de St-Cyprien.
   Du R. P. prieur de Souillac.
22 De M. Servant, peintre.

Des RR. PP. Peyret et Bergonhon, Jésuites du Puy.
De D. Jean Lamy, de Mauléon.
Du P. prieur de St-Angel.
27 Du R. P. visiteur, de St-Allyre-lez-Clermont.

OCTOBRE 1713.

6 Du R. P. prieur de Bassac.
De M. l'abbé de Vaux.
27 Du P. prieur de Bassac.
De M. l'abbé de St-Front.
De D. J. Guilhon, de Meymac; il m'a envoyé quelques Mémoires.
De M. Jean Hyacinthe Paret, protonotaire apostolique, prieur et archiprêtre de Tonnay-Charente.

NOVEMBRE 1713.

6 De D. Antoine Roy, de St-Jean-d'Angely.
13 Du R. P. prieur de St-Michel.
14 Du R. P. de Grandsaigne, prieur de St-Jean.
25 De D. Barthelmy Epagnon, de St-Michel.
29 De D. Jac. Cusson, zélateur.
De F. Jean Jac. Servant (1).
De D. Robert Lyotard.

DÉCEMBRE 1713.

6 De M. Coignet, vicaire-général à Périgueux.
Du R. P. prieur de St-Jean.
De D. Gilbert Palerne, zélateur à Noaillé.
De D. E. Marcombes, cellérier.
Deux lettres du P. prieur de St-Denis.
7 Du P. procureur de St-Jean, D. Florent Bourgnon.
De D. E. Marcombes, cellérier.
Du R. P. prieur de St-Denis.
De D. Gabriel de La Chassaigne et de D. B. Jourda, de Paris.

JANVIER 1714.

8 De D. Cl. Chaussendier et de D. Jean d'Aulne, (R. le 9).
20 De M. de Vaux, vicaire-général de Saintes.
22 De M. de La Roche de Guimp, syndic du Chapitre de Saintes et chanoine de la même église.
27 De M. Montet, chanoine du Puy, (du 17 décembre).
De D. Marcombes et de F. J. Servant, (du 15. — R. 30).
De D. P. Boutot, sous-prieur de St-Michel, (du 23 janvier. — R. 22 février).

(1) D. Jacques Servant, né au Puy-en-Velay, fit profession à l'âge de 17 ans, dans l'abbaye de St-Augustin de Limoges, le 30 juillet 1712. Il mourut à St-Junien de Noaillé, le 30 mars 1761.

FÉVRIER 1714.

12 De D. C. Chaussendier et de D. Jean Lamy qui m'a envoyé une liste des abbés de Mauléon et plusieurs Mémoires sur cette abbaye. (R. le 14).

MARS 1714.

4 De M. l'Evêque de Sarlat, (du 21 fév. — R. 4 mars).
De D. P. Boutot, sous-prieur de St-Michel.
Du R. P. prieur de St-Jouin, (du 1 mars. — R. le 8).
De F. Jean Clément.
17 Du R. P. prieur de Brantôme, (R. le même jour.)
De D. Cl. Laugier, cellérier de Brantôme, (R. 23).
De D. L. Veilhers, religieux de Brantôme, (R. 23).
De D. E. Marcombes, (R. le 17 mars).
20 De D. Michel Valeix, prieur de St-Savin, (R. 22).
23 De D. P. Vialles, sous-prieur de St-Savin, (R. 24).
De F. Vincent Marcland, de Bourges, (du 10 mars. — R. 6 avril).
De M. l'Evêque de Sarlat, (du 13 mars. — R. 6 avril).
26 De D. D. de Ste-Marthe, (du 23. — R. 7 avril).
De M. l'abbé de La Roche, (du 25. — R. 2 avril).

MAI 1714.

4 Du P. prieur de Vierzon, (du 22 avril).
5 De Mgr de Sarlat, (du 18 avril).
17 Du P. de Ste-Marthe, président du Chapitre général, (du 14 mai).
21 Du P. prieur de St-Cyprien, de D. P. Maloët et du R. P. prieur de Solignac.

JUIN 1714.

17 De M. Montet, (du 26 mars. — R. 24 juin).
De Mme Crouzet, religieuse de la Visitation, (du 26 mars).
De M. Fayolle, sous-diacre, du Puy, (du 26 mars).
De D. Girardin, (du 30 mars), de Clermont.
De D. Charles de La Vie, (du 8 avril).
18 Du P. de Ste-Marthe, président du Chapitre, (du 19 mai).

JUILLET 1714.

Le premier juillet, je trouvai à Poitiers un grand nombre de lettres qui y étaient depuis longtemps.
De D. B. Jourda, (du 8 mai), de la Chaise-Dieu.
De D. H. Bergonhon, de Limoges, (20 avril).
De M. Bergonhon, chanoine du Puy, (27 mars). Il y a une liste de quelques abbés de St-Vosy.
De D. G. Buisson, abbé de Chezal-Benoît, (du 21 avril), de Limoges.

De M. La Jaunie, chanoine de Saintes, (28 avril). Il m'envoye quelques Mémoires touchant les évêques et les doyens de son église.

Du même, (30 avril), avec d'autres Mémoires.

De M. de L'Estoille, abbé de Blanzac, (4 mai). Il m'envoye des Mémoires de son abbaye.

De M. d'Aynac-Turenne, abbé de l'Isle-Chauvet, (du 19 juin), de Mouchamp.

De M. Montet, chanoine du Puy, (21 mai).

Du R. P. D. Jean Benoît, abbé de l'Etoile, (28 avril).

De D. R. Lyotard, (12 mai), de St-Jean-d'Angely.

Du P. Jean Antoine d'Altier, Mineur conventuel de Mende, (du 15 avril).

De M. Allain, prieur d'Orbestrier, (5 juin).

De D. Magloire Loz, (26 mai), de Marmoutiers.

JUILLET 1714.

1 De F. Jacques Bourlé, (30 avril), de St-Germain-des-Prés.

Du P. abbé de St-Allyre, (20 avril), de Limoges.

De D. Eutrope Mareschal, (9 avril), de Mauriac.

De M. Pommerie, de Mauriac, (6 avril).

De M. Servant, du Puy, (22 juin).

De F. Jean Clément, (27 juin. — R. 25 juillet).

23 De F. Jacques Servant, (du 22 juillet. — R. le 25).

29 De F. J. Bourlé.

AOUT 1714

1 De P. Robin, prieur de Melinais.

Du P. Tételette, secrétaire du visiteur des Chanoines-Réguliers.

De D. Jean Brunier, (R. 2).

De D. Léonard Brunier, (R. 3).

De D. Jean Lamy, (R. 1).

De D. Amable Mallet, (R. 1).

3 De M. le prévôt de Nyort, (R. 4).

4 Du P. prieur de St-Jouin, qui m'a envoyé une histoire de son monastère, copiée par le cher F. P. Constant.

De D. Pierre Métayer, (R. 12).

De M. Laffont de St-Michel.

12 De R. P. du Chesne, visiteur des Chanoines-Réguliers, (R. 12).

De M. l'Evêque de Sarlat (R. verbale).

20 Du R. P. du Chesne, visiteur.

Du R. P. D. C. d'Isard, assistant, (du 13 août. — R. le 20).

De F. Vincent Marcland, de Bourges, (14 août).

22 De D. Jean Constant, de Noaillé, (du 22. — R. 23).

23 De D. Joseph Croisier, prieur de Noaillé, (R. 24).

De D. François Girardin, sous-prieur, (R. 24).

De M. de Combes, abbé de St-Genès de Clermont, (7 août. — R. 26).

De M. Fayolle, diacre du Puy, (26 juillet. — R. 14 septembre).

30 Du P. La Mothe, de la Couronne, (R. 30).

De M^mo de St-Georges-Chasteigner, (R. 30).

De M. l'abbé de Montier-Neuf, (R. le même jour).

OCTOBRE 1714.

20 De D. P. Cordier, visiteur, (du 16 oct.), de Beaulieu.

NOVEMBRE 1714.

7 De D. L. Delmas, (du 3 octob. — R. 14).

Dom J. Boyer à Dom Jean Mabillon (1).

Pax Christi.

Mon Révérend Père, n'ayant receu que trois semaines aprez, celle que V^re Révérence me fit l'honneur de m'écrire du 28 septembre, je n'ay pû vous répondre aussitôt que vous l'auriez peut-être souhaitté, et que le désir que j'ay de vous témoigner ma reconnaissance pour toutes vos honestetez, me portoit à m'aquitter de ce devoir. J'ay fait tout mon possible pour déterrer le lieu de *Cariaca* dont vous désirez savoir la notice ; j'ay consulté plusieurs personnes du pays, et quelques uns de nos Pères, entre lesquels Dom Pierre Laurent. Notre bon ami m'a écrit de Poictiers qu'il n'en avait rien pû trouver. J'ay regardé fort attentivement les cartes particulières du Poictou et du Loudunois, mais je n'ay point trouvé de lieu dont le mot françois approche du latin *Cariaca* : ceux qui en approchent le plus sont Cerisay, prieuré dépendant de St-Jouin, Chassaigné, Chalandray, Chapmoulière, Chausseray (*Carriaca*) proche Adille (*Aula*), Cholet ; Carières proche Bressuyre dépend aussi de St-Jouin, il se dit en latin *Sancti Jovini de Carruis*, mais un peu trop loin de Poictiers. Voilà, M. R. Père, tous les lieux qui approchent ou reviennent le plus au mot *Cariaca* ; mais si Votre

(1) Bibl. Nat. Mss. Fr. 19650, p. 360.

Révérence veut me permettre de lui dire mon sentiment, je croirois plutot q[ue] *Cariaca* est un bourg auprez d'Etable nommé Chiré ou Chiray, et la conjecture que j'en ay c'est une dépendance de la collégiale de Ste-Radegonde ; et comme Fortunat était de la famille de cette saincte Reine, il est probable qu'il alla loger dans une de ses dépendances, c'est pourquoy il lui marque ce lieu comme lui estant fort connu. Et quoiqu'il n'y ayt qu'environ trois lieues et demy de Poictiers à Chiré, cela peut passer pour une journée ; il vaut mieux qu'elle soit médiocre que si elle estoit trop grande. Une autre conjecture, c'est que le bourg de Chiré est proche Charray qui dépend, à ce qu'on m'a dit, de l'abbé de Montier-Neuf ; et comme il pouvoit estre qu'ils avoient tous deux le même nom de *Cariaca*, on aurait pû ajouter Aula à Chiray, ou pour le distinguer de Charray, ou parce que c'estoit une terre de cette Ste Reine.

Voila mes conjectures, je ne say si vous les approuverez ; au moins j'ay fait tout mon possible pour vous témoigner mon estime et ma reconnessance par l'exacte recherche que j'ay faite de ce lieu : si j'ay quelque nouvelle lumière touchant cela, je prendray la liberté de vous la communiquer.

Permettez-moy, s'il vous plait, M. R. P., de prendre celle de vous dire qu'on vous a envoyé de faux Mémoires lorsqu'on vous a dit que *S. Generosus VI Idus Julii colitur in monasterio Ansionensi* : (comme vous avez mis dans le supplément du premier siècle Bénédictin) (1), puisque nous en faisons la fête le 16 juillet qui répond au *XVII Kalend. Augusti*.

J'ay trouvé la prose de St Martin de Vertou (2) (que vous avez mis au premier siècle Bénédictin) dans un vieux graduel de parchemin, mais beaucoup plus longue que la votre. Il y en a encore une de St Jouin. Je ne say si vous avez veu un discours sur la translation des Saincts Jouin, Martin, Mairoal, Judicaël,

---

(1) *Annales Ordinis S. Benedicti*, t. I, p. 83. Cette erreur a été partagée par Claude Chastelain dans le Martyrologe universel. — Le monastère de St-Jouin de Marnes a porté aussi les noms d'*Enesio, Ensio, Enixio, Enxionense monasterium, Ansionense monasterium*.

(2) *Annales Ordinis S. Benedicti*, t. I, p. 258.

Rufin et Limin l'an 1130. Si vous voulez une copie de tout cela, je le feray avec un plaisir indicible.

Pour ce qui est des études monastiques, mon R. Père, je ne prétends pas les combattre en aucune manière, et je conviens avec vous que le terme de *nescire litteras* veut dire, ne savoir écrire, mais aussi il faut que vous conveniez avec moi que M. Bulteau (1) dans l'Essai de l'histoire mon[astique] d'orient, page 723, explique *nescire litteras*, ne savoir lire : et comme je croyois qu'on ne faisoit imprimer aucun livre à St-Germain que vous ne l'eussiez examiné et approuvé, je n'osois expliquer autrement ces deux mots ; c'est ce qui m'étonnoit, savoir comment un prêtre qui ne savoit pas lire, pouvoit dire la Ste messe.

Je vous supplie, M. R. P., de vous souvenir de moy lorsque vous offrirez ce Divin Sacrifice, et d'excuser mon importunité.

Je suis avec un profond et cordial respect, Mon Révérend Père, Votre très humble et très obéissant serviteur.

Frère Jacque BOYER. M. B.

A St-Jouin, 5 novembre 1695.

Je viens d'apprendre certainement que Chiray est à quatre bonnes lieues de Poictiers, à une petite lieue de Charray. Que

---

(1) Bulteau (Louis), né à Rouen en 1625, mort à Paris le 6 avril 1693, avait une charge de secrétaire du Roi dont il se démit pour se retirer à St-Germain-des-Prés, où il ne voulut être que simple commis-clerc. Il publia, en 1678, *Essai sur l'histoire monastique d'Orient*. C'est d'après cet ouvrage que Mabillon a parlé de la tradition des études monastiques dans les monastères d'Orient, au chapitre XV de la 1re partie du *Traité des Etudes monastiques*. On peut encore consulter, sur cette question, les articles VI et VII des *Réflexions sur la réponse de M. l'abbé de la Trappe au Traité des études monastiques*. Mabillon s'explique longuement sur l'expression *litteras omnes discant*, que l'on trouve dans quelques-unes des règles les plus anciennes. A son avis, elle signifie beaucoup plus qu'apprendre à lire et même à parler latin, elle veut dire: que les religieux doivent être capables de s'occuper aux bonnes lettres pour s'en servir utilement dans la solitude. — Voir également *Lettres de Armand Jean Le Bouthillier de Rancé, abbé et réformateur de la Trappe*, recueillies et publiées par B. Gonod, bibliothécaire de la ville de Clermont-Ferrand. Paris, Amyot, 1846. Pag. 103, 150, 199, 201, 203, 207, 209, 217, 220, 221, 226, 231, 232, 235, 301, 303, 389, 393. 396; et *Querelles littéraires*, par l'abbé Irailh. Paris, Durand, 1761. T. IV, pag. 224-233.

Chiray est dédié à St Jean-Baptiste. Que Charray dépend de la Cathédrale de Poictiers, et que c'est Cisay, qui est auprès des deux, qui dépend de Montierneuf, et Estable du Trésorier de St-Hilaire. F. L. M. présente ses respects à V^{re} R^{ce}.

(L'adresse porte : *Au Révérend Père Dom Jean Mabillon, Religieux Bénédictin, en l'abbaye de St-Germain-des-Prez, à Paris*). — Cachet.

Dom Jacques Boyer à Dom Mabillon (1).

Pax Christi.

Mon Révérend Père, le messager n'ayant pas voulu se charger de notre paquet à moins qu'il ne pésat six livres, me fournit une occasion favorable pour vous réitérer l'assurance du respect et de l'estime que j'ay pour vous. J'avois prié V. R. de parler en ma faveur au T. R. P. g[é]n[ér]al *tempore opportuno*; je prends la liberté de vous envoyer un procez-verbal que je vous prie de luy communiquer, ou bien de luy en faire le récit. Vous m'obligerez aussi de le communiquer au R. P. prieur de St-Denis à votre commodité. Bon droict a besoin d'aide.

Je vous serois sensiblement obligé, Mon R^d Père, de m'aprendre si Votre R. a donné au public le 5e tome des annales. Je pourray peut-être vous procurer le débit de quelque exemplaire. M. l'Evêque de Sarlat me demande à quoy travaillent nos RR. PP. de Paris (2). Si vous vouliez m'en informer vous me feriez un véritable plaisir, car j'ay les dernières obligations à ce bon prélat. Je vous en auray une éternelle si vous me faites la grâce d'être persuadé que je voudrois vous enrichir de meilleurs Mémoires que ceux que j'ai l'honneur d'envoyer à

---

(1) Bibl. Nat. Mss. Fr. 19650, p. 362.

(2) D. J. Boyer aurait pu signaler parmi les travaux alors en préparation, *sub prœlo,* comme on disait alors, l'édition des *OEuvres de St Irénée*; *évêque de Lyon*, à laquelle D. R. Massuet travaillait depuis 1703 et qui parut en 1710; celle des *OEuvres d'Hildebert, évêque du Mans*, que D. A. Beaugendre publia en 1710, etc...

V. R., et que je suis avec un profond respect et une très-sincère estime, mon Révérend Père, votre très-humble et très obéissant serviteur.

F. J. Boyer. M. B.

A Souillac en Quercy, 10 février (1707) (1).

Reverendo patri Domno Theodorico Ruinart, presbytero ac Monacho Benedictino e congregatione Sancti Mauri, Frater Jacobus Boyer, presbyter ac Monachus Benedictinus ejusdem congregationis (2). **S. P. D.**

Supra fidem est, Reverende Pater, quantum Reverendi admodum patris, Domni Johannis Mabillon, mors, acerba mors, in meo luctum excitârit animo. Non suos enim magis quàm meos clausit oculos, moriens vir immortalitate dignus, cujus modestiam ac doctrinam plus meis oculis amavi, suspexi semper et impensè colui. Nil ergo mirum sit tibi, virorum optime, quòd te præ cœteris interpellem ut, tanti patris virtutes eximias immortalitati consecrans, monumentum aliquod ære perenius excites. Id autem præstabis si, præclaris ejusdem actibus scribendis præclarum adhibeas calamum, aut saltem vitæ synopsim juris facias publici. Hoc certe dignus est præconio vir religiosus qui Acta Sanctorum ordinis nostri moribus prius expressit quàm calamo, licet illa tàm disertè, tàm accuratè, tàm enucleatè scripserit. Hoc et tu dignus es munere, vir erudite, qui non modò Mabillonii socius, et in evulgandis Ac-

---

(1) Le texte de cette lettre démontre qu'elle a été écrite en 1707; entre la publication du IVe volume des Annales Bénédictines paru au commencement de cette année, et la mort de D. Jean Mabillon survenue le 27 décembre 1707.

(2) Bibl. Nat. Mss. Fr. 19639, p. 58. — Le n° 19639 des Manuscrits du Fonds français, auquel la lettre de D. J. Boyer à D. T. Ruinart est empruntée, est un volumineux dossier, in-4°, qui a pour titre : *Lettres et Mémoires sur la vie de D. Jean Mabillon.* Il se compose de 409 feuillets; les 301 premiers sont des lettres à D. Ruinart écrites à l'occasion de la mort de D. Mabillon; les suivants sont des pièces en prose ou en vers dédiées à la mémoire de ce grand religieux. Ce précieux recueil a été vraisemblablement formé par D. Ruinart, dans le but d'y puiser une partie des matériaux de la vie de son illustre maître.

tis Sanctorum ordinis Benedictini adjutor strenuus extitisti, sed et, totius Ecclesiæ bono, in lucem edidisti Acta Martyrum selecta et sincera, à novis antiquitatis indagatoribus, et eruditis Historiæ Ecclesiasticæ scriptoribus, tàm sæpe et jure merito laudata, probata, exscripta ; quibus actis historiam persecutionis Vandalicæ velut appendicem subjunxisti. Nihil loquor de novà ac perdifficili, quam curâsti, editione operum Sancti Gregorii Turonensis, de Apologia missionis S. Mauri in Galliam, aliisque (1) per tuam diligentiam editis libris, et, quorum æqua et constanti approbatione, conjectare possumus quantùm accepta erit omnibus vita tanti talisque viri a fideli discipulo fideliter exarata. Age vero, vir clarissime, Mabillonii illius magni (2), Mabillonii quondam amores et deliciæ, ingenium et eloquentiam tuam magistri præstantissimi gloriæ commoda, cujus sane interitu damnum Ecclesiæ et religioni, congregationi nostræ et reipub. litterariæ, post nostram ferè memoriam, gravissimum accidisse nullus eat inficias. Nihil ergo sanctius, nihil prius, nihil antiquius habere debes quàm ut *justo justa persolvas*. Sic namque pio patri parentans, non modò totius ordinis nostri, cujus splendidum lumen extitit, amorem tibi et gratiam conciliabis, sed et eorum omnium qui, cùm ipsi virtutem ament et litteras, præstantium utroque nomine virorum memoriam præcipuo cultu et veneratione debità prosequuntur.

Quamvis autem elogium quod, ab eximia tui et omnibus notà in defunctum pietate, sperare licet, Mabillonii manibus nihil desiderandum relinquat, quia tamen laudes domesticas in suspicionem adducere possunt malevoli, colligas, velim, seduli-

---

(1) Nous croyons inutile de donner ici le titre des œuvres de D. Thierry Ruinart. On les trouvera dans tous les ouvrages biographiques ou bibliographiques.

(2) D. J. Boyer a précédé dans son admiration le jugement de la postérité, qui, du reste, ne se fit pas attendre. Nous voyons, en effet, à la page xviii de la Préface de *l'Hist. litt. de la Cong. de St-Maur* de D. Tassin, où cet auteur parle de *l'Historia Rei litterariæ Ordinis S. Benedicti* de Ziegelbauer publiée en 1754, que le titre de *MAGNUS* était donné à D. Mabillon par les savants d'Allemagne. Cf. t. 3, p. 436.

tate solità, quæcumque ab eruditis, in laudem nostri Mabillonii, scripta reperies. Plurima verò reperies in epistolis ab illustrissimis Ecclesiæ principibus, omniumque ordinum pietate vel doctrinà illustribus viris, ad ipsum ex tota fermè Europa directis; nec non in calculis seu approbationibus quas doctores celeberrimi ejusdem libris, præsertim tractatui de Studiis monasticis præfixerunt, tùm etiam in libris insignium authorum qui, passim citantes Mabillonium, ejus gravissimà authoritate suam sententiam roborant, illustrant, perficiunt ; ac demùm in Ephemeridibus seu Diariis eruditorum, qui eum miris laudibus extulerunt : atque ita, eruditissime pater, varia hæc doctorum hominum encomia, tanquam lapides et columnas magni Mabillonii memoriæ eriges, aut veluti flores in mortui tumulum congeres, quos in unum collectos ad calcem vitæ à te adornatæ, eruditi omnes summà aviditate exipient. Pro coronide addi poterunt, epicedia, lessus, nœniæ et alia id genus quibus eruditi quique, calentibus adhuc exequiarum lachrymis, emortui sepulcrum decorârunt, cui viventi, ob singularem modestiæ laudem, vera hæc felicitas contigit, ut ab omnibus ex æquo probaretur et amaretur.

Verùm enim verò, R^{de} pater, palmam referes et bene de omnibus mereberis, si litterarium locupletes emporium editione epistolarum Mabillonii, quas et ipse facile colligere si, per epistolam encyclicam, admoneas illos quibus, dum viveret, scripsit Mabillonius. Quantum ingenii in hoc epistolarum thesauro! Quantum suavitatis ac majestatis, quantum doctrinæ, eruditionis, urbanitatis, prudentiæ, leporis, salis simul inerit ac pietatis ! Quot veræ historiæ, critices, antiquitatis fragmenta ! Quantum artis vehet secum stylus, ut plurimùm extemporaneus, sed pulchrè quidem ac citra affectationem profluens ! Quantùm denique tibi, hoc nomine, se debere profitebitur universus orbis christianus quòd virum, sæculi sui prodigium, in vitam revocare studueris ! Quod à te dum enixè adprecor et fidentiùs expecto, Mabillonium in te cogito spirantem ac redivivum. Dicam enim, non veritus assentandi suspicionem, quid est quòd te vir tantus præ cœteris diligebat, nempè quia similis simili gaudet. Gratulor ergò congregationi nostræ quæ, dum se Mabillonio orbatam, tali ornamento spoliatam et hoc præsidio viduatam conqueritur, te duplicis spiritus (1) Mabillonii hæredem miratur et gaudet. Gratulor et civitati nobilissimæ quæ nobis et te et illum dedit, utrumque Remigiis virtute parem, Hincmaris eruditione non inferiorem, Telleriis, ob eruditionem virtuti sociatam, acceptissimum. At, quæso, cui uterque non fuit acceptus, cui non probatus ? Ipsimet adversarii quibus, contra vos,

Bella geri placuit, nullos habitura triumphos,

ipsi gloriæ vestræ æmuli, non possunt quin vestram predicent doctrinam et modestiam. Cui postremæ ut parcam, parcam etiàm verbis, ut concludam votis : Precor itaque Deum Opt. Max. ut tuis, Reverende pater, studiis fructus optatos, ad sui nominis gloriam, et in Ecclesiæ catholicæ utilitatem, conferat, nostraque congregatio altero Mabillonio diutissimè perfruatur.

Cantogilo, Prid. Cal. Feb. 1708 (2).

(A Chanteuge, par la Chaise-Dieu, en Auvergne).

Religiosissimo, eruditissimo viro, Domno Theodorico Ruinart, Congregationis S. Mauri presbytero, humilis F. Jacobus Boyer, ejusdem congregationis presbyter et monachus (3), S. P. D.

Dubius an redditæ fuerint litteræ quas ad vestram Reverentiam scripsi, prid. Calend. Februar., alias mitto, Reverende admodum pater, ut meæ, ergà defunctum amantissimum patrem nostrum Mabillonium, sinceræ pietati, tanti viri memoriæ, congregationis nostræ dolori, mœrori, ecclesiæ totiusque Reip. Litterariæ orbitati, aliquâ ex parte satisfaciam. Media nocte, acerbi doloris, inscitiæ tenebris affusus, tuam opem cum fiduciâ efflagitaveram, ingeminans illud evangelicum : Amice, commoda

---

(1) IV Reg. 2, 9.
(2) 31 janvier 1708.
(3) Bibl. Nat. Mss. Fr. 19659, p. 60.

mihi tres panes (1), quoniàm amicus meus, amicus tuus, et cujus non amicus qui dilectus erat Deo et hominibus, amicus, inquam, omnium Mabillonius, cujus memoria in benedictione est, meretur ut non sit in oblivione, nec cum sonitu pereat. Sed ego in tanta rerum penuria constitutus, ut in toto hocce nostro monasteriolo, præter paucos quosdam pios libros, vix ullus sit alius, ne quidem dictionarium, certe non habeo quod ponam ante illum magnum Mabillonium : Tu ergo, cum semper fueris in deliciis viro huic, cujus immensa eruditio, hæreditario quasi jure, tibi cessit, commoda mihi, amabo, tres panes, amantissime pater, scilicet vitam et epistolas (2) Mabillonii, et præclara quæ viri illustres de eodem scripserint elogia. Condona, pater, si tibi molestus sim, et pulsans perseverem. Quod ignoto negare possis, fortassis propter improbitatem, concedas. Obtestor te igitur, virorum optime, iterumque in quantum licet obtestor, ut non solùm mihi enixiùs petenti, sed et universo orbi litterario ardentiùs expetenti, tres hos panes commodare

---

(1) Luc. 11, 5.

(2) D. Ruinart s'est rendu au premier de ces désirs et a publié en 1709, l'année même de sa mort: *Abrégé de la vie de D. Jean Mabillon, Prêtre et Religieux Bénédictin de la Cong. de S. Maur.* A Paris, chez la veuve de François Muguet et Charles Robustel, 1709, 1 vol. in. 12. « Il entre- » prit cet abrégé autant par respect pour la mémoire de son cher maître que » pour satisfaire aux instances de plusieurs personnes considérables, entre » autres de Milord Duc de Perth auquel cet ouvrage est adressé. » Il a été traduit en latin par D. Cl. de Vic et imprimé à Padoue en 1714, in 8º, — *Hist. litt. de la Cong. de St-Maur*, p. 282.

Quant au souhait manifesté encore par D. Boyer de voir publier les correspondances que D. Mabillon entretint avec les plus savants hommes de son temps, il a été rempli, plus tard, dans le premier volume des *Ouvrages posthumes de D. Jean Mabillon et de D. Thierri Ruinart*. Paris, 1724, 3 volumes in 4º, par D. Vincent Thuillier. Mais il faut reconnaître que ce religieux n'a donné qu'une faible partie des lettres de son illustre confrère et que la plus considérable reste encore inédite, malgré qu'on en trouve un certain nombre dans les *Amœnitates litterariæ* de Schelhorn, dans *Les Gloires de la France, Hist. de D. Mabillon et de la Cong. de St-Maur*, par Chavin de Malan, dans la *Correspondance inédite de D. Mabillon et D. Montfaucon avec l'Italie*, par Valery, et dans les *Rapports sur la Correspondance inédite des Bénédictins*. Paris, Imp. Imp. 1857. — Extrait des archives des Missions Scientifiques, par M. Alphonse Dantier qui, avec la collaboration de M. Henri Stein, va prochainement publier cette Correspondance dans son entier.

velis. Exigit et hoc gloria Dei qui super faciem scribæ imposuit honorem suum (1), exigit gratitudo quam debes illustri defuncto, exigit et dignitas ordinis nostri ; nostro denique, simul et publico dolori, solatium adferes, si virum eximium, iniquiore fatorum acerbitate nobis ereptum et ipse vicissim fatis eripias. Sic Mabillonium nostrum felicem prædicabo, cui laus tam ampla continget ; hoc interim a Deo immortali adprecans, ut talibus tu laudibus serò indigeas.

E monasterio Cantogilensi, fer. 2ª Rogationum, Prid. Id. Maii 1708 (2).

Dom Jacques Boyer à Dom Bernard de Montfaucon (3).

Pax Christi.

Mon Révérend Père, j'ai l'honneur de souhaiter à V. R. la bonne année, et la bénédiction du ciel dans tous vos travaux si utiles à l'Eglise et à tout l'Ordre de St-Benoît. Je voudrois bien avoir quelque chose pour y contribuer, mais j'ay été si malade depuis prez de trois mois, que je n'ay presque rien fait pour votre service. J'ay honte de vous envoyer si peu de chose au commencement de cette année pour marquer l'estime que j'ay pour V. R.; mais vous avez assez de charité pour excuser mon indigence et pour vous contenter de ma bonne volonté.

Je vous envoye, M. R. Père, le mausolée d'Hugues de Cussac, abbé de St-Allire, qui vivait l'an 1270. Comme je l'aprens de l'inscription de la grosse cloche que cet abbé fit faire lad. année (4). Ce pieux abbé a fait beaucoup de bien à ce monastère, et il est enterré dans le chapitre. Frère Etienne Buisson a dessiné parfaitement bien ce tombeau, et je ne vous envoye ce dessin, qu'afin que V. R. puisse se servir de lui dans le besoin.

---

(1) Eccl. 10, 5.
(2) 14 mai 1708.
(3) Bibl. Nat. Mss. Fr. 17703, p. 215.
(4) Voir au 24 décembre 1711.

Dans la chapelle de S. Jacques batie par Estienne Aldebrand, Arche[vêque] de Tolose, il y a le mausolée de ce prélat Bénédictin, qui est plus historique et plus ouvragé (1). Vous en aurez trouvé sans doute une copie dans les papiers de feu D. Mabillon ; car D. François Forestier luy en envoya une très-bien dessinée, et je suis certain par une réponse de D. Mabillon que cet illustre mort la receut avec plaisir. En cas qu'elle soit égarée, V. R. n'a qu'a écrire au P. abbé, et il se fera plaisir d'en faire tirer une par F. Estienne qui est de bonne volonté.

Au reste, je ne puis vous dissimuler que le P. abbé avait

(1) Les vers gravés dans cette chapelle, et qui rappelaient l'hospitalité donnée par Etienne Audebrand, alors prieur de Thuret, au moine de la Chaise-Dieu, Pierre Rogier, devenu par la suite le pape Clément VI, n'ont jamais été rapportés entièrement, par nos historiens d'Auvergne. Nous les donnons tels qu'ils sont imprimés dans *l'Anti-Frizonius*, d'Etienne Baluze, p. 23.

    Historiam canimus mirandam, huc siste, viator,
       Quam benè purgatis auribus imbibito.
    Quæ Casa dicta Dei est opulenta Abbatia fratrem
       Edidit, ardentem discere litterulas.
    Parrisios properat, rediens spoliatur, et usque
       Ad tunicam, in sylvis Randanis umbriferis.
    Turretum inde petens, Albrandum perque Priorem.
       Exceptus, tegmen fert monachale datum.
    Indutus quærit, potero par quando referre?
       Maximus Antistes cum (Prior inquit) eris.
    Ut dixit, factum est; nam, mirum! Papa sacratur,
       Clementem et sextum nomine Roma vocat
    Albrandum Stephanum, Præfectum, sancte, cubicli
       Papa, Tolosanum Pontificemque creas.
    Inde sui Albrandus claustri non immemor istam,
       Quà jacet, auratam condidit ædiculam.
    Atque per hunc Mariæ fundatur missa Beatæ,
       Quam ditat reditu postea multiplici.
    Est inter multos census ditionis Achonæ
       Magno emptus, moriens quod dedit, ære, Pater.
    Et quia naturæ dant cuncta creata tributum,
       Tertio obiit Nonas Martii athleta bonus.
    Tunc mille et trecentum sexaginta fluebant
       Anni a progenito Virgine matre Deo.
    Continuis ergo votis pulsemus olympum,
       Cum Christo ut vivat nectare et ambrosia.
                        Amen.

envoyé F. E. Buisson à Mauzac pour dessiner la châsse du B. Calminius, qui est historique et où il est dit fondateur des monastères de Mauzac, de Tulle, et de S. Chafre en Velay (1). Mais comme il aurait fallu 3 jours, le P. Gagnon qui met son nez partout et que le P. abbé craint, lui fit entendre que le R. P. général trouveroit mauvais qu'on laissat trois jours un jeune profès hors de St-Allire. Si V. R. souhaite d'avoir cette châsse qui a été faite après 1067 (2) et qui pourrait avoir place dans le 5ᵉ ou 6ᵉ volume, elle peut avoir aisément l'agrément du P. général pour mettre à couvert le R. P. abbé qui est porté de bonne volonté. D'ailleurs le P. prieur de Mauzac souhaite passionement que l'on insere cette châsse dans nos annales, et F. Estienne y sera aussi régulier et aussi retiré qu'à St-Allire.

Dans la bibliothèque de Souvigny en Bourbonnois, il y a une vie de Pierre le Vénérable qui n'a point été imprimée (3). Elle commence ainsi : (S[an]c[t]o patri et d[omi]no suo Steph[an]o Dei gr[ati]a. Clun[iac]ensi abbati frater Radulfus bonis omnibus frui nunc et in evum. Diu quidem, pater, silueram et pre verecundia etc..). Cette vie n'est pas bien longue et elle pourroit avoir place dans l'appendice de votre 5ᵉ tome. Si vous la souhaitez vous n'avez qu'à ecrire deux lignes à D. Jean Fricaud (4) prieur claustral de Souvigny qui m'a promis de l'en-

(1) Entre autres inscriptions, on lit sur la châsse de Mauzac :
Sanctus Calminius construit unam abbatiam in Podensi epatu (episcopatu), *in honore sancti Theofredi, martiris.* (Dans le Velay St Théofrède est vulgairement appelé St Chaffre, d'où le nom de *Monastier St-Chaffre* donné à cette abbaye.)
Sanctus Calminius, senator romanus, coatruit (construit), *secundam abbatiam in Lemovicensi epatu, nomine Thuellam.*
Sanctus Calminius construit tertiam abbatiam, nomine Mauziacum, in Arvernensi epatu, in honore Sancti Caprasii, martiris, et Sancti Petri.

(2) Une des inscriptions de cette châsse porte : *Petrus, abbas Mauziacensis, fecit capsam precio.* Or le premier abbé de Mauzac du nom de Pierre, vivait en 1067.

(3) D. Boyer a parlé de cette vie de Pierre le Vénérable au 31 décembre 1711.

(4) D. Jean Fricaud fut plus tard Supérieur Général des religieux de la réforme de Cluny, et fit tous ses efforts pour empêcher le jansénisme de se propager parmi eux. C'est pour ce motif qu'il a été vivement attaqué par les *Nouvelles ecclésiastiques.* Cette feuille n'a pas épargné davantage D. Toussaint

voyer avec plaisir à V. R.. Cest un galant homme qui a beaucoup d'érudition.

Il a aussi le titre de la fonda[ti]on de Marcigny, mais comme c'est en 1064, je ne l'ai point transcrite à moins que vous ne vouliez la mettre dans l'appendice.

Je ne souhaite rien tant que de trouver quelque chose de considérable pour vous marquer que je suis à vendre et à engager, M. R. P.

Votre très humble et très obéissant serviteur.

F. J. BOYER.

A la Chaise-Dieu le 28 décembre (1711) (1).

Permettez moy de présenter icy mes respects au R. P. prieur et à D. Sabbatier. Quand V. R. souhaitera la bonne année à

Châtelus que D. Boyer vit aussi à Souvigny le 11 décembre 1711. (*Nouv. eccl.*, année 1745, p. 213).

(1) Cette lettre se trouve dans un volume où l'on a réuni la correspondance adressée à D. Bernard de Montfaucon, mais où le classement chronologique a été complètement négligé. La lettre qui, dans ce recueil, précède celle de D. J. Boyer est datée de 1716; aussi, sans un plus ample examen, avions-nous considéré cette dernière comme ayant été écrite à la fin de cette même année. (Voir au 27 décembre 1711, note). Une lecture plus attentive nous porte à croire qu'elle a été adressée, dans les derniers jours de 1711, non à D. B. de Montfaucon, mais à D. René Massuet. Nous y remarquons, en effet, que D. Boyer entretient son correspondant de l'apparition prochaine du cinquième volume les Annales Bénédictines que D. R. Massuet publia, seul, en 1713. De plus, le post-scriptum renferme des souhaits de bonne année pour l'abbé d'Armagnac qui mourut le 19 octobre 1712. Ces deux faits démontrent que cette lettre est antérieure à 1713, et même à 1712.

D. Boyer nous apprend dans son *Diarium* que, le 26 décembre 1711, il écrivit de St-Allyre, à D. René Massuet, et lui envoya divers documents pour les Annales de l'Ordre de St-Benoît, entre autres le dessin du tombeau d'Hugues de Cussac. Mais, si la pièce que l'on vient de lire est cette lettre du 26 décembre 1711, comment alors expliquer qu'elle porte: *La Chaise-Dieu*, 28 déc...? Sinon en pensant que son auteur la data le jour seulement où il la laissa à Clermont et quitta cette ville pour revenir à la Chaise-Dieu, et par l'habitude qu'il avait d'inscrire au bas de sa correspondance le nom de cette abbaye où il résidait alors.

Cette lettre, qui contenait des renseignements de nature à intéresser les recherches auxquelles D. B. de Montfaucon se livrait pour la composition des *Monuments de la Monarchie Française*, lui fut probablement communiquée et a été retrouvée dans ses papiers.

M. l'abbé d'Armagnac, je vous prie de me mettre en part de votre compliment.

Dom Jacques Boyer à Dom René Massuet (1).

Pax Christi.

Mon Révérend Père, j'ai receu vos deux obligeantes réponses au retour d'un petit voyage pour V. R. P. prieur. Je n'ai pas trouvé un seul acte qui puisse vous faire plaisir. J'en suis mortifié. Je le suis aussi, et beaucoup, de ce que je vous ay un peu faché en vous faisant demander par le R. P. prieur quelques médailles de D. Mabillon (2). Je vous en fais mes très humbles et sincères excuses. Vous êtes trop charitable pour ne pas me pardonner, surtout lorsque j'aurai l'honneur de vous dire qu'un de nos confrères m'a assuré plus d'une fois qu'il avoit demandé à V. R. pour moy deux de ces médailles, et que vous ne les aviez pas voulu livrer qu'il n'eut compté 20 sols sur votre table. Au reste je fus bien aise que vous vous fissiez payer, parce que ces images n'étoient pas pour moy, et notre confrère avoit tort de les demander en mon nom. Mais ce sont des babioles qui ne méritent pas qu'on y pense. Je suis persuadé de votre bon cœur par vos empressements à me faire plaisir. Je prie aussi V. R. de croire que je n'épargnerai ni soins ni veilles, lorsque je pourrai trouver quelque chose pour vos annales. Mais malheureusement je n'en ai pas l'occasion. Profitez je vous en prie de celle du R. P. de Ste-Marthe qui veut me gratifier de son premier

---

(1) Bibl. Nat. Mss. Fr. 19664, p. 77.

(2) Il n'y a, croyons-nous, aucune médaille frappée à l'effigie de Mabillon, mais on a gravé plusieurs fois son portrait. Il est probable que c'est de l'un d'eux que D. Boyer veut parler; puisque, plus loin, il se sert des expressions *images*, *estampes*. Il est à supposer qu'il s'agit ici du portrait que D. Ruinart fit exécuter pour le mettre en tête de la Vie de Mabillon, et qui fut gravé par P. Franç. Giffart, d'après un moulage pris sur le visage du savant religieux après sa mort. Voy. les curieux renseignements donnés, à ce sujet, dans le livre sur Dom Mabillon par Henri Jadart, pages 153-158 et 264. Aux pages 184 et 186 de ce même ouvrage on pourra lire des lettres du chanoine Gillot, de D. J. Alaydon et de D. J. Daret, dans lesquelles il est aussi question de ces *estampes*.

vol. de *Gallia Christ.* pour m'envoyer les estampes que vous m'offrez avec tant de bontés, et que des séculiers à qui j'ay obligation me demandent avec empressement. Faites souvenir en même temps ce digne prieur d'y ajouter quelques estampes de St-Grégoire (1) qu'il m'a promises. Je vous serai obligé si vous voulez prendre le soin de faire graver une planche de St Gaudence (2), évêque. C'est pour une frairie. On souhaiteroit qu'il fut habillé pontificalement, donnant la bénédiction à un troupeau de brebis, de chèvres, de bœufs, de chevaux. Je laisse à votre sagesse de le faire mettre dans l'attitude qu'elle jugera à propos ; je prie seulement V. R. de mettre seulement au bas de l'image du Saint une courte prière de votre façon pour rectifier l'intention des bons paysans qui invoquent avec affluence et avec succès ce St évêque pour la guérison de leurs bestiaux. Il faudra se servir du peu d'argent que vous avez, et s'il y en a de reste, en faire tirer des estampes, sans oublier de garder ce qu'il faut pour l'embalage, dont vous aurez la bonté de me donner avis quand tout sera prêt. Je vous prie aussi de réserver pour moy deux ou trois de ces images, et de vous souvenir dans vos SS. Sacrifices de celui qui est avec respect et avec une vive reconnessance.

Mon Révérend Père,
Votre très humble et très obéissant serviteur et confrère.
F. J. BOYER, M. B.

A la Chaise-Dieu 17 oct. (1715) (3).

Le R. P. prieur est en Languedoc.

(Adresse : *Au Révérend Père Dom René Massuet, Bénédictin, à Paris*).

---

(1) Il est probable que les estampes promises à D. Boyer sont quelques exemplaires du portrait de St Grégoire le Grand que D. Denis de Ste-Marthe avait fait graver, d'après un ancien manuscrit conservé à Rome, pour orner son *Histoire de St Grégoire le Grand*, publiée à Rouen en 1700, in 4º.

(2) St-Gaudence, voir au 12 septembre 1712.

(3) Cette lettre paraît avoir été écrite en 1715, car il y est question de l'envoi du premier volume du *Gallia Christiana* qui parut en cette année.

Dom Jacques Boyer à l'abbé Lebeuf (1).

Hæc exscribenda curavi ex autographo quod servatur in archivo S. Illidii. Testamentum vero, sive fundationem factam a prænominato Petro Aymes, Episcopo Autissiodorensi, nunquam potui reperire, nec certe indicatur in repertorio instrumentorum.

Ad executionem prioris instrumenti (2) ann. 1381, nobilis vir Petrus Ayme, Dominus de Rupe de Cofins, transegit cum Petro de Bonavalle abbate et conventu monasterii S. Illidii, eisdemque assignavit XL frumenti sextaria super Gesiacum (*Gerziacum*) aliave loca in transactione enumerata. Actum in capitulo S. Illidii, die 16 Januar. 1451. Extant et litteræ regiæ Caroli VII Franc. Regis, datæ XIII Decemb. 1457, quibus Petrus Ayme cogendus ad solutionem dicti census vicariis ab Epo Autissiodorensi institutis.

Item litteræ officialis Claromontensis, 26 junii 1485, quibus nobilis vir Tossanus Ayme, Dominus des Roches, Parochiæ S[ti] Ursi, Diœc. Claromont. recognoscit se debere præfatum censum venerabili et religioso viro fratri Johanni de Tortonio, monacho Illidiano, vicario altaris vicariæ fundatæ ab Epo Autissiodorensi.

Nullum aliud in archivis nostris, adinveni documentum de Petro Ayme aut de ejus familiâ. Ex superioribus autem liquet Petrum Episcopum Autissiodorensem ortum esse apud Arvernos, e nobili familia toparcharum de Rupe de Cofins, apud Aquas Sparsas (nunc caput ducatûs Montispancerii). Reperio autem ei cognomen fuisse Aymes vel Ayme, non Aymé (3) ; fuit

---

(1) Bibl. Ste-Geneviève, Mss. Df. 42, pag. 45. — Lebeuf (Jean), chanoine d'Auxerre, célèbre antiquaire et érudit, a laissé de très-nombreux et savants écrits parmi lesquels nous signalerons : *Antiquités d'Auvergne* et *Antiquités du Puy en Velay*. — Voir *Hist. de l'Académie Royale des Inscriptions et Belles-Lettres*, 1753.

(2) Ce document, daté du 24 mars 1381, a été reproduit par l'abbé Lebeuf dans ses *Mémoires sur la ville et le diocèse d'Auxerre*, t. I, p. 540; c'est une transaction entre le neveu et héritier de Pierre Aymon et l'abbaye de St-Allyre de Clermont.

(3) Cette phrase donne lieu au correspondant de D. Boyer de discuter l'orthographe de ce nom dans la lettre suivante. — MM. de Noyant représentent aujourd'hui la famille Aymé des Roches.

nepos Stephani Albrandi, Tolosatum Præsulis, sepulti in ecclesiâ S. Illidii, in Sacello S. Jacobi, ad cujus altare quotidianam missam dicimus de Beatâ Mariâ. De Autissiodorensi Antistite nihil aliud novimus.

Si quid novi occurrerit, pro certo teneas et nullatenus dubites, quam primum ad te, vir clarissime et charissime, illud me missurum. Interim ora pro me.

F. J. BOYER.

Arvernis, vi Idus decemb. MDCCXVII, in Festo Deiparæ (1).

L'abbé Lebeuf répondit :

16 Juin 1718

Je vous suis très redevable, mon Révérend Père, de ce que vous m'apprenez de Pierre Aymo, notre évêque, c'est une circonstance que l'on ignorait ici absolument, et que je n'ai pas manqué de faire entrer aussitôt dans les Mémoires que je ramasse. Cette fondation nous apprend même de quel lieu d'Auvergne il étoit originaire, au lieu qu'auparavant nous savions seulement qu'il était Auvergnat. Il y a une circonstance remarquable dans sa vie, qui est que jusqu'à lui on n'avait jamais entendu parler de procès entre l'évêque et le Chapitre. Il fut le premier sous lequel il y en eut un, et ce fut le Chapitre qui l'intenta, à cause qu'il ne payoit pas assez vite, au gré des chanoines, certaines rentes laissées par ses prédécesseurs, mais ce procès fut fini à l'amiable.

J'ai prié notre ami commun, M. de La Chauvinière (2), de vous donner avis de l'inscription d'une certaine tombe ancienne qui se voit dans notre diocèse, afin d'en avoir la solution par votre moyen. Comme elle regarde un évêque de Clermont,

(1) 8 Décembre 1717.
(2) M. de La Chauvinière, tombé aujourd'hui dans l'oubli le plus profond, était, bien que laïque et marié, un des liturgistes les plus savants et les plus zélés du xviiie siècle. Voyez *Lettres de l'abbé Lebeuf*, t. i, p. xxviii et p. 582.

la chose sera facile à éclaircir, je ne répète point ce que j'en ai marqué dans mon Mémoire qu'on a dû vous envoyer.

Je trouve que notre évêque Ayme est quelquefois nommé *P. Aymonis* ou *Aymoni*, et vous paraissez d'être d'avis que son vrai nom est Aymes ou Ayme, sur quoi je prends la liberté de vous demander encore s'il y a toujours un S au bout de son nom, car c'est ce qui serait décisif : autrement, le défaut d'accent aigu sur l'é n'est pas une preuve qu'il s'appelât Ayme, puisqu'on n'en mettait point encore dans le siècle auquel il a vécu.

Je suis avec bien du respect et de la reconnaissance, etc...

Lettres de l'abbé Lebeuf, publiées par la Société des Sciences historiques et naturelles de l'Yonne, sous la direction de MM. Quantin et Cherest ; T. I, p. 150. Auxerre, Ch. Perriquet, 1866, in 8°.

Mémoire sur la sépulture d'un évêque de Clermont, composé par M. Lebeuf et envoyé par lui à M. de La Chauvinière pour le faire tenir à Dom Jacques Boyer et à Dom Tiroux (1)*, Bénédictins de la Congrégation de St-Maur* (2).

Il s'agit de sçavoir pourquoy l'épitaphe d'un Evêq. de cette ville nommé Guy de La Tour se trouve en deux endroits différens, sçavoir à Clermont, chez les Jacobins et à Ousoir-sur-Tresée, au Diocèse d'Auxerre.

On voit dans le *Gallia Christiana* que cet Evêque décédé sur la fin du 13° siècle (3), passe pour être inhumé à Clermont. Pourquoy donc y a-t-il dans le sanctuaire de l'église de St-Martin du village ou bourg d'Ousoir une tombe sur laquelle est gravée la représentation d'un Evêque avec cet épitaphe : *Hic jacet D. D.*

---

(1) D. Jean-Evangéliste Thiroux, né à Autun, fit profession le 29 avril 1681, à l'âge de 18 ans, dans l'abbaye de la Trinité de Vendôme, et mourut dans celle de St-Germain d'Auxerre, le 14 septembre 1731. Voir *Hist. litt. de la Cong. de St-Maur*, pag. 506.

(2) Bibl. Ste-Geneviève, Mss. Df. 42, pag. 48-49.

(3) Le manuscrit de la *Canone* porte, *en marge*, aux calendes de Mars : *Obiit dominus Guido de Turre quondam episcopus Claromontensis.* — M. Gonod, *Chronologie des évêques de Clermont*, p. xlv, dit que Gui de La Tour mourut le 28 février 1286. — Voir aussi *Gall. Christ.*, t. II, col. 279.

Guido de Turre quondam Episcopus Claromontensis? Seroit-ce qu'il seroit décédé à Ousoir, et qu'y ayant d'abord été inhumé, on auroit relevé dans la suite ses ossemens pour les porter à Clermont? Il fait observer que ce village n'est pas éloigné de la grande route d'Auvergne à Paris et que par conséquent la chose a pû être ainsi : mais on a laissé l'inscription sur la tombe et il n'y a que la longueur du tems qui l'a rendue presque impossible à lire, elle porte toutes les marques d'une tombe gravée à la fin du 13ᵉ siècle. La mitre de l'Evêque est ce qu'il y a de moins effacé, elle est faite comme celle de ce tems là. Il faudroit sçavoir si les RR. Pères Bénédictins qui vont donner le second tome du nouveau *Gallia Christiana* dans lequel sera Bourges, dont Clermont est suffragant, si, dis-je, ils ont éclairci cette difficulté.

Ousoir en latin *Oratorium* (1) n'est qu'à une lieue et demie de la Loire.

Dom Jacques Boyer à Dom Edmond Martène (2).

Mon Révérend Père, vous trouverez dans le second tome de *Gallia Christiana* 3 chartes, où Othon est qualifié du titre de Duc d'Aquitaine et Comte de Poitou (3). La première parmi les

---

(1) Ouzouer-sur-Trézée, canton de Briare (Loiret). — Voyez sur la dérivation du latin *Oratorium* de ce mot *Ouzouer* : Houzé, *Etude sur la signification des noms de lieux en France*; Littré, *Etudes et glanes*, pag. 205; Cocheris, *Origine et formation des noms de lieux*, pag. 160-161.

(2) Bibl. Nat. Mss. Franç. 25557, p. 83.

(3) Othon de Brunswick était fils d'Henri le Lion, duc de Saxe, et de Mathilde, sœur de Richard-Cœur-de-Lion et de Jean-Sans-Terre. On s'est beaucoup occupé au siècle dernier de savoir à quel titre Othon est qualifié de Duc d'Aquitaine et Comte de Poitou. *L'Art de vérifier les dates* (Edition de 1770, p. 719) dit qu'en 1196 Richard, du consentement d'Eléonore, sa mère, donna le duché d'Aquitaine avec le comté de Poitou à Othon, et le considère comme propriétaire foncier de ces provinces, où il possédait déjà plusieurs terres. Cet article de *l'Art de vérifier les dates* est le résumé d'un Mémoire inséré dans le tome 35 du Recueil de l'Académie Royale des Inscriptions et Belles-Lettres et intitulé : *Eclaircissements sur l'histoire de l'empereur Othon IV, auparavant duc d'Aquitaine et comte de Poitiers*, par Bonamy. Celui-ci assure qu'Othon possédait le Poitou et l'Aquitaine comme propriétaire

instruments, col. 389, x, la 2ᵉ, 463, viii, la 3ᵉ, 477, xxiv. Je les ai copiées moi-même toutes les trois, le plus fidellement qu'il est possible, des originaux. J'ay fait aussi l'extrait qui est dans le corps de *Gallia Christiana*, 2ᵉ col. 855. D, d'une chartre de notre abbaye de S. Maixent qui ne me parut pas assez de conséquence pour la transcrire au long. Je ne sai où le P. de Ste-Marthe a trouvé les lettres d'Othon dont il fait tant de cas col. 1072. E, et qu'il devroit, ce me semble, avoir fait impri-

foncier, *jure hereditario*. Ce Mémoire a été réfuté par Dupuy (Louis), secrétaire perpétuel de l'Académie des Inscriptions et Belles-Lettres, dans le *Journal des Savants* de 1775, page 540. Dupuy soutient, au contraire, qu'Othon a été seulement investi de la *Balliva*, droit de garde ou d'administration, pendant la croisade de Richard. Cette opinion a été acceptée et corroborée par Bourgeois, doyen de l'Académie de la Rochelle, dans les *Recherches historiques sur l'empereur Othon IV, où l'on examine si ce prince a joui du duché d'Aquitaine et comté de Poitiers, en qualité de propriétaire ou de simple administrateur*, (Paris, Moutard, 1775, in-8º). C'est d'après cette dissertation que D. François Clément a complètement refondu la notice sur Othon, dans le tome II de la troisième édition de l'*Art de vérifier les dates*, pag. 561. Dès le début de cette nouvelle notice, il établit que ce prince fut duc d'Aquitaine et comte de Poitou en qualité d'usufruitier ou de simple administrateur, et non comme propriétaire foncier. On trouve dans la *Table Chronologique des Chartes d'Aquitaine et de Poitou recueillies par D. Léonard Fonteneau*, publiée, en 1839, par M. Rédet, archiviste de la Haute-Vienne, un certain nombre de pièces qui semblent confirmer le système adopté par cette édition de l'*Art de vérifier les dates*. Voyez notamment les pages 167, 169, 173, 174. Le premier acte émané d'Othon porte la date du 7 mars 1187 et les deux derniers sont de 1197. Ce qui prouverait qu'il n'a été duc d'Aquitaine et comte de Poitou qu'à titre de simple administrateur; c'est que, vers 1189 et le 20 février 1190, on le voit donner aux Templiers de la Rochelle les moulins de cette ville; et que cette donation fut confirmée, le 25 mai 1196, par Richard, alors roi d'Angleterre. Quoi qu'il en soit, Othon quitta l'Aquitaine, lorsqu'il fut élu roi des Romains, pour être couronné à Aix-la-Chapelle le jour de la Pentecôte 1198. Ce même Othon, devenu empereur, se ligua avec Jean-Sans-Terre, son oncle, et le comte de Flandre, contre Philippe-Auguste, et fut battu, le 27 juillet 1214, à la bataille de Bouvines.

M. H. Wilhelm nous a fait remarquer que trois siècles après, en 1569, un autre duc de Brunswick, Erich II, devint comte de Clermont en Beauvoisis, par concession du roi Charles IX. Ce fait, qui n'est consigné dans aucune Histoire de France, ni même dans celle du Duché de Brunswick, a été établi, avec toutes les preuves à l'appui, dans une dissertation (*Le duc Erich II de Brunswich, comte de Clermont*) publiée en 1862, à Clermont (Oise), par Louis de Baecker.

mer, puisqu'elles servent à illustrer ce qu'a dit Besly de ce prince.

Ce qui est raporté du même Othon, fils du duc de Saxe, col. 1181. B, n'est pas de moy.

J'ay copié d'un ancien Ms. de la Couronne au diocèse d'Angoulesme ce qui est à la fin de la meme page d'Othon dont il est parlé pag. 1400. D. Mais elles ne m'ont pas semblé assez importantes pour les transcrire. Je ne me souviens pas d'avoir trouvé dans la Guienne, ni dans le Poitou, d'autre instrument qui concerne Othon. Si j'en trouve dans la suite, Votre Révérence peut assurer monsieur le bibliothécaire du roi de la Grande-Bretagne (1) que je le lui communiquerai avec tout l'empressement possible, ne désirant rien tant que d'aider en tout ce qui dépend de moy les savans qui veulent enrichir le public de leurs doctes ouvrages. J'espère de voir paroitre bientôt les votres, et je prie le Seigneur Dieu des sciences de vous donner la consolation de les achever à la satisfaction de la Rép. des lettres. Permettez moy de faire mes compliments à votre digne coadjuteur D. V. Durand. Je me recommande à vos SS. Sacrifices et je suis avec respect,

Mon Révérend Père, Votre tres humble et tres obéissant serviteur.

F. Jacques BOYER, M. B.

Adresse : *Au Révérend Père Dom Edmond Martenne, religieux de l'abbaye, à St-Denis.*

Lettre-Circulaire de D. R. Massuet.

A la plume (*Chanteuge*).

Pax Christi.

REVERENDE PATER,

Cœptos ab inclytæ memoriæ Reverendo Patre Domno Joanne

---

(1) Il s'agit probablement de Robert Sanderson, qui publia les cinq derniers volumes du fameux recueil de Thomas Rymer intitulé *Fœdera, conventiones litteræ et cujuscumque generis acta publica inter reges Angliæ et alios quosvis imperatores, reges, pontifices, principes vel communitates, ab anno 1101 ad nostra usque tempora, habita et tracta.* Londres, 1704-1735. 20 vol., in-fol.

Mabillon Annales Ordinis nostri, et ad quintum usque Tomum, id est usque ad annum Christi 1157, feliciter perductos, continuandos sibi cùm suscepisset optimi Magistri discipulus optimus Domnus Theodoricus Ruinart, immatura morte consumptum rem intactam infectamque dimississe, satis, puto, notum tibi. Gravis quidem bonis omnibus ea fuit jactura, sed eò gravior Superioribus nostræ Congregationis, quò resarcire difficilius erat. Ne tamen imperfectum maneret opus, Ordini Benedictino simul et Ecclesiæ utilissimum, aliquem tanti nominis Scriptoribus, qui cœptos Annales prosequeretur, eruditione licèt et cœteris animis dotibus longè inferiorem, sufficere maluerunt quàm nullum. Id si tibi Litteris meis significem, quintumque Tomum quem prælo paratum reliquit Mabillonius, statim subjiciendum, atque turbidior jam tempestas paulùm resederit, gratum me facturum putem. Sed cùm Ordinis historia generalis ab accurata rerum uniuscujusque Monasterii notitia maxime pendeat, operæ pretium est ut Monasteria omnia, ad totius Ordinis gloriam conspirantia, historicos de rebus suis Commentarios nobiscum communicent : eò magis ad institutum nostrum necessarios, quò pauciora ac rariora occurrunt tum in editis Libris, tum in scriniis Mabillonianis, Monasticæ historiæ posterioris ævi monumenta. Quam ob rem R. P. Superioris Generalis nomine te rogamus, Pater Reverende, ut unum vel plures e tuis diligas, qui dictos Commentarios conficiant, eaque omnia, quàm accuratè fieri poterit, colligant, quæ tum ad Monasterii tui, tum ad aliorum Ordinis nostri viciniorum, seu virorum, seu Sanctimonialium, historiam spectant. Id ut fieret, jam non semel Priores Monasteriorum nostrorum hortati sunt Superiores Generales nostræ Congregationis; rogaverat et piæ memoriæ Domnus Theodericus Ruinart, scriptis ad singula Monasteria nostra encyclicis Epistolis : Sed hactenus res non omnino successit ex sententia. Feliciùs sub manus tuas successuram sperat is, qui modò Congregationi nostræ præest R. P. Superior Generalis, majorique studio, quàm antea, negotium, quod sibi maximè cordi est, promotum iri. Porro Commentariorum, quibus indigemus, initia duci debent ab anno dumtaxat Christi millesimo. Præcipua verò de quibus confici optamus, hæc sunt.

I. Quis Monasterii situs; qua in Diœcesi constitutum; cui urbi, fluvio, aut rivo vicinius, et in cujus honorem dedicatum?

II. Monasterii fundatio, si anno millesimo posterior sit; à quo et qua occasione facta; qui priores disciplinam regularem in Monasterium induxerunt, et unde vocati? Qui præcipui ejusdem Benefactores, et quæ eorum nomina, gens, familia ac beneficia? Hîc exscribenda sunt præcipua quæque tum Fundationis, tum donationum instrumenta, accuratè notatis tum adscripta die, anno et indictione; tum subscriptionibus, chirographis ac sigillis, servataque eadem prorsus ortographia et scribendi ratione, barbara licèt, solœscismisque referta.

III. Quæ fuerint, aut etiamnum sint Monasterii jura et privilegia, et à quibus concessa et confirmata? An in controversiam aliquando venerint, et quomodo finita? Ubi, etiam eadem ratione, describendæ sunt summorum Pontificum Bullæ, Regum ac Principum Diplomata, Episcoporum Litteræ, aliaque ejusmodi instrumenta, quæ historiæ fidem conciliare possint.

IV. An aliquod excidium passum aliquando fuerit Monasterium; à quibus, quo anno, et qua occasione? Quis restauraverit et quo anno?

V. An aliis Monasteriis olim præfuerit, et quo jure? Qui Prioratus ab eo pendeant, et in qua regione et Diœcesi siti? à quibus fundati? Ubi etiam exscribenda, si haberi possint, Fundationum instrumenta. Qui ex iis Conventuales olim exstiterint, et quamdiu? An aliqui ab Ordine distracti, et quando?

VI. Diligenter notanda sunt præcipua quæque, quæ Monasterio seu bene seu male evenerint; varii, quos experta est disciplina regularis, casus, instituta, usus et consuetudines quæ ibi viguere. Si quæ verò abbatia, à regulari ad sæcularem statum defecerit, habenda, si fieri possit, Bulla quam vocant *sæcularisationis*.

VII. Viri illustres, qui seu pietatis, seu eruditionis laude floruerint, vel alia quacumque ratione nomen sibi fecerint. Quo loco ac genere nati, et quo anno mortui? Quid ab eis gestum scriptumve fuerit? An edita eorum opera, an adhuc manuscripta, et in qua Bibliotheca asservata? Et si qui in album Sanctorum relati fuerint, an sincera vitæ Acta nondum edita, vel ab editis diversa habeantur; et a quibus, et quando scripta? Nec omittendi qui ex eo monasterio ad Pontificales infulas, vel ad alia regenda, fundanda, aut reformanda Monasteria variis temporibus, diligenter notandis, vocati sunt.

VIII. Accurata ac continua Abbatum, Priorum, aut Abbatissarum series, cum præcipuis uniuscujusque seu bene, seu male gestis, ac die et anno obitùs.

IX. Sepulturæ insigniores, Cenotaphia, Epitaphia, Inscriptiones, an vetera quæque Monumenta: quæ etiam, si quis delineandi peritus deformare posset, gratissimum certe faceret; ex iis enim historia non parum illustrari potest.

X. Præcipuæ Sanctorum Reliquiæ, quæ ibi olim asservatæ fuerunt, vel nunc etiam asservantur, à quo, et qua occasione illuc delatæ?

Hæc ferè sunt, REVERENDE PATER, quæ in Commentarios referri debent. Cœtera scriptorum diligentiæ atque prudentiæ dimittimus, ut nimirum ea omnia colligere et annotare non pigeat, quæ ad rem nostram facere posse videbuntur. Non exigimus verò, ut facta simul contextant, historiamque continua ac cohærenti oratione scribant: Commentarios, historiæ generalis argumentum postea futuros, scribere sufficiat. Id unum dumtaxat efflagitamus, ut suos quibusque factis et eventis, quam accurate poterint, assignent annos et indictiones, ut in veteribus instrumentis, certisque Monumentis occurrent, nec quidquam umquam referant, nisi citatis ad marginem auctoritatibus, quæ narrationis fidem adstruant. Si quæ etiam apud vos, vel amicos exstarent Mabillonii Epistolæ, magnam a nobis gratiam inires, si earum apographa ad nos transmittere dignareris: ut luce aliquando donari possint, quæ digniores videbuntur. In ea porro omnia curas tuas conferas, negotiumque acriter urgeas, maximopere oro atque obtestor (1). Id à benignitate tua consequuturum se sperat,

Reverende Pater,

Humilissimus obsequentissimusque servus
Frater Renatus Massuet, M. B.

*Parisiis in Monasterio Sancti Germani
à pratis, die* 21 *Julii* 1710.

---

(1) M. H. Wilhelm possède les originaux imprimés de trois pièces du même genre que celle-ci, et qui sont : 1° Une lettre de Dom Mège du 16 décembre 1671; 2° Une lettre de D. Luc d'Achery et de D. J. Mabillon relative à la publication des *Acta Sanctorum*; 3° La lettre de D. Mabillon, du 28 janvier 1702, concernant les Annales Bénédictines. Il est à remarquer que les circulaires de D. Mège et de D. Mabillon, qui portent en tête *Benedicite*, sont adressées à des Abbés ou à des Prieurs de monastères. La lettre de D. Luc d'Achery et celle de D. R. Massuet, sur lesquelles on lit *Pax Christi*, étaient destinées à tous les membres de la Cong. de St-Maur qui avaient coutume de se servir de cette épigraphe, lorsqu'ils écrivaient à de simples religieux.

ADDITIONS ET CORRECTIONS

Page 20, *Notes*, ligne 7. — D. François Rochon mourut à St-Allyre le 16 octobre 1745. (*Matricule de la Cong. de St-Maur. Bibl. de la ville de Reims*, cc 698. — Une bienveillante communication de M. Ch. Loriquet nous permet de compléter la notice d'un certain nombre de religieux de la Cong. de St-Maur).

Page 28, *Notes*, ligne 7. — D. Léonard Petit mourut à St-Cyprien de Poitiers le 24 décembre 1742. (*Bibl. de Reims, Ms. cit.*).

Page 33, *Notes*, ligne 3. — D. Jean Urban mourut à St-Allyre le 11 novembre 1741. (*Bibl. de Reims, Ms. cit.*).

Page 34, *Notes*, ligne 4. — D'après D. Le Cerf de La Viéville (*Histoire de la Constitution* Unigenitus *en ce qui concerne la Cong. de St-Maur, pag. 74-77*), D. F. Redon fut définiteur au Chapitre général tenu à Marmoutiers en 1723; mais ayant été exclu des Définitoires, comme opposant à la Bulle, par une lettre de cachet du 15 mai 1723, il se retira à l'abbaye de Chelles, sur la demande de Madame d'Orléans, fille du Régent, et y demeura jusqu'à sa mort. Voyez aussi *Histoire des derniers chapitres généraux* (1723, 1726, 1729, 1733), *de la Cong. de St-Maur*, par D. Edme Perreau; 1736, in-4°, pag. 19-21.

Page 36, ligne 6. — D. Joseph Charrier, né à Nébouzat, diocèse de Clermont, fit profession à l'âge de 21 ans, dans l'abbaye de St-Augustin de Limoges, le 22 novembre 1696, et mourut à St-Angel, le 21 mars 1739.

Page 36, *Notes*, ligne 6. — D. Antoine Chassaing mourut à St-Allyre le 25 mars 1761. (*Bibl. de Reims, Ms. cit.*).

Page 37, *Notes*, ligne 11. — D. Jean Clément mourut à St-Pierre de Beaulieu-en-Limousin le 11 juillet 1762. (*Bibl. de Reims, Ms. cit.*).

Page 38, *Notes*, ligne 20. — D'après la matricule possédée par M. H. Wilhelm : D. J.-B. Eyrolles mourut à l'abbaye de St-Maixent-en-Poitou, le 9 août 1759.

Page 39, *Notes*, ligne 4. — D. Jean Brunier mourut à la Chaise-Dieu le 8 juillet 1754. (*Bibl. de Reims, Ms. cit.*).

Page 40, *Notes*, ligne 1. — D. Jean Lamy mourut à St-Cyprien de Poitiers le 21 février 1750. (*Bibl. de Reims, Ms. cit.*).

Page 41, *Notes*, ligne 13. — D. Vincent Marcland mourut à St-Augustin de Limoges le 26 mai 1740. (*Bibl. de Reims, Ms, cit.*).

Page 42, *Notes*, ligne 1. — D. Jean Goyon mourut hors de la Cong. de St-Maur. (*Bibl. de Reims, Ms. cit.*).

Page 43, ligne 4. — D. Pierre Constant, né à la Guiole, diocèse de Rodez, fit profession, le 7 avril 1700, à l'âge de 22 ans, dans l'abbaye de la Daurade de Toulouse où il mourut, le 24 décembre 1761. (Matricule de M. H. Wilhelm).

Page 46, ligne 18. — Claude Borie, prêtre et curé de St-Barthelmy de Felines, au diocèse du Puy, résigna ce bénéfice, le 10 septembre 1700, en faveur de M. Guillaume Pralong, prêtre du même diocèse, et fut pourvu, par les religieux de la Chaise-Dieu, de la cure de St-Austremoine de Montmorin. Il y reçut, le 28 septembre 1703, la visite pastorale de Mgr Bochart de Saron et, le 4 mai 1726, celle de Massillon. Il était décédé en 1728, lorsque D. J. Boyer écrivit la seconde Lettre sur le Propre du diocèse de St-Flour, dans laquelle nous lisons: «.... dans l'abbaye de la Chaise-Dieu, où il y a un office du saint fondateur qui a été composé par D. Placide Le Duc (1), et noté par *feu* M. l'abbé Borie, curé de Montmorin.» (*Archives départ. du Puy-de-Dôme: Registres des Insinuations ecclésiastiques. — Bibl. du Grand-Sém. de Montferrand: Procès-Verbaux des Visites Pastorales*, t. XVI, p. 20 et t. XX, p. 83. — *Mémoires de Litt. et d'Hist.*, par le P. Desmolets, t. VIII, p. 169).

Page 54, *Notes*, ligne 1. — D. Placide Ardant mourut à St-Sulpice de Bourges le 3 janvier 1763. (*Bibl. de Reims, Ms. cit.*).

Page 69, ligne 24. — Henri Bertrand, qui prenait le surnom de *de Beurron*, fut élu prieur claustral de la Charité en 1667, et abbé de Cluny en 1672; mais le roi n'approuva pas cette dernière élection. Il avait composé une *Chronique du prieuré de la Charité*, suivie de la copie des chartes intéressant ce monastère et qui avaient échappé à la destruction. Cet ouvrage n'a jamais été imprimé. Voyez Née de La Rochelle, *Mémoires sur le département de la Nièvre*, t. III, p. 64; Cpr. *Gall. Christ.*, t. XII, p. 404. (*Lettres de l'abbé Lebeuf*, t. I, p. 119).

Page 69, ligne 26. — Sur D. Hilaire Tripperet, voir *Etude sur la Chronologie des Sires de Bourbon* (Xe-XIIIe siècles), par M. A. Chazaud, (Moulins, Desrosiers, 1865), pag. 95-110. Voir aussi *Nouvelles ecclésiastiques*, ann. 1739, pag. 69.

Page 71, *Notes*, ligne 22. — D. J.-B. Macé avait fait profession le 13 octobre 1700. En 1721, un bref du pape l'autorisa à sortir de la Cong. de St-Maur (D. Le Cerf de La Viéville: *Hist. de la Cons. Unigenitus en ce qui concerne la Cong. de St-Maur*, p. 64). Communication de M. H. Wilhelm.

Page 74, *Notes*, ligne 12. — D. Joachim Guérin mourut à Notre-Dame de la Grasse, où il était prieur, le 2 janvier 1740. (*Bibl. de Reims, Ms. cit.*).

---

(1) D. Elie-Placide Le Duc, né à Rouessé, diocèse du Mans, fit profession à St-Serge d'Angers, le 20 mai 1658, à l'âge de 17 ans. Il mourut, le 12 septembre 1707, à l'abbaye de St-Clément de Craon. Voir *Suppl. à l'Hist. Litt. de la Cong. de St-Maur*, par M. Ul. Robert, pag. 59.

Page 78, *Notes*, ligne 4. — D. Benoît, *alias* Nicolas Nicolas mourut à Solignac le 29 octobre 1752. (*Bibl. de Reims, Ms. cit.*).

Page 79, *Notes*, ligne 2. — D. Louis de La Coste mourut à l'abbaye de Lyre, au mois de février 1745. Cf. *Nouvelles Ecclésiastiques*, ann. 1745, page 111.

Page 80, *Notes*, ligne 9. — Voir l'article consacré à D. Ch. d'Isard de Villefort, par M. Ant. de Lantenay, dans *Les Prieurs Claustraux de Ste-Croix de Bordeaux*, pag. 81-86.

Page 81, *Notes*, ligne 1. — D. Florin ou Florent Bourgnon mourut à St-Maixent le 23 mai 1749. (*Bibl. de Reims, Ms. cit.*).

Page 81, *Notes*, ligne 10. — D. Martial Martin mourut à St-Augustin de Limoges le 16 novembre 1755 (1765?). (*Bibl. de Reims, Ms. cit.*).

Page 88, *Notes*, ligne 17. — D. Jacques de La Codre mourut à St-Pourçain le 13 juin 1732. (*Bibl. Nat., Mss. Lat., N° 12795*).

Page 89, *Notes*, ligne 13. — D. Louis Cavilier mourut à l'abbaye de St-Denis-en-France le 15 février 1730. (*Bibl. de Reims, Ms. cit.*).

Page 95, *Notes*, ligne 19. — D. Martial Croisier mourut à St-Pierre de Brantôme le 1er avril 1753. (*Bibl. de Reims, Ms. cit.*).

Page 96, *Notes*, ligne 3. — D. Pierre Gillet mourut à St-Sulpice de Bourges le 15 mai 1736. (*Bibl. de Reims, Ms. cit.*).

Page 100, ligne 19. — D. Gilbert de La Chaussée, né à Moulins en Bourbonnais, fit profession à l'âge de 19 ans, le 1er décembre 1668, dans l'abbaye de St-Allyre, où il mourut, le 25 décembre 1718.

Page 100, *Notes*, ligne 4. — D. Jacques Douhet mourut à St-Jean-d'Angely le 4 juin 1764. Il était le doyen des religieux de la Cong. de St-Maur. (*Bibl. de Reims, Ms. cit.*).

Page 100, *Notes*, ligne 12. — D. Pierre Pinson mourut à St-Cyprien de Poitiers le 8 juin 1742. (*Bibl. de Reims, Ms. cit.*).

Page 108, *Notes*, ligne 6. — D. J.-B. Palerne mourut à St-Sauveur de Redon le 30 septembre 1757. (*Bibl. de Reims, Ms. cit.*).

Page 122, *Notes*, ligne 3. — D. Jean Jacques Joubert mourut à Ste-Croix de Savigneux le 11 octobre 1746. (*Bibl. de Reims, Ms. cit.*).

Page 123, *Notes*, ligne 4. — D. J.-B. Suduyraud mourut à St-Benoît du Sault le 23 janvier 1754. (*Bibl. de Reims, Ms. cit.*).

Page 123, *Notes*, ligne 6. — D. Joseph Blanc mourut à St-Austremoine d'Issoire le 28 juin 1743. (*Bibl. de Reims, Ms. cit.*).

Page 131, *Notes*, ligne 16. — D. Michel Redon mourut à St-Junien de Noaillé le 12 avril 1754. (*Bibl. de Reims, Ms. cit.*).

Page 132, *Notes*, ligne 4. — D. Joseph Barny mourut à Solignac le......... 1743. (*Bibl. de Reims, Ms. cit.*).

Page 132, *Notes*, ligne 10. — D. Joseph Peyronnon mourut à St-Allyre le 8 décembre 1758. (*Bibl. de Reims, Ms. cit.*).

Page 132, *Notes*, ligne 12. — D. Pierre Dalème mourut à Solignac le 15 décembre 1735. (*Bibl. de Reims, Ms. cit.*).

Page 132, *Notes*, ligne 17. — D'après M. l'abbé Poulbrière, le prieuré uni de Mons, aujourd'hui Ymons, était situé sur le territoire de la paroisse actuelle de Bassignac-le-Haut. (*Abrégé de l'Hist. de l'abb. de St-Pierre de Beaulieu-en-Bas-Limousin*, p. 19, note).

Page 135, ligne 26. — Par son testament du 12 juin 1618, puissant seigneur François de Langeac, seigneur de Bonnebaud, choisit l'abbaye de St-Allyre pour le lieu de sa sépulture et donna 1500ᵗ pour une messe par semaine. (*Arch dép. du Puy-de-Dôme*, Fonds de St-Allyre, liasse 411).

Page 148, *Notes*, ligne 7. — D. François Bastide mourut à St-Pierre de Brantôme le 15 septembre 1745. (*Bibl. de Reims, Ms. cit.*).

Page 152, ligne 17. — Sur D. Pierre Allard, voyez *Nouvelles ecclésiastiques*, an. 1739, pag. 69.

Page 154, *Notes*, ligne 4. — D. C. Bérard ou Béral mourut à Solignac le 5 novembre 1734.

Page 156, *Notes*, ligne 9. — D. Etienne Buisson mourut à l'abbaye de St-Benoît-sur-Loire le......... (*Bibl. de Reims, Ms. cit.*)

Page 201, *Notes*, ligne 8. — D. Claude-François Exbrayat mourut à l'abbaye de St-Pierre de Châlons le 27 juin 1753. (*Bibl. de Reims, Ms. cit.*).

Page 230, *Notes*, ligne 7. — D. Jean-Gilbert Chassaing mourut à St-Sulpice de Bourges le 6 mars 1750. (*Bibl. de Reims, Ms. cit.*).

Page 233, ligne 7. — On trouvera un fac-simile de ces inscriptions dans le *Nouveau Traité de Diplomatique*, par D. Tassin et D. Toustain, t. II, pl. 27, (Paris, Desprez, 1750-65).

Page 236, *Notes*, ligne 1. — L'inscription suivante, gravée sur une petite plaque de cuivre trouvée en 1699 dans la châsse de Ste Thècle de Chamalières et rapportée en fac simile dans les *Annales Bénédictines*, t. I, pag. 481, réduit à néant l'assertion de J. Branche: *He sunt reliquie Beate Tecle virginis et martyris que Hiconie oriunda fuit. De hinc vero à Paulo apostolo conversa Seluciam requievit.*

Page 240, *Notes*, ligne 1. — D. Michel Dulac mourut à Ste-Croix de Savigneux le 4 janvier 1739. (*Bibl. de Reims, Ms. cit.*)

Page 246, *Notes*, ligne 2. — D. Martial du Laurent du Brueil mourut à St-Sulpice de Bourges le 2 mai 1751. (*Bibl. de Reims, Ms. cit.*)

Page 263, *Notes*, ligne 9. — D. Jean-Marie Palerne mourut à St-Jean-d'Angely le 8 novembre 1758. (*Bibl. de Reims, Ms. cit.*)

Page 265, *Notes*, ligne 7. — L'abbé de Langeron, ami de Fénelon, était le neveu de l'abbé commendataire de Mégemont. (*Mémoires du duc de St-Simon*, édition Chéruel et Ad. Regnier fils, t. VIII, p. 102).

Page 280, *Notes*, ligne 2. — D. Hyacinthe Farne mourut à St-Benoît du Sault le 30 janvier 1744. (*Bibl. de Reims, Ms. cit.*)

Page 290, *Notes*, ligne 3. — Sur le chanoine Raimond Fouilhac, voir *Le Cabinet des Manuscrits de Bibliothèque Impériale*, par M. Léopold Delisle, t. I, pag. 457, 458, 519 et 524. Voir également *Trois lettres inédites de l'abbé de Fouilhac à Baluze*, par M. Ph. Tamizey de Larroque ; Auch, 1865, in-8º.

Page 294, *Notes*, ligne 11. — D. Joseph-Sicaire Camus mourut à Ste-Croix de Bordeaux le 21 janvier 1741. (*Bibl. de Reims, Ms. cit.*)

Page 295, *Notes*, ligne 1. — D. Louis Mas mourut à l'abbaye d'Eysses le 10 avril 1756. (*Bibl. de Reims, Ms. cit.*)

Page 305, *Notes*, ligne 9. — D. Jean Puyfovel mourut à l'abbaye de St-Jean-d'Angely, où il était prieur, le 18 janvier 1746. (*Bibl. de Reims, Ms. cit.*)

Page 305, *Notes*, ligne 17. — D. Pierre Pastel mourut à Bassac le 14 janvier 1749. (*Bibl. de Reims, Ms. cit.*)

Page 319, *Notes*, ligne 12. — D. Jean Dalème mourut à l'abbaye de Souillac, le 4 juin 1728. (*Arch. Nat.*, LL. 997, fº 24). — Renseignement dû à l'obligeance de M. Henri Stein.

Page 340, ligne 15. — D. François Roy, né à Riom, fit profession à l'âge de 19 ans, dans l'abbaye de St-Allyre, le 16 août 1686, et mourut au Mas-Garnier, le 11 décembre 1725.

Page 340, *Notes*, ligne 1. D. Jacques Chappellet mourut à St-Jean-d'Angely le 12 février 1724. (*Bibl. de Reims, Ms. cit.*)

Page 340, *Notes*, ligne 12. — D. Léonard David mourut à St-Pierre de Beaulieu-en-Limousin le 26 juin 1753. (*Bibl. de Reims, Ms. cit.*)

Page 342, *Notes*, ligne 1. — D. Jean Thomasson mourut à St-Cyprien de Poitiers le 21 décembre 1742. (*Bibl. de Reims, Ms. cit.*)

Page 343, *Notes*, ligne 7. — D. Pierre Métayer mourut à St-Jouin de Marnes le 3 septembre 1748. (*Bibl. de Reims, Ms. cit.*)

Page 344, *Notes*, ligne 1. — D. Léonard Picot mourut à St-Maixent le 4 mars 1740. (*Bibl. de Reims, Ms. cit.*)

Page 347, *Notes*, ligne 7. — D. Gilbert Palerne mourut à St-Maixent le 14 mai 1751. (*Bibl. de Reims, Ms. cit.*)

Page 372, *Notes*, ligne 16. — D. Louis Grimaud mourut à l'abbaye de St-Maixent, le 17 juin 1727. (*Arch. Nat.* LL. 997, fº 41).

Page 374, *Notes*, ligne 11. — D. Benoît, *alias* Léonard Tandeau, mourut à Marmoûtiers le 10 juillet 1752. (*Bibl. de Reims, Ms. cit.*)

Page 382, *Notes*, ligne 5. — D. Benoît, *alias* François Guérin, mourut à Marmoutiers le 8 mai 1747. (*Bibl. de Reims, Ms. cit*)

Page 386, *Notes*, ligne 4. — D. Léonard Brunier mourut à St-Sulpice de Bourges le 6 novembre 1757. (*Bibl. de Reims, Ms. cit.*)

Page 386, *Notes*, ligne 13. — D. Ch.-Fr. Jousseaume de Varaise mourut à St-Jean-d'Angely le 17 décembre 1746. (*Bibl. de Reims, Ms. cit.*)

Page 410, *Notes*, ligne 7. — D. Claude Laugier mourut à Chanteuge le 9 octobre 1740. (*Bibl. de Reims, Ms. cit.*)

ERRATA.

Page 3, ligne 8. Au lieu de *asembler*, lisez *assembler*.
— 6, Notes, ligne 3. Au lieu de 1698, lisez 1697.
— 14, Notes, ligne 5. Au lieu de *Benjamin Hauréau*, lisez *Barthelmy Hauréau*.
— 16, Notes, ligne 10. Au lieu de 1631, lisez 1661.
— 20, Notes, ligne 5. Au lieu de *religieuses du tiers-ordre*, lisez *religieuses de l'Ordre*.
— 30, ligne 11. Au lieu de *avoir diner*, lisez *avoir diné*.
— 31, Notes, ligne 6. Au lieu de *ont des terres*, lisez *sont des terres*.
— — ligne 7. Au lieu de *Camalerarium*, lisez *Camaleriarum*.
— 49, ligne 28. Au lieu d'*Avernice*, lisez *Arvernice*.
— 54, ligne 2. L'appel de note (1) doit être placé à la ligne précédente, après le mot *Ardent*.
— 65, Notes, ligne 7. Au lieu de *matriculaire*, lisez *matricule*.
— 80, Notes, ligne 19. Au lieu de *26 mai 1763*, lisez *26 mai 1715*.
— 82, Notes, ligne 7. Au lieu de *Hugues du Temps*, lisez *Hugues du Tems*.
— 86, ligne 25. Au lieu de *Orléans*, lisez *Orsan*.
— 91, Notes, ligne 3. Au lieu de *Luynes eu Touraine*, lisez *Luynes en Touraine*.
— 104, Notes, ligne 4. Au lieu de *St Hugnes*, lisez *St Hugues*.
— 121, ligne 24. Au lieu de *Andreœ, Eyrauld*, lisez *Andreœ Eyrauld*.
— 132, ligne 8 et Notes, ligne 4. Au lieu de *D. Joseph Baray*, lisez *D. Joseph Barny*.
— 137, ligne 24. Supprimez la lettre *D*.
— 148, ligne 4. Au lieu de *Eyssex*, lisez *Eysses*.
— 154, ligne 5. Au lieu de *emmenèrent*, lisez *enmenèrent*.
— 168, Notes, ligne 3. Au lieu de *Delagrave*, lisez *Delagarde*.
— 180, Notes, ligne 12. Au lieu de *Paris, 1745, 6 vol. in-12*. lisez *(Paris, 1745, 6 vol. in-12)*,
— 228, Notes, ligne 3. Au lieu de 1715, lisez 1733.
— 233, ligne 8. Au lieu de *elimonio*, lisez *elimonia*.
— 247, ligne 18. Au lieu de *Uzerchiœ*, lisez *Uzerchia*.
— 268, Notes, ligne 4. Au lieu de *bande-linge*, lisez *bande de linge*.
— 274, Notes, ligne 21. Au lieu de *Hagenmayer*, lisez *Hagenmeyer*.
— 285, ligne 28. Au lieu de *abbatissa Luminis-Dei*, lisez *abbatissœ Luminis-Dei*.
— — ligne 29. Au lieu de *Cardure*, lisez *Cadure*.
— 312, ligne 12. Au lieu de *San-Marthanii*, lisez *San-Marthanum*.
— 313, ligne 37. Au lieu de *Condon*, lisez *Condom*.
— 315, Notes, ligne 3. Au lieu de *11 avril*, lisez *13 avril*.
— 336, Notes, ligne 10. Au lieu de *prodens*, lisez *proteus*.
— 352, ligne 24. Au lieu de *relligiossimus*, lisez *relligiosissimus*.
— 381, ligne 16. Au lieu de *committissa*, lisez *comitissa*.
— 390, ligne 11, col. 1. Au lieu de *Dôle*, lisez *Dol*.
— 390, 2e col. ligne 36. Au lieu de *Mourcilles*, lisez *Moreaux*.
— 398, ligne 29. Au lieu de *abbati*, lisez *abbate*.
— 399, ligne 38, col. 1. Au lieu de *St Baigne de Gand*, lisez *St-Bavon de Gand*.
— 405, ligne 2. Au lieu de *pro decanis Lemovicens. S. Martini Lemovic. pro abbatibus, et*, lisez *pro decanis Lemovicens., pro albatibus S. Martini Lemovic., et...*
— 414, Notes, ligne 2. Au lieu de *Bavai-Nord*, lisez *Bavai, Nord*.
— 415, ligne 2. Au lieu de *St-Jean d'Orbestrier*, lisez *St-Jean d'Orbestier*.
— 415, ligne 23. Au lieu de *Chambefort*, lisez *Cambefort*.
— 421, ligne 14. Au lieu de *St-Jean d'Orbestrier*, lisez *St-Jean d'Orbestier*.
— 442, ligne 17. Au lieu de *D. V. Durand*, lisez *D. U. Durand*.

TABLE ALPHABÉTIQUE

DES NOMS DE PERSONNES.

A

Abdon et Sennen (SS.), page 82.
Abzac de La Douze (Pierre d'), archevêque de Narbonne, 333.
Accarin (Dom), Chartreux, 416.
Accarion (D. Michel), Bénédictin de St-Maur, 267, 273.
Achéry (D. Jean Luc d'), Bénédictin de St-Maur, 335, 446.
Adam, official de Saintes, 351, 414.
Adebert ou Adalbert, évêque de Clermont, 233, 234.
Agathe (Ste), 52, 53.
Agaton (St), 260.
Agnès d'Artois, 66.
Agnès de Bourgogne, comtesse de Poitiers, 396.
Agnès (la Vénérable Mère), 127, 231, 408.
Agrain (Charlotte d'), abbesse de Ste-Claire de Clermont, 41, 43, 44, 56, 110.
Agrain (Mme d'), novice à Vorey, 32.
Agrain (d'), 190.
Agrève (St). évêque du Puy, 186, 187.
Agricol et Vital (SS.), 233.
Agricole (St), 140.
Aidie (D. Antoine d'), Bénédictin de Cluny, 265.
Alabat (le P. Benoît), Capucin, 83.
Alain (D. Jacques), prieur d'Orbestier, 370, 421.
Alard ou Adelard (Orsan), 86.
Alaydon (D. Jean), Bénédictin de St-Maur, 435.
Albert (l'abbé), 395.
Alboy (Pierre), vicaire de St-Michel de Bordeaux, 323.
Alexandre III, pape, 119.
Alexandre VII, pape, 188.
Alger, savant du XIIe siècle, 255.
Aliquot (D. Pierre), Bénédictin de St-Maur, 292.
Alix, comtesse de Bretagne, 380, 402.
Allard ou Allart (D. Pierre), Bénédictin de Cluny, 65, 106, 152, 430.
Allègre (d'), 193.
Allègre (Mlle d'), 112.
Allyre (St), 49, 51, 153.

Alphonse de Poitiers, 397.
Altier (d'), voir Borne.
Amable (St), 58.
Amadieu (Hugues), historien de Ste Fleur, 237.
Amadieu (le P.), Cordelier, 329.
Amadon (le P.), Minime, 45.
Amadour (St), 226.
Amand (le P.), Carme, 86.
Amand (St), 272.
Amariton (Mme), à Nonette, 34.
Amat ou Amé, archevêque de Bordeaux, 396.
Amboise (Guy d'), 230.
Amboise (Jacques de), évêque de Clermont, 121.
Ambrois (St), évêque de Cahors, 299.
Amonville (d'), prêtre de St-Sulpice, 71.
Amy (le P.), Dominicain, 105.
Anaclet (St), 236.
Anceaume (D. François), Bénédictin de St-Maur, 89, 95, 101, 411.
Ancelle (Ste), 261.
Andraud (D. Jean), Bénédictin de St-Maur, 249, 250.
André, chanoine de la Cathédrale de Clermont, 46, 53.
André (D. Dominique), Bénédictin de St-Maur, 136, 263, 264, 279, 305.
André (Ferdinand), 212.
André (le Bienheureux), abbé de Chezal-Benoît, 83, 100.
André (le P.), Cordelier, 277.
André (St), 174.
Androle (le P.), Jésuite, 241.
Angélique de Vollore (le P.), Capucin, 199.
Angennes (Eléonore d'), prieure de La Vaudieu, 22, 26, 165.
Angennes (Thérèse d'), religieuse, 22, 24, 25.
Anglard (Guy d'), abbé de Menat, 62.
Angoulême (Charles de Valois, duc d'), 182.
Anne de Bretagne, 319.
Anne (D. Nicolas), Bénédictin de St-Maur, 374.
Anne, reine d'Angleterre, 297.
Antonin (le P.) Carme-Déchaussé, 111.
Anval ou Enval (de La Salle d'), 25.
Apchier (d'), 193.
Apchier (Anne de Malesagne, vicomtesse d'), 219, 221.
Apchier (Hugues d'), 219.
Apchier (D. Jean d'), prieur de La Voûte, 19.
Apchier (Philibert d'), 19.
Apolline (Ste), 21.
Apollon, 143.
Arbellot (l'abbé), 338.
Arbouze (le P. François d'), 302.
Arbrissel (Robert d'), 86.

Archon (François), chambrier de Mauzac, 149.
Archon (Joseph-Michel), abbé de Mauzac, 57.
Archon (Louis), abbé de Neufonts, 57.
Archon (Michel), avocat à Riom, 57.
Archon (Pierre), 57, 149, 153.
Archon-Despérouses (François-René), 57.
Arcis (Antoine), abbé de Bassac, 176.
Arcis (Claude-François), 176.
Arcis (François), 176.
Arcis (François), abbé de St-Vosy, 176.
Arcis, chanoine, au Puy, 177, 179, 194.
Arcons (St), 160.
Ardant (D. Claude), Bénédictin de St-Maur, 139.
Ardant (D. Elie J.-B. Placide), Bénédictin de St-Maur, 54, 137, 153, 167, 218, 448.
Arigle (St), 104.
Armagnac (François Armand de Lorraine d'), évêque de Bayeux, 357.
Armagnac (François-Louis-Anne-Marie de Lorraine, dit l'abbé d'), abbé de la Chaise-Dieu, 14, 15, 109, 110, 122, 124, 125, 137, 138, 139, 146, 168, 221, 224, 225, 434, 435.
Arnaud (Antoine), 90.
Arnaud (Dom), Cistercien, 211.
Arnaud, maître de musique, au Puy, 144, 199, 200, 206, 207.
Arnaut, théologal de Périgueux, 307.
Arsac, curé de Bains, 198.
Arthème (St), 51.
Aton, évêque de Saintes, 389.
Aubert (le P.), Chanoine-Régulier, 309.
Aubeterre (David de Bouchard d'), 328.
Aubeterre (Hippolyte de Bouchard d'), 328.
Aubeterre (Marie de Bouchard d'Esparbès de Lussan d'), abbesse de Leyme, 256.
Aubignac (d'), 214.
Aubourg (Dom d'), Bénédictin, 411.
Aubusson (François d'), abbé de Chastres, 269, 303.
Aubusson (Jacques d'), seigneur de Villac, 269.
Audebrand (Etienne), archevêque de Toulouse, 432, 438.
Audiat (Louis), 338.
Audigier (Jacques), 40.
Audigier (Pierre), chanoine de la Cathédrale de Clermont, 40.
Audren de Kerdrel (D. Maur, *alias* Jean), Bénédictin de St-Maur, 80, 415, 416.
Augier, chanoine de St-Vosy, 222.
Augustin (le P.), Récollet, 132.
Augustins, 61, 62, 69, 72, 226, 332, 348, 352, 364, 365.
Augustins-Déchaussés, 230, 301.
Aultier, 311.

Aultier (d'), évêque de Bethléem, 47.
Aumont (Marie-Elisabeth d'), 326.
Aurèle (St), évêque du Puy, 178, 187.
Aurélie (Ste), 9.
Austremoine (St), 36, 38, 58.
Auvergne (Bertrand de La Tour, comte d'), 158.
Auvergne (Guillaume X, comte d'), 158.
Auvergne (Guillaume XI, comte d'), 158.
Auvergne (Guy II, comte d'), 158.
Auvergne (Jean I, comte d'), 158.
Auvergne (Robert IV, comte d'), 158, 159.
Auvergne (Robert V, comte d'), 158.
Auvergne (Robert VI, comte d'), 158.
Auvergne (Robert VII, comte d'), 157, 158.
Availloles (Joachin d'), abbé de Montier-Neuf, 354.
Avon, à Paulhaguet, 21.
Avoust, curé de St-Hostien, 146.
Avrigny (d'), *voir* Davrigny.
Aycelin de Montaigu (Aubert), 49.
Aymard (Auguste), 187.
Ayme (Toussaint), seigneur des Roches de Cofins, 437.
Ayme, Aymes ou Aymon (Pierre), évêque d'Auxerre, 437, 438, 439.
Aynac-Turenne (d'), abbé de l'Isle-Chauvet, 414, 421.
Ayrauld, *voir* Chanac.
Azon, abbé de St-Michel-en-L'Herm, 398.

B

Badier (D. Jean-Etienne), Bénédictin de St-Maur, page 75.
Baecker (Louis de), 441.
Baie (St), 99.
Baille (D. Jacques), Bénédictin de Cluny, 105.
Baillet, 260.
Balay, 251.
Ballon, abbé de Ferrières-en-Poitou, 413.
Baluze (Etienne), 44, 55, 157, 158, 197, 252, 253, 272, 432.
Balzac (Antoine de), 121.
Baptiste, chanoine de St-Genès de Clermont, 52.
Bar (Denis de), évêque de Tulle, 266.
Baray, *lisez* Barny (D. Joseph), Bénédictin de St-Maur, 132, 449.
Barbichets (les), de Rochefort, 361.
Barbier (D. Jean-Léonard), religieux de Dalon, 269.
Bardonanche (Catherine de), 60.
Bardou, curé de Montier-Neuf, 343.
Bargedé (Edouard), évêque de Nevers, 67, 104.
Barillon (de), évêque de Luçon, 367, 393.
Barny, *voyez* Baray.
Barré (D. Claude), Cistercien, 83.

Baron, de St-Jean-d'Angely, 361.
Barry (D. Pierre), Bénédictin de St-Maur, 326, 411.
Barthelmy (St), apôtre, 87.
Basalgète (Dom), Cistercien, 211.
Bassier, 139.
Bassin (Dom), Cistercien, 199.
Bastide (D. François), Bénédictin de St-Maur, 148, 149, 173, 181, 185, 199, 450.
Batz (D. Nicolas de), Bénédictin de St-Maur, 385.
Baubiat, *lisez* Daubiat (D. Laurent), Bénédictin de St-Maur, 71, 88, 413.
Bavière (Christine-Victoire de), 366.
Baudrand, 272.
Baudranger (le P.), Jésuite, 125.
Bauhuis (le P. Bernard), Jésuite, 335.
Bayard (le chevalier), 127.
Bazin (Dom), Bénédictin de Cluny, 105, 154.
Béates, 5.
Beau, prêtre de St-Sulpice, 200.
Beaufils, chanoine de St-Flour, 126, 127, 408.
Beaufils ou Bonfils (Mathieu), sculpteur, 197.
Beaufort (Eustache de), 107.
Beaugendre (D. Antoine), Bénédictin de St-Maur, 425.
Beaujeu (Anne de), 106.
Beaulieu (de), à Coly, 268.
Beaupoil de St-Aulaire (André-Daniel), évêque de Tulle, 252.
Beauvergier-Montgon (de), 193.
Beauvergier-Montgon (Catherine de), abbesse de Bonnesaigne, 111, 249.
Beauvergier-Montgon (Charlotte de), abbesse des Chases, 20, 27, 32.
Beauvergier-Montgon (Marie-Gilberte de), prieure de Vorey, 31, 194.
Bec (Dom), Cistercien, 239.
Bède (le Vénérable), 35, 353.
Béget (Marcellin de), doyen de la Cathédrale du Puy, 16, 40, 142.
Béget de Cublése (de), doyen de la Cathédrale du Puy, 142.
Béget du Cros (de), chanoine du Puy, 142, 206.
Begon (Michel), Intendant de la Rochelle, 335.
Beissier (Jacques), médecin de Louis XIV, 383.
Beissier (Jacques-Nicolas), abbé de Breuil-Herbaud, 383.
Bekker (Georges-Joseph), 336.
Belges (le chevalier de), 270.
Bellaigue (le P.), Minime, 169.
Bellair (Jean-Valbrune de), abbé de Chancelade, 304.
Bellan (D. Jean), Bénédictin de St-Maur, 378.
Bellecombe, apothicaire et ministre de l'H.-D. du Puy, 140.
Bellegarde (Octave de), archevêque de Sens, 244.

Bellidentis de Bains (Antoine de), 198.
Belmajour (D. François), Bénédictin de Cluny, 57, 58, 102.
Belzunce (H.-F.-X. de), évêque de Marseille, 211.
Bénédictines, 15, 17, 20, 24, 33, 36. 45, 46, 52, 56, 63, 65, 66, 102, 150, 152, 227, 303, 308, 310, 319, 340, 342, 347, 357.
Bénigne (St), évêque du Puy, 178, 187, 196, 219.
Benoît (D. Pierre), Bénédictin de St-Maur, 122.
Benoît (D. Jean), prieur de Cadouin, puis abbé de l'Etoile, 273, 412, 421.
Benoît (le P.), Chanoine-Régulier, 369.
Benoît (St), 13, 15, 60, 174.
Benoît de Chassignolles (D. Etienne de), Bénédictin de St-Maur, 138, 225, 226.
Benoît de Chassignolles (de), 226.
Béral ou Bérard (D. Claude), Bénédictin de St-Maur, 154, 156, 373, 450.
Béranger (Dom), Cistercien, 240.
Bérard (D. Pierre-Gilbert), Bénédictin de St-Maur, 123, 201, 222.
Bérard, prêtre à Meymac, 251.
Berbezit (de), 193.
Berbezit (de), religieuses à La Vaudieu, 166, 176.
Bergonhon (Gabriel), chanoine, syndic de St-Vosy, 168, 175, 176, 178, 179, 189, 221, 222, 419, 420.
Bergonhon (Gabriel), sieur de Rachas, 168.
Bergonhon (D. Hugues), Bénédictin de St-Maur, 306, 410, 420.
Bergonhon (Ignace), sescal, 207, 222, 413.
Bergonhon (le P.), Jésuite, 308.
Bergue (le P. Justin), Récollet, 330.
Bergue (le P. Thomas), 317.
Béringhen (François de), évêque du Puy, 326.
Béringhen (Jacques-Louis de), premier écuyer du Roi, 326.
Bernard, abbé de Nanteuil, 387.
Bernard, chanoine du Puy, 198, 207.
Bernard, curé du Brignon, 214.
Bernard, diacre, 73, 76, 79, 100.
Bernard (le P.), Récollet, 256.
Bernard (St), 257, 382, 386.
Bernardins, 195.
Bernardines, 110.
Bernot de Charant, à La Charité, 69, 101.
Bernouilli (Jacques), 336.
Berry (Charles de France, duc de), 366, 376.
Berry (Jean, duc de), 57, 125.
Berry (Marie de), 106.
Berry (le P. Denis), Frère de la Charité, 357.
Berthier (de), premier président du Parlement de Toulouse, 293.
Berthon, curé de Retournac, 30, 31, 178, 413.
Berthon (D. Pierre), Bénédictin de St-Maur, 134, 305.

Bertrand (l'abbé), prêtre de St-Sulpice, 293, 359. — *Voir* Lantenay (Ant. de).
Bertrand (le P.), Jésuite, 180, 213.
Bertrand de Doue, 184.
Beschereau (D. René), Bénédictin de St-Maur, 378.
Besly (Jean), historien du Poitou, 354, 442.
Besqueut, curé de St-Remi, 198.
Bessayre, 223.
Bessey (l'abbé de), vicaire-général de Poitiers, 349, 350.
Besvin, curé de la Chapelle-Bâton, 338.
Béthune (Armand de), évêque du Puy, 197, 215.
Beuvron (D. de), Bénédictin de Cluny, 69, 448.
Bibliothèque Nationale, Royale ou Impériale, 40, 42, 44, 184.
Bichet (Dom), 94.
Bidal (D. Benoît), Bénédictin de Cluny, 102.
Bienveigne, 58.
Bigot, vicaire-général de Bourges, 86.
Billot (D. Cyprien), Bénédictin de St-Maur, 65, 97.
Biron (le maréchal de), 281.
Biron (Marguerite-Bathilde de Gontaud-), 316.
Bissy (de), évêque de Meaux, 136.
Blacheyre (D. Pierre), Bénédictin de St-Maur, 139, 167.
Blanc (D. Joseph), Bénédictin de St-Maur, 123, 172, 449.
Blisson (Dom), Bénédictin, 96.
Blot (Hugues de), abbé de la Chaise-Dieu, 156.
Blot (de), religieuse à La Vaudieu, 166.
Blouin (Pierre-Armand), abbé d'Obazine, 255.
Bochart de Sarron de Champigny (François), évêque de Clermont, 41, 127, 182, 448.
Bodeau (Dom), Cistercien, 29.
Boesse, 33.
Bohier (Thomas), 35, 36.
Boileau, 90, 341.
Boissieux (de Frétat de), 14, 202.
Boissieux (Mmes de), religieuses Visitandines, 22.
Bolland, 272.
Bompré (D. Marc de), Bénédictin de Cluny, 106, 231.
Bonamy, secrétaire de l'Académie des Inscriptions et Belles-Lettres, 440.
Bonnefont (le P.), Jésuite, 133.
Bonnefont, médecin à Mauriac, 134, 240.
Bonnefoy (de), gentilhomme de Montluçon, 64.
Bonnefoy (le P.), Dominicain, 391.
Bonnelat (Mlle), 79.
Bonnet (Marie), 176.
Bonnet de La Chabanne (Jean-Antoine de), maire de Clermont, 44.
Bonnet (St), 8, 49, 51.

Bonneval (Pierre de), 437.
Bonsonge (le P.), 316.
Borelli, prêtre communaliste de Langogne, 213.
Borie (Claude), curé de Montmorin, 46, 47, 48, 147, 149, 170, 448.
Borne (Jean-Antoine d'Altier de), Mineur conventuel, 214, 421.
Bouchet (Jean), historien, 356, 371.
Boudet (Marcellin), 227.
Bougis (D. Simon), Bénédictin de St-Maur, 75, 80, 392.
Bouhier (Bénigne), président au Parlement de Dijon, 253.
Bouhier (Dom), Cistercien, 253, 255.
Bouhier (Jean), président au Parlement de Dijon, 253.
Bouhours (le P.), Jésuite, 276.
Bouillard (D. Jacques), Bénédictin de St-Maur, 352.
Bouillé (de), religieuse de La Vaudieu, 166.
Bouillé (François-Claude-Amour, marquis de), 18.
Bouillé (Louis, marquis de), 18.
Bouillé de St-Géron (Guillaume-Antoine de), 21.
Bouillon (Antoinette de La Mark), 182.
Boulogne (Godefroy de), seigneur de Montgascon, 158.
Boulogne (Guy, cardinal de), 157.
Bouloy (Dom), Cistercien, 94.
Bounoux (Marguerite de), 290.
Bouquet (D. Martin), Bénédictin de St-Maur, 385.
Bourbon (Archambaud de), 66.
Bourbon (Charles I de), 106.
Bourbon (Henry de), prince de Condé, 81.
Bourbon (Jean, bâtard de), 106.
Bourbon (Jean de), évêque du Puy, 31.
Bourbon (Jean I de), 106.
Bourbon (Jean II de), 106.
Bourbon (Louis II de), 106.
Bourbon (Louise de), 106.
Bourbon (Pierre II de), 106.
Bourbon (Suzanne de), 106.
Bourbon-Busset (Philippe de), 84.
Bourbon-Montpensier (Charles III de), dit le *Connétable de Bourbon*, 106.
Bourbon-Montpensier (François de), 106.
Bourdier (Dom) Bénédictin de Cluny, 70.
Bourdon, *voir* Le Gros.
Bourgeois, doyen de l'Académie de la Rochelle, 441.
Bourget (Thomas), prêtre de St-Sulpice, 232.
Bourgneuf (Dom), Bénédictin de St-Maur, 233.
Bourgnon (D. Florent) Bénédictin de St-Maur, 81, 411, 412, 413, 419, 449.
Bourgogne (Agnès de), 106.
Bourgogne (Mahault de), 158.
Bourlé (D. Jacques), Bénédictin de St-Maur, 414, 421.

Boursolles, prébendier, à Sarlat, 277.
Boutaud ou Boutot (D. Pierre), Bénédictin de St-Maur, 89, 366, 419. 420.
Bouville (l'abbé de), 333.
Boyer (Etienne), Commis-Novice, à Chanteuge, 223.
Boyer (Dom), Cistercien, 211.
Boyer (François), 9.
Boyer (Dom Jacques), Bénédictin de St-Maur, 5, 6, 8, 9, 10, 11, 13, 16, 19, 22, 55, 58, 59, 61, 71, 83, 95, 101, 113, 123, 126, 129, 130, 131, 140, 143, 147, 156, 161, 164, 169, 173, 181, 194, 196, 205, 215, 222, 228, 258, 266, 268, 277, 297, 298, 300, 310, 318, 352, 357, 359, 360, 372, 373, 402, 404, 407, 408, 409, 410, 422, 424, 425, 426, 427, 429, 430, 431, 433, 434, 435, 436, 437, 438, 439, 440, 442, 448.
Boyer (Jean), curé de St-Arcons, 20, 128, 166, 198, 221.
Boyer (D. Melchior), Bénédictin de St-Maur, 328, 329, 338.
Boyer (Pierre), père de D. Boyer, 5.
Boyetet (D. Robert), Cistercien, 92.
Boyron, 150.
Brachet (D. Benoît), Bénédictin de St-Maur, 335.
Braconac (Marguerite), 132.
Bragelongne ou Bragelogne (Bernard-Christophe de), doyen de Brioude, 160.
Bragelongne ou Bragelogne (Christophe-François de), 160.
Bragelongne ou Bragelogne (Nicolas de), doyen de Brioude, 21, 160.
Branche (Antoine), 21, 23, 220.
Branche (Blaise), bailli de La Vaudieu, 23.
Branche (Dominique), 175.
Branche (Jacques), prieur-mage de Pébrac, 6, 17, 19, 23, 31, 37, 54, 58, 59, 61, 62, 64, 65, 66, 78, 198, 199, 202, 221, 236, 243, 450.
Braud (l'abbé Stanislas), 364.
Brands (D. des), Bénédictin de Cluny, 70.
Bréas (D. Jean-Louis), Cistercien, 210, 211.
Bressoles (D. de), Bénédictin de Cluny, 105.
Bretagne (Pierre de Braine, duc de), 381.
Breuil (du), aumônier de l'évêque d'Angoulême, 310, 311, 410.
Brial (D. Michel-Jean-Joseph), Bénédictin de St-Maur, 171.
Briges (de Beaumont de), 193.
Brigide d'Ecosse (Ste), 99.
Bringier (l'abbé), 199.
Bringier de Limaigne, 18.
Brionne (Henry de Lorraine, comte de), 201.
Briquet (Apollin), 354.
Broë (François), jurisconsulte, 85.
Brognier (D. Martin), Cistercien, 370, 415.
Broquin, prêtre de St-Sulpice, 73.
Brossard (Martial-Ludovic de), vicaire-général de Tulle, 77.
Broussard (Dom), religieux de Dalon, 269.

Bruel (Alexandre), 169.
Brun (Dom), Cistercien, 242, 254.
Bruneau de Rabadalière, *voir* Pompadour (Charlotte Hélie de) et Merville.
Brunet, juge de Quincay, 349.
Brunet, vicaire de Rueyres, 257.
Brunier (D. Jean), Bénédictin de St-Maur, 39, 46, 48, 51, 421, 447.
Brunier (D. Léonard), Bénédictin de St-Maur, 386, 412, 421, 451.
Brunswick (Erich II de), 441.
Brunswick (Othon IV de), 440, 441, 442.
Buck (le P. de), Jésuite, 352, 353.
Buisson (Catherine), 229.
Buisson (D. Etienne), Bénédictin de St-Maur, 156, 229, 241, 431, 433, 450.
Buisson (D. Guy), Bénédictin de St-Maur, 13, 25, 71, 76, 99, 420.
Buisson (Pierre), 229.
Buisson (Catherine-Heudebert du), 312.
Bulle Unigenitus, 12.
Bulteau (Louis), Commis-Clerc de la Congrégation de St-Maur, 424.
Burel (Jean), chroniqueur du Puy, 184.
Butigny (de), chanoine de Luçon, 373.
Buvat, 55.

C

Caillou (le P.), professeur à l'Université de Montauban, 297.
Calixte II, pape, 388.
Calminius ou Carmery (St), 58, 433.
Camaldules, 29, 382.
Cambefort (de), chanoine d'Aurillac, 129, 130.
Cambefort (Jean de), 129, 130.
Cambefort (Paul Douradous de), seigneur de Tourtoulou, 129, 130, 131, 149, 181, 197, 240, 413, 417.
Cambefort (Paul-Joseph Dourados de), curé de Bonne-Nouvelle, 131, 415.
Cami d'Aymare (André de), abbé de la Nouvelle, 289.
Cami d'Aymare (Jean-Pierre de), 289.
Camps (François de), abbé de St-Marcel, 291.
Camus (D. Joseph-Sicaire), Bénédictin de St-Maur, 294, 451.
Camyet, *voir* Cranyer.
Canillac, *voir* Montboissier.
Caprais (St), 58, 263.
Capucins, 47, 49, 52, 59, 60, 83, 139, 165, 199, 213, 228, 238, 281, 282, 323, 325, 330, 332, 342, 348, 351, 352, 361, 365, 380, 382, 405.
Carmantrand (D. Antoine), Bénédictin de St-Maur, 201, 226.
Carmélites, 65, 104, 355.
Carmery (St), *voir* Calminius (St).

Carmes, 50, 53, 54, 55, 86, 129, 141, 195, 379, 384.
Carmes-Déchaussés, 42, 44, 46, 54, 104, 111, 293, 331.
Carrière (le P.), Cordelier, 126, 127, 129.
Casini (le cardinal François-Marie), 281, 282.
Cassière (D. Etienne), Bénédictin de St-Maur, 54, 122.
Cassy (St), 54.
Catherinot (Nicolas), 85.
Caumartin (Lefèvre de), abbé de Busay, 382.
Cauroy (D. Charles du), Bénédictin de Cluny, 316, 332.
Cavelier ou Cavilier (D. Louis), Bénédictin de St-Maur, 89, 90, 139, 147, 172, 195, 322, 323, 398, 416, 449.
Caylus (Ch.-Dan.-Gab. de Pestel de Lévis de Tubières de), évêque d'Auxerre, 128.
Célestins, 59.
Celetz (Hélène de), abbesse de Mercoire, 212.
Celetz, (Melchior de), 212.
Celetz (l'abbé de), grand-vicaire de Montpellier, 213.
Cellières (Antoine de), curé de St-Didier-la-Seauve, 176.
Césarée (le P.), Récollet, 258.
Chabannes (Aurée de), 83.
Chabannes (Christophe de), 237.
Chabannes (Elisabeth de), abbesse de La Vassin, 237.
Chabannes (Françoise de), abbesse de La Vassin, 237.
Chabannes-Curton (de), 237.
Chabannes (le P. de), sacristain du Monastier-St-Chaffre, 208.
Chabau (l'abbé), 244.
Chabenat (D. Ignace-François), Bénédictin de St-Maur, 101.
Chabot, curé de St-Cirgues, 35.
Chabot (Guy), seigneur de Jarnac, 321.
Chabot (Guy-Charles), abbé de Jarnac, 315, 322.
Chabot (Guy-Henry), 322.
Chabot (Louis), comte de Jarnac, 315.
Chabron (Georges de), subdélégué, 178, 189, 220, 223.
Chabron (le P. Joseph), Cordelier, 20, 214.
Chabrut (D. Amable), Bénédictin de St-Maur, 189.
Chaleu (Agnès), 106.
Chalvet (Jean), prêtre de St-Flour, 247.
Chalvon (le P.), Capucin, 59.
Chambellan (D. Jean), Cistercien, 82, 83.
Chambesfort (Françoise), aïeule paternelle de D. Boyer, 5.
Chambeuil (le P. de), Jésuite, 245.
Chambon (du), chanoine de St-Flour, 126.
Chambon (Pernelle du), 158.
Chambonas (de La Garde de), évêque de Viviers, 209.
Chamillard (le P. Etienne), Jésuite, 72.
Chamilly (Noël-Bouton, marquis de), 335.
Champclos (D. Antoine), Bénédictin de St-Maur, 132.
Champey (Mme de), religieuse de la Seauve, 30.

Champflour (Etienne de), évêque de la Rochelle, 51, 350, 364.
Champflour (J.-B. de), évêque de Mirepoix, 51.
Chanac (André de), abbé de la Chaise-Dieu, 121.
Chandorat (Jean de), évêque du Puy, 223.
Chanoines-Réguliers de la Congrégation de France, 14, 17, 63, 66, 68, 85, 108, 109, 137, 143, 194, 217, 268, 309, 310, 311, 339, 349, 351, 358, 368, 375, 384, 386, 391.
Chanoines-Réguliers de la Congrégation de Chancelade, 271, 298, 299, 302, 304, 359, 360.
Chantoiseau (le P. François), Chanoine-Régulier, 143, 165, 217, 250.
Chapon (Dom), Bénédictin, 208.
Chappellet (D. Jacques), Bénédictin de St-Maur, 340, 356, 357, 395, 451.
Chaplard, 139.
Chardon (D. Charles), Bénédictin de St-Vannes, 180.
Charité (Frères de la), 43, 318, 349, 357.
Charlemagne, 37, 233, 234, 266.
Charles VI, roi de France, 398.
Charles IX, 182, 441.
Charles-Borromée (St), 325, 336, 394.
Charles-le-Chauve, 353.
Charles-Martel, 260.
Charpin de Génetines (Antoine de), évêque de Limoges, 77.
Charrier (D. Joseph), Bénédictin de St-Maur, 36, 159, 447.
Chartreux, 195, 289, 290, 296, 297, 300, 311.
Chassaing (D. Antoine), Bénédictin de St-Maur, 36, 137, 447.
Chassaing (Augustin), 180, 184, 186, 191, 373.
Chassaing, bailli de Ravel, 230.
Chassaing (D. Jean-Gilbert), Bénédictin de St-Maur, 230, 231, 450.
Chaste (François de Clermont, sieur de), 183.
Chasteigner de St-Georges (Mme), 417, 422.
Chastel (le P.), Cordelier, 214.
Chastel, curé de St-Maurice-de-Roche, 31.
Chastelain (Claude), auteur du Martyrologe Universel, 423.
Chastenet (le P. Léonard), Chanoine-Régulier, 299.
Chasterin, curé d'Espirat, 48.
Chastillon (Alix de), 230.
Chastillon (François de), 385.
Chastillon (Françoise-Marie de), abbesse de Bonneval, 385.
Châteaubodeau (Marie de), 133.
Chateaubriant (Gabriel de), 368.
Châtelus (D. Toussaint), Bénédictin de Cluny, 68, 70, 151, 152, 434.
Chaulnes (Claude de), conseiller au Parlement de Grenoble, 272, 278.
Chaulnes (Paul de), évêque de Sarlat, 272.

Chaumejan (Mlle de), 64.
Chaumel (le P.), Chanoine-Régulier, 369.
Chaumel ou Chomel (le P. Antoine), Jésuite, 276, 281, 302, 411.
Chaussecourte (Blaise de), 182.
Chaussecourte (Françoise de), abbesse de Ste-Claire de Clermont, 182.
Chaussendier (D. Claude), Bénédictin de St-Maur, 340, 342, 356, 412, 413, 416, 419, 420.
Chauvigny (de), 193.
Chauvigny de Blot (Guyonne-Angélique de), 252.
Chavagnac (de), 193.
Chaviale, juge à Mauriac, 135.
Chavin de Malan, 430.
Chazal (D. François), Bénédictin de St-Maur, 386.
Chazaud (A.), 448.
Cheminais de Montaigu (le P. Timoléon), Jésuite, 326.
Chenu (Jean), de Bourges, 2.
Chéry (le P. du), Minime, 48, 51.
Chesne (le P. Ambroise du), Chanoine-Régulier, 17, 67, 105, 137, 151, 391, 421.
Chesne (François du), abbé de Mauléon, 384.
Chesne (D. Guillaume-Léopold du), Bénédictin de Cluny, 58, 109.
Chevalier, chanoine d'Artonne, 224.
Chevalier, chanoine de Retournac, 31.
Chevalier, chanoine de St-Genès de Clermont, 111.
Chevalier, chanoine de St-Pierre de Clermont, 54.
Chevalier (Antoine), chanoine de St-Amable de Riom, 58.
Chevan, à Lamongie, 33.
Chevreau, savant Loudunois, 6.
Chevrier (le P.), Cordelier, 214.
Chièvres (de), chanoine de Saintes, 346.
Chillac (D. Raimond), Chartreux, 289, 300, 301, 311.
Chillac (Jean), notaire au Puy, 183.
Chissay de La Marcousse (Marguerite de), 272.
Cholvy (Dom), Bénédictin, 213, 222.
Chomel, chanoine du Puy, 205, 206.
Chotard (le P.), Chanoine-Régulier, 311.
Claris, conseiller à la Cour des Aides de Clermont, 232.
Clary (le P.), Chanoine-Régulier, 304.
Clary (le P. Marc), abbé de Chancelade, 304, 388.
Claude de France (la reine), 319, 320.
Clave (Barthelmy), 228.
Clave (Claude), 229.
Clave (Jean), chanoine de St-Genès de Thiers, 228, 229.
Clave (D. Jean), Bénédictin de St-Maur, 229.
Claveau (D. Germain), Bénédictin de St-Maur, 154.
Clavyer (le P. Louis-François de), Jésuite, 91.
Clémencet (D. Charles), Bénédictin de St-Maur, 171, 173, 395.

Clémenson, prévôt de la maréchaussée à Niort, 357, 415.
Clément (le P. Antoine), religieux Augustin, 307, 311, 410.
Clément (D. François), Bénédictin de St-Maur, 441.
Clément (D. Jean), Bénédictin de St-Maur, 37, 412, 416, 420, 421, 447.
Clément V, pape, 398.
Clément VI (Pierre Rogier), pape, 9, 35, 59, 157, 251, 432.
Clément X, pape, 154, 188.
Clément XI, pape, 11, 127, 155, 173, 174, 182, 188, 216, 370.
Clément (Pierre), évêque de Périgueux, 303.
Clément de Thiers (le P.), Capucin, 229.
Clément (St), 49.
Clermont-Seyssac (de), 259.
Cloud (St), 267.
Coatquen (le P.), religieux Augustin, 342, 348, 364, 365.
Cocheris, 440.
Cœurderoy, légiste à Bourges, 72.
Cohade (le P. Etienne), Dominicain, 42, 43, 52, 231.
Cohendy (Michel), 169.
Coignet, vicaire-général de Périgueux, 306, 307, 388, 411, 412, 418, 419.
Colardeau (D. Charles), Bénédictin de St-Maur, 152, 153.
Colbert de Croissy (de), évêque de Montpellier, 213.
Colin, chanoine de St-Paulien, 220, 307.
Collanche (le P. Nicolas), Chanoine-Régulier, 102, 104.
Collanges (Claire de), 24, 26.
Colomb (D. Léonard), Bénédictin de St-Maur, 138.
Colomban (St), 9.
Colombines (d'Aurelle de), 193.
Colombines (Mme de), 21, 51.
Combes (D. François), Bénédictin de St-Maur, 134, 240.
Combes (François de), abbé de St-Genès de Clermont, 42, 49, 52, 54, 55, 138, 139, 149, 153, 170, 224, 422.
Combes (de), prêtre de l'Oratoire, 224.
Comborn (Jacques de), évêque de Clermont, 282.
Comborn (Pierre de), évêque d'Evreux, 282.
Comboursier (Louis de), 230.
Comboursier (Marie de), 123, 229.
Combres (Marie de), 212.
Commire (le P.), Jésuite, 276.
Comte-Mambrun (Marie), 229.
Comynihan (D. J.-B. de), Bénédictin de St-Maur, 294.
Condé (princesse de), 182.
Condres (de), prieure de Mercoire, 212.
Conrade (D. Charles de), Bénédictin de St-Maur, 70, 76, 80, 81, 96, 101, 109, 124, 149, 280, 285, 301, 410.
Conrade (Mme), 65.
Conros (Henri de), 130.

Conros (Mme de), abbesse du Buix, 130.
Constance, comtesse de Bretagne, 380.
Constans (St), 261.
Constant (D. Jean), Bénédictin de St-Maur, 421.
Constant (D. Pierre), Bénédictin de St-Maur, 43, 54, 63, 64, 421, 447.
Constantin (D. Jean-François), Bénédictin de Cluny, 37, 44.
Constantin de Gannat (le P.), Capucin, 100, 238.
Conti (princesse de), 182.
Cordeliers, 28, 41, 42, 53, 55, 56, 65, 66, 108, 111, 129, 134, 142, 156, 157, 195, 214, 260, 317, 323, 330, 352, 357, 377, 391.
Cordier (D. Pierre), Bénédictin de St-Maur, 415, 422.
Cordier (le P.), Chanoine-Régulier, 108.
Cornu (Dom), Cistercien, 365.
Corrard (D. Jacques), prieur de Dalon, 269.
Costaros (de), 214.
Coste (Hilarion de), 258.
Costes de La Calprenède (Catherine de), 272.
Cotteré (Dom), Cistercien, 29.
Couderc (Anna), épouse d'Antoine Branche, 220.
Couderc (Gabrielle), aïeule maternelle de D. Boyer, 6, 140.
Courderc (Jacques), 5.
Couderc (Jacques-Ignace), à Allègre, 220.
Couderc, à Brive, 255.
Coulombet (Jean-Jacques), imprimeur à Sarlat, 278.
Courcier (Pierre), chanoine de Paris, 365.
Courcier (Dom), Cistercien, 365.
Court, vicaire-général de Clermont, 42, 50, 56.
Courtenay (de), 367.
Courteville (de), peintre, 129.
Coybo (de), professeur au collège de Lisieux, à Paris, 357, 415.
Coybo (les dames de), religieuses Bénédictines, 357.
Cranyer, orfèvre à Paris, 175.
Creil (le P. de), Chanoine-Régulier, 143.
Créquy (Louise de), 158.
Créquy (Marie-Claire de), 322.
Crespat (le P. Annet de), Jésuite, 40, 55, 296.
Crespat (D. Jacques de), Bénédictin de St-Maur, 63, 133, 236, 237, 241.
Crespe (Marguerite), 176.
Crohé (du), 56, 149.
Crohé (le P. du), Cordelier, 64.
Croizé de Fontorbe, 333.
Croizet, hôte à Angoulême, 308.
Croizet (Suzanne du), 18.
Croizier (D. Joseph), Bénédictin de St-Maur, 100, 136, 170, 421.
Croizier (D. Martial), Bénédictin de St-Maur, 95, 98, 150, 153, 449.
Crouzet (Barthelmy), 143.

Crouzet (Mme), religieuse Visitandine au Puy, 113, 139, 410, 414, 420.
Crozat, chanoine de St-Flour, 126.
Croze (Charles de), 22, 408.
Cumignat ou Cumignac (du Crozet de), 14, 23, 25, 124.
Cumont de La Dieudye, chanoine de Sarlat, 286, 287.
Cussac (Hugues de), abbé de St-Allyre, 154, 155, 156, 431, 434.
Cusse (Dalmace de), abbé de la Chaise-Dieu, 222.
Cusson (D. Jacques), Bénédictin de St-Maur, 329, 412, 419.
Cusson (Marie), 229.
Cuvilly (D. Louis de), Bénédictin de St-Maur, 61.
Cyprien de Cusset (le P.), Capucin, 229.

D

Daizac (Dom), Cistercien, 211.
Dalème (D. Jean), Bénédictin de St-Maur, 319, 330, 451.
Dalème (D. Pierre), Bénédictin de St-Maur, 132, 449.
Dalème (le P.), Carme-Déchaussé, 331.
Dalvy (Jean), imprimeur à Tulle, 274.
Damas (le P.), 59.
Dangoran ou Dangouran, orfèvre, 232, 233.
Danroque (le P. Paul), Récollet, 277.
Dantier (Alphonse), 430.
Dantine (D. Maur), Bénédictin de St-Maur, 385.
Danty, chanoine du Puy, 139.
Darche, curé d'Altillac, 259.
Daret (D. Jean), Bénédictin de St-Maur, 435.
Dat, chantre de Montauban, 276, 278, 279, 291, 296, 306, 410.
Daubenton (le P. Guillaume), Jésuite, 280.
Daubiat, *voir* Baubiat.
Daubin, avocat à Vierzon, 94.
Daubin (Dom), Cistercien, 93, 94.
Daulne (D. Jean), Bénédictin de St-Maur, 36, 37, 39, 54, 110, 113, 346, 415, 419.
Daumont (Dom), Cistercien, 94.
Dauphin (le grand), fils de Louis XIV, 71, 72, 78, 98, 239, 366.
Dauphin (le), duc de Bourgogne, 179, 185, 201, 215, 246, 223.
Dauphin (le), duc de Bretagne, 185.
Dauphine (la), Marie-Adélaïde de Savoie, 179, 185, 201.
Dauphine (Anne), femme de Louis II de Bourbon, 106.
Dauphine (Marguerite), 158.
David (Dom), Cistercien, 38, 157.
David, curé de St-Rambert, 28.
David, juge d'Obazine, 255.
David (D. Léonard), Bénédictin de St-Maur, 340, 451.
David (Mme), 262.
David (le P.), Chanoine-Régulier, 357.

David (le P.), Jacobin, 55, 56.
Davrigny, 216.
Déage (D. Claude), Feuillant, 110.
Delfau (D. François), Bénédictin de St-Maur, 220.
Delisle (Léopold), 42, 44, 184, 409, 451.
Delmas (D. Louis), Bénédictin de St-Maur, 43, 52, 54, 55, 72, 77, 221, 422.
Delmas (le P.), 292.
Deloche (Maximin), 132.
Delort (D. Bruno), Chartreux, 300.
Delotz (Antoine), 229.
Delotz (Jacques), 229.
Demoiselles de l'Instruction, 5, 141.
Denis Aréopagiste (St), 87.
Denis (St), évêque de Paris, 87.
Denys (D. Pierre), Bénédictin de Cluny, 70.
Deschamps (D. Etienne), Bénédictin de St-Maur, 378, 380.
Desmolets (le P.), prêtre de l'Oratoire, 8, 126, 131, 408, 448.
Dezalleux (D. Gérard), Bénédictin de St-Maur, 49.
Dezauteux, prêtre de St-Sulpice, 44.
Dobert (le P. Antoine), Minime, 336.
Doé (D. Nicolas), Bénédictin de St-Maur, 279.
Dolet (D. Louis), Bénédictin de Cluny, 68, 102, 103, 111, 138, 151.
Domèze (de), 193.
Dominicains, 18, 42, 46, 52, 55, 56, 105, 124, 200, 203, 213, 214, 221, 299, 310, 316, 318, 322, 323, 329, 330, 349, 359, 363, 364, 365, 367.
Dominicy (Marc-Antoine), 298.
Dominique (Frère), Carme-Déchaussé, 291.
Donadieu (D. Hugues), Bénédictin de Cluny, 152.
Donjan (D. Claude), Bénédictin de St-Maur, 111, 153.
Dorat (D. Jean), Bénédictin de St-Maur, 100.
Dordé (D. Pierre), Bénédictin de St-Maur, 417.
Douai (D. François), Bénédictin de St-Maur, 244.
Douhet (D. Jacques), Bénédictin de St-Maur, 74, 79, 100, 199, 419.
Doux-Saint (le P. Gilbert), Récollet, 132.
Dubois (D. Antoine), Bénédictin de St-Maur, 36, 53, 105.
Dubois (D. Etienne), Bénédictin de Cluny, 151, 152, 217.
Dubois (Jean), fondeur de cloches, 155.
Dubois (le cardinal), 386.
Dubois (le P.), Chanoine-Régulier, 67, 72, 102, 167, 201.
Dubosc (Dom), Bénédictin, 93.
Dubreuil, curé d'Allègre, 221.
Ducher (D. Pierre), Bénédictin de St-Maur, 42, 108.
Dufau (D. Pierre), 417.
Dugone (Mme), religieuse à Langeac, 100.
Dujarric-Descombes (A.), 270.
Dulac (D. Michel), Bénédictin de St-Maur, 240, 450.

Dulac (Dom), Cistercien, 240.
Dulaurier (Edouard), 295.
Dumas (le P. Claude), Jésuite, 39, 40, 43, 68.
Dumas (Dom), Cistercien, 253.
Dunoir, au Monastier, 208.
Dupin, curé de l'H.-D. du Puy, 140.
Dupont (D. Joseph), Chartreux, 298, 410.
Dupont (veuve), hôtesse au Puy, 139.
Dupuy, à Veyrines-sous-Celles, 339.
Dupuy, chanoine de Luçon, 393.
Dupuy, confiseur à Sarlat, 268, 271, 280.
Dupuy de La Grand-Rive, 169.
Dupuy-Lagarde (le P.), Jésuite, 46.
Dupuy (Louis), secrétaire de l'Académie des Inscriptions et Belles-Lettres, 441.
Durand (D. Ursin), Bénédictin de St-Maur, 10, 252, 385, 442.
Durand, notaire, à St-Jean-d'Angely, 361.
Duret (D. Edmond-J.-B.), Bénédictin de St-Maur, 105.
Duval de Fontenay-Mareuil (Marie-Franç.-Angél.), 70.

E

Ebles de Poitiers, évêque de Limoges, 398.
Echard (le P. Jacques), Dominicain, 359.
Egon (le comte), 96.
Eléonore de Guyenne, 397.
Elie de Saint Benoît (le P.), Feuillant, 243.
Enjobert, chanoine de la Cathédrale de Clermont, 43.
Enjobert de Martillat (Robert), chanoine d'Ennezat, 226.
Epagnon (D. Barthelmy), Bénédictin de St-Maur, 366, 372, 412, 419.
Ermites de St-Jean-Baptiste, 30.
Escot (le P.), Minime, 48.
Esparbès de Lussan (François d'), 328.
Esparbès de Lussan (Jean d'), 327.
Esparbès de Lussan (Jean-Paul d'), 327.
Espinasse (Jean-Martial), curé de St-Mexant, 252.
Estaing (Anne d'), épouse de Jean de Pons, 24.
Estaing (Charles-François d'), 125.
Estaing (le Bienheureux François d'), évêque de Rodez, 208.
Estaing (Françoise d'), religieuse Visitandine, 22, 123, 124.
Estaing (Gaspard d'), 208.
Estaing (Gaspard d'), marquis du Terrail et de Ravel, 35, 125, 229.
Estaing (Jean-Joachim d'), 123. 229.
Estaing (Joachim d'), évêque de St-Flour, 35, 123, 124, 126, 174.
Estaing (Louis d'), évêque de Clermont, 43, 243.
Estancheau (D. Pierre d'), Bénédictin de St-Maur, 319, 410.

Estancheau (Mme d'), religieuse de St-Ausone, 411, 418.
Estarac (d'), prébendier à Montauban, 292.
Estève, serviteur à Obazine, 254.
Estiennot de La Serre (D. Claude), Bénédictin de St-Maur, 14, 74, 130, 208.
Etienne (St), fondateur d'Obazine, 253, 254.
Eu (le comte d'), 302.
Eubibie (Ste), 157.
Eutrope (St), 308.
Evrard (D. Louis), Bénédictin de Cluny, 70, 102.
Exbrayat (D. Claude-François), Bénédictin de St-Maur, 201, 450.
Exempts (Bénédictins de la Congrégation des), 327, 333, 334.
Eyrolles (D. J.-B.), Bénédictin de St-Maur, 38, 111, 447.
Ezéchiel, 279.

F

Fabre (Dom), Général de la Congrégation des Exempts, 327.
Fabry (D. Benoît), Bénédictin de Cluny, 65, 66, 150, 151, 152.
Fage (René), 253.
Fagon (Guy-Crescent), médecin, 276.
Farne (D. Hyacinthe), Bénédictin de St-Maur, 280, 372, 450.
Farrot (Dom), Bénédictin de Cluny, 58.
Faudoas (de Seguenville de), grand-vicaire de Montauban, 295, 312.
Faure, baile de St-Genès de Clermont, 42, 52, 54.
Faure (D. Etienne), Bénédictin, 174.
Faure (le P.), professeur à l'Université de Montauban, 297.
Fauste (Ste), 82.
Fauveau (Christophle), chanoine de Poitiers, 395.
Favard, à St-Cirgues, 35.
Favera (Dom), Cistercien, 365.
Fayard (le P.), Cordelier, 99.
Faydit (l'abbé), 39, 58.
Fayole, sous-diacre, parent de D. J. Boyer, 138, 414, 422.
Féligonde (de), chanoine de la Cathédrale de Clermont, 46, 49, 51, 110, 111, 154.
Félix (Anna), tante maternelle de D. J. Boyer, 113.
Félix (Catherine), tante maternelle de D. J. Boyer, 5, 6.
Félix (Jean), aïeul de D. J. Boyer, 140.
Félix (Louise), mère de D. J. Boyer, 5, 6, 113.
Félix (Ysabeau), tante maternelle de D. J. Boyer, 140.
Fermier, Fermère ou Fraigne (St), 260, 261.
Ferret (D. François), Bénédictin de St-Maur, 414.
Fénelon, *voir* Salignac.
Ferrier (D. Henri), Bénédictin de Cluny, 56, 57, 58.
Feuillants, 110, 356, 373, 375.
Figuier, chanoine de Montauban, 295, 417.

Figuier, chanoine honoraire de Montauban, 295.
Figuier (E. G.), prébendier de la Cathédrale de Montauban, 295, 313.
Filles de la Croix, 124.
Filles de N.-D., 20, 213, 214, 241, 273, 277, 286, 287, 302.
Fillol (le P.), Cordelier, 291, 296.
Flandres (Marie de), 157.
Fléchier, évêque de Nimes, 110, 393.
Fleur ou Flore (Ste), 258.
Fleury, 272.
Fleury (Mme), hôtesse à Blaye, 323.
Fleury (le P.), Chanoine-Régulier, 311, 330.
Floquet (Mme du), 110.
Florence (St), 261.
Florèse (le P.), Récollet, 28.
Flotte (Guillaume), chancelier de France, 230.
Flotte (Jean), abbé de St-Médard de Soissons, 230.
Flotte (Pierre), chancelier de France, 230.
Fodéré (le P.) historien, 53, 55, 66.
Foie ou Foy (Ste), 263.
Fondary (Dom), prieur de St-Léonard-de-Chaumes, 363.
Fondbon (le P. Maurice de), Minime, 83, 311, 312.
Fontaine (Marguerite), mère de J. Branche, 23.
Fontanges (Angélique de Scorailles, duchesse de), 128.
Fontenay (le P. Pierre-Claude de), Jésuite, 103.
Fonteneau (D. Léonard), Bénédictin de St-Maur, 441.
Fonteneil, curé de St-Sozy, 301.
Fontnoble (Dom), Bénédictin de Cluny, 70, 102.
Forestier (D. François), Bénédictin de St-Maur, 432.
Forges (le P. des), Cordelier, 391.
Forget (Dom), Bénédictin de Cluny, 57.
Foucault (Dom), Bénédictin, 96.
Fouilhac, docteur en droit, à Cahors, 289, 290, 297, 301.
Fouilhac de Mordesson (Raimond), vicaire-général de Cahors, 290, 298, 450.
Foulon (Dom), Cistercien, 365.
Foulques, abbé de Bonnevaux, 389.
Fournet (D. Dominique), Cistercien, 253, 260.
Fournier-Latouraille, 19, 34, 160.
Fovyn (D. Gabriel), Bénédictin de Cluny, 37, 56, 136.
Fraisse ou Fraix (Jérôme de), seigneur d'Espalion, 31.
Fraisse (l'abbé H.), curé de Monistrol, 274.
Fraisse (Jean du), chanoine de la Cathédrale de Clermont, 45, 51, 71.
Franchis (le P. François de), Jésuite, 336.
François I, 174, 319, 369.
François II, duc de Bretagne, 379.
François (Barthelmy), peintre, 196, 219.

François (Guy), peintre, 196.
François (Jean), peintre, 196.
François de Paule (St), 83.
François de Sales (St), 124, 142.
Fréhel (Pascal), curé de N.-D. du Port, à Clermont, 41, 42, 51, 111.
Freslon (le comte de), 270.
Fricaud (D. Jean), Bénédictin de Cluny, 106, 110, 111, 150, 152, 157, 217, 414. 433.
Friou (Dom), Bénédictin de Cluny, 316.
Fromenton (Catherine), 236.
Front (St), évêque de Périgueux, 87, 141.
Fuilha (D. Louis), Bénédictin de St-Maur, 294.
Fulgence d'Angoulême (le P.), Capucin, 361.

G

Gabriel du Puy (le P.), Capucin, 238.
Gagnereau, curé de St-Marcel, près Le Puy, 142.
Gaignac (Jeanne de), 129.
Gaignon (D. François), Bénédictin de St-Maur, 148, 149, 433.
Galambrun (Louis), 169.
Galand (Dom), Cistercien, 209.
Galant (Mme), 46.
Galavel, médecin au Puy, 177.
Galien (Claude), prêtre, à St-Paulien, 220.
Galien (Dom), Cistercien, 227.
Gallia Christiana, 1, 5, 8, 11, 15, 82, 113, 119, 121, 139, 172, 186, 187, 219, 252, 269, 272, 341, 343, 387, 388, 389, 393, 396, 397, 398, 404, 436, 439, 440, 441.
Gamaches (D. Michel de), Bénédictin de St-Maur, 233.
Gamon, prêtre de St-Sulpice, 408.
Gand (le P. Jacques de), Chanoine-Régulier, 392.
Gand (Dom), Cistercien, 351.
Gandilhon (Dom), Cistercien, 237, 238.
Gandouard, chanoine de Luçon, 366.
Garabige (le P. Policarpe), Récollet, 271, 277.
Garaniol (de), au Monastier, 208.
Garat (le P.), Chanoine-Régulier, 304.
Garat (le P. Jean), abbé de Chancelade, 304, 388.
Gardon (Dom), Bénédictin de la Chaise-Dieu, 175.
Garneteau (Joseph), prêtre, à Saintes, 318.
Garnier (le P.), Chanoine-Régulier, 108.
Garnier, prêtre, au Puy, 207, 287.
Gaschier ou Gascher, chanoine de la Cathédrale de Clermont, 51, 52, 53, 54, 55, 56, 71, 76, 90, 111, 154, 202.
Gassot (le P. Jean), Jésuite, 72, 79.
Gassot (D. Vincent), Bénédictin de St-Maur, 73, 76, 78.
Gaudence (St), 249, 436.

Gaussin (Pierre), abbé de Puyferrand, 84.
Gauthier, chanoine de la Ferté-Imbaut, 94.
Gauthier (F.), convers de l'abbaye du Monastier, 207.
Gautier de Bruges, évêque de Poitiers, 403.
Gaye, maire d'Egletons, 251.
Gayte (D. Antoine), Bénédictin de St-Maur, 38, 39.
Gélase II, pape, 389.
Gélase (St), pape, 8.
Gendre, prêtre, au Puy, 207.
Génébrard, archevêque d'Aix, 56, 153.
Génébrard (Pierre), 153.
Générosus (St), 423.
Genestet (Arcons), 179.
Genestet (Claude), chanoine et prévôt du Puy, 142, 176.
Genestet (Madeleine), 168.
Genestet de Seneujols, 176, 201.
Genoul ou Genulphe (St), 103, 280.
Genoux (D. Simon), Bénédictin de St-Maur, 14.
Geoffroy, abbé de Fontdouce, 398.
Geoffroy, évêque de Chartres, 388.
Geoffroy de Loroux, abbé de Fontaine-le-Comte, 388.
George (Ste), 54.
Georgelin (le P. Louis), Jésuite, 102.
Georges (St), évêque du Puy, 8, 87, 141, 186, 187, 200, 207.
Georges de St-Paulien (le P.), Capucin, 213.
Géranton (D. Louis de), Bénédictin de Cluny, 69, 71, 75, 78.
Gérard ou Girard II, évêque d'Angoulême, 118, 386.
Gérard (Gaston de), 272.
Gérard-Latour (Antoine de), 272.
Gérard-Latour (Armand de), chanoine de Sarlat, 272.
Gérard-Latour (Claude de), 272.
Gérard-Latour (François de), 272.
Géraud II ou Girard, abbé de Montier-Neuf, 397.
Géraud d'Aurillac (St), 130, 275.
Géraud de Sales (le Bienheureux), 356.
Gérentes, prêtre, au Puy, 207.
Gérentes (D. Joachim), Bénédictin de St-Maur, 243, 260, 279, 410, 413, 418.
Germain (D. Innocent), Chartreux, 298.
Gesvrier (le P.), Chanoine-Régulier, 339.
Gèvres (duc de), 70.
Gèvres (François-Joach.-Bern.-Potier, duc de), 341.
Gèvres (Léon Potier de), archevêque de Bourges, 70, 77, 78, 100, 130.
Geyman (le P.), Dominicain, 214.
Gibert, curé de Beauregard, 230.
Giffart (P. François), graveur, 435.
Gilbert (St), 64.

Gillet (D. Pierre), Bénédictin de St-Maur, 96, 449.
Gillot (Jean), chanoine de Reims, 435.
Ginisty, chanoine de Montauban, 291, 296.
Girard (Antoine), évêque de Poitiers, 54.
Girard (Joseph), imprimeur à Mende, 408.
Girard (Pierre), imprimeur à Mende, 408
Girard de La Bournat (Louis), abbé d'Ardorel, 54, 55, 56, 109, 110, 111.
Girardeau, hôte, à la Rochelle, 363.
Girardin (Pierre-Nicolas), chanoine et grand-vicaire du Puy, 189, 192, 193, 196.
Girardin de Fontenoys (D. Jean-François), Bénédictin de St-Maur, 32, 111, 137, 148, 167, 170, 181, 185, 197, 199, 201, 221, 223, 231, 234, 250, 280, 282, 307, 312, 322, 410, 411, 413, 420, 421.
Giraud, de Niort, 358.
Giraud, prieur de St-Cyr, à Issoudun, 98.
Gissey (le P. Odo de), Jésuite, 168, 187, 258, 266, 285.
Glavenas (l'abbé Polaillon de), 226.
Godefroy (Guillaume VI), comte de Poitiers, 396.
Godefroy (le P.), Chanoine-Régulier, 108, 177.
Godel (D. Jacques), prieur de Moreilles, 365.
Godon (St), 37, 148.
Goderan, évêque de Saintes, 389.
Gohet ou Goy (Antoine), chanoine et doyen de St-Vosy, 187, 200.
Gondon ou Gondulfe (St), *voir* Genoul (St).
Gondrin (Louis-Henri de), archevêque de Sens, 244.
Gonin de Lurieu (le P.), Camaldule, 28.
Gonod (Benoît), 424, 439.
Gontran, roi de Bourgogne, 271.
Gottereau (D. Rorice), Bénédictin de St-Maur, 243.
Gouge de Charpaigne (Martin), 50.
Goujet (l'abbé), 215.
Gourgues (le vicomte de), 274.
Goy, *voir* Gohet.
Goyon (D. Jean), Bénédictin de St-Maur, 42, 101, 447.
Grandchamps (D. J.-B.), Bénédictin de St-Maur, 101.
Grangier (Dom), Cistercien, 148, 168, 227.
Gransaigne (D. François de), Bénédictin de St-Maur, 321, 334, 419.
Grasset (le comte de), 257.
Grazon (le P.), Minime, 93.
Grazon, syndic de St-Cyr, à Issoudun, 98.
Grégoire XI, pape, 32, 35, 119.
Grégoire XIV, pape, 394.
Grégoire de Tours, 160, 224.
Greil (Louis), 260, 290.
Grellet (Catherine), 220.
Grellet de La Deyte (Emmanuel), 220.
Grenier (Marie de), 268.

Grezel (de), 277.
Grezel (le P. de), Jésuite, 277, 296.
Grezolles (Jeanne de), abbesse de la Seauve-Bénite, 30.
Griffon de La Richardière (Maurice), 333, 411.
Grimaud (D. Louis), Bénédictin de St-Maur, 372, 451.
Grimauld (Antoine), vicaire de St-Michel de Bordeaux, 324.
Gros, *voir* Le Gros.
Grosjean (Dom), Chartreux, 301.
Guénon (le P.), Chanoine-Régulier, 309.
Guéri (de), 100.
Guérin, président de l'Election d'Issoire, 112.
Guérin (D. Benoît, *alias* François), Bénédictin de St-Maur, 382, 451.
Guérin (D. Joachim), Bénédictin de St-Maur, 74, 83, 157, 159, 167, 448.
Guérin (St), 62.
Guerrier (D. Jean), Bénédictin de St-Maur, 410, 418.
Guibert (D. Louis), Cistercien, 85.
Guichenon (le P.), Dominicain, 124.
Guilhomin (D. Louis), Bénédictin de St-Maur, 15, 131, 256.
Guilhon (D. Jean), Bénédictin de St-Maur, 250, 412, 413, 415, 419.
Guilhon (l'abbé Adolphe), 298.
Guillaume, abbé de St-Martin d'Autun, 105.
Guillaume II, archevêque de Bordeaux, 398.
Guillaume III, évêque d'Angoulême, 398.
Guillaume, évêque de Poitiers, 389.
Guillaume V, comte de Clermont, 42.
Guillaume VIII, duc d'Aquitaine, 386, 397.
Guillaume le Grand, duc d'Aquitaine, 50.
Guillaume (St), archevêque de Bourges, 78.
Guillaume (St), évêque de Poitiers, 355.
Guilleau (D. Jacques), Bénédictin de Cluny, 105.
Guillemot (Antoine), 228, 229.
Guillet (le P.), Dominicain, 316, 365.
Guillet, prêtre de Lyon, 140.
Guillon, *voir* Guilhon.
Guillot (D. Ignace), Chartreux, 289, 296, 301, 306, 311, 417.
Guillot (F. Placide), Bénédictin, 73.
Guillot (le P.), Minime, 89, 98.
Guillot, vicaire-général de Bourges, 78.
Guimbard, hôte à St-Flour, 123.
Guinais (le P. Simon), Cordelier, 391.
Guiolet (de), 193.
Guirbaldy (D. Pierre), Bénédictin de St-Maur, 293, 294.
Guitard (Dom), Cistercien, 211.
Guy, abbé de Tourtoirac, 388.
Guyton (François), prêtre de St-Sulpice, 141, 416.

H

Hagenmeyer, 274, 452.
Halteau (Guillaume), prieur des Fontenelles, 369.
Harcourt (Abraham-Louis d'), abbé de Menat, 62.
Haudart (D. Jacques), Bénédictin de St-Maur, 80.
Hauréau (Barthelmy), membre de l'Institut, 14, 452.
Hauteville (Pierre d'), abbé de Montier-Neuf, 343, 348, 352.
Hébert (Dom), Cistercien, 362, 365.
Hébert (François), évêque d'Agen, 245.
Hébert (le P.), Chanoine-Régulier, 165, 217.
Hélène (Ste), 371.
Henri II, roi d'Angleterre, 267.
Henri IV, roi de France, 281, 375.
Henri VI, roi d'Angleterre, 397.
Henschenius, 272.
Herculan (St), 248.
Hercules (D. Charles), Chartreux, 289.
Héré (D. Léon d'), Bénédictin de St-Maur, 71, 77, 101.
Hérissant (D. Louis), Bénédictin de St-Maur, 102.
Herman, évêque de Nevers, 103.
Hermentaire (St), évêque du Puy, 178, 187.
Heulhard (D. J.-B.), Bénédictin de St-Maur, 53, 108, 109, 150.
Heulhard (D. Placide), Bénédictin de St-Maur, 414.
Heulhard, Frère de la Charité, 357.
Heulhard (Mme), 64.
Hilaire (St), évêque de Poitiers, 186, 187, 189, 200, 388.
Hilarion, Agaton et Piamon (SS.), 260.
Hodin (D. Félix), Bénédictin de St-Maur, 385.
Holstenius (Luc), 181.
Homme de Vauge (l'), 22.
Honoré III, pape, 119.
Honoré (Madeleine-Françoise), 385.
Honoré du Chambon (le P.), Capucin, 199.
Hospitalières (Religieuses), 91, 96, 97, 102, 232.
Houzé, 440.
Hubert (D. Jacques), Bénédictin de St-Maur, 375.
Hugues X de Lusignan, 397.
Hugues, évêque d'Angoulême, 387.
Hugues (St), 104.
Hugon, curé de St-Georges d'Aurat, 21.
Humbert, évêque du Puy, 143.

I

Icterius ou Itier, comte d'Auvergne, 233.
Ignace de Loyola (St), 144.

Ilpise (St), 160.
Imberdis (D. François), Bénédictin de St-Maur. 286.
Ingold (le P.), prêtre de l'Oratoire, 367.
Innocent IV, pape, 314.
Innocent X, pape, 188.
Innocent XI, pape, 188.
Irail, chanoine du Puy, 142.
Irailh (l'abbé), 424.
Irailh, chanoine de Bourges, 72, 73, 74, 76, 77, 78, 79, 80, 81.
Irailte (le P.), Jésuite, 46.
Isabelle d'Angoulême, reine d'Angleterre, 397.
Isard de Villefort (D. Charles d'), Bénédictin de St-Maur, 80, 414, 421, 449.

J

Jacobins, *voir* Dominicains.
Jacopin (le P.), Cordelier, 53, 135.
Jacotin (Antoine), 178.
Jacquet, doyen de St-Pierre d'Aurillac, 130.
Jadart (Henri), 435.
Jalasset (D. de), Cistercien, 209.
Jaloustre (Elie), 237, 409.
Jansénisme, 10, 73, 90, 126, 215, 341, 343, 349, 364, 367.
Jarnac, *voir* Chabot.
Jaubert de Rassiols (Marguerite de), 289.
Jauffret (l'abbé), 216.
Jaupitre (Dom), Cistercien, 94.
Jean (Dom de), Cistercien, 292.
Jean XXII, pape, 290, 296, 398.
Jean Gualbert (St), 100.
Jean-sans-Terre, 397, 440, 441.
Jeanne de France (Ste), 72.
Jérôme (le P.), Feuillant, 346.
Jérôme (St), 184, 352, 353.
Jésuites, 40, 43, 46, 47, 55, 72, 73, 133, 134, 170, 173, 174, 198, 215, 240, 252, 262, 276, 277, 280, 281, 282, 294, 296, 317, 318, 323, 331, 335, 336, 343, 349, 355, 364, 366, 369, 395.
Jolivet (D. Gabriel), Cistercien, 159, 227.
Jollain, graveur, 189.
Joly (D. Michel), Bénédictin de St-Maur, 110, 111.
Joly de Fleury, avocat général au Parlement de Paris, 216.
Jolys (Dom), Bénédictin de St-Maur, 323.
Joseph I, empereur d'Allemagne, 72.
Joseph (le P.), Carme, 129.
Joseph de Beyssac (le P.), Capucin, 60.
Joubert (D. Jean-Jacques), Bénédictin de St-Maur, 122, 167, 172, 176, 195, 366, 372, 449.

Jouin (St), 423.
Jourda (D. Benoît), Bénédictin de St-Maur, 33, 37, 96, 97, 123, 137, 167, 172, 195, 197, 221, 223, 224, 231, 232, 278, 349, 410, 411, 412, 413, 414, 415, 416, 420.
Jouve, curé de St-Georges, à St-Paulien, 220.
Jouvelin (D. Jacques), Bénédictin de St-Maur, 341.
Jubilé de N.-D. du Puy, 146, 170, 172, 183, 185, 186, 187, 189, 190, 191, 192, 193, 194, 195, 196.
Judicaël (St), 423.
Juëry, prêtre, à St-Flour, 126.
Juliac (Dom de), Cistercien, 291.
Julien, chantre de la Cathédrale de Clermont, 41, 42.
Julien (St), martyr à Brioude, 160.
Julienne (le P.), Minime, 311.
Jully (de), receveur des tailles à Sarlat, 278.
Jumeau (D. Altin), Bénédictin de St-Maur, 376.
Jumillac (Mme de), religieuse de Leyme, 258.
Jurie (Charles), 140.
Jurie (le P.), Minime, 45.

K

Keally (D. Jean-Bernard), prieur de la Grâce-Dieu, 362, 414.

L

La Barde (Louise de Vassal de), abbesse du Bugue, 302.
La Barge (Guy de), Bénédictin, 174.
La Barrière (D. Nicolas de), Cistercien, 239, 240.
Labbe (le P. Philippe), Jésuite, 93, 95, 272.
La Bénazie (Bernard de), 404.
Labiche (D. Joseph), Bénédictin de St-Maur, 41.
Laborange (Mme de), religieuse à la Séauve, 30, 52, 56, 110.
La Borde (Fr.), 401.
La Borderie (Arthur de), 80.
La Bourgade (D. François Sabatier), Bénédictin de St-Maur, 417.
La Bournat (de), *voir* Girard.
La Bro (Patri de), vicaire-général de Limoges, 77.
La Brousse de Bosfranc (le P.), Chanoine-Régulier, 360.
La Brunetière (Guillaume de), évêque de Saintes, 317.
La Brunetière (Henri du Plessis Gesté de), 318.
La Brunetière (Jacques du Plessis Gesté de), abbé de Vaux, 317, 318, 330, 359, 410, 411, 412, 418, 419.
Lacarrière, curé d'Issendolus, 258.
La Chaise d'Aix (Antoinette), abbesse de St-Menou, 66.
La Chaise d'Aix (François), 66.
La Chaise d'Aix (Geneviève), abbesse de Cusset, 60.
La Chaise d'Aix (Jacques), 60.

La Chaise (de), juge de Martel, 260.
Lachaize ou La Chaise (le P.), Jésuite, 125.
Lachapelle, médecin à Souillac, 278.
La Chassaigne (D. Gabriel), Bénédictin de St-Maur, 412, 414.
La Chastagneraye de Ste-Foy (Germain Clignet de), abbé du Moûtier de Thiers, 47, 228.
La Chastaigneraye, *voir* Vivonne.
Lachaud (D. Joseph), Bénédictin de St-Maur, 38.
La Chaussée (D. Gilbert de), Bénédictin de St-Maur, 100, 449.
La Chauvinière (de), célèbre liturgiste, 438, 439.
Lachaux (Anne), 229.
La Chétardie (Charlotte Trotti de), abbesse de Ste-Claire, 182.
La Chétardie (Joachim Trotti de), prêtre de St-Sulpice, 182, 392.
La Clède (le P.), prêtre de l'Oratoire, 110.
La Codre (D. Gabriel de), Bénédictin de St-Maur, 103.
La Codre (D. Jacques de), Bénédictin de St-Maur, 88, 139, 144, 175, 449.
La Colombe (Dom de), Cistercien, 248, 253, 254.
Lacombe, à Mauriac, 133.
La Corbinière (de), 370.
La Coste (D. Louis), Bénédictin de St-Maur, 79, 96, 449.
La Coste, consul du Puy, 207.
Lacoste, médecin à Mauriac, 171.
La Coudre (le P. Raimond de), Chanoine-Régulier, 17.
La Cour (D. Jacques), Bénédictin de St-Maur, 71, 76, 89.
La Faye (de), prévôt de Sarlat, 300.
Lafayette (de), 33, 193.
Lafayette (l'abbé de), prieur de Goudet, 208.
Lafont de St-Michel, 421.
Lafosse (de), 225.
La Fosse (D. Jacques), Bénédictin de St-Maur, 416.
La Frenaye, 277.
La Galissonnière (de), lieutenant général des armées du Roi, 332.
La Garde (Léonard de), 268.
La Gardette, aumônier de l'évêque de Clermont, 45.
La Girardière, maître d'hôtel de l'évêque de St-Flour, 124.
La Grange (François-Noël de), abbé de la Garde-Dieu, 291.
La Grange (Marie de), 182.
La Grève, médecin à Poitiers, 343.
Lagrevol (Dom), sous-prieur de Chamalières, 31.
La Haye (le P. de), Chanoine-Régulier, 20, 139.
La Haye, maire des Sables, 380.
La Hoguette (Hardouin Fortin de), archevêque de Sens, 359, 360.
La Hoguette (Philippe de), 359.
Laire (Claude de), chanoine de la Cathédrale de Clermont, 76, 77.
Laire (Michel de), conseiller à la cour des Aides de Clermont, 76.
Laire (le P. de), Jésuite, 232.
La Jaunie (Pierre de), chanoine de Saintes, 316, 389, 410, 411, 415, 416, 421.

La Lande (de), chanoine de Luçon, 373.
La Loge (D. Antoine), Bénédictin de Cluny, 68, 70.
La Loubcyre (Ignace de), doyen de Mauriac, 134, 135, 136.
La Luzerne (Gabriel de Briqueville de), 290.
La Luzerne (Henri de Briqueville de), évêque de Cahors, 290, 298.
La Marthonie (de), 307.
La Marthonie (Geoffroy de), évêque d'Amiens, 307.
Lambertie (le P.), Jésuite, 324.
La Melve (de), 288.
Lamothe, bourgeois de Langeac, 128.
La Mothe (le P.), Minime, 169.
La Mothe (de), religieuse à La Vaudieu, 166.
La Mothe (le P. Julien), Chanoine-Régulier, 311, 330, 410, 411, 415, 417, 422.
Lamy (D. Jean), Bénédictin de St-Maur, 40, 41, 49, 50, 53, 54, 55, 56, 63, 77, 90, 100, 138, 139, 144, 167, 170, 173, 199, 201, 225, 231, 301, 347, 356, 366, 387, 394, 412, 419, 420, 421, 447.
Lancelot (D. Claude), Bénédictin, 354.
Landrieu (D. Louis), Bénédictin de St-Maur, 40.
Langeac (Antoine-Claude-Gilbert-Allyre, marquis de), 135, 195, 236, 237.
Langeac (Claude-Allyre, abbé de), 125, 135, 153, 236.
Langeac (François de), seigneur de Bonnebaud, 450.
Langeac de Dalet (de), 193.
Langeron (Charles Andraud de Maulevrier-), abbé de Mégemont, 265, 450.
Langlois (Claude-Pascal), prieur de St-Nicolas de Poitiers, 350, 396.
Langlois (le P. J.-B.), Jésuite, 277.
Lannoy (le P. de), religieux Augustin, 307.
Lantages (de), prêtre de St-Sulpice, 231.
Lantenay (Ant. de), 323, 364, 449; *voir* Bertrand (l'abbé).
Lantillac, curé de Rueyres, 257.
Lantillac (Marie-Françoise de), 45, 55.
La Porte (le cardinal Raynaud de), 250.
La Poype de Vertrieu (Jean-Claude de), évêque de Poitiers, 346.
La Rabastelière, *voir* Pompadour (Charlotte-Hélie de).
La Richardie (Mme de), abbesse de Bonlieu, 227.
La Roche (de), chanoine de la Cathédrale de Clermont, 49, 50, 55, 110, 154.
Laroche (le P.), Chanoine-Régulier, 143.
La Roche Aymon (Claude de), évêque du Puy, 16, 76, 77, 148, 150, 185, 188, 190, 191, 192, 193, 205, 206, 286.
La Rochebeaucourt (Catherine de), 315.
La Roche de Guimp (Front de), chanoine de Saintes, 318, 346, 389, 410, 418, 419, 420.
La Roche du Ronzet (Françoise de), 46, 52, 110.

La Rochefoucaud (Charlotte de), 230.
La Rochefoucaud (Emmanuel de), doyen de St-Gal, 18, 78.
La Rochefoucaud-Gondras (le marquis de), 20, 193, 221.
La Rochefoucaud-Langeac (le marquis de), 18, 193.
La Rochefoucaud de Montendre (de), 322.
La Rochefoucaud-Rochebaron (de), 193.
La Rocheguion (de), 372, 383.
La Roque-Sévérac (de), 21, 193.
La Royère (Diane de), 269.
Lascombe (Adrien), 167, 266, 409.
La Seive, hôte, à Neuvic, 246.
La Serre, supérieur du séminaire de Périgueux, 303.
Lasherme, prêtre, au Puy, 207, 231.
La Sudrie (le P.), Jésuite, 281.
La Tanerie (Dom), Bénédictin de Cluny, 105.
La Tour (Guy de), évêque de Clermont, 439, 440.
La Trémoille (Jacques de), 83.
La Trémoille (de), 384.
La Trémoille (Louise de), 158.
Laubine (Dom), Cistercien, 242.
Laudin (D. Nicolas), Bénédictin de St-Maur, 381.
Laudin, émailleurs, à Limoges, 147, 189.
Laugier (D. Claude), Bénédictin de St-Maur, 312, 410, 411, 412, 418, 420, 451.
Launay (de), à Saintes, 411.
Laurent (l'abbé), 140, 142.
Laurent (F), cellérier de Septfonds, 107.
Laurent (D. Pierre), Bénédictin de St-Maur, 42, 43, 50, 110, 111, 153, 154, 167, 236, 422.
Laurent du Brueil (D. Martial du), Bénédictin de St-Maur, 246, 450.
Laurie (D. Jacques), Bénédictin de St-Maur, 132, 149.
Laussac, chanoine de St-Vosy, 167, 175, 179, 198, 199, 207, 216, 220, 222, 410.
Lauzun (Charlotte de Caumont-), abbesse de N.-D. de Saintes, 316.
Laval (Jean), curé de Pauliac, 259.
Laval (D. Placide de), Bénédictin de Cluny, 37, 137.
Laval (Dom), Cistercien, 210.
Laval (la marquise de), 264.
Lavaur (de), 265.
Lavers (de), vicaire de St-Etienne-de-Lugdarès, 212.
La Vialle (Michelle de), religieuse à La Vaudrieu, 22, 166.
La Vie (D. Charles-Armand de), Bénédictin de St-Maur, 293, 385, 410, 420.
Laville (de), 46, 50.
Laye (le P.), Dominicain, 124.
Lazaristes, 361.

Lazenier, juge de La Vaudieu, 165.
Lebeuf (Jean), chanoine d'Auxerre, 408, 437, 438, 439, 448.
Le Blanc (Paul), 5, 6, 17, 113, 197, 409.
Le Blanc (Dom), Cistercien, 212, 213, 223.
Le Blanc (Maurice), notaire, au Puy, 183.
Le Blanc (Pierre), grand-chantre de Cahors, 313.
Le Boistel, prêtre de l'Oratoire, 349.
Le Bren (D. Jean), Bénédictin de St-Maur, 267, 279, 281, 288, 301.
Le Brun (Dom), Cistercien, 306, 307.
Le Cerf de La Viéville (D. Jean-Philippe), Bénédictin de St-Maur, 385, 447, 448.
Le Clerc (Laurent-Josse), prêtre de St-Sulpice, 359.
Le Clerc (le P.), Chanoine-Régulier, 351, 412.
Le Doux, à Quincay, 349.
Le Duc (D. Elie-Placide), Bénédictin de St-Maur, 448.
Lefèvre (Dom), Bénédictin, 61.
Le Fèvre (D. Alexandre), Bénédictin de St-Maur, 417.
Le Fèvre (D. Noël), Cistercien, 239.
Le Fèvre, prêtre de St-Sulpice, 141.
Lefranc de Pompignan, évêque du Puy, 191.
Legal (Dom), Cistercien, 209.
Léger, archevêque de Bourges, 86.
Léger (le P.), Jésuite, 127.
Léger (St), évêque d'Autun, 250.
Léger (St), 62.
Legier (Dom), Chartreux, 298.
Le Gros de Bourdon (Etienne), 231.
Le Gros, sieur des Clastres, 231.
Le Jay (Charles), maître des requêtes, 297.
Le Jay (Henri-Guillaume), évêque de Montauban, 297.
Le Large, 110.
Lelong (le P.), prêtre de l'Oratoire, 258.
Le Maître, aumônier de M. d'Armagnac, abbé de la Chaise-Dieu, 124, 138, 225.
Le Noir (Dom), Cistercien, 240.
Léon IX, pape, 119.
Lepape (D. René-Jean), Bénédictin de St-Maur, 382.
Le Pileur (Henri-Augustin), évêque de Saintes, 312.
Le Pileur (Jean), seigneur de Grandbonne, 312.
Le Roux (le P.), Chanoine-Régulier, 109.
Le Roy (l'abbé), conseiller au Parlement, 104.
Lescot (le P. Onésime), Récollet, 271.
Lescure (François de), chanoine de Luçon, 367.
Lescure (Jean-Franç. de Valderie de), évêque de Luçon, 350, 366, 367.
Lescure (le P. Joseph), Carme, 53, 129, 149.
Lestang (le P.), Minime, 83.
L'Estoile (de), abbé de Blanzac, 311, 415, 421.

Lestrat (Gabrielle de), 297.
Le Tellier, *voir* Tellier.
Le Tourneux (Nicolas), chanoine de la Ste-Chapelle de Paris, 238.
Levet (le P.), Jésuite, 132, 259.
Lévis (François de), 402.
Lévis-Ventadour (Anne de), archevêque de Bourges, 248.
L'Hostallerie (D. Charles Petey de), Bénédictin de St-Maur, 80, 412.
L'huilier (D. Gabriel), Bénédictin de St-Maur, 79, 89, 91, 94, 97, 105, 136, 151.
Libra (D. Jean de), Chartreux, 299.
Lignerac de La Châtre (Mme de), 197.
Ligondès (D. Jacques de), Cistercien, 29.
Limandre (de), 178, 189.
Limin (St), 59, 424.
Linars (D. Philibert Delsvain de), Bénédictin de St-Maur, 366, 372.
Linax (le P. de), Chanoine-Régulier, 57.
Liron (D. Jean), Bénédictin de St-Maur, 310, 311.
Littré, 440.
Livrade (Ste), 293.
Lobineau (D. Guy-Alexis), Bénédictin de St-Maur, 380, 402.
Longison (St), 225.
Longnon, 352.
Longueval (Henri de La Garde de), abbé de St-Amand de Coli, 268.
Longueville (de), 386.
Lonvert (D. Georges-André), Bénédictin de St-Maur, 246.
Loo (D. Arnoul de), Bénédictin de St-Maur, 75, 80, 81, 89, 330, 410.
Loriquet (Charles), 447.
Loude, curé de Ste-Marie des Chases, 199.
Louis-le-Débonnaire, 37.
Louis VII, 105, 397.
Louis XII, 319.
Louis XIII, 81.
Louis XIV, 154, 155, 182, 216, 239.
Louis XV, 38.
Louis (St), roi de France, 119, 120, 122.
Loume, proviseur du collége des Bernardins, à Toulouse, 294.
Louvel (D. Georges), Bénédictin de St-Maur, 80, 377.
Loz (D. Magloire), Bénédictin de St-Maur, 97, 344, 418, 421.
Luc (le P.), Cordelier, 277.
Luc (Frère), Camaldule, 28.
Luce II, pape, 398.
Lucot (l'abbé), 231, 408.
Lugeac (Mme de), religieuse à La Vaudieu, 166.
Lusignan (Hugues de), 397.

Lyotard (Louis), à Thuret, 59.
Lyotard (D. Jacques), Chartreux, 325.
Lyotard (D. Robert), Bénédictin de St-Maur, 321, 322, 338, 358, 412, 413, 415, 416, 419, 421.
Lyotard (D. Thomas), Chartreux, 325.

M

Mabillon (D. Jean), Bénédictin de St-Maur, 6, 13, 15, 117, 130, 220, 272, 295, 354, 367, 422, 424, 425, 426, 427, 428, 429, 430, 443, 446.
Macé (D. J.-B.), Bénédictin de St-Maur, 71, 72, 79, 101, 448.
Macheco (Palamède de), 21.
Machecoul (Béatrice de), 369.
Madot (François), évêque de Belley, 73, 74, 79.
Madot (Pierre), vicaire-général de Belley, 74, 78, 79.
Maïeul, Mayeul ou Mayol (St), 7, 41, 66, 106, 148, 151, 161, 189, 233.
Maignan (le P. Emmanuel), Minime, 331.
Maigreau, curé de Vierzon, 91.
Maguelonne (le P.), Dominicain, 213.
Mailly (de), archevêque de Reims, 96.
Maine (le duc du), 302.
Maintenon (Mme de), 182.
Mairoal (St), 423.
Maisonneuve (de), 331.
Majour (Guillaume), chanoine de la Cathédrale de Clermont, 39, 40, 58.
Malavergne (D. Joseph), Bénédictin de St-Maur, 28, 249.
Malet, chanoine de St-Flour, 124.
Malet ou Mallet (D. Amable), Bénédictin de St-Maur, 134, 135, 144, 149, 170, 242, 348, 421.
Malet ou Mallet (Dom), Cistercien, 148, 159.
Malézieu (Nicolas de), évêque de Lavaur, 365.
Mallay, 58.
Maloët ou Malouet, chanoine de Chamalières, 43, 56, 167, 233, 415.
Maloët ou Malouet (D. Pierre), Bénédictin de St-Maur, 43, 136, 138, 236, 411, 413, 415, 420.
Maltoises (Religieuses), 257, 258, 260.
Malvergne (D. Jean), Bénédictin de St-Maur, 386.
Malvesin (D. Bruno de), Chartreux, 299.
Mancini (Hortense), 340.
Maran (D. Prudent), Bénédictin de St-Maur, 385.
Marc (St), 356.
Marcellanges (d'Arson de), 61.
Marcellanges (Mme de), religieuse à La Vaudieu, 166.
Marcillac (de), chevalier de Malte, 63.

Marcland, curé de Gannat, 61, 150.
Marcland (D. Achille-Robert), Bénédictin de St-Maur, 61, 75, 80, 81, 415.
Marcland (D. Antoine-Gabriel), Bénédictin de St-Maur, 61, 416.
Marcland (Joseph), curé de Cognat, 60.
Marcland (D. Maur, *alias* Ponce), Bénédictin de St-Maur, 61, 76, 80, 156.
Marcland (D. Vincent), Bénédictin de St-Maur, 41, 329, 413, 416, 420, 421, 447.
Marcland (Mme), 181.
Marcombes (D. Etienne), Bénédictin de St-Maur, 329, 336, 337, 359, 412, 415, 416, 418, 419, 420.
Maréchal (Joseph, *alias* François), curé de Vichy, 59.
Mareschal (D. Eutrope), Bénédictin de St-Maur, 421.
Mareschaux (Franç.-Angél. de), abbesse de St-Laurent de Bourges, 74, 75.
Maret (D. Hélie), Cistercien, 289.
Marguerite de la Séauve (Ste), 30.
Marie, chorier, au Puy, 176.
Marle (le P. de), Chanoine-Régulier, 67.
Marphorio, 282.
Martel (Anne-Marie), fondatrice des Demoiselles de l'Instruction, 5.
Martel, avocat au Puy, 185, 189.
Martène (D. Edmond), Bénédictin de St-Maur, 7, 10, 103, 118, 161, 200, 252, 290, 327, 339, 354, 412, 440, 442.
Marthe et Saule (Stes), 87.
Martial (St), évêque de Limoges, 325.
Martialot (D. François), Bénédictin de St-Maur, 79, 89, 91, 96.
Martianay (D. Jean), Bénédictin de St-Maur, 352.
Martillac (le P.), Jésuite, 46.
Martin (Catherine), religieuse à Leyme, 258.
Martin, chanoine de St-Paulien, 27, 179, 220.
Martin (D. Martial), Bénédictin de St-Maur, 81, 84, 96, 97, 449.
Martin (l'abbé), chapelain de Ste-Geneviève, 299.
Martin (le P.), Dominicain, 395.
Martin (St), 59, 62, 174.
Martin de Vertou (St), 423.
Mary (Dom), abbé de Cadouin, 363.
Mary (St), 58, 243.
Mas (D. Louis), Bénédictin de St-Maur, 295, 451.
Mascrani (Marie-Magdeleine-Emilie), 341.
Massillon, évêque de Clermont, 448.
Massiot (D. Léonard de), Bénédictin de St-Maur, 76.
Masson (le P.), Chanoine-Régulier, 339.
Masson (le P.), Cordelier, 156.
Masson (le P.), Minime, 231.
Massoulie (le chevalier), 413.

Massuet (D. René), Bénédictin de St-Maur, 7, 15, 20, 71, 72, 81, 89, 96, 97, 101, 103, 109, 117, 118, 155, 168, 180, 198, 201, 250, 285, 393, 396, 407, 408, 412, 413, 415, 416, 417, 425, 434, 436, 442, 446.
Mastra (Artaud de), 118.
Matha (Mme de), religieuse à Marsat, 57.
Matha (de Lamer de), évêque d'Aire, 56, 57.
Matharan (le P.), Jésuite, 141.
Matharel (D. Louis), Bénédictin de Cluny, 65, 151, 152.
Mathieu (le P.), Capucin, 228.
Mathilde, sœur de Richard-Cœur-de-Lion, 440.
Mathou (D. Hugues), Bénédictin de St-Maur, 244.
Maunier, supérieur du Séminaire de Poitiers, 349, 350.
Maupas du Tour (de), évêque du Puy, 141.
Maupin (D. François), Bénédictin de Cluny, 101.
Mauzac, avocat du Puy, 176, 201.
Mauzac, chanoine du Puy, 207.
Mayaud, chanoine de Poitiers, 396.
Mazarin (Armand-Charles de La Porte, duc de), 340.
Mazel (Mme du), prieure de Coiroux, 254.
Médicis (Etienne), chroniqueur du Puy, 180, 186, 191.
Médicis (Marie de), 96.
Médulphe (St), *voir* Mion (St).
Mège (D. Antoine-Joseph), Bénédictin de St-Maur, 446.
Mégrigny (Nicolas de), prieur de Souvigny, 151.
Mélier (Charles), doyen de Cébazat, 225.
Melon (Mme de), religieuse à Leyme, 258.
Même (St), 103.
Ménard (D. Hervé), Bénédictin de St-Maur, 384, 385.
Ménelé (St), 61, 62.
Mercier (Catherine), 57.
Mercier (le P.), Capucin, 165.
Mérignac (de), 332.
Mérite, à Moulins, 65.
Merle (le capitaine), 36.
Merlet (Lucien), 310.
Merole (le P.), Jésuite, 241, 242.
Merville (Bruneau de La Rabatellière, marquise de), 270.
Mesplez (Dominique des Claux de), évêque de Lescar, 317.
Mesplez (le P. Jacques), Jésuite, 317, 328, 359.
Messac ou Meyssat (D. Charles de), Bénédictin de St-Maur, 263, 264.
Messac (de), à Saintes, 359.
Mestadier, avocat du Roi, à St-Jean-d'Angely, 329, 413.
Métayer (D. Pierre), Bénédictin de St-Maur, 343, 345, 346, 391, 392, 414, 416, 421, 451.
Métayer (le P.), Minime, 199, 201.
Métivier du Doux, 131.

Meyran, chanoine de la Cathédrale de Clermont, 53, 54, 55, 110, 111.
Michel (St), 371.
Michel, supérieur du Séminaire de Tulle, 77.
Michelet, légiste, à Bourges, 72, 76.
Michelet (D. François), Bénédictin de St-Maur, 38, 50, 347.
Michelet (D. Pierre), Bénédictin de St-Maur, 40, 101, 111, 149.
Micolon, religieux du Moûtier de Thiers, 47, 228.
Mignat (D. Joseph), visiteur de la province de Toulouse, 323, 411.
Mignot (le P.), Chanoine-Régulier, 99, 103, 311.
Mignot, procureur, à Moulins, 65.
Millet (le P.), Chanoine-Régulier, 165.
Minimes, 34, 45, 48, 67, 83, 98, 99, 169, 195, 200, 230, 231, 232, 242, 311, 327, 328, 331, 336.
Mion ou Myon (St), 62.
Mirlavaud (Michelle), 238.
Modeste (le P.), Carme-Déchaussé, 252.
Moisant (Pierre), prévôt de St-Genès de Thiers, 229.
Molanus, 352.
Molin ou Moulin, syndic de l'Université de St-Mayol, 181, 202, 203, 206, 207, 217, 221, 222, 231, 233, 280.
Molina, 395.
Moncorier, hôte, à Ussel, 135.
Monmaur (D. Aymard), Bénédictin de St-Maur, 340, 347, 348.
Monnet, inspecteur des Mines, 165.
Montagu de Beaune de Bouzols (Joseph), 21.
Montagu de La Serre (Catherine), 328.
Montanhac (Dom), Cistercien, 209, 221, 223.
Montanier (Madeleine de), 135.
Montboissier-Beaufort-Canillac (de), 23, 33, 35, 193.
Montboissier-Canillac (Mlles), 21, 33.
Montboissier-Canillac (Mme de), religieuse à La Vaudieu, 166.
Montchanin (D. Claude de), Bénédictin de Cluny, 101, 102, 223.
Montchanin (le P. Jérôme de), Chanoine-Régulier, 19, 39, 50, 72.
Monteil (Adhémar de), évêque du Puy, 274.
Montespan (Mme de), 106.
Montet (Hilaire), chanoine de Monistrol, 30, 71, 146, 172, 181.
Montet (Hilaire), chanoine du Puy, 77, 111, 137, 138, 139, 140, 142, 146, 147, 167, 168, 170, 171, 175, 177, 180, 183, 189, 198, 200, 203, 216, 222, 231, 250, 262, 286, 287, 300, 410, 412, 413, 414, 415, 416, 419, 420, 421.
Montfaucon (D. Bernard de), Bénédictin de St-Maur, 7, 156, 200, 431, 434.
Montfaucon (D. Louis de), Bénédictin, 370.
Montmège (Jean de Reillac de), 270.
Montmège (Jean de Reillac de), abbé de Terrasson, 270.
Montmorency (Anne de), 35.
Montmorency (Charlotte de), 182.

Montmorency (Henri de), 35, 182.
Montmorency (Henri II de), 65.
Montrevel (Guillaume de), prévôt de l'église du Puy, 118.
Montrevel (Nicolas-Auguste de La Baume, marquis de), 324.
Montrouge (M. de), évêque de St-Flour, 127.
Moraillon (D. Jean), Bénédictin de Cluny, 70.
Morange, chanoine de St-Pierre de Clermont, 110.
Morangiès (Mme de), abbesse de Mercoire, 212.
Moreau (D. Jacques), Bénédictin de St-Maur, 250.
Morgues de St-Germain (Colette de), 96.
Morgues de St-Germain (Mathieu de), 96.
Morgues de St-Germain (Sylvestre de), 96.
Moricet (le P.), Jésuite, 366.
Morin, à Langeac, 20.
Morin (le P.), Cordelier, 28.
Morin (le P.), prêtre de l'Oratoire, 181.
Mosnier (Henry), 165.
Moulinier (D. Pierre), Bénédictin de St-Maur, 246.
Mouret, chanoine de Tulle, 251.
Mourié (Valentin), 81.
Moysant (D. J.), Bénédictin de la Congrégation des Exempts, 334.
Murols (le cardinal Jean de), 51, 157.
Murols (Jeanne de), 208.

N

Nane (D. Joseph de), Bénédictin de Cluny, 70.
Nantiac (Mme de), 74, 76, 100.
Nassau (Charlotte-Flandrine de), abbesse de Ste-Croix de Poitiers, 389.
Navailles (Charlotte-Françoise-Radegonde de Montaut de Bénac de), 308.
Navailles (Gabrielle-Eléonore de Montaut de Bénac de), 308.
Néemie (Ste), 58.
Néomeye (Ste), 369.
Néré (D. Joseph), Bénédictin de Cluny, 58, 137.
Nérestang (Claude de), abbé de Mégemont, 238.
Nérestang (Françoise de), abbesse de Mégemont, 238.
Nicolas (D. Benoît, *alias* Nicolas), Bénédictin de St-Maur, 78, 88, 100, 101, 154, 449.
Nicolas, curé de St-Ahond, 179.
Nicolas (Dom), religieux de Terrasson, 271.
Nicole (D. Jacques), Bénédictin de St-Maur, 326.
Nicot (D. Mathieu), Bénédictin de St-Maur, 246.
Noailles (Mme de), abbesse de Mercoire, 212.
Noailles (le cardinal de), 364, 367.
Noailles (Ch. de), évêque de St-Flour, 128, 408.

Noailles (Mme de), 129.
Nogin (D. Pierre), Bénédictin de St-Maur, 16, 90, 123, 136, 137, 414.
Nojaret (Dom), Cistercien, 211.
Nolhac, aîné, chanoine de St-Vosy, 207, 222.
Nolhac, jeune, chanoine de St-Vosy, 175, 207, 222.
Normand (Dom), Cistercien, 291.
N.-D. Trouvée, 19.
Nouhes de Beaumont (le P. des), Jésuite, 369.
Nouhes de Beaumont (des), vicaire-général de Luçon, 369.
Nouvellet (le P.), Chanoine-Régulier, 337.
Noyant (de), 437.
Noyer (le P. Jacques du), Chanoine-Régulier, 271.
Nuel (D. Mathieu-Denis), Bénédictin de St-Maur, 89.

O

Odile ou Odilon (St), 8, 19, 66, 107.
Œdipe, 328.
Ogerdias, curé de Souvigny, 150, 161, 205.
Ogier (François), abbé d'Artonne, 224.
Ogier (Louis), abbé d'Artonne, 224.
Olier, fondateur du Séminaire de St-Sulpice, 408.
Oratoriens, 29, 109, 110, 126, 181, 224, 225, 247, 357.
Orcerolles (Mlle du Crozet d'), 26.
Orléans (Louise-Adélaïde d'), abbesse de Chelles, 447.
Orléans de Rothelin (Françoise-Gabrielle), abbesse de St-Ausone, 308.
Orléans de Rothelin (Henri d'), 308.
Ornhac (Pierre d'), doyen de Souillac, 261.
Osmond (François d'), archidiacre d'Angoulême, 310, 312.
Ouvrier (d'), archidiacre de Montauban, 291.

P

Paillet, prieur de la Celle, 99.
Palerne (D. Antoine), Bénédictin de St-Maur, 74, 79, 98, 315, 418.
Palerne (D. Gilbert), Bénédictin de St-Maur, 347, 392, 412, 415, 416, 419, 451.
Palerne (D. J.-B.), Bénédictin de St-Maur, 108, 150, 249, 375, 377, 449.
Palerne (D. Jean-Marie), Bénédictin de St-Maur, 263, 411, 418, 450.
Pali (le P.), Jésuite, 133.
Pallée (le P.), Jésuite, 276, 278, 281.
Panassière (le P.), Dominicain, 359.
Panteau (le P.), Chanoine-Régulier, 109.
Papebroch, 272.

Paret (Jean-Hyacinthe), curé de Tonnay-Charente, 389, 411, 418, 419.
Parrel (D. Alexis), Bénédictin de St-Maur, 231.
Parrel (D. Simon), Bénédictin de St-Maur, 305.
Pascal II, pape, 396.
Pascal (l'abbé), 46, 109.
Pascal, médecin, à Sarlat, 276.
Pascon, avocat, à Langeac, 112, 147, 167.
Pasquin, 282.
Pastel (D. Pierre), Bénédictin de St-Maur, 305, 451.
Pastrie, hôte, à Tulle, 251.
Paterne (St), 98, 99, 225.
Paul III, pape, 397.
Paul V, pape, 251, 317.
Paulian, 418.
Paulistes, 277.
Paul Tillon (St), 243, 245.
Payrard (l'abbé), 141, 182, 195, 216.
Peghaire, 223.
Pelé (D. René), Bénédictin de St-Maur, 384.
Pélissier (le P.), Minime, 169.
Pelletier, de Rouen, 354.
Peluchon, à St-Jean-d'Angely, 338.
Pénitents (Confréries de), 193, 195, 264.
Penlan, *voir* Perrelan.
Pépin, roi de France, 37.
Perbet (D. J.-B.), Bénédictin de St-Maur, 90, 99, 100, 123, 137, 138, 139, 153, 167, 185, 195, 196, 250, 278, 280, 282.
Péré (Jacques Grimoard du), 372.
Péré (Marie de Ste-Marthe, dame du), 372, 385.
Péréfixe (Hardouin de), archevêque de Paris, 359.
Péréfixe (Louise de), 359.
Pergot (l'abbé), 141, 270.
Périssat (le P. Jérôme de), Récollet, 271.
Perpétue (Ste), 91.
Perreau (D. Edme), Bénédictin de St-Maur, 305, 447.
Perrelan ou Penlan, prieur de Massay, 90.
Perret, chanoine de la Ste-Chapelle de Riom, 57.
Perret (D. Côme), Bénédictin de St-Maur, 305, 416.
Perrin, chanoine du Puy, 139, 177, 200, 201.
Perth (duc de), 430.
Petit (D. Léonard), Bénédictin de St-Maur, 28, 447.
Peyrat (Pierre du), abbé de Chezal-Benoît, 84.
Peyret (Claude-Pierre), sieur de St-Arcons, 219.
Peyret (Gabriel), abbé de St-Pierre-la-Tour, 40, 185, 219.
Peyret, chanoine-syndic du Puy, 140, 141, 142, 175, 201, 202, 206, 217.
Peyret (le P.), Jésuite, 180, 188, 189, 219, 417, 419.

Peyret (Mme), religieuse Ursuline, 185.
Peyrissat (Marc-Philippe de), abbé de Bonnaigue, 43, 44, 248, 249.
Peyrennon (D. Joseph), Bénédictin de St-Maur, 132, 449.
Pharamond, 369.
Philippe de Toulouse, comtesse de Poitiers, 396.
Phelippart (D. Jean), Bénédictin de Cluny, 66, 106, 152.
Philippe-Auguste, 441.
Piamon (St), 260.
Piarron, lieutenant du maire de St-Pourçain, 154.
Picot (D. Léonard), Bénédictin de St-Maur, 344, 451.
Pie IV, pape, 130, 286.
Pie V, pape, 275.
Pie (St), 364.
Pierre, abbé de Mauzac, 433.
Pierre, abbé de St-Michel-en-L'Herm, 398.
Pierre (Dom), Cistercien, 351.
Pierre, évêque d'Angoulême, 387.
Pierre, évêque du Puy, 186.
Pierre II, évêque de Poitiers, 118, 396.
Pierre (Frère), ermite de Cahors, 299.
Pierre de Chavanon (St), 17.
Pierre l'Hermite, 274.
Pierre le Vénérable (St), 65, 161, 433.
Pignol, chanoine de Sarlat, 286, 287, 302.
Pinel (D. Marcellin), Bénédictin de St-Maur, 137, 166.
Pingot (le P.), Chanoine-Régulier, 302, 304.
Pinot, colonel de la milice urbaine, au Puy, 186.
Pinson (D. Pierre), Bénédictin de St-Maur, 100, 449.
Pintard (le P. Mathurin-François), Chanoine-Régulier, 310, 311, 312, 418.
Piolin (D. Paul), Bénédictin français, 14.
Piron, cellérier d'Issoudun, 98.
Pisan (D. Louis), Bénédictin de St-Maur, 75, 81.
Pivart (D. Pierre), Bénédictin de St-Maur, 87, 374.
Placide (Frère), Camaldule, 28.
Plagnol (D. Benoît de), capiscol du Monastier, 195, 208.
Planèze (Mme de), religieuse de la Séauve, 30.
Pleaux (l'abbé de Grenier de), chanoine de Luçon, 366.
Poitevin (Jacques), chanoine de Sarlat, 275, 277, 281, 286, 300.
Poget (du), 288.
Poillevé (D. Martial), Bénédictin de St-Maur, 374.
Polignac (François de), 158.
Polignac (le cardinal Melchior de), 288, 300, 301.
Polignac (Ponce de), doyen de Brioude, 22.
Polignac (seigneurs de), 363.
Polignac (vicomte de), 31.
Polignac de Villefort (de), 19.

Pomeyrol, curé de Chalvignac, 133, 242.
Pommerie, à Mauriac, 255, 306, 413, 421.
Pompadour (Charlotte-Hélie de), 368.
Pompadour (Jeanne de), 130.
Pompadour (Nicolas Machat de La Méchaussée de La Coste de), abbé de Fontdouce, 318.
Poncet (D. J.-B.) Bénédictin de St-Maur, 249.
Poncetton (D. Antoine), Bénédictin de St-Maur, 110, 113, 137, 416.
Pons, curé de Mazeyrat, 123, 166.
Pons (Jean de), seigneur de Collanges, 24.
Ponsonnaille (de), archidiacre de St-Flour, 124, 125.
Pontchartrain (Louis Phélippeaux, comte de), 383.
Ponts (de), abbé de Châtres, 410, 418.
Port (Célestin), 376.
Portanier, chanoine de St-Gal, 199.
Potdevigne, curé à St-Flour, 123.
Pouderoux, chanoine du Puy, 182, 197, 207.
Pouget, aumônier de Mme de Scorailles, 129.
Pouget (D. Hyacinthe du), Bénédictin de St-Maur, 132.
Poulbrière (l'abbé J.-B.), 131, 259, 263, 450.
Poulignac (seigneurs de), 363.
Pourrat (Antoine), curé de Montferrand, 48.
Poutud (le P.), Dominicain, 43, 56.
Poutud, prêtre, au Puy, 111, 140, 216.
Pradier, chanoine du Puy, 193.
Pradon, prêtre de St-Sulpice, 44.
Pralong (Guillaume), curé de Felines, 448.
Prat (du), 193.
Prat (Guillaume du), évêque de Clermont, 46, 48, 244.
Prat d'Ecornet (Mme du), religieuse à la Séauve, 30.
Prépuce (le St), 191, 192, 397,
Prestet (le P. Jean), prêtre de l'Oratoire, 336.
Prie (le cardinal René de), 82.
Prime et Félicien (SS.), 263, 264.
Prinstet (D. Etienne), Cistercien, 227.
Priuli (le cardinal Louis), 281.
Projet, Prejet, Priest ou Prix (St), évêque de Clermont, 287.
Proyard (l'abbé), 216.
Pugean (le P.), Jésuite, 395.
Pujol, conseiller à la Cour des Aides de Montpellier, 209.
Puray (Dom), Cistercien, 239.
Puydenat (Dulac de), 138.
Puyfovel (D. Jean), Bénédictin de St-Maur, 305, 451.
Puyguion (de), 383, 416, 417.

Q

Quesnel, 341, 343.
Quevilly, *voir* Cuvilly.
Quinide (St), 243.
Quiterie (Ste), 308.

R

Rabusson (Antoine), 238.
Rabusson (D. Paul), Bénédictin de Cluny, 58, 238.
Rabusson (Nicole), 58.
Raffier (D. Philippe), Bénédictin de St-Maur, 76, 80, 81, 101, 146, 182, 280, 361, 413, 416.
Rale (Jacques), curé d'Ids-St-Roch, 83.
Ramadier (Geneviève), 66.
Ramasson (D. Nivard), Cistercien, 307.
Rancé (l'abbé de), 107, 424.
Ranquet, chanoine de St-Vosy, 222.
Raoul, comte de Quercy, 94.
Raoul ou Rodolphe (St), 94, 259.
Rapine (D. François), Bénédictin de Cluny, 105.
Ravel (Pierre), évêque d'Ebron, 83.
Ravenat (le P.), Cordelier, 245.
Razes (D. Jacques), Bénédictin de St-Maur, 166.
Reboul ou Rebours (D. Louis), Bénédictin de St-Maur, 134.
Récollets, 28, 60, 99, 195, 200, 226, 240, 248, 251, 257, 258, 268, 271, 281, 316, 322, 330.
Rédet, 441.
Redon (l'abbé), vicaire-général de la Rochelle, 364, 414.
Redon (D. François), Bénédictin de St-Maur, 34, 81, 89, 447.
Redon (D. Michel), Bénédictin de St-Maur, 131, 259, 449.
Redoublé (D. René), Bénédictin de St-Maur, 378.
Regain (Dom), Bénédictin, 370.
Renaudet, chanoine de Saintes, 316.
Rencon, évêque de Clermont, 138, 154, 155.
Réquelène (D. Jean de), Cistercien, 148, 227.
Restaix (Jean), curé de Goudet, 209, 221.
Révérien (St), 103.
Reverseaux (l'abbé M. de Gravelle de), 363.
Rey (le P.), Cordelier, 214.
Rey (D. Pierre), Bénédictin de St-Maur, 25.
Rezay (Cyprien-Gabriel Bernard de), évêque d'Angoulême, 309.
Riant (D. François), Bénédictin de St-Maur, 375, 377.
Riant (le comte), 274, 373.
Ribeyreis (D. Charles de), Bénédictin de St-Maur, 292.
Richard-Cœur-de-Lion, 440, 441.

Richard, prêtre, à Toulouse, 293, 294.
Riche, avocat du Roi à St-Maixent, 388.
Riche, curé de Souvigné, 356.
Riche, marchand, à Poitiers, 356.
Richelieu (le cardinal de), 13.
Richou (Mathurin), chanoine de Luçon, 405.
Rigaud (le P.), Chanoine-Régulier, 143, 165.
Rigaud (D. Odile), Bénédictin de Cluny, 56, 57, 58, 109.
Rincy (le P. de), Chanoine-Régulier, 165.
Rivard (D. Marc), Bénédictin de St-Maur, 82.
Rivoire du Palais (Gabrielle-Françoise de), 237.
Robert, chanoine de St-Vosy, 222.
Robert, chorier, au Puy, 216.
Robert (Claude), grand-archidiacre de Châlons-sur-Saône, 2.
Robert (Peyronne), religieuse Visitandine, au Puy, 140, 168.
Robert (St), abbé de la Chaise-Dieu, 8, 9, 88, 138, 174, 175.
Robert (St), abbé de Molême, 9, 363.
Robert (Ulysse), 80, 279, 335, 341, 373, 448.
Robin (le P.), prieur de Melinais, 421.
Rochan (du), chanoine du Puy, 142.
Roche (Dom), Cistercien, 210.
Roche (le P. Léonard), Chanoine-Régulier, 304.
Rochebaron (de), 33.
Rochefort (Mlle de), postulante, à Vorey, 32.
Rochemonteix (A. de Chalvet de), 239.
Rocher, avocat, au Puy, 198.
Rochetaillée (Jacques de Fourcieux de), abbé de Valbenoite, 29.
Rochette (Anne-Nicolas), chanoine de la Cathédrale de Clermont, 53, 54, 110, 156.
Rochette (Jean), seigneur de Fromental, 236.
Rochette (Marie-Reyne), marquise de Langeac, 236.
Rochette (Maurice), abbé de St-André de Meymac, vicaire-général de Clermont, 44, 45, 46, 50, 52, 55, 111.
Rochette (Mme), prieure des Augustines de St-Didier-en-Velay, 172.
Rochon (D. Jean-François), Bénédictin de St-Maur, 20, 166, 195, 199, 447.
Rohault (Dom), Bénédictin de St-Maur, 336.
Rois (des), 214.
Roland, neveu de Charlemagne, 266.
Rolle (D. Anselme), Bénédictin de St-Maur, 333.
Rolle (D. François), Général de la Congrégation des Exempts, 333, 334.
Rome (le P. Ignace), Jésuite, 125, 127, 144, 146, 147, 156, 171, 192.
Rome (Joseph), jeune, chanoine du Puy, 172, 175, 177, 200, 202, 206.
Rome (Mathieu), curé de St-Hilaire, au Puy, 177.

Rome (Pierre), aîné, chanoine du Puy, 90, 113, 140, 141, 142, 146, 167, 168, 172, 174, 177, 179, 192, 200, 201, 202, 206, 207, 222, 300.
Rome, chanoine de St-Vosy, 222.
Rondine (Ste), 263.
Ronnat, marchand à Mauriac, 134, 245, 255, 413.
Rosier, bailli d'Artonne, 225.
Rossignol, Chanoine-Régulier, 85.
Rostaing (D. Charles-François de), Bénédictin de St-Maur, 80, 81.
Rostang (Mme de), religieuse de la Séauve, 30.
Roucy (le P. Jules de), Chanoine-Régulier, 17, 67.
Roudil, prieur des Fonts-Baptismaux, au Puy, 142, 146, 207, 221, 300, 301, 326.
Rouër (Dom), Bénédictin de Cluny, 105.
Roufilhac (de), 265.
Roufilhac (de), vicaire de St-Sozy, 264, 267, 291.
Rougebet (le P.), Jésuite, 48, 72.
Rousselle, sacristain de St-Amand de Coli, 271.
Rousset, 167.
Rousson (Antoine), prieur de Beaune, 27, 71, 146, 167, 168, 170, 172, 177, 222, 291, 413, 416.
Rousson, avocat, au Puy, 177, 201, 222, 223.
Roux de Laval, 260.
Roy (D. Antoine), Bénédictin de St-Maur, 25, 168, 223, 329, 412, 419.
Roy (D. François), Bénédictin de St-Maur, 340, 341, 342, 343, 412, 451.
Roy (D. Michel), Bénédictin de St-Maur, 88, 89.
Royer (D. Jean), Bénédictin de St-Maur, 42.
Rufin (St), 424.
Ruinart (D. Thierry), Bénédictin de St-Maur, 13, 118, 220, 342, 426, 427, 429, 430, 435, 443.
Rustique (St), évêque de Clermont, 231.
Ruvillé (le P. de), Chanoine-Régulier, 68, 392.
Rymer (Thomas), 442.

S

Sabar, vicaire à Vierzon, 96.
Sabatier, chanoine de Retournac, 31.
Sabatier (D. Pierre), Bénédictin de St-Maur, 71, 72, 75, 434.
Sabatier (D. E.), Bénédictin de Cluny, 70, 78, 109.
Sabinien (St), 243.
Sahuc, au Puy, 111.
Sanderson (Robert), 442.
Saint-Alvère (de), archidiacre de Montauban, 298.
Saint-Arcons, *voir* Peyret.
Saint-Chamarand (de), 288.
Saint-Cyr (de), 271.

— 497 —

Saint-Denis (Melle de Lescure de), 26.
Saint-Front (de), chanoine de Saintes, 316, 419.
Saint-Geniez (le P. de), 205.
Saint-Martial (le P. de), Récollet, 258.
Saintpé, hôte, à Saintes, 316, 359.
Saint-Phale (Dom de), Cistercien, 367.
Saint-Pol (Vital de), prêtre de l'Oratoire, 29.
Saint-Preuil (Franç. Jussac d'Embleville de), 341.
Saint-Sernin (Satur de), à Montauban, 296, 417.
Saint-Simon (Claude de Rouvroy, duc de), 328.
Saint-Simon (Louis de Rouvroy, duc de), 328.
Saint-Vidal (de La Tour-), 21.
Sainte-Beuve, 272.
Sainte-Hermine (Jean Pharamond de), abbé de N.-D. d'Angles, 371.
Sainte-Marthe (Abel de), 2.
Sainte-Marthe (Louis de), 2.
Sainte-Marthe (Nicolas de), 2.
Sainte-Marthe (Pierre Scevole de), 2.
Sainte-Marthe (Scevole), 2.
Sainte-Marthe (Dom Denis de), Bénédictin de St-Maur, 2, 5, 7, 14, 20, 70, 71, 80, 81, 89, 95, 99, 113, 136, 147, 149, 161, 162, 163, 164, 167, 179, 187, 200, 234, 245, 247, 252, 262, 278, 279, 281, 285, 286, 300, 301, 309, 319, 322, 341, 372, 385, 387, 392, 414, 416, 417, 418, 420, 435, 436, 441.
Sainte-Scolastique (le P. Jacques de), Feuillant, 243.
Salesses (le P.), Chanoine-Régulier, 67.
Salignac de La Mothe-Fénelon, archevêque de Cambray, 264, 265, 272, 287.
Salignac de La Mothe-Fénelon (François), 272, 277.
Salignac de La Mothe-Fénelon (François I), évêque de Sarlat, 273.
Salignac de La Mothe-Fénelon (François II), évêque de Sarlat, 264, 273.
Salignac de La Mothe-Fénelon (François-Barthelmy), évêque de Pamiers, 265.
Salignac de La Mothe-Fénelon (Louis I), évêque de Sarlat, 273.
Salignac de La Mothe-Fénelon (Louis II), évêque de Sarlat, 273.
Salignac de La Mothe-Fénelon (Paule), religieuse de N.-D., 286, 300.
Salignac de La Mothe-Fénelon (Ponce), évêque de Sarlat, 273.
Salingarde (Dom de), Cistercien, 253.
Salis (Catherine de), 272.
Salles, juge à St-Flour, 124.
Sanadon (le P.), Chanoine-Régulier, 311.
Sanctoral du Puy, 15, 16.
Sanguin (D. Claude), Cistercien, 85.
Sanial, chanoine du Puy, 176, 177.
Santeuil (de), poète, 238.
Saulce (La), chanoine du Puy, 40.

Sault (D. Jean-Paul du), Bénédictin de St-Maur, 323, 324, 416.
Sauvageon, chanoine de St-Amable, 57, 58, 100, 109, 149, 153, 156.
Sauvagnac (Gabriel), 58.
Sauvagnac (D. Gabriel, *alias* Philippe), Bénédictin de Cluny, 57, 58, 109.
Sauvebœuf (de), 256.
Sauvebœuf (Mme de), novice, à Coiroux, 254.
Sauveur (le P.), Récollet, 251.
Sauveur (St), 371.
Sauzet (Dom du), Cistercien, 210.
Savalet ou Savalette, archidiacre d'Aunis, 318, 411.
Savaron (Jean), le président, 41, 52, 64, 354.
Savinien (St), 62.
Saxe (Henri le Lion, duc de), 440.
Scarfo (le P. Jean-Chrysostôme), Basilien, 280.
Schelhorn, 430.
Scorailles (Raoul de), 243.
Scorailles de Roussille (de), 193.
Scorailles de Roussille (la marquise de), 128, 129.
Scorailles de Roussille (Louis-Léger de), 126, 128, 129.
Scribe, curé d'Orlhaguet, 271.
Scribe (Joseph), curé de Belmont, 259.
Scutaire (St), évêque du Puy, 178, 187, 196, 200.
Sébastien (St), 174.
Seignelay (Charles-Eléonor Colbert, dit l'abbé de), 84.
Selves de Plamon (Jean de), 272, 277.
Senamaud (D. Léonard), Bénédictin de St-Maur, 139.
Senecterre (François de), évêque de Sarlat, 286.
Senecterre (Jacques de), 121.
Seneterre (Mme de), 97.
Seneuge, *voir* Genestet.
Sennen (St), 82.
Séraphin (le P.), Carme, 129.
Séraphin (le P.), Récollet, 256.
Servant (D. J.-Jacques), Bénédictin de St-Maur, 412, 416, 419, 421.
Servant (Jacques), peintre, au Puy, 286.
Servant (Pierre), peintre, au Puy, 286, 412, 415, 416, 418, 421.
Servières (Dom), Bénédictin, 392.
Severette (de), 339.
Séverin (St), 58.
Severt (D. Jacques), Bénédictin de Cluny, 58.
Sfondrate (le cardinal Paul-Emile), 394.
Sicaire (St), 305, 306.
Simon (le P. Michel), Chanoine-Régulier, 339, 412.
Simon, prêtre de St-Sulpice, 71, 74.
Simonnet (D. François), Bénédictin de St-Maur, 341.

Siougeac (de Lastic de), 193.
Sirmon (Dom), sacristain de Maringues, 226.
Sirmond (le P. Jacques), Jésuite, 354.
Sixte IV, pape, 398.
Soanen (Jean), évêque de Senez, 11.
Solignac ou Soulignac, curé de Migny, 74, 88, 98, 167, 222, 262.
Solitaire de Terrasson (le), 270.
Sollier (le P. du), Jésuite, 352.
Solminiac (le Bienheureux Alain de), 299, 304.
Solu de Villerault (Marg.-Franç.), abbesse de Bussière, 70.
Sommervogel (le P. Carlos), Jésuite, 55, 245, 277, 408.
Soubeyrot (F. Amable), Convers de la Congrégation de St-Maur, 231.
Souillac (Louise de), 270.
Souligoux (l'abbé), 160, 409.
Sour (St), 270, 271.
Sourdis (le cardinal de), 326, 344, 394.
Spert (Claude), abbé de St-Pierre-la-Tour, 219.
Stein (Henri), 430, 451.
Stuart (Jacques V), roi d'Ecosse, 320.
Suacre (St), évêque du Puy, 178, 187.
Suduyraud (D. J.-B.), Bénédictin de St-Maur, 123, 149, 167, 222, 449.
Sulpice de St-François (le P.), Carme, 54.
Sulpice-Sévère, 184.
Sutaine (le P. Pierre), Chanoine-Régulier, 384.
Syméoni (Gabriel), 143.

T

Taillefer, curé de Souvigny, 105.
Taillefer, 265.
Talaze (St), 99.
Talmond (le prince de), 361, 362.
Tamizey de Larroque (Ph.), 409, 451.
Tandeau (D. Benoît, *alias* Léonard), 374, 451.
Tardieu (le P.), Chanoine-Régulier, 311.
Tassin (D. René-Prosper), Bénédictin de St-Maur, 1, 8, 10, 61, 215, 335, 427, 450.
Taupin (D. Louis), Bénédictin de Cluny, 152.
Taurin (St), évêque d'Evreux, 230.
Tavernier (Dom), Cistercien, 362, 363.
Tayac (de), prieur de Ste-Gemme, 360.
Tellier ou Le Tellier (le P.), Jésuite, 228, 349.
Temple (le P. Guillaume du), Cordelier, 391.
Tems (Hugues du), 82.
Ternat, curé d'Ussel, 135.
Terrasse (D. Benoît), Bénédictin de St-Maur, 36.

Terrasse (D. Pierre), Bénédictin de St-Maur, 338.
Terreneyre (le P. de), Jésuite, 46.
Testelette ou Tetelette (Philibert), 143, 220.
Testelette ou Tetelette (le P. Claude), Chanoine-Régulier, 74, 143, 220, 416, 421.
Textoris (le P. Celse), Récollet, 417.
Théatins, 281.
Thècle (Ste), 236, 450.
Theillard, curé de Virargues, 126.
Theillère (l'abbé), 30.
Théodechilde (Ste), 244.
Théodore de Bochard de Champigny (Frère), ermite, 30, 168, 187.
Thévenin (D. Antoine), Bénédictin de Cluny, 68.
Thévenin (le P.), Dominicain, 56.
Thianges (de), prieur de Menat, 61.
Thibault (D. Pierre), Bénédictin de St-Maur, 15, 80.
Thibaud (Ferdinand), 23.
Thiroux (D. Jean-Evangéliste), Bénédictin de St-Maur, 439.
Thomas (Dom), Chartreux, 300.
Thomas d'Aquin (St), 294.
Thomas d'Acquin de St-Joseph (le P.), Carme-Déchaussé, 258.
Thomas (St), archevêque de Cantorbéry, 184.
Thomasson (D. Jean), Bénédictin de St-Maur, 342, 343, 451.
Thoreau, recteur de l'Université de Poitiers, 349.
Thouars (Aimeric, vicomte de), 398.
Thouars (Geoffroy, vicomte de), 398.
Thuilier (D. Vincent), Bénédictin de St-Maur, 215, 220, 430.
Tolomei (le cardinal J.-B.), 262, 281.
Tomasi (le cardinal Jean-Marie), 281.
Torilhon (D. Vincent), Bénédictin de St-Maur, 330.
Touchebeuf (Pierre-Simon), curé de Chanteuges, 123.
Touchet (Marie), 182.
Touret (D. Joseph), Bénédictin de Cluny, 56.
Tournemine ou Tournemire, 118.
Tournemine (Antoine de), vicaire-général de St-Flour, 126, 306.
Tournon (le cardinal Charles-Thomas Maillard de), 173, 174, 262.
Tourreil (Gaspard de), abbé de St-André, 42.
Toustain (D. Nicolas), Bénédictin de St-Maur, 450.
Tranchant (D. Mathurin), Bénédictin de St-Maur, 81, 99.
Tressay (le chanoine du), 367.
Treveys, chanoine de Monistrol, 76, 77.
Tripperet (D. Hilaire), Bénédictin de Cluny, 69, 148.
Trois-Fontaines (Albéric de), 274.
Tronchet (du), 193.
Turgot (Marc-Antoine), Intendant d'Auvergne, 38, 241.

U

Urbain II, pape, 148, 353, 396.
Urbain IV, pape, 314.
Urbain VIII, pape, 44.
Urban (D. Jean), Bénédictin de St-Maur, 33, 99, 100, 109, 122, 447.
Urfé (Emmanuel de Lascaris d'), 44.
Urfé (Louis de Lascaris d'), évêque de Limoges, 248.
Urfé (Mme d'), abbesse de Ste-Claire de Montbrison, 28.
Ursins (Marie des), 65.
Ursule (Ste), 157, 174.
Ursulines, 84, 105, 111, 132, 185, 226, 248, 259, 329, 386.
Usuard, 102, 352, 353.

V

Vachon (Dom), Cistercien, 290, 291, 297.
Vachon (le P. Etienne), Récollet, 252.
Vailhac (Claudine de Gourdon de Genouillac de), 257, 288.
Vailhac (Galiotte de Ste-Anne de Gourdon de), 257.
Vailhac (Galiotte de Ricard de Gourdon-Genouillac de), 258.
Vailhac (J.-B. de Gourdon de Genouillac de), 327.
Vaissette (D. Joseph), Bénédictin de St-Maur, 61, 295.
Valeix (D. Michel), Bénédictin de St-Maur, 391, 417, 420.
Valentin, 214.
Valentin (D. Joseph), Chartreux, 290.
Valentin (Marie), 228.
Valentinois (Louise, duchesse de), 84.
Valery, 430.
Valois, avocat, à St-Jean-d'Angely, 358.
Vandosme, chanoine de St-Vosy, 222.
Vaneau (Isabeau), 197.
Vaneau (Pierre), sculpteur, 197.
Varaise (D. Charles-François Jousseaume de), Bénédictin de St-Maur, 386, 451.
Varaiz (le P. François), Jésuite, 188.
Varennes de Mondasse (de), 14, 112.
Varin, notaire, à Mareuil, 99.
Vaslet (D. Amand), Bénédictin de St-Maur, 131, 259, 418.
Vaslet (D. Antoine), Bénédictin de St-Maur, 340, 346, 412.
Vaurion (Dom de), Bénédictin de Cluny, 106.
Vauzelles (de), 22, 124, 168.
Vayssière, médecin, à Sarlat, 276.
Veilhers (D. Louis), Bénédictin de St-Maur, 88, 89, 413, 419.
Vénérand (St), 49.
Venuste (le P.), Carme, 151.
Vény d'Arbouze (Emmanuel de), évêque de Clermont, 44.

Verdier (Joseph du), doyen d'Angoulême, 309, 418.
Verdillac (le P.), Jésuite, 355.
Vernet (le P.), Chanoine-Régulier, 311.
Vernet (Damien), chanoine de St-Genès de Clermont, 41, 45, 52, 54, 56, 111, 138, 154, 155, 157, 233, 234.
Vernet (du), curé de Cayres, 214.
Verninac, apothicaire, à Souillac, 288.
Verninac (D. Jean), Bénédictin de St-Maur, 288.
Vernolle (Mme de), religieuse à La Vaudieu, 24.
Vernols (de), chanoine de St-Genès de Clermont, 52, 125.
Verny ou Vernis (St), 112.
Véronique (Ste), 96.
Vert (D. Claude de), Bénédictin de Cluny, 238.
Verthamont de La Ville-aux-Clercs (Mme de), prieure de Mennetou, 92.
Vertron (Louise Guyonnet de), 274.
Veyrac (Gabriel de), prieur de St-Pierre-le-Monastier, 192, 206.
Veyssier (F. Jacques), organiste de la Chaise-Dieu, 200.
Veyssière, vicaire-général de Sarlat, 271, 273, 277.
Veytard (D. Pierre), Bénédictin de St-Maur, 134.
Vèze (Julien de), chanoine de Brioude, 22, 25, 77, 159, 160.
Vèze (Mme de), religieuse Visitandine, 22.
Vezi, curé de Bretenoux, 259.
Vezin de Ribourg (de), 343.
Viale ou Vialles (D. Antoine), Bénédictin de St-Maur, 341, 346.
Vialle (D. A.), Bénédictin de St-Maur, 241, 244.
Vialles (D. Pierre), Bénédictin de St-Maur, 25, 28, 37, 134, 420.
Vianez, curé de St-Paulien, 221.
Vic (D. Claude de), Bénédictin de St-Maur, 430.
Vichy (de), *voir* Berbezit.
Victor (St), et Couronne (Ste), 226.
Victorin (le P.), Récollet, 248.
Vidal, chanoine de St-Flour, 124, 126.
Vidal (Jean de), historien du Quercy, 260.
Vidal (le P.), Jésuite, 176, 179, 185, 186, 191, 219.
Vienne (de), 23.
Vigerat (le P.), Minime, 242.
Vigier, prêtre, à Clermont, 111, 149.
Vignolles (D. Blaise-François), Bénédictin de St-Maur, 341, 347.
Vignolles (D. Nicolas), Bénédictin de St-Maur, 109, 149, 155, 263, 347, 410.
Vignolles (Melle), sœur Hippolyte de St-Maur, 347.
Villars d'Agrain (l'abbé de), chanoine du Puy, 170.
Villars (le maréchal de), 275.
Villates (Pierre des), seigneur de Champagné, 371.
Villemontée (Gilberte de), abbesse de Brageac, 133, 242, 245.
Villemontée (Jacques d'Autier de), 133.
Villeroy (de), prieur de St-Rambert, puis archevêque de Lyon, 28.

Villiers (le P. Adrien de), Chanoine-Régulier, 74, 108.
Vincenot (Jean de), vicaire-général de Périgueux, 303.
Vincent (D. Claude), Bénédictin de Cluny, 102.
Vincent (St), 63.
Vinols (le P. de), Jésuite, 240, 241.
Vinot, religieux de Fontevraud, 93.
Violon (D. Antoine), Bénédictin de St-Maur, 241.
Visitation (Religieuses de la), 22, 24, 46, 65, 113, 123, 124, 129, 140, 142, 168, 185, 186, 201, 219, 302.
Vissaguet (Pierre), curé d'Aulnat, 231.
Vital (St), 140.
Vital (St), *voir* Agricol (St).
Vitaline (Ste), 224.
Vitier (D. J.-B.), Cistercien, 319, 331.
Vivier (D. François du), Bénédictin de St-Maur, 80.
Vivier (D. Thomas), Bénédictin de St-Maur, 166, 195, 199, 311, 312.
Vivier, prêtre de St-Sulpice, 71, 74, 79.
Vivonne (François de), seigneur de La Chastaigneraie, 321.
Vogüé (le marquis de), 112.
Vosy (St), évêque du Puy, 142, 178, 187, 196, 200.
Voisin (le P.), Jésuite, 317, 418.
Voliac (de), 191.
Volpilière (Gilbert de La), prévôt de St-Genès de Thiers, 229.

W

Wallart (D. Pierre), Bénédictin de Cluny, 65, 136, 137.
Wilhelm (Henri), 173, 310, 319, 409, 441, 447, 448.

Y

Yolande de Bretagne, comtesse d'Angoulême, 381, 402.
Yves (St), 221.
Yves de Chartres (St), 104.

Z

Zacharie (le P.) Récollet, 252.
Ziegelbauer, 427.

TABLE

DES NOMS DE LIEUX

A

Abbeville, 319, 320.
Absie (l'), abbaye, 388, 399.
Acey, abbaye, 235.
Adille, 422.
Afflighem ou Afflinghem, abbaye, 390.
Agde, 114, 147, 313.
Agen, 114, 234, 245, 263, 282, 313, 389, 404, 417.
Ahun, *Creuse*, 328, 341, 403.
Aiguebelle, abbaye, 115, 235.
Aigueperse, *Puy-de-Dôme*, 109, 372, 437.
Aiguevive, abbaye, 115.
Ainay, abbaye, 115, 399.
Aire, 57, 113, 257, 323.
Airvault, *Deux-Sèvres*, 385, 386.
Aix, 153, 312, 399, 405.
Aix-d'Angillon, *Cher*, 70.
Aix-la-Chapelle, 441.
Albias, *Tarn-et-Garonne*, 296.
Alby, 81, 113, 234, 282, 312, 389, 405.
Aleth, évêché, 370.
Alix (les), *Lot*, 265, 267.
Allègre, *Haute-Loire*, 140, 202, 220, 221.
Alleret, *Haute-Loire*, 21.
Alleux (les), abbaye, 390, 400.
Allois (les), abbaye, 404.
Ally, *Cantal*, 42.
Altillac, *Corrèze*, 131, 133, 259.
Ambert, 39, 169, 305.
Ambronay, abbaye, 235.
Amiens, 114, 234, 307, 389, 403.
Ancenis, *Loire-Inférieure*, 378.
Angers, 8, 196, 246, 336, 375, 376, 377, 380.
Anglards, *Cantal*, 240.
Angles, *Vendée*, 371.
Angleterre, 296.

Angoulême, 8, 42, 114, 118, 283, 308, 309, 311, 312, 315, 319, 321, 322, 330, 331, 361, 362, 386, 387, 398, 399, 403, 405, 410, 412, 418.
Aniane, *Hérault*, 326.
Anvers, 335.
Aoste, 114.
Arches, *Cantal*, 135.
Ardelay, *Vendée*, 374.
Ardes, *Puy-de-Dôme*, 189.
Ardorel, abbaye, 54, 55, 115.
Argentan, *Orne*, 267.
Argentat, *Corrèze*, 132, 255.
Arlanc, *Puy-de-Dôme*, 169.
Arles, 25, 234, 312, 404.
Arras, 59.
Artonne, 115, 224, 235, 247.
Asnières, *Charente-Inférieure*, 333
Astaillac, *Corrèze*, 132.
Aubanton (Diocèse de Laon), 152.
Aubazine, *voir* Obazine.
Aubecour, abbaye, 399.
Aubenas, *Ardèche*, 112.
Aubeterre, abbaye, 314, 328, 403.
Aubignac, abbaye, 247, 283.
Aubrac, abbaye, 304, 305, 393.
Aubusson, *Creuse*, 344.
Auch, 113, 234, 246, 312, 389.
Aulnat, *Puy-de-Dôme*, 231.
Aulnay, *Charente-Inférieure*, 338, 358, 362.
Aumône (l'), abbaye, 390.
Aurec, *Haute-Loire*, 30.
Auriac, *Corrèze*, 242.
Aurillac, 7, 118, 126, 129, 130, 131, 149, 180, 197, 240, 241, 275, 296, 314, 413, 417.
Autun, 7, 64, 103, 105, 113, 234, 246, 250, 265, 266, 440.
Auvernat, *Haute-Loire*, 22, 23.
Auxerre, 101, 114, 128, 132, 280, 437, 438, 439.
Auzat-sur-Allier, *Puy-de-Dôme*, 34.
Auzon, *Haute-Loire*, 34.
Avesnes, 370, 381.
Avignon, 113, 312.
Azerat, *Haute-Loire*, 34.

B

Badefols-d'Ans, *Dordogne*, 269.
Badefols-de-Cadouin, *Dordogne*, 273.
Baigne, abbaye, 314, 345, 390.
Bains, *Haute-Loire*, 198.

Bajasse (la), *Haute-Loire*, prieuré, 34.
Barbezieux, 315, 316, 319.
Barzelle, abbaye, 115.
Bassac, abbaye, 25, 63, 98, 111, 134. 176, 246, 305, 311, 312, 315, 319, 320, 321, 323, 330, 331, 332, 353, 345, 410, 411, 412, 413, 414, 416, 418, 419, 451.
Bassignac-le-Haut, *Corrèze*, 254, 450.
Bavai, *Nord*, 414.
Bayeux, 82, 114, 357, 390.
Bayonne, 246, 282, 390.
Bazas, 313, 390.
Beaufort, *Haute-Loire*, château, 209.
Beaugency, abbaye, 390.
Beaulieu, abbaye (Diocèse de Boulogne), 115.
Beaulieu-en-Limousin, 6, 36, 76, 88, 95, 115, 131, 132, 133, 231, 235, 254, 256, 259, 261, 263, 268, 271, 283, 287, 317, 422, 447, 451.
Beaulieu-en-Quercy, prieuré de l'Ordre de Malte, 257, 283, 288.
Beaulieu-en-Rouergue, abbaye, 148, 283.
Beaulieu-lès-le-Mans, abbaye, 399.
Beaulieu-près-Loches, abbaye, 100, 380.
Beaulieu-sous-Parthenay, *Deux-Sèvres*, 340.
Beaumont-lès-Clermont, abbaye, 45, 55, 115, 118, 225.
Beaumont-lès-Tours, abbaye, 92, 115.
Beaune, *Côte-d'Or*, 416.
Beaune, *Haute-Loire*, 27, 32, 71, 146, 167, 168, 170, 172, 201, 222, 291, 413, 414, 416.
Beaupréau, *Maine-et-Loire*, 374.
Beauregard, *Puy-de-Dôme*, 45, 48, 230, 232.
Beaussais, *Deux-Sèvres*, 339.
Beauvais, 114, 313, 390.
Beauvoir, abbaye, 115.
Beauvoir, *Deux-Sèvres*, 358.
Beauvoir, *Vendée*, 383.
Bec (le), abbaye, 80, 399, 416, 417.
Bégrolle, *Maine-et-Loire*, 374.
Bellac, *Haute-Vienne*, 74.
Bellaigue, abbaye, 119, 283.
Bellanoa, monastère, 398.
Bellecombe, abbaye, 401.
Bellecroix, *Charente-Inférieure*, 362.
Bellefontaine, abbaye, 374, 393, 402, 403.
Belleperche, abbaye, 283, 292, 314, 399.
Bellevaux, abbaye, 390.
Belley, *Ain*, 73, 74, 78, 114, 234, 390.
Belmont, *Lot*, 259.
Belvès, *Dordogne*, 274, 275.
Bénévent, abbaye, 283.

Bénisson-Dieu (la), abbaye, 115, 238.
Benon, *Charente-Inférieure*, 361.
Bergerac, 272, 273.
Bernay, *Eure*, 20, 417.
Béruges, *Vienne*, 351.
Besançon, 58, 113, 234, 361.
Bessay, *Vendée*, 373.
Besson, *Allier*, 152.
Bethléem, 114.
Beuil (le), abbaye, 399, 404.
Beurières, *Puy-de-Dôme*, 168, 169.
Beynat, *Corrèze*, 253.
Béziers, 114.
Bichiran, *Corrèze*, 133.
Bignay, *Charente-Inférieure*, 329, 337, 360.
Bilhac, *Corrèze*, 264.
Billom, *Puy-de-Dôme*, 46, 47, 48, 56, 58, 72, 132, 201, 202, 224, 230, 245, 286, 305.
Bizac, *Haute-Loire*, 214.
Blanc (le), *Indre*, 79, 92.
Blanche (la), abbaye, 115, 393, 399.
Blanche-Couronne, abbaye, 380, 381.
Blancs-Manteaux (les), abbaye, 233, 293, 414.
Blanzac, *Charente*, 311, 319, 415, 421.
Blaye, *Gironde*, 323, 326, 327, 328.
Blesle, *Haute-Loire*, 117, 148.
Blois, 319.
Boën, *Loire*, 227.
Bois-de-Céné, *Vendée*, 382.
Bois-Grolland, abbaye, 369, 370, 393, 399, 415.
Boissière (la Grande), prieuré, 404.
Bologne (Italie), 140.
Bolseno (Italie), 141.
Bommiers, *Indre*, 83, 84, 311.
Bonlieu, abbaye (Diocèse de Limoges), 402.
Bonlieu, abbaye (Diocèse de Lyon), 227, 283.
Bonnaigue, abbaye, 43, 44, 248, 250, 283.
Bonnebaud, *Puy-de-Dôme*, 135, 236.
Bonnesaigne, abbaye, 111, 115, 247, 249.
Bonnevaux, abbaye (Diocèse de Poitiers), 389, 390, 399.
Bonnevaux, abbaye (Diocèse de Vienne), 235.
Bordeaux, 7, 8, 272, 278, 282, 283, 293, 318, 323, 324, 325, 328, 345, 356, 387, 394, 396, 398, 410, 411, 418.
Borde-Rouge (la), *Lot*, 296.
Borne, *Ardèche*, 210, 211.
Borrèze, *Dordogne*, 256, 287, 288.
Bort, *Corrèze*, 242.
Boscaudon, abbaye, 399.

Boschaud, abbaye, 306, 314, 388.
Boscherville, abbaye, 399.
Bouchain, 278.
Bouillac, *Tarn-et-Garonne*, 292.
Boulogne, 157, 313.
Bouras, abbaye, 115.
Bourbon-l'Archambaud, 106, 276.
Bourbon-Lancy, 67.
Bourdon, *Puy-de-Dôme*, 231.
Bourgdieux, 82, 84, 115, 120.
Bourg-en-Bresse, 124.
Bourges, 2, 7, 15, 36, 65, 66, 69, 70, 71, 72, 73, 74, 77, 79, 83, 85, 89, 90, 94, 95, 96, 97, 101, 113, 114, 130, 138, 146, 148, 161, 182, 232, 246, 248, 250, 312, 338, 389, 390, 403, 404, 411, 413, 415, 416, 421.
Bourgmoyen-de-Blois, abbaye, 390.
Bourgueil, abbaye, 73, 378, 390.
Bournet, abbaye, 319, 345, 388, 399.
Bourzolles, *Lot*, 287.
Bouschet (le), abbaye, 38, 115, 148, 157, 235.
Bouschet-St-Nicolas (le), *Haute-Loire*, 180.
Bouzic, monastère du diocèse de Sarlat, 344.
Brageac, abbaye, 133, 241, 242, 243, 245, 247, 267.
Brantôme, *Dordogne*, 42, 71, 110, 115, 134, 294, 304, 305, 307, 311, 312, 314, 342, 390, 410, 411, 418, 420, 449, 450.
Brécy, *Cher*, 70.
Bresnay, *Allier*, 152.
Bressuire, *Deux-Sèvres*, 384, 385, 422.
Bretenoux, *Lot*, 256, 259, 263.
Breuil-Herbaud, abbaye, 383, 393.
Breuil (le), abbaye, 28.
Brignon (le), *Haute-Loire*, 214.
Brioude, 13, 18, 21, 22, 23, 24, 25, 34, 77, 121, 125, 142, 159, 160, 165, 195.
Brioux-sur-Boutonne, *Deux-Sèvres*, 338.
Brive, *Corrèze*, 131, 253, 256, 263.
Brivezac, *Corrèze*, 263, 264.
Broquerie (la), *Corrèze*, 133.
Bruges, 399.
Brunswick (duché de), 441.
Bruxelles, 90.
Bugue (le), abbaye, 302, 303, 314, 315, 417.
Buis-lès-Aurillac (le), abbaye, 130, 235.
Burie, *Charente-Inférieure*, 318.
Bussière ou Bussière-près-Culant, abbaye, 70, 71, 72, 79, 115, 235.
Buzançais, *Indre*, 103.
Buzay, abbaye, 381, 382, 399.

C

Cadouin, *Dordogne*, 273, 274, 279, 283, 363, 399, 404.
Cahors, 8, 103, 114, 246, 256, 257, 259, 260, 266, 267, 280, 282, 289, 290, 291, 296, 297, 298, 299, 301, 304, 305, 306, 312, 313, 410, 416, 417.
Calais, 89.
Calamane, *Lot*, 289.
Cambrai, 272, 287, 389, 414.
Capelle (la), abbaye, 295, 314.
Capelle-Barrès (la), *Cantal*, 128.
Capelle-Marival (la), *Lot*, 256, 257, 258.
Carcassonne, 292, 294, 295, 313, 390.
Cariaca, 422, 423.
Carières, 422.
Carlux, *Dordogne*, 271, 301.
Carrenac, *Lot*, 264, 265.
Castelnaudary, 341.
Castelnau-de-Bretenoux, 259.
Castelnau-de-Montratier, *Lot*, 290, 291, 296.
Castelsarrazin, 292, 293.
Catane (Sicile), 181.
Catus, *Lot*, 289.
Caussade, *Tarn-et-Garonne*, 291, 296.
Cayrac, *Tarn-et-Garonne*, 296, 312, 344.
Cayres, *Haute-Loire*, 214.
Ceaux-d'Allègre, *Haute-Loire*, 221.
Cébazat, *Puy-de-Dôme*, 225.
Celle-Condé (la), 82, 99.
Celle-Frouin (la), abbaye, 388.
Celles-sur-Belle, *Deux-Sèvres*, 338, 339.
Celles-en-Berry, abbaye, 115, 120.
Cellier (le), *Loire-Inférieure*, 378.
Cerisey, 422.
Cerisy, abbaye, 403.
Chabris, *Indre*, 93.
Chaise-Dieu (la), abbaye, 7, 8, 9, 11, 13, 14, 15, 16, 24, 25, 27, 32, 33, 34, 35, 38, 40, 41, 42, 43, 47, 48, 50, 53, 54, 59, 61, 63, 75, 76, 89, 90, 96, 99, 100, 109, 110, 112, 113, 115, 118, 119, 120, 121, 122, 123, 125, 136, 137, 138, 139, 140, 147, 148, 149, 153, 156, 166, 168, 169, 172, 174, 175, 176, 177, 179, 180, 185, 189, 195, 197, 198, 199, 201, 209, 210, 218, 221, 222, 224, 225, 226, 231, 233, 235, 240, 250, 279, 280, 285, 305, 330, 360, 386, 403, 404, 410, 411, 415, 416, 417, 429, 432, 434, 436, 447, 448.
Chaize-le-Vicomte (la), *Vendée*, 368.
Chalandray, 422.
Challans, *Vendée*, 382.

Challié-les-Marais, *Vendée*, 365.
Châlons-sur-Marne, 114, 234, 403.
Châlons-sur-Saône, 2, 58, 73, 114, 234, 404.
Chalvignac, *Cantal*, 134, 242.
Chamalières, *Haute-Loire*, 31, 118, 236.
Chamalières, *Puy-de-Dôme*, 43, 136, 167, 233, 415, 450.
Chambons (les), abbaye, 210, 211, 235, 404.
Chaméane, *Puy-de-Dôme*, 137.
Chameyrat, *Corrèze*, 253.
Champagnac-de-Bélair, *Dordogne*, 306, 307.
Champagné, *Vendée*, 365.
Champaigue, *Allier*, couvent, 66.
Champeix, *Puy-de-Dôme*, 35.
Champs (Diocèse de Limoges), 71.
Champtoceaux, *Maine-et-Loire*, 378.
Chancel, *Haute-Loire*, 139.
Chancelade, abbaye, 271, 299, 302, 304, 305, 312, 315, 359, 360, 388, 393, 399.
Chaniers, *Charente-Inférieure*, 331.
Chantelle, *Allier*, 63, 68, 74.
Cantemerle, abbaye, 314.
Chantenay, *Nièvre*, 105.
Chanteuge ou Chanteuges, *Haute-Loire*, prieuré, 7, 14, 15, 17, 19, 90, 111, 112, 115, 119, 121, 123, 128, 136, 137, 156, 166, 195, 199. 221, 223, 414, 429, 431, 442, 451.
Chantoin, abbaye, 44, 52, 115, 148, 235.
Chantonnay, *Vendée*, 373.
Chapelle-aux-Planches (la), abbaye, 399.
Chapelle-Auzac (la), *Lot*, 287.
Chapelle-Bâton (la), *Charente-Inférieure*, 337, 338, 358.
Chapelle-Geneste (la), *Haute-Loire*, 33, 223.
Chapelle-Mont-Martin (la), *Loir-et-Cher*, 93.
Chapmoulière, 422.
Charenton-en-Berry, abbaye, 115.
Charité-sur-Loire (la), 68, 69, 70, 75, 78, 100, 101, 102, 103, 120, 152, 161, 448.
Charleville, 91.
Charmes, *Allier*, 60.
Charon, abbaye, 363, 365, 393.
Charost, *Cher*, 81.
Charras, *Charente*, 308.
Charray, *Vienne*, 344, 423.
Charroux abbaye, 235, 247, 330, 345, 388.
Chartres, 104, 282, 310, 326, 341, 388, 390, 409.
Chases (les), abbaye, 17, 20, 21, 31, 32, 115, 117, 119, 148, 195, 199, 247, 249.
Chassac, *Gard*, 80.
Chassagne, *Haute-Loire*, 21, 22, 220.

Chassaigné, 422.
Chasteliers (les), abbaye, *Deux-Sèvres*, 356, 400.
Chastres, ou Châtres, abbaye (Dioc. de Saintes), 389, 400, 410.
Château-Censoir, abbaye, 115.
Château-d'Olonne, *Vendée*, 370.
Château-Gontier, *Mayenne*, 379.
Châteaumeillant, *Cher*, 85.
Châteauneuf-Randon, *Lozère*, 212.
Châteauneuf-sur-Charente, 311, 321.
Châteauroux, *Vendée*, 367.
Châtelet (le), *Cher*, 83, 84, 85.
Châtillon, abbaye, 115, 399.
Châtillon-sur-Sèvre, 384, 419, 420.
Châtres, *Dordogne*, 268, 283, 303, 314.
Chatres, *Loir-et-Cher*, 92.
Chaudeyrac, *Lozère*, 212, 213.
Chaumes, abbaye, 399.
Chaumont, *Puy-de-Dôme*, 169.
Chausseray, 422.
Chaylard-l'Evêque, *Lozère*, 213.
Chelles, *Seine-et-Marne*, abbaye, 34, 99, 399, 447.
Chési, abbaye, 115.
Chevagnes, *Allier*, 107.
Chezal-Benoît, abbaye, 9, 11, 38, 65, 74, 81, 82, 83, 84, 86, 87, 89, 90, 97, 99, 100, 111, 115, 120, 155, 157, 167, 338, 390, 413, 416, 420.
Chidrac, *Puy-de-Dôme*, 35.
Chine, 173.
Chiray, *Vienne*, 423, 424, 425.
Chissery, abbaye, 115.
Cholet, *Maine-et-Loire*, 375, 422.
Chomelix, *Haute-Loire*, 31.
Cisay, *Vienne*, 425.
Citeaux, abbaye, 9, 29, 72, 73, 363, 390, 404.
Clairefontaine, abbaye, 115.
Clairmarais, abbaye, 399.
Clairvaux, abbaye, 357, 365, 399.
Clayrac, *voir* Cleyrac.
Clermont-en-Auvergne, 7, 34, 38, 39, 40, 41, 42, 44, 45, 46, 48, 49, 53, 54, 56, 60, 61, 63, 65, 72, 76, 77, 90, 110, 114, 118, 119, 121, 126, 127, 131, 134, 135, 136, 137, 138, 147, 154, 155, 167, 169, 173, 182, 189, 201, 202, 221, 223, 224, 225, 230, 231, 232, 234, 239, 242, 243, 244, 245, 246, 247, 249, 265, 282, 286, 287, 305, 313, 321, 324, 329, 364, 372, 391, 395, 399, 401, 403, 404, 410, 411, 420, 424, 439.
Clermont-en-Beauvoisis, 441.
Clermont-sur-Loire, 378.
Cleyrac, abbaye, 115, 284, 314.

Clouzeaux (les), *Vendée*, 369.
Cluny, abbaye, 8, 56, 58, 61, 65, 68, 73, 76, 104, 115, 121, 125, 137, 148, 151, 156, 161, 189, 235, 238, 255, 314, 399, 448.
Cluzel (le), *Haute-Loire*, 18, 20.
Cognac, *Charente*, 308, 311, 312.
Cognat-Lyonne, *Allier*, 60, 61.
Coiroux, abbaye, 254, 255, 284.
Collanges, *Puy-de-Dôme*, 24.
Collonges, (Diocèse de Limoges), 71.
Cologne, 113.
Colombe (la), abbaye, 400.
Colombs, abbaye, 397, 400.
Combelongue, abbaye, 314.
Combressol, *Corrèze*, 249.
Combronde, *Puy-de-Dôme*, 224.
Côme, *Puy-de-Dôme*, 232.
Comminges (St-Bertrand-de-), 313.
Compiègne, 75.
Comps, *voir* La Vaudieu.
Condat-en-Feniers, *Cantal*, 239.
Condat-sur-Vézère, *Dordogne*, 268.
Condom, 313.
Confolens, *Haute-Loire*, 30.
Conques, abbaye, 198, 284, 313, 400.
Corbie, *Somme*, 49.
Cordes-Tolosannes, *Tarn-et-Garonne*, 292.
Corme-Royal, *Charente-Inférieure*, 360.
Cormery, abbaye, 400.
Cornil, *Corrèze*, 253.
Cosne, *Nièvre*, 68.
Coubon, *Haute-Loire*, 207.
Coudes, *Puy-de-Dôme*, 112.
Coudiou, *Charente-Inférieure*, 338.
Coulonges, *Charente-Inférieure*, 332.
Coulonges-les-Réaux, *Vendée*, 354.
Courçon, *Charente-Inférieure*, 361, 362.
Cour-Dieu (la), abbaye, 115, 210, 284, 400.
Courgeac, *Charente*, 319.
Cournon, *Puy-de-Dôme* 46.
Couronne (la), abbaye, 148, 309, 310, 330, 331, 358, 388, 400, 410, 411, 415, 418, 422.
Couserans, 313.
Coutances, 114, 308, 399.
Couteuge, *Haute-Loire*, 21.
Crante (les), abbaye, 116.
Craponne, *Haute-Loire*, 110, 231, 240, 305.
Cressange, *Allier*, 150.
Cropières, *Cantal*, 128, 129.

Cruas, abbaye, 115, 212.
Culan, *Cher*, 85.
Cumignat ou Cumignac, *Haute-Loire*, château, 23, 24, 25.
Cussac, *Cantal*, 127.
Cusset, *Allier*, 22, 59, 60, 115, 119, 229.
Cuzance, *Lot*, 288.

D

Dagland, *Dordogne*, 302.
Dalon, abbaye, 269, 283, 284, 285, 315, 390, 400.
Dampierre-en-Lignières, 82.
Dampierre-sur-Boutonne, *Charente-Inférieure*, 358.
Daurade (la), à Cahors, prieuré, 285, 290, 298, 314.
Daurade (la), à Toulouse, abbaye, 25, 34, 71, 80, 122, 292, 293, 294, 295, 298, 301, 305, 323, 326, 352, 370, 410, 414, 417, 448.
Dax, 307, 389, 401.
Dégagnac, *Lot*, 289.
Déols, *voir* Bourgdieux.
Die, 114.
Dieppe, 89.
Digne, 390.
Digons, *Haute-Loire*, 25.
Dijon, 70, 72, 227, 253.
Dilo, abbaye, 115.
Dinan, 384.
Diou, *Allier*, 107.
Dol-en-Bretagne, 75, 390, 399.
Domme, *Dordogne*, 302.
Dompierre, *Allier*, 107, 108.
Dompierre-sur-Mer, *Charente-Inférieure*, 362, 363.
Donzenac, *Corrèze*, 89.
Dorat (le), abbaye, 403, 405.
Dore-l'Eglise, *Puy-de-Dôme*, 27, 169.
Dornes, *Nièvre*, 66.
Douai, 275.
Doue ou Doë, *Haute-Loire*, abbaye, 18, 96, 115, 189, 247.
Doux (le), *Corrèze*, 131, 133.
Dreux, *Eure-et-Loir*, 341.
Dun-le-Roy, 338.

E

Eaulne, évêché, 403.
Ebde, *Haute-Loire*, 219.
Ebreuil, *Allier*, 61, 116, 119, 247, 284, 390, 400.
Echallat, *Charente-Inférieure*, 330.
Eclache (l'), *Puy-de-Dôme*, abbaye, 44, 46, 50, 110, 116.

Egletons, *Corrèze*, 251.
Egmont, abbaye, 400.
Elant, abbaye, 400.
Embrun, 389.
Eglisolles, *Puy-de-Dôme*, 27.
Ennezat, *Puy-de-Dôme*, 50, 53, 136, 225, 226, 247.
Epiry, *Nièvre*, 102.
Ermitage de Cahors (l'), 299.
Escurolles, *Allier*, 60, 64.
Espagnac, *Lot*, 313, 337.
Espalion, *Haute-Loire*, 31.
Espanel, *Lot*, 291, 296.
Espirat, *Puy-de-Dôme*, 48, 50.
Essalois, *Loire*, château, 28.
Essomes, abbaye, 390.
Esterp (l'), abbaye, 117, 404.
Etable, *Vienne*, 344, 423, 425.
Eternac, abbaye, 400.
Etoile (l'), abbaye (Poitiers), 117, 413, 421.
Etrechy, *Cher*, 101.
Evaux, *Creuse*, 153.
Everbeur, abbaye, 399.
Evreux, 114, 282, 399.
Excideuil, *Dordogne*, 269.
Exoudun, *Deux-Sèvres*, 357.
Eygurande, *Corrèze*, 232.
Eysses, abbaye, 148, 284, 315, 404, 451.

F

Faise (la), abbaye, 284.
Farmoutiers, abbaye, 116, 400.
Favart, *Corrèze*, 253.
Faye-Mongeau (la), monastère, 397.
Fayolle (la), *Charente-Inférieure*, 329, 336, 337, 418.
Felines, *Haute-Loire*, 448.
Feniers, abbaye, 116, 239, 240, 247, 315.
Ferrière (la), *Cantal*, 242.
Ferrières-en-Gatinais, 400.
Ferrières-en-Poitou, *voir* St-Léonard-de-Ferrières.
Ferté (la), abbaye, 235.
Ferté-Imbaut (la), 94.
Ferté-Langeron (la), 105.
Figeac, *Lot*, 256, 284, 315, 337, 404.
Fiougou, *Haute-Loire*, 240.
Fives, abbaye, 152.
Fix, *Haute-Loire*, 199.
Flaugnac, *Lot*, 296.

Flèche (la), 103.
Flocellière (la), *Vendée*, 372, 383, 384.
Fomblanche, *Deux-Sèvres*, 357.
Fontaine-le-Comte, 351, 387, 388, 400, 412, 414.
Fontaine-Ste-Claire-d'Alais, abbaye, 235.
Fontaines-les-Blanches, abbaye, 400.
Fontanes, *Haute-Loire*, 34.
Fontdouce, abbaye, 318, 390, 393, 398.
Font-du-Fau (la), *Haute-Loire*, 123.
Fontenay-le-Comte, *Vendée*, 354, 365, 367, 368, 391.
Fontenelles, abbaye, 368, 369, 393, 400, 403.
Fontenet, *Charente-Inférieure*, 333.
Fontevraud, abbaye, 86, 116, 400.
Fontfroide, abbaye, 116.
Fontgauffier, abbaye, 274, 284, 285, 402, 404.
Font-Gombaud, abbaye, 92.
Fontguillem, abbaye, 284, 404.
Fontmorigny, abbaye, 85, 116, 235.
Fontperron, *Deux-Sèvres*, 356.
Font-Vif, *voir* Grosbois.
Fournols, *Puy-de-Dôme*, 119.
Frayssinet, *Lot*, 300.
Fréjus, 313.
Frenade (la), abbaye, 284, 316, 319, 331, 389, 400.
Fribourg, 343.
Fulde, abbaye, 400.

G

Gaillac, *Tarn*, 295.
Gannat, 60, 61, 63, 100, 109, 134, 150, 153, 238.
Gap, 114.
Garde-Dieu (la), abbaye, 247, 284, 290, 291, 296, 298, 314.
Gastines, abbaye, 400.
Gâtines-en-Tourraine, 102.
Gelles, *Puy-de-Dôme*, 135, 136, 232, 236.
Gemblours, abbaye, 400.
Genève, 114, 147, 234.
Gerzat, *Puy-de-Dôme*, 57.
Gien, *Loiret*, 93.
Gimont, abbaye, 117.
Glandève, 114.
Glandiers, *Corrèze*, 301, 404.
Glatigny, monastère, 93.
Goudet, *Haute-Loire*, prieuré, 208, 209, 221.
Gourdon, *Lot*, 260, 263, 288.
Gouttes-Pommier (les), 108.

Grâce-Dieu (la), abbaye du diocèse de la Rochelle, 361, 362, 363, 393, 414.
Grâce-Dieu (la), *voir* Leyme.
Gramat, *Lot*, 265, 290.
Grandrif, *Puy-de-Dôme*, 169.
Grand'Rive (la), *Puy-de-Dôme*, 169.
Grand-Selve, abbaye, 292, 294, 314.
Grasse (la), abbaye, 247, 292, 294, 295, 417, 448.
Grenade-sur-Garonne, *Haute-Garonne*, 293.
Grenetière (la), abbaye, 373, 374, 383, 393, 398.
Grenoble, 114, 234, 272, 297.
Grestain, abbaye, 400.
Grifoulière (la), *Corrèze*, 255.
Grosbois, Grosbos ou Grobois, abbaye, 284, 308, 314, 387, 400.
Guéret, 73.
Guiole (la), *Aveyron*, 447.
Guîtres, abbaye, 390.

H

Habitarelle (l'), *Corrèze*, 251.
Ham, abbaye, 390.
Hambuye, abbaye, 400.
Hasnon, abbaye, 400.
Hautecombe, abbaye, 399.
Hauterive, près Thiers, *Puy-de-Dôme*, château, 23.
Hâvre-de-Grace (le), 80.
Herbiers (les), *Vendée*, 373, 374.
Hiersac, *Dordogne*, 321, 330.
Hospitalet (l'), *Lot*, 290. 296.
Hôtel-Dieu du Puy, 177.

I

Ids-St-Roch, 83.
Ile (l'), abbaye, 284.
Ile-Barbe (l'), *Rhône*, abbaye, 28, 116, 235, 400.
Imons, *Corrèze*, 132, 149, 450.
Inde, 173.
Ingrande, *Maine-et-Loire*, 377.
Ironde, *Puy-de-Dôme*, 148, 157.
Isle-Chauvet (l'), abbaye, 382, 393, 397, 421.
Issendolus, *Lot*, 257, 258.
Iseure, *Allier*, 63, 64, 65, 117.
Issigeac, *Dordogne*, 272, 278.
Issoire, 34, 36, 37, 38, 39, 50, 53, 54, 61, 110, 112, 117, 118, 137, 148, 159, 235, 263, 329, 449.
Issoudun, 71, 83, 88, 93, 98, 99, 115, 120, 222.

J

Jaligny, 119.
Jard, *Vendée*, 370.
Jard, abbaye, (Diocèse de Sens), 400.
Jarnac, 311, 315, 321, 322.
Jarrie (la), *Charente-Inférieure*, 362.
Javaugues, *Haute-Loire*, 22, 24, 25.
Jax, *Haute-Loire*, 23.
Jayac, *Dordogne*, 270.
Jazenolium, abbaye, 118.
Jenzat, *Allier*, 109.
Joie (la), abbaye, 415.
Jonzac, 323, 363.
Jouarre, abbaye, 402.
Jouy, abbaye, 400.
Jumeaux, *Puy-de-Dôme*, 34.
Jumièges, 75, 80, 267, 400, 417.

K

Knilis, 382.

L

La Chaise-Dieu, *voir* Chaise-Dieu (la).
La Charité-sur-Loire, *voir* Charité (la).
Ladouze, *Dordogne*, 303.
Lamontgie, *Puy-de-Dôme*, 33.
Lamothe, *Dordogne*, 287.
Lamothe-Achard, *Vendée*, 369.
Lamothe-Canillac, *Haute-Loire*, 23, 34, 143, 165.
Lamothe-Fénelon, *Lot*, 289.
Lamothe-St-Héraye, *Deux-Sèvres*, 357.
Landunvez, *Finistère*, 80.
Langeac, *Haute-Loire*, 14, 17, 18, 20, 23, 100, 118, 121, 127, 128, 195, 199, 231, 311.
Langogne, *Lozère*, 211, 212, 213, 222.
Langon, *Loir-et-Cher*, 92, 94.
Langres, 114.
Lannoy, abbaye, 399.
Lanville, *Charente*, 337, 392.
Lanzac, *Lot*, 289.
Largentière, *Ardèche*, 211.
Latour-d'Auvergne, *Puy-de-Dôme*, 237.
La Vassin, *voir* Vassin (la).
Lavaudieu, *voir* Vaudieu (la).
Lavaur, évêché, 147, 365.

Laveine, *Puy-de-Dôme*, prieuré, 227.
Lavercantière, *Lot*, 289.
Lavoûte, *voir* Voûte (la).
Lazenay, *Cher*, 88.
Lectoure, 114, 246, 283, 313.
Lempdes, *Haute-Loire*, 35.
Lérins, abbaye, 208, 400.
Lescar, 317.
Leyme, abbaye, 256, 257, 258, 259, 284, 285.
Lezay, *Deux-Sèvres*, 356.
Lezoux, *Puy-de-Dôme*, 227, 230.
Liège, 255.
Lieu-Dieu-en-Jard, abbaye, 370, 393, 405.
Ligné, *Loire-Inférieure*, 378.
Lignières, *Cher*, 81, 84.
Limoges, 8, 28, 39, 40, 41, 54, 72, 78, 81, 82, 89, 95, 100, 114, 123, 132, 136, 138, 139, 147, 166, 189, 234, 246, 248, 249, 250, 253, 254, 269, 280, 283, 292, 307, 313, 319, 328, 340, 341, 344, 366, 374, 386, 390, 398, 399, 405, 414, 416, 420, 421.
Limours, 103.
Linars, (Diocèse de Limoges), 366.
Lire ou Lyre, 110, 316, 341, 449.
Lisieux, 399, 417.
Livernon, *Lot*, 337.
Lodève, 114, 209.
Lombez, 313, 336.
Londres, 442.
Longefont, monastère, 86.
Longpont, abbaye, 400.
Loroy, abbaye, 73, 116.
Loubaresse, *Ardèche*, 211.
Loudes, *Haute-Loire*, 198, 201.
Loulay, *Charente-Inférieure*, 358.
Loupe (la), (Diocèse de Chartres), 80.
Luc, *Lozère*, 212.
Luc (le), abbaye, 400.
Luçon, 8, 114, 380, 366, 367, 368, 369, 371, 372, 373, 374, 382, 390, 393, 398, 402, 403, 405.
Lucs (les), *Vendée*, 383.
Lury, *Cher*, 88, 97.
Lusignan, *Vienne*, 340, 341, 351, 356, 387.
Lusigny, *Allier*, 107.
Lusillat, *Puy-de-Dôme*, 119.
Luynes-en-Touraine, 91.
Luzech, *Lot*, 296.
Luzerne (la), abbaye, 400.
Lyon, 113, 140, 142, 147, 157, 174, 179, 215, 234, 265, 311, 312, 347.
Lyre, *voir* Lire.

M

Machecoul, *Loire-Inférieure*, 381, 382.
Mâcon, 234, 313.
Macqueville, *Charente-Inférieure*, 330, 411.
Madic, *Cantal*, château, 237.
Madion, abbaye, 391.
Madrid, 280.
Maguelonne, 114, 234, 399.
Maillezais, 392, 401, 404.
Mailly, abbaye, 390, 400.
Malines, 389.
Manglieu, abbaye, 37, 116, 118, 247, 315.
Mans, *Haute-Loire*, 31.
Mans (le), 13, 225, 283, 375, 390, 448.
Marans, *Charente-Inférieure*, 363.
Marcenat, *Cantal*, 239.
Marchamps, *Cantal*, 134.
Marcigny, *Saône-et-Loire*, 60, 434.
Marcillac, abbaye, 284, 314.
Marcillac-Lanville, *Charente*, 337.
Marennes, *Charente-Inférieure*, 317.
Mareuil, *Cher*, 99, 100.
Mareuil, *Dordogne*, 308.
Mareuil, *Vendée*, 373.
Mareuil (Vieux-), *Dordogne*, 308.
Marigny, *Allier*, 66.
Maringues, *Puy-de-Dôme*, 138, 225.
Marly, 185.
Marmoutiers, près Tours, abbaye, 78, 80, 89, 97, 109, 116, 252, 305, 343, 366, 368, 374, 381, 382, 384, 387, 400, 414, 421, 451.
Marsac, *Puy-de-Dôme*, 169.
Marsat, *Puy-de-Dôme*, prieuré, 56, 57, 119.
Marseille, 211, 213, 405.
Marsilly, (Diocèse d'Orléans), 304.
Martel, *Lot*, 260, 263, 288.
Marthonie (la), *Dordogne*, 307.
Martres-de-Veyre (les), *Puy-de-Dôme*, 136, 148.
Mas-d'Azil (le), abbaye, 315, 390.
Mas-Garnier ou Grenier, abbaye, 284, 292, 293, 295, 314, 315, 417, 451.
Massay, abbaye, 71, 82, 90, 93, 96, 97, 116, 120.
Matha, *Charente-Inférieure*, 322, 330.
Maubec, abbaye, 116.
Mauléon, *voir* Châtillon-sur-Sèvre.
Mauriac, *Cantal*, 6, 7, 40, 42, 82, 133, 134, 135, 144, 149, 156, 171, 224, 230, 232, 236, 237, 240, 241, 242, 243, 244, 245, 305, 311, 340, 413, 421.

Maurs, *Cantal*, 131, 258, 415.
Mauzac ou Mozac, *Puy-de-Dôme*, 39, 56, 57, 58, 109, 110, 116, 119, 120, 149, 224, 235, 433.
Mauzé, *Deux-Sèvres*, 362.
Mayence, 389.
Mazan, abbaye, 203, 209, 210, 212, 223, 235.
Mazan-et-Mazeyrac, *Ardèche*, 209.
Mazeyrat-Aurouze, *Haute-Loire*, 123, 166.
Mazières-en-Gâtine, *Deux-Sèvres*, 340.
Meaux, 114.
Médagues, 122.
Médeyroiles, *Puy-de-Dôme*, 27.
Mégemont, abbaye, 116, 238, 265, 450.
Meillard, *Allier*, 150.
Meilleraie (la), *Deux-Sèvres*, 340.
Melinais, prieuré, 421.
Melle, *Deux-Sèvres*, 338, 341, 356, 357.
Menat, *Puy-de-Dôme*, 61, 62, 116, 119, 247.
Mende, 7, 16, 17, 19, 114, 147, 212, 213, 234, 408, 421.
Menetou-Couture, *Cher*, 85.
Ménigoute, *Deux-Sèvres*, 356.
Mennetou-sur-Cher, 92, 93.
Ménoire, *Corrèze*, 255.
Mercœur, *Corrèze*, 131, 133.
Mercoire, abbaye, 212, 213, 223, 235.
Mercuès, *Lot*, 289, 297, 298.
Mercuret ou Mercury, *Haute-Loire*, 201.
Mercy (Diocèse de Bourges), 79.
Merci-Dieu (la), abbaye, 401.
Merpins, *Charente*, 316.
Méry-sur-Cher, 91.
Metz, 239.
Meymac ou Meimac, *Corrèze*, 36, 38, 44, 45, 116, 247, 249, 250, 251, 305, 386, 398, 400, 402, 411, 412, 413, 419.
Meyrac, *Lot*, 288.
Meyronne, *Lot*, 267.
Meyssac, *Corrèze*, 340.
Migny, *Indre*, 74, 88, 98, 99, 167, 222, 262.
Mirabel, *Tarn-et-Garonne*, 261.
Mirambeau, *Charente-Inférieure*, 323.
Mirepoix, 51, 313.
Moingt, *Loire*, 28.
Moissac, abbaye, 284, 297, 314, 404.
Molême, abbaye, 9.
Molèze, abbaye, 315.
Monastier-St-Chaffre (le), *Haute-Loire*, 31, 69, 105, 117, 192, 195, 207, 208, 213, 247, 280, 340, 401, 433.
Monclard, *Haute-Loire*, 160.

Monistrol-sur-Loire ou l'Evêque, *Haute-Loire*, 30, 33, 77, 146, 172, 181, 185, 194, 197, 223, 274.
Monlet, *Haute-Loire*, 221.
Montauban, 77, 125, 260, 279, 280, 291, 292, 295, 296, 301, 313, 314, 390, 410, 417.
Montberton, *Ain*, 58.
Montbrison, 28, 36, 37, 38, 136, 175, 199, 227.
Montbron, *Charente*, 308.
Mont-de-Marsan, 40.
Montet-aux-Moines, *Allier*, 71, 90, 150, 152.
Montfaucon, *Haute-Loire*, 225.
Montferrand, *Puy-de-Dôme*, 42, 48, 53, 149, 166, 225, 403.
Montfort-la-Canne, 99, 103, 311.
Montier-Neuf, abbaye, 116, 343, 352, 353, 356, 392, 393, 396, 397, 401, 403, 414, 422, 423, 425.
Montignac, *Dordogne*, 268.
Montillot, *Yonne*, 110.
Montjean, *Maine-et-Loire*, 377.
Montluçon, 64.
Montmeillant, 416.
Montmoreau, *Charente*, 319.
Montmorin, *Puy-de-Dôme*, 46, 47, 48, 147, 149, 170, 448.
Montolieu, abbaye, 294.
Montolieu, *Charente-Inférieure*, 363.
Montpellier, 114, 209, 213, 326.
Montpensier, *Puy-de-Dôme*, 437.
Montpeyroux, abbaye, 59, 116, 148, 168, 227, 235.
Montpezat, *Ardèche*, 209.
Montreuil-Bellay, prieuré, 378.
Mont-St-Michel, abbaye, 116, 376.
Montvert, *Cantal*, 131.
Mordesson, *Lot*, 290.
Moreaux, abbaye, 315, 390, 401, 403.
Moreilles ou Moureilles, abbaye, 362, 365, 369, 393, 403, 414.
Morimond, abbaye, 402.
Mortagne-sur-Sèvre, prieuré, 288, 301, 364, 374, 412.
Mottes-en-Hainaut (les), *Nord*, 414.
Mouchamps, *Vendée*, 373.
Moulidars, *Dordogne*, 321.
Moulin-Bâti, château, 292.
Moulin-d'Arnac, *Corrèze*, 255, 256.
Moulins-en-Bourbonnais, 7, 53, 63, 64, 65, 105, 111, 150, 153, 161, 181, 221, 230, 234, 448, 449.
Moûtier-de-Thiers (le), *Puy-de-Dôme*, 47, 117, 228, 235.
Moutiers-en-Tarentaise, 113.
Moutiers-les-Maufaits (les), *Vendée*, 371.
Moutiers-sur-le-Lay, *Vendée*, 378.
Moyrac, 417.

Murat, *Cantal*, 122, 235, 239.
Murols, *Puy-de-Dôme*, 157.

N

Nantes, 378, 379, 380, 381, 390.
Nanteuil, prieuré, 102, 284, 387.
Narbonne, 234, 282, 312, 389.
Narnhac, *Cantal*, 128.
Nébouzat, *Puy-de-Dôme*, 447.
Nègrepelisse, *Tarn-et-Garonne*, 296.
Nemours, 68, 415.
Nerlac, abbaye, 116, 401.
Nérondes, *Cher*, 85.
Neschers, *Puy-de-Dôme*, 35, 123.
Neuf-Mesnil (le), *Nord*, 414.
Neuilly-le-Réal, *Allier*, 108.
Neuvic, *Corrèze*, 246.
Neuville, *Vienne*, 344.
Nevers, 7, 17, 66, 67, 70, 72, 102, 103, 104, 105, 114, 143, 201, 234, 277, 390.
Nice, 399.
Nieul, abbaye, 391, 401.
Nieul-le-Dolent, *Vendée*, 369.
Nîmes, 114.
Niort, *Deux-Sèvres*, 339, 356, 357, 358, 415, 421.
Noaillé, abbaye, 100, 116, 136, 249, 344, 345, 346, 348, 362, 388, 389, 397, 402, 403, 404, 412, 419, 421, 449.
Nouards, *Corrèze*, 256.
Nonette, *Puy-de-Dôme*, 33
Nontron, *Dordogne*, 306, 307, 308.
Notre-Dame d'Angles, abbaye, (Diocèse de Luçon), 371, 393, 402.
Notre-Dame de Bonne-Nouvelle, à Orléans, 288.
Notre-Dame de Bonne-Nouvelle, à Rouen, 49.
Notre-Dame de Celles, abbaye, 339, 388, 389, 412.
Notr -Dame de Grâce, *Loire*, 29.
Notre-Dame d'Entre-Saints, à Clermont, 38, 39, 41, 46, 149, 153, 157.
Notre-Dame de la Chaume, abbaye, 381, 382.
Notre-Dame de la Font, abbaye, 116.
Notre-Dame de Lantenac, 400.
Notre-Dame de l'Ile de Ré, abbaye, 400, 401.
Notre-Dame de Nevers, abbaye, 103, 116, 120.
Notre-Dame de Sair es, 284, 316, 403.
Notre-Dame des Feuillants, abbaye, 400.
Notre-Dame de Turpenay, abbaye, 382.
Notre-Dame du Port, à Clermont, 41, 42.
Notre-Dame du Port, à Souillac, 301.

Nouvelle-lès-Gourdon (la), abbaye, 289, 314.
Noyers (les), abbaye, 401.
Noyon, 114, 141, 335.
Nuaillé, *Charente-Inférieure*, 338, 362.

O

Obazine, abbaye, 253, 254, 255, 256, 260, 284, 285, 391.
Oberwesel, 112.
Olivet, abbaye, 92, 93, 94, 97, 111, 116.
Oloron, 313, 390, 401.
Orbais, abbaye, 116.
Orcines, *Puy-de-Dôme*, 43.
Orléans, 94, 103, 114, 257, 304, 335, 376, 390, 401.
Orliaguet, *Dordogne*, 271.
Orme (l'), *Haute-Loire*, 202.
Ormond, abbaye, 401.
Orsan, abbaye, 84, 85, 97, 120.
Orsonnette, *Puy-de-Dôme*, 34.
Orval, abbaye, 399.
Ouzouer-sur-Trézée, *Loiret*, 439, 440.

P

Padoue, 430.
Paimbœuf, *Loire-Inférieure*, 381.
Palais-Notre-Dame, abbaye, 284, 401.
Palluau, *Vendée*, 383.
Pamiers, 265, 313.
Parc (le), *Vendée*, 373.
Paris, 61, 62, 68, 72, 80, 90, 94, 95, 101, 102, 103, 105, 113, 131, 137, 138, 143, 160, 175, 196, 216, 238, 253, 268, 276, 277, 312, 331, 335, 356, 357, 359, 360, 365, 371, 389, 392, 396, 412, 413, 415, 416, 418, 419, 424, 425, 430, 436.
Parthenay, *Deux-Sèvres*, 386.
Pauléon, *Charente-Inférieure*, 362.
Paulhac, *Lot*, 259.
Paulhaguet, *Haute-Loire*, 21, 123, 160, 220.
Pauliat, *Puy-de-Dôme*, 47.
Paulin, *Dordogne*, 287, 288.
Payrac, *Lot*, 289.
Pébrac, *Haute-Loire*, abbaye, 14, 16, 17, 21, 23, 27, 34, 57, 77, 116, 139, 143, 148, 165, 408.
Pellerin (le), *Loire-Inférieure*, 381.
Périer, *Puy-de-Dôme*, 36.
Pérignac, abbaye, 315.
Périgné, *Deux-Sèvres*, 338.

Périgueux, 8, 141, 247, 269, 283, 294, 303, 304, 305, 306, 307, 311, 313, 314, 342, 388, 411, 412, 418, 419.
Pessan, abbaye, 315.
Petit-Niort (le), *Charente-Inférieure*, 323, 328.
Peumerit-Cap, *Finistère*, 97.
Peyrillac, *Dordogne*, 301.
Peyrouse (la), abbaye, 303, 307, 314, 391.
Peyroux, *Corrèze*, 135.
Pierre-Besse, *Cantal*, 19.
Pierres (les), abbaye, 85, 111, 117.
Pin (le), abbaye, 284, 351, 401, 403.
Pin-St-Denis (le), *Charente-Inférieure*, 329.
Pinols, *Haute-Loire*, 112.
Pirmil, prieuré, 378, 380, 382.
Pleaux, *Cantal*, 16, 53, 133, 242.
Pleinpied, abbaye, 117, 284.
Poirée (le), *Vendée*, 383.
Poiroux (le), *Vendée*, 369.
Poitiers, 8, 54, 71, 81, 114, 118, 182, 186, 189, 283, 308, 339, 340, 342, 343, 345, 346, 347, 348, 349, 355, 356, 363, 378, 384, 385, 387, 388, 389, 390, 392, 393, 394, 395, 396, 397, 398, 399, 401, 402, 403, 405, 414, 417, 420, 422, 423, 425, 440.
Polignac, *Haute-Loire*, 139, 143, 194, 198, 217, 220.
Pommiers, prieuré, 102.
Pons ou Ponts, *Charente-Inférieure*, 323, 328, 330, 410, 418.
Pont-du-Château, *Puy-de-Dôme*, 46, 48, 238.
Pontigny, abbaye, 269, 284, 363, 401.
Pontlevoy, abbaye, 54, 116, 386.
Pontratier, *Allier*, monastère, 60.
Port-Baneau, *Allier*, 105.
Porto, 157.
Port-Royal, 90.
Poulignac-sous-Chalais, 363.
Poupeau (le), *Charente-Inférieure*, 329, 332.
Pradelles, *Cantal*, 240.
Pradelles, *Haute-Loire*, 213, 214.
Prades, *Haute-Loire*, 199.
Prats-de-Carlux, *Lot*, 267.
Prébenoît, abbaye, 284.
Préchonnet, *Puy-de-Dôme*, 135, 236.
Próe (la), abbaye, 82, 83, 111, 116.
Preuilly, abbaye, 401.
Prondines, *Puy-de-Dôme*, 46.
Prudhomat, *Lot*, 259.
Pseaume, abbaye, 235.
Puybrun, *Lot*, 263.
Puy-d'Arnac, *Corrèze*, 135.
Puy-de-Noa, *Corrèze*, 256.

Puy-en-Velay (le), *Anicium*, 5, 8, 16, 39, 40, 41, 44, 76, 77, 89, 90, 110, 111, 113, 114, 118, 122, 123, 127, 139, 140, 141, 142, 143, 144, 146, 147, 148, 150, 151, 154, 166, 167, 168, 170, 172, 175, 177, 178, 182, 183, 184, 186, 187, 188, 190, 191, 193, 194, 195, 196, 197, 198, 199, 200, 202, 205, 209, 210, 214, 215, 216, 217, 218, 219, 231, 233, 234, 238, 243, 246, 250, 262, 263, 265, 266, 267, 268, 274, 280, 283, 286, 296, 300, 305, 309, 321, 326, 340, 389, 399, 403, 410, 412, 413, 414, 415, 416, 417, 419, 420, 421, 422.
Puyferrand, abbaye, 84, 85, 116, 391, 401.
Puy-Guillaume, *Puy-de-Dôme*, 227.
Puyravault, *Vendée*, 365.

Q

Quesnoy (le), 277.
Quincay, *Vienne*, 348, 388.
Quimper, 390.

R

Racherie (la), *Allier*, 152.
Randan, *Puy-de-Dôme*, 59, 432.
Ravel, *Puy-de-Dôme*, 229, 230.
Réal ou Réale (la), abbaye, 400, 404.
Réalville, *Tarn-et-Garonne*, 291.
Rebais, abbaye, 148.
Reclus (le), abbaye, 117.
Redon, 378, 381, 384.
Règle (la), abbaye, (Diocèse de Limoges), 284, 403, 404, 405.
Regni, abbaye, 117.
Reims, 96, 113, 291, 390, 392, 415, 416, 447.
Rennes, 80, 385.
Réole (la), *Gironde*, 333.
Réorthe (la), *Vendée*, 367.
Ressons, abbaye, 401.
Retournac, *Haute-Loire*, 30, 178, 413.
Reuilly, *Cher*, 88.
Richelieu, 87.
Rieux, 404.
Rignac, *Lot*, 288.
Riom, 25, 56, 57, 61, 88, 109, 126, 137, 143, 149, 150, 153, 156, 169, 224, 225, 228, 230, 236, 329, 431.
Riom-ès-Montagne, *Cantal*, 237, 240.
Ris, *Puy-de-Dôme*, 37.
Rocamadour, *Lot*, 265, 266, 285.
Roche (la), abbaye, 116.
Roche-Courbon (la), *Charente-Inférieure*, 332.
Roche-sur-Yon (la), *Vendée*, 368, 369, 373, 374, 383.

Rochefort-sur-Mer, 332, 361.
Rochelle (la), 8, 321, 335, 344, 350, 361, 362, 363, 364, 365, 373, 374, 384, 385, 390, 392, 401, 414, 441.
Roches (les), près St-Ours, *Puy-de-Dôme*, 437.
Rodez, 17, 114, 147, 198, 208, 283, 293, 313, 393, 399, 408, 447.
Rome, 185, 216, 228, 280, 361, 413, 416, 432.
Romorantin, 92, 97, 319.
Roquetaillade, *Aude*, 370.
Rosiers, *Corrèze*, 251.
Rosières, abbaye, 235.
Rosières, *Haute-Loire*, 206.
Rouans, *Loire-Inférieure*, 381.
Rouen, 75, 113, 246, 359, 389, 424, 436.
Rouessé, (Diocèse du Mans), 448.
Rouillac, *Charente*, 337.
Royan, *Charente-Inférieure*, 317, 318.
Ruesium ou Ruessium, 27, 141.
Ruricourt, abbaye, 315.
Ruyères, *Lot*, 256, 257, 258.

S

Sables-d'Olonne (les), *Vendée*, 369, 370, 371, 383.
Sablonceaux, abbaye, 304, 305, 359, 360, 393, 401, 411, 414, 415.
Sagelat, *Dordogne*, 274.
Saigne (la), maison, *Puy-de-Dôme*, 43.
St-Allyre, village, *Puy-de-Dôme*, 33.
St-Allyre-lès-Clermont, abbaye, 16, 25, 33, 38, 39, 40, 42, 43, 45, 51, 53, 54, 59, 63, 65, 71, 76, 77, 79, 100, 109, 110, 111, 113, 116, 117, 123, 132, 134, 135, 136, 138, 148, 149, 153, 154, 155, 156, 157, 170, 172, 180, 181, 224, 225, 231, 232, 236, 243, 250, 267, 286, 287, 306, 321, 322, 330, 340, 346, 391, 401, 410, 412, 413, 416, 418, 419, 431, 433, 434, 437, 438, 447, 449, 450, 451.
St-Alvère, *Dordogne*, 303. 293.
St-Amable-de-Riom, collégiale, 57, 58, 100, 109, 111, 114, 149, 156, 247, 403.
St-Amand, *Cher*, 81, 82, 84, 85.
St-Amand-de-Boisse, abbaye, 388, 399.
St-Amand-de-Coly, abbaye, 268, 271, 283.
St-Amand-de-Rouen, abbaye, 114.
St-Amand-en-Pévèle, abbaye, 390.
St-Ambroix ou Ambroise-de-Bourges, abbaye, 74, 78, 79, 101, 115, 399.
St-Andoche, abbaye, 247.
St-André-d'Avignon, abbaye, 323.
St-André-de-Bordeaux, 387.
St-André-de-Clermont, abbaye, 42, 51, 55, 115, 314.
St-André-de-Meymac, abbaye, *voir* Meymac.

St-André-d'Ornay, *Vendée*, 368.
St-Angel, *Corrèze*, prieuré, 101, 134, 135, 245, 246, 249, 287, 411, 419, 447.
St-Angel, *Dordogne*, 306.
St-Anthème, *Puy-de-Dôme*, 27, 169.
St-Antoine-de-Vienne, abbaye, 115.
St-Antonin, prieuré, 416.
St-Aphrodise-de-Béziers, 114.
St-Arcons, *Haute-Loire*, 20, 128, 136, 166, 198, 199, 221.
St-Arthème-de-Blanzac, abbaye, 388, 397.
St-Astier, abbaye, 314, 388.
St-Aubin-d'Angers, abbaye, 336, 376, 377.
St-Augustin-de-Limoges, abbaye, 8, 20, 25, 33, 36, 37, 38, 39, 40, 41, 42, 52, 53, 54, 63, 70, 71, 74, 75, 76, 78, 79, 81, 87, 88, 89, 95, 100, 103, 108, 109, 123, 131, 132, 134, 136, 138, 139, 148, 154, 156, 166, 189, 229, 230, 231, 240, 246, 247, 248, 249, 263, 280, 283, 288, 292, 305, 319, 321, 328, 329, 338, 340, 341, 342, 343, 344, 347, 366, 372, 374, 386, 390, 399, 403, 404, 410, 419, 447, 449.
St-Ausone, abbaye, 308, 309, 310, 315, 411, 418.
St-Austremoine-d'Issoire, abbaye, *voir* Issoire.
St-Autrille-de-Bourges, 120.
St-Babel, *Puy-de-Dôme*, 148.
St-Bauzile-de-Nîmes, 25.
St-Bavon-de-Gand, abbaye, 399.
St-Bénigne-de-Dijon, abbaye, 13, 235, 399.
St-Benoît-de-Castres, abbaye, 115, 156.
St-Benoît-de-Quincay, abbaye, *voir* Quincay.
St-Benoît-du-Sault, *Indre*, 79, 97, 148, 449, 450.
St-Benoît-en-Voivre, abbaye, 239.
St-Benoît-sur-Loire, 90, 450.
St-Bernard-de-Jériponte, *Irlande*, 362.
St-Bonnet-le-Château, *Loire*, 197.
St-Bibien, *Charente-Inférieure*, 361.
St-Bonnet-près-Riom, 224.
St-Brix-des-Bois, *Charente-Inférieure*, 318.
St-Cassy, à Clermont, 149.
St-Céré, *Lot*, 252, 256, 258, 259, 265.
St-Cerneuf-de-Billom, 48.
St-Chamond, *Loire*, 71, 108, 227, 263, 347.
St-Chignan, abbaye, 115.
St-Cristophe-en-Bazelle, *Indre*, 93.
St-Cirgues, (Diocèse de St-Flour), 132.
St-Cirgues, *Puy-de-Dôme*, 35.
St-Clément, *Puy-de-Dôme*, 27.
St-Clément-de-Craon, abbaye, 448.
St-Clément-de-Metz, abbaye, 115, 383, 399.
St-Corneille-de-Compiègne, abbaye, 400.
St-Cybar, abbaye, 284, 309, 310, 322, 388, 413.

St-Cyprien, *Dordogne*, 271, 272, 273, 275, 280, 282, 285, 302, 305, 341, 346, 401, 414, 420.
St-Cyprien-de-Poitiers, abbaye, 76, 342, 344, 391, 392, 400, 402, 411, 412, 413, 416, 417, 418, 447, 449, 451.
St-Cyran-en-Braine, abbaye, 73, 117, 354.
St-Denis-de-Gouère, 83.
St-Denis-de-Rully, 120.
St-Denis-en-France, abbaye, 54, 61, 75, 80, 81, 89, 100, 111, 161, 233, 279, 280, 282, 315, 319, 323, 410, 411, 412, 413, 414, 415, 418, 419, 425, 442, 449.
St-Didier, *Allier*, 64.
St-Didier-d'Allier, *Haute-Loire*, 219.
St-Didier-la-Séauve ou de Velay, *Haute-Loire*, 30, 172, 176.
St-Donat, *Puy-de-Dôme*, 237.
St-Eble, *Haute-Loire*, 21.
St-Etienne-de-Dijon, abbaye, 117.
St-Etienne-de-Lugdarès, *Ardèche*, 210, 211.
St-Etienne-de-Nevers, prieuré, 68, 102, 103, 104, 111, 120, 138, 151.
St-Etienne-de-Noblat, *Haute-Vienne*, 374.
St-Etienne-de-Vaux, abbaye, 317, 389.
St-Etienne-du-Furan ou en-Forez, 29, 199, 210, 343.
St-Etienne-la-Cigogne, *Deux-Sèvres*, 358.
St-Eutrope, abbaye, 316, 332.
St-Evroul-d'Ouche, abbaye, 400.
St-Faron-lès-Meaux, abbaye, 64, 71, 80, 89, 105, 137, 152, 233, 244, 319, 415.
St-Ferme, abbaye, 284.
St-Ferréol-près-Brioude, couvent, 34.
St-Florent, *Cher*, 81, 100.
St-Florent-de-Saumur, abbaye, 89, 93, 115, 246, 344, 368, 376, 378, 380, 398, 400.
St-Florent-le-Vieil, *Maine-et-Loire*, 375, 377, 378.
St-Flour, 7, 8, 14, 17, 77, 118, 121, 123, 125, 126, 127, 128, 130, 132, 144, 157, 169, 171, 174, 192, 195, 234, 247, 306, 408, 409.
St-Flour-de-Mercoire, *Lozère*, 213.
St-Fréjoux-le-Majeur, *Corrèze*, 248.
St-Fulgent, *Vendée*, 383.
St-Gal, *Cantal*, 123.
St-Genès-de-Clermont, collégiale, *Puy-de-Dôme*, 41, 42, 45, 110, 111, 116, 125, 138, 170, 233, 247, 403, 422.
St-Genès-de-Thiers, collégiale, 47, 228, 229.
St-Genès, *Charente-Inférieure*, 317.
St-Genou, abbaye, 400.
St-Georges, au Puy, 141, 194, 197.
St-Georges-d'Aurac, *Haute-Loire*, 21.
St-Georges-d'Orion, *Charente-Inférieure*, 331.
St-Georges-du-Bois, *Charente-Inférieure*, 362.

St-Georges-sur-Loire, *Maine-et-Loire*, 375, 377.
St-Gérand-le-Puy, *Allier*, 108.
St-Géraud-d'Aurillac, abbaye, 70, 130, 247, 283, 402.
St-Germain-d'Auxerre, abbaye, 80, 103, 439.
St-Germain-de-Flaix, abbaye, 390.
St-Germain-des-Prés, abbaye, 6, 20, 75, 80, 89, 116, 229, 295, 300, 301, 330, 335, 352, 385, 398, 400, 401, 408, 414, 415, 417, 421, 424, 425, 446.
St-Germain-du-Bel-Air, *Lot*, 300.
St-Germain-en-Laye, 319, 320, 321.
St-Germain-Lembron, *Puy-de-Dôme*, 34, 35.
St-Germain-L'Herm, *Puy-de-Dôme*, 29, 33, 112, 137, 148, 223.
St-Gervais, *Vendée*, 383.
St-Gervais-d'Auvergne, *Puy-de-Dôme*, 33.
St-Gilbert-de-Neufonts, *Puy-de-Dôme*, 57, 64, 116.
St-Gildas-des-Bois, abbaye, 380.
St-Gilles, abbaye, 283.
St-Gilles, prieuré de l'Ordre de Malte, 257.
St-Gondon, *Loiret*, 93, 120.
St-Hilaire, au Puy, 192.
St-Hilaire-de-Carcassonne, abbaye, 315.
St-Hilaire-en-Lignières, *Cher*, 84.
St-Hilaire-la-Celle, abbaye, 346, 350, 392.
St-Hilaire-le-Grand, à Poitiers, 365, 388, 392, 396, 400, 403.
St-Hippolyte-de-Bourges, abbaye, 117, 120.
St-Hostien, *Haute-Loire*, 146.
St-Ilpise ou Ilpize, *Haute-Loire*, 15, 369.
St-Irénée-de-Lyon, abbaye, 108, 125, 126.
St-Jacques-de-Béziers, 116.
St-Jacques-de-Provins, abbaye, 400.
St-Jean-d'Angély, abbaye, 6, 15, 36, 76, 88, 235, 263, 292, 317, 318, 321, 322, 328, 329, 331, 332, 333, 334, 335, 337, 338, 339, 341, 344, 345, 357, 358, 359, 360, 361, 366, 372, 387, 389, 399, 410, 412, 413, 414, 415, 416, 419, 421, 449, 450, 451.
St-Jean-de-Bonneval, abbaye, 385, 402.
St-Jean-de-Côle, *Dordogne*, 305, 307, 311, 313, 410.
St-Jean-de-Laon, abbaye, 116.
St-Jean-de-Poitiers, 403, 405.
St-Jean-de-Soissons, 390.
St-Jean-d'Orbestier, abbaye, 370, 393, 403, 415, 421.
St-Jean-le-Centenier, *Ardèche*, 168, 250.
St-Jean-lès-Sens, abbaye, 116, 390, 400.
St-Jory-de-Chalais, *Dordogne*, 307.
St-Jouin-de-Marnes, abbaye, 6, 38, 87, 100, 116, 344, 366, 385, 386, 390, 402, 412, 414, 415, 416, 420, 421, 422, 423, 451.
St-Jouin-sous-Mauléon, prieuré, 384.
St-Julien-Chapteuil, *Haute-Loire*, 146, 180, 218.
St-Julien-de-la-Geneste, *Puy-de-Dôme*, 33.

St-Julien-des-Chazes, 199.
St-Julien-de-Tours, 400.
St-Julien-du-Pinet, *Haute-Loire*, 176.
St-Julien-sur-Cher, 92, 93.
St-Junien-de-Noaillé, abbaye, *voir* Noaillé.
St-Just, abbaye, 235.
St-Just-de-Baffie, *Puy-de-Dôme*, 169.
St-Laon-de-Thouars, abbaye, 116, 385, 400.
St-Laumer-de-Blois, 390, 400.
St-Laurent-de-Bourges, abbaye, 74, 76, 79, 116, 120.
St-Laurent, au Puy, couvent, 18.
St-Laurent-du-Champ, 284.
St-Léger, abbaye, 235.
St-Léger-d'Ebreuil, abbaye, 61, 119, 247, 390, 400.
St-Léonard, abbaye, 284.
St-Léonard-de-Chaumes, abbaye, 362, 363, 393.
St-Léonard-de-Ferrières, abbaye, 401, 413.
St-Léonard-de-Noblat, 76.
St-Léopardin-d'Augy, *Allier*, 105.
St-Liguaire, abbaye, 357, 389, 393.
St-Loup-de-Billom, 48.
St-Loup-d'Orléans, abbaye, 400.
St-Loup-de-Troyes, abbaye, 400.
St-Lucien-de-Beauvais, abbaye, 390.
St-Maixent, abbaye, 52, 138, 235, 243, 279, 339, 340, 342, 343, 344, 345, 346, 347, 348, 356, 357, 365, 371, 386, 387, 388, 397, 398, 400, 401, 403, 410, 412, 415, 416, 441, 447, 449, 451.
St-Malo, 378, 384.
St-Marcel-près-Réalville, abbaye, 294, 314.
St-Marcel, au Puy, 142.
St-Marcel-de-Châlons, 415.
St-Martial-de-Limoges, abbaye, 247, 361, 391, 405.
St-Martin-de-Limoges, abbaye, 391, 405.
St-Martin-de-Menat, abbaye, 61.
St-Martin-de-Nevers, abbaye, 17, 67, 68, 102, 103, 104, 105, 111, 151, 153, 167, 235.
St-Martin-de-Ponts, abbaye, 389.
St-Martin-de-Tours, abbaye, 391.
St-Martin-de-Tulle, abbaye, 117, 404.
St-Martin-de-Vertou, prieuré, 378, 380, 423.
St-Martin-des-Champs, abbaye, 238.
St-Martin-et-St-Théodard, 117, 121, 296.
St-Martin-lès-Autun, abbaye, 117.
St-Maur, *Cher*, 85.
St-Maur-des-Fossés, 400.
St-Maurice-de-Roche, *Haute-Loire*, 31, 118.
St-Maurin, *Lot-et-Garonne*, 417.
St-Médard-de-Soissons, abbaye, 401.

St-Melaine-de-Rennes, 75, 80, 97, 377, 378, 382, 384.
St-Même, *Charente*, 316, 318.
St-Menou ou Menoux, *Allier*, abbaye, 65, 66, 106, 116, 119, 152.
St-Mesmin-de-Micy, abbaye, 116.
St-Mexant, *Corrèze*, 252.
St-Michel-d'Aiguille, abbaye, 117.
St-Michel-de-Bordeaux, paroisse, 323, 367.
St-Michel-en-l'Herm, abbaye, 100, 280, 334, 366, 367, 371, 372, 374, 393, 398, 411, 412, 416, 419.
St-Mihiel-en-Lorraine, 239.
St-Myon, *Puy-de-Dôme*, 224.
St-Nectaire, *Puy-de-Dôme*, 249.
St-Nicaise-de-Reims, abbaye, 71.
St-Nicolas-d'Angers, abbaye, 375, 377.
St-Nicolas-de-Poitiers, 350, 396.
St-Nicolas-de-la-Grave, *Tarn-et-Garonne*, 292.
St-Nizier-de-Lyon, 176.
St-Ouen-de-Rouen, 75, 399.
St-Ouen-les-Pineaux, *Vendée*, 373.
St-Papoul, 399.
St-Pardoux-la-Rivière, *Dordogne*, 307.
St-Paulien, *Haute-Loire*, 27, 179, 194, 220, 221, 286, 308.
St-Pierre-d'Abret, *Allier*, prieuré, 59.
St-Pierre-d'Airvault, abbaye, 385, 390, 398, 403.
St-Pierre-d'Auxerre, abbaye, 391.
St-Pierre-de-Beaulieu, abbaye, *voir* Beaulieu-en-Limousin.
St-Pierre-de-Châlons, abbaye, 235, 450.
St-Pierre-de-Chignac, *Dordogne*, 303.
St-Pierre-de-Corbie, abbaye, 49, 75.
St-Pierre-d'Iseure, abbaye, 63, 64, 107, 109.
St-Pierre-de-la-Coûture, abbaye, 378, 400.
St-Pierre-de-Lagny, abbaye, 384.
St-Pierre-de-Lyon, 116.
St-Pierre-de-Maurs, abbaye, 402.
St-Pierre-de-Poitiers, 398, 405.
St-Pierre-de-Solignac, *voir* Solignac.
St-Pierre-de-Vienne, abbaye, 116.
St-Pierre-du-Champ, *Haute-Loire*, 32.
St-Pierre-d'Uzerche, abbaye, 116, 247.
St-Pierre et St-Paul-de-Brantôme, abbaye, *voir* Brantôme.
St-Pierre-la-Tour, au Puy, 40, 116, 148, 193, 197, 211, 247, 393.
St-Pierre-le-Monastier, au Puy, 192.
St-Pierre-le-Moûtier, *Nièvre*, 66, 67, 71, 104, 105, 109, 120, 122, 154.
St-Pierre-le-Vif, abbaye, 116, 244.
St-Pol-de-Léon, 80, 382.
St-Pons-de-Thomières, 282, 390, 404.
St-Porchaire, *Charente-Inférieure*, 332, 360.

St-Pourçain, *Allier*, abbaye, 25, 38, 42, 53, 54, 63, 64, 76, 88, 100, 101, 103, 108, 119, 123, 134, 150, 152, 153, 154, 156, 170, 232, 244, 249, 449.
St-Pourçain-de-Malchère, 107.
St-Pourçain-sur-Bèbre, 107.
St-Privat, *Corrèze*, 133.
St-Privat-d'Allier ou en-Velay, *Haute-Loire*, 180, 201.
St-Privat-du-Dragon, *Haute-Loire*, 21.
St-Projet, *Corrèze*, 134, 245, 246.
St-Quentin-en-Picardie, 335.
St-Quintin-de-Beauvais, abbaye, 391.
St-Quirice-de-Lucques, 121.
St-Rambert, *Loire*, 28, 119.
St-Remi, *Haute-Loire*, 198.
St-Remi-de-Reims, abbaye, 61, 70, 75, 80, 123, 279.
St-Révérien, *Allier*, 108.
St-Rigaud, abbaye, 117.
St-Riquier, abbaye, 105, 244.
St-Robert-d'Andrie, 122.
St-Robert-de-Montferrand, prieuré, 42, 137.
St-Robert-du-Puy, 119.
St-Romain, *Puy-de-Dôme*, 27.
St-Romain-le-Puy, *Loire*, 28.
St-Romans-lès-Melle, *Deux-Sèvres*, 339.
St-Satur, abbaye, 117, 247, 391.
St-Sauvent-la-Plaine, *Vienne*, 351.
St-Sauveur-d'Aniane, abbaye, 123, 347.
St-Sauveur-de-Levières (Angers), 80, 375, 377.
St-Sauveur-d'Evreux, abbaye, 391.
St-Sauveur-de-Nuaillé, *Charente-Inférieure*, 362.
St-Sauveur-de-Redon, abbaye, 376, 378, 381, 449.
St-Sauveur-en-Rue, 118.
St-Savin-de-Poitiers, abbaye, 76, 247, 267, 344, 346, 401, 405, 420.
St-Savinien, *Charente-Inférieure*, 332.
St-Serge-le-Noble ou d'Angers, abbaye, 375, 448.
St-Sernin-de-Toulouse, 271, 285, 315.
St-Sever-Cap-de-Gascogne, abbaye, 323, 352.
St-Séverin-de-Château-Landon, abbaye, 401.
St-Séverin-sur-Boutonne, 117, 358, 393, 401, 414.
St-Sigismond-de-Clermont, *Charente-Inférieure*, 317.
St-Simon, *Charente*, 331.
St-Sozy, *Lot*, 264, 267, 301.
St-Sulpice-de-Bourges, abbaye, 41, 70, 71, 72, 76, 79, 92, 95, 97, 100, 101, 106, 117, 120, 136, 374, 411, 448, 449, 450, 451.
St-Sulpice-en-Bresse, abbaye, 117.
St-Symphorien-de-Beauvais, 391.
St-Symphorien-de-Thiers, *voir* Moutier-de-Thiers (le).
St-Théofrède, *voir* Monastier (le).

St-Thierry-du-Mont-d'Or, abbaye, 413.
St-Théotard-de-Montauban, abbaye, 117, 121, 296.
St-Vandrille, abbaye, 82, 391.
St-Victor-de-Nevers, prieuré, 103, 120.
St-Vincent, *Puy-de-Dôme*, 35.
St-Vincent-de-Chantelle, abbaye, 63, 65, 108, 109, 155.
St-Vincent-de-Senlis, 391.
St-Vincent-lès-le-Mans, abbaye, 80, 117, 378.
St-Vincent-Sterlange, *Vendée*, 373.
St-Voir, *Allier*, 108.
St-Volusien-de-Foix, abbaye, 400.
St-Vosy, au Puy, 116, 141, 142, 148, 167, 168, 175, 176, 177, 178, 179, 184, 187, 191, 193, 194, 216, 221, 222, 393, 420.
St-Yorre, *Allier*, prieuré, 59.
Ste-Agathe-de-Cusse, cure, 160.
Ste-Agathe-la-Bouteresse, *Loire*, 227.
Ste-Claire-de-Clermont, abbaye, 41, 43, 44, 45, 110, 115, 182.
Ste-Claire-de-Montbrison, abbaye, 115.
Ste-Claire-du-Puy, 96, 115.
Ste-Croix-de-Baffie, *Puy-de-Dôme*, 169.
Ste-Croix-de-Bordeaux, abbaye, 323, 324, 326, 333, 402, 451.
Ste-Croix-de-Poitiers, abbaye, 389, 395, 400, 403.
Ste-Croix-de-Savigneux, *voir* Savigneux.
Ste-Croix-de-Talmont, abbaye, 370, 393, 398.
Ste-Eulalie, *Lot*, 337.
Ste-Gemme, *Charente-Inférieure*, 359, 360.
Ste-Geneviève-de-Riom, abbaye, 109, 111, 137.
Ste-Hermine, *Vendée*, 367, 368.
Ste-Marie-des-Chazes, 199.
Ste-Marguerite, abbaye, 116.
Ste-Natalène, *Dordogne*, 267.
Ste-Pexine, *Vendée*, 373.
Saintes, 8, 109, 114, 176, 234, 263, 283, 308, 311, 312, 315, 316, 317, 318, 321, 322, 323, 328, 329, 330, 331, 332, 333, 341, 346, 359, 360, 363, 364, 365, 389, 393, 396, 399, 401, 403, 410, 411, 418, 419, 421.
Ste-Soulle, *Charente-Inférieure*, 362.
Ste-Trie, *Dordogne*, 269.
Ste-Trinité-de-Mauléon (la), abbaye, 384, 393.
Ste-Trinité-de-Poitiers (la), abbaye, 117, 346, 348, 394, 396, 403.
Ste-Trinité-de-Vendôme (la), abbaye, 71, 75, 80, 82, 96, 101, 117, 134, 201, 249, 285, 335, 375, 401, 439.
Salbris, *Loir-et-Cher*, 92.
Salers, *Cantal*, 54, 240, 241.
Salignac, *Dordogne*, 270, 287.
Saligny, *Allier*, 108.
Salvanez, abbaye, 235.
Salviac, *Lot*, 289.
Sancergues, *Cher*, 101.

Santa-Fé-de-Bogota, 188.
Sarlat, 8, 114, 264, 267, 269, 270, 271, 272, 273, 274, 275, 276, 277, 278, 279, 280, 281, 285, 286, 287, 300, 301, 302, 306, 311, 313, 314, 344, 390, 403, 410, 411, 412, 415, 417, 418, 420, 421, 425.
Saromon, abbaye, 115.
Sasselot, pays de Caux, 75.
Saujon, *Charente-Inférieure*, 359, 360.
Saulcet, *Allier*, 64.
Sauxillanges, *Puy-de-Dôme*, abbaye, 37, 39, 44, 54, 56, 70, 115, 118, 120, 121, 136, 137, 148, 154, 169, 199, 201, 202, 223.
Savigneux, *Loire*, 25, 28, 89, 118, 144, 167, 175, 199, 201, 235, 305, 449, 450.
Savigny, *Rhône*, 27, 117.
Séauve-Bénite (la), abbaye, 29, 117.
Seauve ou Sauve-Majeure (la), abbaye, 285, 323.
Séez, 75, 247, 267.
Segonzac, *Charente*, 316.
Ségry, *Indre*, 83.
Séguret, *voir* St-Michel-d'Aiguille.
Sembadel, *Haute-Loire*, 139.
Séminaire de Clermont, 43, 44.
Semur-en-Brionnais, 104.
Sens, 113, 244, 359, 360, 389.
Septfonds, abbaye, 107, 117, 159.
Serrant, *Maine-et-Loire*, 377.
Servières, *Corrèze*, 133, 242, 254.
Signy, abbaye, 291.
Simore, abbaye, 285.
Sinanque, abbaye, 235.
Sioniac, *Corrèze*, 264.
Soissons, 230, 234, 390.
Solignac, abbaye, 6, 40, 83, 100, 117, 285, 305, 330, 404, 411, 414, 420, 449, 450.
Solignac-sur-Loire, 194, 198, 214.
Solitude-d'Issy (la), 408, 416.
Soucirac, *Lot*, 300.
Souillac, *Lot*, 71, 189, 250, 260, 261, 267, 278, 279, 281, 285, 286, 287, 288, 289, 300, 301, 305, 306, 308, 344, 410, 411, 413, 415, 416, 418, 426, 451.
Soulignonne, *Charente-Inférieure*, 360.
Souterraine (la), *Creuse*, 340.
Souvigné, *Deux-Sèvres*, 356.
Souvigny, *Allier*, 7, 37, 41, 44, 65, 66, 105, 106, 107, 109, 112, 120, 137, 148, 150, 151, 152, 157, 161, 170, 174, 189, 203, 205, 217, 219, 221, 414, 433, 434.
Strasbourg, 196.
Surgères, *Charente-Inférieure*, 334, 361, 362.
Sury-le-Comtal, *Loire*, 28.

T

Talmond ou Talmont, *Vendée*, 362, 369, 370, 391, 401.
Tenaille (la), abbaye, 317, 359, 389, 393.
Tence, *Haute-Loire*, 194.
Terrasson, *Dordogne*, 268, 269, 270, 271, 272.
Thémines, *Lot*, 258.
Thenioux, *Cher*, 92.
Thiers, *Puy-de-Dôme*, 47, 148, 227, 228, 229, 230, 329.
Thiviers, *Dordogne*, 307.
Thorigné, *Deux-Sèvres*, 339.
Thorigny, abbaye, 47.
Thouars, *Deux-Sèvres*, 385, 398.
Thuret, *Puy-de-Dôme*, 59, 432.
Tonnay-Charente, *Charente-Inférieure*, 332, 389, 401, 411, 413, 418, 419.
Toul, 82.
Toulon, 38.
Toulouse, 8, 113, 234, 240, 252, 266, 292, 293, 294, 295, 312, 331, 389, 401, 404, 410, 411, 414, 416, 417, 418, 432, 438.
Tournay, 114, 152.
Tournon-St-Martin, *Cher*, 92.
Tournus, abbaye, 117, 156, 208.
Tours, 81, 89, 91, 113, 234, 246, 305, 312, 343, 378, 380, 382, 389, 401.
Tours, *Puy-de-Dôme*, 42.
Tourtoirac, abbaye, 285, 314, 388.
Toussaints-en-l'Ile-de-Châlons-sur-Marne, abbaye, 116.
Trappe (la), 159, 424.
Treban, *Allier*, 150.
Treignac, *Corrèze*, 101.
Tresnay, *Nièvre*, 66.
Trinité (la), *Haute-Loire*, prieuré, 159, 160.
Trisay ou Trizay, abbaye, 367, 368, 393, 401.
Troyes, 114, 234, 279, 291.
Tulle, 7, 54, 77, 131, 133, 242, 243, 246, 247, 249, 251, 252, 253, 254, 255, 258, 263, 266, 274, 283, 285, 397, 433.
Turenne, *Corrèze*, 268, 281, 414.
Turin, 173.

U

Ussel, *Corrèze*, 7, 52, 134, 135, 246, 248, 249.
Usson-en-Auvergne, 152.
Utrecht, 175, 288, 297, 300.
Uzerche, *Corrèze*, 77, 116, 249, 270, 285, 304, 315.
Uzès, 114, 399, 404.

V

Vaison, *Vaucluse*, 243, 247, 283.
Valbenoite, abbaye, 29, 117, 201, 235.
Val-de-Grâce (le), abbaye, 102, 315.
Val-Dieu (la), (Diocèse de Bâle), abbaye, 116.
Valence, 114, 121, 234.
Valence, abbaye, 402.
Valette, abbaye, 117, 235, 242, 247, 253, 254, 285.
Valfleury, *Loire*, 175.
Valgorge, *Ardèche*, 211.
Val-Jésus, *Loire*, 28, 29, 119.
Vallée-de-Misère (la), 107.
Valloire, abbaye, 148, 285.
Vallombreuse, 100.
Vals-le-Chastel, *Haute-Loire*, 25.
Varennes, *Allier*, 108.
Vassin ou Vaissy (la), abbaye, 237, 240, 247, 315.
Vassy, abbaye, 117.
Vauciaire, abbaye, 85.
Vaudieu (la) ou Lavaudieu, *Haute-Loire*, abbaye, 15, 21, 22, 23, 24, 25, 118, 119, 165, 166, 176, 185, 189, 195.
Vaudrancourt, *Somme*, 61.
Vauluisant, *voir* Bouschet (le).
Vaumas, *Allier*, 108.
Vaux, *Corrèze*, 132.
Vaux, *Charente-Inférieure*, 317, 345, 411.
Vayrac, *Lot*, 263, 264.
Vazeilles, *Haute-Loire*, 219.
Velay (le pays de), 7, 180, 186, 191.
Vence, 313.
Vendôme, 71, 75.
Verdun, 114.
Verdun-sur-Garonne, 292, 293.
Vergonghon, *Haute-Loire*, 35.
Vergezac, *Haute-Loire*, 198.
Verrines-sous-Celles, *Deux-Sèvres*, 338.
Vernuce (la), abbaye, 117.
Verrières, *Loire*, 27.
Vertaizon, *Puy-de-Dôme*, 48, 229.
Verteuil, abbaye, 304, 305.
Vertus (N.-D. de), abbaye, 117, 401.
Vertus (St-Sauveur de), abbaye, 401.
Veyre (*Puy-de-Dôme*, 112.
Vezelay, abbaye, 117.
Vezezoux, *Haute-Loire*, 34.
Vialles-sur-Lamothe, *Haute-Loire*, 23.

Vichy, *Allier*, 59, 60, 119, 153.
Vic-le-Comte, *Puy-de-Dôme*, 37, 136, 148, 157, 159, 224.
Vieille-Brioude, *Haute-Loire*, 34, 143, 165, 201, 217, 250.
Vielge, *Corrèze*, 254.
Vienne-en-Dauphiné, 113, 119, 234, 404.
Vierzon, *Cher*, 71, 76, 88, 89, 91, 92, 93, 94, 95, 96, 97, 98, 100, 101, 120, 146, 150, 153, 167, 174, 411, 413, 414, 415, 420.
Vigeois, abbaye, 285.
Villa-Viciosa, 50.
Villaines, *Deux-Sèvres*, 338.
Villars, *Dordogne*, 306, 307.
Villedieu (la), *Charente-Inférieure*, 338.
Villedieu (la), *Vienne*, 347.
Villefranche-sur-Cher, 92.
Villeneuve, abbaye, 379, 380, 381, 391, 402.
Villeneuve-d'Agen, 245.
Villers-Betnach, 239, 247.
Villesèque, *Lot*, 296.
Vinade, *Charente*, 316, 331.
Viterbe, 119.
Vitré, 385.
Viverols, *Puy-de-Dôme*, 27, 169.
Viviers, *Ardèche*, 7, 17, 114, 168, 203, 209, 234, 250, 313.
Vœu (le), abbaye, 401.
Vollore, *Puy-de-Dôme*, 229.
Volpilière (la), *Cantal*, 127, 128.
Vorey, *Haute-Loire*, 31, 32, 117, 195, 206.
Vouillé, *Vienne*, 348, 351.
Voûte (la), prieuré, aujourd'hui Lavoûte-Chillac, *Haute-Loire*, 15, 19, 21, 25, 37, 39, 58, 65, 73, 106, 107, 121, 136, 137, 152, 154, 176.

Y

Ymons, *voir* Imons.
Yronde, *voir* Ironde.
Yseure, *voir* Iseure.
Yssingeaux, 30.

TABLE DES MATIÈRES

	Pages
AVANT-PROPOS.	1
JOURNAL DE VOYAGE. — Année 1710.	13
— 1711.	45
— 1712.	164
— 1713.	279
— 1714.	345
APPENDICE.	407
Liste des Lettres écrites par D. J. Boyer.	410
— reçues par D. J. Boyer.	418
Lettre de D. J. Boyer à D. J. Mabillon.	422
— id.	425
— à D. Th. Ruinart	426
— id.	429
— à D. B. de Montfaucon.	431
— à D. R. Massuet.	435
— à l'abbé Lebeuf.	437
— à D. E. Martène.	440
Lettre-Circulaire de D. R. Massuet.	442
ADDITIONS ET CORRECTIONS.	447
ERRATA.	452
TABLE ALPHABÉTIQUE DES NOMS DE PERSONNES.	453
— DES NOMS DE LIEUX.	504

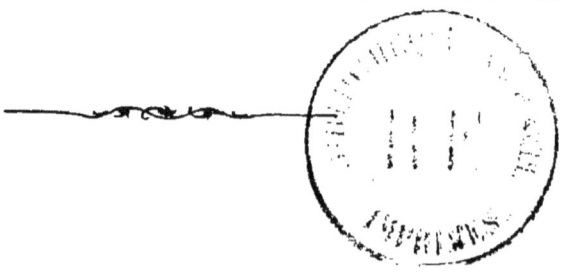

Clermont, typ. Ferdinand Thibaud.

www.ingramcontent.com/pod-product-compliance
Lightning Source LLC
Chambersburg PA
CBHW071411230426
43669CB00010B/1520